社会研究方法教程（重排本）

Social Research Methods

袁 方 主编
王汉生 副主编

图书在版编目(CIP)数据

社会研究方法教程(重排本)/袁方主编;王汉生副主编. —北京:北京大学出版社,2013.8
(21 世纪社会学规划教材·社会学系列)
ISBN 978-7-301-02893-3

Ⅰ. ①社… Ⅱ. ①袁… ②王… Ⅲ. 社会学-科学方法论-高等学校-教材 Ⅳ. C91-03

书　　　　名:	社会研究方法教程(重排本)
著作责任者:	袁　方　主编　王汉生　副主编
责 任 编 辑:	王禹功　刘金海
重排本责编:	耿协峰　武岳
标 准 书 号:	ISBN 978-7-301-02893-3/C·0105
出 版 发 行:	北京大学出版社
地　　　　址:	北京市海淀区成府路 205 号　100871
网　　　　址:	http://www.pup.cn　新浪官方微博:@北京大学出版社
电 子 邮 箱:	编辑部 ss@pup.cn　总编室 zpup@pup.cn
电　　　话:	邮购部 010-62752015　发行部 010-62750672
	编辑部 010-62753121　出版部 010-62754962
印　刷　者:	河北滦县鑫华书刊印刷厂
经　销　者:	新华书店
	787mm×1092mm　16 开本　39.25 印张　702 千字
	1997 年 2 月第 1 版
	2023 年 12 月重排本第 12 次印刷(总第 32 次印刷)
定　　　价:	68.00 元

未经许可,不得以任何方式复制或抄袭本书之部分或全部内容。
版权所有,侵权必究
举报电话:010-62752024　电子邮箱:fd@pup.cn

目 录

序 …………………………………………………………………… (1)
前 言 ………………………………………………………………… (1)

第一编 社会研究原理与过程

第一章 绪论——科学与社会研究 …………………………… (3)
第一节 科 学 ……………………………………………………… (3)
第二节 求知方式 …………………………………………………… (7)
第三节 社会科学的性质与特点 ………………………………… (11)
第四节 社会研究及其方法 ……………………………………… (16)

第二章 社会研究发展史 ……………………………………… (23)
第一节 社会研究方法论的演进 ………………………………… (24)
第二节 社会研究手段的发展 …………………………………… (30)
第三节 社会调查研究简史 ……………………………………… (35)

第三章 社会研究的方法论问题 ……………………………… (44)
第一节 社会研究的层次与角度 ………………………………… (44)
第二节 社会研究的科学性 ……………………………………… (50)
第三节 社会理论的构造 ………………………………………… (54)
第四节 解释的类型 ……………………………………………… (62)

第四章 社会研究的过程 ……………………………………… (69)
第一节 社会研究的逻辑 ………………………………………… (69)

第二节　理论建构的过程 …………………………………… (73)
　　第三节　理论检验的过程 …………………………………… (79)
　　第四节　研究步骤与研究准备 ……………………………… (87)

第五章　社会研究的设计 ………………………………………… (95)
　　第一节　研究类型 …………………………………………… (95)
　　第二节　研究方法 …………………………………………… (102)
　　第三节　研究方法的讨论 …………………………………… (107)
　　第四节　分析单位与研究内容 ……………………………… (111)
　　第五节　研究方案的设计 …………………………………… (116)

第六章　测　量 …………………………………………………… (122)
　　第一节　测量的概念 ………………………………………… (122)
　　第二节　测量尺度 …………………………………………… (125)
　　第三节　概念的具体化与操作化 …………………………… (128)
　　第四节　测量理论的问题 …………………………………… (136)
　　第五节　信　度 ……………………………………………… (139)
　　第六节　效　度 ……………………………………………… (143)

第七章　抽　样 …………………………………………………… (148)
　　第一节　抽样与抽样调查 …………………………………… (148)
　　第二节　抽样术语与抽样程序 ……………………………… (151)
　　第三节　概率抽样 …………………………………………… (155)
　　第四节　非概率抽样 ………………………………………… (163)
　　第五节　样本容量的确定 …………………………………… (166)

第二编　资料收集

第八章　问　卷　法 ……………………………………………… (173)
　　第一节　问卷的类型和结构 ………………………………… (173)
　　第二节　问卷设计基本原则 ………………………………… (177)
　　第三节　问卷设计主要步骤 ………………………………… (183)
　　第四节　问卷设计具体方法 ………………………………… (186)

第五节　问卷设计的常见错误……………………………………（193）
　　第六节　问卷法的特点及其运用……………………………………（198）
第九章　访　问　法………………………………………………………（201）
　　第一节　结构式访问…………………………………………………（201）
　　第二节　无结构式访问………………………………………………（203）
　　第三节　访问的程序与技巧…………………………………………（209）
　　第四节　访问员的挑选与训练………………………………………（216）
　　第五节　访问法的特点………………………………………………（218）
第十章　量表与测验法……………………………………………………（221）
　　第一节　量表概述……………………………………………………（221）
　　第二节　量表的设计…………………………………………………（224）
　　第三节　测　验………………………………………………………（235）
　　第四节　社会计量法…………………………………………………（240）
　　第五节　民意测验……………………………………………………（246）
第十一章　观　察　法……………………………………………………（251）
　　第一节　观察的类型…………………………………………………（251）
　　第二节　参与观察……………………………………………………（257）
　　第三节　间接观察……………………………………………………（263）
　　第四节　观察的效度与信度…………………………………………（265）
　　第五节　观察法的作用与特点………………………………………（269）
第十二章　实　验　法……………………………………………………（272）
　　第一节　实验法的原理和程序………………………………………（273）
　　第二节　简单实验设计………………………………………………（277）
　　第三节　多组实验设计………………………………………………（280）
　　第四节　准实验法……………………………………………………（285）
　　第五节　实验的信度和效度…………………………………………（290）
　　第六节　实验法的优点和缺点………………………………………（292）
第十三章　文　献　法……………………………………………………（295）
　　第一节　文献的类别及来源…………………………………………（295）

第二节 第二手分析……………………………………………(298)
第三节 内容分析…………………………………………(302)
第四节 现存统计资料分析…………………………………(311)
第五节 文献法的特点……………………………………(314)

第三编 资料分析

第十四章 资料整理……………………………………(319)
  第一节 定性资料的整理…………………………………(319)
  第二节 定量资料的整理…………………………………(324)
  第三节 计算机处理资料的一般过程………………………(334)

第十五章 资料的统计分析……………………………(337)
  第一节 统计分析的作用和原则…………………………(337)
  第二节 单变量统计描述…………………………………(342)
  第三节 双变量统计分析…………………………………(351)
  第四节 单变量与双变量的统计推论………………………(364)

第十六章 变量分析的逻辑和策略……………………(378)
  第一节 变量关系的类别…………………………………(378)
  第二节 详析模式…………………………………………(380)
  第三节 变量关系的检验…………………………………(383)
  第四节 条件关系的分析…………………………………(389)
  第五节 联合作用的检查…………………………………(397)
  第六节 调查分析的策略…………………………………(402)

第十七章 多元分析概论………………………………(411)
  第一节 多元分析的一般概念……………………………(411)
  第二节 相依性分析………………………………………(415)
  第三节 互相依性分析……………………………………(427)

第十八章 路径分析……………………………………(431)
  第一节 路径分析的一般概念……………………………(431)
  第二节 路径分析的意义…………………………………(434)

第三节　路径分析的步骤……………………………………(439)
　　第四节　路径分析举例………………………………………(441)
第十九章　因素分析……………………………………………(445)
　　第一节　因素分析的基本原理………………………………(445)
　　第二节　因素分析的主要步骤………………………………(450)
　　第三节　因素分析法的应用…………………………………(461)
第二十章　社会网络分析………………………………………(469)
　　第一节　社会网络及其分析…………………………………(469)
　　第二节　社会网络资料的收集………………………………(473)
　　第三节　社会网络的分析方法………………………………(475)
　　第四节　社会网络分析方法的应用…………………………(485)
第二十一章　数理分析简介……………………………………(491)
　　第一节　数理分析的一般概念………………………………(491)
　　第二节　马尔可夫链和社会流动……………………………(493)
　　第三节　社会行动和对策论…………………………………(503)
第二十二章　撰写研究报告……………………………………(511)
　　第一节　研究报告概述………………………………………(511)
　　第二节　导　言………………………………………………(513)
　　第三节　方　法………………………………………………(516)
　　第四节　结　果………………………………………………(520)
　　第五节　讨　论………………………………………………(523)
　　第六节　小结、摘要、参考文献及附录……………………(524)
　　第七节　研究报告写作的几点建议…………………………(527)
第二十三章　社会学研究的评估………………………………(528)
　　第一节　评估的基本逻辑……………………………………(529)
　　第二节　评估的基本分析框架和方法论依据………………(533)
　　第三节　评估的方法和技术…………………………………(541)
　　第四节　评估方法和技术的社会应用………………………(545)

附 录

附录一 研究案例 ……………………………………………… (549)
    案例一 《自杀论》与实证方法 ………………………………… (549)
    案例二 探索复杂的社会结构：江村调查 …………………… (559)
    案例三 我这样研究街角社会 ………………………………… (566)
    案例四 中国犯罪问题研究 …………………………………… (576)
    案例五 内蒙古赤峰地区农村牧区的蒙汉通婚研究 ………… (585)

附录二 统计用表 ……………………………………………… (601)
    附表 1 标准正态分布表 ……………………………………… (601)
    附表 2 t 分布表 ……………………………………………… (602)
    附表 3 χ^2(Chisquare)分布表 ……………………………… (603)
    附表 4 r 值化为 Z' 值表 …………………………………… (604)
    附表 5 F 分布表 ……………………………………………… (607)

附录三 主要参考书目 ………………………………………… (611)

后 记 ………………………………………………………… (615)

序

　　社会调查与社会研究方法是人们认识社会、了解社会、分析社会问题和社会现象、解释与预测社会发展变化的重要手段。在当代,随着工业社会和信息社会的迅速发展,随着科学技术的不断进步,科学的社会调查研究受到人们的日益重视和广泛运用,社会研究方法的科学水平也在不断提高。同时,在我国的社会理论研究和社会实践领域,学习和掌握现代的社会研究方法不仅是社会科学发展的需要,而且也是一些教学、科研部门和实际工作部门的迫切需要。目前,"社会研究方法"在国内外许多高等院校被列为必修课或选修课,在社会学、社会工作与管理等专业则更是一门重要的理论和实际相结合的专业基础课。

　　北京大学社会学系自1980年筹建以来,先后邀请国内外老一代社会学家杨堃、吴桢、张子毅、晏升东等人讲授社会调查和社区研究方法。同时,我们还与国外同行进行广泛交流,邀请了美国、澳大利亚等国的社会学方法专家来我系讲授"当代社会研究方法""网络分析""社会研究方法论"等课程,介绍国外近几十年来在定量方法和计算机运用方面的新进展。在此基础上,我系从1984年开始组织力量编写社会学方法系列的教科书,先后出版了《社会统计学》(袁方主编,中国统计出版社1988年版)、《社会统计学》(卢淑华编著,北京大学出版社1989年版)、《中国社会思想史》(陈定闳,北京大学出版社1990年版)、《社会调查原理与方法》(袁方主编,高等教育出版社1990年版)。现在出版的《社会研究方法教程》是上述系列教材之一,它适于高等院校社会学、社会工作与管理专业以及其他社会科学与管理科学专业的本科生和研究生一年级的教学,也适于社会科学研究人员和社会调查工作者自学。

　　本教材分为三编:社会研究原理与过程;资料收集;资料分析。它的特点主要是:(1)注重理论、方法论、调查研究方法、资料分析方法这几者间的相互关系,强调理论研究与经验研究、社会调查与统计分析、定性分析与定量分析相结合的必要性。(2)注重借鉴和吸收国外近年来在科学方法领域的先进成果。本教材对于我国读者不太熟悉的一些方法和理论加以重点介绍，如科学方法论、测量理论、问卷和量表设计、社会研究中的数理分析、网络分析、多元统计分析等。(3)注重以研究案例来说明社会研究的原理、方法和过程。在案例的选择上，既有国外社会学的经典研究(如迪尔凯姆的"自杀论"、怀特的"街角社会")，也有我国老一代社会学家的研究范例(如李景汉的"北京郊外之农村家庭"、费孝通的"江村经济"、严景耀的"犯罪问题研究")；既有定量研究的案例，也有定性研究的案例。(4)注重教材的先进性、系统性和规范化。本教材试图反映80年代国内外社会研究方法的先进水平，并将各种科学方法与我国社会调查研究的具体实践结合起来，为建立具有中国特色的系统化、规范化的社会研究方法体系做出贡献。

本书的编写过程是：1985年由袁方主持召开编委会，组织编写初稿。1986年，王康乐、高小远同志在撰写了部分章节的初稿后因出国学习等原因未能继续参加，由袁方、王汉生同志组织其他编写人员于1987年完成本书初稿的编写任务。经过两年的教学实践，并多方征求修改意见，编委会在1988年9月召开工作会议，委托林彬、风笑天、王汉生同志分别对本书的一、二、三编进行初校，并修改了部分章节。1990年以来，袁方主编、王汉生副主编对全书进行统校、修改，并最后定稿。

承担本书各章编写任务的同志有：王汉生、王康乐、风笑天、闫肖峰、许欣欣、时宪民、林彬、高小远、张杰、钱江洪、卢淑华、丁元竹、马戎、夏学銮。在本书的编写过程中，还得到北京大学社会学系游慧培、王思斌等同志，社会学所潘乃谷同志的热心帮助。本系87级、88级冯占联等同学承担了一些抄稿和查找资料的工作。北京大学出版社胡双宝同志和王禹功同志对本书做了细致的审阅，并提出了一些宝贵意见。在此对凡为本书编辑出版做出贡献的同志一并表示感谢！

限于编者水平，本书难免有某些不足之处，敬请读者批评、指正，以便今后进一步改进和提高。

袁　方
于北京大学社会学系
1995年10月

前　言

　　社会研究是为了发现和解答社会领域中的各种问题而去收集资料、并对资料进行分析和解释的过程。在这一过程中要使用各种方法和技术。本书的目的就是介绍社会研究,特别是社会学研究的基本原理、程序及方法。

　　一般来说,科学研究的方法分为三个层次:(1)方法论,即指导研究的思想体系,其中包括基本的理论假定、研究原则、研究逻辑等等。一门学科的方法论与哲学和学科理论有密切联系。(2)研究方式,指贯穿于研究全过程的程序与操作方式,也称研究法。(3)具体方法与技术,是在研究的某一阶段使用的方法、工具和手段。

　　初学社会研究方法的人,往往还不能意识到科学方法三个层次的有机联系,例如,有些学生被各种现实的社会问题所困扰,他们厌烦了抽象的议论和空洞的说教,而对实地社会调查有着强烈兴趣。在他们看来,学习研究方法就是要掌握"如何进行社会调查",有些学生则对自然科学方法感到陌生和神秘,在他们看来,社会学方法可能是一套必须要掌握的"先进技术",还有些学生对社会理论有浓厚兴趣,他们不关心实地研究过程的"微末细节",而是急于想了解各位理论大师们的思想方法,了解他们是"如何看待和解释社会"的。

　　上述对"社会研究方法"课程的要求都是正当的,实际上本书包括这三方面的内容:"如何看待和解释社会现象","如何进行社会调查研究","如何运用统计技术"。但是把这三个方面分割开来则是不对的。因为社会研究是一项活动,是一个完整的过程。在这一过程中,思想方法、研究方式和调查分析技术是紧密结合在一起的。

　　我们可以把社会研究活动想象为:一个(或一群)具有一定世界观和理论知识的人,手中拿着各种工具,依靠某些判断和事先制订的计划,深入到社会的某一领域某一地点进行观察、挖掘,并对发掘出来的东西加以分析,在这一活动结束时,他对社会的某一方面有了新的、更深的认识,这些认识又装进他的知识库中,它们丰富、发展或修正了他原有的世界观。如果可以把典型的自然科学家称为"观察星象的人",那么社会科学家可被比喻为"挖掘社会事实的人",因为大部分社会事实是隐藏在社会表象下面的。思想方法或方法论指导他们挖掘的方向和角度,研究方法表明他们不同的挖掘方式,而具体的技术手段则有助于他们挖掘的进度,并有助于从粗糙的石块中分解、雕琢出闪光的钻石来。

从某种意义上说,本书的目的不在于孤立地介绍各种方法及其使用规则,而是使学生了解社会学家是如何做研究的,以及如何评价他们所获得的社会事实和研究结论。在这个意义上,而且如果读者在书本学习的同时也尝试做一些实际的调查研究的话,那么研究方法的学习就不再是枯燥无味的了。不仅如此,读者还能通过这种学习在某种程度上体验到科学研究的乐趣。

第一编　社会研究原理与过程

　　本编将在第一章首先讨论社会研究与自然科学研究的相同点与相异点,并说明科学方法区别于其他认知方式的基本特征。第二章概述社会研究的起源与发展,以及各种方法论和研究方法的形成和演进。在第三章中专门讨论社会研究的方法论问题,以便对社会研究的科学性和客观性,以及社会理论和理论解释的各种类型、特点有较清晰的认识。第四章和第五章分别从研究过程和研究设计这两方面说明社会研究的构成要素和基本程序。科学研究是以观察和逻辑为基础的,其最终目的是探索各种现象的相互联系或因果关系。在任何科学中,探索因果关系的基本逻辑和实验设计思想都是相同的。第六章和第七章将讨论研究设计的两个主要问题——测量与抽样,以说明其基本原理以及在社会研究中测量工具与抽样方法的特殊性。总之,第一编是侧重从方法论和研究方式上介绍有关社会研究的基础问题,其目的是使读者从整体上了解什么是社会研究、如何进行社会研究,在此基础上才能深入领会在实际研究中各种具体方法的作用和应用范围。

绪论——科学与社会研究

现代社会对社会研究的需要比以往任何时代都更加迫切,尤其是在中国这样的发展中国家。社会发展与变迁,社会冲突,农业社会向工业社会的转变,新的社会角色和社会关系的出现,人口膨胀,心理失衡,信仰危机……所有这些问题都要求社会科学家们给予说明和解答。人们越来越意识到,只有对社会和人类行为有更深入的了解,才能适应急剧的社会变迁,才能把握和预测社会发展的趋势,才能克服危机,解答各种社会问题。

几百年来,自然科学在改善人类生存环境方面取得了巨大的成就,例如,医学能有效地根除或防治危害人类生命的疾病,技术进步提供了众多的产品,极大地丰富了人类的物质生活,微电子技术使世界各地的人们紧密地联系在一起,共同生活在一个"世界村"中,借助科学人类甚至登上了月球。由于这些成就,科学逐渐取代了神灵和伟人,成为人们顶礼膜拜的偶像。但是,当人们面临众多的社会问题和社会危机再次求助于科学时,却发现科学并不能完满地解答这些问题。这是由于科学本身的局限,还是由于自然科学与社会科学有本质的不同?是由于社会科学知识的欠缺,还是由于社会研究的方法手段落后呢?本章将对这些问题所涉及的科学、科学方法、社会科学及其研究手段等方面加以讨论。

第一节 科　学

一、什么是科学

人们在日常生活中经常用到"科学"一词,但对其含义却往往不甚了解。有些人将科学与技术联系起来,认为科学就是尖端技术;有些人将科学定义为"一切系统的、有组织的、正确的知识体系";还有些人认为,科学就是数学、化学、物理学等等现有的学科。这些看法虽然不无道理,但都有片面性。科学促进了技术的发展,但科学不等同于技术,那些创造发明,如宇宙飞船、电子计算机、人造卫星等只是科学的部分成果,而并不就是科学本身。科学也不能囊括所有的知识体系,例如,许多哲学体系和宗教体系都是系统的、有组织的知识(它们和科学知识一样都包含正确的和不正确的成分)。科学也不能以现有的学科来界定,因为有些学科,如文学、伦理学等等并不具备科学的特征,此外,新的学科在不断涌现,它们同现有学科一样,可以划分为科学的和非科学的学科。

那么什么是科学呢？简略地说,"科学是从确定研究对象的性质和规律这一目的出发,通过观察、调查和实验而得到的系统的知识"[①]。这一定义指出了科学的目的、方法和特征。科学的基本特征是,它是人的有目的的活动与客观的、可实证的知识体系的结合。也就是说,科学是科学研究与科学知识这两种形式的结合。任何一个科学工作者都知道,科学工作包括两个方面,一方面是开展研究活动,发现新知识,开拓新领域;另一方面是掌握和推广现有的知识体系。这两方面是相互联系、相互依存的。科学知识是科学研究的基础,缺乏科学知识就很难从事科学研究。科学研究则是科学知识的来源,科学知识体系是依靠研究成果来建立、充实和完善的。

科学知识 科学是系统的知识,这些知识是组织在具有逻辑性的理论系统中,它们以论文和专著的形式发表,并在教科书、百科全书、词典以及各种普及读物中得到推广。科学知识可应用于各种目的、各个领域,它是教育的主题,是文化的资源,也是人类社会化的重要内容。可以说,科学是全人类的共同财富,因而它不具有为集团利益服务的意识形态的宣传性。科学的三个主要任务是描述、解释和预测事物的产生、发展与变化。科学知识所说明的是那些具有普遍性的事物,而不是某个具体现象或特殊事件。科学要排除各种偶然因素,它力求通过对一个个具体事物的研究来找出事物的共性、发现普遍的因果规律。科学知识体系是开放的,它是通过不断地补充新知识、删除被实践证明是错误的旧知识来逐渐积累和发展的。

科学研究 科学研究是以系统的、实证性的方法获取知识。科学要使用实验、观察、检验等实证方法,以保证所获得的知识是真实可靠的。科学判断知识真假的标准是客观事实与逻辑法则,不符合事实或逻辑的知识是虚假的知识。科学与形而上学是对立的,后者使用的是主观、思辨的方法,它对同一个事实可以有不同的理解和解释,而科学则是客观的,任何人只要采用同样的科学方法都能得出同样的结论。尽管科学知识是说明普遍的规律,但科学研究却是具体的、分析性的。研究通常是将事物分解,然后对具体问题做出具体分析,最后才加以综合、概括。科学研究是人的活动,它不仅要求研究人员具备一定的特殊能力,如智力、创造力和想象力,而且还受到个人主观因素——如个人偏好、价值倾向、世界观等——的影响。此外,现代的科学研究实际上是一种社会活动,它是许多个人的有组织的职业活动[②]。在科学的共同体中,不仅需要组织管理与协调,而且还需要一些共同的规范和规则。这样,研究活动必然会受到社会结构和组织规范的影响。

通过对科学的两个方面的考察可以概括出科学的一些主要性质:(1)系统性,科学理论是一种逻辑上相互联系的命题体系。(2)因果决定论,科学假定,事物之间存在着有序的因果关系,尽管这种因果关系可能表现为概率的形式(例如,"事件A的出现有90%的可能会导致事件B")。(3)普遍性,科学的对象与科学结论是普遍的。(4)开放性,任何科学知识都只是相对真理。(5)实证性,科学研究要依靠经验观察与验证等实证方法,无法被实践检验的知识称不上科学。(6)客观性,科学研究的方法和规则尽可能地排除了研究者主观因素的影响,使科学发现具有客观性。(7)明确性,科学研究都是针对具体事物,并且是以明确的操作化方式进行的。(8)社会性,科学必然要受到社会的影响和制约。下一节,我们将对这些性质做进一步说明。

二、科学的功能

科学有三种主要功能:技术功能、学术功能和社会功能。

科学的技术功能是显而易见的,科学作为人类认识自然、改造自然的有效手段,使人类摆脱了对于物质世界的被动地位。但是,由于长期以来科学主要被当作一种满足人类基本需要的技术手段加以利用,因此在许多人看来,科学仅仅是一种实用性的工具。

但是,大多数科学家是不赞成这种看法的。科学家们强调科学的学术功能,认为科学是一种探索未知、发现真理、积累知识、传播文明、发展人类的思维能力和创造能力的活动。他们认为,科学的目的在于解释世界万物,这种解释能够提供新思想,能够充实和改进人类的世界观,促进思想革命。在他们看来,科学是一项伟大和神圣的事业,而不仅仅是一种为实用目的服务的手段。不过也有一些科学家走到另一极端,他们排斥科学的技术功能,主张"为科学的科学",认为科学只是由人类好奇心或兴趣引起的一种智力活动。当然,科学在探索真理、开发智力方面发挥着极为重要的作用,但是如果科学仅仅具有学术功能的话,那么它只能是少数人的爱好或消遣,而无法成为现代社会中的一种职业或一项广泛的事业。

科学除具有技术功能和学术功能外,还具有社会功能。科学是社会变革的主要力量,它首先是通过技术革命间接地、不自觉地对社会产生影响,然后是通过思想革命直接地、自觉地促进社会变革。培根指出,科学能不断地为人类提供新思想、新方法,使人们理解他们所生活的世界,认识个人在社会中的地位,从而能够协调地、自觉地管理社会生活,创造更美好、更和谐、更积极的生活方式。科学之所以具有力量,是因为它提供了认识社会和改造社会的手段,尽管"批判的武器不能代替武器的批判",但是人们一旦掌握了科学理论,就能将它转化为改造社会的巨大力量。

科学的三种功能是相互联系的,其中,学术功能是最基本的,科学的首要任务是发现真理,建立科学理论,但是,科学理论只有运用到生产领域和社会领域中才能发挥其技术功能和社会功能,才能转化为生产力。另一方面,科学只有在生产实践和社会实践中才能得到发展。

三、科学的发展

科学一方面起源于哲学家和宗教僧侣对事物本质的思辨,另一方面起源于工农业生产的实践。科学在其发展过程中经历了三个阶段,第一阶段是对自然现象的描述与分类,第二阶段是对自然界的运行机制或规律的认识,第三阶段是对人类社会和人类本身的认识。如果说人类在认识与解释自然现象方面已取得了重大进展,那么在科学地解释社会现象方面则是刚刚起步,目前的科学还很难应付人类在政治、经济、社会、心理、文化等方面提出的问题。

当代科学在发展问题上面临着三个重大问题:(1)科学与文化的分离;(2)科学方法的局限;(3)社会制度的制约。

长期以来,科学主要是把客观的自然现象作为自己的研究领域,它主要应用于人类物质文明的建设,这就造成了自然科学与人文学科的分离。自然科学主要采用实验的方法来说明和解释客观世界,而人文学科(哲学、文学、伦理学、艺术、历史等)则主要以思辨或直观的方法来说明包含有人类主观意义的文化现象。这种分离阻碍了对社会现象的科学研究。

与上述缺陷相联系的是科学方法的局限性。目前的科学方法主要适用于可直接观测的、重复出现的自然现象,它对那些无法直接观察的、非重复出现的社会文化现象则缺乏有效的研究手段。著名的科学家贝尔纳(J. D. Bernal)指出:"今天的科学的同一缺陷的另一方面在于它不能妥善地处理各种包含有新颖事物、不容易归结为数学数量公式的现象。为了把科学扩大应用到社会问题上去，就需要扩大科学以补救这个缺陷。"③

科学的发展还受到社会制度的制约。在现代社会，科学在发挥其功能的同时还具有某些消极作用。例如，尖端技术被用于毁灭生命的战争，先进的科技手段造成了工人的失业，生产的集约化导致了贫富两极的分化，科学理论被改造成维护统治阶级利益的意识形态教条。在许多场合，科学似乎已成为一些无形的社会力量的奴仆或工具。人们对科学成果的应用感到失望，对科学的功能产生怀疑，这种怀疑导致反理性主义和反科学思潮的兴起。应当指出，科学的消极作用并非科学本身带来，而是由社会制度的弊端造成的。科学社会学家默顿提出了一个假设，他认为："不同的社会结构、不同的制度环境对于科学发展有重大影响。"④

综上所述，科学要想得到进一步的发展，除了要扩大科学的研究领域、打破科学与文化的隔绝状态、发展适用于研究社会文化现象的方法之外，还必须改革现存的社会体制和科学体制。要改造社会，首先要深入全面地认识社会。因此，当代科学的发展在很大程度上已取决于社会科学和社会研究方法的进展。

第二节 求知方式

科学方法是获取知识的一种手段，但不是唯一的手段。人们可以从各种来源得到知识。来源不同，知识的性质与可信程度也就不同。区分知识来源主要看以下三个方面：(1)提供知识的是什么人？(2)知识是通过什么方式得到的？(3)知识的作用是什么？⑤在科学产生之前，知识的主要来源是权威、经验和思辨，与之相应的求知方式是权威法、经验法和思辨法。

一、传统的求知方式

(一) 权威法

在古代，知识是由圣贤、智者、巫师、主教、政治领袖等权威人物提供的。在现代，专家、学者、教授或政府和新闻报道也被认为有很大权威性。当人们遇到困惑不解的问题时，他们常常是查阅经典著作或专业书籍，看看权威们是如何讲的，在几种不同的意见中，人们更相信权威的意见。

权威提供的知识是很必要的，如果人们只相信由自己的感官所获得的信息，那么他一生得到的知识是很有限的。实际上，人们在读书、看报、学习、听广播、看电视时都在接受权威的知识。

不过，人们在接受权威意见时，有时还要求提出证据或证明。但是，有些权威知识是缺乏证据或无法验证的，例如巫师通过"神的启示"、哲学家通过理性思维得知，人类社会必将进入"大同世界"，其证据是社会在一天天进步。对于这类无法验证的知识，是"信则有（或真），不信则无（或假）"。但更多的知识是可以检验的，只不过人们没有能力或精力去实际验证罢了。因此他们一般是有条件或无条件地接受权威提供的知识。

当人们自己去收集证据，并采用系统的经验观察方法去检验权威的知识时，那他就是在从事科学研究了。权威的知识可以作为研究的出发点，但必须注意的是，这些知识有许多错误的成分，它们有可能把研究引入歧途。

（二）经验法

经验法是依靠人的感官来获取知识。经验是知识的主要来源，它包括的范围很广，其中有传统或前人的经验之谈，有个人在生活中的观察和体验，还有周围大多数人共同接受的常识。

常识是前人经验的结晶，它常常体现在谚语、成语或道德格言之中，如"有其父必有其子""分久必合、合久必分""天阴必然下雨""君子喻于义，小人喻于利"等等，对于这些知识，人们往往不假思索地接受，因为它们似乎是"天经地义""从来如此""大家都知道"的。

个人经验也提供了很多知识，例如我们通过观察了解到北京人与上海人的差别、农民与城市居民的差别等等。我们之所以信赖个人经验，是因为亲身经历或日常观察可以提供许多证据来证明观察结论的可靠性。

但是，前人的经验和个人的日常观察往往是不精确的，有很大片面性，在将它们概括为系统的知识时，常常会出现以偏概全、主观武断等推理错误。例如，人们一直认为，妇女的运动能力、机械操作能力远不如男人，证据之一是妇女驾车的出事率比男子高。但科学家对同一年龄组的男女司机的调查表明，在行驶同样的公里数时，男司机的出事率比女司机要高。之所以会形成对妇女的上述错误认识，一方面是由于传统的偏见，另一方面是观察的片面性。人们为证明自己的正确，常常是列举许多妇女驾车出事的例子，而对男子驾车出事的例子则闭口不谈。所以，尽管经验是知识的主要来源，但是无条件地相信经验往往是有害的，因为经验中包含着许多谬误、偏见和虚假的成分。

（三）思辨法

思辨法是依靠直觉、洞察和逻辑推理来获取知识。古代的思辨哲学家认为，经验是不可靠的，它只是反映事物的表象，而真理是超越感觉经验的，因此只有通过直觉和洞察才能发现事物的本质。

直觉提供的知识只是人们感觉到的东西，但又说不出道理，无法提出证据。直觉的特点是，当它与以后的观察相一致的时候，我们常常会加强对直觉的信赖，但当两者不一致时，我们一般只认为后来的观察改变了自己的最初印象，而很少想到直觉的失效。哲学家通过苦思冥想而达到的"顿悟"也是一种直觉，它能发现一些尚未得到经验证实的假说，能洞察到一些不依赖于经验的真理或"先验原则"。思辨法就是从这些"先验原则"或"公理"出发，运用推理的方法获得各种具体知识。

思辨所提供的知识是靠逻辑推理来证明的，只要"公理"是真实的，那么由它推论出的知识也是真实的。但思辨法的缺陷恰恰在于，它无法证明"公理"是真实的，因为"公理"是超验的，无法被经验证实。

二、科学方法

科学作为一种较可靠的求知方式并没有什么神秘之处，它也是依靠经验观察和逻辑推理。人们所想象的与科学相联系的那些先进技术，如仪器、图表、实验、统计技术、计算机等等，都只是用于观察和推理的工具。实际上，科学与其他求知方式的不同之处主要在于它的方法，即科学的研究程序。

科学程序是科学方法的核心，它由以下几个步骤所构成：(1)通过对理论的演绎建立研究假设；(2)操作化；(3)经验观察或实验；(4)利用归纳推理得出研究结论。这一程序称为科学的逻辑，它也是本书所讲的社会研究的基本程序，对此我们在下几章将详细介绍。这里只做一些简要说明：

建立假设 科学的起点是问题，如"为什么地球是围绕太阳转的？""是什么原因导致社会阶级的形成？"等等。科学研究的起点则是假设（hypothesis）。假设是对所要研究的问题做尝试性的回答，它一般是来自对某一理论的演绎推理。例如，马克思的阶级理论指出，"劳动分工是阶级形成的主要原因"，由它可以推演出这一假设："劳动分工程度越高，则社会阶层的分化程度越高。"当没有现成的理论时，研究假设也可以靠科学家的猜想或经验来建立。

操作化 理论一般是普遍的、抽象的，研究假设虽然比较具体，但也是用抽象概念表述的，因此，假设必须转化为以操作化术语表述的命题。操作化是指对假设中的概念做出具体定义，说明如何测量概念、如何检验假设等等，这就涉及研究设计或实验设计的问题。也就是说，研究者必须事先制订一个研究方案，并选择一套研究方法。

经验观察 依据一定的研究方案，研究者可采用各种方法去收集经验资料，并对资料进行整理和分析。这些资料是对研究假设的实际验证。例如,研究者或者收集各个国家的职业分工和阶层划分的资料,或者对一个国家在不同历史阶段的劳动分工状况和阶级状况进行观察。总之,收集的资料必须是与所要验证的假设相联系的。

得出结论 结论一般是通过对各种资料的归纳推理得到的。例如,对几十个国家的资料进行分析时可以归纳出,"职业分工越细的国家,其社会阶层的划分也就越多",这一结论证实了原来的研究假说。但结论也可能与假设不一致。例如,一些发达国家的资料显示,尽管职业分工越来越细,但是阶层之间(如技术人员与工人、管理人员与资本家之间)的差异却缩小了。这一结论推翻了原假设,它说明原有的阶级理论不适用于工业发达社会,说明对原有的理论需要做出修改和补充,或需要建立新的理论。研究结论虽然是通过对一些具体现象的观察得到的,但它可以推广到更大的范围,可以对同一类现象做出具有普遍性的概括,进而形成抽象的理论。科学就是这种由抽象到具体,由具体到抽象,即演绎与归纳的循环往复的过程。

在科学的程序中,操作化是一个重要环节。操作化将抽象的理论与具体的经验现象连接起来,使科学知识能够被经验事实所检验。此外,在操作化阶段,研究者制订出一套系统的、有条理的经验观察方案,以保证研究结论的客观性和准确性。在自然科学中,这套观察方案的设计与实施称为实验。实验是科学的基本方法,它比其他经验方法更准确、更客观。

这里应当指出,科学并没有一套固定的方法,科学家可以使用各种具体方法和各种实验方案得出自己的研究结论。但是如何判断谁是谁非,如何检验研究结论的"真理性"呢?科学是通过方法论的共同规则所确定的逻辑标准与经验标准来判断的。逻辑演绎与归纳、概念的定义、指标的建立、测量、抽样等方面的规则提供了相互批驳、争论以及拒绝或接受研究结论的基础。因此,对研究结论的检验在很大程度上成为对其研究方案的检验。由此可以看出,所谓的科学方法就是系统地消除个人经验观察中有可能出现的主观偏差或观测误差,以便得到共同接受的、可靠的知识。

科学虽然比其他知识来源更可靠、更客观,但是科学的求知方式也有其局限性:

1. 科学从其方法来看,主要是用于检验已有的知识,而很少用于发现新知识,科学发现常常是依靠直觉、猜想或偶然的机遇。尽管在检验过程中也可能发现新知识,而且判断哪一种假设更可信并不亚于新的发现,但科学尚未将科学发现的过程纳入科学方法的体系中,这不能不说是科学的缺憾。

2. 从科学的程序看,科学是依靠对抽象概念的操作化,即对概念的明确界定和精确测量。但在实际研究中往往很难做到完美的操作化。人们对抽象概念有各种不同的理解和解释,他们会对研究者的操作化方案提出各种疑问,例如,用"职业划分"来表示"劳动分工"是否合适,研究者对阶级的定义是否与马克思的定义不同,某些国家的统计资料是否准确,等等。

3. 科学知识虽然都曾得到经验事实的检验和证实,但它也是一种相对真理,它也可能是错误的。科学哲学家波普尔指出:"一种经验或科学的体系必须能被经验所检验……但这种经验科学体系也很可能被经验所驳倒。"⑥ 这是由于新的现象的出现往往会导致现有理论的失效或过时。

4. 科学方法主要适用于可直接观测的现象,不仅如此,对于某些理论上可实证的现象,科学还必须依赖技术手段和理论的发展。例如,"日心说"和"地心说"这两种假说尽管是可以实证的,但是只有到天文观测手段和物理学发展之后才能对它们做出判决性检验。目前在社会科学中,正是由于研究手段和理论的落后,因而对许多现象还无法做出科学的解释。

当然,科学是在不断发展的。20世纪以来,科学方法论和社会科学的迅速发展表明,科学在逐渐克服自身的局限性,在不断改进和完善科学的方法手段,以便能提供更有效、更广泛的知识。

通过以上对几种求知方式的说明可以看到,各种知识都有其局限性和适用范围,没有哪一种求知方式可以完全排斥其他的求知方式。不管是在日常生活中,还是在调查研究中,人们都从这几种不同的来源获得知识,都要利用观察、逻辑推理、权威的论述、前人的经验、直觉和想象等等手段。只不过人们对不同来源的知识的信任程度不同罢了。本书所介绍的社会研究方法是社会科学家们在获取知识时经常使用的手段,在他们看来,相比较而言,科学方法更可靠、更有效,但这并不妨碍他们有时或有条件地利用其他手段。

第三节 社会科学的性质与特点

社会科学各学科是从19世纪开始发展的,但直到近几十年,它们才汇集在"社会科学"这一名称下。一般来说,"社会科学"主要包括社会学、政治学、经济学、人类学和法律学(有些人还将历史学、心理学包括在内),以及由它们形成的各种交叉学科和分支学科,如社会心理学、管理学、行政学、社会人类学、人口学、政治经济学等等。社会科学是从传统的人文学科中分化出来的,它至今还带有人文学科的痕迹。但是它的形成与发展受到自然科学的鼓舞则是毫无疑问的。

因为它的基本出发点是：社会及人类行为也可以像自然现象那样由"科学"来研究。当然，对"科学"一词有不同的解释：由此会导致对"社会科学"的不同界定。

近几十年来，社会科学的发展趋势是：(1)从早期强调对社会现象的客观描述发展到更强调对现象作系统的解释。(2)社会科学家像自然科学家那样更侧重发现普遍的规律，而不是像过去那样注重说明个别事件或现象的特殊性。为达到这一目的，社会科学家更多地采用系统观察、因果分析、测量、建立理论和模型等方法。在这个意义上，现代的社会科学更具备了科学的性质和特征。

一、社会科学知识的性质

系统性 社会科学的目的是系统地说明和解释人类的社会行为。这种说明也像自然科学那样依据一定的逻辑法则。如，一个事件不能影响另一个在它之前发生的事件；一种原因不能同时导致两种相互矛盾的结果。举例来说，一个人的职业不会影响他的出身，具有大学学历不能同时使一个人收入更多和收入更少。在理论体系中，一个个命题都是严格地依据逻辑关系联系在一起的，对社会现象的说明都可以由理论的演绎推理和归纳推理得到。

因果决定论 社会科学家也像自然科学那样假定，任何事物都有其发生的原因，也就是说，每一个事物都是由在它之前的某些事物所决定的。社会科学的因果决定论的假设并非是指个人的行为，而是指集体的社会行为。例如，根据调查研究证明，知识分子比其他人更赞同实行政府公务员考试制度，这一命题只是说明知识分子整体的态度，而并不否认某一位知识分子有可能会反对考试制度。此外，现代的因果决定论一般都是以概率的方式表述的，它通常指由大量随机现象所表现出来的统计规律。

普遍性 在求知方式上，社会科学不同于传统的人文学科。人文学者侧重考察决定一个人行为的所有因素，从他的出身、生活经历一直到他目前的社会关系等等。他们指出，人的行为是很复杂的，是由多种因素决定的。社会科学家并不否认这一点，但他们要从多种因素中找出最主要的、对所有人都有影响的因素。从他们的理想来看，这种普遍的、简化的因果说明应当能适用于任何人，任何时间、地点。因为被解释的现象的范围越广，理论的概括性就越高，它的应用价值就越大。当然，这一理想在社会科学中比在自然科学中更难达到。目前只有一些经济学理论能达到较高的概括性。

开放性 任何科学体系都是开放的，社会科学也不例外。不仅如此，社会科学理论的修正与补充比自然科学更加频繁。这是因为社会现象的复杂性和多样性。新的社会现象不断出现，而理论则很难跟上社会的变化。例如，列宁关于垄断资本主义的论述已无法说明现代的资本主义社会。

应当注意的是,社会科学的研究领域与各种意识形态——政治的、文化的、哲学的、宗教的——领域比较接近,它们的不同之处是:意识形态是为某一集团利益服务的,因而它相当封闭,而社会科学则允许不同理论的争论、批驳或相互补充。但是,社会科学研究比较容易陷入意识形态的陷阱中,这是由于研究者本人的世界观、政治信仰、价值观对他的影响。例如,相信"计划经济优越性"的经济学家,很难接受"市场经济比计划经济更有效率"的研究结论。这样,他在自己的研究中就很难坚持科学的开放性。不过,与自然科学一样,这一问题是通过科学方法论的共同规则和检验程序来解决的,科学程序可以有效地维护科学的开放性。

二、社会科学研究的性质

实证性 社会科学理论必须通过经验资料的验证,也就是说,理论必须与资料所显示的结果相一致。为了使他人能够判断理论的真伪,研究者还必须说明资料来源及获取资料的方法。科学理论是与对它的"判决性实验"相联系的。例如,社会学的一个理论命题是:"一个社会的工业化程度越高,社会阶层之间的流动性就越大。"这一命题的真实性取决于与它相连的检验方法,在提出这一命题时,科学家对"工业化"、"社会阶层"和"流动"这几个概念做了具体定义,并说明了衡量它们的方法,这样,任何一个国家的统计资料都可以证实或证伪这一理论。与科学理论相比,哲学理论或宗教则是无法被经验检验的。这里还应当指出,任何科学理论都不可能被完全证实,而只是部分(有条件地)证实或"暂时证实"。

明确性 自然科学家对他们所研究的概念必须做出明确的定义,并严格地规定一套测量的方法,如对"重力""速度""加速度"的定义和测量。在社会科学中,对概念的明确定义显得更加重要。因为日常生活中使用的"社会""文化""进步"等概念通常是相当含糊的,人们对这些概念有不同的理解和定义。因此科学家必须说明他对概念的定义,并对概念操作化。例如用"工业生产总值"来表明"工业化"的不同程度。尽管有些人可能不赞同仅仅用"工业生产总值"来衡量"工业化",但他们起码明确地知道科学家在这一研究中是如何定义和测量概念的。

客观性 科学研究的客观性是指任何研究者,不管他们属于哪个阶级、哪个党派,信仰哪一宗教,只要他们采用同样的科学方法,就能够得出同样的研究结论。例如,在自然科学中,不同国家的科学家对光速的测量都是一致的。社会科学研究也是如此。假如有一项研究结论证明,"女人比男人更愿意从事家务劳动",那么即使女科学家从个人感情上不愿意接受这项结论,只要她使用同样的方法进行研究,最后必然会得到同样的结论。当然,她也许不同意上述研究的方法,她或者认为测量方法有问题,或者认为对概念的定义有问题,或者是抽样方法有问题。这时,她可以采用另一种研究设计。在科学研究中,只要操作过程是严格按照科学规定进行的,那么对同一现象得出两种不同的结论只可能是由于采用了不同的研究设计或不同的方法。例如,分别用华氏温度计和摄氏温度计测量温度,或用一把标准的尺子和一把有误差的尺子测量身高,都会得出不同的结果。科学的客观性是依靠科学家集体的共同认识来维护的,他们共同评判哪一种方法更符合科学原理,并且共同制定标准化的科学程序和测量尺度。应当看到,尽管社会科学研究目前缺乏标准化的测量方法,尽管它对社会现象的观测不很准确,但是在科学程序和研究方法上仍然有一些共同制定、共同遵守的规则,以保证研究的客观性。

三、社会科学研究的特点

社会科学与自然科学的研究对象不同,因此社会科学研究具有不同于自然科学研究的特点。为了理解这些特点,我们应当首先了解社会与自然界的差异。

长期以来,人们一直认为,对世界的认识就是处理精神世界与物质世界的关系,即思维与存在的关系。精神世界是人的主观思维的领域,它就如同人们头脑中的一幅关于世界的图像,而物质世界则是真实的、客观存在的万千事物。人类认识的目的是要使精神世界与物质世界完全一致,或者像照相似地将客观世界的图片映入头脑中,或者像透视似地抛开事物的表象而将隐藏在表象背后的真实的本质揭示出来。但是 19 世纪以后,人们对世界的认识又有了新的发展。

社会科学家将物质世界又划分为客观的自然世界和主观的社会世界(Social World)。前者是完全客观的自然界,它的存在和运动是不以人类意志为转移的,如宇宙、星辰、原子、微生物等。后者则是由人类加工、改造过的物质世界,即社会。社会是由人类组成的,它不仅包括经过人类加工的物质生活条件,而且还包括注入了人类主观意志的社会构件,如社会制度、社会关系、社会组织和社会机构等等。这些社会构件即是客观存在的物质现象,也是包含人的主观意志的事物。社会世界是无法与人的主观意志相分离的,社会的存在与运动都依靠人的各种社会活动来维持。人的社会活动必须有动机、有目的,它与客观物体的运动不同。例如,一块石头从山上滚下是由于它受到外力的推动并遵从物体下落定律,而一个人向山上爬则是出于各种可能的目的。社会现象的主观意义以及人的行为的有意识性是社会现象与自然现象的根本区别。

社会与自然界的差异导致社会科学研究的一些特点。与自然科学相比，其主要特点是：

1. 社会科学所研究的现象比较复杂、异质性较大。影响社会现象的因素不仅包括客观的环境因素，而且还涉及个人的主观心理因素以及人际间的社会因素。社会现象之间的因果关系也比较复杂。由于对人类的精神世界无法进行直接观察，对社会现象很难像自然科学那样控制各种客观条件和影响因素加以研究，因此社会研究很难采用严格的实验方法和精确的观测手段。此外，对于涉及人的行为动机的现象，社会研究还需要采用不同于自然科学的特殊方法，如询问或主观理解等。

社会现象的异质性也给研究造成很大困难。自然科学家可以从一滴水或一个物体的研究中概括出普遍的定律，而社会科学家则不能通过对一个人或一个组织的研究得到普遍适用的结论。这意味着，社会科学需要抽取更多的样本，它的研究结论的概括范围更小。

2. 社会科学研究更多地受到个人因素的影响，这不仅指研究者的观察失误，而且还包括研究者的阶级地位、政治倾向、文化观念、宗教信仰等方面的影响。我们常常看到，社会科学的许多学术争论经常转化为政治争论或信仰争论，而在自然科学中则很少出现这种现象。

此外，社会科学的研究对象不是客观的、无意识的物体，而是有意识的个人。被调查的对象在研究中可能会有意或无意地隐瞒或改变自己的真实行为和态度。这些都对社会研究资料的可靠性造成不可估量的影响。社会科学很难收集到精确的定量资料，也很难进行精确的定量分析，尤其是在涉及人的主观态度或心理倾向时更是如此。

3. 社会现象的不确定因素更多，它的偶然性和独特性也更大。与自然界相比，社会的变化、发展更为迅速，这种发展基本上不是循环往复的。社会历史事件大多是独特的，受各种偶然因素的影响。历史学家也许能发现封建制度与现代社会的官僚制度有相似之处，但这种相似不同于自然现象的重复。因此这种发现对于预言历史的发展趋势没有太大用处，因为影响社会发展的条件在不断变化，而且又不断出现新的影响因素。可以说，社会科学不可能像自然科学那样做出长期预测。科学家能预测出日食出现的准确日期，但却无法准确地预测革命或经济危机的爆发。在人类社会中不存在永恒的、普适的社会规律，社会规律只适用于一定的历史时期和一定的社会条件。因此，社会科学理论的适用期较短，适用范围也有限。[7]

上述特点都表明,社会科学研究无法完全仿效自然科学研究。近几十年来,大多数社会科学家已放弃了完全照搬自然科学方法的做法。他们认识到,期待社会科学的牛顿或爱因斯坦,试图发现永恒的社会规律都是无法实现的。社会科学应当摆脱传统的实证主义和经验主义的影响,建立自己的理论和方法论体系。但这并不是说要放弃实证的或经验的研究方法,重新回到思辨哲学的老路上去,而是要发展适用于研究社会现象的科学方法。有关这方面的问题,在下一章将做进一步的说明。

第四节 社会研究及其方法

研究是人们认识世界的一种自觉的行动,它不仅仅是科学家在实验室中进行的观测行动,也不仅仅是学者在书斋里引经据典的文字工作,研究实质上是人们发现问题、寻求解释、解答问题的全过程。只要存在着使人类感到迷惑不解的现象,就会引出问题,为了解答问题,就要进行研究。

人们在研究中可以运用各种求知方式来说明和解释所研究的现象。但在科学研究中,科学家是在一定的理论和方法论的指导下,运用系统的经验观察和逻辑推理方法,通过建立科学理论来解释具体现象,并力图说明普遍的因果规律。本书是在这个意义上使用"社会研究"这一概念,它泛指对社会现象的科学研究。为了理解社会研究的含义,我们还应当了解社会调查、社会学研究等概念。

一、社会研究与社会调查

社会研究(Social Research)是个比较宽泛的概念。它既包括社会科学各学科的研究,也包括各个社会工作部门的研究。在一般情况下,科学家并不对这一概念作严格的定义。例如苏联学者认为:"任何有关一定社会生活现象的研究都可称为具体的社会研究。"⑧美国学者也持相似的看法。⑨只是在一些专业场合,科学家才将它限定为社会科学各学科的科学研究。有时为防止概念混乱,他们不笼统地使用社会研究一词,而直接用社会学研究、人类学研究、政治学研究或经济学研究。

社会调查(Social Investigation)与社会研究不同;通俗地说,社会调查是一种了解客观事物的感性认识活动,而社会研究是一种通过对感性材料进行思维加工来探索真理的理性认识活动。从科学的程序上看,社会调查实际上是直接收集社会资料或数据的过程,它是社会研究的一种途径和手段。社会研究要对所收集的数据或资料进行加工、分析和推理,以求确定社会现象的性质和规律。

社会研究包括收集资料的过程,但收集资料并不局限于社会调查,人们还可以采用实验法或文献法。文献法指收集第二手资料的方法,如收集历史资料、档案材料、统计资料等等,许多理论性研究都是采用这种方式。

这里应当指出,社会调查的概念,国外与国内有不同的用法。日本社会学家福武直的定义与国内的通常用法比较接近;他认为,社会调查"就是实证地抓获社会现象的一种方法,具有通过直接实地调查收集所谓实在的数据并由此进行分析的特色"[10]。

英美等西方国家使用的"Social Survey"一词,中文通常译为"社会调查",但它的含义与我国的社会调查概念是不同的。英国的《社会学百科全书》中定义,Social Survey "是通过一种预先设计好的询问方式来收集社会数据"[11]。另一本辞典中定义:"Social Survey是对生活在特定地理、文化或行政区域中的人们的事实进行系统的收集……(它)虽然常常包括说明性或描述性材料,但它一般是数量性的。"[12] 美国的教科书中指出:"Social Survey 一般指对研究总体中抽取出的样本询问问题的方法。"[13] "Social Survey很接近人口统计,两者的主要区别是,前者通常是考察人口总体中的一部分样本,而后者一般是记录所有人的有关情况。"[14] 在西方,"社会调查"(Social Survey)是随着抽样方法和问卷方法的发展而形成的一套结构化的资料收集方法。它常常被称为抽样调查和问卷调查。这种方法多使用事先设计好的问卷表格,并按照统计学的抽样原则抽取被调查者,资料回收后一般都利用计算机进行统计分析。由于这些特点,"Social Survey"译为"社会统计调查""Survey Research"译为"统计调查研究"较为恰当。[15] 在未加说明时,本书一般都使用这一译法,以便区别于我国的社会调查概念。因为后者的范围更广,它既包括社会统计调查,即结构化的收集数据资料的调查,也包括利用参与观察、个案访问、座谈会等方法收集资料的个案调查和典型调查。

二、社会研究与社会学研究

社会是一个复杂的系统,它可以从各种角度划分为不同的子系统。如从社会的构成要素上分为人口、地理环境、社会关系、社会制度、社会意识等等。从社会生活方面分为劳动、家庭、文化、闲暇、教育等领域。从社会行为的性质上划分为政治、经济、社会、文化、心理等等。

对于这个如此复杂的社会系统,只能分门别类地加以研究,在社会科学中是建立各个独立的学科,它们各自以特定的角度来探索特定的社会现象。各个社会工作部门的研究工作也是如此。在这个意义上,可以说,社会研究泛指各种具体地、分门别类地对某一社会现象或社会问题的研究。具体的社会研究一般是在某一学科范围内进行的,这是由于科学分工的缘故。当然,这并不排除各学科的协作。在具体研究同一现象时,经常会打破学科界线,相互交叉。例如,对城市的综合治理问题就需要多学科的协作。但这种协作研究是针对更具体的现象或问题。在协作中有可能形成新的交叉学科,它们是更具体的学科(如城市学)。

正如不存在包罗万象的自然科学一样,对社会的研究也不可能形成一门总的社会科学。社会科学的各学科,如经济学、政治学、法学、教育学等,都是从某一侧面来研究社会现象的。社会学也不例外,但它的侧重点不是某一活动领域,而是侧重研究社会的基本性质、社会整体的结构与内部联系,以及人类行为和社会生活的一般方式。

社会学旨在探索人们的社会行动和社会关系,换句话说,是探索个人、群体、社会三者之间及其内部各组成部分之间相互作用和相互影响的原因及结果。社会学研究包括:"由于人们的相互作用而产生的风俗、结构和制度,形成和削弱这些风俗、结构和制度的力量,参加群体和组织对于人们的行为和性格所产生的影响。此外,社会学还阐述人类社会的基本性质,这包括地方性和普遍性,并阐述保持连续性和引起变革的各种过程。"[16]

作为社会研究之一的社会学研究,它的主要特点是:综合性与实证性。

1. 社会学研究注重社会现象之间的联系,特别是注重对影响社会现象的各种因素进行综合分析。例如,影响一个社会人口增长的主客观因素有很多,如经济因素、心理因素(个人生育意愿)、政治因素(国家的生育政策)、科技因素(医疗卫生条件)等等。但社会学研究并不孤立地分析其中某一因素的影响,而是注重分析在不同的社会制度、不同的文化背景、不同的历史时期所有因素是如何发挥作用的。这种综合分析并非仅仅将各学科的理论、方法和观点综合起来,而是引入新的视野,在与各有关学科密切合作的基础上,探讨社会不同层次之间(个人、群体、组织、社区……)以及社会各个组成部分之间的相互作用,探讨制度化的社会形式与人的社会行动之间的相互影响。

2. 社会学注重对社会的实证研究。社会学把社会整体的性质问题——如社会的组成、社会结构、社会秩序与社会关系的形成、社会变迁的原因、社会发展规律等等——作为自己的主要研究领域。这一任务在过去一直是由社会哲学或历史哲学承担的。但哲学并不能提供真实可靠的知识。德国学者赖欣巴哈指出:"哲学是在找出科学答案的手段尚未具备时对问题的回答。"[17]从某种意义上说,社会学是社会哲学的实证化。从社会学的奠基著作《实证哲学》(孔德,1830—1842)这一书名就可以看出这门学科的实证性。可以说,社会学是试图用各种科学方法来解答过去由社会哲学或历史哲学所回答的问题。由于这一目的,实证方法和科学方法论在社会学中具有特殊的意义。

三、社会研究方法体系

社会研究方法同科学方法一样,可分为三个层次:(1)方法论;(2)研究方式或研究法;(3)具体方法与技术。

方法论 主要探讨研究的基本假设、逻辑、原则、规则、程序等问题,它是指导研究的一般思想方法或哲学。社会研究方法论要探讨的主要问题是:(1)社会科学能否像自然科学那样客观地认识社会现象?(2)是否存在客观的社会规律?(3)应采用何种方法来研究社会现象?(4)如何判断社会科学知识的真理性?(5)人的主观因素(如价值观、伦理观)对社会研究有什么影响?

研究必须以一定的理论和方法论为指导,但方法论并非统一的。方法论是与一定的哲学观点和学科理论相联系的。不同的理论学派有不同的方法论。例如,实证主义学派主张采用自然科学的实证方法解释客观的"社会事实",并用精确的数量分析来发现社会现象之间的因果规律。而人文主义学派否认社会规律的存在,它们主张用阐释或理解等主观方法来说明具体的社会历史事件。马克思主义学派则强调要以辩证的、历史的、发展的、相互联系的观点分析社会,并揭示社会发展的一般规律。

不同的学科也有不同的方法论。例如,经济学提出:"经济人"的假设,认为人的行为是理性的,是由其经济动机决定的。而社会学的基本假设之一是,人的行为是受社会结构或社会环境制约的。

在社会研究中应遵循何种方法论,是一个实践的问题,因为研究社会现象有各种可供选择的方法论、研究途径和判断标准,这就要对具体现象作具体分析。有些社会现象——如人口发展——是适于用自然科学的数量化方法分析的,而有些社会现象——如社会规范的形成与变化——目前还只能用历史、哲学或人类学的方法加以研究。因此,在做具体研究时,研究者一般是根据研究课题的性质来选择更适于这一课题的方法论和学科理论作为指导,或者是根据自己在理论、方法论方面的专业特长来选择适当的研究题目。

研究方式 指贯穿于研究全过程的程序和操作方式,它表明研究的主要手段与步骤。研究方式包括研究法与研究设计类型。

各门学科常用的研究法可能有所不同,如自然科学多采用实验法,历史学则主要运用文献考据法,法学常用案例研究法,这是由于研究对象的不同所致。在社会研究中有四种主要的研究法:统计调查研究、实地研究、实验研究和间接研究。前两种属于调查研究方法,目前在社会研究、特别是在社会学研究中,它们是最常用的研究法。

研究设计是对研究类型、研究程序和具体方法加以选择并制订详细的研究方案。不同的研究类型和不同的设计方案也决定了不同的研究方式。研究设计的类型可从各种角度来划分,其中主要有:(1)从研究目的上可分为描述性研究、解释性研究和探索性研究。(2)从研究的时间性上可分为横剖研究和纵贯研究。(3)从调查的范围上可分为普查、抽样调查和个案调查。此外,还可划分为理论研究与应用研究、宏观研究与微观研究等等。

在许多社会研究中,研究设计的任务还包括确定抽样方案和测量方法。抽样是依据统计学原理从研究总体中抽取出适当的样本。测量是制定操作化方案对所要研究的概念加以有效计量。本书第四、五章将介绍研究程序和研究设计的问题,第六、七章分别介绍测量和抽样的方法。

具体方法与技术 研究的各个阶段使用的具体方法与技术主要包括资料收集方法、资料分析方法和其他技术手段或工具。

社会研究的主要资料来源有:询问记录、观察记录、统计数据、文献资料等。与此相应的资料收集方法有:问卷法、访问法、观察法、量表法、实验法和文献法(第八章至十三章)。其中实验法和文献法是非调查方法,它们不是在实际的社会环境中收集资料,而是收集第二手资料或可控的实验数据。

社会研究的资料可分为数据资料和文字资料两大类。分析数据资料的主要方法是统计方法(见第十五、十六章)、数理方法和模拟法(见第二十一章)。分析文字资料的一般方法是比较法和构造类型法。此外,社会研究还要运用各种特定的理论分析方法,如功能分析、结构分析、阶级分析、历史分析等等。任何研究都离不开理论分析或定性分析,但具体采用哪些分析方法,是由研究对象和研究目的决定的。

研究的具体技术包括问卷与观察表格的制作技术、调查指标的设计、观测仪器、录音录像设备、实验设备、计算机技术、资料整理的方法与技术(第十四章)等等。

社会研究方法的三个层次是相互联系的,一般来说,方法论观点影响研究者对研究方式的选择,而一定的研究方式又规定了一套与其相应的具体方法和技术。例如,实证论者常采用统计调查研究或实验研究,这类研究是像自然科学那样建立研究假设,收集精确的数据资料,然后进行统计分析和检验。而人文学者则趋向于运用实地研究或间接研究的方法。他们多利用访问、观察和文献法收集资料,并依靠主观的理解和定性分析。对于从事社会研究的人来说,了解各种可供选择的方法论和研究方法是很必要的,这不仅有助于在实际研究中有效地应用某种特定的方法,而且还能认清各种方法的特点、局限性及互补性。

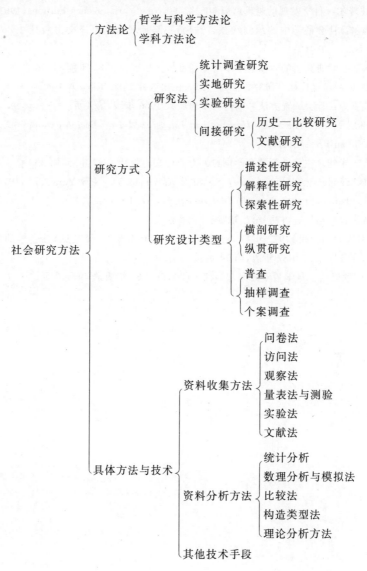

注释

① 《韦伯斯特新世界大辞典》,"科学"词条。
② 李汉林:《科学社会学》,中国社会科学出版社1987年版,第93—96页。
③ 贝尔纳:《科学的社会功能》,商务印书馆1982年版,第546—547页。
④ J.加斯顿:《科学的社会运行》,光明日报出版社1988年版,第244页。

⑤ W. Wallace, *The Logic of Science in Sociology*, p. 11, Aldine de Gruyter, 1971.
⑥ K. 波普尔:《科学发现的逻辑》,第 40—41 页,New York:Science Editions,1961。
⑦ 波普尔:《社会科学中的预测和预言》,《猜想与反驳》,上海译文出版社 1986 年版,第 485 页。
⑧ 苏联社会学研究所编:《社会学手册》,浙江人民出版社 1983 年版,第 16 页。
⑨ K. D. 贝利:《现代社会研究方法》,上海人民出版社 1986 年版,第 3 页。
⑩ 福武直等:《社会调查方法》,湖南大学出版社 1986 年版,第 4 页。
⑪ Michael Mann, *The Macmillan Student Encyclopedia of Sociology*, p. 368, London: Macmillan Press Ltd, 1983.
⑫ 邓肯·米切尔主编:《新社会学词典》,上海译文出版社 1987 年版,第 338 页。
⑬ W. B. Sanders, *The Conduct of Social Research*, p. 54, New York:CBS,1974.
⑭ E. R. Babbie, *Survey Research Method*, p. 41, Wadsworth, 1973.
⑮ 福武直:《社会调查方法》第二章"统计调查法"。
⑯ 《不列颠百科全书》1977 年第十五版第十六卷"社会学"。译文见《社会学的由来与发展》,商务印书馆 1987 年版,第 74 页。
⑰ H. 赖欣巴哈:《科学哲学的兴起》,商务印书馆 1983 年版,第 9—10 页。

第二章

社会研究发展史

　　社会学是研究人和社会的。文学和哲学也几乎有着同样的主题。然而它们彼此所采用的手段却各不相同。同样以人类社会为对象,哲学诉诸思辨,哲学家会就人类命运发表一番滔滔宏论,或精深或博大;文学诉诸形象,文学家能描摹出世态百相,或颂扬或讽喻;而社会学则注重实证,社会学家会实实在在地就某一社会现象提供大量数据,并阐明这些数据之间的微妙关系。社会学家的任务不仅在于描述(回答"是什么"),而且还在于解释(回答"为什么"),在"知其然"的基础上解答其所以然。

　　一般说来,在接受正规训练之前,每个人或许早已从事过或多或少的"社会调查",然而并非每个人都能被称为社会学家。因为,从严格的科学意义上讲,日常观察并不等同于"社会调查研究"。

　　那么什么是科学的社会研究呢?当然我们可以列举出像问卷调查、实验以及实地研究或个案研究一类的典型社会学研究手段,但倘若我们不从这些方法由何而来即从其发展史的角度来解答,那么我们的答案也只能是表面的。社会研究方法不只是一堆应用技术,其背后必定隐含着某种科学精神、某种方法论。不懂方法论而运用方法只能流于机械,不能做到有效地挖掘社会事实的本质。所以,从描述研究方法论的演进入手,会使我们对什么是社会学研究方法有一个更为深入的把握。这比单纯排列种种社会研究方法更完备,同时又比依时间次序大量罗列历次社会调查更经济有效。

　　另一方面,方法论并非一堆抽象的原则,它实际上是对社会研究实践的总结与概括,它是随着人们对社会认识的深入而发展的。因此,对那些里程碑式的调查或研究范例,我们将加以论述和分析,以明其理。方法论与研究案例并重,不仅是本章的特点,也是本书的编写原则。

第一节　社会研究方法论的演进

一、实证精神的引入

社会学作为一门学科的创立,通常的说法是始于孔德。而社会学研究方法论的真正确立也始于实证精神的引入。孔德的名字常常与实证主义并提。

实证精神可以说是社会研究的精髓所在。它使社会学独立为一门科学,同时也为其研究手段提供了科学的方法论前提。在孔德提出实证主义思想之前,人们对社会的思考还大都停留在"神学的"或"形而上学的"阶段。学者们习惯于将自己的理论大厦建立在直观的或想当然的基础上,而不是实证的基础上。孔德提出"观察优于想象"的命题无疑是对旧有学术传统的挑战,在某种程度上,科学的社会研究正是始于这一命题。"观察"是首要的,因为通过观察我们可以得到"事实"。理论可以过时,而事实则是永恒的。必须指出的是,实证主义虽然由孔德提出,但其精神却早已蕴含于孔德之前的一些学者之中——如哲学家培根、洛克,自然科学家哈雷、拉普拉斯、毕丰等。实际上,我们在孔德的先师圣西门那里就能找到关于实证主义的论述。圣西门在《人类科学概论》(1813)中指出,"关于人的科学迄今只是一门猜想的科学",应当将这门科学"提高到以观察为基础的科学水平","要赋予关于人的科学以实证的性质,把它建立在像物理学等其他领域中所使用的那种观察和研究方法的基础之上"。这说明,实证主义的根源要追溯到经验哲学和自然科学的领地。

早在经院哲学家对实证方法不屑一顾的时候,自然科学家就已经得心应手地运用起观察、实验等经验科学手段了。凭借这些科学手段和科学家的丰富想象力,古典力学这一人类科学史上最辉煌的理论大厦才得以建立。与自然科学领域相反,社会哲学(当时尚不能称作社会科学)领域中却充斥着为门派之别而进行的喋喋不休的争论,人们只知引经据典而根本不知实证检验。对于这种只重书本不重观察的空泛求知方式,一些社会思想家和实践家早已表示不满。"我们为什么不能放下书本,去看看现实究竟在发生什么?"他们开始试图按自然科学的法则来建造社会科学大厦的基础。既然社会是自然的一部分,而世界又是统一的,那么适用于自然界的法则为什么不能同时适用于社会呢?于是在17、18世纪,有人按天体运行法则提出"社会物理学",有人按数学法则提出"政治算术",还有人按生物学规律提出"社会生物学",等等。这些充溢着新思想的"新学科",形成一股列宁称之为"从自然科学奔向社会科学的潮流"。这股潮流发展到19世纪,被孔德以"实证主义"的命题提出,形成社会科学史上的分水岭。思辨的社会哲学在科学的、实证的研究思潮的冲击下终于分化,于是当今盛行的各门社会科学便独立出来,社会学即其中之一。

孔德的"实证"范畴在当时有其特定含义,它是(1)现实的而不是幻想的;(2)有用的而不是无用的;(3)可靠的而不是可疑的;(4)确切的而不是含糊的;(5)肯定的而不是否定的。在这里,孔德将自然科学中的研究法则带进了社会研究。他并且认为"人"——这个"理性的动物"——与动物只有程度上的差别,从而"人"被孔德从理性王国打入动物界。对人性及社会的研究应类同于对动物甚至对原子的研究——即实证研究。

孔德由此提出了他确认的社会研究方法。首先,他断言,观察是社会学的主要方法;其次,是实验;再次是比较法,即基于世界各种文化的比较,以及人类社会与动物社会的比较。此外,孔德还提出了历史法——即不同历史阶段和过程比较,这也可归入比较法的一种。

虽然孔德所谓"实证"的含义在现在看来不免机械,有失偏颇,虽然他建立起的"实证"体系本身就带有很多思辨色彩,虽然他对自己提出的社会研究法很少实践,但是孔德毕竟向人们提出了建立一门社会学科的科学原则,他使这门学科有了自己独立的方法论和研究手段,他将该学科命名为"社会学"。难怪人们将"社会学之父"的大名给予了孔德。

如果说孔德为社会学的创立提供了科学原则,那么社会学的另一位创始人——马克思——则以其卓越的研究实践为科学的社会研究提供了范例。马克思把黑格尔的唯心体系倒置过来,主张通过直接考察现实的"市民社会"来建立社会理论,他写道:"我们想把我们的全部叙述都建立在事实的基础上,并且竭力做到的只是概括地表明这些事实。"[①]这种以经验事实为依据,以唯物辩证法为分析手段,在具体的社会过程和社会联系中探求历史发展规律的研究方法,体现在包括《资本论》在内的一系列研究中,它们对社会学的发展有着深远的影响。列宁说道,马克思的唯物史观和方法论"第一次使科学的社会学的出现成为可能"[②]。

社会学的创始人将科学精神从自然科学引入社会研究领域,使社会科学从社会哲学中分化出来,这是社会研究发展史上的一次飞跃。但是,由于种种原因,他们并未对社会研究方法论作深入探讨。完成这一任务的是法国社会学家迪尔凯姆(1858—1917)。他在《社会学方法的规则》(1895)一书中首先制定了社会研究方法论的细则。其中,"首要的,同时也是最基本的规则是:把社会事实作为事物来看待"。在迪尔凯姆看来,信仰体系、社会习俗和社会制度等现象是外在于个人的客观的社会事实,个人对社会事实的反应就如同物质对外界刺激的反应一样。因此,对社会现象也可以采用自然科学的方法加以分析和解释。

迪尔凯姆发展了孔德的实证主义,他的方法论原则成为20世纪占主流的西方社会学研究的指导思想。(参见附录案例一)

二、反实证主义的方法论观点

尽管实证主义方法论在西方社会学中一直占据着主导地位,但是反实证主义也一直有很大影响。早在19世纪中期,在孔德的实证主义日益扩大影响的同时,对其思想的怀疑与反对也与日俱增。这是很易于想见的,因为孔德的实证思想显露出许多弱点。按照孔德的说法,社会学家可以像自然科学家那样"客观地"观察和测量社会现象。这一主张实际上暗含着如下假设,即作用于自然界的法则也同样作用于人类社会,因而自然科学的方法论也就适用于人类社会的研究。然而问题恰恰就在于:人类社会有着不同于自然界的特殊性。首先人有意识,其次人有差异性——人和人不同。这两点是被初期实证主义者所忽视的。举例来说,社会学家不能像自然科学家那样通过反复测量同一试验对象而核实观察结果,因为人相对客观物质来说变化迅速,且具有较大的随机性。又如自然科学家通过观测一个分子就能推断全部物质的属性,而社会学家则无法只观测一个人而了解整个社会。

德国社会学家狄尔泰(1833—1911)正是抓住了社会现象的特殊性向实证主义发起了攻击。他认为,由于人具有自由意志,因此人的行为是无规律且无法预测的。此外,社会历史事件都是独特的、偶然的,不存在普遍的历史规律。有鉴于此,对人和社会就不能用自然科学的方法来研究,而只能以人文学科的主观方法对具体的个人和事件进行解释和说明。

20世纪的社会学现象学派也否定了实证主义的许多假设。他们指出,迪尔凯姆的"客观的社会事实"是不存在的,因为社会是由许多个人的活动构成的,社会活动中隐含着个人的主观意义和动机。在他们看来,社会现象的产生或变化与其说是出于因果决定性,不如说是出于个人的境遇。因此,他们主张,社会学研究不应只从外部去观察人的行为,也不能给人的行为强加一种外部逻辑,而应当通过对社会环境和个人境遇的实地考察,深入到行为者的意义与动机的领域,揭示出指导人们行动的内部逻辑。他们认为,社会学的主要任务是具体而微地描述实际的社会生活,"还世界的本来面目",而不是探寻并不存在的社会规律。

上述观点根本否认社会规律和社会事实的存在,完全反对使用自然科学的方法研究社会现象,它在批判实证主义的缺陷的同时又走到了另一个极端——即人文学科的主观方法论。就这一点来说,它是不足取的。

实际上,大部分社会学家都介于实证主义与主观主义这两个极端之间。其中,德国社会学家韦伯(Max Weber,1864—1920)的方法论思想最具代表性。韦伯既反对实证主义,也反对主观主义。与实证主义不同,他认为,自然现象与社会现象有本质的不同。后者含有社会成员对自己和他人行为的主观理解,也就是说,"社会事实最终归结为可理解的事实"。社会学研究必须首先"观察行动者的'主观思想状态'",并依靠研究者的直觉或"理解"对行为的意义做出判断。与人文学派不同,韦伯指出,由于人的社会行为是有意义、有目的的,因而具有一定的规律性。对这种规律性的行为可以采用自然科学的方法加以研究。但是,社会研究对人的行为的因果解释不是仅仅通过外部表现和外部影响,而且还必须通过对人的行为动机的理解。韦伯认为,独立于人的主观意识之外的社会规律是不存在的,但是通过对理性行为的理解,就可以找出社会现象的规律性,可以对人的行为做出预测。他定义社会学为:"其目的是对社会行为进行解释性理解,以便说明行为的原因、过程和结果的科学。"韦伯的方法论原则目前为许多社会学家所接受。

在韦伯的影响下,20世纪的历史社会学家从另一角度批判了实证主义的观点。这一学派强调社会学与历史的密切联系。例如,美国社会学家米尔斯(C. W. Mills,1916—1962)指出,任何社会科学都要以历史事实和历史构想的存在为前提,在这个意义上,任何一门名副其实的社会学都是历史社会学。他还指出,模仿自然科学的实证研究通常带有统计学的性质,并且只限于静态研究而忽略事物的历史联系,这种抽象的、只重形式的实证主义对于认识人类和社会没有多少用处。历史学派主张在社会研究中发挥历史和哲学的想象力,运用思辨和比较等方法。

反实证主义学派提出了许多令人深思的观点,它们对实证主义的批判动摇了孔德的实证体系,但是却未能改变社会学的实证传统。因为社会学要想成为科学,就必须建立在经验事实的基础上。实际上,对实证主义持怀疑和反对态度的社会学家,大多数只是反对照搬自然科学方法或滥用数量分析方法,而并不反对以经验事实为依据来建立和检验理论这一实证原则。

三、科学方法论的发展

从19世纪末到20世纪上半叶,通常被科学家们认为是新科学思想丛生、创造发明迭出的时期。社会研究方法尤其是方法论也随着科学的发展获得了相当大的突破。在方法论领域的重大进展之一是修正与改造了孔德实证主义的研究逻辑,这应当归功于科学哲学家波普尔(1902—1994)的"证伪理论"。

孔德实证体系的基础是经验实证主义,其核心观点是:"知识起源于观察和归纳。"经验实证主义认为,科学研究的目的是证实理论,这一目的是通过对事实的经验观察和归纳,并对事实与理论的相符程度进行评判而达到的。

波普尔对经验实证主义的修正是从"知识起源说"开始的。他认为,科学知识不是像经验实证主义所描述的那样起源于经验观察和归纳,科学知识的起源是从各种"问题"开始的。问题引起人们的思索、探究,促使人们做出各种假设式的回答,然后通过事实证伪而形成知识。这里,波普尔强调自由想象的重要性,自由想象是科学创造中不可或缺的非理性因素。这样,波普尔就以"自由想象优于经验观察"的命题否定了孔德关于"观察优于想象"的原有命题。

然而只有自由想象是不足以构成科学理论的。于是波普尔提出了自己的"证伪理论"。他认为实证主义只强调理论的可实证性或可证实性,只注意搜集肯定的例证,而轻视否定的例证,这是不正确的。人们不应通过肯定而应通过"否证"来构筑科学理论。实质上波普尔正是用一个理论是否可证伪或否证来区分科学与非科学的。现代的学者们提出自己的理论不是期待它们被证实,而是期待它们被证伪,以便修正旧理论或提出新理论。波普尔思想的精髓就是他著名的假设检验法或称"试错法"(trial-and-error method)。这一方法是对杜威(1859—1952)等实证主义者的假设演绎法的修正与发展。它的提出对20世纪的自然科学和社会科学的研究逻辑都产生了深远影响。

假设检验法可用公式概括如下:

$$P_1 \rightarrow TT \rightarrow EE \rightarrow P_2 \cdots\cdots$$

式中 P 为问题,TT 为试验性理论,EE 为排除错误。科学家遇到问题(P_1)后提出判断假说(TT),然后通过证伪检验来排除假说中的错误(EE),形成理论后又会出现新的问题(P_2)……科学理论的发展便照此公式循环往复地进行。

继波普尔之后,库恩、拉卡托斯、费耶尔阿本德等人对科学方法论的发展做出重大贡献。尤其是库恩(T. Kuhn)的"范式"概念和"科学发展阶段论"对于分析社会科学的研究方法很有启发。

在库恩之前,传统的科学方法论都接受逻辑实证主义的假设,即不仅现实世界是统一的,并依据严整的因果规律运行,而且科学研究的方法与规则也是统一的,是像数学法则一样永恒不变的。库恩在对波普尔的假设检验法进行考察时发现,在研究的最初阶段——即在"自由想象"或"大胆假设"时,不同的研究者可能会有不同的"想象"或"假设",这是由于研究者的知识结构,社会背景和历史背景等等都不相同。例如,研究社会不平等问题,有的人会想到剥削,有的人会想到遗传,还有的人会想到命运。库恩使用"范式"这一概念来表示这类现象。范式是指研究问题、观察问题时的角度、视野和参照框架。它是由一整套概念和假定组成的,它反映了科学家看待世界、解答问题的基本方式。在不同的历史时期,不同的科学家集团都有不同的研究范式,因此科学研究的方法论规则并非统一、规范的,而是因人而异、随历史发展而变化的。库恩用"范式"的概念分析了科学的历史发展过程,他发现,各门学科的发展都要经历下列阶段:

前科学阶段→常规科学阶段→科学革命阶段→新的常规科学阶段……

在前科学阶段存在着各种研究范式的相互竞争与相互批判。到了常规科学阶段,一门学科开始成熟了,其标志是各个科学家集团统一在一种研究范式中。他们有共同的概念体系、共同的假定和方法论原则。当这门学科遇到无法解答的新问题,原有的研究范式不适用时,就进入到科学革命阶段。这时,科学家又分为不同的集团,他们求助于哲学思辨和理论创新,直到有重大的理论或方法的突破,才能使科学家们重新统一在新的范式中,进入新的常规科学阶段。

库恩方法论思想的启示作用在于:(1)他把社会历史观和非理性因素引入科学和科学研究过程,打破了"科学万能论",完善了波普尔的科学发展观。既然科学家的"自由想象"是受其思维模式的局限,就如同用有色眼镜看世界一样,科学研究所发现的只能说是相对真理。他指出,不仅科学理论是通过不断否证发展的,科学研究的模式或方法论规则也同样是通过实践检验而发展的。(2)他的"科学发展阶段论"说明:存在多种方法论或研究范式。一种"范式"只有当它能有效地解决某一学科领域的所有新问题时,才能为大多数科学家所共同接受。此外,从库恩所划分的阶段看,人们能认识到目前社会科学尚处于前科学阶段或科学革命阶段。

下面我们简要总结一下社会研究方法论的演进。首先是孔德的实证主义和马克思的唯物史观。当孔德提出"观察优于想象"的命题,当马克思把认识的来源置于经验世界之上时,那种依赖思辨与玄想,依赖古代圣贤语录的社会哲学的研究方式便终结了。孔德的实证思想和马克思的研究实践把社会研究引入了现代科学阶段。当然,孔德的实证体系有其自身的弱点,人并不是原子或分子,人有意识、有个性,社会学家不能像自然科学家对待原子或分子那样对待人,他不仅要研究人的行为的外部逻辑,而且还要考察其行为的内部逻辑。于是在反实证主义思想的冲击下,社会研究方法论有了进一步发展。M.韦伯的"理解社会学"指出,对人性的理解是每一位社会学家的必备素质之一。然后是波普尔,他提出,仅有经验观察是不够的,研究者还应在发挥自由想象的基础上大胆假设,小心求证。这一思想同后来米尔斯在其名著《社会学的想象力》一书中所阐述的主题思想相呼应。波普尔所提倡的科学研究的"试错法"在社会研究领域得到发挥。凡是社会科学理论都应实证,而某种社会科学理论的发展又要求理论本身具有可证伪性(testable),以便能通过经验调查来检验。这样社会理论与社会调查的关系就更加密切了,有时甚至理论的突破有赖于调查方法的发展。单纯凭主观想象而提出一套理论的时代已经过去。最后是库恩的"范式"理论,他指出,科学研究的方法和原则是受历史条件制约的,所以,不仅要对研究发现——即理论——进行逻辑检验,而且还要考察影响研究模式的社会历史因素,这与社会学现象学派注重实际的社会环境与个人境遇是一致的。库恩的观点使社会学家认识到,社会学是一门多范式的学科,社会研究方法论是不断发展的;不存在任何凌驾于科学实践之上的、"放之四海而皆准"的指导思想或方法论原则。

第二节　社会研究手段的发展

一门学科研究手段的运用往往早于该学科的建立,社会研究手段便是如此。社会的实际问题要求人们利用种种调查手段了解社会。比如对人口、资源情况的统计技术早在几千年前就开始发展了,而对社会现象的实地观察则更是与人类社会的发展相一致。然而,只有在自然科学诞生之后,社会调查技术才真正具有了"科学意识"。

自然科学中关于研究者应持客观立场的思想,以及关于建立变量间因果关系模型的思想,都对包括社会调查在内的所有社会研究手段产生过重大的影响。可以说,正是上述科学思想促成了社会调查技术超脱于一切实用目的之上,成为社会研究的科学方法。也正是由于这些科学手段的引入,才使社会研究摆脱了仅仅依赖于哲学思辨和文献考据的落后状态。

社会研究方法是在自然科学思想影响下多学科的产物。它是社会学、心理学、统计学、人类学等多种学科的共同研究手段,同时它们的形成和发展也与这些学科息息相关。我们不妨作如下粗略归纳(如图2.1)。

图2.1刻画了几种主要社会研究手段与各学科的关系。我们之所以将各种方法的形成与发展分解到各相应学科,完全是出于论述的方便。事实上,每种研究方法的发展都不是独立的;在发展过程中,各门学科相互影响,各种方法交叉重叠的情况相当普遍。下面简述一下统计学、心理学和人类学对社会研究方法的贡献。

第二章 社会研究发展史

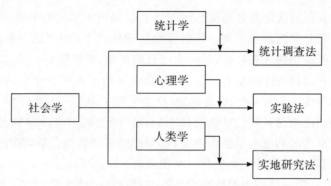

图 2.1 社会研究方法与各学科的关系

一、统计学方法

一门学科是否采用数学是这门学科成熟程度的标志。社会学所运用的诸类调查研究手段中有许多是来自数学，或更精确地说是来自统计学。其中以抽样调查和问卷法中采用的数学层次最高，在电子计算机迅猛普及的今天，社会调查研究采用统计方法的情形更为突出。如果没有计算机的辅助分析，现代社会研究的许多大型调查将是不可想象的。而且，从近几十年的发展来看，甚至社会学的理论创新，也很大程度上依赖于新的统计技术的发展（如网络分析理论）。

统计技术的使用最早可追溯到古埃及和古中国。但统计作为一门学科的创立则始于 17 世纪中叶。统计学当时的名称是"政治算术"，由英国的威廉·配第（William Petty，1623—1687）首先提出。按马克思的说法，此人是"政治经济学之父，在某种程度上也可以说是统计学的创始人"[③]。威廉·配第在调查英国当时的基本经济状况时采用了大量统计技术，他称自己的研究"不采用思辨式的议论，相反采用了这样一些方法，即用数字、重量和尺度来表达自己所说的问题"[④]。在他当时所用的统计手段中有今天所熟知的分组法、图表法等，他计算了一系列总量指标、相对指标和平均指标，用以衡量英国当时的社会经济状况。

统计学发展史上另一早期开拓者是阿道夫·凯特勒（Adolphe Quetelet，1796—1874），此人是数理统计学派的创始人，也被称为"经验社会学之父"。我们今天所用的许多社会统计手段都来源于他。凯特勒出生于比利时，他是将概率论思想引入社会研究的第一人。他坚信社会生活具有一定的统计规律，这一点在他的社会调查实践中得到证实。凯特勒在研究法国不同年龄层次的犯罪现象时系统地运用了数理统计。在实际研究的基础上他提出了具有深远意义的"平均人"（Average Man）概念。他注意到，在人数的统计量足够大的时候，人们各种特性的分布遵从正态分布律。而"平均人"是所有人的特性的平均数,其属性正处于正态分布图形的中央。按凯特勒的理解,"平均人"是一个民族主要生理素质和道德素质的客观指标,是一个社会的典型,是描绘社会稳定状况的统计指标的中轴,"如同物体的重心那样,对社会中一切平衡现象和运动现象的评价可归结为对平均人的考察"(A. 凯特勒《社会物理学》)。

"平均人"的概念是现代社会统计中"均值"概念的前身。在"均值"中,一切由偶然因素所造成的随机量都消失了,留下的只是常数和合乎规律的东西。"平均人"概念的提出是统计学史上的一个里程碑。

此外,凯特勒在他的犯罪研究中还触及现代社会统计学中另一个重要思想,即概念的操作化。按照现代的研究术语,凯特勒曾就人的"道德素质"概念提出操作化方案。他建议根据人们活动的结果来衡量人们的"道德素质",他当时提出按照能量的消耗、能量消耗复现率等来测量人的活动。当然,他的这一建议在现在看来是复杂得难以操作的。但这一问题的解决途径却为现代社会研究提供了正确的方向。

统计学的发展使社会研究得以定量化、科学化。而统计学本身又与数学密不可分,对统计学做出贡献的学者中有大量数学家,如早期有贝努里·拉普拉斯,后来又有卡·皮尔逊等人。这里特别应该提到费舍尔(R. A. Fisher,数学家兼经济学家),他在1928年提出的抽样理论为社会研究的代表性、科学性提供了数理基础。今天常见的大型舆论调查如果没有抽样理论作基础,那么其客观性将令人产生怀疑。

二、心理学方法

社会研究手段从心理学领域借鉴的东西有许多,如问卷设计中态度量表的拟定就来源于心理学。孔德在他的实证主义体系中曾提到过实验法,但他未能付诸实施。实际上,社会研究中的实验法可以说是完全借用实验心理学的模式。实验法关于控制两变量因果关系的思想是其他诸种社会研究法的典范。这一思想直接来源于自然科学,从这种意义上讲,实验法是社会研究的理想化模式,由实验导出的结论也最合逻辑性。实验心理学是以 W. 冯特于1879年建立莱比锡心理研究所为起点的。然而当时限于心理学的发展水平,"内省法"仍然是学者们建构理论的主要途径,实验法只是辅助而已。实验法的大量运用始于行为主义心理学兴盛之后。

行为主义的创始人之一华生反对传统心理学以主观内省法从事意识的分析研究,主张对行为进行客观观察,采用严格实验方法,注重刺激与反应关系的探索,强调实验过程中控制的作用。然而行为主义心理学家都喜欢以鼠类或鸟类等小动物为实验对象,然后由动物推及到人。所以,他们对人类行为的结构往往带有生物学印记。

相反,社会学家以及社会心理学家则直接以人为实验对象。如,梅奥、罗斯力兹柏格等人于20世纪二三十年代所做的"霍桑实验"被认为是组织管理理论的转折点。在这次实验中,研究者发现工人们之间的人际关系是影响其工作效率的一个重要因素。这一结论在以后学者所做的反复实验中都得到了印证。它突破了传统管理学派所谓"经济人"的概念,成为新一代管理理论即人际关系学派的出发点。

实验法在社会心理学领域发展得最为迅速。著名"场论心理学派"的代表人勒温认为,实验心理学可以系统地用于分析群体水平。在他的影响下,R. 利皮特与L. 怀特两人于1938年及1939年在美国艾奥瓦作了群体社会气氛及领导风格的研究。他们组织了若干由成人领导的、领导风格不同的儿童游戏小组。第一套实验比较了民主模式与专制模式的差异;第二套实验在以上两种模式上又加进了"自由放任"式的领导风格,即无领导的领导方式。每组儿童都体验了多种领导模式,以便研究不同风格对同一组效应的影响。实验表明,民主优于专制。在专制领导下,儿童缺乏主动性,对同伴的侵犯行为也多于其他小组。而民主领导在这方面最佳。"自由放任"式小组的特点是,小组成员普遍表现出茫无目标和不满。这一著名实验结果常常被后人所引用。

实验法的演变依据这样的程式,最初是一次性个案研究,实验方法仅包括刺激和对反应的后测(post test)。然后是单组实验,包括前测(pretest)、刺激、后测,通过从后测排除前测的内容而得出刺激的净效应。最后是控制组(control group)的引入,即研究者同时对两个组(实验组和控制组)进行监测,在控制组中控制外来因素的干扰,通过两组结果的对比而求得刺激的净效应。控制组的引入是实验法上的一次革命。组织学中著名的"霍桑实验"就曾引入过控制组。

D. 坎贝尔与J. 斯坦利于1963年出版的《实验与准实验研究设计》一书中概括了16种实验方式,从经常使用的一次性个案研究到成熟的控制实验。其中较完善的实验以"所罗门四组设计"为代表,即一个实验组加三个控制组。实验法的设计原则对社会学研究设计的改进有重大影响,社会学目前常用的相关分析、控制变量及趋势研究的设计都来源于实验法的思想。

三、人类学方法

人类学一向就是社会学的近邻,这一点可以通过许多学者既是人类学家又是社会学家这一事实来说明。这两门学科的研究方法通常是彼此借用的。

人类学中的参与观察法和访谈法恐怕是社会研究中最古老、最通用、最易实施的方法。这些被人类学家用于考察原始民族文化的研究手段也常常被社会学家用来考察文明社会。社会学中的许多著名调查都是以参与观察和访谈为主完成的,如怀特(William Foote Whyte)的《街角社会》一书是作者通过三年半的参与观察而得到的结果(参见附录一案例三)。此外,像利博(Elliot Liebow)的《塔利的角落》也是一年半参与观察和访谈的结果。

然而,人类学对社会调查研究的最大帮助还是它看问题的角度。人类学的观点对社会学的实地研究法影响最大。社会调查史上许多优秀的实地调查都是人类学影响的结果,如美国社会学家米德(Margaret Mead)对文化中"青春期"及"代沟"问题的研究,就是她早年只身深入原始部族从人类学的研究角度开始的。

人类学看问题角度的独特之处在于,在研究某个个案时尽可能将所有变量及其相互作用统统考虑进去。这与社会研究中的实验法和统计调查法不同。后两种方法为便于做定量分析,通常是尽量剔除多余变量的影响,只简化为两个或少数几个变量之间的关系。而人类学则要定性考察几乎所有变量。这一点对社会学的社区研究和生活史研究有很大影响。由林德夫妇所做的著名社区研究《中镇》(1929)就是其中一例。林德在着手这项研究之前未受过社会学训练,他只是采用了人类学的方法,对美国中部的城镇市民生活(包括谋职、成家、养子、闲暇、宗教及社会活动等六个方面)作了全面考察。此外,值得一提的是,我国社会学家费孝通先生的名著《江村经济》也是社区研究的范例。该书具有丰富的社会学内容,但却吸取了人类学分析方法和观点。尤其是他的导师,著名社会人类学家马林诺夫斯基(1884—1942)所开创的功能分析法对该项研究影响最深(详见附录案例二)。

人类学的另一种主要研究手段——文化比较研究——曾解决过许多学术疑难问题。例如,有些社会学家和心理学家曾坚持认为人的进攻性是遗传基因所致。他们由动物推到人,认为男性(雄性)比女性(雌性)天生就富于进攻性。这一观点的反对者们曾一度找不到充足的实证理由来予以反驳。最后,还是人类学的文化比较以翔实的实地研究资料证明:人的进攻性主要由人们所处的文化环境造成。人类学家在考察了不同类型的原始文化之后,发现有些女性占主导的原始文化非常崇尚女性的进攻性,提倡女性在性行为中的主动。而那些文化中的男性则相形之下显得软弱、被动。所以,现代文明中男性进攻性较强的现象只能是自身文化的产物,到遗传中寻找根据是不恰当的。

第二章　社会研究发展史

目前,社会研究中的文化比较正在成为日益热门的课题,如东西方文化的比较、不同社会制度的比较等。

由于人类学、统计学和心理学都与社会学有着共同的研究课题,围绕这些课题还形成了一些交叉学科,如社会人类学、社会统计学和社会心理学,因此各学科的研究方法相互借鉴的现象也就十分自然了。

最后要指出的是,在研究方法上,社会学以及社会研究历来存在着两种传统,一种是人文学科的研究范式,其中包括人类学、历史、伦理学、文学等学科的方法。其特点是注重直观和切身体验、强调对人和社会的主观理解或阐释。另一种是自然科学的研究范式,也就是在统计调查和实验法中所体现出来的数量化方法,它强调客观的、精确的因果分析。近几十年来,社会研究手段的发展主要表现为定量方法——如抽样方法、统计方法、测量技术、计算机技术、问卷技术——的发展和广泛应用。但这并不表明社会学已成为一门精密的科学。实际上,人文学科的方法在社会研究中仍发挥着重大作用。

第三节　社会调查研究简史

社会调查的历史可追溯到公元前数千年的古埃及和古中国的行政统计调查。传说中国古代大禹治水划九州时就进行过人口调查,查明当时的人口数为13,553,923人。中国历代王朝都专门设置有关机构(如户部),负责掌握户口人丁数、田亩数等。

历史上的社会调查按其目的可分为三大类:(1)行政性调查;(2)实用性调查;(3)学术性调查。行政性调查是为治理国家服务的,其历史几乎和国家一样古老。它包括古代的人口统计、近代开始发展完善的国家统计工作,以及现代的部门社会统计(如工业、农业、户籍管理、国土、资源、社会福利与社会发展等)。实用性调查泛指以社会事业或社会改革为目的的调查,它是从18世纪开始发展的。学术性调查则是直到20世纪才发展起来,它的目的主要是构建或验证理论,当然也不完全排除其实用性,因为许多学术性调查都是由实用目的派生而来的。下面主要介绍后两类调查。

一、近代社会调查研究(约18世纪—20世纪初)

这一时期的调查内容较为繁杂,多为实用性调查,如家庭调查、生活调查、工业调查、犯罪调查以及后来的舆论调查与市场调查。

18世纪以来,资本主义工业化和城市化的迅猛发展产生了一系列新的社会问题,从而促进了经验社会调查的发展。初期的社会调查多以社会管理和社会改良为目的,因此有些人指出,社会调查的兴起源于对"社会病态"的诊断与治疗。近代社会调查最为发达的是几个工业化最先发展的国家,即英国、法国、德国等。

(一) 英国

经验调查在最先进入工业化社会的英国开始得最早。早期以了解国情为目的的调查除去前面提到的威廉·配第的《政治算术》(1690)外,还有伊顿爵士的《贫民的情况》(1795)和辛克莱爵士的《苏格兰统计报告》(共 21 卷,1791—1799)。前者询访了许多教区牧师,并填写了 43 份各类工人的详细家庭预算,这可算家计调查的一个首创。后者发动了宗教界人士为调查人员对苏格兰 881 个教区进行了普查,内容包括地理、矿藏、各教区史以及人的性别、年龄、职业、宗教信仰、出生率与死亡率、自杀与被杀、失业等等项目,这些项目被编制在有 116 项内容的调查表中。辛克莱的这一庞大调查表对后来欧洲许多国家的人口普查影响很大。

早期以社会改良为目的的调查主要有霍华特的《监狱的状况》(1777)和《关于欧洲主要监狱医院的报告》(1789),他的调查促使英国下院通过了改革监狱管理制度的议案。此外还有 1832 年曼彻斯特统计学会创始人凯·夏特沃斯所做的关于当地工人生活质量的调查,该调查成书名为《曼彻斯特纺织工人生活的精神条件和物质条件》。凯·夏特沃斯后来当选为《济贫法》起草委员。

另外,自 1801 年起,英国就实行经常性的人口普查,每十年普查一次。这也是英国经验调查发达的又一例证。

英国 19 世纪最著名的调查要算是查尔斯·布思(Charles Booth,1840—1916)的《伦敦人民的生活和劳动》了。这位被称为经验社会学代表人物的学者从 1886 年始,苦心奋斗 18 年,写成了拥有 17 卷本之多的鸿篇巨制。布思本人原是个务实的造船业企业家,在目睹了工业化给社会带来的巨变之后(一方面是轰轰烈烈的工业发展,而另一方面则是贫苦工人的悲惨生活),他决定开始规模宏大的社会改良研究。布思是位实事求是的实干家,他只承认"合乎科学的事实",并努力探讨"事物的本来面貌",他曾一度深入普通家庭生活过。布思的工作遍及整个伦敦。他将伦敦划分为 50 个区,依 5 个不同标准排列:贫穷率(伦敦的贫穷平均数被定为 30.7%)、人口密度、出生率、死亡率、早婚率。而居民被划分为高级、中级和低级也是与这 50 个区相对应的。为了区际比较,布思制定了综合指数(根据上述五标准的平均值得出),并对 50 个区用不同色彩在伦敦地图上画出,形成一幅直观的社会世态生活图。

英国政府依据布思的调查报告,于 1908 年颁布了《老年抚恤金条例》,实行了失业保险,并规定了重体力劳动的最低工资限度。由此,布思成为英国通史上"一位杰出的人物"。

20 世纪初,英国的朗特里(B. S. Rowntree)继承并发展了布思的方法。他从生理学和营养学中的"体力效应"出发,提出了维持这种"体力效应"的最低工资,从而为制定合理的社会福利制度提供了可能性。此外,尤尼(G. Udny)等人还依据布思的调查资料作过多因回归和复相关分析。

(二) 法国

法国的经验调查发源也较早,除前面提到的 A. 凯特勒有关犯罪及"道德素质测定"的研究外,较著名的还有黎伯莱(Frederic Le Play,1806—1882)的家庭调查。黎伯莱原为一矿山工程师,并曾一度是西欧各国采矿业和冶金业的著名组织者兼顾问。家庭问题最初只是他游历各国时的一种"业余研究"。后来才上升为他的主要兴趣。黎伯莱认为家庭观察较为简单易行,可为归纳推理提供可靠资料,大大优于单纯的抽象思辨。他深信家庭这一社会基本细胞是社会的各种特点及各种安定或动乱的种子的发源地。他向自己提出的目标是研究 300 个以上属于不同居民阶层的家庭,不仅要研究各个家庭的物质生活,而且还要研究每个家庭成员的感情、情欲以及一般的理性生活和道德生活。据他自己说,撰写每一家庭的专题论文都要求他"至少一周时间,有时要整整一个月时间"。黎伯莱相信,通过调查家庭的收支情况可以获得有关家庭结构和功能的确切资料,并可为家庭的比较和分类提供可靠依据。比如,一个家庭的伙食开支比重较高说明生活的窘迫;而用于饮酒和娱乐方面的开支过多,则意味着精神上的颓废和对文化教育的忽视。黎伯莱历时 20 年的调查最后编写成书《欧洲工人》(1855),该书后来扩充为 6 卷。黎伯莱调查的意义在于,家庭研究作为一种手段可以理解整个社会的历史发展和功能变化,从而对社会改革进行预测。

在法国与黎伯莱同期的还有帕兰·杜卡特列(Parent Duchatelet)的妓女调查和维莱梅(Villerme)的纺织工人调查。杜卡特列的调查编写成两卷本的《巴黎的卖淫现象》后曾轰动整个欧洲。维莱梅的调查对于制定"童工管理法"发挥了很大作用。

(三) 德国

与英、法两国相比,一向以重思辨著称的德国在经验社会调查上开始得较晚,而且主要也是受前两国的影响。比如恩格尔(E. Engle,1821—1896)的家计研究便是一例。恩格尔原本同法国的黎伯莱一样也是矿业工程师,他后来同黎伯莱的会晤对其学术兴趣的发展起了决定性的作用。此外,恩格尔的研究还受到凯特勒的影响。他后来在比较了黎伯莱与凯特勒的研究之后提出了著名的"恩格尔定律",即收入水平越低,家庭越穷,用于伙食开支的比重就越高。时至今日,我们仍可沿用这一"恩格尔系数"来衡量一个家庭的生活水准。

19世纪,马克思、恩格斯为剖析和改造资本主义社会,做了许多调查研究工作。马克思在《资本论》的写作过程中,收集了大量的世界各国的统计资料、档案文件和文献资料,并出色地运用各种分析方法从事实资料中抽象出理论认识,例如,他曾借鉴凯特勒的"平均人"概念对产业工人进行了分析。恩格斯曾长期深入到工厂和工人居住区进行实地调查,"从亲身的观察和亲身的交往中直接研究了英国的无产阶级"[⑤],写成了《英国工人阶级状况》一书。

另外,值得注意的是,德国19世纪的许多经验调查研究都是由著名社会学家、历史学家及经济学家完成的,他们是斐迪南·滕尼斯、马克斯·韦伯、阿尔弗雷德·韦伯、古斯塔夫·施穆勒等人。著名社会学家马克斯·韦伯曾对产业工人的心理生理状况、劳动生产率及企业发展关系进行过调查。这一调查虽因工厂工人拒绝合作而未能完成,但该项调查的方法论本身就具有学术意义。后来韦伯将调查总结成《关于工业劳动的心理生理问题》一书,作为经验研究的方法论导论。

(四) 美国

美国一向保持着学术的经验性和实用性相结合的传统,其社会调查的成效较好。美国在20世纪初所进行的大规模社会调查以匹兹堡调查和春田调查最为著名。

1907年进行了著名的匹兹堡调查。当时正值匹兹堡城的钢铁业飞速发展,随之出现了一系列现代工业化进程必然带来的社会问题。因此该调查针对工资、劳动立法、工人家庭生活及女工等问题做了详细研究,后共汇集成六大册调查报告(1909—1914)。这是美国第一个有系统的大型社会调查。其后,另一大型调查是"春田调查"(Spring Field Survey,1914),该调查对中国20世纪20年代的调查颇有影响。春田市位于美国南北中央,是一典型美国城市。这次调查是应当地居民的要求而展开的,旨在改善市内的公共事业。调查内容包括教育、工商业、市政管理、公共卫生、居住条件、娱乐场所、治安等,并针对调查结果提出了具体建议。结果不仅达到了改善公共事业的目的,而且还在大范围的宣传中使群众对该市有了新的了解,促使他们更积极地参与自己城市的市政建设。

19世纪末20世纪初以前的大多数社会调查研究尚缺乏理论的指导,研究的目的主要在于解决社会当时的尖锐问题,如贫困、犯罪、居民生活状况等。这些调查虽然起到了相当大的治世之功,但其调查本身却难以上升到一定的理论高度。尽管如此,这些经验调查还是为今后的社会研究提供了丰富的调查经验和翔实的调查资料。没有经验调查作基础,后来的学术性研究也是不可能的。

二、现代社会调查研究(20世纪初至今)

社会调查与社会学理论的结合,即学术性调查研究是以迪尔凯姆的《自杀论》(1897)为开端的。

(一)《自杀论》的意义

《自杀论》标志着社会研究进入现代阶段。《自杀论》的重要意义不仅在于其中包含着关于自杀现象的精辟论述,而且还在于:(1)它是孔德实证主义思想在社会研究中第一次得到完备的经验的体现。《自杀论》证实了迪尔凯姆关于社会事实独立于个人之外的说法。(2)《自杀论》是理论与经验结合的首次范例。因为以往的社会研究或是理论缺乏经验检验,或是经验调查缺乏理论指导。(3)《自杀论》促进了社会研究从单变量的、描述性的研究转向多变量的、解释性的研究。(4)就研究方法而言,迪尔凯姆首先将"多元分析法"引入了社会学。"多元分析"是指利用复杂的统计技术来计算和分析各种因素之间的关系。此外,他还为如何利用统计资料、如何从经验现象中概括出理论认识提供了范例(详见附录案例一)。

(二)经验社会学的兴起

20世纪20年代以后,社会调查研究的重心移到美国。可以说,社会调查研究方法的科学化与美国的社会调查息息相关,尤其是从二次大战以来的情况看更是如此。

20世纪初期,在美国的社会问题中,移民问题和城市问题是很突出的。芝加哥学派的社会学家托马斯(W. I. Thomas,1863—1947)、帕克(R. E. Park,1864—1944)等人就这些问题做出了具有开创性的研究。在移民问题研究中,托马斯与美籍波兰学者兹纳涅茨基(Florian Znaniecki)选取了几百个样本,使用文献法和个案分析法,将移居美国的波兰农民与波兰本国的农民作了对照研究,并写成《欧洲和美国的波兰农民》(1920)一书。该书被认为是社会学个案研究的经典范例之一。芝加哥学派还在布思的影响下,并借鉴人类学的方法,对城市的贫民、种族、区域特征等问题进行了实地研究,开创了"城市生态学"的研究领域。这种研究实际上是将人类学的社区研究运用到现代城市。

20世纪二三十年代,应经济、政治的需要,美国出现了大量舆论调查和市场调查。这些新兴调查因竞争的激烈(产品竞争和候选人竞争等)而大行于世。于是,一些专职调查机构便应运而生。其中最著名的莫过于由乔治·盖洛普(George Gallup,1901—1984)1935 年创办的盖洛普民意测验所。该调查机构因 1936 年准确地预测出罗斯福当选总统而名声大振。民意测验并非 20 世纪的产物。马克思就曾于 1880 年拟定过一份《工人调查表》[⑥],共有 100 个问题,公开载于《社会主义评论》杂志上,问卷发行量为 25000 份。但与 19 世纪不同的是,现代的民意测验一般是在计算机的辅助下完成的,否则工作量将大得难以应付。近几十年来,计算机业迅猛发展,美国的舆论调查业也是一派兴旺。除盖洛普事务所外,还有哈里斯、赛林格等六七家全国性大型专业机构。据统计,美国 1978 年仅花在舆论业上的资金就多达 40 亿美元,可见其规模之大、范围之广。

(三) 社会统计调查模式的建立

我们今天所运用社会统计调查以及变量关系分析方法的最后成熟,应该说是与两位美国社会研究方法大师分不开的。他们是斯托弗(Samuel Stouffer,1900—1960)及其稍后的拉扎斯菲尔德(Paul Lazarsfeld,1901—1976)。

斯托弗早年就读于著名统计学家卡·皮尔逊和 R.A.费舍尔门下,并受到了严格的统计学训练。这一点可象征性地说明统计学在他今后的社会研究中的意义。斯托弗的研究主要有:美国黑人地位的研究(30 年代)、美国士兵的研究(40 年代)、移民方式的研究(40 年代),以及在麦卡锡时期的政治民意测验(50 年代)。他所研制的研究设计、抽样方法、问卷设计以及分析逻辑等已成为目前广泛应用的社会统计调查研究的模式。

与斯托弗一样,拉扎斯菲尔德也是一位对社会问题怀有浓厚兴趣的社会学家。他的主要贡献是,他在斯托弗等人的《美国士兵》研究的基础上,提出了社会统计分析的"详析模型"(详见第十六章)。此外,他还组织了哥伦比亚大学的应用社会研究机构,培养了一批在后来的美国应用研究界起主导作用的年轻人。他与其门徒的理论和方法被社会学界称为哥伦比亚学派。

(四) 当代的发展

第二次世界大战以后,社会调查研究的数理化倾向日趋明显。抽样理论和统计检验的引入,社会测量法的推广,社会统计学和数理社会学的发展等等,都进一步推动了社会研究方法的定量化。同时,理论的发展也越来越取决于研究方法和分析技术的提高。例如,20 世纪 60 年代美国社会学家布劳和邓肯采用路径分析等方法所做的《美国职业结构》(1965)的研究对于社会分层理论的发展有很大促进作用。美国诺贝尔奖奖金获得者赫伯特·A.西蒙在组织管理研究中采用了决策论和计算机模拟方法,从而推动了社会学、经济学和管理学的组织理论的发展。此外,系统论和控制论的思想以及网络分析技术都在很大程度上促进了社会结构理论的发展。

另一方面,在 20 世纪 60、70 年代以后,注重了解个人与社会行为的主观意义的研究方法也有所发展。如现象学方法和民俗方法学,前者是通过精细的观察与描述来揭示人的社会行动的实际产生过程,后者是运用实地观察、主观理解和语言分析来了解个人之间的社会交往规则或方式。此外,历史社会学和比较社会学又开始兴起,它们强调要利用现代更丰富的文献资料,运用历史—比较方法来研究当代社会的重大问题。

数量化方法和定性研究方法的发展都表明,社会科学工作者在不断改进其研究手段,并力图更深入、更科学地认识和解释社会现象。

三、中国社会调查发展简史

在中国,科学意义上的社会调查直到 20 世纪初才开始发展。这一方面是由于中国长期以来缺乏经验科学传统,没有一种科学逻辑作为方法论,同时也不注重发展科学的方法与技术手段。另一方面是由于社会政治原因,封建统治者的保守、僵化、官僚士大夫的"清议"之风,加之连年战乱和封建割据等因素,使得社会调查在中国始终未建立起成熟的体系。

尽管科学的社会调查在中国只有短短几十年的历史,但我们还是能在这有限的发展史中找到不少优秀的社会调查范例。学术界早期的社会调查有许多是在外籍学者的指导下进行的,如 1917 年美籍教授狄特莫(C. G. Ditlmer)指导清华学生对北京西郊居民生活的调查,以及美籍传教士甘博(S. D. Gamble)、燕京大学教授步济时(J. B. Burgess)等人仿照美国"春田调查"所做的《北京——一个社会的调查》(1921)等。中国人主持的社会调查最早的是陈达对北平成府村居民和清华校工所做的生活费调查(1923)。

20 世纪二三十年代是中国学术界社会调查发展最迅速的时期,究其原因,应当说是中国当时正处于工业化社会的前夜,急剧的社会变迁、深刻的社会矛盾、大量的社会问题都需要理论界加以诊断和解释,以求救国之路。学者们从了解中国国情入手,在社会、经济、政治等广泛领域进行了大量的社会调查。其中较著名的有:李景汉的《北京郊外乡村家庭》(1929)及历时七年之久才完成的社区研究的杰作《定县社会概况调查》(1933)。后一调查在中国社会调查史上占有重要地位,李景汉在调查中采用实地调查与统计调查相结合的方法,使用了随机抽样与分层抽样,亲自设计了 314 个统计表格,初步建立了中国农村调查的统计指标体系。他还将这些调查的方法与经验概括于《实地社会调查方法》(1933)一书中。严景耀的中国犯罪问题调查(1927—1930)采用了参与观察法,他深入监狱和牢房,收集了大量第一手资料,并在资料分析中将案例分析和统计资料分析结合起来(详见附录一之案例四)。在经济领域,陈翰笙领导的对无锡、广东、保定三地区的大规模农村社会经济调查(1929—1930)对于全面了解中国农村社会起了很大作用,并直接促进了30年代社会问题调查的广泛开展。这一时期,少数民族地区调查也有了发展,其中,王同惠(费孝通的前夫人,在此次调查过程中献身)、费孝通的"花篮瑶社会组织的调查"(1934)在民族研究史上留下了感人的一页。

30年代后期和40年代,较著名的社会学和社会人类学调查成果主要有:费孝通的《江村经济》(1939),史国衡的《昆厂劳工》(1943),费孝通、张之毅的《云南三村》(1945)等。

学术界社会调查发展的另一标志是,建立了专门从事社会调查研究的机构,其中有较大影响的是:陶孟和、李景汉主持的北京社会调查所(属中华教育文化基金会)、陈翰笙主持的南京社会科学研究所社会学组、陈达主持的清华大学国情调查所。

20年代以来,中国共产党人在其革命实践的过程中,对中国社会调查事业的发展做出重大贡献。革命领导人毛泽东本人就是社会调查的身体力行者,他的"没有调查就没有发言权""实事求是""走群众路线"的观点以及他所总结和倡导的"深入实地""召开座谈会""解剖麻雀""典型调查"等工作方法对于社会调查的普及起了很大的推动作用。毛泽东撰写了《中国社会各阶级的分析》(1926)、《湖南农民运动考察报告》(1927)、《寻乌调查》(1930)、《长冈乡调查》(1933)等调查报告以及《调查工作》(又名《反对本本主义》,1930)、《实践论》(1937)、《关于农村调查》(1941)等理论性文章。在他的倡导下,中国共产党人在40年代组织了对陕北地区的大规模的社会调查研究,写出了《绥德、米脂土地问题初步研究》、《米脂县杨家沟调查》等大批调查报告。这些调查为认识中国社会、制定革命策略奠定了基础。

50年代以后,由于种种原因,学术性调查研究没有取得很大进展。值得一提的只是少数领域的进展。如费孝通对"江村"(江苏省吴江市开弦弓村)的追踪调查,他于1957年、1980年重访他1935年调查过的"江村"进行实地考察,为了解中国农村社会的历史演变提供了丰富资料。此外,社会调查研究在民族学、教育学、经济学等领域都有不同程度的发展。

50年代中国社会调查事业的重大发展是建立了较完善的行政统计调查系

统,它能够有效地为政府行政管理提供详细、全面的数据资料。虽然在某些时期其数据的可信性令人怀疑,但全国性统计机构的建立改变了以往在基本国情调查上的落后状况。1953年、1964年、1982年、1990年4次成功地进行了全国人口普查就证明这一点。

80年代以来,随着社会学的恢复和社会科学各学科的发展,学术性的调查研究又有了新的进展。促进这一发展的根本原因是中国正处于新的历史转变时期,社会变革与社会变迁带来了一系列亟待解决的问题,如农村发展问题、城市问题、体制问题、文化观念的问题等等。针对这些问题,社会科学工作者在各个领域进行了大量的调查研究,为社会改革和现代化建设提供了许多有价值的信息和政策性建议。

注释

① 《马克思恩格斯全集》第1卷,第223页。
② 《列宁全集》第1卷,第120页。
③ 同①,第23卷,第302页。
④ 威廉·配第:《政治算术》,商务印书馆1960年版,第8页。
⑤ 同①,第2卷,第278页。
⑥ 同①,第19卷,第250页。

第三章

社会研究的方法论问题

在研究社会现象时,会遇到许多具体的方法论问题。虽然我们对方法论的基本问题已有所了解,并确定了自己的基本态度,但这仍解决不了"从何入手"和"如何研究"的问题。例如,对于"如何看待和解释社会现象"的问题,我们已在哲学上确立了这样的观点,即社会现象是发展、变化、相互联系、相互制约的,因此要以辩证的、系统的、科学的立场观点和方法来说明与解释。但这仅仅是提出了任务和指导原则,而没有解决"桥"或"船",即方法和方法论的问题。这些问题包括:应当从何种角度分析社会?如何分析社会现象的因果联系?何种解释方式才称得上是系统的、科学的解释?……如果不解决这些问题,所提出的任务只不过是一些空洞的哲学原则。

本章将对社会研究中的一些方法论问题加以介绍和讨论,并详细说明社会理论的构成及理论解释的类型。

第一节 社会研究的层次与角度

要对社会进行研究,就需要对研究对象的范围有全面的了解。社会学家认识到,社会是一个多层次的整体,"社会学的对象包括各部分具有深度的社会现实,从社会表层及形态基础(地理的、人口的、生态的、工具的等等)到由活的日常实际所构成的上层建筑,复至集体的价值观念和思想,最后直至既是集体的又是个人的社会意识,都是不断往复运动,组成了社会现实之网,所有这些纵深层次互相渗透,构成一个不可分割的整体——即总的社会现象"①。

社会是由个人组成的,但社会的性质又超出个人特性的集合。那么,对社会的研究应该从何入手呢？要解决这一问题，首先要划分出社会的层次。一般来说，可以将社会现实划分为以下几个层次：(1)个人层次，它可进一步分为客观与主观(行为的和态度的)两个层次。(2)群体(或集体)层次，它也可再分为客观层次和主观层次，前者包括群体结构和集体行为，后者包括人际关系和互动规则。(3)社会结构层次，它比前两个层次更抽象，它包括由社会分化形成的社会制度，社会活动方式和社会网络。(4)文化层次，文化是指由社会成员所共有的世界观、价值观、道德规范所产生的各种社会现象，这一层次包括物质文化和精神文化[②]。上述层次是从研究单位的角度划分的。当然，还可以从其他角度划分社会层次(如分为生产力、生产关系和上层建筑)。

一、研究层次——宏观与微观

由于社会现象的错综复杂，对社会的研究一直是多层次、多角度的，研究者选取的社会层次和观察角度不同，他采用的研究方式也就不同。当代法国社会学家布东根据一些经典社会研究划分出社会研究的不同角度[③]，参考他的分类，我们可以进一步概括出社会研究的几个主要层次：宏观层次、微观层次、社会单位层次。在每一层次中，根据不同的研究角度还可划分出不同的研究主题。

（一）宏观层次

宏观层次是将社会视为一个有机的整体，侧重从文化和历史的角度来研究社会整体的性质和发展规律。宏观研究的主题有：

1. 社会变迁研究。是在文化层次上，即从历史演化的角度来发现并解释社会发展的规律。马克思的社会发展阶段论和韦伯的《新教伦理与资本主义精神》(1905)都是这种研究的范例。韦伯通过对历史的"纵向研究"，运用定性分析方法，指出了资本主义产生之前的新教伦理观与资本主义企业家的价值观的相似性，由此来解释近代资本主义的产生原因。一些社会学家还利用定量方法去分析宏观社会现象的变化，例如迪尔凯姆的《自杀论》阐明了经济周期与自杀周期的相关关系。

2. 社会结构研究。是从社会系统的相互联系入手来分析社会体制。社会学的启蒙者孟德斯鸠的《论法的精神》一书就是探讨各种社会体制的协调性问题，他对政治制度、法律制度与文化、习俗的相互依存性的研究，对现代结构功能主义有很大影响。美国社会学家帕森斯(1902—1979)建立了社会系统的理论模型，用来分析经济制度、文化系统与社会行动者及其社会关系的联系。

3. 社会行为与态度的研究。是将许多个人的行为或态度视为一个整体，由此来分析、预测人们的社会行动。这种研究通常采用大规模的统计调查，利用问卷和民意测验来了解人们的社会态度和行为倾向,然后用社会背景变量加以解释。例如,用经济收入、教育水平解释不同社会阶层的政治态度。迪尔凯姆的《自杀论》通过收集大量的统计资料详细分析了导致自杀行为的社会因素、宗教因素。美国社会学家斯多弗等人的《美国士兵》一书也是社会行为研究的范例。

(二)微观层次

微观研究是从个人或群体入手,通过观察人们的社会交往来发现社会行动的意义、特点与其社会环境的复杂关系。微观研究的主题有:(1)人的社会化;(2)人际关系;(3)个人与社会环境的相互作用。美国社会心理学家米德(1863—1931)的"自我——他人"理论和"社会化"理论阐述了文化、价值等符号是如何为大多数社会成员共同理解,从而使社会生活得以建立和维持的。符号互动论指出,社会是由社会行为者不断解释其社会情景的意义,并在实际交往中不断相互协调和适应的过程。社会心理学、行为科学、现象学和民俗方法学的研究多在微观层次,它们不注重社会整体的性质,不试图发现所谓客观规律,而是注重实际的社会过程和个人的活动,在研究方法上主要采取实地观察与客观描述。

(三)社会单位层次

社会单位层次是从群体结构和集体行为入手,直接考察实际的社会单位,如社会组织、社会群体和社区。

1. 社会组织研究。是对企业、公司、学校及其他机构的研究。这种研究类似于社会结构研究,即通过变量分析来描述组织内部各部分的相互关系,以及组织与外部系统的关系。美国学者马奇和西蒙等人的《组织机构》、克罗泽埃的《科层现象》是这种研究的范例,他们倾向于用形式化的命题来表述组织的系统模式。

2. 社会群体研究。是对青年、老年、妇女等群体的研究。它通常采用参与观察的方法,并尽可能记录下各种信息。怀特的《街角社会》是这种研究的典范,他长期参与到一个青少年团伙的日常生活中,通过细微的观察,对这一群体做出了详尽的描述。此外,近几十年来,在群体研究中还采用了实验方法,即引入某项变量、控制其他变量来观测实验变量对群体行为或态度的影响。

3. 社区研究。这种研究的范围很广,它既包括对一定区域(城市、乡村、县镇……)的全面考察,也包括对社区内部特定社会问题的研究。社区研究常采用人类学方法,即长期参与观察与实地研究。美国社会学家林德夫妇的《中镇》、我国社会学家费孝通的《江村经济》都是社区研究的范例。

表3.1概括地说明研究层次与各种研究角度和研究方式的关系。

第三章 社会研究的方法论问题

表 3.1 研究层次与研究方式

研究层次	研究主题	主要研究方式
宏观	社会变迁	文献研究、历史—比较研究
	社会结构	文献研究、统计调查
	社会行为、态度	统计调查
微观	人际互动	实地研究、实验
	个人与社会环境	实地研究、统计调查
社会单位	社会组织	统计调查、实地研究
	社会群体	实地研究、实验
	社区	实地研究、统计调查

二、社会整体与个体

在哪一层次上才能对社会做出科学的解释呢？这是整体主义方法论与个体主义方法论争论的一个主要问题。

整体论认为，社会的性质不是由其部分的性质决定的。社会整体决定其各个部分的本质，由此推论出，社会研究的基本分析单位是社会整体，如社会文化、社会制度、社会结构等，因为社会现象的存在与变化只能由整体特征或宏观变量（结构变量，环境变量等）来解释，而不能归结为个人特性，即不能还原到个人心理或生理的层次。

个人论则认为，社会研究的基本分析单位是个人，韦伯写道："理解社会学认为个人及其行动是它的基本分析单位。"因为个人是有意义行为的唯一承担者，而国家、团体、社会制度等等整体概念都是表明人们互动的某种范畴，它们都可以还原为各个参与者的行动。波普尔、沃特金斯等个体论者还强调，对于社会现象应当根据人的动机、态度和行动来解释，而不应当根据社会集合体的性质来解释。沃特金斯写道："也许可以根据一种大规模的社会现象（如充分就业）对另一种大规模的社会现象（如通货膨胀）做出不彻底的或半途而止的解释；但我们不可能对这类大规模社会现象做出彻底的解释，除非我们能够从个人的意向、信仰、资源以及它们的相互关系中推演出这种解释。"[④]

个体论与整体论的分歧在于：个体论主张采用分析或分解的方法，并在基础层次上对事物做出解释，而整体论主张通过揭示整体的本质属性来解释各个具体事物。

整体论（或系统论）是当代富有启发性的新思想。它正确地强调，只有了解一个有机系统的各部分之间的相互联系,才能认识系统的本质属性。它指出了传统科学的分解或分析方法的局限,但是它并没有提供一套研究有机整体的操作方法。到目前为止,它还只是一种无法付诸实践的学说⑤。此外,由整体论推导出社会研究应当"从社会整体出发"也是不恰当的。

首先,从分析单位的角度来看,整体与个体是相互补充的。例如,对于"为什么不同国家存在着不同的社会制度"这一问题,就不能以个人为单位来解释,而必须用结构或环境变量——如各国的生产力发展水平、地理位置、历史条件、阶级状况等——来说明。而对于"为什么有些人赞成而有些人却反对某种社会制度"这一问题,则必须要考虑个人特征。尽管这两种研究是回答两个不同的问题,但它们都有助于理解"社会制度"这一现象。

其次,在具体研究中要考虑社会整体的所有联系,不仅难以做到,也没有必要。社会研究一般是选取某一层次或角度,主要考察少数重要因素来说明所研究的现象。例如,马克思主要以经济因素,而韦伯主要以宗教因素来解释资本主义的产生和发展。迪尔凯姆在解释各国自杀率不同的原因时,也主要以"社会整合程度"这一变量来说明,而不是列举所有影响因素。这说明,"从社会整体出发"作为一个方法论原则,其作用是有限的,且缺乏实践上的意义⑥。

实际上,社会现象既是综合性的,也可以区分为各种特殊类型,这就需要采用"具体问题具体分析"的原则,需要在各种研究层次、研究角度和研究方式之间进行选择,而不能事先将社会研究限定在某一层次或某种分析单位上。

三、研究范式

虽然库恩在《科学革命的结构》(1962)一书中提出"范式"概念时并没对它做明确的定义,但从他的基本思想中可得出这一定义:范式是指某一特定学科的科学家所共有的基本世界观。例如,蕴含在牛顿的物理学中的世界观构成一个范式,而与之对立的爱因斯坦的物理学的世界观则构成另一种范式。⑦范式是由其特有的观察角度、基本假设、概念体系和研究方式构成的,它表示科学家看待和解释世界的基本方式。

美国社会学家里茨尔区分了社会学的三种不同的研究范式:社会事实范式、社会定义范式和社会行为范式,这种划分主要是表明社会学家看待社会现象的不同方式或不同的观察角度。⑧

社会事实范式 是以迪尔凯姆的方法论思想和现代的结构功能理论为代表的,它强调社会现象的客观性,认为社会现象是客观的事实,它们不能还原为个人的事实。例如,一场社会运动并不是由许多个人行动构成的,而是由一些社会历史因素所形成的"合力"推动的,它是一种客观的,不以个人意志为转移的社会历史现象。社会事实范式强调对宏观的社会结构、社会制度、文化规范进行研究,在社会结构层次和文化层次探讨社会的本质属性。

社会定义范式 以韦伯的思想为代表,它强调社会现象的主观性质,认为一些宏观的社会现象,如"国家""制度""阶级"等都不是有形的实体,它们是由人们的主观定义建立的,因此社会现象是不可能与个人的动机、态度和行为相分离的。这也是个体主义方法论的主要论点。米德等人的符号互动论还进一步指出,人们对社会和社会现实的定义是通过人际互动过程建立起来的,他们的行动和互动方式都受这种共同的社会定义的指导。社会定义范式强调在微观层次研究人们是如何建立社会、如何在社会中行动的。

社会行为范式 是以行为科学(管理学、社会心理学、组织社会学等)的方法论为代表的,它强调对个人的社会行为进行客观精确的分析,主张用经验的或实证的方法研究社会现象。它认为社会事实范式过于抽象,只限于宏观层次,而社会定义范式又过于主观,只限于微观层次,因此只有通过对人的外部行为进行经验观察,才能认识社会现象的因果关系,才能像自然科学那样客观地解释社会现象。

表 3.2 三种研究范式

项目	社会事实范式	社会定义范式	社会行为范式
研究范畴	社会结构 社会制度	人际互动,心理 社会情境,规范	行为的原因与后果 刺激及反应
代表人物	迪尔凯姆	韦伯、米德	斯金纳、霍曼斯
理论学派	结构功能学派 冲突学派 新马克思主义学派	符号互动论 现象学 民俗方法学	行为理论 交换理论
研究方式	历史—比较研究统计调查	实地研究	实验,统计调查

注:引自 G. 里茨尔在北京大学的演讲(1988 年 10 月)。

以上这几种研究范式都只是强调社会现实的某一侧面,但它们对于全面地认识社会都是必不可少的。尽管这几种范式使用的基本假设、概念和研究方式各不相同,不过在实际研究中,它们又是相互联系的。例如,社会学研究主要关心的是社会结构和社会发展的问题,它的研究主题常常是以社会事实的概念表述的(如"经济基础与上层建筑的关系"问题),但这种概念往往是抽象的,因此在经验研究中就需要运用社会行为范式的概念将其具体化,而在研究社会行为时又必然涉及人的主观层次,这就会与社会定义范式的概念相联系。

当然,用不同的范式研究同一现象时有可能会得到不同的结论,这就使研究成果的交流和评判产生困难。但这在社会科学发展的现阶段是不可避免的。社会研究没有统一的范式或模式,各种观察角度、各种研究方式都有其合理性和局限性,这不仅是客观的事实,而且也是本书所要强调的一个主要观点。

第二节 社会研究的科学性

社会研究能否科学地、客观地认识社会现象,也就是说,社会现象是否具有规律性?社会科学能否采用自然科学的研究模式?人的主观价值是否会对研究的客观性造成影响?社会科学能否成为一门科学?这些问题是社会研究方法论所要解决的一些主要问题。

一、社会规律性

任何科学的前提或基本假设是,它的研究对象是有规律可循而不是杂乱无章或偶然的。社会研究也采纳这一基本假设,它的目标是探寻社会现象的规律性和社会行为的模式。

尽管许多社会现象似乎是随机的、偶然的或独特的(例如,人们可以自由地选择职业或配偶,自由地选择宗教信仰,不同的国家都有自己独特的历史背景和发展途径,等等),但是社会生活仍具有高度的规律性。这种规律性与自然界的规律既有相同之处,也有不同之处。社会规律性主要表现为统计规律,即总体的规律。社会研究所关注的正是由许多个人组成的总体的行为倾向或发展趋势,而不是个人行为的规律性。例如,人们生育子女的个人原因是各种各样的,并受各种偶然因素的影响,但是一个社会的总出生率却是相对稳定的;从不同社会、不同国家的出生率的差异中可以发现一些有规律的影响因素,如热带地区比温带地区出生率高,落后国家比发达国家的出生率高等等,由此可以发现影响人口生育的因果规律。如果没有各个国家出生率的相对稳定性,也就无法进行科学研究了。

社会生活中的规律不同于自然规律,因为前者不是完全客观的,而是与社会规范和社会制度相联系的。社会规范是指各种正式或非正式的行为准则、道德标准、法律条文等等,它们是人为设立的,并随着时间的推移而不断变化。社会

第三章 社会研究的方法论问题

规范使得社会生活在很大程度上具有规律性。例如,现代社会的人在参加工作之前一般都要受几年或十几年的学校教育,男人一般都要和女人共同承担抚养子女的责任,中老年人一般比年轻人有更多的社会权利或更高的社会地位,等等。这样,人们的行为方式和生活方式就不是杂乱无章而是有章可循的,社会科学家可以通过观察社会规范对人们的影响来发现某种类型的人具有何种特定的行为模式。

社会制度也规定了人的行为,在一定的制度下会产生一定的行为。马克思曾指出,人的社会活动都受到社会制度的制约。资本家剥削工人,并不是因为他们本性凶恶,而是由于社会的经济制度和政治制度迫使每一个处于资本家位置的人都必须从事同样的剥削活动。人们的其他活动也是如此。只是在这个意义上,才可以说社会规律是不以个人意志为转移的客观规律。社会虽然不是一个像自然界那样的客观系统,但它也不完全是人为设计的产物。虽然个人行为都是有意识、有目的、有选择的,但最终形成的社会秩序却是自然而然的,不受个人意志所左右的。

波普尔指出:"社会科学的主要任务是探索人类有目的活动的出乎意料的社会反应。"[9]在他看来,社会规律是一定的社会制度与人的有目的的活动相互作用的产物。他认为社会科学不是要发现永恒的规律,而是要探索在特定社会中制约人类行为的经验规则,这些规则告诉我们,在社会领域中人能够做什么,不能做什么。例如,在商品经济的社会中,"不可能制定出一个不带来通货膨胀的完全就业政策","不可能在把实际收入平均化的同时提高生产率",等等。依据这些规则就可以预测,在一定的条件下,人的行为会导致何种后果。

综上所述,社会研究所探寻的社会规律是指:(1)社会总体的统计规律,它只是以概率的方式说明总体的状态或倾向,而并不排除个别的特例。(2)由社会规范和社会制度所规定的相对持久的行为模式。(3)适用于特定社会、特定历史时期的经验规则。在这一方面,社会研究不同于哲学研究和历史研究,它并不试图探寻永恒的或普适的历史发展规律,并依据这种规律来预言人类社会的未来,而是试图科学地解释社会生活中所表现出来的各种规律性。

二、解释与理解

对于社会现象有两种不同的认识方式,第一种是通过外部观察来客观分析与解释事物之间的关系,第二种是通过对行为者或历史事件的主观意义的理解来揭示事物表象之间的内在联系。前者称为自然科学的客观解释,后者称为人文学科的主观理解,实证主义与主观主义各执一端,它们似乎是相互对立、不可调和的。但韦伯等社会学家认为，这两种方式在社会研究中不是相互排斥的，它们可以结合在一起。

为理解这一问题，我们首先来考察一下自然科学的解释方式。自然科学家关心的是解释自然现象的运动和变化，他们假设这种运动是由一定规律支配的。也就是说，自然界的每一种现象都有它的产生原因，而各种现象之间的因果关系则反映了不变的自然规律。对规律或变化原因的揭示可以通过系统的自然观察或人为的实验观察，前者如对天文现象的观察，后者如在实验室中控制温度和压力来观察液体到气体的变化。这种观察表明，在一定的条件下，物体总是以相同的方式对特定的刺激或影响因素做出反应，因此自然科学的解释就可以用外部的刺激或影响因素来说明。

但是，把这一套解释方式照搬到社会科学中是不适用的，因为社会科学的研究对象不是无意识的物体。因此，对社会现象的解释必须要考虑到人的动机、感情等内在因素。例如，要解释工农子弟比其他阶层子弟的升学率低这一现象，如果只是把人当作客观的物体，就可以用家庭经济状况、家长的文化水平等外部条件作为这一现象的原因。这里隐含着一个假定，即如果客观条件具备的话，每个人都会沿着小学→中学→大学这条路运动。但实际上，影响升学率的因素还包括人的主观动机。有一项对升学率的调查表明，在同一阶层中，升学动机强的人比升学动机弱的人的升学率高，这说明，那种"客观"运动的假定是不成立的。韦伯根据社会现象的这一特点提出了投入理解（Verstehen）的方法，即研究者站到被研究者的立场，设身处地地理解行为者的内在动机，主观地判断影响社会行为的内在原因。

不过，理解并不能取代科学的解释，因为，对个人处境和动机的理解并不能证明现象之间的因果关系，而且这种理解有时是错误的。例如，按日常的理解，导致自杀的原因包括生活的贫困和个性的软弱，由此可以得出"穷人比富人的自杀率高"、"女人比男人的自杀率高"这两个命题。但是，实际调查结果却与这两个命题恰好相反。这说明，由理解而得到的因果判断只是一种假设，它也必须通过科学程序来检验。经验社会学的创始人凯特勒指出，人的特殊性会使影响因素更为复杂、会增加观察和测量的难度，但这并不影响社会研究的程序。也就是说，在对客观变量进行因果分析时不可避免地要引入主观变量，以便做出更确切的说明，而这些主观变量的提出和观测要依靠研究者对研究对象的主观理解。在凯特莱看来，主观因素也可以纳入科学的变量分析中。这样，理解的方法就能结合到科学的程序中，理解和经验观察都是提出假设性解释的手段，这些假设被证实后就会成为客观的科学知识。韦伯也持相类似的观点。

当然,科学的解释是建立在因果决定论的假设之上的。那种认为社会历史现象是独特的,需采用特殊方法的观点完全排斥了社会现象的规律性和普遍性,在这种意义上所主张的理解方法或"顿悟"方法属于哲学或历史思维的领域。

应当指出,社会研究的解释方式并不与自然科学的程序完全一样,尤其是在定性研究方面,其"解释"的方式相当凌乱,且缺乏逻辑统一性。只是在统计调查研究和实验研究中才形成了一套较系统的解释方式。

三、价值与客观性

价值是人们关于世界或社会"应当如何"的主观意愿。在生活中每个人都自觉或不自觉地做出自己的价值判断,如社会不平等是不合理的、资本主义是应当被消灭的等。科学研究不使用价值判断,它只采用逻辑判断,即客观地说明"事实是什么","事物是如何变化的"。因此,科学是"价值中立"的。

人们对于"价值在社会研究中的作用"问题有不同的认识。实证主义者主张在社会研究中仿效自然科学的"价值中立"原则,认为研究的目的不在于判断好坏与善恶,而只在于判断真假或是否,因此研究者必须采取客观的态度,排除个人的价值观和主观偏好。而人文主义者则反对"价值中立"的原则,认为社会研究应当像人文学科(如哲学、美学、伦理学)那样为人类提供行为规范和价值观。这里的争论实际上涉及两个不同的问题:(1)关于社会科学知识的真理性问题。(2)关于社会科学的功能问题。

在第一个问题上,有些人文主义者认为,社会科学知识都带有主观性,这一方面是由于研究者所属的社会、国家、阶级或地位的不同,因此社会研究的结论都是因人而异的价值判断,另一方面则是由于研究方法不精密或不统一,缺乏统一的判断知识真理性的标准,无法对研究结论做出客观检验。这种否定社会研究客观性的观点是站不住脚的。首先,尽管社会研究会受到研究者个人因素的影响,但是只要这种研究是建立在经验事实的基础上,那么从科学的程序上看,就能够保证研究的客观性。其次,社会研究的方法虽然不如自然科学那样精密,但从发展趋势上看,方法的日益科学化和精密化不仅将大大减少主观因素的干扰,而且会使科学的检验标准的建立成为可能。

韦伯指出,尽管社会科学的研究者在选择研究课题和研究角度上受其价值观的影响,但当他进入研究阶段之后就应当排除个人偏好或价值取向,这样,社会研究就同样能做到"价值中立",就同样能得到客观的知识。在这一点上,韦伯的观点已为大多数社会学家所接受。

关于社会科学的功能问题,某些实证主义者主张,社会科学是像数学或统计学那样只提供客观的理论知识,而不涉及知识的应用问题。例如,比尔施太特认为,社会学只是一门纯理论科学,而不是一门应用科学,知识的应用是社会工作部门或其他分支学科的事情。⑩这种主张与社会科学的历史不相符。社会科学是19世纪人类对自身认识发展的产物,它与社会哲学和政治理论都有密切关系,这使它不仅具有认识社会的功能,而且还具有改造社会的功能,也就是说,它还提供一种对社会的思考方式和有关社会行为的规范或价值判断。米尔斯认为,社会学的意识和思想方法正在取代物理学和生物学而成为当代文化生活的主线。帕森斯指出,从20世纪50年代以来,社会学逐渐处于意识形态的中心位置,社会思想领域中继"经济学时代"以及其后的"心理学时代"之后开始出现了"社会学时代"。这表明,社会学家不能回避对有重大意义但有争议的社会问题做出自己的价值判断。

我国社会学家费孝通指出,社会学和人类学的最终目标是改善人类的生活,社会学家有责任用社会学知识去改变世界,特别是应当致力于解决本国的具体的、紧迫的问题。他认为,社会系统是客观存在的,又是通过人们的头脑和行为运转的,如果能够清楚地说明这一系统,那么就能转过来影响社会系统的运转,如果能理解这一系统,那么在这系统里生活的人将变得自觉。⑪上述思想清楚地表明了研究者的主观意愿与社会研究的客观性的关系。

简言之,科学知识的判定标准是脱离意识形态的,但它的应用是与价值观念和意识形态有关的,尤其是社会科学。这不仅指科学知识可以服务于不同的道德理想或政治目的,而且还指研究者本人在获取知识时,他在研究课题和研究角度的选择上就明显地含有个人的价值观和应用目的。受价值冲突与政治争论所激发的科学探索虽然无法最终解决价值评判的问题,例如,人们无法从"科学"的立场上对中国传统文化和西方文化的优劣做出客观评判,但是这种探索能为人类提供新的世界观和思维方式、促进对意识形态的重新思索,人类理性正是在科学与意识形态的相互作用中发展的。

第三节 社会理论的构造

社会研究是在经验层次和抽象层次上进行的。在抽象层次上的任务是建立科学理论。理论的主要功能是:(1)指导研究的方向;(2)描述事物的状况和性质;(3)解释现象之间的关系;(4)预测未来的事件或现象。

第三章　社会研究的方法论问题

社会理论是以抽象的概念来说明社会现象的本质，但并非任何抽象概念都可以称为社会理论。许多社会科学家主张，社会理论应当是一套加以系统陈述的、以可靠的经验资料为基础并在逻辑上相互联系的命题。[12]这一定义将社会理论与社会哲学、政治思想和日常生活中的抽象概念区分开来。有些社会科学家还强调，社会理论的逻辑形式应当是演绎的，其中最低层次的具体命题可由最高层次的理论命题推演出来。根据具体命题就可以建立研究假设，这种假设是对经验事实之间的关系所做的尝试性解释。社会理论的这种构造可以使研究的经验层次与抽象层次连接起来。

一般来说，理论由下列基本要素所构成：(1)概念；(2)变量；(3)陈述；(4)形式。下面我们来看看这几个要素是如何组合成理论的。

一、概念和变量

（一）概念

概念是构造理论的砖石，它是对研究范围内同一类现象的概括性表述。概念是客观世界与主观思维相互作用的产物。人们根据经验观察，从类似的事物中可归纳出一些独立的共同属性，这种从同类事物或现象中归纳出共同属性的过程称为抽象。概括是对经验事实的分类，抽象是运用主观思维的推断。"所有的概念都是概括，而所有的概括又意味着抽象。"[13]这就是说，概念不仅仅反映感性经验，它还具有理性认识的特征。

概念可分为实体概念和非实体概念。实体概念是指可直接观察到的物体、事物或现象，如青少年、犯罪、游行等等。非实体概念则无法直接观察，如智力、社会关系、文化、动机等等。社会科学涉及的许多概念都是非实体概念。

各门学科都有自己的概念体系，它包括理论的核心概念和一般的专业术语。核心概念是理论的主要范畴，如马克思的"阶级""异化"，韦伯的"科层制""权威"，等等。

概念都是通过概括和抽象而得到的，但是各种概念的抽象程度是不同的，社会研究中所运用的许多概念是一种综合概念，如角色、社会地位、互动等，它们是由一些低层次的概念构成的。综合概念的抽象程度更高，它们所包含的信息较多、概括性较强，但却很难在经验研究中运用。相反，抽象程度低的概念比较容易观测和操作，不过它们包含的信息量较少（见图 3.1）。

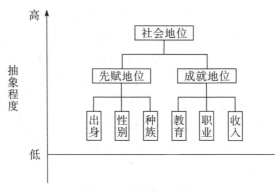

图 3.1 概念的抽象层次

研究时应当分清概念的抽象层次,了解各种概念之间的关系。社会研究实际上是运用分析与综合、演绎与归纳的方法在抽象层次上解释经验层次的现象。研究人员应当清晰和自觉地往返于不同的层次之间,要做到这一点,就需要对所研究的各种概念做出清晰的定义。

概念是由名词、抽象定义和经验内涵组成的,它们之间的关系如下图所示:

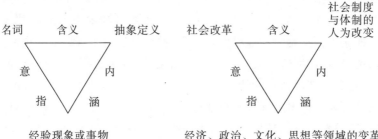

概念的三个部分是紧密联系的;名词是对同一类现象的概括,抽象定义界定出这些现象的范围和主要特征,经验内涵是由名词所指示的那部分现象,它在经验层次上与名词和抽象定义相对应。

(二) 变量

变量是概念的一种类型,它是通过对概念的具体化而转换来的。例如,"人民"这一概念,当它界定为一个国家的所有人时,就成为变量。变量在不同情况下有不同的状态或属性,它反映了概念的可变动性,它说明了现象在规模、重量、密度、速度等方面的变化情况,或现象在程度差异上的变化方式。如上述"人民"这一变量,就表明了人群的不同规模;又如"性别"这一变量则表示"男性"与"女性"这两种不同状态。

科学研究必须使用变量的语言,因为它需要精确描述现象和事物的状态,需要了解某一现象的变化如何与另一现象的变化相联系。由于变量具有明确性和可观测性,因此只有使用变量语言才能进行有效的经验研究。近几十年来,社会研究科学化的主要表现之一就是不断改进其变量分析方法。

变量可以分为各种类型。从变量之间的影响关系上可分为:自变量和因变量。

在一组变量中,能够影响其他变量发生变化,而又不受其他变量影响的变量称为自变量;依赖于其他变量,而又不能影响其他变量的称为因变量。在因果关系中,原因是自变量,结果是因变量。例如,吸烟导致肺癌,吸烟是自变量,肺癌是因变量。

简单地说,研究是探讨变量之间的因果关系,这种探讨有两种基本方式。第一种是已知某一自变量 x,将它作为原因来探讨它对其他变量的影响,这可以用 "$x \to ?$" 来表示(→说明影响关系)。例如,要研究对外开放会对中国社会造成哪些影响,就是要列举出各种因变量。第二种方式是已知某一因变量 y,然后将它作为结果来探寻导致这一结果的各种原因,即 "$? \to y$"。例如,研究"犯罪率增高"的原因就是要找出各种自变量。一般来说,因变量是我们希望解释的现象,而自变量是对所研究现象的一种解释。例如,"对外开放是导致犯罪率增高的原因之一"就是一种解释。

(三) 变量间的关系

变量间的关系是指两个或两个以上的变量相联系的性质,它们主要有相关关系、因果关系、虚无关系三种类型。

1. 相关关系。

如果说变量 x 与变量 y 有相关关系,意思就是它们一同起变化,即 x 有变化,y 也有变化,反之也一样。例如,"声望随着权力的变化而变化",这里面的声望和权力就是一种相关关系,一个声望很高的人一定也有很大的权力,但这里没有提示,是由于权力而获得声望,还是由于声望而获得权力。也就是说,在相关关系中,一般无法区分哪个是原因,哪个是结果,两者是互为因果的。

如果一个变量值的增加伴随着另一个变量值的增加,或者一个变量值的减少伴随另一个变量值的减少,则这个关系称为正相关,或称直接相关。一个变量值的增加伴随着另一个变量值的减少,则这个关系称为负相关,或称逆相关。例如,"交往次数的增加伴随着感情的增加",那么交往与感情就是正相关的。"现代化程度的提高伴随着人们直接交往的减少",那么,现代化与交往就是负相关的。

在使用符号表示时,"＋"表示正相关,"－"表示负相关,但要注意,正负号并不表示关系的强度,而仅表示变化的方向。

2. 因果关系。

在有相关关系的两变量中,如果明确说明了一个变量的变化引起了另一个变量的变化,那么这种关系就可以称作因果关系。所谓因果关系就是"因 x 的变化导致了 y 的变化"。因果关系必须符合三个条件:(1) x 和 y 有相关关系;(2) x、y 之间的关系不是由其他因素形成的;(3) x 的变化在时间上先于 y 的变化。例如,如果说"社会整合程度影响越轨行为",那么,首先"社会整合"(社会组织中一个人与大多数人相结合的程度)与"越轨行为"(偏离或违反社会规范的行为)之间是相关的,它们共同起变化。其次,假如控制其他可能与"越轨行为"相关的因素(如社会经济地位、年龄、性别等),"社会整合"与"越轨行为"也仍然是相关的。最后,在时间上"社会整合"的变化先于"越轨行为"的出现,由此可以认为这种关系是因果关系。

3. 虚无关系。

虚无关系说明从某一变量的变化很难预计到另一个是以怎样的方式发生变化的。例如,性别和人才之间毫无关系,从性别的差异中,很难预测出他(或她)是否能够成才。换言之,虚无关系表明一个变量与另一个变量不存在共变关系。在数据的统计分析中,通常要对虚无关系(虚无假设)进行检验,如果虚无假设被否定,那么对命题中各变量的关系,就给予了更令人信服的证实。

二、命题与假设

如果说概念是建造理论的砖石的话,那么命题则是理论的构架。概念是描述现象"是什么"的分类概括,而命题是对现象之间的关系的陈述,它用于说明"为什么"的问题。例如,"对外开放导致犯罪率增加"、"计划生育导致出生率降低"等等。命题是思维的基本单位,它通过对两个或两个以上概念之间关系的明确陈述使各种现象联系起来。

(一) 命题的类型

命题可依据其理论用途的不同划分为各种类型,不同的类型在抽象性、概括性和可被经验证实的程度方面各不相同。命题的类型主要有:公理、定理、经验概括和假设。

公理(axiom,公设 postulate)处于理论的最高层次,它是高度抽象的陈述,如:"人都是自私的""人的一切行为都是理性的"。公理可作为理论的出发点,所有其他的理论命题都可由公理推演出来。公理的正确性是由定义或假定而来的,它无法直接被经验检验,而只能通过对它的逻辑推论的检验得到部分证明。

定理(theorem)是由公理推导出来的,它可被经验事实来检验。由公理和定理还可推导出其他更具体的命题。公理式的理论是以演绎三段论为基本形式的,例如:

由公理1:人的一切行为都是理性的。

公理2:理性行为都是受社会环境制约的。

可推论出定理1:人的政治行为是受社会环境制约的。

经验概括(Empirical Generalizations)不是由公理或定理推导来的,而是通过对大量事实的观察而归纳出来的,它的经验色彩较浓,抽象程度较低。

例如,"随着工业化程度提高,人们的读写能力也提高",这一命题就是一个经验概括,只要对一些国家或一个国家的不同历史阶段进行过观察就能得到这一概括。由一些经验概括还可以进一步建立更抽象的理论命题。

假设(hypothesis)是在研究之前提出的待检验的命题,它在研究中起着相当重要的作用。

表3.3 命题的类型

命题类型	如何形成的	可否直接检验
公理(公设)	由定义或假定而为真	不可
定理	由公理演绎而来	有些不可、有些可以
经验概括	来自经验资料	可
假设	来自演绎或经验	可

(二) 假设

假设是:"为得出逻辑的或经验的结论并加以检验而设立的试验性假说……假说含有目前未获得充分证据的意思,因而只是一种尝试性的解释。"⑬假设可由理论演绎得到;例如,由前例的公理1,可提出"人的犯罪行为是受环境影响的"这一假设。假设也可由经验观察得到;例如,当观察到许多科学家或知识分子的不幸遭遇时,就可能提出"智力越高越不幸"的假设。提出假设之后,就可以进行具体的调查研究来证明它的真伪。

假设必须是可检验的,也就是说,假设必须能够以变量语言来表述。例如,对"智力越高越不幸"这一假说,就需要对"智力"和"幸福"这两个概念做出明确界定,并说明测量它们的方法,如以智商测验的分数来衡量"智力",以幸福量表的分数来衡量"幸福"的程度。

假设有几种不同的陈述方式:(1)函数式陈述,其基本形式是: $y = f(x)$,即 y 是 x 的函数,它是说明若 x 发生变化,则 y 也随之发生变化,反之亦然。这种方式在自然科学中很常见。(2)条件式陈述,即"如果 x,则 y"这里,x 称为先决条件,y 称为后果,这种方式常常说明两变量间的因果关系,但有时也只表示相关关系。(3)差异式陈述,其基本形式是"A 组与 B 组在变量 x 上无(或有)差异"。例如:"教师和干部的平均收入无差异。"在统计学中,这种无差异的假设也称为"零假设"或"虚无假设"。在社会研究中,一般多使用后两种陈述方式。

假设在研究中有三种主要作用:

1. 指导研究。科学研究一般都是以假设为起点的。假设可以指导研究者从何处入手,选择何种研究方式和调查方法,收集何种资料,何时结束研究等等。科学的基本程序实际上就是"大胆假设,小心求证"。

2. 逻辑推导。假设有不同的抽象层次,由理论直接演绎来的假设一般比较抽象,研究者可由这种抽象的理论假设推论出具体而特殊的经验假设,它也称为工作假设。例如,从"对外开放可导致犯罪率增高"这一假设,可以推论出"沿海地区比内地的犯罪率高",这一具体的工作假设较易由实证研究加以直接验证。由经验概括而来的假设,其抽象程度较低;但通过归纳逻辑的推论,可以使一些具体假设上升为抽象的理论假设,后者所说明的是更广泛、更普遍的现象。例如,通过对工业化社会中人们的读写能力、语言能力、思维能力的观察,可以推论出"随着社会的发展,人的智能也无限发展"的假设。科学研究就是运用不同抽象层次的假设,来完成由抽象到具体或由具体到抽象的往返过程。

3. 发展理论。假设不管是从理论演绎而来,还是从经验观察而来,只要经过证实或证伪,就可以增进科学知识,可以促进理论的应用或发展新理论。一个假设如果得到相当程度的证实,便成为假说,假说如再经进一步的、多方面的证实,并被科学家们所一致接受,便会成为定律。⑮可以说,理论建设是经由假设→假说→定律发展的。同样,理论的检验和修改也是从假设检验开始的。

三、理论的形式

一个理想的理论应当是一系列逻辑上相互联系并系统地加以陈述的命题,它们在更概括的高水平上描述并解释某些经验现象。但目前的社会理论还远未做到这一点。特纳根据理论陈述的不同组织方式区分了当代社会理论的四种主要形式:(1)思辨理论;(2)分析理论;(3)演绎理论;(4)模型理论。⑯

思辨理论并不关注于解释具体现象,它主要从哲学角度探讨理论的核心概念和基本假设。如:社会的本质是什么?人类的本性是什么?社会理论的基本范畴是什么?社会研究的对象是什么?等等,大量的社会理论都试图回答这些问题,不同的学派通过对经典理论家的思想进行分析、综合,提出了各自的核心概念和理论假说,以此作为理论的公设或前提来分析社会现实。这种对经典思想的再分析尽管是必要的、有益的,但是仅停留在哲学问题的争辩上会使社会理论的建设停滞不前。

分析理论侧重对人类社会做出类型学的划分,它试图建立一套概念体系和分类框架。其中,每一概念都用以指明人类社会的一种基本现象,如阶级、权力、角色、互动、交换、冲突等等。分类框架用于把社会分解,使每一经验现象都在分类体系中有一个确定的位置。一个经验现象一旦被归入某一类型,就可以用这一类型的性质对它做出解释。例如,韦伯将社会行动分为四种类型,每一类型有其基本特征和本质属性。其他还有:权威类型、角色类型、冲突类型、所有制类型等等。分析理论的缺陷同思辨理论一样,它们都局限在抽象层次,它们使用的概念常常是抽象或含糊的,因而很难对其理论陈述做出经验检验。

演绎理论也称为形式理论,因为社会科学的演绎理论是试图仿效自然科学的公理式理论而发展起来的。这种理论在形式上是由一系列不同抽象等级的命题构成的,从高层次命题中可推演出低层次命题,它们可用以解释具体的经验现象。演绎理论与公理理论的不同之处在于:(1)演绎理论缺乏公认的公理或公设,这是由于社会科学很难建立定律或公理,不同的学派都是从不同的理论前提出发推演其理论体系。(2)演绎理论的逻辑推演不严格,它常采用由抽象概念到变量,再由变量到指标的经验演绎,这种演绎不同于自然科学的严格的逻辑演绎,后者是在同一抽象层次进行的。由于社会科学对概念的定义不如自然科学那样精确,因此演绎理论的概念—指标联系也不像公理理论那样紧密。(3)演绎理论的陈述往往不具有公理理论的普遍性,因为社会科学很难控制所有的外部影响变量,它的理论陈述往往无法概括更普遍的现象。例如由"人的行为是理性的"这一假设推演出的命题,就无法说明人的非理性行为。但是演绎理论使抽象层次与经验层次联系起来,它不仅能在更高的理论层次解释更广泛的社会现象,而且这种解释也能受经验事实的检验。

模型理论一般是由经验概括而来的,它的抽象层次较低。社会领域中的大部分模型是依靠数学和统计学的方法通过对经验变量的因果分析而建立的,例如,20世纪六七十年代发展的"路径分析"方法就是一种常用的建模技术。模型理论的组织方式如图3.2所示。

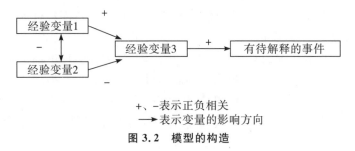

+、-表示正负相关
→表示变量的影响方向

图 3.2 模型的构造

例如,决定本人职业地位的一个因果模型见下图:

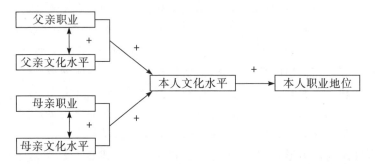

模型理论与经验的联系较紧密,它运用归纳方法从大量的实证研究资料中概括出某些因果解释,但是这种解释一般只适用于特定的经验现象或事件,它很难上升到更高的理论层次。这一点与思辨理论和分析理论恰恰相反。

在社会理论的这四种形式中,只有演绎理论最具有科学理论的特征,因为只有通过不同抽象等级的命题的联系才能既具有高度概括性,又具有可证伪性。但是,演绎理论的建立需要将经验研究所积累的大量数据资料与理论研究所发展的概念体系及分类框架结合起来。而在目前的社会研究中,这两者往往是脱节的,社会调查研究常常是停留在收集具体资料的阶段,很少能将调查结果进一步归纳、概括为理论命题;理论研究则常常沉溺于抽象的哲学思辨中,很少结合社会现实来发展或修改其分析框架。这种状况导致了目前社会理论的贫乏和落后。

第四节 解释的类型

研究的目的是对研究对象做出解释。所谓"解释",就是解答困惑、释疑。自然科学对现象的解释方式通常是客观分析这一现象的产生原因,以及导致现象运动或变化的影响因素,说明现象之间普遍的因果联系。社会科学的不同学科、不同学派对人类行为和社会文化现象的解释方式是不同的,那么,社会研究应当采用哪种或哪几种方式呢?这是本节所要介绍的。

一、个性解释与共性解释

个性解释是指对某一独特事件或个人行为的解释,即对其特殊性或独特性的解释。历史学、法学常采用这种模式。在日常生活中,人们也常以这种方式来理解周围的事件。例如,我们对"文化大革命",对某人出国留学,都是列举各种特殊原因来说明,而很少考虑这些事件与其他事件的共性。

个性解释主要有以下几种类型:(1)发生学解释;(2)意向性解释;(3)倾向性解释;(4)多因素解释。

历史研究常采用发生学解释,这种解释是从历史根源或历史发展上说明事件的产生经过。例如,对于佛教在中国的流传,可追溯佛教从印度的流入经过以及各个朝代佛教的盛衰。当我们了解了一个事件或现象的历史渊源之后,我们对它的存在也就不感到困惑不解了。

意向性解释多用于理解个人行为,它通过对行为动机和目的的分析来解释这一行为。例如,对于某人何以要出国留学,我们可以解释说,他想要获得学位,或他想要挣更多的钱。

倾向性解释类似于意向性解释,它们都用于分析个人行为。不同的是,倾向性解释是用个人的性格、态度、思想倾向来说明。例如,对于某人的一个特定行为,人们常解释说,这是由于"他性格暴躁、孤僻""他从小就不合群""他一贯思想偏激""他一直同情弱者"等。行为科学和心理学多使用意向性解释和倾向性解释。

多因素解释在应用性研究或政策研究中最常用。这种方式是列举各种因素,如历史因素、政治因素、经济因素、社会因素、个人因素等。例如,人们从各个方面对大龄未婚女青年增多这一现象做出了解释。如从历史原因上归咎于"文化大革命"时期造成的影响,从社会原因上指出当时普遍重学历的风气和门当户对的习俗,从个人因素上分析这批人的文化水平、性格特征、求偶标准等等。但对哪一原因是主要原因、各种原因的影响程度有多大却未做具体说明。这是多因素解释的主要缺陷。

实地研究、个案研究一般是与个性解释方式相联系的。在社会研究中,个性解释是必要的,这不仅是由于它适于说明独特现象和个人行为,而且还由于它有助于从具体的、特殊的现象入手来发现事物的普遍性。"共性寓于个性之中",科学解释需要从个性到共性,从个别到一般。

科学的最终目的是得到共性解释。这种解释方式是试图找出对某一类型的行为或现象都有影响的最主要的因素。例如,一个人可能由于多种原因去犯罪,但对某一类型的人都有影响的原因则只有少数几个,找出这几个原因我们就能对某一类犯罪(如青少年犯罪)做出共性解释。共性解释旨在用最少的原因变量去最大限度地解释因果关系的一般模式,它需要调查大量样本甚至整个社会,以便说明社会的规律性。

社会研究中的共性解释主要有两种类型:(1)因果解释;(2)功能解释。

二、因果解释

科学的解释是以系统的理论来说明现象之间普遍的因果联系。科学哲学家亨佩尔指出,一个科学解释是由解释项和被解释项组成的。被解释项是研究者要说明的现象,解释项是一组关于这一现象发生的先决条件的陈述,这组先决条件可称为这一现象的原因,但它们之所以被当作原因,是由一定的规律决定的。这样,解释项也必然要包含关于某些规律的理论陈述。"因果解释含蓄地指出某些普遍规律,由于这些规律,那些被称为原因的事项就成为被解释现象出现的充分条件……因此,因果解释是(或至少含蓄地是)演绎性的。"[17]

例如,如果要解释"美国为何是两党制",那么解释项中的先决条件(C_1,C_2……)可包括两党制产生之前的一些事项,如"美国实行单选举区制","美国的第三党势力很小"等等。解释项所依据的普遍规律是一种全称的理论陈述,如L_1,L_2,L_3……这一解释的逻辑推演过程是:

理论陈述:L_1:凡实行单选举制的政治系统都是两党制。

L_2:如果实行单选举区制,则第三党势力就小。

L_3:如果第三党势力较小,则会逐渐形成两党制。

条件陈述:C_1:美国实行单选举区制。

C_2:美国第三党势力很小。

由 L_1 和 C_1(或由 L_2,L_3 和 C_2)可推论出:美国的政治系统必然是两党制。

可以看出,因果解释是运用演绎三段论的形式,由大前提、小前提进行逻辑推论。在因果解释中,理论陈述相当于大前提,条件陈述相当于小前提,而被解释项则是解释项的逻辑推论。换句话说,因果解释是指出在一定的条件下,由于某些规律的作用,可以预测到将会发生哪些现象。

亨佩尔还认为,上述演绎性的因果解释与社会研究中的概率解释并不矛盾,他说,"以统计规律为依据的解释我称之为概率解释。由于统计规律的性质,概率解释只是说明,在一定条件和规律的作用下,某些现象将以或高或低的概率发生"。"但是,演绎性解释与概率解释在本质上是一致的,它们都说明现象是按照一定的规律发生的。我认为,这是所有科学解释的共同特征。"[18] H. 布莱洛夫进一步探讨了如何通过统计分析得出因果解释。

因果解释可采用各种理论形式,如上一节所讲的公理式理论、形式理论和模型理论,这是三种不同的演绎推理。

如何能得到因果解释呢？英国哲学家穆勒(J. S. Mill)在1872年总结出目前已为人熟知的五种归纳因果关系的方法:(1)求同法;(2)差异法;(3)求同求异法;(4)共变法;(5)剩余法。W. 华莱士区分了探求因果解释的五种策略:(1)原因解释;(2)结果解释;(3)内部构成解释;(4)外部背景解释;(5)分类解释。[19]

现举例说明这些策略。假如我们想要得到有关"科层制"这一现象的因果解释,那么:(1)原因解释是说明"科层制"是由哪些原因产生的。例如,我们可概括出,"科层制"是政治国家和商品经济社会的产物,是随着行政管理的增多和分化而发展的。(2)结果解释要说明"科层制"导致了哪些后果,例如,我们可举出,科层制已成为现代社会的一个普遍的组织方式,它导致了组织管理中的非人格化、官僚主义、文牍主义等等。(3)内部构成解释是要说明"科层制"是由哪些部分、哪些属性或哪些过程构成的,如行政官员和行政部门的等级结构,依据专业才能任命职务或分配工作,每一项工作或职务都有一套严格规定的职责和工作程序,等等。(4)外部背景解释是说明"科层制"是哪些社会系统、社会特征或社会过程的组成部分。例如,指出科层制是工业化社会、现代政府或政党现代产业组织中的一个必不可少的制度,它具有现代社会的功利性、世俗性、程序性和非道德性等等。(5)分类解释是将"科层制"划入分类体系中的某一类别,例如将"科层制"与家族制、封建制、公社制相区别,然后比较它们的共同点和不同点。

内部构成解释和外部背景解释之所以可得到因果解释是因为前者试图探寻现象的内在原因或内在影响,后者旨在说明现象的外部原因。分类解释严格说来还不是因果解释,但它在科学的最初阶段是最常用的,因为人们一开始并不可能系统地分析出某一现象的各种原因、结果及构成因素,而只能粗略地划分类别,然后运用求同法和差异法来进行初步的因果分析。

三、功能解释

迪尔凯姆在《社会学方法的规则》一书中指出:"在解释一个社会现象的时候,我们必须区分导致这一现象的充分原因和这一现象所发挥的功能。"前者是因果解释,后者称为功能解释。功能解释不是说明变量间的因果联系,而是通过发现一个现象对它所属的较大体系具有什么功能来解释该现象的存在。功能解释来源于19世纪"社会有机论"的思想。斯宾塞等人将社会类比于生物有机体。他们认为,社会的许多组成部分之间存在着共生或相互依存的关系,对它们无法区分哪个是因,哪个是果,因此,正如人们无法说明神经系统或血液循环系统与其他人体构造的因果关系一样,对于某些社会现象也无法采用因果解释。解释这类现象的有效方法只能是说明它们对整个社会所起的作用或它们所担负的社会功能。

功能解释的一个典型例子是戴维斯等人对职业分层的解释。他们所要解释的问题是:"为什么在所有的社会中都存在职业等级制度?为什么较高等级的职业所获得的报酬和声望比其他职业要高?"他们的解释是,所有的职业都对社会起着一定的功能,但不同的职业对社会的重要性是不同的,因此,按照各个职业所担负的社会功能的重要程度可划分出职业的等级,并形成职业等级制度。此外,一些重要职业只有少数有能力的人才能承担,为吸引这些人就需要给他们更多的报酬和更高的声望,这样才能保证这些职业是由称职的人所承担的,才能发挥这些职业或职位的正常功能。因此,收入和声望的不平等分配对于维护社会的正常运转起了积极作用。正是由于等级制度、不平等分配制度具有社会功能,所以它们在任何社会中都必然存在。

近几十年来,功能解释在社会科学中得到广泛采用,许多人类学家、民族学家和社会学家都将某些独特的社会风俗、习惯、社会机构或社会制度视为某一社会系统的组成部分,并以它们在社会中发挥的功能来解释这些现象的产生和存在。

功能解释适于说明一些特殊的或独特的社会现象,如原始社会的独特习俗、某一国家的特殊制度、某种社会体制中的道德规范等等。功能解释还特别适合于说明一个自我调节的系统,如人体平衡系统、恒温系统或循环系统。但它只适于解释这些现象为什么存在,而不适于解释现象的发展和变化。

功能解释的基本假设是:(1)任何社会都像有机体那样有其基本的功能需要(或功能先决条件),只有满足这些基本需要,社会才能生存下去。(2)任何社会现象都是与一定的功能需要相联系的,它们都是为满足基本功能需要这一目的而存在的。这一假设类似于黑格尔的命题:"凡是存在的,都是合理的。"

人们对功能解释有许多批评。其中主要的责难是:功能解释是一种目的论解释,它易于陷入循环论证或同义反复之中。目的论解释不是像归纳科学那样根据过去发生的原因去解释现在和预测将来,而是以将来的结果中所体现的目的或功能来解释现在或过去的现象。这不仅不符合逻辑,而且也不满足可检验性这一科学要求。例如,要解释某一制度(如公费医疗制度)为什么会存在,功论者会说,因为这一制度满足社会的功能需要,所以它必然存在。但当问道:"你怎么证明这一制度具有功能"时,功能论者或者举出这一制度的某些后果来证明,或者干脆说,"由于它长期存在,这就说明它对社会是有功能的"。第一种回答是目的论解释,它以这一制度的效果或目的来解释它的产生,而第二种回答则是一种循环论证:由于某一现象有功能,所以它就存在,反过来又以它的长期存在来证明它是有功能的。

功能解释还被指责为是为现存的社会制度辩护,因为它说明现存的一切制度、机构都是必要的、合理的、都有助于维护社会的正常运转和协调发展。

由于这些指责,近几十年来,理论家们对功能论的基本假设不断做出修改和补充。例如,默顿区分出显功能(或正功能)与隐功能(或反功能),指出并非任何社会现象都对社会有积极作用,从而否定了功能普遍性的假设,使功能论脱离有机论。帕森斯等人提出了功能分化与演变的概念,并试图建立一个说明社会现象之间普遍联系的社会系统理论,以减少功能论的目的论色彩,使之能解释社会发展与变迁。

由于社会现象的复杂多样性,因此需要采用多种解释方式。个性解释适用于解释日常的现象、独特的历史事件以及涉及主观动机的个人行为。但科学的社会研究主要采用共性解释,其中演绎理论和功能理论是应用最广泛的解释方式。演绎理论能满足可检验性和概括性的要求,能对社会现象做出科学的解释。但是由于很难将社会现象的因果联系概括为一些普遍的定律,因而它的适用范围是很有限的。而功能解释尽管能有效地说明许多社会现象,但它本身存在着许多问题和局限性。目前,许多理论家致力于发展一些具体的、中型的理论,它与经验层次和抽象层次都有较密切的联系,它能系统地解释范围较小的社会领域或社会层次中的现象,这也就是默顿所倡导的"中层理论"所指示的方向。

注释

① 古尔维什:《当前社会学的使命》,巴黎法兰西大学出版社1950年版,第7页。
② D. P. 约翰逊:《社会学理论》,国际文化出版公司1988年版,第37—38页。
③ 雷蒙·布东:《社会学方法》,上海人民出版社1987年版,第4—13页。
④ 引自 D. C. 菲立普:《社会科学中的整体论思想》,宁夏人民出版社1988年版,第39页。
⑤ D. C. 菲立普:《社会科学中的整体论思想》,宁夏人民出版社1988年版,第130页。
⑥ 雷蒙·布东:《社会学方法》,上海人民出版社1987年版,第13页。
⑦ M. 马斯特曼:《范式的本质》,编入《知识的批判和发展》,剑桥,1970年版,第49—89页。
⑧ G. 里茨尔:《社会学:一门多范式的科学》,波士顿,1975年版。
⑨ 卡尔·波普尔:《社会科学中的预测和预言》,载于《猜想与反驳》,上海译文出版社1986

年版,第 487 页。
⑩ K. D. 贝利:《现代社会研究方法》,上海人民出版社 1986 年版,第 38 页。
⑪ 参见《经历·见解·反思——费孝通教授答客问》,《中央盟讯》1988 年 7 月。
⑫ D. P. 约翰逊:《社会学理论》,国际文化出版公司 1988 年版,第 40 页。
⑬ J. C. 麦金尼:《建设类型学和社会理论》,纽约,1966 年版,第 9—10 页。
⑭ 《韦伯斯特大辞典》,引自《现代社会研究方法》,上海人民出版社 1986 年版,第 55 页。
⑮ 杨国枢等:《社会及行为科学研究法》,台湾东华书局 1980 年版,第 26 页。
⑯ J. H. 特纳:《社会学理论的结构》,浙江人民出版社 1987 年版,第 9—33 页。
⑰ C. G. Hempel:《科学解释的层面》,纽约自由出版社 1985 年版,第 348—349 页。
⑱ 同上书,第 376—402 页。
⑲ W. Wallace, *The Logic of Science in Sociology*, 1971, p. 101.

社会研究的过程

从本章开始,我们将沿着社会研究的实际历程来一步步了解社会研究的各种方法。社会研究是为了解答社会某一领域或某一方面的问题。这种解答要依靠科学的程序与方法。科学是建立在逻辑与观察这两大支柱之上的。简单地说,科学的理论处理逻辑方面的问题,它描述世界万物间的逻辑关系,而研究则处理观察方面的问题,它提供现象或事物的事实资料,并提供证明与检验现象之间逻辑联系的程序与方法。在研究过程中,理论与方法是紧密联系在一起的。

第一节 社会研究的逻辑

我们在第一章第二节已简略地介绍了科学研究的程序。下面我们将会看到,社会研究的一般过程和具体步骤实际上是与科学程序相一致的。

一、"科学环"

社会学家华莱士(W. Wallace)1971年提出了社会研究的逻辑模型,它也称为"科学环"(见图4.1)。

在这一模型中,华莱士用方框表示五个知识部分:(1)理论;(2)假设;(3)经验观察;(4)经验概括;(5)接受或拒绝假设。用椭圆表示研究各阶段中使用的六套方法:(1)逻辑演绎方法;(2)操作化方法,它包括研究设计,概念的具体化和操作化,测量方法、抽样方法和调查方法等等;(3)量度、测定与分析方法,指观察的记录、资料的整理、分类、评定、统计及分析的方法;(4)检验假设的方法,如统计检验;(5)逻辑推论方法,如统计推论;(6)形成概念、建立命题和理论的方法。各个知识部分通过各种方法转换为其他形式。箭头表示知识形式转换的阶段。中心线的右边是理论演绎的过程,即把理论应用到现实中,在这一过程中是运用演绎法。中心线的左边是理论建构的过程,它首先是运用归纳法由经验观察概括出研究结论,然后再上升到抽象的概念和理论。在横剖线的上方属于理论研究,它们处于抽象层次。横剖线的下方则属于经验研究。

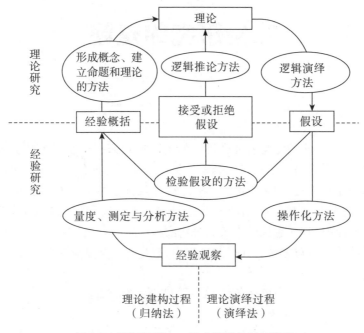

图 4.1 "科学环"——社会研究的逻辑模型

注:引自 W. Wallace, *The Logic of Science in Sociology*, Transaction Publishers, 1971, p. 18, p. 23。本图做了几处小的改动。

这一模型是对社会研究中各种逻辑过程的概括,它表明了科学研究是从理论→假设→观察→概括或检验→新的理论……这样一个周而复始、无限循环的过程。它的优点在于没有始点也没有终点,研究工作可从任何一点开始。当然,具体的研究工作只是整个科学过程中的一部分,许多研究往往只包括其中一个或几个阶段。例如,有些研究可能是从观察开始,直接进行实地调查,然后由感性认识上升到理性认识;有些研究仅仅是在抽象层次探讨理论性问题或致力于构造概念和理论体系;还有一些研究甚至根本不涉及任何理论,而仅仅是对观察到的现象进行描述或仅仅提供一些调查资料和统计数据。科学研究实际上是一

第四章 社会研究的过程

个集体的事业,它是靠许多人和许多项研究完成的。华莱士的逻辑模型可作为社会研究的"指南",它可使我们了解各种研究在整个科学过程中的位置和作用。

二、归纳与演绎

科学要运用归纳和演绎这两套逻辑体系。归纳是从经验观察出发,通过对大量现象的观察概括出具有普遍性或一般性的结论。演绎是从一般原理或理论出发,通过逻辑推理来解释具体的事件或现象。也可以说,归纳是从特殊到一般、从个性到共性、从具体到抽象、从经验到理论,而演绎则相反。

历史上,归纳逻辑与演绎逻辑往往是对立的。古代哲学家多强调演绎方法,他们认为感性经验不可靠,主张用思辨的方法发现一般规律,然后运用演绎三段论的形式来说明具体现象。近代科学则建立在观察与归纳的基础上,培根等人把归纳逻辑作为科学的主要工具,认为一切真知都来源于经验事实。他们反对凭空构造理论,强调科学的实证性。一直到20世纪,由于波普尔等人的贡献,归纳逻辑与演绎逻辑才在假设检验法(或试错法)中结合起来。

单纯的归纳或单纯的演绎都有其局限性。归纳逻辑的局限在于:(1)由一些个别事例概括出的一般性结论并非是可靠的,它有可能被其他未观察到的事例所推翻。(2)由归纳不可能逻辑地推论出一般原理,因为由归纳得到的结论只是对一些具体的、个别的经验现象的概括,它只适合于一定的时间、地点、场合、范围,它仍停留在经验层次。由感性上升到理性,即由观察结论上升到理论命题实际上是经历了认识上的一个"飞跃",这一过程要依靠猜测、想象、洞察或思辨,而并非是靠归纳完成的。可以说,归纳逻辑的主要作用是发现经验事实之间的联系,而不是发现一般原理。

演绎逻辑的局限是,由于演绎的大前提,即一般原理或公理有可能是错的,所以由它推演出的命题也可能是错的,这样的命题不可能有效地解释具体现象。此外,单纯靠演绎也不可能发现理论的错误。

三、假设检验逻辑

波普尔提出的假设检验法是由归纳和演绎这两种逻辑构成的,它有助于克服两者的局限性。假设检验法是从理论推导出研究假设,然后通过观察来检验假设,假设如果被证实,就可以对被观察到的具体现象做出有效的理论解释;假设如果被证伪,就要对理论做出修正或推翻原有理论、发展新理论。下面我们举例说明假设检验逻辑与单纯的归纳逻辑和演绎逻辑的区别。

假如要研究社会主义国家的经济体制改革与政治体制改革的关系问题,人们可以运用假设检验法,从某种理论出发来研究。例如,从马克思的"经济基础决定上层建筑"这一原理出发,可以推导出"人们的经济地位决定人们的政治意识"这一理论命题,由它还可继续推导出"人们的收入水平决定人们的政治参与水平",用变量的语言表述,即"收入水平越高,政治参与程度也越高",它称为研究假设〔图4.2(一)(a)〕。有了假设,就可以进行观察或调查来检验假设,例如收集一些地区或国家的人均收入和政治参与程度的资料〔图4.2(一)(b)〕。然后将观察结果与假设进行比较,最后决定是否接受或拒绝假设〔图4.2(一)(c)〕。对这一课题人们也可用归纳法来研究。例如,人们可能首先观察到与课题有关的一些现象,并积累了一些资料,其中包括收入水平与政治参与程度的资料见〔图4.2(二)(a)〕。然后根据观察资料中表现出的规律性概括出一些具体的命题,这些命题称为经验概括,如"收入越高,政治参与程度越高"〔图4.2(二)(b)〕。最后,从经验概括上升到理性认识,得出一种尝试性的理论结论〔图4.2(二)(c)〕,如"经济发展水平决定政治民主化程度"。这种结论只是暂时性的,因为它还没有被其他资料或其他现象所验证。

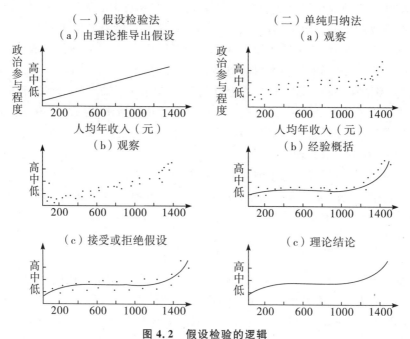

图4.2 假设检验的逻辑

由图4.2可以看出,假设检验法包括演绎和归纳这两种逻辑,图(一)(a)是单纯的演绎,图(一)(b)和(c)是单纯的归纳。演绎只是从一般原理推导到具体现象,而假设检验则需要完成一个循环,即再从具体观察返回到理论,在返回过程中是运用归纳逻辑。这样,一般原理才有可能在实践中得到应用和检验。

对比图(一)和图(二)还可以看到,假设检验法比培根等人的归纳法多了一个理论演绎的过程,这是波普尔对科学程序的一个重要修正。它的优越之处在于:(1)如果没有理论假设的指导,那么经验观察就有可能是盲目的且缺乏系统性。(2)单纯归纳法只能得出经验现象的概括〔图(二)(b)〕,而不能检验理论结论〔图(二)(c)〕是否正确。假设检验法则可以将经验概括与假设进行比较来检验理论的真伪。

目前在社会研究中,假设检验法已成为普遍运用的研究逻辑。华莱士的逻辑模型正是依据这一逻辑建立的。本章下面的各节将对"科学环"(图 4.1)的各个阶段或环节做更详细的介绍。读者可参阅图 4.1 来理解下面的叙述。

第二节 理论建构的过程

理论是对客观事物的概括与抽象,它的最终来源是实践和感性经验。在一些经验研究中,尤其是在遇到新的社会现象或新的问题时,社会科学家常常是从经验观察出发来建立理论。这一过程称为理论建构过程,在图 4.1"科学环"中,它是指观察→经验概括→理论这两个阶段。

一、从观察到经验概括

在确定了一个研究课题之后,研究者可以直接深入到社会生活中去收集与课题有关的各种资料,以便对所研究的社会现象做出说明和解释。例如,要研究犯罪行为,研究者可以到监狱中询问、观察,或对犯人和犯人家属进行问卷调查。通过这些经验观察可收集到大量的资料。这时存在着两个问题,第一个问题是观察记录是否符合客观事实,也就是说,收集到的资料是否是研究者想要得到的真实情况。这个问题我们在第六章"测量"中将加以讨论和解决。第二个问题是,这些观察资料是原始的、零散的、不系统的,它们需要整理、简化和系统化,以便从中概括出一些研究结论,即由经验资料转化为经验概括。这一过程实际上就是归纳。

(一) 经验归纳

经验资料可分为案例资料和统计资料。前者是对几个或几十个调查案例的记录,后者是对大量样本的统计。案例资料的归纳有两种方式:(1)列举归纳,即通过简单枚举建立经验概括。(2)排除归纳,即在许多命题中,排除不符合客观事实的命题,保留未被事实所反驳的命题以建立经验概括。①这两种归纳方式的区别是,"列举归纳"一般是得出一种普遍现象的概括(如,"所有的天鹅都是白的","大多数民族都有自己的独特语言"等),而不涉及这一现象的产生原因。"排除归纳"则试图概括某一现象的普遍原因(如"肺癌通常是由于吸烟引起的"),它以现象之间的必然的因果关系为根据,因此它也称为科学归纳法。下面举例说明这两种方式。

严景耀的"中国犯罪问题研究"的结论中,包含了大量由"列举归纳"得到的经验概括,它们都试图陈述一些具有普遍性的事实,而不涉及这些现象的原因。如:

(1) 犯罪者多为经济地位低下的人。
(2) 青少年犯罪往往只与家庭有关,但成年犯罪则包含许多社会问题。
(3) 在美国,多数成年犯罪是惯犯;在中国,成年犯中大多数是偶犯。
(4) 性犯罪及暴行犯罪在夏天比较多,在冬天比较少(详见附录之一案例四)。

"排除归纳"的一个例子是,研究者首先观察了许多人的死亡,然后排除"人都由于疾病而死亡""人都由于事故而死亡""人都由于战争而死亡"等命题,保留"除意外或偶然情况,人都会由于生理机能的老化而必然死亡"的命题。这种概括是排除偶然因素,找出许多个别案例中的共性或必然的因果联系。不过,由"排除归纳"和"列举归纳"得到的概括是否具有普遍性,还要取决于案例的数量以及他们的代表性或典型性。

(二) 统计概括

由统计资料归纳出的命题称为"统计概括",它也是一种经验概括。统计概括依据概率原则,它说明,只要样本是从总体中随机抽取的,那么在样本中发现的现象或变量间关系也可以在总体中观察到。例如,迪尔凯姆的"自杀研究"依据统计资料得出了大量的经验概括,如:(1)新教徒比天主教徒的自杀率高。(2)城市居民比农村居民的自杀率高。(3)富人比穷人的自杀率高。(4)男人比妇女的自杀率高。

它们分别说明宗教信仰、居住地、社会阶层、性别这些变量与自杀率的相关关系,并说明,这些关系不仅在调查样本中存在,而且在人口总体中也存在。这种具有普遍性的经验概括可称为统计规律。

但是,经验概括和统计规律还不是理论。默顿将经验概括定义为"一个个孤立的命题",它们"是对被观察到的两个或更多变量间的一致性关系的概括"②。他还指出,统计规律不同于定律(law),统计规律也是孤立的经验命题,它还没有结合到一个理论体系中,而定律则与许多抽象的理论命题相联系,它能系统地解释现象。

经验概括大多是关于事实的陈述,它一般不包含人们对事实的理性认识,也就是说,它还没有在现象与本质之间建立一种动知关系。尽管如此,它在科学研究中是必不可少的。经验概括的主要作用在于它能为新的理论提供事实根据,能够检验原有理论中的错误。更重要的是,它能使研究者从预料不到的事实中或偶然发现中得到启发与"顿悟",从而提出一些新的概念或想法,以此为线索来建立新的理论。例如,迪尔凯姆的"自杀理论"就是在经验概括的启示下建立的。当然,许多研究都仅仅停留在经验概括阶段,它们将理论建设的任务留给后人或下一步研究来解决。

二、从经验概括到理论

20世纪以前的科学家认为,由经验事实中可以逻辑地推导出理论,这一观念已被现代科学所抛弃。波普尔指出:不存在任何获得新思想的逻辑方法或逻辑改建过程,任何科学发现都包含非理性因素或"创造性的想象",正如爱因斯坦所说,没有任何逻辑途径可以直接导致定律的发现,只有依靠直觉、依靠研究者的专业酷爱才能得到定律。[③]

(一)建立理论解释

由经验概括到理论也就是运用创造性的想象和思维的抽象。它包括四个步骤:(1)建立解释项的概念,这一抽象概念包含经验概括中的各种变量的共同属性或特征。(2)建立被解释项的概念,它在更抽象、更普遍的层次上表明所研究的具体现象。(3)建立解释项与被解释项相联系的命题,它以原有的经验概括为基础。(4)建立多个命题,它们包含上述的解释项或被解释项,然后将这些命题组织在一个逻辑上相互联系的理论体系中。由理论可推导出新的可被检验的假设。

下面以迪尔凯姆的研究为例来说明这四个步骤:

1. 建立解释项的抽象概念。迪尔凯姆在经验概括中陈述了一些变量(如宗教信仰、居住地、社会阶层、性别)与自杀率的关系,这时他要思考的问题是,这些变量的共同特征或普遍意义是什么呢?也就是说,要以变量中的何种含义来解释自杀率的不同呢?他的创造性发现是:在每一个变量中,自杀率低的类别(新教徒、农村居民、穷人、女人)与其相对应的类别(天主教徒、城市居民、富人、男人)相比较,都是内部比较团结、个人联系比较紧密、人际关系比较融洽……他认为,正是这些共同特征影响了自杀率。他从这些共同特征抽象出解释项的概念:

社会整合(或社会一体化 Social Integration)程度。

2. 建立被解释项的抽象概念。迪尔凯姆接着要探讨的问题是,自杀这一现象是表示何种更普遍的现象呢？经过主观思维的运作,他将自杀归为与犯罪、反叛、抗议等同一类的现象,它们都是不正常的、反常规、反社会或偏离社会规范的现象,由此他建立了被解释项的概念:越轨行为(deviant behavior)。

3. 建立理论命题。将解释项与被解释项联系起来就形成了一个理论命题：社会整合程度影响越轨行为。这里的概念之间关系是以经验中的变量关系为依据的；但统计概括只是发现和陈述经验资料中存在的相关关系,而理论命题则可根据因果判断将相关关系表述为因果关系。

4. 建立命题体系。社会整合程度是在社会关系的层次(群体层次)上描述社会凝聚力的大小,它的测量维度是:个人主义——集体主义。但人的行为是直接受人的动机、态度影响的,也就是说,对自杀行为有影响的因素还包括心理层次(个人层次)中的心理整合程度,它的测量维度是心理(精神)反常——心理(精神)正常。心理整合程度与社会整合程度有关,但又与后者不完全相同。通过上述理论分析和对概念的精确定义,就可以得到更多的理论命题；它们是包含动知关系的命题,如:

(1) 越轨行为的比率与个人主义程度成正比。
(2) 越轨行为的比率与集体主义程度成反比。
(3) 越轨行为的比率与心理反常程度成正比。
(4) 越轨行为的比率与心理正常程度成反比。

将这些抽象命题按其逻辑关系联系起来,就可以形成一个理论,它的基本形式是:

这一理论可以解释许多具体现象,可以预测在已知某些变量的状态时将会发生何种现象,由这一理论还可推演出一些未被观察到的、但可以被检验的假设。

(二) 抽象的策略

从上述例子可以看出,理论建构的关键是从具体的经验事实中抽象出社会现象的普遍意义或本质特征。这需要一种创造性的想象力。尽管这种想象力似乎是一种捉摸不定的东西,但是从研究实践中可以总结出一些策略,它们有助于从经验上升到理论认识:

第四章 社会研究的过程

1. 列举共同因素。在经验研究中,如果发现许多不同的事物都导致相同的结果,那么就要探询,是什么共同因素使它们的结果相同的?这种策略可帮助我们辨认出经验事实所表示的更普遍的意义。例如在"自杀研究"的例子中,迪尔凯姆要探询的是:天主教徒、城市居民、男人、富人有哪些共同的因素呢?其中哪种共同因素会导致自杀率升高呢?他发现,这些具体的人群属性(如富裕、男性)是更普遍、更抽象的人群属性(社会整合程度低)的标志。这样,就可抽象出新概念,上升到理论层次。

2. 利用现有的理论和抽象概念做出解释。并非每一项对大量事实的观察都可以抽象出新概念和新理论。实际上,大多数研究都利用现有理论来概括,只有当观察到新的现象以致现有理论无法概括新的事实时,才需要修正旧理论,发展新理论。这里应当注意,在利用现有理论时,不应当局限于个人所偏好的理论,而应当以观察事实为基础来选取最恰当、最可信的理论解释。

3. 探寻背景联系。在从经验现象中发现普遍意义时应注意具体事件的社会、历史背景以及事件之间的联系,特别是对人的行为、态度等属性进行抽象时更要注意。例如,"富人比穷人自杀率高",这一现象在工业化社会和农业社会有不同的含义,前者是由于激烈的商业竞争所致,后者可能是由于疾病、精神忧郁等原因。又如,"月收入300元以上的人比其他收入组的人犯罪率高",在解释这一事实时,应对月收入300元的人做具体分析,因为这种收入在内地和在沿海城市是表示不同类型的人,此外在不同年龄、不同家庭它也有不同的意义和作用。

4. 询问。在许多情况下,询问人们为什么要采取某种行为或态度可得到许多有益的启示。它能提供行为动机的线索,并有助于发现某种行为或态度对于某一类型的人来说意味着什么。当然,采取询问方法并不是要无条件地接受人们自己的解释,而是通过对回答的分析来辨识真正的、普遍的意义。

5. 内省。当研究者对某种具体情景比较熟悉时,他可以尝试使自己置于他人的位置上,以他人的观点来理解其行为的意义。这也是韦伯所讲的投入理解法。例如,不受重视或晋升慢的人易发牢骚。如果研究者本人也有过类似经历,他就比较容易理解这一现象的内在含义。内省理解取决于研究者对情景的熟悉程度以及对他人的理解力。

(三) 扎根理论(Grounded Theory)

由经验资料建立的理论称为扎根理论,它的建构程序是:(1)未经研究假设而直接从实际观察入手;(2)从观察资料中归纳出经验概括;(3)由经验概括上升到理论。扎根理论得到了可靠的经验证据的支持,但它的主要特点不在于它的经验性,而在于它从经验事实抽象出了新概念和新思想。

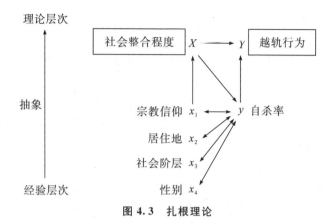

图 4.3 扎根理论

由图 4.3 可以看出,"社会整合"与"越轨行为"这两个新概念并非从经验变量中逻辑地推导来的,而是通过创造性的想象或抽象由经验资料中"跳跃"上来的,这一"跳跃"是理论建构的关键一步,唯此才能对自杀现象(乃至更多的现象)做出理论解释。

但是,扎根理论是一种"事后解释",即它是在收集到事实之后所做出的主观解释,尽管这种解释与观察到的事实相一致,但它不是唯一的,从同一事实或同一个经验概括中可以"跳跃"出不同的理论解释。④

例如,在许多国家进行的调查研究都发现:"妇女比男人的宗教信仰程度要高。"对这一经验概括有许多不同的理论解释,它们都与客观事实相符。如:(1)角色理论认为,由于妇女的主要职责是抚育子女,而教堂较注重家庭和道德教育,因此妇女更多地参加宗教活动。(2)社会化理论认为,女孩在社会化过程被教导要温柔、顺从,富于情感、被动和谦恭。由于宗教鼓励这些品质,因此妇女比男人更容易被宗教所吸引。(3)社会剥夺理论认为,在社会中,妇女比男人受到更大程度的剥夺。由于宗教具有安慰作用,所以它对被剥夺者的吸引力更大。(4)弗洛伊德的理论认为,人都有对异性的崇拜和恋父(母)情结。由于上帝的化身是男性和父亲的形象,因此妇女更易受宗教的吸引。这一理论还可解释下述事实,在天主教徒中,男人与妇女的信仰程度是相等的,这是由于天主教供奉的是圣父、圣子和圣母玛丽亚。(5)罪感理论认为,妇女的罪感比男人要强。由于宗教具有减轻罪感的功能,因此妇女的信仰程度更高。⑤

上述理论解释哪一种更可信呢?仅靠理论建构研究是无法解答的,需要运用检验程序和新的事实来判别。这一例子是说明,扎根理论的缺陷在于,它无法在多种可能的理论解释中判断或检验哪一种更真实可信,这也是由经验观察出发的社会研究的共同缺陷。

扎根理论的另一缺陷是,这种理论缺乏必然的可信性,因为它所依据的经验证据是由不完全归纳提供的。在科学中,由这种归纳不可能得出普遍的命题,这是由于,不管人们已经观察了多少案例,如果在今后的观察中发现了一则反例,那么全部理论都会被推翻。例如,人们只要发现一只黑天鹅,那么"所有的天鹅都是白的"这一概括就不成立,由这一概括建立的所有理论解释也都无意义了。

波普尔正是根据扎根理论(乃至所有理论)的这种无法克服的缺陷来反对归纳逻辑,他认为,研究的目的不是从经验观察中建立或证实理论,而是通过观察寻找反例来反驳和推翻原有的理论,以此来促进理论的发展。

确实,由经验得到的理论(更不用说其他理论)也必须不断地在实践中加以严格检验,这样才能增加它的可信度和解释力。但是研究并不局限于检验理论,默顿写道:"经验研究远远超出检验理论的被动功能,它不仅仅是证实或反驳假设。研究在发展和形成理论方面至少发挥着四种主要的积极功能,即创造、改进、反思和澄清理论。"⑥

第三节　理论检验的过程

并非任何社会研究都以建立理论为目的,实际上,大量研究都是为了解答问题,如"为什么在现代社会犯罪率增高了?""为什么近几年宗教迷信活动又开始出现了?"等等。对这些问题,已存在着各种理论解释,因此,社会研究可以在某种理论的指导下,通过建立假设去系统地收集资料。这些资料可以:(1)检验这种理论解释的真实性;(2)完善和发展这一理论;(3)探寻新的理论解释。研究的最终目的是要更真实、更有效、更合理地解答所要研究的现实问题或理论问题。这种以假设为开端的研究可称为理论检验研究,在图4.1"科学环"中,它包括"理论→假设→经验观察→经验概括→接受或拒绝假设→理论"这五个阶段。

一、推演假设

理论检验研究是运用假设检验逻辑,它首先是从理论推演出研究假设。推演的方法主要有两种:(1)逻辑推演;(2)经验推演。

（一）逻辑推演

逻辑推演是从公理推演出定理(或理论假设),这种方式在自然科学中最常见,如几何学和数学。有些社会学家也借用这种公理化方式推演理论假设,但他们是从一些公设开始推演的。例如,在社会学的组织理论中,韦伯的理论可作为

公设,由此推导出可检验的命题:

公设Ⅰ:一个组织的集中化程度越高,它的形式化程度也越高。

公设Ⅱ:形式化程度越高,效率越高。

公设Ⅲ:复杂性越高,集中化程度越低。

前两个公设是韦伯提出的,第三个公设是汤普森提出的。由这三个公设可推导出三个定理:

定理1:集中化程度越高,效率越高。(由Ⅰ、Ⅱ推出)

定理2:复杂性越高,形式化程度越低。(由Ⅲ、Ⅰ推出)

定理3:复杂性越高,效率越低。(由Ⅲ、Ⅰ、Ⅱ推出)

一般来说,由 N 个公设可推演出 $N(N-1)/2$ 个定理。上例的 $N=3$,因此可推演出 $3(3-1)/2=3$ 个定理。在社会科学中,由于各种原因,公设是无法直接检验的。在上例中,公设无法被检验的原因主要是由于"集中化"和"形式化"的定义不清晰,无法进行经验观察,但对"复杂性"和"效率"则有明确的定义和测量方法。因此,定理3是唯一可被检验的命题,它可作为理论假设。

上述逻辑推演也称为命题逻辑推演。它的主要作用是从无法被检验的公设中推导出可被检验的理论假设。它的特点是,公设与推导出的假设都处于同一抽象层次,这样就能使经验观察与理论有一致的逻辑联系,理论假设如果被证实就可以直接证实理论。在社会学中,泽特伯格[7]和布莱洛克[8]等人主张用这种逻辑推演建立和检验理论。

命题逻辑推演的缺陷是,在社会科学中,概念的定义与对概念的测量并不像自然科学那样完全一致,因此这种严格的逻辑推演是无意义的。举例来说,经典的气体定律是:气体的压强与体积成反比。对它的检验可设计一个实验方案,直接观测压强与体积的关系,在这里,概念的定义是与观测内容一致的。而对社会组织的"复杂性"和"效率"的测量则无法与概念的全部内涵相一致,而且在不同的时间、地点……测量出的内容也不同,因此经验观察实际上并不能证实或否定理论假设(见图4.4)。

由于上述缺陷,有些社会学家(如霍曼斯等人)主张用定义逻辑推演,它的特点是,由理论推演出的假设是较低抽象层次的理论命题,它可应用于具体的时间、地点。它还可指导观察资料的收集工作。例如:

理论陈述:如果实行单选举区制,则必然导致两党制。

条件陈述:美国实行单选举区制。

(推论出)命题:美国必然是两党制。

第四章　社会研究的过程

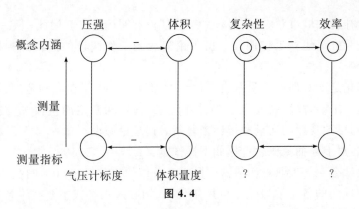

图 4.4

这一命题可作为假设,它可被美国的经验事实所检验。但社会科学的许多概念都是抽象的综合概念,它们并非都像"单选举区""两党制"那样易于观测。因此许多较低抽象层次的假设仍然是无法直接观测和检验的。例如,"由于中国的社会整合程度较高,所以越轨行为的比率较低"这一假设就无法直接检验。

（二）经验推演

社会学家为了得出可被检验的、可直接观测的、具体的研究假设（也称为工作假设）,常常是运用经验推演的方法。

经验推演是把理论假设中的概念与经验变量和指标联系起来,然后在经验层次上建立工作假设。在社会研究中,经验推演是与逻辑推演相结合的。例如,对于"为什么在现代社会中核心家庭的比重大大增加"这一问题,可采用帕森斯的理论先作尝试性的解释。这一理论指出,随着工业化的发展,人们的工作地点越来越远离父母的居住地,此外,由于工作与培训的需要以及调动、转换工作单位等因素,导致了社会流动的增加,从而削弱了传统大家庭的联系,使核心家庭的比重上升。⑨其中主要理论概念的逻辑关系是:工业化→社会流动→家庭形式。为检验这一理论,第一步是运用逻辑推演提出一组理论假设（见图 4.5）。

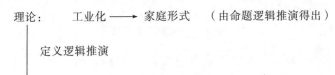

图 4.5　推演理论假设

这组假设仍然是抽象的、无法直接观察和检验,因为其中的概念,如"工业社会""农业社会""城市""农村""核心家庭"还没有明确定义。因此,下一步的工作是运用经验推演建立工作假设。由理论概念到工作假设的过程称为概念的操作化。

操作化是要对理论概念做出解说和抽象定义。说明在何种范围、何种意义上使用这一术语,然后建立概念的操作定义,选择和制定测量概念的指标和方案,最后用可被观测的变量和指标来重新表述理论假设。

例如,对上述抽象概念可作如下操作定义:

工业社会——工业总产值占国民生产总值的比重超过60%的社会。

工业社会的各个阶段——可用年代、人均收入水平或主要技术特征(火车、汽车、计算机)等来划分。

核心家庭——由一对夫妻及其未成年子女组成的家庭。

核心家庭比重——一个国家或地区的核心家庭的数量占总家庭数量的比率。

城市——总人口超过5万,人口密度超过100人/平方公里且具有各种公共设施的地区。

做出理论概念的操作定义之后,就可以选择一些易于观察的测量指标,用它们来重新陈述理论假设,这种陈述称为工作假设,如:

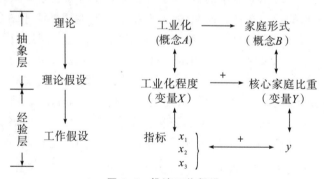

图 4.6 推演工作假设

(1) 在不同国家,工业生产总值的比重(x_1)越高,核心家庭的比重越高。

(2) 在同一国家或地区的各个时期,人均汽车占有量(x_2)越高,核心家庭的比重越高。

(3) 在同一国家或地区的各个时期,人口密度(x_3)越高,核心家庭的比重越高。

由图4.6可以看出,经验推演是从理论概念→变量→指标,由抽象层次下降到经验层次。变量(Variable)是对概念的具体化,"它是通过对概念的定义和一个或一组有效的测量指标而构成的"[⑪]。指标(Indicator)是"表示抽象概念的一组具体事项,由它们可收集与这一概念相联系的经验资料。"[⑪] 变量在经验层次上与概念相对应,它的内涵与所界定过的概念相一致。如"工业化"有多种含义,但在这一研究中,研究者是从历史发展阶段和经济发展程度等方面来界定的,它主要指"工业化程度"。指标与变量不同,指标只表示概念内涵中某些可以观察到的内容。一般来说,指标内涵小于变量的内涵。不过,如果变量只有一个测量指标,那么两者是一致的。如"文化"的概念,当界定为"文化程度"这一变量时,它的测量指标与变量名称相同。其他如年龄、性别等也是如此。

经验推演的作用和重要意义在于,它把抽象的理论概念转化为可以观测的指标,使理论可以在实践中得到检验。另外,由指标(或变量)陈述的工作假设可以指导实际的调查研究工作,它能使研究者明确地认识到,要收集何种经验资料,在何种范围进行调查等。

经验推演的缺陷是,由于概念、变量和指标处于不同的抽象层次,概念与变量、变量与指标、概念与指标之间的联系不是通过严格的逻辑推导建立的,而是主观假定的,因此它们有可能不一致;变量有可能未界定出概念的本质属性,指标有可能反映不出概念的真实内涵或只反映其中一小部分内涵。因此,工作假设被证实并不能直接证实理论假设,理论假设被验证也并不能直接证明理论的有效性和真实性。这样,检验一个理论解释就不能仅仅考虑研究假设的证实与否,还要考虑各种复杂的因素。

二、假设的检验

在建立了研究假设之后,就可以进行研究方案的设计,确定调查的时间、地点、对象、选择适当的研究类型及资料收集方法、选择抽样方法和测量工具,以便系统地收集经验资料以检验研究假设。下几步的工作与理论建构研究大致相同,即同样是从经验观察得到资料,通过资料整理、统计、归纳得出经验概括。不同的是,依据假设而进行的经验观察是有目的、有选择的,收集的资料是系统的、有结构的,由它们得出的经验概括是为了与工作假设进行比较,以判定是否接受或拒绝假设。本章第一节中已说明了假设检验逻辑与单纯归纳逻辑的区别,下面主要说明检验的具体方法与步骤。

(一) 研究假设与虚无假设

研究假设通常是陈述两个现象之间有相关关系,如"工业总产值比重(x_1)越高,核心家庭比重(y)越高"。对它的检验主要有两种方法:直接检验和间接检验。[12]

直接检验就是收集大量经验资料去直接验证假设。例如,研究者可收集各个国家的工业总产值和核心家庭比重的数据,通过相关分析可以判明两者之间是否具有相关关系,如果数据分析说明两者不相关,也就是说明研究假设可能是错误的。但调查研究通常是对总体中的一部分样本进行调查,那么,这种调查结论是否具有普遍性呢?例如,所收集的十几个国家的数据是否表示这种调查结论对所有国家都适用呢?这就涉及调查样本的代表性问题。为了解决这一问题,通常是运用统计检验的方法来间接验证研究假设。

间接检验是提出一个与研究假设相反的虚无假设,如"工业总产值比重与核心家庭比重不相关"。根据统计检验的原理,研究者可以依据由样本计算出的统计量在总体的范围内证明虚无假设是不成立的,从而拒绝或否定虚无假设,并接受与之相反的研究假设。同样,这种统计量也可在总体范围内证明虚无假设能够成立,从而接受虚无假设,并对研究假设的正确性产生怀疑。间接检验能够证实研究假设,但不能完全否定研究假设,其中的道理在"统计分析"一章中再介绍。虚无假设与研究假设的关系如下:

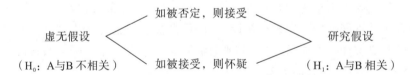

间接检验的前提是,调查样本必须是从总体中随机抽取的。间接检验的作用在于:(1)收集经验资料以反驳虚无假设,从而证明研究假设是正确的。(2)说明研究假设不仅在调查样本中成立,而且在总体中也成立。(3)说明研究假设中变量之间联系的有效范围。

(二) 研究假设与理论解释

研究的目的不仅仅是验证研究假设,更主要的是完善和澄清理论解释,并在多种可能的理论解释中加以选择或发展新理论,这种对理论的改进和发展是从反驳研究假设开始的。反驳研究假设的方法主要有简单证伪法和理论证伪法。

简单证伪法是寻找否定研究假设的经验证据,这些证据可说明,在什么条件下研究假设不成立,并说明理论解释的局限和缺陷所在。例如,如果研究者发现,在亚洲一些国家,"工业总产值比重"的增长并不伴随着"核心家庭比重"的增长,那么他们可以对帕森斯的理论产生怀疑,并指出这一理论未考虑到不同文化的作用。简单证伪法需要在不同地点、不同历史时期、不同社会条件中收集反例,并以这种反例来怀疑或否定某一理论解释的真实性。

理论证伪法是对多种理论解释进行检验,以便选择一种更有说服力的解释。例如,对于"女人比男人的宗教信仰程度更高"这一经验事实有多种理论解释(见上一节),要检验哪一种解释更可信,就要检验由各种理论解释推演出来的研究假设。下面试以角色理论和社会化理论为例来说明理论证伪法。

由角色理论可推论出,由于男女的宗教信仰差异主要是由社会分工形成的,那么在结婚之前,即在青少年时期这种男女差异并不明显。而由社会化理论则可得出相反的假设,因为人的社会化过程从童年就开始了。因此,"10—15岁的女孩比同年龄组的男孩宗教信仰程度更高"这一研究假设如果被证实,则会支持社会化理论,并对角色理论提出疑问;如果这一假设被否定,则相反。依此程序,从这两个理论中还可推论出更多的可供检验的研究假设,每一个假设的证实与否都可以在支持一个理论解释的同时对另一理论解释提出怀疑。在许多个假设的检验中,如果某种理论解释比另一种解释得到越来越多的支持,那么后者将逐渐失去可信性和解释力,最终可能导致被证伪。

一般来说,一种理论是不会轻易被完全推翻的,由它推演出的研究假设即使被否定,也常常是促使理论做出修改或补充;只有当它在多次或多个假设检验中都受到怀疑时,才有可能陷入无法补救的境地。这是由于,一般理论是抽象的、普遍的,而研究假设则是经验的、具体的,研究假设是由理论概念通过经验推演而得出的指标(或变量)构成的,指标只反映概念中的部分内容,因此,指标之间的不相关并不一定证明概念之间不存在联系,例如,"人均汽车占有量与核心家庭比重不相关"并不说明"工业化对家庭形式没有影响"。此外,研究假设是在具体的时间、地点对某些样本做调查来检验的,它在某些条件下被否定并不说明理论解释在其他条件下也不成立。

由于同样的原因,研究假设被证实也不能证明理论解释是真实的、有效的,这种证实只是在某一方面提供了支持理论解释的证据,而不是做出普遍的、全面的验证。研究假设与理论解释的关系如下:

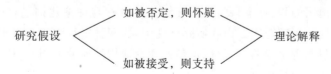

(三) 检验的步骤

最后,我们概括一下理论检验研究的全过程。一般来说,理论检验包括以下几个步骤：

1. 确定研究课题、选择理论解释，明确表述所要检验的理论。例如，说明帕森斯"家庭理论"的主要论点，列出他的主要理论概念及概念间的联系。研究可以对一种或多种理论解释进行检验。

2. 运用逻辑推演从理论推导出一组理论命题（称为理论假设）。这些命题是抽象的，因为它使用的概念（如工业化、农业社会、社会流动、核心家庭等）缺乏明确的定义，无法直接观测。由一个理论推导出的可检验的理论命题越多，则理论的可检验性就越大。如果在研究中被证实的理论命题越多，则这一理论的真实程度和可信度就越高。

3. 运用经验推演将理论假设转述为具体的研究假设（也称为工作假设）。这一步称为操作化过程，它是理论检验研究的关键环节。操作化的主要作用是制定概念的抽象定义和操作定义，并将理论概念具体化为可观测的变量和指标，然后用变量语言重新表述理论假设，并用具体的指标（或变量）建立研究假设。只有对具体的研究假设才能进行研究方案或调查方案的设计，才能明确调查对象、调查内容以及调查的时间、地点。

4. 收集有关资料。根据上一步骤的设计方案（包括确定研究类型、调查方法、抽样方案、测量工具等）直接收集与研究假设有关的案例资料和统计资料。

5. 整理与分析资料。将收集到的各种资料整理、归纳为一些经验概括，然后将它们与研究假设进行比较，并分析：（1）资料对研究假设的支持或否定程度如何？（2）资料、假设对理论命题的支持或否定程度如何？（3）资料、假设和命题对一般理论的支持或否定程度如何？资料分析并不像通常所认为的只涉及统计分析和计算机运算，它还涉及逻辑推理、理论思索和创造性的想象。

6. 检验与评判理论。一项研究很少能完全支持或完全否定一般理论，研究结论通常是在某些方面支持理论解释，在其他方面则与理论解释相矛盾。这就需要结合对研究结果的讨论来评价一般理论的适用范围和有效性。有些研究结果可能是出乎预料或难以解释的，它们能促使研究者思索改进和澄清理论解释。这种思索有助于提出新的理论假设，它可以是又一个理论检验研究的开端。

最后要说明的是：社会科学家将理论检验过程与理论建构过程区分开来是为了说明不同的研究逻辑。而在实际研究中，这两种过程常常是很难分开的，许多研究是既包括理论检验的成分，也包括理论建构的成分。当然，还有一些研究根本就不涉及任何抽象理论。

第四节 研究步骤与研究准备

虽然社会研究有各种目的、各种类型和方式,但它们都是从一定的问题出发,都是为了增进对社会某一方面的了解。此外,在解答问题的过程中,所有的研究都有一些共同的基本步骤,尽管每一具体研究在这些步骤的具体设计上可能会有所不同。图4.7是社会研究的五个步骤。

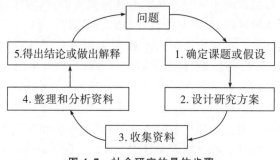

图4.7 社会研究的具体步骤

比较图4.1,并参考上一节所讲的理论检验的步骤,就可以看到,社会研究的具体步骤是与科学的逻辑过程相一致的,它们都是由一些相互关联的阶段构成的循环圈。图4.7是把研究步骤划分为:(1)准备阶段;(2)设计阶段;(3)调查阶段;(4)资料整理与分析阶段;(5)总结阶段。本书各章基本上是按照这几个阶段的顺序编排的。

本节主要说明第一阶段的主要工作,其他几个阶段的细节我们将在以后各章中详细说明。

一、确定研究课题

（一）研究问题的提出

科学研究始于问题。问题可以指出研究的目标和方向,可以指导观察资料的收集工作。但是,并非对所有的问题都可以或都值得进行科学研究,也就是说,所要研究的问题必须是:(1)可以由科学研究来解答的;(2)具有一定的研究价值。例如,对于"中国的传统道德是否应当继承和发扬?""中国的企业管理是应当采取集权方式还是民主方式?"这两个问题就无法做出科学解答。第一个问题涉及主观的价值判断,对它无法进行客观的检验,这类问题通常是由哲学思辨或权威来解答。第二个问题是提问方式不科学,因为管理方式不局限于两种,此外,这种提问也易于使人陷入价值判断。当然,如果改换一下提问方式,科学是能够研究这两个问题的。至于研究价值,则有许多判断标准。一般来说,从应用的角度看,研究问题的解答应当对社会或实际工作有重大意义和作用。从理论角度看,研究问题的提出应当能促进科学的发展。爱因斯坦指出,提出新的问题、新的可能性,从新的角度去看旧的问题,需要有创造性的想象力,它们标志着科学的真正进步。[13]从这个意义上说,正确地提出一个问题,往往比解决一个问题更重要。

研究问题通常都来源于疑问。在学术性研究方面,科学工作者常常会在工作或生活中产生各种疑问;如对某些新的现象感到困惑不解,对某些理论或他人的研究结果感到怀疑。在应用性研究方面,疑问多来自于现实问题,或对某些社会问题感到不解,或对某些社会政策的制定和实施后果有疑问。

在产生疑问并产生解答疑问的迫切需要之后,研究者首先应当弄清:"问题的关键是什么?""需要解答的内容是什么?""这些内容能否通过经验研究来回答?"然后尽量以表述变量间的关系的方式、明确地提出研究问题,如"离婚率增高的社会原因、历史原因、经济原因是什么?""贫富差距的增大会对社会产生哪些影响?""社会结构与社会行为之间的关系是什么?"等等。

(二) 研究问题的选择

要确定一个研究题目,需要考虑各种因素,其中包括研究的理论意义、应用价值、迫切性、可行性、研究者的主客观条件等。

1. 理论意义。学术界公认的重要题目或必要题目,如学科前沿的重大理论问题、疑难问题、"空白"课题、主要研究领域的"热门"课题、学科建设必不可少的基础研究、发展研究和应用研究的课题等,这些课题都有一定的理论意义和研究价值,但对科学来说,那些具有创造性、能启发新思想的题目则有更大的理论意义。

2. 应用价值。指满足社会的现实需要、能解决各部门、各单位的实际问题,对社会实践有较大、较深远的影响和促进作用。应用价值并不局限于满足当前的需要,而且还指对社会的长远发展和长期规划有价值。

3. 迫切性。指当前迫切需要解决的理论问题和实际问题。如中国20世纪80年代以来在经济体制改革和政治体制改革方面面临着许多需要回答的重大问题。另外,随着工业化和城市化的发展会不断出现许多新的、紧迫的社会问题。费孝通指出:"社会调查的题目,从根本上说是来自于社会实践的发展。"[14]

4. 可行性。指能够得到社会及各有关部门的重视和支持,在研究力量、研究经费、人员配合、资料提供、被调查者的协作等方面得到较可靠的保证。此外,

第四章 社会研究的过程

研究题目和研究范围的大小也对可行性有影响。一般来说,社会研究很少靠个人来完成,因此题目和研究范围的大小、研究的深浅可根据课题组的力量和社会配合情况来确定。

5. 研究者的主客观条件。指研究者本人的兴趣、学识、能力、精力、时间、研究条件等。科学需要想象力和创造力,这在很大程度上取决于研究者对某一专业领域的兴趣、酷爱和献身精神。此外,研究者的理论水平和研究能力也对题目选择有影响。对于缺乏研究经验或缺乏理论基础的研究者来说,研究题目应简单、具体、浅显一些,从小题目开始,积累经验,然后再逐步扩大和深入。

除上述因素以外,社会科学研究的选题还受个人价值判断、政治信仰、社会意识形态和政治因素的影响。尽管如此,研究者在确定了研究课题之后,就只受科学精神的制约,他不能把个人的价值判断强加于观察资料之上,而必须遵循客观的、"价值中立"的研究方针。

二、选择研究类型

在确定了研究课题之后,研究者必须首先根据研究的性质和目的来选择适当的研究类型。

从研究的性质上,主要有以下两种类型:

1. 应用研究。它是侧重解答各个社会领域、各个实际工作部门中的具体问题,它通过调查研究等方式来了解不断出现的新现象和新问题,并运用社会理论对这些问题做出科学的说明和解释,或提出解决问题的方案和政策性建议。应用研究涉及广泛的社会领域和社会问题,如社会管理、社会控制、社会福利、社会保障、社会舆论、城乡关系、民族关系、社会分配、劳动就业、人口问题、城市问题、犯罪问题、青少年问题、老年问题、妇女问题、教育、文化、公共卫生、环境污染等。在现代,应用性的社会研究越来越受到政府部门和企事业单位的重视。近几十年来,国外还发展了新的研究领域,如评价研究和社会指标体系研究,前者是对政府实施的社会政策的效果或预期效果进行评估,后者旨在科学地衡量社会发展程度和人民生活水平,为制定社会发展规划、推进社会现代化服务。

2. 理论研究。它是通过对社会现实问题的考察来发展和丰富社会科学理论,并提供有关社会规律的知识。它的主要目的是解答学科领域内的重大理论问题或疑难问题。理论研究既包括在抽象层次进行学术探讨,如建立概念体系和分类框架,对各种理论观点进行评述、批判和综合,澄清理论分歧,对经典理论和学说史进行系统分析和介绍等等;也包括在理论层次和经验层次上运用实证方法研究现实问题,即通过对社会现象的观察、概括和抽象来检验理论或提供新的理论解释(参见图 4.1),这类研究可称为实证研究,它是社会研究的重点,因为社会研究不同于哲学研究和历史研究,它更注重对当代的社会现象和社会问题做出科学的解释。理论研究的领域也相当广泛,如社会学中的专门研究包括:社会变迁、社会结构、社会分层、社会组织、社会流动、社区、社会现代化等等;与其他学科相关的理论领域如社会心理学、经济社会学、政治社会学、法律社会学、社会人类学、社会人口学、社会生物学等。

理论研究与应用研究不是截然分开的,许多实证性的理论研究本身也是应用研究。此外,这两种研究是相互促进、相互补充的,应用研究能够为理论研究提供大量的感性材料,而理论研究的成果又有助于应用研究。实际上,任何社会研究都必须有理论的指导,都要以解答社会现实问题为目的,只不过研究的侧重点不同罢了。

从研究目的划分,还可分为描述性研究、解释性研究和探索性研究三种类型。描述性研究的目的是系统地了解某一社会现象的状况及发展过程,它通过对现状的准确、全面的描述来解答社会现象"是什么"的问题。解释性研究则试图对社会现象做出普遍的因果解释,以解答"为什么"的问题。在下一章我们将详细介绍这两种类型的特点。探索性研究(也称先导研究)是对某一课题或某一现象进行初步了解。它既可以作为一项独立的研究,又可以为进一步周密、深入的研究工作做准备。毛泽东指出:"大略的调查和研究可以发现问题,提出问题,但是还不能解决问题。要解决问题,还须作系统的周密的调查工作和研究工作。"[15]也可以说,探索性研究的目的是发现问题、提出问题,而描述性研究和解释性研究则要解答问题。

三、探索性研究的内容

在确定了研究课题和研究类型之后,通常要对课题的内容和有关情况进行初步探索,它包括三个部分:查阅文献、请教专家和实地考察。

(一) 查阅文献

文献可提供丰富的、与研究课题有关的资料。查阅文献的作用在于:(1)了解以往的研究成果。一项研究应当建立在前人成果的基础上,这样才能保证科学的连续性和继承性,避免盲目性和重复研究。(2)了解与研究课题有关的各种理论观点和研究方法。研究者通过对现有理论、方法的借鉴和批判,可选择新的研究角度或研究手段,并确立本次研究的指导思想和理论假设。(3)了解研究对象的社会历史背景。通过收集所研究地区的社会、历史、经济、政治、文化等方面的文献资料,可得到大量有价值的信息,它们不仅有助于周密的研究设计,而且本身也可供研究和分析。许多优秀的研究成果都是依靠对历史文献和个案文献的分析完成的。

查阅文献应当有目的、有选择。研究者可以首先利用图书馆和检索工具找出与研究课题有关的文章、论文、书籍和调研报告，如百科全书、辞典、出版年鉴或报刊文摘、《新华文摘》上有关专题的目录索引、社会科学刊物（如《中国社会科学》《社会学研究》《社会调查与研究》《政治学研究》《经济学研究》等杂志）的目录索引、专业书籍索引等等。除国内理论文献外，有条件的话，还应查阅国外和其他专业领域（如哲学、历史学、心理学等）的理论文献。然后经过浏览筛选出重要的、有参考价值的文献，对这类文献要详细阅读、做摘要或资料卡片。

收集研究的背景材料，可利用各类"统计年鉴""统计报表"、政府部门的调研报告、有关法律法规、省（市）与地区概括、县志村史等。另外，还可结合实地观察，收集当地的社会经济等方面的文献以及私人的传记、信件、回忆录等。

（二）请教专家

所谓"专家"是指熟悉这一研究题目的人，如曾研究过这一专题的社会科学家、政府工作部门的干部、研究人员、所调查地区或部门的主管人员以及掌握第一手资料的"知情人"等等。请教专家的目的是征求他们的意见和建议，了解他们的经验和想法，以便更全面地掌握研究题目的背景、现状、调查对象、调查内容与范围等。例如要研究当代大学生的思想状况，可请教研究部门和教育部门的专家、学者、主管部门的领导同志和政策研究人员、学校的干部、教师、班主任以及学生家长等等。

请教专家一般是采用非正式的登门访问、座谈，但是事先应进行联系，以使他们有所准备，并选择他们感到合适的时间、地点。

专家的意见能够给研究者提供宝贵的见识，能使研究者更好地确定研究提纲和调查内容。不过应当注意，专家意见只是从不同角度、不同立场反映他们对问题的个人看法，这些看法可供研究者参考，而不能取代研究者本人的独立思考。

（三）实地考察

实地考察是到研究现场去观察、询问，以增加感性认识，明确调查内容，确定研究方法。毛泽东曾指出："调查有两种方法，一种是走马看花，一种是下马看花。"探索性研究主要采用"走马看花"的方法，它的目的不是要做出最后的结论，而是通过到基层去了解现场情况来发现问题，提出设想，并考虑解决问题的途径和方法。例如，在对大学生进行大规模的问卷调查之前，研究者应先到校园里进行实地考察,观察学生们的生活环境和社会环境,与各类学生进行交谈,了解他们的不同想法和主要观点,这样就能发现,学生可分为几种不同的类型?他们关注的"热门"话题是什么?他们的思想是受到哪些因素的影响?等等。明确了调查内容之后,研究者就可以针对这些问题设计问卷,并用学生熟悉的语言提出问题、建立回答类别。当然,这些都属于下一阶段,即研究设计的任务。

在初步探索即探索性研究完成之后,研究者或直接进行更周密、更系统的研究设计,或需要从文献、专家意见和实地考察中发掘出比较重要的、具有理论意义的概念或变量,并进一步考虑这些变量之间可能存在的各种关系,由此建立较明确的研究假设。

四、提出研究假设

科学研究一般是先建立研究假设之后再去收集资料。社会学家古德等人提出,假设必须满足以下几个条件:(1)以明确的概念为基础;(2)具有经验的统一性(能被经验检验);(3)对假设的适用范围要有所界定;(4)与有效的观测技术相联系;(5)与一般理论相关联。[16]

研究假设可通过查阅理论文献而得出。例如,要研究"在社会变革时期,为什么有些人比较激进,有些人比较保守?"可参考政治社会学的某些理论。伯格曾提出一种关于社会秩序与延续后代之间关系的理论,他认为:"社会秩序的规则与延续后代的规则有密切的联系。后者最终来源于这样一个简单的事实,即人人都要有子女……由于孩子是我们对历史的抵押物,因此做父母也就意味着与社会秩序的延续利害攸关,这就不仅限制了社会混乱而且限制了时代断裂。而热衷于剧烈变革的人(我注意到,他们大多数没有子女)往往未能认识到这一点。"[17] 由这一理论,可得出如下研究假设:(1)无子女的人更可能持激进的政治态度。(2)有子女的人更可能持保守的政治态度。(3)持激进态度的人有了子女以后,政治态度会转为保守。

假设也可以从实地考察或访谈中得到。例如,在一项有关教育社会学的研究中,要研究"为什么在智力相同、学习成绩相同的情况下,有些人愿意,而另一些人不愿意考大学?"研究者采访了两个老工人,他们的儿子学习成绩都同样出色。第一个父亲(其儿子不愿意考大学)谈道:"我从前读书也是马马虎虎……当然,我希望我的儿子比我更有出息,我曾建议他从事更赚钱的职业,如医生、律师,可我不强迫他……我不认为大学毕业证书更重要,当然,要找好职业,有证书会方便一些,这便是它所能够起的全部作用了。"第二个父亲(其儿子想考大学)认为:"念过大学看来成就更高。他们更能从事不同门类的职业。他们不一定比

第四章 社会研究的过程

别人懂得更多,但他们善于学习。从某一角度说,他们学会了如何学得更快,因此他们能够按个人的愿望改换职业。"⑱这两段话形成了鲜明的对比,前者认为大学教育只是为了取得文凭,为了找到更赚钱的职业,认为社会地位(或职业)一旦确定就很难改变。后者认为,大学教育可使人适应更多的职业,能取得更高的成就,认为社会地位(或职业)是可以靠个人追求改变的。由这种访谈可得出两个假设:(1)父亲的观念对子女的升学意愿有影响。(2)个人对成就的看法以及对取得成就的途径的观念是妨碍社会流动的因素之一。

在有些研究中,假设的建立是结合了上述两种方式。如北京大学社会学人类学研究所的"蒙汉通婚研究"就是参考了国内外理论、调查地区的背景材料以及研究者本人的实际经验,从中发掘出影响蒙汉通婚的几个主要变量——历史上的民族关系、经济活动、居住特点、人口迁移、语言文化、政策,由此建立了四组具体的研究假设(参见本书附录一之案例五)。

当然,并非任何研究都能在准备阶段提出明确的假设。这有两种情况:第一种是只能利用文献资料和现有统计资料,而无法进一步收集所需的资料来检验假设。如迪尔凯姆的自杀研究。这时,只能在分析资料的同时发掘理论假设。第二种是既缺乏适当的理论,又无法通过"走马看花"得出较明确的设想。在研究一些新的现象或综合性课题时常常会遇到这种情况。这时,研究是从经验观察入手,通过对现状的深入、全面的了解来归纳、概括现象的状态、过程、类型和主要特征。许多应用研究或描述性研究都采用这种方式。在这两种情况下,都是先有观察资料,后有理论解释或假设,这类似于前面谈到的"扎根理论"或"事后解释"。

关于研究是否都要先建立假设的问题,人们有不同的看法。有些人对从自然科学引入的"假设先行"的方式提出了异议。他们认为,由于假设是以研究者选择的抽象概念(或变量)对现象之间关系所做的尝试性或推测性的判断和解释,因此"假设先行"会严重地歪曲客观事实。首先,从方法论的观点看,抽象概念是研究者主观设定或选择的,它不同于从经验资料中概括出的概念,它只代表研究者所偏好的理论或研究范式,这就会使研究者仅局限在他的特定角度或眼界中去观察问题,而且有可能会有意、无意地收集对他的假设有利或不利的证据(视他想验证或否证假设而定)。其次,从技术的角度看,事先建立假设会排除许多可能有影响的变量,这就不仅使观察带有框框,而且会忽略许多未预想到的经验事实。由于这些弊端,他们主张"观察先行",即不带假设进行客观地调查。

对于这种异议,许多社会科学家反驳说:首先,假设并非完全是主观的猜测或臆想,它是建立在以往的经验和理论之上的。第二,任何研究都是受一定理论或方法论的指导,都基于一定的理论前提,即便是"观察先行"也要以一定的理论框架来概括经验资料。第三,假设所选择的变量是从实际生活中筛选出来的,这一筛选过程实际上跟"观察先行"的方式是一致的(如探索性研究)。最后,任何研究都要以一定的假设或设想为指导,否则观察就会是盲目的。当然,这种设想的清晰程度是不同的。例如,在有些情况下或对新的现象只能提出初步的、粗糙的设想。不过,随着研究的深入,这些设想会逐步清晰起来。在以后的研究中,就可以提出较明确、较精致的研究假设了。基于以上各点,可以说,"假设先行"与"观察先行"并不是对立的,它们的作用和相互关系正如归纳法与演绎法在科学研究中的作用一样。

注释

① R. B. Braithwaite:《科学的解释》,剑桥大学出版社 1953 年版,第 257 页。
② 罗伯特·K. 默顿:《社会理论与社会结构》,纽约自由出版社 1957 年版,第 95—96 页。
③ 卡尔·波普尔:《科学发现的逻辑》,纽约科学出版社 1961 年版,第 30—32 页。
④ 罗伯特·K. 默顿:《社会理论与社会结构》,第 93 页。
⑤ 引自 D. A. 迪沃斯:《社会研究中的统计调查》,伦敦,1985 年版。
⑥ 罗伯特·K. 默顿:《社会理论与社会结构》,第 103 页。
⑦ H. L. Zetterberg:《社会学中的理论和检验》,纽约,1954 年版。
⑧ H. M. Blalock:《理论建构》,纽约,1969 年版。
⑨ 帕森斯:《家庭的社会结构》,编入 R. N. 埃森:《家庭:其功能与命运》,纽约,1949 年版。
⑩ 《社会学专业大百科》,"变量",伦敦麦克米兰出版公司 1983 年版,第 412 页。对"变量"和"指标"有各种不同的定义和译法,本书采用社会学中较常用的定义。
⑪ 《社会学专业大百科》,"指标",第 167 页。注:"indicator"的直译是"指示物",它不同于"index",在社会学中,后者常指有明确标度的数量指标,而前者则包括不太明确的分类事项,如"同情心"指标、"信仰"指标等。
⑫ 林楠:《社会研究方法》,农村读物出版社 1987 年版,第 71 页。
⑬ A. 爱因斯坦等:《物理学的进化》,上海科学技术出版社 1962 年版,第 66 页。
⑭ 费孝通:《社会调查自白》,第 9 页。
⑮ 毛泽东:《反对党八股》,《毛泽东选集合订本》,人民出版社 1967 年版,第 796 页。
⑯ 福武直等编:《社会调查方法》,湖南大学出版社 1986 年版,第 23 页。
⑰ P. L. Berger:《社会学与自由》,《美国社会学家》1971 年第 6 期,第 1—5 页。
⑱ 见 A. H. 哈尔巴等:《教育、经济和社会》,纽约自由出版社 1961 年版。转引自 L. 布东:《社会学方法》,第 19 页。

第五章

社会研究的设计

如果说研究的最终目的是解答问题,那么研究设计的任务则是确定解答问题的途径、策略、手段和方案。正如自然科学研究可以设计各种不同的实验方案一样,社会研究的设计也是在各种途径和方案中进行选择。

第一节 研究类型

只有根据不同的研究类型,才能有效地选择研究方法或研究途径。因此,研究设计应当首先从各种角度确定研究类型,并制定出相应的策略。从设计的角度看,主要可以从研究目的、研究的时间性、调查对象的范围这几方面来划分和确定研究类型。

一、描述性研究与解释性研究

(一) 描述性研究

社会研究的主要目的之一是对社会现象的状况、过程和特征进行客观、准确的描述,即描述社会现象是什么,它是如何发展的,它的特点和性质是什么。描述性研究同探索性研究一样都没有明确的假设,它也是从观察入手来了解并说明研究者感兴趣的问题。本书附录一中的"中国犯罪问题研究"和"江村调查"都是描述性研究的范例,前者详细地描述了中国 20 世纪二三十年代犯罪的状况、类型和特点,后者则展示了中国的一个农村在各个历史时期的全貌和发展过程。

描述性研究尽管没有明确的假设,但在进入观察阶段之前必须有一些初步

的设想,以避免观察的盲目性。这些设想主要包括以下几个方面:

1. 研究的时间性。是了解社会现象的当前状态,还是了解它的历史状况或发展过程。也就是说要在横剖研究与纵贯研究之间做出选择。

2. 研究的空间范围。是了解几个地区或城市还是了解整个国家的状况,是对现象做出整体描述还是将整体划分为一些类型(如不同城市、不同国家、不同群体)分别进行描述以相互比较。只有规定了研究的空间范围,才能确定观察的地点和对象。

3. 研究主题和内容。虽然研究课题已提出了所要研究的问题,但是需要具体化,以明确本次研究究竟是要描述什么。例如,研究题目是"中国当代的犯罪问题",在这一题目下有各种主题和具体内容,如犯罪率、犯罪类型、犯罪心理、导致犯罪的社会因素、各类犯罪的特点、人们对犯罪的态度等等。一项研究可描述其中一个主题,也可以选择多个主题。

4. 研究层次和角度。研究者可以仅在经验层次上描述具体现象,也可以在抽象层次上说明这些现象的普遍意义。例如,可具体描述各类罪犯的经济收入和家庭背景,也可描述整个社会在性观念、伦理道德观和社会关系方面发生了哪些变化。研究层次还可分为宏观层次和微观层次,前者如描述当代社会的犯罪具有哪些一般特点和普遍的行为模式,后者如描述犯罪者的心理活动和导致犯罪的具体过程。此外,研究者还可从社会结构、社会行为或社会观念这几个角度描述犯罪问题。

5. 具体化与操作化。在确定了研究主题之后,要对所使用的概念做出具体定义。例如,要描述中国社会阶层的状况和变化,就要对"社会阶层"的概念做出定义。说明这一研究是如何界定社会阶层的,研究者是以什么标准(经济收入?职业?教育水平?生活方式?或身份?)把一个个调查对象归入不同的阶层的。如果确定主要以"身份"来划分,那么还要进一步操作化,说明划分的具体指标和分类原则是什么——是按通行的工人、农民、干部、知识分子等身份,还是建立新的分类原则。

6. 调查对象的选取。是对研究范围内的所有人都进行调查,还是只选取其中一部分人或某几个典型人物作调查? 如果是后者,那么还要确定选取的方法和程序。

当然,在设计阶段,这些设想并不一定很明确、很完善。描述性研究的特点在于它不受假设的束缚,它可以在实际研究过程中进一步完善这些设想或改变原有的设想。不过,如果预先考虑的比较周到,那么研究可以少走弯路,它的成功可能性也就越大。

第五章 社会研究的设计

描述性研究的应用范围比较广泛,它不仅适用于民意测验、市场调查、社会问题调查、政府部门的统计调查和各类普查(如人口、农业、工业、家庭生活)等应用性研究课题,而且还可用于理论性的研究课题,如对社区的全貌、对近几十年来的社会变迁、对各种制度和组织的运行机制等进行描述。全面、准确的描述是解释社会现象的前提,但描述不仅是提供有关现实的资料,它还可以对社会现象的属性及其相互联系进行分析,通过描述还可以发现一些新的现象和问题。

(二) 解释性研究

解释性研究的主要目的是说明社会现象的原因、预测事物的发展趋势或后果、探寻现象之间的因果联系,从而解释现象为什么会产生、为什么会变化。解释性研究主要运用假设检验逻辑,它在研究之前需要建立理论框架(理论假设)并提出一些明确的研究假设,然后将这些假设联系起来,构成一个因果模型。建立模型主要有以下三种方式:

1. 列出现象的原因或结果。例如,近几十年来大多数西方国家的离婚率都有明显增长。要探寻这一现象的原因,研究者可通过初步探索,并根据某些理论和实际经验找出各种可能的影响因素,然后从中筛选出几种最主要的原因,建立多因一果的模型。同理,研究者也可用这种方式建立一因多果的模型(见图5.1)。这两种模型还可以合为一个,即同时探求现象的原因与结果。

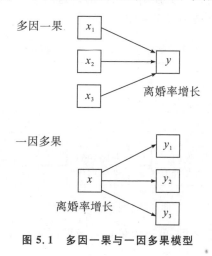

图 5.1　多因一果与一因多果模型

注:x:自变量(原因)　y:因变量(结果)

2. 详析两变量间的关系。这种方式与上一种不同,它不是在研究之前就列出各种原因或后果,而是只选择一个最主要的自变量建立研究假设,然后用各种资料来检验这一假设,并在深入详细地分析了这两个变量与其他变量之间的关系之后再建立因果模型(详见第十六章的"详析模式")。例如,研究者注意到,离婚率的增长是与宗教信仰的减弱同时出现的,后者很可能是一个最主要的原因,因此这两个变量之间的因果联系可作为主要的研究假设。至于其他影响因素,如道德观、生活方式、教育程度、结婚年龄等可作为检验因素,待统计分析之后再确定它们与前两个变量的关系(见图5.2)。

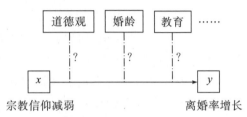

图 5.2 详析两变量关系

3. 深入分析变量间的作用机制。社会现象是错综复杂、相互联系、相互作用的,因此即使两种现象之间存在着因果关系,它们之间的影响也是通过各种因素起作用的,要有效地解释现象,就必须对现象之间的各种作用机制进行考察。例如,研究者通过考察认识到,宗教信仰减弱会导致两个对离婚率增长有影响的后果:(1)道德束缚减弱;(2)更强调个人价值。这两个因素的作用是不同的。他们由此建立了一个较复杂的因果模型(见图5.3)。

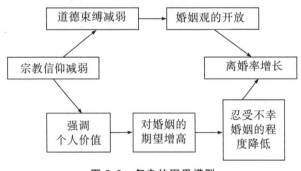

图 5.3 复杂的因果模型

在建立了因果模型之后,就可以依据它来设计研究方案,然后收集资料以检验模型。

由于科学的最终目的是对现象做出普遍的因果解释和科学预测,所以在理论检验研究或专题研究中多选择解释性研究的设计。但一项研究也可同时包含多种目的,它可能是首先探索某一现象,然后进行描述,最后做出解释。

二、横剖研究与纵贯研究

（一）横剖研究

从研究的时间尺度上可分为横剖研究与纵贯研究两种类型。

横剖研究是在某一个时间对研究对象进行横断面的研究。所谓横断面是指研究对象的不同类型在某一时点所构成的全貌。如不同年龄、不同职业、不同地区的人在某一时间对政治体制改革的各种意见和态度。人口普查和民意测验多采用横剖研究的方式。

有些人认为，经验研究多是静态的、横剖的，而理论研究主要从历史发展的观点看问题，因此它们大多是动态的、纵贯的。这种观点是片面的。因为横剖研究并不等同于静态研究，它也可以进行动态分析。例如，某项民意测验在20世纪80年代调查了各种人（20—60岁）的宗教信仰程度，通过分析各个年龄组的不同信仰程度，就可以发现从40年代到80年代宗教在社会中的影响和作用的变化。此外，许多理论检验研究都采用横剖设计来探寻因果规律。例如，要考察结婚和有子女是否会影响政治态度，就可以在同一时间调查未婚者、已婚者和有子女者，然后通过比较来发现人在结婚前后和有子女前后政治态度的变化规律。

横剖研究的优点是调查面广、多半采用统计调查的方式、资料的格式比较统一且来源于同一时间，因而可对各种类型的研究对象进行描述和比较。但资料的深度和广度较差。

（二）纵贯研究

纵贯研究是在不同时点或较长的时期内观察和研究社会现象。例如，费孝通的"江村研究"是在五十年间三次实地考察一个农村。历史研究和人类学研究多采用这一设计。纵贯研究包括三种类型：

1. 趋势研究。是对研究对象随时间推移而发生的变化进行研究。例如，每隔一年或半年就调查一次人们对政治改革的态度，又如比较各次人口普查的资料来发现人口增长的规律或预测今后的发展趋势。

2. 同期群研究。是对同一时期同一类型的研究对象随时间推移而发生的变化的研究。如调查50年代毕业的大学生在各个时期所发挥的作用，或在不同时点调查1968—1970年上山下乡的知识青年在70年代和80年代的思想发展过程。同期群研究注重的是某一类型，而不是某一个体的特征。所以在不同时间可以调查不同的人，只要他们都属于同一类型。但每次调查的抽样都应当是随机的，以保证被调查到的样本可以代表这一类型的人。

3. 追踪研究。是对同一批研究对象随时间推移而发生的变化的研究。如分析同一批人在结婚前和结婚后或无子女时和有了子女之后的政治态度的变化。追踪研究注重个体特征，因此要求在各次调查中都调查同一批对象，如"江村研究"。

纵贯研究的特点在于，它能了解现象的发展过程，能比较不同时期的变化，此外，由于各种变量的时间顺序清楚，因此容易做出逻辑上的因果判断。例如，在不同时点进行调查就能确定出婚姻状况对人口政治态度和行为是否有影响。又如，通过分析 1975—1985 年人们对政治改革的态度的变化以及这一期间所发生的重大事件，就能找出影响人们态度变化的一些变量。但纵贯研究的调查范围较小，难以进行不同类型的比较。关于纵贯研究的具体设计，可参考本书第十二章"准实验设计"一节。

三、普查、抽样调查和个案调查

按照调查对象的范围可将调查研究划分为普查、抽样调查和个案调查这三种设计类型。

（一）普查

普查（或整体调查）是对较大范围的地区或部门中的每一个对象都进行调查，它常用于行政统计工作中，如人口普查、工业普查、农业普查等。普查的作用是能够对现状做出全面、准确的描述，其目的是了解国情，把握整体的一般状况、得出具有普遍性的概括。

普查的设计可参考描述性研究，即在调查之前对调查的时间、空间、主题和内容、研究层次与角度等做出明确、详细的规划。

普查的特点是，普查资料的标准化程度很高，可统计汇总和分类比较，调查结论具有很高的概括性和普遍性，可精确地反映总体的一般特征。但调查的内容较有限、缺乏深度。普查的工作量很大，所花费的时间、人力和经费很多，因此，除统计部门和政府部门外，一般的社会研究很少采用这种设计。

（二）抽样调查

抽样调查是从研究对象的总体中抽取一些个体作为样本，并通过样本的状况来推论总体的状况。在社会研究中，由于客观条件的限制或由于研究目的的要求，往往无法或没有必要对每一个研究对象都进行调查。例如，要了解全国大学生的思想状况，是不可能也没有必要调查每一个大学生，研究者只需从全国几百万大学生中随机抽取几千人或主观选取有代表性的一些人进行调查就可以了。对全国几百万个村庄或企业的调查也是如此。一般来说，如果被调查的样本是采用科学的抽样方法从总体中抽取出来的，那么调查结果就能够较好地反映总体的状况；但是如果样本是主观选取的，那么调查结果只能说明被调查到的这批样本的状况，而不适用于总体。当然，这种结果对于了解总体的一般状况也有或大或小的参考价值。

抽样调查的特点是，它比普查要节省时间、人力和经费，资料的标准化程度较高，可以进行统计分析和概括，能了解总体的一般状况和特征，调查结果具有一定的客观性和普遍性，应用范围广泛。但它的调查内容不如个案调查那样深入、全面，工作量也较大，在资料的处理和分析上需要运用较复杂的技术。

抽样调查是 20 世纪 30 年代以后随着抽样理论、统计分析方法、问卷技术、计算机技术的完善和普及而发展起来的，它常与问卷方法相结合，目前它在社会研究中得到越来越广泛的应用。

（三）个案调查

个案调查是从研究对象中选取一个或几个个体（如个人、家庭、企业、社区、班组等）进行深入、细致地调查。它的主要作用是详细描述某一具体对象的全貌，了解事物发展、变化的全过程。与抽样调查相比，个案调查不是客观地描述大量样本的同一特征，而是主观地洞察影响某一个案的独特因素。个案调查的方法来源于医学和法学对病人或罪犯的案例分析，这种分析一般都要详细了解案主的家庭状况、生活环境、个人经历、社会关系、健康状况等，以探寻其独特的病因或犯罪动因。19 世纪和 20 世纪初期，人们在社会研究中广泛借鉴了这种方法，研究者从工人、农民、贫民、娼妓、乞丐、少数民族、原始部落、社区、企业等社会单位中选取一些具体对象作为个案，详细、深入地了解人们的社会活动、生活方式、行为模式、价值观念、文化规范等等。在这些个案研究中，发展了许多适用于社会研究的具体方法和手段，如参与观察、深度访谈、生活史研究、社区研究、个人文献分析等。本书附录一中的"江村调查"、"中国犯罪问题研究"和"街角社会研究"都采用了个案调查的设计。

我国常用的典型调查也是从研究对象中选取若干具有代表性的个体，对他们进行深入调查。它试图通过深入地"解剖麻雀"，以少量典型来概括或反映总体，从特殊性中发现一般性。从调查对象的范围和调查方式上说，典型调查与个案调查有很大相似之处；但从它们的起源和主要作用上说，两者又有很大区别。典型调查是毛泽东在中国革命的实践中总结和倡导的，它的主要作用在于真实、迅速地了解全局情况。与个案调查不同，典型调查要求被调查的对象具有典型性，因此，选取典型是这种方法的关键。毛泽东指出："怎样找调查的典型？调查的典型可以分为三种:一、先进的,二、中间的,三、落后的。如果能依据这种分类,每类调查两三个,即可知一般的情形了。"① 当然,还可以根据各种具体情况来分类和选择典型。典型调查试图解决由个别推论一般、由个性概括出共性的任务,在这一方面它有很大的独创性和应用价值。但它的局限在于,研究者所选择的典型是否具有代表性是很难判断的,因此由这种主观选择的典型而得出的研究结论并不一定能适用于总体或全局。

个案调查和典型调查的特点是,它们能详细地解剖某一个案,能够在实际生活中体验到当时、当地的情景和气氛,能够深入了解社会行为的背景和发展过程。但调查资料难以标准化,只能依靠主观判断得出研究结论,结论的客观性和普遍性难以检验。

第二节 研究方法

研究设计的另一个主要任务是选择研究方法(或研究法)。研究法表明研究的实施过程和操作方式的主要特征,它由一些具体方法所组成,但它不等同于在研究的某一阶段中使用的具体方法。区分研究法的主要标准是:(1)资料的类型;(2)收集资料的途径或方法;(3)分析资料的手段和技术。依据这几个标准,可以将社会研究的主要方法分为统计调查、实地研究、实验和文献研究。一项研究在确定了某种研究法之后,可选择各种具体的资料收集方法,两者的关系如下表:

表 5.1 研究法与资料收集方法的关系

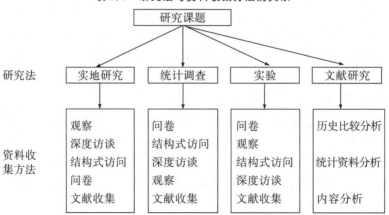

注:① D. A. de Vaus, *Surveys in Social Research*, Allen & Unwin, 1985, p.6.
② 资料收集方法的排列是按每一研究法较常用的顺序。

本节简述这几种研究法的特点,在以后的各章中将详细介绍各种具体方法。

一、统计调查

社会研究所使用的资料可分为三类:(1)直接调查得来的数据资料;(2)直接调查得来的文字资料;(3)文献资料。统计调查所收集的资料属于第一类。这种资料是通过在自然状态下直接询问、观察或由被调查者本人填写得来的。资料的收集是利用事先设计好的表格、问卷、提纲等,所提出的问题和回答的类别是标准、统一的(结构化的),调查内容可以汇总统计。也就是说,研究者事先根据研究假设确定好要了解每一个调查对象(个案)的哪些属性和特征(称为变量);并规定了统一的记录格式,这样,所调查到的每一个案的情况都可在一个统一的资料格式中汇总起来。举例来说,某项研究是要了解"人们为什么对政治改革有不同的态度"。研究者在一个城市选取了几百人(个案)作为样本,并确定了要了解的个人特征是性别、年龄、文化程度、职业和政治态度这几个变量,然后制定了如何测量或记录取值的统一标准。调查的结果可在统一的资料表格中汇总(见表5.2)。

表5.2 统计调查的资料格式

变量名称 调查对象	性别	年龄	文化程度	职业	政治态度
个案1	男	36	大学	工程师	激进
个案2	女	30	高中	机关干部	中立
个案3	女	55	小学	家庭妇女	保守
个案4	男	19	初中	工人	激进
个案5	男	61	高中	退休工人	保守
……	……	……	……	……	……

统计调查的对象(也称分析单位)不限于个人,它也可以是企业、村镇或城市。所要了解的变量也可能是企业规模、所有制类型、产值、汽车拥有量等等。

由于资料的格式是统一的,将所有被调查到的个案资料汇总就能得到一些统计数字,因此统计调查得来的资料一般都可以进行定量分析。这种分析可描述调查样本的一般状况,如"被调查的几百人中34%的人是激进的,25%的人是保守的"。也可以进行分类描述,如"56%的青年人是激进的","18%的老年人是激进的"。在分类比较的基础上,研究者还可以探求变量之间的因果联系,如"年龄不同是否会影响人的政治态度?""职业与政治态度之间是否有联系?"通过统计分析,可以发现变量间的关系,并得出一些统计概括,如"年龄越轻(或文化程度越高),其政治态度越趋于激进"。结合理论分析,就可以对这些现象做出解释了。统计调查法不仅可用于描述性研究和解释性研究,也可用于探索性研究。例如,在大规模调查之前,先调查一些个案,从中发现变量间的一些关系,然后提出研究假设。

统计调查经常使用问卷去收集资料,因此有些人也将它称为问卷调查;但统计调查也可采用其他方法,如结构式的观察、访问等。统计调查的两个显著特征是:(1)使用结构式的调查方法收集资料;(2)在对大量个案作分类比较的基础上进行统计分析。② 由于这两个特点,它成为理论检验研究的最主要的方法,且通常与抽样调查相结合。统计调查适用于对社会现象的一般状态的描述以及对现象间关系的因果分析。它还适用于对集体的态度、行为倾向和社会舆论的研究,如民意测验。

二、实地研究

实地研究是不带假设直接到社会生活中去收集资料,然后依靠研究者本人的理解和抽象概括从经验资料中得出一般性的结论。

实地研究得到的资料通常是无法统计汇总的文字资料,如观察、访问记录。但实际上,研究者所获得的资料并不限于已记录下的材料,它还包括现场的体验和感性认识。这些未形成文字的感性材料在资料分析阶段也发挥着重要作用。可以说,实地研究与人们在社会生活中的日常观察和亲身体验没有很大区别,它也是依靠观察和参与,只不过它更系统、更全面一些。从形式上看,实地研究类似于我国流行的"蹲点"调查。

但是,与单纯的调查不同,实地研究不仅仅是收集资料的活动,它还需要对资料进行整理和思维加工,从中概括出理性认识。实地研究主要运用归纳法,研究从观察开始,然后得出暂时性的结论。这种结论又指导研究者进一步观察,获取新的资料,再得出新的结论或完善原有的结论。

由于研究者不可能在短期内对大量的现象进行深入、细致的观察,因此实地研究是一个较长期的过程,且通常集中关注于某一个案。由于这两个特点,实地研究也常常被称为个案研究或参与观察,它的资料收集方法主要是无结构的观察和访问。

实地研究的资料分析主要运用定性分析和投入理解法,研究者需要结合当

第五章 社会研究的设计

时、当地的情况并置身于他人的立场才能对所观察到的现象做出主观判断和解释,这种解释并非靠统计数据的支持,而是依靠研究者本人对现象本质和行为意义的理解。

实地研究的一个例子是英国社会学家西库雷尔对青少年犯罪的研究。西库雷尔在各种场合观察到青少年犯罪分子与警察和司法人员的日常交往。他发现,在"定罪"和"量刑"时,后者通常都依靠主观印象。为深入探讨这一现象,他作为研究人员进入司法部门,并担任审判员的工作。在工作中,他留心观察犯罪分子的外貌、言谈和举止会给司法人员留下什么印象,并做了大量审判记录。他注意到,一个犯罪分子的讲话声调、手势、服装等等往往会使警官或审判官认为他是"蔑视政府"或"态度恶劣"。他还注意到,审判官通常是靠档案材料(如家庭背景、社会关系、学校成绩、以前是否进过警察局等)对犯罪分子的性格和犯罪动机进行推断,并做出"屡教不改""天生罪犯"之类的判断。通过四年多的实地观察,西库雷尔得出结论说,罪行程度和罪犯类型并没有客观的判断标准,它们是受人的固有观念和思维框架影响的。这一结论也可推及其他社会现象。

实地研究最早是由人类学和民族学方法发展而来的。20世纪初它成为社会研究的主要方法之一。它适用于对少数有代表性的或独特的社会单位进行详细、深入的考察,特别是对那些只有在现场才能很好理解的事件、过程和行为进行研究。本书附录一中的"江村调查""中国犯罪问题研究"和"街角社会研究"都采用了实地研究的方法。

三、实验

实验是自然科学的主要方法,它最适用于解释现象之间的因果关系。但目前在社会研究中它还不能得到广泛应用。

通过实验法而收集到的资料与统计调查资料很相似,它们都可以分类汇总和统计。两者的主要区别是:(1)统计调查是在自然环境中,而实验是在人为控制的环境中观测或询问;(2)统计调查所得到的不同的变量值(如不同的政治态度)是调查对象本身固有的,而实验则是人为施加某种刺激,使调查对象的属性和特征发生某种程度的变化。

实验的设计方法很多,最典型的实验设计是将调查对象分为实验组和控制组,分别观测他们在实验前后的变化。例如,要研究学校的思想政治工作是否会对学生的组织纪律性有影响,可选取两组在各方面(如年龄、性别、家庭出身等)都相同的学生,对其中一组(实验组)加强思想政治教育,然后观测组织纪律性的变化。组织纪律性可选择一些项目来衡量和计分,如迟到、早退的次数,课堂的纪律,法制观念等。在实验之前,两个组在组织纪律性上的平均分是相等的,但在实验之后,两组就可能会产生差异;这种差异可以用刺激变量的影响来解释(见表 5.3)。

表 5.3 实验的设计

分组	前测 (学期初组织 纪律平均分)	刺激变量 (思想政治工作)	后测 (期末组织 纪律平均分)	差异
实验组(50 名学生)	60 分	加强	70 分	+ 10
控制组(50 名学生)	60 分	未加强	64 分	+ 4

由实验法收集的数据资料是精确量度的,以便能反映出调查对象的细微差异。数据资料的分析主要使用统计方法。在社会研究中,实验法主要用于社会心理学和小群体的研究,这是由于实验的研究范围较小。当然,大规模的"社会实验"也是依据实验法的原理。例如,在一项政策实施之前,先在一个地区"试点",以考察这一政策的效果。但这种实验不同于科学研究的实验,它没有实行较严格的控制和精确的测量。

四、文献研究

文献研究是历史学的主要方法,它利用现存的第二手资料,侧重从历史资料中发掘事实和证据。在社会研究中,文献法是必不可少的,这不仅指在初步探索阶段需查阅文献,为大规模的社会调查做准备,而且指在无法直接调查的情况下利用文献资料开展独立研究。

与直接、实地的调查研究相比,文献研究的特点在于它不直接与研究对象接触,不会产生由于这种接触对研究对象的"干扰",因而不会造成资料的"失真"。因此它也称为间接研究或非接触性研究。文献研究的另一个特点是,它的资料收集方法是与分析方法相联系的,研究者一般是在确定了分析方法之后,再去查找某种类型的文献。文献分析主要有三种方式:(1)统计资料分析;(2)内容分析;(3)历史—比较分析。现存统计资料往往是调查资料的补充来源,它可以为研究提供历史背景材料。但它也可作为社会研究的数据资料的主要来源;许多经济学研究和人口学研究都是主要利用这种资料。内容分析是将现存的文字资料转换为数据资料,然后运用统计方法来分析社会现象。例如,查阅 20 世纪 50 年代到 70 年代的报纸,统计出历年来报道主要政治领导人的次数或频率,以此

第五章 社会研究的设计

来分析政治斗争的历史过程。历史—比较分析是一种理论分析的方法,它是通过比较各个国家、各个社会的历史事件或历史过程来发现社会发展的一般模式。这种方式要依靠想象力和思辨,它是传统社会科学的主要方法,目前在一些理论性研究中仍很常用。通常所说的文献研究大多指这一方式,它与采用实证方法的调查研究相对立。

以上所讲的四种研究方法各有其优缺点及适用范围;选择何种研究法在很大程度上取决于研究者的理论和方法论倾向。从近几十年的发展趋势上看,采用统计调查的研究在社会研究中的比例越来越大,表 5.4 可说明这一趋势。

表 5.4 各种研究方法在社会研究中的比例

研究方法	1936—1949	1950—1964	1965—1978
统计调查	48%	70%	80%
实地研究 文献研究	51%	27%	17%
实验	1%	3%	3%

注:根据《美国社会学评论》1936—1978 年发表的 489 篇研究报告所使用的研究方法的统计。见 E. Babbie, *The Practice of Social Research*, 3rd ed., Belmont: Wadsworth, 1983, p.95。

第三节 研究方法的讨论

关于社会研究应当采用何种方法,一直有很大的争论,它涉及许多理论和方法论问题,同时也涉及不同社会理论的研究范式。美国社会学家将当代社会理论区分为八种不同的"理论群":结构—功能理论、新因果论、社会预言理论、小群体理论、符号互动论、结构主义、新马克思主义(批判理论)、民俗方法学与现象学。③各种理论群都有自己的方法论和研究范式。在研究方法上,新因果论、社会预言理论主要依靠大规模统计调查的资料;符号互动论、民俗方法学与现象学偏重实地研究;小群体理论通常使用实验方法;其他三种理论则偏重文献研究,但它们也在不同程度上依靠经验调查的资料。上述分歧实际上是自然科学的定量方法、人文学科的定性方法与韦伯的"理解社会学"方法三者分野的延续。它也反映了对社会"科学"和社会研究的不同看法。弄清这些方法和观点的主要内容,对于选择研究方法是很有益处的。

一、定量方法与定性方法

定量方法的共同特点是：它是从一组单位中收集各单位的可对比的信息。只有对这种信息才有可能进行计算，并进而对资料作更广泛的定量分析。④ 运用定量方法就是要对多少可比较的一组单位进行观察，这些单位可以是个人，也可以是群体或机构。定性方法则无法对不同单位的特征作数量上的比较和统计分析，它只是对观察资料进行归纳、分类、比较，进而对某个或某类现象的性质和特征做出概括。在社会研究的四种研究法中，统计调查和实验法属于定量方法，实地研究和文献研究属于定性方法。日本社会学家安田归纳出两种社会调查方法的不同特点：

统计调查	实地研究（个案调查）
(1)调查范围广泛，涉及大量单位	(1)涉及少数个案
(2)从一个单位中选取少数侧面	(2)选取多数侧面
(3)客观地统计和量度总体特征	(3)主观地洞察性地把握个体特征
(4)用相关分析等客观方法得出普遍化的结论	(4)用主观洞察性方法得出普遍化的结论

下面我们结合这两种方法的特点来说明定量方法与定性方法的优缺点。定量方法的优点在于，它的标准化和精确化程度较高，逻辑推理比较严谨，因而更客观、更科学。定量方法还能大大推进理论的抽象化和概括性，促进对现象之间普遍的因果关系的精确分析。但定量方法在社会研究中是有局限性的。首先，由于是对大量样本的少数特征做精确的计量，因而定量方法很难获得深入、广泛的信息，容易忽略深层的动机和具体的社会过程。其次，由于社会现象错综复杂，影响因素众多且难于控制，因此要确立两个变量之间的因果关系并非易事。可以说，所研究的现象越复杂，统计分析或相关分析也就越不可靠。此外，由于许多社会现象都是独特的，无法得出普遍的经验概括，因而也无法依赖数量分析。对统计调查的指责有许多是出于上述理由，批判者认为，统计调查只能得到表面的、浮浅的信息，而不能抓住事物的本质特征。他们推崇实地研究方法，认为只有通过对日常生活的直接观察，才能获得有关社会生活的有效知识。因为社会是由活生生的人和具体的社会活动组成的，对它必须根据社会成员的动机和主观意义来理解。例如，现象学家主张，"要根据日常生活的本来面貌来研究日常生活中的现象"，"要保持这种现象的完整性"。在他们看来，统计调查、问卷、测量这类方法会肢解和歪曲社会现实，它们实际上是把研究者本人对现实的

第五章 社会研究的设计

看法强加于社会世界。他们并不认为主观洞察的方法是非科学的，相反，认为它是获取科学知识的重要手段，他们指出，"日常生活的各个基本方面还是能够直觉地被掌握的，因此而产生的创造性的见解总有一天将成为客观知识"。

不可否认，在完整地把握社会现实、在深入了解社会现象的具体过程和行为意义方面，定性方法也存在着局限性。它的缺陷在于，定性分析是依据典型的或少量个案的资料得出结论，这种结论不一定具有普遍性。此外，主观洞察性的分析即有可能获得真知灼见，也有可能导致荒谬的结论，这是因人而异的。由于对这种主观性的分析或结论缺乏客观的评价标准，因此人们也无法对不同的研究结论进行检验。而定量方法则具有普遍性、客观性、可验性的优点。

由于定量方法和定性方法各有长处和缺陷，因此从韦伯的"理解社会学"开始，人们就试图在社会研究中将两者综合起来。有人根据统计调查和实地研究的特点设想了一种"理想的"调查研究方法：(1)涉及大量个案；(2)选取多数侧面且与整体相联系；(3)通过客观计量和统计把握共性；(4)尽可能客观分析并结合主观洞察和理解得出普遍化的结论。⑤这一设想曾受到系统论和拉扎斯菲尔德的"多变量分析"方法的启发和鼓舞。但是，在近几十年的实践中，由于研究经费和操作化技术的限制，这一理想一直未能实现。事实上，上述方法的第(2)点是很难达到的，因为人们不可能将社会整体的大多数特征都操作化并在一个统一的模型中加以分析，即使是成熟的自然科学也做不到这一点。科学只是将事物分解，抽出某些侧面，然后控制其他条件加以分析。目前，社会科学家所能做到的也只是在资料收集和分析中结合主观洞察的方法。可以说，定量方法与定性方法、统计调查与实地研究在社会研究中是相互补充、相互依赖但又独立地发挥着各自的作用。当前主要的发展趋势是，定量方法的应用领域愈来愈扩大，同时人们也愈来愈深刻地认识到定性方法在社会研究中的特殊意义并尽可能使它系统化。目前看来，排斥某一种方法或将两者统一起来的努力都是徒劳的。布东写道："社会学的方法较之大部分人文科学的方法更为多样化……社会学愈发展，凡是方法统一化的试图注定要失败这一点就愈为明显。将定量法置于优先地位或将定性法置于优先地位都是不对的。否定数学在社会学中的重要地位或认识不到数学对社会的某些领域和许多问题不会有多大帮助，也都是荒谬的。"⑥

二、资料的可靠性与有效性

任何研究的成功最终还要依赖于观察资料的可靠性与有效性（或信度与效度）。前者指资料的真实可信程度，后者指"资料是否准确有效地说明了所要研究的问题"。如"太阳从东方升起"是可信的观察,但用它来说明"月球围绕地球运动"则是无效的。关于信度与效度的问题,我们将在"测量"一章中讨论。这里只是探讨各种研究方法在收集资料和分析资料时存在的问题。

一般来说,实地研究的资料的可靠性不如统计调查。实地研究依靠个人的感官,由于每个人观察问题的角度和眼光不同,对问题的理解也不同,因此任何两个观察者都不可能得到完全一致的经验资料,这就很难保证实地调查资料的客观性。而统计调查正是依靠结构化的问卷和表格,观察者只需按照事先的分类将观察内容记录到适当的项目中就可以了。这种资料的客观性和可靠性程度较高,因为不同的调查员都会记录下完全一致的事实(如被调查者的年龄、职业、是否赞同独生子女政策、一周看几次电影,等等),他们不会把个人的理解和价值判断掺入到资料中。此外,这种资料的真实性也可以重复验证。

但是,统计调查资料的有效性不如实地研究。例如,要衡量不同企业的民主管理程度,统计调查只是通过一些表面化的指标,如职工代表大会每年开会的次数、采纳工人合理化建议的数量等等,但这些指标能否有效衡量民主管理程度是成问题的。而实地研究是通过到各企业"蹲点"调查,可以提供许多有效的事实资料来说明各企业在民主管理上的差异。统计调查还往往会导致这种倾向,即把时间和精力花费在收集越来越多的数据资料上,并设计了越来越复杂的分析资料的方法,却忽略了资料的有效性问题。假如资料是琐碎的、枝节性的,那么不管它的数量有多大,分析技术有多精密,也仍然不能有效地说明事物的主要特征和本质属性。

对于调查研究(不管是统计调查还是实地研究)来说,影响资料信度和效度的因素还包括研究本身对被调查者的"干扰"。这种"干扰"表现为:(1)被调查者由于对访问员或问卷措辞的误解等原因,而不自觉或无意识地做出错误的、不真实的回答。(2)被调查者由于顾虑、反感、不耐烦等原因,而有意识地隐瞒或改变自己真实的行为和态度。在面对面地收集资料时,这种"干扰"是无法避免的。这一事实说明,社会调查也是一种社会现象,它也是由人们之间的互动构成的,也同样受人的主观意图和行为动机的影响。虽然研究者可以努力克服自己的主观因素对研究的影响,但他却很难控制被调查者的主观因素的影响。

实验法也存在着类似的问题。尤其是实验通常是在人为控制的环境中而不是在自然状态中观察或询问,因此它的"干扰"效应往往会更大。当然,从另一方面看,由于实验的标准化、精确化和可控程度更高,实验资料的信度和效度比统计调查和实地研究要高。但实验的范围较小,调查的样本较小,因此实验结论的普遍化程度较低。

第五章 社会研究的设计

文献研究虽然不存在"干扰"问题,但对文献资料的信度和效度也必须要加以考虑。特别是对资料的来源和可靠程度要做出检查和判断。例如,"大跃进"时期的统计数据或农村的统计报表有许多是"掺有水分"的。此外,研究者在收集和筛选文献资料时往往会受个人主观因素的影响,他们有可能只找出对自己有利的历史资料,而对其他资料则视而不见。

通过对各种研究方法的考察可以看到,尽管客观性与科学性是社会研究追求的目标之一,但完全客观的、不受个人价值观念影响的研究是很难达到的。越来越多的社会科学家认识到:"一个调查者的价值观不仅影响他选择的研究课题,而且也影响他研究这些课题的方法和他所应用的资料的来源。"这意味着,不存在判断资料有效性的固定标准或绝对标准。许多人依据这一点否定社会科学的科学性和客观性,将它视为与意识形态或哲学相类似的体系。这种观点是错误的。因为从认识论的观点看,人们的思维能否与客观世界相一致是一个实践的问题。此外,自然科学和社会科学都以同样的方式来解决"思维与存在的关系"问题,它们都是假定,理性认识与经验证据之间存在着逻辑一致性。尽管社会研究更易受主观因素的影响,但研究者的基本出发点是,"他们能够通过操作化过程来领悟和描述现实,能够依赖科学验证的绝对标准去评价他们的研究成果,除此之外的唯一选择只能是不搞研究"[⑦]。当然,所谓判断知识真理性的"绝对标准"是随科学实践的发展而变化的。近几十年来,社会科学为了使理论与证据具有一致性,愈来愈多地采用更客观、更有信度的方法,统计调查正是在满足这一要求的方向上发展的,它试图最大限度地消除主观因素的影响,但目前,它还未能有效地解决资料的效度问题。

上述对各种研究方法的认识是说明,社会研究有必要使用多种方法,并尽可能收集各种来源的资料。此外,在确定了研究方法之后,还要考虑到各种方法的缺陷和局限性,以及它们所收集到的资料的可靠性与有效性。

第四节 分析单位与研究内容

在研究设计中,研究者还应当明确研究的分析单位和研究内容。分析单位是研究者所要调查和描述的对象,它是研究的基本单位,研究的最终目的是将这些分析单位的特征汇集起来以描述由它们组成的较大集合体或解释某种社会现象。研究内容是指分析单位的属性和特征,它们是研究者所要调查和描述的具体项目或指标。

一、分析单位

一般来说,分析单位等同于抽样单位。例如,要描述学生的思想状态可抽取一个个学生,要描述学校的思想政治工作可抽取一个个学校。但有时,分析单位可能与抽样单位不一致。例如,要分析家长对子女的态度,这时,分析单位是家长,而抽样单位可能是"户"。另外要注意,分析单位不一定是研究结论中所解释的单位,如迪尔凯姆分析的是个人特征(年龄、性别、贫富等),但他所解释的是不同群体的自杀率。社会研究中的分析单位主要有以下几类。

(一) 个人

个人是社会科学中最常用的分析单位,大部分社会研究都要通过分析个人特征来解释和说明各种社会现象。但社会科学不像生物学、心理学、生理学或医学那样分析人类所共有的特征,而是分析在不同社会环境、不同社会制度或不同文化中的具体特征,即分析各种社会角色的特征,如家长与子女、学生与教师、领导者与被领导者等等。此外,社会研究一般并不停留在个人层次,因为它的主要目的是描述或解释由个人或个人行为组合而成的社会现象。

(二) 群体

群体主要指具有某些共同特征的一群人,如妇女、儿童、青少年、老年人、工人、农民、干部、富人、帮派、非正式团体、朋友、社交圈等等。它们可作为社会研究的独立的分析单位。群体特征不同于个人特征,例如家庭的特征包括家庭规模、形式、高档消费品的拥有量等。但有些群体特征可由个人特征汇集或抽取而来,如家庭的经济状况是由每个家庭成员的收入决定的,家庭的社会地位取决于家长的职业和声望。群体成员特征的平均值也可用来描述群体特征,如工人的平均文化程度、知识分子的平均收入等。

(三) 组织

组织是指由具有共同目标和正式分工的一群人所组成的单位,如企业、商店、公司、学校、医院、机关单位、政党等。组织特征包括组织的规模、组织方式、管理方式、组织行为、组织规范、上下级关系、任用、晋升、解雇等等。社会组织是社会的基本构成单位,它是社会研究的重要对象。社会研究一般要分析某一组织在社会系统中的位置和功能,它与其他部门的联系以及组织内部的结构与人际关系等。

(四) 社区

社区是按地理区域划分的社会单位,如乡村、小城镇、城市等。社区内的人们一般都共同从事社会、政治、经济等项活动,并具有较一致的文化规范和价值标准。将社区作为分析单位通常是描述社区居民的生活状况、交往活动、文化活动、行为规范以及社区的历史发展过程等。由社区研究可进一步扩展为对整个社会的研究,从而上升到宏观层次。

（五）社会产物

分析单位还可以是各种类型的社会活动、社会关系、社会制度和社会产品。例如,以历史和现代的各次战争为分析单位,描述它们的特点和共同特征,或分析各个历史时期各个国家的政治制度、经济制度、国际关系、区域关系、家族关系、婚姻关系、生育制度等。社会行为也是社会研究的一个重点。在将犯罪、离婚、自杀、革命、罢工、游行等行为当作分析单位时,不是把行为主体作为研究对象,而是侧重描述各个行为本身的特征,例如分析每一次游行的规模、方式、目的等等。

社会产品是指建筑物、交通工具、书籍、服装、报刊、电影、歌曲等物品。它们也可作为独立的分析单位。例如,研究者可分析不同国家的电影的主题、内容、表现手法、道德准则等特征。也可以描述每家报刊的政治立场和影响力;或者对报刊上不同广告的特点进行分析,这时一个个广告又成为分析单位。

可以说,分析单位是研究者所要了解的一些个案,它在很大程度上决定了抽样方案和调查方案的制定。在选择分析单位时应注意:(1)一项研究课题可以采用多种分析单位,如研究犯罪问题,可以个人、群体或社区为单位,也可将犯罪活动本身作为分析单位。研究者应根据社会现象的复杂程度和研究目的来选择分析单位。对于复杂的现象,只有从不同角度、不同层次去收集资料才有可能得到更完整、更真实的信息。当然,在具体研究中,研究者一般只选择一两个最主要的分析单位,以减少调查的工作量。(2)在研究中,如果以某一分析单位进行调查所收集的资料不能完满地解答研究课题的话,就应当增加或改变分析单位。例如,要解释"学生考试作弊"的问题,最初以个人为单位,但当资料不能满足需要时,就应考虑以学校或城市为分析单位。

二、研究内容

研究内容是分析单位的属性和特征。研究者一般是根据研究课题和研究假设的要求,确定出主要想了解的项目或指标。研究的内容不应过多,因为一个分析单位的属性和特征包含各个方面,如社会、政治、经济、文化、心理、态度、行为等等。一项研究不可能调查所有的方面。一般来说,可以将分析单位的属性特征划分为三大类:状态、意向性和行为。

（一）状态

状态是一些客观指标，通过它们可以描述分析单位的基本状况。如个人的状态包括年龄、性别、身高、体重、职业、收入、文化程度、婚姻状况等。企业的状态有组织结构、人员规模、产量、产值、利润等。社会产品的状态有产品形式、风格、质量、重量、色彩等。研究者可根据研究假设选择其中某些指标。例如，要研究人们的政治态度受哪些因素影响，可选择个人的年龄、职业、文化程度、经济收入等状态变量作为主要影响因素。状态变量一般可作为自变量，它们对态度、行为及其他社会现象都可能有重要影响。

（二）意向性

意向性是分析单位的内在属性，它是一种主观变量。意向性包括态度、观念、信仰、个性、动机、偏好、倾向性等等。不仅个人和群体具有意向性，组织、社区甚至社会产品也具有意向性，例如，国有企业与乡镇企业有不同的价值观念和行为倾向；不同的社区有不同的社会舆论；报刊社论可表现出不同的政治倾向。这是由于社会现象不同于自然现象，它们都包含人的主观意义。意向性是内隐的，很难直接观测，研究者通常是设计一组题目来描述态度、观念和行为倾向的不同类别或不同程度。对意向性的分析是要以分析单位的行为目的、动机、手段、策略等来解释它的行为。例如，个人的宗教信仰、政治观点或世界观都会影响他的行为。又如，对游行活动可以区分为不同目的、不同动机（如政治动机与非政治动机）加以研究。

（三）行为

行为是一种外显变量，研究者可直接观察到的各种社会行为和社会活动，如选举、加入政党、考大学、参军、就业、结婚、迁居、变换职业等等。群体、组织和社区等分析单位也有其特殊的行为。对社会行为可从各个方面考察。例如，韦伯区分了四种主要的社会行为：目标—理性行为、价值—理性行为、情感性行为和传统性行为。还可从其他角度划分，如分为政治、经济、社交、长期性、短期性等行为。一般来说，社会行为通常是研究所要解释的因变量，它受状态变量和意向性的影响。同时，社会行为之间还存在着相互作用和相互影响，如一个人的行为会导致另一个人的相应行为，反之亦然。此外，对行为有影响的因素还包括社会结构、社会制度、社会关系变量、社会环境、历史、文化等变量，它们是较高层次的分析单位的属性和特征（见图5.4）。

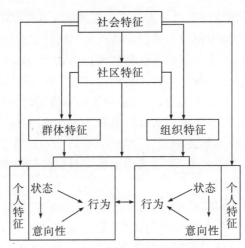

图 5.4 社会行为的影响因素

研究内容的选择不仅取决于研究课题和理论假设,而且还取决于研究者的方法论倾向。依据理论和方法论偏好,研究者可在下列几个方面进行选择:(1)研究层次。简单地说,以国家、制度、阶级等较大整体为分析单位的研究是侧重宏观层次,它的研究内容一般是以结构变量、环境变量和文化变量所表示的社会整体的特征。而以个人和小群体为分析单位的研究则偏重微观层次,它的研究内容主要是个人特征。介于两者之间的是社会单位(群体、组织、社区)层次。(2)抽象程度。研究内容可以是非常具体的现象,也可以是高度抽象的概念。前者旨在提供丰富的经验资料,后者则试图做出抽象的理论解释。(3)解释的方式。个性解释是以个人的独特因素来解释他的行为,它需要详尽考察某一个案的各种特征和属性,因此它的研究内容相当广泛。共性解释则以大量样本的共同特征来说明一般模式或普遍规律,它只需考察几个主要因素。概括地说,研究内容的选择可归结为:是在宏观层次还是在微观层次上研究?是在经验层次上描述还是在抽象层次上解释?是研究少量个案的所有特征还是研究大量样本的少数特征?

三、层次谬误与简化论

层次谬误与简化论是由于分析单位不明确、分析层次混乱或研究内容狭窄而导致的错误。

层次谬误(或生态谬误) 是指用一种高层次的分析单位做调查,却用另一种低层次的分析单位做结论。例如,以城市为分析单位研究犯罪问题时发现:

"流动人口多的城市比流动人口少的城市的犯罪率高。""知识分子比例高的城市比知识分子比例低的城市犯罪率高。"这是从人口统计资料和犯罪率调查中得到的客观、真实的资料,但是如果由这些资料得出结论说"流动人口比非流动人口的犯罪率高"或"知识分子的犯罪率比其他阶层高"则是显然错误的。因为调查资料是以城市为单位而收集来的,对它必须用城市特征、而不能用群体(或个人)特征来解释。如果要以群体特征来解释犯罪率,则应以群体为单位进行调查,例如,分别调查流动人口与非流动人口、知识分子与非知识分子的犯罪率,然后进行比较再做出结论。"层次谬误"就是指这种将社区特征与群体特征、群体特征与个人特征相混淆的错误。

在用统计资料作分析时很容易出现这类"层次谬误"。例如,由"国有企业比集体企业的工资成本比重高",推论出"国有企业工人比集体企业工人的工资高";由"基督教国家比佛教国家的自杀率高",推论出"基督教徒比佛教徒的自杀率高",等等。当然,这种推论偶尔也是符合实际的,但它的推理方法则是完全错误的。

简化论(或还原论) 在社会研究中是指局限于用某类特征来分析和解释各种复杂的社会现象。例如,在解释人的行为时,心理学家只考虑心理特征(如动机、性格),经济学家只考虑经济特征(如经济地位、经济利益),社会学家只考虑社会学特征(如角色、规范)。在讨论研究内容时我们已了解到,任何分析单位都具有各种属性和特征,而简化论则只偏重于其中某一类特征,这样就会忽略其他特征,犯简单化的错误。此外,各种简化论在研究中常偏重于不同的分析单位。例如,对中国"文化大革命"的研究,心理学家常以领导人为分析单位,用领导人的个性来解释"文化大革命"的产生原因,而社会学家常以社会制度、社会阶级为单位来分析社会结构的影响。

实际上,并没有一种普遍适用的分析单位,一项研究应考虑到各种分析单位和各种特征,然后依据理论假设和初步考察来确定较适当的分析单位与研究内容。

第五节 研究方案的设计

设计阶段的任务是制订一个完整、详细的研究方案。它是对研究的具体程序和操作方式的规划,即制订研究计划,分解研究课题,然后将所要研究的概念具体化、操作化,并说明研究中的各种细节以及所采取的各种策略。研究方案相当于一项工程的设计图和施工方案,如果事先有比较周密和精细的规划,考虑各种问题就比较全面。那么实施过程就会比较顺利。

一、研究方案的内容

研究方案应当与研究的逻辑过程(参见图4.1"科学环")联系起来统筹考虑。也就是说要考虑研究各阶段的目的、任务以及各阶段之间的联结。然后从整体规划入手再制定每一局部的细节安排。研究方案的内容主要有以下几个方面:

1. 阐明研究课题和研究目的。主要是说明研究题目的产生过程以及这一课题的重要意义,说明研究要解答哪些问题,要达到什么目的。研究课题具有理论与应用两方面的目的和意义,那么这一研究是侧重哪一方面?研究目的还可区分为描述或解释现象,如果侧重了解与描述现象,那么要说明,是要了解现象的哪些方面?为什么?描述这些方面有哪些作用?如果是侧重解释现象,那么要说明理论假设是什么?研究假设是什么?假设中的概念是如何定义的?

2. 确定研究类型和研究方法。这一部分是说明采用何种方式进行研究,即收集何种资料、使用何种研究法、调查范围有多大(是总体、还是部分或是个体)、研究的时间设计(横剖式或是纵贯式)。在确定了研究方法(实地研究、统计调查、实验或文献研究)之后,还要考虑具体的调查方法(观察、问卷、访问、内容分析等)及资料分析方法(定量分析或定性分析)。

3. 确定分析单位和研究内容。应当与研究方式的选择结合起来,考虑调查对象有哪几类,要调查哪些项目或指标,哪种分析单位能够提供所需的资料,所要调查的内容适合用哪些方法去收集,对资料的精确性和系统性有何要求?如何分析这些资料?等等。

4. 制订抽样方案。抽样调查要确定研究总体是什么(是全国的大学生还是某几个城市的大学生或某所大学的学生)?采用何种抽样方法(是概率抽样还是非概率抽样)?抽取多少样本(是调查10000个还是1000个或100个学生)。此外,还要考虑具体抽样时的各种问题,如是否有学生名册,在学校食堂抽样能否达到要求,如何做到既能减少工作量又能保证样本的代表性,等等。

在个案调查中,也有一个选"点"的问题。例如,确定以一所或几所大学为调查对象,那么还要选样,是调查沿海城市的大学还是内地的大学?是文科大学还是工科大学?是地方院校还是重点大学?研究者一般是根据研究课题和研究目的来选择,但有时则根据研究的便利条件来确定调查对象。关于各种抽样方法,我们在第七章将详细介绍。

5. 制定问卷、观察表格或访问提纲。即对研究内容具体化和操作化,将所要调查的项目系统地编排在调查提纲或问卷中。这里涉及的关键问题是如何说明调查对象的属性和特征、如何制定调查指标。我们在下一章将讨论"测量"的问题。至于问卷设计和观察表格的设计将在第二编的各章中介绍。

6. 确定调查的场所和时间计划。并对调查员的任务和工作进度做出安排。问卷调查一般是短期的,由各个调查员分发和回收问卷。而参与观察则是长期的,研究者和调查员需要生活在所调查的地区或单位,长期进行观察和访问。在进入调查之前,还需培训调查员或编制指导手册。

7. 研究经费和物质手段的计划、安排。研究经费主要包括调研人员的旅差费、协作人员的劳务费、课题资料费、问卷表格的印刷费、资料处理费用(或计算机的使用费)等等。研究经费是影响研究方案设计的重要因素,它直接限制了研究范围和调查方法的选择。但即使有充分的经费保证,也需要做出合理的安排与规划。

物质手段主要指调查工具、技术手段以及资料整理与分析的手段,如录音、录像设备、实验仪器、计算机等。尽管它们都与经费有关,但这里还存在着使用与规划的问题,如使用何种型号的计算机、需要有何种统计软件等都需要结合调查内容做出安排。

二、研究方案示例

本书附录一中的"蒙汉通婚研究"较详细地说明了这一项研究的具体设计过程。下面我们以此为例来介绍研究方案的各项内容。

1. 课题:赤峰地区农村牧区蒙古族与汉族的通婚研究。

目的　通过对影响蒙汉通婚的各种因素的分析,建立能解释民族通婚一般模式的理论模型。这一研究既具有理论意义,也具有应用价值,但比较来说,研究者更注重前者。

理论构架(理论假设)　影响蒙汉通婚的主要因素有六类:经济活动、居住特点、人口迁移、语言文化、历史因素、政策因素。其中后两种因素起独立的影响。

研究假设　通过对前四类因素的具体化和经验推演,筛选出10个影响民族通婚的自变量:(1)某一民族在一个村的总户数中的比重;(2)居民的平均文化水平;(3)户主的年龄;(4)户主的文化水平;(5)职业;(6)户口类型;(7)是否移民;(8)掌握另一个民族语言的能力;(9)邻居中另一民族成员的多少;(10)与另一民族成员的交友情况。将它们与因变量(民族通婚的程度)联系起来,建立了四组陈述变量间关系的研究假设。将这些假设联系起来,就构成了一个解释民族通婚的因果模型。

第五章 社会研究的设计

2. 研究设计类型:解释性研究、横剖研究和抽样调查。

研究方法　以统计调查为主,结合实地研究。

具体方法:采用问卷法收集数据资料、利用计算机进行统计分析(相关分析、回归分析和路径分析)。此外,还需结合现场观察、深度访谈、文献收集等方法。

3. 分析单位:主要是户主(但抽样单位是户),辅助的分析单位有家庭、村、乡、旗和民族政策。

研究内容　户主的主要特征〔变量(2)—(10)〕、各特征组的民族通婚程度、户主所在的村、乡、旗的历史与现状,民族政策的历史变化等。

4. 抽样方案:研究总体是赤峰地区的居民户。

选点:根据地区特征,选择四个有典型意义的旗(县),在这四个旗(县)中选择五个有代表性的乡(苏木),再在这五个乡中各选择 2—3 个村,共选出 12 个村。以这 12 个村的 3200 户来代表赤峰农牧地区的所有居民户。这一阶段的抽样是采用非概率的方法(立意抽样),被调查的旗(县)、乡(苏木)、村是主观选择的。

第二阶段的抽样是从 3200 户中采取概率抽样(等距抽样,每四户中选三户)的方法抽取 2439 户,这已几乎等于在 12 个村中进行普查。

5. 设计调查问卷:基本问卷是调查户主的各项特征和基本情况:年龄、文化水平、职业变动、婚姻史、配偶情况、生育史、语言能力、社会交往、邻居情况、个人收入、个人对居住地的满意程度等等。每一方面都设置一个或几个问题来了解。它们是对因果模型中涉及户主的 8 个自变量的测量。辅助问卷有两个,一个是了解家庭情况,另一个是了解迁移情况。此外,还设计了描述村、乡、旗的基本概况的调查表或调查提纲。

6. 调查时间:正式调查是在 1985 年 6—8 月。

调查场所　直接进入家庭访问。之所以选择户访而不是集中填写问卷或由村干部分发,一是由于被调查者的文化水平较低,但更主要的是因为通过问卷以外的无结构访谈和现场观察可以获得更多的信息和感性材料。

调查计划　在正式调查前进行文献考察和实地考察,走访了地区、旗(县)的一些部门。在问卷初稿设计好之后,进行"试调查",以修订问卷。正式调查每天访问 40—50 户(调查组有 5 人,每人访问 8—10 户),计划两个月完成。除发放问卷的 12 个村外,还需考察其他村的概况(共访问了 41 个村)。1985 年 9—11 月进行资料整理和计算机处理,1985 年 12 月—1986 年 3 月结合资料分析撰写研究报告。整个研究过程从准备阶段到完成报告约一年时间。

7. 研究经费:国家社会科学基金"边区开发课题"经费。

物质手段 主要考虑计算机处理资料的问题。计算机本所可以解决,统计软件使用 SPSS⁺ 软件包,但尚需掌握和开发某些统计程序。

以上是采用解释性研究、横剖研究和抽样调查设计的一个典型例子,它运用了当代社会研究中最流行的统计调查模式,其特点是建立因果模型、大样本调查、定量分析。下面我们再举例简要说明社会研究的另一种主要研究方式——实地研究——的设计。这一例子来自美国著名社会学家 H.贝克尔的一项研究:

1. 研究课题:吸食大麻者的研究。

研究目的 通过对吸食大麻者的观察和访问建立一种"如何成为大麻吸食者"的过程理论。这一研究对于人们认识越轨行为的产生过程有普遍的理论意义。

理论设想 心理学者常以个人心理特征来解释越轨行为。但本研究的理论假设是:越轨行为的产生是一系列社会经历连续作用的结果。人在这些社会经历中逐渐形成了一定的观念、认知和情景判断,它们导致了一定的行为动机或行为倾向。在研究之前,没有明确的研究假设和理论概念,它们有待于研究之后形成。

2. 研究设计类型:描述性研究、纵贯研究(追踪研究)、个案调查。

研究方法 实地研究,通过无结构访问和长期观察来收集资料,运用"列举归纳"和理解法来整理和分析资料。

3. 分析单位:个人。

研究内容 个人经历、个人对吸大麻的态度变化、成为吸大麻者的过程、吸食量的变化等。

4. 抽样方案:非概率抽样(滚雪球式)。研究者以他认识的吸大麻者为首批调查对象,然后通过他们再介绍更多的吸大麻者,共调查了 50 个人。

5. 访问提纲:根据研究内容进行询问、交谈。做详细的访谈记录或录音。

6. 调查时间、场所:由被访者选择他们认为合适的时间、地点接受访问。

时间计划 在第一次访问之后间隔几个月或半年后再进行访问,共访问两三次。调查时间约一年半。课题组有三人,每人负责自己的调查对象。

7. 研究经费和物质手段(略)。

贝克尔在研究报告中对所有个案的共性进行了归纳,概括出成为吸食大麻者的三个阶段:(1)学习吸食大麻的方法;(2)学会体验吸食大麻的效果;(3)享受吸食效果。由此抽象出三个相互联系的抽象概念:接触→体验→享受,它们可描述许多越轨行为的产生过程,并且可以建立一种"社会习得"理论来反驳心理学的"个性"理论或"先天倾向"理论对越轨行为所做的解释。

这一例子可说明实地研究设计的一些特点:不事先制定严格的假设和调查指标,对少量个案进行长期观察、采用定性分析,运用归纳法建构理论等。

研究设计实际上是在各种研究手段和策略之间进行选择,在调查研究中,这些选择之间具有一定的相关性,由此可区分出两种研究方式:(1)统计调查;(2)实地研究(见图 5.5)。当然,这种划分只是出于分析的目的,因为在具体研究中,各种研究策略和手段间的相关(图中实线)不是绝对的,研究者一般是根据课题性质、研究目的和个人的方法论偏好确定一种主要的研究方式,但他还可选择其他策略和手段(图中虚线)作为辅助或补充。

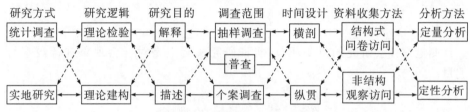

图 5.5 两种研究方式的设计

注释

① 《毛泽东农村调查文集》,第 27 页。
② D. A. de Vaus, *Surveys in Social Research*, Allen & Unwin, 1985, p. 4-5.
③ N. 马林斯:《当代社会学中的理论与理论群》,纽约,1973 年版。
④ 雷蒙·布东:《社会学方法》,上海人民出版社 1987 年版,第 15 页。
⑤ 福武直等:《社会调查方法》,湖南大学出版社 1986 年版,第 25 页。
⑥ 雷蒙·布东:《社会学方法》,第 107 页。
⑦ G. 罗斯:《当代社会学研究解析》,宁夏人民出版社 1988 年版,第 170 页。

第六章

测 量

测量是社会研究的重要环节,实证研究实际上是对社会现象进行观察与测量。

第一节 测量的概念

在社会研究中,所谓测量就是对所确定的研究内容或调查指标进行有效的观测与量度。具体地说,测量是根据一定的规则将数字或符号分派于研究对象的特征(研究变量)之上,从而使社会现象数量化或类型化。这一定义中有几个概念需要加以说明:(1)研究变量;(2)数字(符号);(3)分派规则。

研究变量是通过对概念的界定和具体化而转化来的,在研究中,它是分析单位所具有的特征或属性。例如:在考察学生的外语能力时,我们可以用外语考试分数来反映这一特征。这里,外语能力是研究变量,考试分数是外语能力的测量指标。在一具体研究中,每个变量都有特定的测量指标。可以说,研究变量"是通过对概念的定义和一个或一组有效的测量指标而构成的"。

测量时得到的一定数值可作为某一现象或事件特征的代表符号。符号是抽象的东西,它不是现象或事件本身,而仅仅表示现象或事件的特性。这些符号是仅在我们给它赋予具体含义时,它才会具有意义。

确定分派数字的规则是测量中最基本、最困难的工作。社会研究中的测量是将各个分析单位与它们的特征或属性用数字分派规则联系起来。所谓规则是指操作的方法或索引,它指导研究人员如何实施测量。例如,测量人们对政治的兴趣可以制定下述规则:依据每个人政治兴趣的强弱而分派数字 1 至 5,政治兴趣最强的人所分派的数字为5,政治兴趣最弱的人所分派的数字为1;介于两者之间的人可依据程度不同分派数字2、3、4。下面举例说明(见图6.1)。

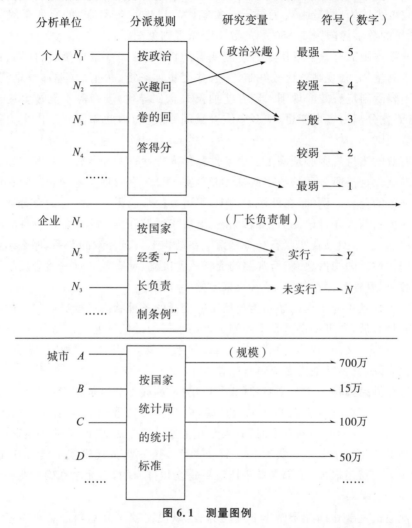

图 6.1 测量图例

从上述例子中可见,数字分派规则是操作的方法和程序;它包括各种描述性的分类规则和数学或统计学规则。测量是将分析单位的集合与某种符号系统建立起一种对应关系;这种对应关系可视为函数关系。任何测量程序都是为了建立一个有序配对的集合,它的函数公式是:

$$f = \{(X,Y)\}$$

其中 X 表示被测量的研究对象, Y 表示按照测量规则而分派到研究对象之

上的符号,它代表研究对象的某种特征。例如:图6.1的第一个例子可写为:
$$f = \{(N_1,3),(N_2,5),(N_3,3),(N_4,1)\cdots\cdots\}$$

它可表述为:测量函数 f 等于对象集(N)与政治兴趣(Y)的有序配对的集合;测量的数字界限为 1—5。f 的数字分派规则见图6.1。

分派规则的有效性取决于所观测变量的特点,有些变量如年龄、性别、身高等易于测量;分派规则就比较好制定;有些变量如态度、价值、兴趣却很难测量,一般不容易制定有效的规则。还有些抽象概念如异化、剥夺等不能被直接观察到,需要先分解为多个变量,从多个维度来间接观测,因此需要制定出更为复杂的测量规则。

有效的测量规则必须满足三个条件:(1)准确性;(2)完备性;(3)互斥性。

准确性是指所分派的数字或符号能真实、可靠、有效地反映调查对象在属性和特征上的差异。例如,在外语考试中,甲得 80 分,乙得 60 分,这两个分数是否能真实反映两人在外语能力上的差异就取决于试题和判分标准的准确性。用数学的概念表述,如果真实状态与符号系统在结构上具有一致的关系,那么两者就具有同构性。同构性愈高,所观测的资料就愈准确、愈有效。这一概念反映了科学在解决"思维与存在的关系"时所采取的一种策略。

完备性是指分派规则必须能包括研究变量的各种状态或变异。如人的外语能力有高有低,如果一份试卷不能测出外语水平的最低程度或最高程度,那它就是不完备的。又如"政治面貌"这一变量,如果只设"中共党员"和"非党员"这两个取值,那么就把其他党派成员排除在外了。

互斥性是指每一个观测对象(或分析单位)的属性和特征都能以一个而且只能以一个数字或符号来表示。也就是说,研究变量的取值必须是互不相容的。例如,在观测人们的不同身份时,有人是按照工人、农民、城市居民、干部……的分类规则给每一个调查对象加上一个"标签"。这一测量规则就不具有互斥性,因为工人与城市居民、干部与城市居民不是互相排斥的,它无法准确说明一个人的身份。

测量的主要作用在于做出准确的分类,以便比较研究对象的各种差异。这些差异有些是用类别和等级区分的,如学生的品质好坏、素质高低、政治身份和家庭出身等。有些是用数量区分的,如学生的消费水平、学习成绩、每天的学习时间、文体活动时间等。研究对象的差异都是由一定的原因造成的,因此,通过对差异的比较和分析就能找出现象之间的因果联系。选择何种差异加以测量就取决于研究人员对现象本身属性的认识,科学的分析首先要抓住事物的本质,这样才能深入研究事物深层的、普遍的规律和关系。

最后还应指出,测量或数量化方法虽然能获得更客观、更精确的资料,但这种手段若使用不当也有可能使研究失败。尤其是在研究个人的心理或态度特征时,如果片面地强调以数量来区分某种特征的差异,常常会导致错误的结论。

第二节　测量尺度

对不同的变量需要使用不同的测量尺度,这就好比日常生活中,对身高使用米尺,对体重使用磅秤度量一样。从测量的角度看,可以将变量划分为四种类型:定类变量、定序变量、定距变量和定比变量。其中定类变量也称为定性变量,而后三种变量都称为定量变量。对应于这四类变量,有四种测量尺度。

一、定类尺度或名义尺度(Nominal Scale)

定类尺度是测量定类变量所使用的尺度,它是测量尺度中最低的一种,大多数定性测量都使用定类尺度。其严格的区分又可分为标记和类别两种。

标记,可作为一个识别的记号,当数字被用作标记时,它并不表示数量的多少,也不能对它作数量运算。例如,足球运动员的号码仅用于区分运动员,因而不可能出现3号运动员加上5号运动员等于8号运动员的情况。

类别,可作为对变量的不同状态的度量。例如,性别可分为男、女两类,宗教可分为基督教、佛教、伊斯兰教等类别。与标记不同,类别区分可说明观测对象的某些本质特征。例如,观测出某人是5号运动员并不能增加对某人的了解,但"观测"出某人是男性和基督徒,我们就能判断出他的某些基本特征。类别也可用数字来表示,如将男性记为1,女性记为2,但与标记一样,这种数字仅用于区分而不能运算。

二、定序尺度或等级尺度(Ordinal Scale)

一个变量如果能够依操作定义所界定的明确特征或属性而排列等级大小、高低、先后的次序,这时就适用于定序尺度进行测量。如对人的经济地位和文化程度的测量。

定序测量程序有多种,最直接的一种是等第顺序法。它要求被试者对一组刺激(包括物体事件或现象)依某种属性由高到低或由多到少的次序予以排列。例如,生产电视机的工厂想知道消费者的想法,将A、B、C、D、E五种类型的电视机请10个用户作为被试者,请他们按收视效果的好坏来评定电视机质量的高低,最好的为第1等,最差的为第5等,结果如表6.1所示。

表 6.1　五种电视机收视效果的评定等级

被试者	电视机类型				
	A	B	C	D	E
1	4	3	1	2	5
2	4	3	1	2	5
3	3	4	1	2	5
4	3	4	1	2	5
5	2	3	1	4	5
6	4	2	1	3	5
7	5	3	1	2	4
8	3	4	1	2	5
9	1	2	3	4	5
10	4	3	1	2	5
总和	33	31	12	25	49
评定等级	3.5	3.5	1	2	5

这里 A、B 两种电视机的总和相等，它们位于第 3 等级和第 4 等级，就都作为 3.5 等级来对待。

第二种定序测量程序是配对比较法。它要求被试者在一定时间内就所有可能的配对，排列出每对刺激中的大小或多少的顺序。例如上例中的五种电视机，让每个被试者将每两种作一次比较，确定哪一种收视效果好，这五种中每两种比较一次共需要 $C_5^2 = \frac{5 \times 4}{1 \times 2} = 10$ 次，然后排列出五种电视机的好坏顺序。配对比较是定序尺度中较完全的一种程序，它能够更准确地定出各个等级。

第三种定序测量程序是恒常刺激法，这种方法与配对比较法相类似，唯一不同之点是它以一种标准刺激连续地与一组恒常刺激的各个成员相配对地进行比较。

最后一种是连续性类别法，它要求被试者把一群刺激分为若干显然不同的类别，这里的类别已按指定的属性而予以顺序排列。

以上几种方法都可获得定序变量的资料。但必须注意，它们使用的数字仅仅显示等级顺序而已，除此之外，别无其他意义。这些数字并不显示属性的真正量值,并且等级之间的间隔也不一定相等。

三、定距尺度或等距尺度(Interval Scale)

定距尺度具有定类尺度和定序尺度的特征,此外,它还要求尺度上的间距代表所测量的特征的量的间距。也就是说,定距尺度的每一等级之间的间距是相等的,它可以用来相加或相减。如一种定距尺度的情况是:

$$\frac{a\quad b\quad c\quad d\quad e}{1\quad 2\quad 3\quad 4\quad 5}$$

a 到 c 的间隔为 3−1=2,c 到 d 的间隔为 4−3=1,把这两个间隔相加,2+1=3,就等于 a 到 d 的间隔 4−1=3。

但这里必须注意,我们不能说 d 的属性等于 b 的属性的 2 倍,因为在定距尺度上没有绝对的零点,所以定距尺度中的数字可以相加或相减,但相乘或相除却没有任何意义。举例来说,50℃与 40℃之间的差距等于 30℃与 20℃之间的差距,但是 40℃并不比 20℃热一倍,因为温度的摄氏零度(和华氏零度)是主观规定的,它并不表示没有温度。

社会科学中最常用的定距测量是智商测验(IQ)。在智商分数中,95 分与 100 分的间距相当于 105 与 110 分的间距,这是通过大量观测确定的。

四、定比尺度或比例尺度(Ratio Scale)

定比尺度是测量中的最高层次,它除了含有定类尺度、定序尺度和定距尺度的特征之外,还有一个特征就是具有实在意义的真正零点。定比尺度下的数字是可以进行加减乘除的,运算的结果都具有实在的意义。

例如年龄就是一个可用定比尺度测量的变量,因为年龄有一个真正的零点,即刚出生的瞬间,所以可以说 20 岁的年龄是 10 岁年龄的 2 倍。此外,身高、体重等也有真正的零点,也是可以用定比尺度测量的变量。

一个变量能否以定比尺度测量,关键在于零点是否是绝对的。最好的检验办法是:零是否可被认为是测量"一无所有"的。

以上这四种测量尺度的特征与数学性质见表 6.2。

在四种尺度中,定类尺度处于最低层,定比尺度处于最高层。从数学性质上看,高层次尺度都具有低层次尺度的一切特征,反之则不然。可以说,定距尺度也必然是定序尺度和定类尺度,定序尺度也必然是定类尺度,但反过来却不能成立。

表 6.2 测量尺度的比较

尺度	特征	数字性质	平均量度值	统计检验
定类尺度	相互排斥且可辨别的类别	$=,\neq$	众数	χ^2 检验
定序尺度	等级顺序大于或小于	$>,<$	中位数	符号秩检验
定距尺度	尺度上的单位具有相等的意义	$+,-$	算术平均数	t 检验,F 检验
定比尺度	有一个真正意义的零点	$+,-$ $\times,\div$	几何平均值	t 检验,F 检验

在选择测量尺度时,要注意以下几点:(1)社会现象大多只能以定类或定序尺度测量,但有时也可将某些现象近似地视为定距或定比变量,如"智力"测验。这时要注意这种近似计算的合理性和可能出现的偏差。(2)高层次尺度可能获得更多、更精确的信息,但调查和分析的工作量更大,而低层次尺度则相反。因此,选择尺度要结合课题要求与研究条件。例如,调查人们的政治态度,一般可用定类尺度,分为"保守"与"激进"两类就够了,但在理论检验研究中,则需要用定序尺度,分为几类或十几类。(3)用较低尺度收集的资料不能用较高尺度的数学运算来处理,反过来则可以。因此,许多研究都是尽量先收集更多,更精确的信息,但在分析时却只作一些简单的运算,这虽然会造成很大的浪费,不过当需要今后做补充分析时,这种策略还是有必要的。例如,人口普查资料需要长期使用,因此调查时需要设计更多的项目或类别。(4)一个变量可能适合用各种尺度来测量,选择何种尺度取决于研究所要求的精确度。例如"年龄",有些研究只需区分青年人、中年人、老年人,这时可按定序尺度,而有的研究需要精确的岁数,这时必须用定距尺度。

第三节 概念的具体化与操作化

对社会现象的测量是从抽象概念的具体化开始的。因为社会生活中使用的概念与自然科学的概念不同,它们通常是模糊的或含义不清的,如"生活方式""社会规范""权力""自由""民主""政治保守"等概念。社会研究如果不对这些概念做出定义和具体化,也就无法对现象进行观察和度量。

第六章 测量

一、概念的具体化过程

美国社会学家拉扎斯菲尔德将社会研究中的概念具体化过程分为四个阶段：

（一）概念的形成

概念是在日常生活中通过感性认识和互相交流形成的。例如，人们观察到有些人思维敏捷、想象力丰富，而有些人却反应迟钝、不善于联想，这时就会用一个大家都接受的词（如"智力"）来表示这种现象。在日常交往中，人们都大致了解这些概念是指什么，但又不明确它们的含义，人们只是根据自己的经验观察或经历来理解，因此对同一概念的理解是因人而异的。可以说，概念是人们对许多现象的复杂而又具体的感受，并以一个名词对这些感受做出整体的、含混的概括。概念是人们思维的产物，它是抽象的、无法直接观察的，因为它本来并不存在，是人们创造了它。

（二）概念的界定

是用抽象定义将概念所指的现象与其他现象区分开来。

界定的第一步是将概念分解，即从不同角度或维度对概念所表示的现象进行分类。如"组织"可分为经济组织、政治组织、社会组织。对有些高度抽象的概念要逐步分解，如"异化"可先分解为"自我疏远""孤立""无权状态""被剥夺"和"丧失意义"这几个概念，然后再对这些概念加以界定。

界定的第二步是做出抽象定义。通过分解可大致了解一个概念的基本内容和各种分类，根据分类就可以抽出各种类型的共同属性和特征对概念下定义，如"组织是指有共同目标和正式规章制度，并在内部进行专业分工的单位"。在社会研究中，抽象定义的作用是对在何种范围、何种含义上使用这一概念做出精确的说明。因为概念包括许多方面和不同维度，如"文化"既可指人们的教育水平，也可指一个社会的文学、艺术领域，或者指历史沉淀下来的传统观念和伦理道德。如果要研究"文化对人们的政治态度的影响"，那么研究者要确定从哪一个角度界定"文化"，并对它做出定义。经过严格界定的概念称为变量，变量具体指概念内涵的各种类型或各种状态，它们对应于各种实际存在的事物，因此变量是可以观察和量度的。概念转换为变量形式之后就可以进入科学研究的领域。

（三）选择测量指标

这一阶段是确定如何测量变量，选用哪些指标来测量。指标是概念内涵的指示标志，它们直接表示经验层次的现象。例如，迅速地辨识各类地图是"智力"

的一个指标,耐心回答行人的问路是"同情心"的一个指标,是否赞成"公务员考试制度"是"政治参与"的一个指标,等等。指标可以量度现象的不同状态和不同程度,如辨识地图的快慢,回答问路的耐心程度。由经验现象的量度就可以说明抽象层次的概念,如某人智商高,某人富有同情心。但指标只表示概念内涵的某一方面或某一部分内容,因此要更有效地测量概念(变量)就需要用多个指标。例如,在智力测验中,是将"智力"分解为十几个方面,然后用几百个指标或项目来衡量智力高低。对概念(变量)的具体度量的方案也称为概念的操作定义,如"智力"的操作定义是"在智力测验的各个项目上的综合得分"。

(四) 编制综合指标

对简单的概念可以用一两个指标来测量,如一个人的"文化程度"可用上学的年数或取得毕业证书的等级来表示。而对复杂的概念,则要用多个指标来测量。如何以一个统一的尺度来表示多个指标的量度呢？智力测验和文化考试是在一套试题中将各个题目的得分综合为标准分数,如5分制、百分制。社会研究也是采取类似的方法建立一个综合指标。

概念的具体化过程就是一步步从抽象层次下降到经验层次,使概念具体化为可观测的事物。下面以"剥夺"这一概念的具体化和操作化为例来说明这一过程(见图6.2)。

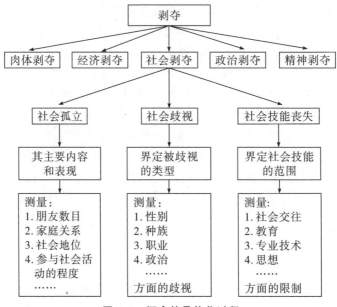

图6.2 概念的具体化过程

"剥夺"是一个很抽象的概念,它包括各个方面。研究者通过分解,选取"社会剥夺"这一方面来研究。"社会剥夺"也可以分解为各个方面,如"社会歧视"等,它们也是抽象概念。通过对这些方面的内容和类型的界定,就把"社会剥夺"的概念转换为变量形式。对这一变量可从几个方面选取指标来测量。

二、操作定义

变量通常是由抽象定义界定的,但作为对变量的测量是出现在经验层次的,要进行测量,就需要将抽象定义转换为操作定义。所谓操作定义就是建立一些具体的程序或指标来说明如何测量一个概念(变量)。例如研究"青年"这一概念,它的抽象定义是身体发育成熟,体力和智力处于旺盛增长阶段的人们。这就将"青年"具体化为青年心理、青年身体状况、智力状况等变量,但要予以量度,还需要将抽象定义转换成操作定义。例如可定义"青年"为"14岁至28岁的(在心理、身体、智力等方面具有特定性质的)男女"。有了操作定义,就可以设置指标对青年进行具体测量了。

操作定义的功能在于:(1)澄清概念在研究中所选用的意义;(2)说明测量变量的操作方法;(3)使一些陈述变量间关系的假说获得验证的机会;(4)使今后同样的研究有所根据,以便比较彼此的结果。

在社会研究中,大多数变量往往不止一种测量,例如工厂规模有用工厂所拥有的职工数目来测量的,有用工厂的生产能力来测量的。这些用于测量的项目都是与变量紧密相关的内容。

此外在确定操作定义时,要注意到它能包含抽象定义中的内容,若不如此,就会影响操作定义功能的发挥。同时还要注意弄清概念的抽象定义,这是做出操作定义的前提条件。在对概念的含义尚处模糊阶段就草率地确定操作定义,往往不是搞错研究方向就是使研究归于失败。

由一个概念的抽象定义转化到具体的操作定义,实际上并不容易。表面上看,操作定义比抽象定义具体、明白,然而,事实上在实际测量中往往会发现,操作定义所面临的困难是非常多的。就拿通常调查个人的基本情况来说,出生年月在我国有用公历登记的,也有用农历登记的,新中国成立前出生的人都用农历登记生日,新中国成立后,逐渐改用公历登记,这不论在法律上或在习惯上都没有一个统一的口径。又如籍贯是算出生地,还是算生长地,还是算父亲的出生地,各种算法都有,你在调查籍贯时,就不能不遇到麻烦。再如家庭人口,住在一起的非直系亲属算不算,在外地读书或工作的直系亲属算不算等等。甚至性别也有时会发生操作定义的困难。这些例子说明,在做研究工作时,对许多很容易的概念,定义下得很确切并不容易。更不必说那些复杂的概念了。因此,在下定义之前,有必要先借鉴别人的经验,多做些比较。

三、测量指标

确定了变量的操作定义,就可以选择一定的测量指标和具体的问题项目来实施测量。

指标是反映社会现象变异特征的范畴。社会范畴是对现实生活中大量反复出现的许多社会现象的某种共同特征进行概括而形成的概念,而指标是对社会范畴的变异方面的规定性加以具体化。

每一项指标反映着某一个特定的社会现象,对不同的社会现象,可以用不同的指标来反映。指标是与现象的质的方面紧密联系着的,但它的建立又是为了考察现象的差异或变异。因此,指标是把现象的质的方面与量的方面密切地结合起来,以便精细描述社会现象的某一特征。

我们研究社会现象,是把社会现象所涉及的概念当作一个变量,然后根据操作定义去进行测量。测量时首先要说明指标,任何一个变量都有许多不同的指标,这是因为测量所依据的事实可以不一样。例如年龄可以用岁数来测量,也可以用年龄组(每五岁或三岁为一个年龄组)来测量,还可以用年龄段(如少年、青年、中年、老年)来测量。

如果变量 A 有指标 $a_1, a_2, a_3, \cdots\cdots$ 我们就将它表示为:$A = \{a_1, a_2, a_3 \cdots\cdots\}$。例如:

工厂规模 = {工人数目,固定资产,总产值,利润……}

学业成绩 = {语文,数学,外语,政治……}

性别 = {看,问,证件,医生检查……}

当一个变量有多个指标时,可以从中挑选若干个来测量变量。挑选指标的原则是方便与适当。例如,性别可以用看的方法,工厂规模可以用工人数目这个指标。

简单的变量用一个指标就够了,但不少的变量是很复杂的,范围很广。如学业成绩包括很多方面,只用一个指标不行,而要用多个指标。又如研究破裂家庭就要用下列指标:

$$\text{破裂家庭} \begin{cases} \text{父母存亡} \\ \text{父母关系} \\ \text{父子(女)关系} \\ \text{母子(女)关系} \end{cases}$$

研究工厂科层化的程度就要采用下列指标：

$$\text{科层化}\begin{cases}\text{管理层次}\\\text{部门数目}\\\text{消息传递方式}\\\text{决策形式}\\\text{管理方式}\\\text{行政人员所占比例}\end{cases}$$

各项指标可以分别研究，但有时需要将各项指标综合起来，以提高变量的抽象程度。建立综合指标的方法主要有类型法、指数法和量表法。

四、建立综合指标

（一）类型法

是将各指标交互分类，然后建立新的类型，以形成一个新的指标。它的基本方式是：$A(a_3) = \{a_1, a_2\}$。A 是所要研究的变量，a_1、a_2 表示测量 A 的两个指标。a_3 是 A 的综合指标（见下图）。

	a_1	
	+	−
a_2 +	①	③
a_2 −	②	④

$$\text{变量}A\begin{cases}①\\②\\③\\④\end{cases}\text{四类}\quad a_3$$

例1 社会流动的一种方式是职业地位流动，其中包括代际间职业地位流动，简称代际流动。

$A = \{a_1, a_2\}$
A：代际流动
a_1：本人职业地位
a_2：父亲职业地位

交互分类

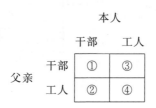

形成四类：

a_3可作为一个综合指标，用以衡量代际间职业地位的稳定性与流动性。

例2 地位矛盾是指个人各种地位间的不一致。封闭式社会明显地固定社会阶层，但开放式社会发生了很大变化，社会阶层不固定，因而使同一个人的阶层地位，常在不同的指标上表现出不一致。例如在20世纪80年代初期，我国的个体户经济地位较高，但政治地位较低。图6.3即表示某人在不同指标上的阶层地位。

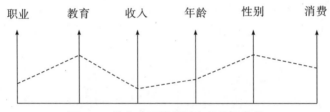

图6.3 某人在不同指标上的阶层地位

假如一个人有地位矛盾，会有什么特殊的思想和行为，有些什么心理变化，这是很值得研究的。为测量地位矛盾，可选取两个主要指标：教育和经济。每个指标依定序尺度划分为高、中、低。

地位矛盾 = {教育，经济}

交互分类：

		教育		
		高	中	低
经济	高	①	④	⑦
	中	②	⑤	⑧
	低	③	⑥	⑨

形成九类：

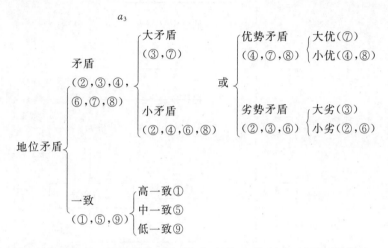

然后可以根据这九个类别分别归纳出这些人的思想、行为特征及心理变化的特点，形成一个综合的地位矛盾指标（a_3）。

（二）指数法

是用简明合理的公式综合各指标，以建立一个新的指标。

例如：

$$失\ 业\ 率 = \frac{失业人数}{就业人数 + 失业人数} \times 100\%;$$

$$人口密度 = \frac{年中人口数}{总面积};$$

$$育龄妇女生育率 = \frac{出生人数}{年中\ 20—44\ 岁妇女总数} \times 1000‰;$$

$$父母平均教育水平 = \frac{父母就学年数总和}{父母总数}。$$

在社会研究中，建立综合指标主要是用"量表法"，读者可参阅本书"量表与测验"一章。

概念的具体化与操作化是实证研究必不可少的过程，图6.4说明了操作化和测量在整个研究过程中的位置和作用。

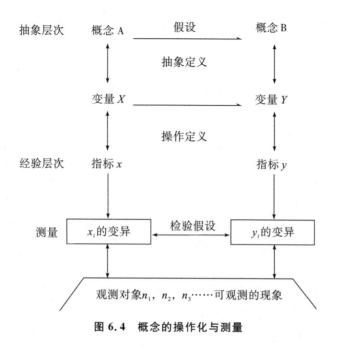

图 6.4　概念的操作化与测量

第四节　测量理论的问题

在使用测量工具收集资料时,必然会遇到一些基本问题:如何制定一种测量规则?如何选择测量尺度?测量出的数值与真实的数值有何差异?怎样估计与消除这些误差?等等。它们是测量理论所要讨论的问题。

一、量度化方法

通过测量而得来的资料可分为三种维度:物理维度、心理物理维度、心理维度。

物理维度可以用客观的标准来测量,而不涉及主观判断。这种测量在自然科学和某些社会科学(如经济学、人口学、社会学)中应用得较普遍。例如,量度物体的重量、长度、分子量,人体的血压、心速,经济指标,人口分布特征,社会结构特征等,这些量度一般都属于定距或定比尺度。通过物理量度化方法可建立一些普遍规律,如"当温度不变时,气体体积与压力的乘积为一常数",以及一些经济规律、人口规律。在社会研究中,由于迪尔凯姆的倡导,将社会现象看作社会事实并进行客观量度已成为一个主要发展方向,但这种量度只适合于某些社会现象。如事物的状态特征和行为特征。

心理物理维度包含物理维度和心理维度。例如,给予被测者以不同物理强度的声音,然后测量他的心理反应。由于这种心理反应无法客观测量,只能通过被测者的主观陈述或测量者对外部表现的主观判断来反映,因此一般认为,测量心理属性最多可达到定序尺度,而无法使用定距尺度。但是,近一二十年来,随着心理测量方法的发展,对某些心理属性也可以进行定距或定比测量。例如二等分系统的测量方法。图 6.5 说明了这一方法的原理。

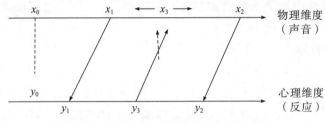

图 6.5 物理量与心理量之间的对应关系

x_0:50% 以上的受测者刚能觉察到的刺激值(绝对阈限)。

y_0:心理感觉的绝对零点。

x_i:比 x_0 更大的刺激值。

y_i:x_i 引起的心理感觉量。

二等分系统的量度化方法是给予受测者两个不同的刺激 (x_1,x_2),让他体验到不同的感受,然后在介于两个刺激间变换不同强度的刺激,要求受测者凭主观感受确定 x_3 的位置,使 x_3 所引起的感觉刚好介于前两个不同感受之间 (y_3)。通过这种方法就可以用定距尺度测量心理反应。经过大量实验,费雪尔(Fechner)总结了物理量与心理量之间的关系,他认为两者之间是一种对数关系,即 $y=k\log x$。1968 年,普凡察格尔(Pfanzagl)用公理化方法发展了二等分系统的测量理论,并规定了这一方法的适用范围。

心理维度的测量是利用主观判断所制定的计量标准,如对智力、态度、感觉和心理反应的测量都是通过量表、问卷、测验等方法。这些方法的缺点是,它们缺乏一套完善的测量理论,即缺乏公理和定理的系统。但在社会研究中,这种相对客观的定量化方法却是不可缺少的,因为社会科学的研究对象大多是涉及人的主观意义的现象,对它们很难采用物理量度化方法。心理量度化方法目前正处于发展阶段,它除了吸取物理量度法的特点之外,还向其他方面发展:如(1)由单维度的测量扩大到多维度的测量。(2)不仅利用数值系统测量经验现象,而且还尝试利用非数值系统来测量,即借助集合论、图形论,以及计算机模拟等方法。但是应当注意,由于目前心理量度化方法的不完善,这种测量的可靠性和有效性(信度和效度)是特别需要重视的问题。

二、观测值的分解

测量理论的基础是数理统计中的误差理论或变异理论。测量理论建立在"任何观测值(测验分数或测量结果)都有误差"这一假设之上。它认为,所测出的观测值(X)是由四个部分组成的:(1)真实值 T。(2)其他变量的影响值 O。(3)系统偏差 B。(4)随机误差 E。即:

(测验分数)$X = T + O + B + E$

随机误差(E)是非系统的变异,它是由于一些无法预料的因素引起的,如被测者的疏忽、粗心、情绪变化、偶然因素等。但是这种影响有正有负,所以要消除或减少随机误差,通常采用多次测验或抽取大量样本的方法,使正负误差相互抵消。

系统偏差(B)是有规则的变异,它是由于测量工具、评分标准等直接与测量方法有关的因素引起的。例如,测量身高所用的米尺有偏差(假设等于 1.01 米),那么它所测出的所有高度都存在 1% 的偏差。消除或减少系统偏差的方法是采用标准化的测量工具;在测量之前将测量工具与标准尺度相互校对,以修正偏差。但有些系统偏差很难用标准化消除,例如,判分较严格(或较不严格)的评分者所持的标准与规定的标准必然有一定的系统偏差。

其他变量的影响(O)也是一种有规则的变异,这种因素不是偶然的,而是内含在测验的题目或量表之中的。测量都是针对某个所要研究的变量进行计量,如测量人的智力、政治态度、学习成绩等,但是在所设计的量表或试题中通常会包含涉及某些其他变量的内容,这样,观测值中就会包含其他变量的影响值。例如,数学考试是测量学生的数学知识和解题能力的,但是,如果用英语表述数学考题的话,那么所得到的数学分数中就必然含有英语水平所产生的影响,有些学生得分低并不是数学能力差,而是英语能力差。因此观测值所表示的并不是预先想要得到的数据。考题中其他变量的影响还有考题所依据的教材不同、教学方式不同、语言习惯不同等等因素。这种影响并不能通过多次测验而消除,它是内含在测量指标之中的。消除或减少这种影响主要通过对所研究的变量进行严格的操作化。

在评价社会研究中所使用的测量方法时必须考虑以下三个问题:

1. 这一测量有没有系统偏差？这种系统偏差会不会影响研究的有效性？一般来说，任何测量都会有一定的系统偏差，因此，测量的主要任务就是使系统偏差控制在最小范围。在测量工具和程序的标准化程度很高的情况下，通常可以假设系统偏差（B）等于零，即它对测量效度没有影响。

2. 这一测量是不是可靠的？即随机误差（E）对测量的可靠性有没有影响？假如测量受偶然因素的影响很大，观测值就会在较大范围内波动起伏，在这种情况下，测量是不可靠的，测得的观测值其可信性很低。

3. 这一测量是不是有效的？即所测得的数值是否正是想要研究的变量值，其他变量的影响值是否控制为最小？假如要测量"对政治体制改革的态度"，但在量表中却主要是询问"您是否拥护社会主义？""您是否信仰马克思主义？"这类问题，那么即使测量得很精确、可靠性很高，这一测量也仍然是无效的，因为所得到的资料是反映"政治态度"，而不是"对政治体制改革的态度"。这就将其他变量混入到所测量的内容中了。

对上述几个问题，我们在下面两节将详细说明。

第五节 信 度

信度与效度是优良的测量工具所必备的条件，如果对测量工具的信度和效度一无所知，则无法判断其获得的资料的可信性与有效程度。"工欲善其事，必先利其器"，在社会调查中要认真检查所使用的测量工具，考验其信度与效度，这样才能期望获得可靠与正确的资料。

一、信度的定义

所谓信度是指测量数据（资料）与结论的可靠性程度，即测量工具能否稳定地测量到它要测量的事项的程度。也就是说信度是对测量的稳定性与一致性而言的。

一个人站在测量体重的磅秤上，前后几次称出几个明显不同的重量，那么磅秤本身必定有问题，说明这架磅秤是不可靠的。

某班级有 A、B、C、D、E 五名学生，这五名学生平时的成绩名次，向来稳定，分别为 1、2、3、4、5。有两次测验，这五名学生的成绩如表 6.3 所示，从表上可以看出，乙测验的可靠性比甲测验的要低。

表 6.3 五名学生两次测验的成绩

学生	平时名次排列	甲测验		乙测验	
		实得分数	名次	实得分数	名次
A	1	93	1	74	3
B	2	85	2	68	4
C	3	78	3	85	1
D	4	69	4	64	5
E	5	61	5	80	2

在调查研究中,常采用问卷表作为测量工具,如果我们所用的问卷表中的问题,原来打算测量某一个概念,但由于设计不周密,问题或答案的范畴模棱两可或有多种解释,以致被问者不能确定如何回答,从而使回答达不到一致性要求,这就降低了测量的可靠程度,那么它的信度就会成问题。

二、信度系数的计算

信度系数的计算是以变异理论为基础的。在前面对观测值的分析中可以知道:

（观测值）$X = T + O + B + E$

当系统偏差 $B = 0$ 时,

$\xi_x^2 = \xi_{t+0}^2 + \xi_e^2$ （ξ_x^2 为观测值的变异量）

其中,ξ_e^2 是随机因素造成的非系统变异;ξ_{t+0}^2 是系统性变异,它不是偶然因素或测量误差造成的,而是由现象本身的变异和其他变量造成的变异合成的。

上述等式经过变换就得到:

$$\frac{\xi_{t+0}^2}{\xi_x^2} + \frac{\xi_e^2}{\xi_x^2} = 1$$

信度可以看作系统性变异在观测到的总变异中所占的比率,ξ_{t+0}^2 越大,则信度系数越大,表明测量的信度越高。

信度系数 $\longrightarrow r_{xx} = \dfrac{\xi_{t+0}^2}{\xi_x^2}$

信度也可以看成在观测到的总变异中,不是因随机误差所造成的变异所占的比率:

$$r_{xx} = 1 - \frac{\xi_e^2}{\xi_x^2}$$

三、信度的检查

信度通常以相关系数表示。由于测量中误差变异的来源有所不同,故各种信度系数分别说明信度的不同层面而具有不同的意义。在实际应用中,信度系数有如下类型。

(一) 重测信度

用同一份问卷的问题,对同一群被测者前后调查两次,再根据调查的结果,计算其相关系数,就得到重测信度。假设第一次调查的观测值为 x,第二次的观测值为 y,那么重测信度就等于 x 与 y 的相关系数,即:

$$r_{xy} = \frac{\sum_{i=1}^{n}(x_i - \bar{x}) \cdot (y_i - \bar{y})}{\sqrt{\sum_{i=1}^{n}(x_i - \bar{x})^2 \cdot \sum_{i=1}^{n}(y_i - \bar{y})^2}}$$

这种信度能表示两次调查结果有无变动,反映了测量的稳定程度,故又称作稳定系数。它可以检查出被测者是否能正确理解所提的问题,并做出真实稳定的回答。

这是一种测量信度的较好方法,但须注意两次调查相隔的时间要适当。如果时间间隔太短,被测者还清楚地记得上一次调查的答案,例如调查对计划生育的态度,两个月后再次调查,被调查者对上次的回答仍记得很清楚,所以测量的是他的记忆,而不是他此时的真实态度。如果间隔时间过长,可能会发生一些变故,影响到被调查者的态度,例如,本来被调查人第一次调查时赞成计划生育,而此后,由于小孩夭折等变故,在下一次调查时,他就有可能不赞成了。这样就会影响到测量的准确性。因此要选取适当的时间间隔,这有赖于我们的经验和对具体情况的理解。

(二) 复本信度

复本是相对于原本而言的,它是原本的复制品。

对一项调查的问题,让被调查者接受问卷测量,并同时接受这份问卷的复本的调查,然后根据调查结果计算其相关系数,就得到复本信度。

使用复本求取信度可以避免重测信度的缺点,但使用的复本必须是真正的复本,即在题数、形式、内容、难度及鉴别度等方面都与原本一致,仅只在问法与用词方面与原本不同。复本调查可连续或相距一段时间进行,连续实施的复本信度又称等值系数,相距一段时间实施的复本信度又称稳定与等值系数。

(三) 折半信度

在无复本且不准备重测的情况下,通常采用折半法以估计信度。

折半法是将调查来的结果,按题目的单、双数分成两半记分,再根据各个人的这两部分的总分,计算其相关系数,就得到折半信度,记作 r_{hh}。它可检查出问卷或量表中所询问的各项问题是否都针对同样的研究内容。

整个问卷的信度 r_{xx} 并不是在折半信度 r_{hh} 上乘以 2 就可以了,而需要采用下面的校正公式以求取信度。

$$r_{xx} = \frac{2r_{hh}}{1+r_{hh}}$$

上面这个公式是建立在两半部分的变异性相等的假定上,实际资料未必符合此种假定,在这样的情况下,宜用以下公式直接求取信度系数。

$$r_{xx} = 2 \cdot \left(1 - \frac{S_a^2 + S_b^2}{S^2}\right)$$

S_b^2 与 S_a^2 分别表示两半部分的变异量,S^2 表示整个的变异量。

(四)评分者信度

在测量工具的标准化程度较低的情况下,不同评分者的判分标准也会影响测量的信度。例如在实验法和观察法中,都要由调查员主观判断评分,这样就会受到个人偏见等因素的影响。要检查评分者信度,可计算一个评分者的一组评分与另一个评分者的同一组评分的相关系数。例如,在国际体操比赛中,可检查某一欧洲籍裁判员对欧洲运动员的一组评分以及某一亚洲籍裁判员对欧洲运动员的同一组评分,然后计算相关系数就可知评分者信度。若信度低,则说明测量工具不标准、不客观,且易于受评分者主观因素的影响。减少这种影响的方法是删除极端的评分或评分者,由多人评分并计算平均值。

四、影响信度的因素

在结构化、标准化程度较高的测量中,信度主要受随机误差的影响,随机误差越大,信度越低。随机误差的来源主要有:

1. 被调查者:如是否耐心、认真、专注、不受情绪波动影响。一般来说,调查时间越长,提出的问题越多、越复杂,信度越低。

2. 调查者:是否按规定程序和标准,是否有意或无意地对被调查者施加影响,记录的认真程度等。

3. 测量内容:如提问的措辞含糊不清,不易理解,各个题目的内部一致性低,题数少等。

4. 测量环境和时间:如研究人员对被调查者有较大"干扰",他人在场的影响,两次测量的时间间隔太长等。

在非结构式和非标准化的测量中,除偶然因素外,信度还受研究者主观因素的影响,如个人偏见、思维定式、观察角度、主观武断以及世界观、价值观等。前面所讲的参与观察和无结构访问的客观性与可靠性较低皆源于此。

第六节 效 度

一、效度的定义

所谓效度就是正确性程度,即测量工具确能测出其所要测量的特质的程度。效度越高,即表示测量结果越能显示其所要测量的对象的真正特征。效度是任何科学的测量工具所必须具备的条件。

测量的效度可以决定所建立的理论解释的正确程度。人们对某种理论的反驳通常是指出这一理论对某一变量的测量是无效的,因此,它对变量间关系的理论解释也是无效的。

对效度的检验可以保证不同的研究人员对某一研究变量的意义与内涵有一致的理解。尽管每种测量工具都有其适用范围和局限性,不存在对所有现象都有效的测量工具,但是,一种有效的测量工具可以被不同的研究人员用来观测同一种现象或同一个概念,这样才能保证他们所测量的内容是一致的和可比的。

在选择测量工具和设计问卷、表格时,首先要考虑其效度。也就是说,要考虑"测量出来的东西是否真的是研究者想要得到的东西","所测得的结果是否能正确、有效地说明所要研究的现象"。

二、效度的基本原理

鉴别效度,必须确定测量的目的与范围,考虑所要测量的内容是什么,分析其性质及表现特征,进而核查测量的内容是否与测量的目的相符,以此判断测量结果反映所要测量特质的程度。

假设某种测量的目的在于衡量个体在某项属性(如工资收入)上的差异情况,则一群被调查者在该测量中得分的总变异量 ξ_x^2 包括三个部分:一为个体在与该属性有关的共同特质上所造成的变异量 ξ_t^2,二为与该属性无关的其他个别特质(如奖金、补贴、亲友赠款等)所造成的变异量 ξ_o^2,其余为随机误差变异量 ξ_e^2,可用公式表示:

$$\xi_x^2 = \xi_t^2 + \xi_o^2 + \xi_e^2$$

从上述测量分数变异的观点来看,效度就是在测量得分的总变异量中,由所要测量的特质所造成的变异量所占的百分比:

$$效度 = \frac{\xi_t^2}{\xi_x^2}$$

三、效度的检查

效度是一个多层面的概念,它是相对于特定的研究目的和研究侧面而言的。检验效度必须针对其特定的目的、功能及适用范围,从不同的角度收集各方面的资料分别进行。检验效度的方法很多,大体分为内容效度、准则效度和建构效度。

(一) 内容效度(或表面效度)

考察内容效度旨在系统地检查测量内容的适当性,并依据我们对所研究的概念(变量)的了解去鉴别测量内容是否反映了这一概念的基本内容。

内容效度实质上是个判断问题,K. D. 贝利在《社会研究方法》一书中提出,它必须"考虑两个主要问题:(1)测量工具所测量的是否正是调查人员所想要测量的那种行为? (2)测量工具是否提供了有关那种行为的适当样品?"

第一个问题涉及研究者的主观判断能力或定义性的判断。第二个问题取决于研究者对研究变量的全面了解。例如,政治知识的考试虽然不可能列出所有的内容,但是考卷中必须对政治知识的每一部分都列出几道试题,作为这一部分的样品。这样,就能通过考察这些样品是否代表了变量的各个部分来评判考卷的内容效度。

检查内容效度就是检查由概念到指标的经验推演是否符合逻辑,是否有效。对此只能凭借人们的主观判断和共同定义,因为对一个概念的理解是因人而异的,但在科学研究中,需要以大多数科学家所接受的概念定义为标准。

(二) 准则效度(效标效度)

准则是被假设或被定义为有效的测量标准,符合这种标准的测量工具可以作为测量某一特定现象或概念的效标。对同一概念的测量可以使用多种测量工具,其中每种测量方式与效标的一致性称为准则效度。

准则效度有各种形式。如果效标或准则是依据将来实际发生的情况而建立的,那么这种准则效度可称为预测效度。如果效标是与某种测量方式同时被证明为有效的,则称之为共变效度。如果效标是以实际经验判断为准的,则称为实用效度。

预测效度是将已经得到的测量结果与未来实际发生的情况进行比较,以检查两者的一致性。例如,设计一种预测学生学习成绩的量表或测验,用它来测量学生毕业时的学习成绩。如果在学生毕业时,实际的学习成绩确实与预测值相一致,那么这一量表或测验就具有预测效度。研究人员可以继续使用它来预测其他学生的成绩。

共变效度是用来判断其他的测量工具是否可以取代作为效标的测量工具。例如,假设有一种高度精确的,但是却费时、费力的心理测验方法;它通过复杂的测量可以鉴别出某种精神疾病,但这种心理测验方法不可能在短时间内检查大量样本。如果能够设计出另一种简单的、自我填写的量表方法,而且这一量表的测量结果与心理测验的结果高度相关的话(具有共变效度),那么它就可以替代心理测验方法。

实用效度通常用来检查测量工具的实际效果。由于对某些现象的测量过去并没有一定的标准,所以只能依据实际经验来检验测量工具的有效性。例如,近年来在我国采用的对干部能力素质的测评方法,其效度通常是依据组织部门和熟悉人对被测干部实际状况的了解来做出经验判断的。实用效度与共变效度有些近似,如定量化的干部测评方法就是以组织部门传统的考察干部的方法为效标,当它具有较高的效标效度时,由于它省时间、简便易行,所以就能取代过去沿用的老方法。

准则效度可以用两种测量工具得出的观测值之间的相关系数来衡量,而不是靠主观判断,但它的局限性是:有些作为效标的测量工具只是假定有效的,它本身是否真正有效并没有理论依据,这一缺陷是心理量度化方法所共有的。

(三) 建构效度

考察建构效度是要了解测量工具是否反映了概念和命题的内部结构。它通常在理论性研究中使用。由于它是通过与理论假设相比较来检查的,因此建构效度也称为理论效度。

理论假设一般是陈述两个概念(X 和 Y)之间具有相关关系,那么在经验层次上对 X 的测量与对 Y 的测量也应当是相关的。前面已讲过,测量同一个概念可以用多个指标,当用 X 和 Y 的多个指标来测量两个概念之间的关系时,如果不同指标的测量都反映出理论所假设的关系,那么这些测量就具有建构效度。

例如,假设"工作积极性"(X)与"对闲暇时间的利用"(Y)是正相关的,对"工作积极性"在经验层次上可选择两个指标,一个是"工作的主动性程度"(x_1),另一个是"工作动机"(x_2)。对于"闲暇时间的利用"这一变量可以设置"有效活动占用率"(y_1)这一指标来测量。如果 x_1 与 y_1,x_2 与 y_1 都是正相关,则称这一测量具有建构效度。反之,则称测量工具或理论不具有建构效度。

以上三种效度可用图 6.6 来表示:

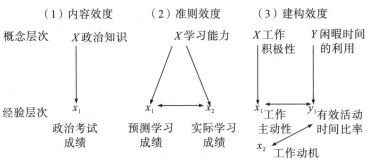

图 6.6 检查效度的三种程序

（四）内在效度与外在效度

测量都是在具体的时间、地点对具体的调查对象所做的观测。如果在一项具体研究中，对上述三种效度（内容效度、准则效度、建构效度）的检查没有发现问题的话，就可以认为这一研究具有内在效度，它的资料和结论可以有效地解答所研究的问题。但是，这一研究结论的有效性是否可以适用于其他时间、地点和对象呢？这就涉及外在效度的问题了。可以说，内在效度是指一项研究的资料和结论的有效性，而外在效度是指这种研究结论的普遍有效性。

例如在美国的一些城市抽取几百名工人进行研究发现，"当代工人的阶级意识普遍淡漠"，那么，这一结论是否适用于各个国家，或美国的各个城市，还是仅适用于这几百名工人呢？它是否仅适用于 80 年代或进行研究的某一年（1984年）呢？由这一例子可以看出，对外在效度的检查要考虑样本的代表性和特殊性，以及研究时间、地点、情境和研究内容的普遍意义。

四、信度与效度的关系

信度和效度都是科学的测量工具所必须满足的条件。两者的关系是：(1)信度低，效度不可能高。如果收集的资料不可信、不可靠，那么它肯定不能有效地说明所研究的对象。(2)信度高，效度未必高（效度有可能很低）。例如即使精确可靠地测出了一个人的经济收入，也未必能说明他的消费水平。(3)效度低，信度有可能很高。例如一项研究即使未能有效地说明社会流动的主要原因，但它有可能精确、可靠地调查出各个时期、各种类型的人的流动数量。(4)效度高，信度必然也高。如果有效地说明了某种现象，那么它的资料和结论都必然是且必须是可信的。由这些关系可以看出，测量的信度是效度的必要条件，但不是充分条件，无信度必然无效度，但有信度未必有效度。反之，效度是信度的充分条件但不是必要条件，有效度必然会有信度，但无效度却未必无信度。图 6.7 是对两者关系的图示。

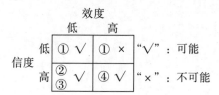

图6.7　信度与效度的关系

下面我们再从测量理论的角度考察信度与效度的关系。由前面所介绍的几个计算公式可知：

$$信度\ r_{xx} = \frac{\xi_{t+0}^2}{\xi_x^2} = 1 - \frac{\xi_e^2}{\xi_x^2} \qquad ①$$

$$效度 = \frac{\xi_t^2}{\xi_x^2} \qquad ②$$

$$\xi_x^2 = \xi_t^2 + \xi_o^2 + \xi_e^2 \qquad ③$$

其中 ξ_x^2 为观测值的总变异量，ξ_t^2 为所测变量的变异量，ξ_o^2 为其他变量的变异量，ξ_e^2 为随机误差的变异量。

由③可转换为：

$$\frac{\xi_t^2}{\xi_x^2} = 1 - \frac{\xi_e^2}{\xi_x^2} - \frac{\xi_o^2}{\xi_x^2} \qquad ④$$

将①、②代入④可得：

$$效度 = 信度 - \frac{\xi_o^2}{\xi_x^2} \qquad ⑤$$

由此可知，效度系数等于信度系数减去 ξ_o^2/ξ_x^2。由于其他变量的影响是内含在测量工具之中的，因此很难测出他们的变异量（ξ_o^2），而信度系数则可由相关系数计算。所以在一些研究中，研究者常用信度系数来近似地说明效度，但这是有缺陷的，因为在社会研究中，其他无控制的变量对资料的效度有很大影响。所以还是应当通过对内容效度、准则效度和建构效度的检查来说明研究的有效程度。

最后，我们再对影响效度的因素做一简单说明。由信度和效度的关系可知，所有影响信度的因素也必然影响效度。此外，除随机误差外，效度还受到系统偏差和其他变量的影响。对这些影响可主要考虑两个方面：(1)测量工具。测量的效度在很大程度上取决于试题的效度。因此，在设计问卷、量表和调查提纲时要审慎地考虑调查的项目和内容，并对概念的操作定义和试题的内容效度进行检查。(2)样本的代表性。它是影响外在效度的重要因素。要提高研究的外在效度，就有必要采用概率抽样的方法，而且当研究总体的异质性很高时，还应加大调查的样本量。

第七章

抽 样

抽样是研究设计的主要内容之一,也是社会调查的一个重要步骤,它不仅与研究目的及研究内容紧密相关,而且还直接关系到资料的收集、整理与分析,同时它还涉及整个研究的费用以及应用的范围。本章将就抽样的一般原理和概念、抽样的方法与程序、样本的设计与评估、抽样调查的特性与应用范围等做一简单介绍。应当指出的是,本章的介绍虽然有助于对抽样的一般性了解,但仅依赖于本章的介绍,还不能实际地进行抽样,要进行实际抽样,还必须参阅其他有关抽样的专门书籍以及参考有关的抽样案例。这是因为,抽样是一个复杂的程序,涉及数学理论问题、实践问题与策略等问题。

第一节 抽样与抽样调查

抽样是一种选择调查对象的程序和方法。一般来说,对于由千差万异的个体所组成的总体,如果能对总体作全面的、普遍的调查,即将研究对象的整体无一例外地全部作为调查对象,其所得结果应该说是最具普遍意义、最能反映总体特征的。但是在很多情况下,实施这种整体调查非常困难,因此常常代之以抽样调查。所谓抽样调查,就是从研究对象的整体中选出一部分代表加以调查研究,然后用所得结果推论和说明总体的特性。这种从总体中选出一部分的过程就是抽样,所选出的这部分代表称为样本。选取样本的方法一般分为两大类,一类是根据研究任务的要求和对调查对象的分析,主观地、有意识地在研究对象的总体中进行选择;与此相反,另一类是依据概率理论,按照随机的原则选择样本,完全不带调查者的主观色彩。前者称为非概率抽样,后者称为概率抽样。抽样调查一般是指采用概率抽样的调查。但在社会研究中,人们也常常把采用非概率抽样的大样本调查包括在内。

抽样作为一种从部分到总体、从个别到一般的认识方法,自古以来一直被人们自觉或不自觉地使用着。例如医生通过抽取病人全身血液中的一小部分,化验出全部血液的情况。母亲喂婴儿水时,通过尝一口来判断整瓶水的温度等。但抽样作为一种科学的调查方法却只有很短的历史,它是在近代数理统计理论迅速发展的基础上形成的一种调查方法。

社会科学中的抽样调查,始于1891年挪威的人口调查。而社会学中最早采用抽样方法的调查,是鲍利(A. L. Bowley)于第一次世界大战前在英格兰和威尔士所做的五城镇调查。此后,特别是二次大战后,随着电子计算机技术的迅速发展,抽样调查法得到迅速推广,它被越来越广泛地应用于社会的各个领域,目前它已成为社会调查的主流。与整体调查(普查)相比,抽样调查具有下列优越性:

第一,调查费用较低。当总体包含的研究对象数目较大时,普查所需费用甚巨。例如我国第三次人口普查,动用普查工作人员710多万,正式普查期间还动员了1000多万干部群众参加,花费人民币约4亿元。而抽样调查由于调查的仅仅是整体中的一部分,因此,所需费用较整体调查要少得多,特别是当研究对象的数目相当大时,只从中抽取一小部分就可保证足够的精确度,因而节省的经费相当可观。

第二,速度快。显然,调查全部研究对象比调查它的一部分要费时得多。而时间往往是重要的,特别是某些社会现象需要及时了解,随时掌握。在迅速提供有关信息和掌握变动的社会现象方面,抽样调查具有很大的优越性。

第三,应用范围广。由于上述两个特点,抽样调查可广泛用于各个领域,各种课题,而不像普查那样只限于统计部门或政府部门。此外,在某些种类的调查中,必须使用受过高度训练的人员或专用设备,在这类人员和设备有限、难以进行普查的情况下,只能通过抽样调查来获取信息。因此,就取得信息的种类来说,抽样调查可以发挥作用的范围更广,且更灵活。1986年中国残疾人调查,即为一例。这种调查需要医疗卫生工作人员和医疗器械,若进行普查,在目前情况下根本无法进行。

第四,可获得内容丰富的资料。为了节约费用,减少工作量,以及适合各地区的情况,普查通常只了解少量项目,而且多是一些行政上的基本资料,很少有关于态度、意见方面的内容,无法进行深入分析。例如人口普查,我国1953年的第一次人口普查,只有姓名、与户主的关系、性别、年龄、民族、住址六个项目,

1982年的第三次人口普查,调查项目虽有所增加,但也只有19个。而抽样调查因调查对象的数目较普查为少,因此可以设置数量较多和较复杂的调查项目,并能集中时间和精力作详细的分析。

第五,准确度高。整体调查需要大批访问员,而这些访问员,有许多是缺乏经验和专业训练的,这往往会降低调查质量。抽样调查则可以使用少量素质较高的工作人员并对他们进行充分的训练,还可以在实地调查中给予更仔细的检查监督,调查资料的处理亦能较好完成,因此与整体调查相比,抽样调查的资料往往更准确、更可靠。

因此,在大规模的社会调查中常采用抽样调查,特别是在下述几种情况下:(1)当事实上不可能进行或不必要进行普查时。(2)当对具体调查的统计资料的正确性进行检查与核对时,例如对于全国人口普查的统计资料可靠性进行检查和评估。(3)当需要对问题进行更全面、精密、深刻的研究时。

不难看出,抽样调查优于整体调查之处主要在于,前者的调查对象数目远较后者为少,它只是整体的一小部分,研究者通过这一小部分的调查研究,经济、迅速、准确、深入、广泛地认识总体的特性。但是,这些优越性的成立,必须依据下述假设:(1)部分是含于整体之中的;(2)更重要的是,部分与整体有同样的特征、现象、关系及过程;(3)部分能够为研究者提供一个有关群体生活、群体态度、价值和意见的更为清晰的脉络。如果没有这样的假设前提,那么,即使抽样调查具有省钱、省力、速度快、应用广、准确性高、资料信息丰富等优越性,但由于无法由其获得总体的状况,认识和了解总体的特性,也无法获得像目前这样的发展,成为社会调查的主流。

然而,并非任何部分都能够反映总体,例如当我们考察一个社区居民的收入水平时,如果选取的都是收入高的居民进行调查,那么这样的"一部分"的收入当然无法代表总体的收入状况。由此可见,抽样调查的成功首先要求所选取的样本能够代表总体。所谓代表,就是说,所选取的样本从调查要研究的总体特征来看,能再现总体的结构。当然,如果一个总体中的所有个体在一切方面都相同的话,那么从中任意选取一个个体就能代表总体,也就没有必要抽样了。但社会研究的对象中不存在这种同质总体,任何个体之间都存在着差异,任何部分都无法完全代表总体,因此无论采用什么样的选取部分的方法,无论做得多么仔细,没有也不可能抽出毫无偏差的代表总体的所有特点和关系的样本。这也就是说,在用样本来概括总体时总要有误差,它的大小可以反映出样本代表性的高低。对于研究人员来说,重要的不是没有误差,而是能知道误差的大小和控制它的大小,并依据我们所要求的代表性,抽取出相应的样本。因此,抽样调查的关键在于:(1)"如何判断一个样本的误差大小?"不解决这个问题,我们就无法保证样本推论总体的可信性。(2)"怎样才能抽到一个有代表性的样本?"如果我们无法从理论上和技术上实际抽选出一个达到我们所要求的代表性的样本,那么用样本概化总体便毫无意义。直到 20 世纪,由于数理统计学中的抽样理论的建立才使这两个问题获得了有效解决。这一理论指出,遵循随机原则的概率抽样可以保证抽选出有一定代表性的样本,并能够通过计算估计样本与总体间误差的大小以及这种估计的可信程度。这就给抽样法奠定了科学的基础,从而使抽样调查成为宏观社会研究的主要方法之一。

宏观社会研究的范围有时是一个城市、一个国家,甚至整个世界。对于这种大范围的社会学研究,一方面我们因缺乏全面调查的财力、物力而难以实施,另一方面,由于认识能力的限制,人们难于直接把握这样大范围的复杂的社会现象的本质,难以在宏观层次对制约现象各类因素之间的内在联系,相互影响以及现象产生的原因进行有效分析。由于抽样调查能够得到较好地再现总体结构的样本,因此它可以将一个宏观的社会研究缩小成微观的社会研究,这就使得我们能较容易地把握现象本质以及各类因素之间的内在联系,并形成有关的假设和理论。此外,对各种社会理论或假说,也可以通过抽样调查加以验证,这就使它成为理论检验研究的有力工具。

第二节 抽样术语与抽样程序

一、抽样的概念和术语

抽样中常用到的概念与术语主要有:

1. 个体与抽样单位:个体是收集信息的基本单位,即分析单位。个体可以是某种类型的人,也可以是家庭、组织、社区等。除此之外个体还可以是文化产物,例如文章、杂志、歌曲、词汇等。个体与抽样单位在有些研究中是相同的,但在实际抽样中,抽样单位往往是多层次的。例如,要调查家庭,可先在一个县抽选若干乡,然后从这些乡组成的样本中抽选某些村,最后从村样本中抽出家庭的样本。这时抽样单位是乡、村、家庭三种,分别称为初级抽样单位、次级抽样单位和终级抽样单位。

2. 研究总体和调查总体:研究总体是在理论上明确界定的个体的集合体,它必须受几个方面的限定:内容、单位、范围、时间。例如一项关于妇女生育率的研究,如果未加界定,妇女只是个模糊的整体,还不是研究总体,只有经界定为

"1988年年满15—49岁的中国妇女"后,才成为可用于调查的研究总体。研究总体是在理论上明确定义的整体,但在实际中很难做到使符合这一定义的一切个体均能有机会被选入样本,例如在本例中西藏游牧区妇女、在部队服役、劳教、患病特别是患精神病的妇女等,虽然在理论上符合研究总体的定义,但实际上无法对其调查。实际上,样本是从调查总体而不是从研究总体中抽取的。调查总体是研究者从中实际抽取调查样本的个体的集合体,它往往是对研究总体的进一步界定,即对时间、范围做更进一步规定,例如本例中的调查总体可界定为:1988年7月1日零时(除中国台湾和西藏外)28个省市自治区15—49岁妇女,并且要将住在医院、精神病院、监狱、劳教所、军队中的妇女除外。一般地说,样本只能推论调查总体而不是研究总体。

3. 抽样框,又称抽样范畴,是从中抽取样本的抽样单位名单。在一次抽样中,抽样框的数目是与抽样单位的层次相对应的,上面例子中有三个层次的抽样单位:乡、村、家庭,则对应的抽样框亦应有三个:全部乡的名单、乡样本中所有村组成的名单、村样本中所有家庭的名单。

4. 参数值与统计值。参数值是关于总体中某一变量的综合描述,例如全国妇女平均受教育年限,就是一个参数值。统计值则是关于调查样本中某一变量的综合描述,例如从一个样本中得到的妇女平均受教育年限。抽样调查的重要内容之一就是通过样本的统计值推算总体的参数值,从而达到由部分认识总体的目的。

5. 抽样误差。由前所述,总体的异质性和样本与总体范围的差异性,在用样本的统计值去推算总体的参数值时总会有偏差,这种偏差就是抽样误差。它是样本代表性大小的一个标准。需要指出的是,抽样中因误抄、计算错误等人为过失和其他一些因违反随机原则而产生的误差并不是这里所说的抽样误差。

6. 置信水平与置信区间。置信水平是指总体参数值落在样本统计值某一正负区间内的概率,而置信区间是指在某一置信水平下,样本统计值与总体参数值的误差范围,详细内容参见第十五章的讨论。

二、抽样的基本程序

1. 界定研究总体和调查总体。对研究总体的界定过程也就是对它的基本构成单位,所包含的内容以及空间与时间的范围等作出规定的过程,同时它也是确定调查对象,即它的内涵、外延及数量的过程。这种界定要与研究目标及要求相符合,并且要具有理论依据。例如前面提到过妇女生育力的研究,其研究总体被界定为"15—49岁的妇女",因为理论上认为这一年龄段的妇女具有生育能力。在一些情况下,研究总体就是实施调查的总体,这时研究总体与调查总体一致,但在另外一些情况下,研究总体不等于调查总体,后者只是它的一部分,在这种情况下,调查总体的结论是否适用于研究总体要进行必要的讨论,否则会导致错误的结果。1936年美国《文学摘要》所进行的总统选举的民意测验的失败就是这种错误的一个著名的例子。

有些调查,也许理论上可以对研究总体做出界定,例如借助广播、电视、杂志或报纸进行的调查,理论上其听众和读者就是研究总体,但是由于不知道这个总体的范围,因此从中选取的不是随机样本,加上往往不了解这个总体的特性,因而不可能确定样本的质量,即样本是否代表了总体,如果这时推论总体,就会发生错误。

由上所述可以看出,为了组织有根据的抽样研究,必须根据研究对象的社会学性质界定研究总体与调查总体,并掌握有关总体的社会情况。在实际中如何选择研究与调查总体以及用何种标准去选择呢?一般应从理论与实践两个方面考虑。理论上要考虑的是:(1)典型性,例如选择一典型企业进行组织研究;(2)与某一理论相一致(选择时要首先考虑它有可能证实理论);(3)反驳或修改一种理论(选择时首先考虑它有可能是"偏差"理论);(4)选择过去曾作过研究的研究或调查总体(重复实验、估价变化与反应);(5)选择过去未研究过的总体(希望发现新理论)。实践的考虑是:(1)方便性(例如选择家乡);(2)易于得到资料(例如在研究中官方记录可用);(3)考虑应用性;(4)合作的需要或同意做研究(例如在监狱中的研究)。

在确定了调查总体和抽样单位后,就要编制抽样框,即将总体按抽样单位划分为各部分,这些部分必须互不重叠且能合成总体,然后毫无遗漏地编号排列成表,每个抽样单位唯一地与表上的一个号码相对应。对于不同类型的总体,抽样框的形式也有多种。在学校、企业、机关等正规社会组织中进行抽样时,可以利用现成的人员花名册;而在某一个地理区域内抽样时,常可使用人口普查资料编制抽样框。抽样框是概率抽样一个最基本的要求,它的质量关系着抽样的质量。在实际抽样时,得到一个好的抽样框往往既困难又麻烦,需要具备一定的技巧并采取认真细致的态度。例如当总体范围太大时,如果没有现成的抽样框,就需要编制一个新的抽样框,这往往要花费巨大的人力、物力,如编制一份北京市全体60岁以上老人的清单。有时可能会有一现成的抽样框,但它们可能已经过时,例如1983年人口普查时已得到一份北京市60岁以上老人的清单,但1989年调查时由于一部分人新进入这一总体,一部分人已死亡,这份清单已经过时,这时应把清单进行整理或稍微修改总体定义。此外,在复杂的多阶段抽样中,相应各个阶段要有多个抽样框。

2. 设计和抽取样本。设计包括两部分，一是确定样本所含个体的数目，二是选择抽样的具体方法。样本所含个体数目的多少与抽样方法均对样本代表性有重大影响。本章我们专辟两节讨论这两个问题。样本大小和抽样方法确定后，便实际进行抽样。

3. 评估样本与对总体进行估计。抽样的目的不是说明样本本身的情况，而是通过样本推断和说明总体。因此，样本对于总体的代表性问题始终是抽样中关注的中心问题。衡量样本质量主要有两个标准，即准确性和精确性。

准确性 所谓样本准确性是指样本没有偏差。偏差也称系统误差，它可能来源于多种原因，其中主要有：(1)抽样程序的缺点，即未能严格遵循随机原则。例如所使用的抽样框不完整或已过时；或抽取样本时掺入了主观判断因素等。(2)无回答，无回答是样本偏差的主要来源之一。一个样本一经抽定，就应严格按选定的调查对象进行调查。但在实际调查中，有时在调查现场找不到被选定的人，或调查对象拒绝调查或对某些问题拒绝回答。这些无回答者往往具有某种特征，例如关于家庭收支调查，那些高收入者往往拒绝回答收入情况的问题；又如在外面做工的人往往无法调查到。这就使实际调查的样本与被抽出的样本产生偏差。事实上一个包含比初始选定的单位少于80%的样本几乎肯定地是有偏差的，在这种情况下应通过二访、三访或其他手段提高回答率。

精确性 样本精确性是指抽样误差的大小。如前面所述，抽样误差是抽样这种方法所固有的误差，是随机误差。抽样误差可以定量进行估计，因此研究人员对于抽样误差的估计具有很大的主动性。

从理论上讲，如果能严格遵照随机原则和抽样程序，并提高回答率与问卷回收率，就可以得到一个无偏即准确性很高的样本，但实际上是很难做到完全无偏的，而且没有确定的数学模型从资料内部对样本的偏差进行测量，这给我们对样本代表性的评估带来了很大困难。但是由于有技术和有经验的抽样专家可以最大限度地减少偏差，因此可以假设这种情况下抽取的样本是无偏的，这时就可以用抽样误差对样本进行评估。

对样本的评估分为两个阶段，即正式调查前和调查结束后，后者是计算抽样误差并由样本统计值推论总体参数值等。本节我们主要介绍前一阶段的样本评估方法，调查后的样本评估和对总体的估计将在"统计分析"一章详细介绍。

在确定了样本规模和抽样方法抽出样本后，应先对抽出的样本进行评估，其目的是初步检查样本对于总体的代表性，以剔除那些偏差太大的样本，重新抽样。评估可以采取收集若干容易得到的资料，例如年龄、性别、文化程度等作为样本与总体之间的比较的方法。下面举例加以说明。比如我们要抽样调查某一小镇上的家庭平均人口和每月平均消费水平。已经从全镇 1000 户家庭中抽取了 100 户作样本。这时可在正式调查之前先收集一些容易取得的资料,例如全镇人口的性别比率为 107,而抽取的 100 户中人口性别比率为 105;又如从其他报表上得知全镇家庭中有 28% 大户(3 人以上)、56% 小户(2 人与 3 人)、16% 为单身户。而在抽出的 100 户中相应家庭的比例为 25%、60%、15%。由上述总体与样本之间人口性别比例与家庭结构比例的比较中,我们就可以看到所抽样本与总体情况相似。这样的样本就有代表性,能在平均人口与消费量的调查推论中获得可靠结论。如果两者资料相差甚多,则表明前面的步骤中有问题要检查、修正。[①]一般地说,比较的变量越多,样本越可靠。

样本评估目前在规范化的社会调查研究报告中已成为一项不可缺少的指标。

第三节 概率抽样

概率抽样就是使总体中每一个体都有一个已知不为零的被选机会进入样本。概率抽样分为两大类:等概率抽样和不等概率抽样。前者总体中每一个体被选机会相等,后者每一个体被选中机会不等。等概率抽样又称随机抽样。概率抽样是以概率理论为依据,通过随机化的机械操作程序取得样本,故而能避免抽样过程中的人为因素的影响,保证样本的代表性。对于不等概率抽样,可以采用某些加权的方法对不相等的概率作调整。在以各种方式抽取的样本中,随机样本的代表性最高。虽然随机样本不会完全与总体一致,但它能确定抽样误差,能正确地说出样本的统计值在多大程度上适合于总体,像所有的科学方法一样,它允许通过对误差来源的分类和客观评价进行积累改进。

一、简单随机抽样(纯随机抽样)

简单随机抽样是最基本的概率抽样,最直观地体现了抽样的基本原理,它是其他抽样方法的基础,其他概率抽样都可以看成是由它派生而来的。简单随机抽样是一种特殊的等概率抽样方法,总体中每一个体均有同等被选机会,而且样本中每一个体是被单独地选出的,它是一种元素抽样。简单随机抽样分为重复抽样和不重复抽样两类。在重复抽样中,已被选中的个体仍放回总体中,因此在同一样本中,某一个体就有可能不止一次地出现。在不重复抽样中,被选为样本的个体不再放回总体,因此,在同一个样本中,每一个体只能出现一次。根据抽样理论,重复抽样比较完善。不过,当总体足够大时,不重复抽样结果与重复抽样相差很小,所以在大规模社会调查中,通常使用不重复抽样。

简单随机抽样对总体中所有个体按完全符合随机原则的特定方法抽取样本,即抽样时不进行任何分组、排列,使总体中任何个体都同样有被抽取的平等机会,即对总体中任何分子一视同仁。由此可见,为了保证总体中每一个体进入样本的机会均等,首先要保证抽样框的充分性,如果某些分子被重复列入抽样框,则其进入样本的机会便增加了;如果有些个体被漏掉了,它们就没有进入样本的机会,这样一来就破坏了随机原则。

常用的抛硬币、抽签等方法都是简单随机抽样。但社会调查中的简单随机抽样通常是使用随机数字表进行。随机数字表是由数字0—9组成的表,由电子计算机编制而成。表7.1是斯内伯克和科克伦编制、1969年出版的随机数字表中的由一千个随机数字组成的表的片断。下面我们举一例说明如何用随机数字表进行抽样。

表 7.1　一千个随机数字

	00—04	05—09	10—14	15—19	20—24	25—29	30—34	35—39	40—44	45—49
00	54463	22662	65905	70639	79365	67382	29685	69831	47058	08186
01	15389	85205	18850	39226	42249	90669	96325	23248	60933	26927
02	85941	40756	82414	02015	13858	78030	16269	65978	01385	15345
03	61149	69440	11286	88218	58925	03638	52862	62733	33451	77455
04	05219	81619	10651	67079	92511	59888	84502	72095	83463	75577
05	41417	98326	87719	92294	46614	50948	64886	20002	97365	30976
06	28357	94070	20652	35774	16249	75019	21145	05217	47286	76305
07	17783	00015	10806	83091	91530	36466	39981	62481	49177	75779
08	40950	84820	29881	85966	62800	70326	84740	62660	77379	90279
09	82995	64157	66164	41180	10089	41757	78258	96488	88629	37231
10	96754	17676	55659	44105	47361	34833	86679	23930	53249	27083
11	34357	88040	53364	71726	45690	66334	60332	22554	90600	71113
12	06318	37403	49927	57715	50423	67372	63116	48888	21505	80182
13	62111	52820	07243	79931	89292	84767	85693	73947	22278	11551
14	47534	09243	67879	00544	23410	12740	02540	54440	32949	13491
15	98614	75993	84460	62846	59844	14922	48730	73443	48167	34770
16	24856	03648	44898	09351	98795	18644	39765	71058	90368	44104
17	96887	12479	80621	66223	86085	78285	02432	53342	42846	94771
18	90801	21472	42815	77408	37390	76766	52615	32141	30268	18106
19	55165	77312	83666	36028	28420	70219	81369	41943	47366	41067

假定研究总体 $N=528$，即总体中有 528 个个体，我们欲抽选一个由 10 个个体组成的样本，因为 N 是个三位数，因此首先从表 7.1 中的 50 列数字中随机抽取三列，例如我们选中了第 25—27 列，然后由上而下在这三列中选出头 10 个 001 到 528 之间的不同的数（当遇到的是 000 和大于 528 的数时均跳过），它们是 036，509，364，417，348，127，149，186，290，162。最后这两个数 290 和 162 是跳到第 30—32 列取得的，因为 25—27 列中不含有 001—528 之间的数字了。当然在开始从第 25—27 列抽样时，不一定非从这三列的第一行数字开始，而可以从任意一行开始，例如从第七行开始，然后顺序往下找，直到抽够 10 个数字为止。如果从这三列抽出的符合要求的数字不足时，就要另外随机抽取三列，从中继续抽取。如果 N 是四位数字，则抽样时首先从表中的 50 列中抽取四列，再依上法抽出样本。

简单随机抽样是概率抽样的理想类型，没有偏见，简单易行，且在从随机样本的抽取到对总体进行推断时，有一套健全的规则。但是当总体所含个体数目太多时，采用这种抽样方式不仅费时甚多，工作繁杂且费用太高，例如欲从北京市全体家庭中抽取 2000 户作样本，若采用简单随机抽样方法，需将全市近 200 万以上家庭全部登记造册，制成抽样框，仅此一项，就成为一件巨大的工作。此外，这种抽样方法，在构成总体的个体差异不大时，用之比较有效，而在总体异质性较高时，误差较大。

二、分层抽样

所谓分层抽样就是先将总体依照一种或几种特征分为几个子总体（类、群），每一个子总体称为一层，然后从每一层中随机抽取一个子样本，将它们合在一起，即为总体的样本，称为分层样本。由于社会研究对象的复杂性和异质性程度较高，有必要将它们按不同特征分为不同类型（层），因此，分层抽样在社会研究中获得广泛的应用。分层抽样的优点是：

1. 当一个总体其内部分层明显时，分层抽样能够克服简单随机抽样的缺点。由于它是按群体的特征分布从不同层获得尽可能均衡的样本数，使样本与总体更相似，从而改善了样本的代表性。例如，在某个干部总体中，党的干部占总体的 20%，行政管理干部占 25%，技术干部占 40%，其他各类专业干部占 15%。按这四个干部类别（层）进行分层抽样，使样本中各类干部所占的比例也分别为 20%，25%，40% 和 15%。这时样本似乎成了总体的一个"缩影"。

2. 分层抽样可以提高总体参数估计值的精确度。由于它可以将一个内部差异很大的总体分成一些内部比较相似的子总体，从每一子总体内抽出一个小样本就能较好地代表总体,因此,在样本数相同的情况下,分层抽样比简单随机抽样的精确度高;或在同样的精确度要求下,分层抽样的样本规模较小。

3. 有些研究不仅要了解总体的情形,而且还要了解某些类别的情形,分层抽样可以同时满足这两个要求,因为我们可以将每一类(层)看作一个总体。此外,对总体的不同部分还可以采用不同的抽样方法。例如,对居住在各社会机构(旅馆、监狱、医院)的人和居住在一般家庭中的人,对流动人口和固定人口等,采用不同的处理方式,这时分层抽样便显示出其优越性。

4. 便于行政管理。因一层可以看作一个总体,因此每层可由专人进行管理。

按各层子样本容量的确定方式,分层抽样可分为按比例分层抽样和非比例分层抽样。前者要求各层的子样本在总体的样本中所占比例与本层在总体中所占比例相同。例如某中学有 1000 名学生,其中男 600 人,女 400 人,欲采用分层抽样从中抽取 100 人的一个样本,则其中男应为 60 人,女应为 40 人。有时我们希望了解的是一些层所代表的子总体的情况,而不是总体情况,例如我们想了解某高校本科生、硕士研究生与博士研究生对职业的选择趋向。全校共有学生 1000 人,三者所占比例为 6∶3∶1,如果我们按比例抽选一个 60 人的样本,则博士生仅占 6 人,数量太少,这时我们就要使用异比分层,例如每组均抽 20 人,这就使博士生的被抽机会三倍于硕士生、六倍于本科生,是一个非等概抽样,为此在作统计推论时,要进行加权处理。

应当以抽样单位的何种特性作为分层的标准,也就是说,应选用什么样的变量作为分层变量呢?一般来说,用以分层的理想变量是在调查中要加以测量的变量,例如调查某厂职工购买书籍的平均册数,最好的分类变量是年购书总册数。将职工分为买 5 本以下,5—10 本,10—15 本,15—20 本,20 本以上等五个层。经数学证明,这样选择分层变量,样本精确度可提高很多。然而实际上是不可能按这样的办法分层的,因为在调查之前我们无法知道每个职工的购书数量。因此,研究者一般是选择与调查中欲测量变量高度相关的变量,即对所要研究的变量有很大影响的因素作为分层变量。如在上例中,可按"教育水平"将职工分层,因为这一变量对职工购书量有很大影响。从理论上来说,在确定分层变量时应考虑到所有影响因素,但实际上却往往缺乏有关的详细资料,因此通常是主观判定哪个或哪几个因素与欲测变量高度相关,当然,如果选择的分层变量与欲测变量很少相关,那么,样本的精确度就会降低。选择分层变量另一个原则是具有实用性,有时层是自然形成的,例如当研究对象具有较大的地理差异时,作为分层标准的可以是不同的地理区域,如不同国家或不同省市。又如在以个人为抽样单位时,较重要和普遍的分层标准有性别、年龄、教育、职业等。

除选择适当的分层变量外,提高分层样本的精确度还必须力求符合分层的原则,即尽可能使各层内部保持一致,以简化总体的构造,使各层之间具有明显的差异性,以便包括总体的各种特性。此外,样本的精确度还与分层数目及样本大小密切相关,分层越细,样本越大,则样本的代表性越好。

分层抽样适用于总体内个体数目较多,结构较复杂,内部差异较大的情况。

三、系统抽样(或等距抽样,机械抽样)

系统抽样是简单随机抽样的一个变种,其具体做法是:

(1) 将总体的所有个体前后排列起来。

(2) 计算抽样距离。抽样距离是由总体大小和样本大小决定的,假设总体所含个体数为 N,样本所含个体数为 n,则抽样距离应为 $K = \dfrac{N}{n}$。

(3) 在头 K 个个体中,用完全随机的方式抽取一个个体,设其所在位置的序号是 k。

(4) 自 k 开始,每隔 K 个个体抽取一个个体,即陆续抽取的个体所在位置序号为 $k, k+K, k+2K+\cdots\cdots+k+(n-1)K$。例如,设北京大学有 12,000 名学生,欲了解其每月伙食费情况,可从中抽查 200 名学生。则这时的抽样距离 $K = \dfrac{12,000}{200} = 60$。假设用随机抽样法抽出的第一位学生是第 12 号学生,则第二位应是第 72 号学生,第三位应是 132 号,依次类推,直至抽足 200 名。若抽到最后仍不足所需样本时,可再回头累积抽取。如本例 12,000 名同学抽完后还差一位同学,即第 199 位学生的号码为 11,952 号,再加 60 则为 12,012 号,这时从头累加,应为 12 号,但 12 号已被抽出,因此递推选第 13 号为第 200 位访问对象。

一般说来,与简单随机抽样一样,等距抽样也要收集总体的名单,将总体中的所有个体进行编号。不同的是,它不需多次使用随机数字表抽取个体,而只需按间隔等距抽取即可。此外,等距抽样在某种情况下可不必像简单随机抽样那样编列个体的号码,只要总体的排列次序是随机的,就可依已排好的次序,从中等距抽取。例如抽样个体是登记在同样大小的卡片上并将其放在盒子中,如户籍卡片,则可用一把尺子抽样,比如可每隔一寸抽一张卡片。因此,与简单随机抽样相比,系统抽样易于实施,工作量较少。

系统抽样的另一优点是样本在总体中的分布更平均,故而抽样误差小于或至多等于简单随机抽样,即较其更精确。事实上,它亦可以看成是分层抽样,它等于将总体分成几层,每 K 个分子为一层,也就是说可以看作是每层只抽一个个体的分层抽样。两者不同的是,系统抽样的样本个体在每一层的相对应位置上,而分层抽样则是由每层随机抽取的,两者情形请见图 7.1。系统样本在总体中分布得更均匀,这一点使等距抽样的精确度较分层抽样更好。

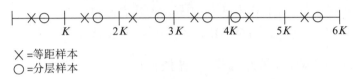

图 7.1 分层抽样与等距抽样

系统抽样是以总体的随机排列为前提的,如果总体的排列出现有规律的分布时,就会使系统抽样产生很大误差,降低样本的代表性。例如,部队的名单一般是以班为单位排列的,10 人一班,第一名是班长,最后一名是副班长。若抽样距离也是 10 时,则样本或均由(正、副)班长组成,或均由战士组成,失去了代表性。因此,在使用系统抽样时一定要认真考察总体的排列情形和抽样距离。如原有的排列次序有可能导致抽样失败的话,就应当打乱原排列次序或改用其他抽样方法。

系统抽样作为简单随机抽样的变种,与简单随机抽样一样,最适用于同质性较高的群体。当总体内不同类别之间所含个体的数目相差过于悬殊时,采用此法样本的代表性可能较差。例如工厂内工人多、技术人员少,如果用等距抽样可能很少抽中或完全没有抽中技术人员,这种情况下一般采用分层抽样。它通常被用于复杂样本的最后抽样阶段。

四、整群抽样(聚类抽样)

整群抽样是将总体按照某种标准划分为一些子群体,每一个子群为一个抽样单位,用随机的方法从中抽若干子群,将抽出的子群中所有个体合起来作为总体的样本。

整群抽样与分层抽样有相似之处,即它们在第一步都是根据某种标准将总体分为一些小群,但两者的抽样方式不同。在分层抽样中所有子群均要抽取一个子样本,作为总体样本的一部分,即总体样本在各层中均有分布。而整群抽样则不然,它是抽取若干子群并将抽出子群的全部个体合起来作为样本,因此,总体样本分布在部分子群中。由于抽样方式的不同,导致两者间划分子群的原则也不同。在分层抽样中,层的划分依据的是层之间异质性高,层内则尽可能同质的原则。整群抽样因仅抽取某几个子群作为整体的代表,如果子群间差异显著,且每个子群内同质性很高,那么这种情况下抽出的几个子群显然无法代表总体。例如要调查某工厂职工的平均收入,将工人按照工资级别(1—8级)分为8个子群,用整群抽样抽取其中几个子群,假如抽到1级、4级、5级三个子群,显然这三级工人的平均工资无法代表全厂工人的收入水平。因此,整群抽样的分群原则应与分层抽样不同,它是使得群间异质性低,群内异质性高,因此,分层抽样适用于界质分明的总体,而整群抽样适用于界质不清的总体。

整群抽样的优点在于:(1)它可以通过转换抽样单位扩大抽样的应用范围;(2)它可节省人、财、物力。如前所述,抽样要求有一份以总体所有个体排列的清单,即抽样框,但许多调查中往往因抽样单位的选择而无法得到总体的所有个体的可靠名单,有时即使可以得到这样一份名单,所需费用也十分昂贵,这就限制了抽样的应用范围。例如我们需从一个几十万人口的城市里以个人为抽样单位进行抽样,就需要有一份将这几十万人口排列出来的清单,这在实际上是极难做到的。在这种情况下,使用整群抽样获得抽样框就容易得多,例如在城市中可以以居民委员会作为抽样单位制作抽样框,这显然要比以个人为抽样单位制作抽样框现实和容易得多。整群抽样通过将抽样单位由个人转换成群体,使由简单随机抽样和分层抽样所不能进行的抽样调查成为可能,这就大大地扩大了抽样的应用范围。此外,即使有总体的抽样框,为节约人力费用,也常常采用整群抽样。

整群抽样的最大缺点是样本分布不均匀,样本的代表性较差。因此与其他抽样方法相比,在样本数相同时,其抽样误差较大。例如一个容量为800的整群样本,在效率上可能约与一个容量500的简单随机样本相等。特别要注意的是分析整群样本的资料,如抽样误差、统计推断、假设检验要比前面几种抽样方法复杂。尽管有这些局限性,但由于实施起来比较方便,而且还可以节约人、财、物力,因此在大规模、大范围的调查中,仍常常采用这种抽样方法。例如,当样本的大小一定时,对一个包含20个街道的调查要比只在一个街道对所有居民户进行调查困难得多。当然,前者的样本精确度要比后者高。在权衡调查费用和样本精确度后,研究者往往会选用整群抽样。

整群抽样分为等规模整群抽样和不等规模整群抽样,前者总体内所有的群规模都相等,而后者总体内各群大小不一。在社会调查中一般遇到的是后一种情况,在这种情况下,往往出现样本规模随机变动的问题。例如某总体含有四个群,人数分别为30、50、15、5,从中抽取两个群作样本,则样本规模可能是80人、45人、35人、65人、55人和20人等六种情况。这种不确定性会给样本设计时费用与精度的预算及实地调查工作带来困难,同时还会产生抽样偏差。为了解决这个问题,往往采取子抽样的方法,即从抽出的样本群中再抽一次样,得到所需样本。

整群抽样的样本群数应如何选择呢?例如,在一个城市的20个街道中应抽选几个街道呢?若总体所含子群总数较少,所抽取的样本群数也必然较少,这样会导致样本过于集中,有可能降低样本代表性。在理论上虽然可以通过增加样本群数来解决,但这会导致样本群数接近子群总数。这无异于总体调查,因而丧失了分群的优越性。另一种方法是增加子群总数,即减少每群所含个体数,这时便可抽取较多子群作为样本,而不增加样本个体数。但是样本群数的增加,会使样本分布范围扩大,这可能导致整群抽样成本低的优点的丧失。一般来说,样本群数占子群数总数的比例应当与样本数占总体的比例大致相当,但当这种抽样无法保证样本代表性时,则应考虑多阶段抽样。

五、多阶段抽样(多级抽样)

在上述整群抽样中,当子群数或子群内部个体数目较多,彼此间的差异不太大时,常常采用更加经济的方法,即不将样本子群中的所有个体作为样本,而是再从中用前述各种随机抽样的方法抽取样本,因最终样本的获得经过两次抽样,我们称其为二阶段整群抽样,同样可作三阶段、四阶段……即多阶段整群抽样。例如,我们要进行一次全国城市居民家庭平均收入水平的调查,可先将城市作为抽样单位进行第一阶段抽样,选出一部分城市。然后再以居民委员会为抽样单位,从所选出的城市中抽取一部分街道,这是第二阶段抽样。最后以家庭为抽样单位作第三阶段抽样,即以家庭为抽样单位,从已选出的街道中随意抽取家庭样本。

对于群体规模不等的多阶段整群抽样,通常使用概率比例抽样法。所谓概率比例抽样法,是根据每一群的规模分配样本容量。下面我们以二阶段整群抽样为例来说明使用概率比例抽样的原理及方法。

在将总体划分成子群时,每个子群中个体的含量常常不同,在这种情况下,二阶段抽样由于第一次抽取子群大小不同,只有在第二阶段抽样时采取措施,才能使总体中每个分子具有同等进入样本的概率。例如,[②]某市有23个区共714万人,欲从中抽取1000人的样本。首先将区作为初级抽样单位,每区人数不等,将每区人数的号码范围列出,东区是1—120,000号,西区是120,000—290,000号,南区是……一直排到7,140,000号,如下表:

	人口概数(万)	累计人口(万)
东区	12	12
西区	17	29
南区	25	54
……	……	……
丁区	26	714

从这 714 万个号码中用随机数字表确定 10 个号码，则这 10 个号码所落入的区即为调查区。例如抽中 340,000 号，它落在南区，则南区就为调查区，从这 10 个调查区中，每区再随机抽取 100 人就构成最终样本。这样做，人口多的地区在第一次抽样中被抽中的概率高，但由于所有 10 个被抽中的区在第二次抽样时不论人口多少均抽 100 人，所以，人口多的区的居民在自己的区成为调查区后，自己被抽中的概率都趋于相等。例如：

东区张三被抽中的概率 = $\underbrace{\frac{12\ 万}{714\ 万} \times 10}_{\text{东区被抽中的概率}} \times \underbrace{\frac{100}{12\ 万}}_{\text{其中张三家被抽中的概率}} = \frac{1000}{714\ 万}$

西区李四被抽中的概率 = $\underbrace{\frac{17\ 万}{714\ 万} \times 10}_{\text{西区被抽中的概率}} \times \underbrace{\frac{100}{17\ 万}}_{\text{其中李四家被抽中的概率}} = \frac{1000}{714\ 万}$

在进行大规模区域调查时，如果抽样单位只有一级且与调查对象的单位一致，例如在全国范围内进行以个人为调查对象的抽样调查，若抽样单位也是个人，则编制抽样框将极为困难，而且样本的分布极其分散，所需调查费用与人力甚巨。多阶段抽样通过采用由高级抽样单位过渡到低级抽样单位的方法，解决了低级抽样单位不易获得的抽样框的问题，并且可以使样本的分布较为集中，从而大大降低调查所费人、财、物力。此外，多阶段抽样由于在各阶段抽样时可根据具体情况灵活选用不同的抽样方法，故能够综合各种抽样方法的优点，提高样本质量。因此，它特别适用于调查范围大、单位多、情况复杂的调查对象。多阶段抽样由于每阶段抽样都会产生误差，因此经多阶段抽样得到的样本的误差也相应增加，这是它的不足。

第四节　非概率抽样

如前所述，随机抽样能够排除调查者的主观影响，抽选出较其他抽样方法更具代表性的样本,并且能够确切地知道和控制抽样误差的大小,从而使由样本推论总体,通过对样本的分析研究达到对总体的全面认识成为可能。但是在很多情况下,这种严格的随机抽样几乎无法进行,例如调查对象的总体边界不清而无法制作抽样框。此外有些研究为了符合研究的目的,不得不按照需要从总体中抽取少数有代表性的个体作为样本。再者,为了保证随机原则,对抽样的操作过程要求严格,实施起来比较麻烦,费时费力,因此如果调查的目的仅是对问题做初步探索,获得研究的线索和提出假设,而不是由样本推论总体,采用随机抽样就不一定是必需的。在上述情况下,一般代之以非概率抽样。非概率抽样由于每个个体进入样本的概率是未知的,而且由于排除不了调查者的主观影响,因而无法说明样本是否重现了总体的结构,用这样的样本推论总体是极不可靠的。尽管如此,非概率抽样对于帮助了解总体是有益的,此外它的操作方便、省钱省力,统计上也远较概率抽样简单,而且若能对调查总体和调查对象有较好的了解,抽样也可获得相当的成功。但是特别应当指出的是,将非概率抽样的结论推论到大总体时要极其慎重,否则就容易出现以偏概全的错误。非概率抽样有下述几种类型。

一、偶遇抽样(方便抽样)

是指研究者将在一定时间、一定环境里所能遇见到或接触到的人均选入样本的方法。"街头拦人"法即为一例,即在街头路口、车站码头等处拦住过往行人进行调查。电视台、电台和报社的记者常借这种方法迅速了解公众对某些刚刚发生的重大事件的反应。

又如在有些调查研究中,调查过程对被调查的人是不愉快的和麻烦的,这时为方便起见常常是将那些自愿被调查的人作为样本。因此这种抽样又称方便抽样,即按调查者的方便任意抽取样本。

偶遇抽样的优点是方便省力,但样本的代表性差,有很大的偶然性。

二、主观抽样(判断抽样、立意抽样)

在这里,主观抽样的"主观"有两种含义,一是主观判断的意思,这时,主观抽样又称立意抽样或判断抽样,即研究者依据主观判断选取可以代表总体的个体作为样本。这种样本的代表性取决于研究者对总体的了解程度和判断能力。在无法确定总体边界,或因研究者的时间和设备有限而无法进行概率抽样时,可以用此种方法。

主观抽样的第二种含义是"有目的地"选择样本的意思,例如在问卷设计阶段,为检验问题设计是否得当,常有意地选择一些观点差异悬殊的人作为调查对象。又如,研究者专找那些偏离总体平均水平者作为调查对象,其目的是研究什么使他们发生偏离。这种含义的主观抽样的目的是探寻有意义的变量类型和范围。它适用于建立分类模型。它的作用在于发现问题、提出假设,而不在于对总体做出概括。

三、定额抽样(配额抽样)

它与分层抽样中的比例抽样相似,也是按调查对象的某种属性或特征将总体中所有个体分成若干类或层,然后在各层中抽样,样本中各层(类)所占比例与他们在总体中所占比例一样,但不同的是,分层抽样中各层样本是随机抽取的,而定额抽样中各层样本是非随机抽取的。一个访问员被分配完成某个"定额",比如他必须访问已婚妇女 30 名,大学教师 20 名。具体访问哪个已婚妇女或哪个大学教师,则完全由访问员自己选择。这就很难保证样本的代表性,访问员很可能为省事找那些最容易找的人;或访问那些在家的人,而忽略不在家的人等。

定额样本的选择也可以基于属性或特征(变量)的组合。例如在一份 2×2 的图表中,如下图:

	男	女
已婚		
未婚		

组合不同性别与婚姻状况可形成四种类型:(1)已婚男性;(2)未婚男性;(3)已婚女性;(4)未婚女性。然后按照这四种类型在总体中的比例确定各自应抽人数。

定额抽样是以代表总体为目的的,因此它必须对总体的性质有充分的了解,如不同性别、年龄、教育水平的人在总体中各占多大比例等等,然后按此比例分配应抽定额。定额抽样假定:(1)只要类型划分较细,那么同一个类型中的每一个个体都是同质的,因而无须采用随机抽样。(2)只要类型划分合理,且分配给各类的名额符合总体中各类人员的分布,那么,样本就可以准确地反映总体。这两个假定在理论上是成立的,但在实施过程中很难做到。一方面在分层时不可能同时兼顾总体的众多属性,而只能考虑其中几种,因此不可能做出很细的分类。另一方面,有关总体分布变化的最新信息并不容易得到,因而配额的合理性很难保证。这些都会影响定额抽样的样本代表性。

四、滚雪球抽样

是先从几个适合的调查对象开始,然后通过他们得到更多的调查对象,这样一步步扩大样本范围。当调查总体的个体信息不充分时,常采用这种方法。例如,要研究城市保姆问题,研究者一开始因缺乏信息无法抽样,这时可先通过各种办法,如家庭服务公司、街道居委会或熟人的介绍等,找到几个保姆进行调查,并让他们提供所认识的其他保姆的情况,然后再去调查这些保姆,并请他们提供自己所认识的保姆……依次类推,像滚雪球一样,由小变大。但是,用这种方法抽样最后仍有许多个体无法找到,还有些个体因某些原因被提供者故意漏掉不提,这两者都可能具有某些值得注意的性质,因而可能产生偏误。有时,我们不可能对每一步所提供的对象均实行调查,而只能实行抽样调查,在这种情况下,若要取得一个概率样本,则应在每一阶段进行一次随机抽样。若只要取得一个非概率样本即可,则可在第一阶段中使用定额抽样等方法。

五、空间抽样

是针对一个变动的总体,如游行队伍、集会等进行抽样的方法,这种总体虽然是变动的,但在空间上是有限的。空间抽样最重要的是要在同一时间对整个总体进行抽样,以防止它的组成经历太大的变化。具体的做法是同时派出若干名经过训练的调查员,排成一排均匀分布在群体的一侧,每个调查者以他面对的人为第一个调查对象。然后按一定的步数间隔穿过聚集的群体,每一间隔停顿下来时碰到的人均为调查对象。当然,还可采用其他的方式进行。

第五节 样本容量的确定

样本容量又称样本大小、样本规模,指的是样本内所含个体数量的多少。样本容量的确定是抽样设计的最重要的内容之一。样本大小不仅影响其自身的代表性,而且还直接影响到调查的费用和人力的花费,太大的样本会浪费人力、财力,增加工作量,甚至难以完成;太小的样本则会减少调查的效果。因此样本大小"适当"是非常重要的,适当的样本依研究目的和总体性质而定,并且还受制于客观条件以及抽样方法等,样本容量的确定是对上述几方面综合考虑的结果。

（一）研究的精确度要求与样本容量

研究的目的往往要求通过样本得到对总体的估计,例如通过一部分妇女生育力水平估计全国妇女的生育力水平。在研究目的是由样本得到对总体的估计时,首先要依研究的目的对这种估计所允许的误差大小做出规定,即确定抽样的精确度。允许误差(精确度)等于抽样误差与概率度 t 的乘积,t 值取决于研究所要求的置信水平,可从 t 分布表中查出置信水平与概率度成正比。因此当置信水平确定后,允许误差实际上就是允许抽样误差。由重复简单随机抽样的误差公式 $\frac{\sigma}{\sqrt{n}}$ 可知,抽样误差与样本大小密切相关,样本越大,越接近总体,抽样误差越小;反之,样本越小,与总体差异越大,误差越大。因此样本大小视研究所要求的精确度,即允许误差与置信水平而定,对样本的精确度要求越高,所允许的误差则越小,样本就应越大,反之亦然。下表是在 1% 到 7% 的允许误差和两种置信水平下,简单随机抽样所需样本数。③

允许误差	置信水平	
	95%	99%
1%	9604	16,589
2%	2401	4147
3%	1067	1849
4%	600	1037
5%	384	663
6%	267	461
7%	196	339

(二) 总体性质与样本容量

总体性质包括两个方面:总体规模与总体异质程度。由上面的讨论可知,抽样误差与样本大小密切相关,样本越大,越近总体,抽样误差越小,反之抽样误差越大。因此,在一定精确度要求下,总体越大者其样本要求亦应越大。但这种情况仅仅在一定程度上是正确的,当总体规模增大时,必需的样本容量并不同它保持同样的增长速度,如图 7.2 所示,对一组已知的条件(总体可信度、方差、误差界限等等)来说,当总体规模从 1000 增大到 500,000 或更大时,样本必需量有所增长,但当总体规模达到足够大时,样本的必需量相对于总体来说,只是受到较小影响,实际上规模在 10,000 以上的总体,样本必需量是相当接近的(参见图 7.2)④。因此,所要调查的总体规模越大,使用抽样调查越经济合算。

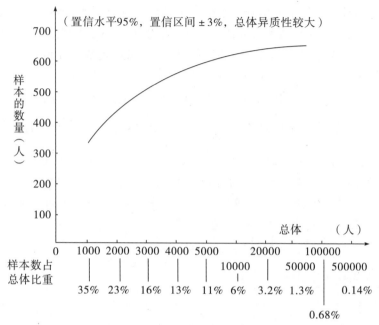

图 7.2　不同的总体规模所需的样本数量

重复简单抽样的平均抽样误差公式 $\frac{\sigma}{\sqrt{n}}$ 表明，抽样误差还与 σ^2 有关，σ^2 为总体方差，它是衡量总体内个体间差异程度的指标，因此，当精确度要求一定时，样本所需容量除受总体规模的影响外，还受总体内部异质程度的影响，总体内部异质程度越低，所需样本容量越小，相反总体内部异质程度越高，所需样本容量越大，这点是容易想象的。由此可见，为了获得"适当"的样本规模，对总体的了解是必不可少的。

根据精确度的定义和简单随机抽样的抽样误差公式 $\frac{\sigma}{\sqrt{n}}$，可得允许误差（抽样精确度）$t \cdot \frac{\sigma}{\sqrt{n}}$，用 Δ 表示精确度则 $n = \frac{t^2 \sigma^2}{\Delta^2}$。因此，当确定了精度要求和概率度后，由于总体的异质程度，即 σ^2 是未知的，n 仍无法确定，为此常采用以下办法：(1)通过以往曾进行的同类调查的资料估算 σ^2。(2)由专家提供有关信息，据此进行估计。(3)进行试调查，以取得必要信息来估计 σ^2。

（三）分析要求与样本容量

许多社会研究，其目的不只是了解总体特征，而且还想了解总体中某些部分的特征,或者想了解各种变量间的真实关系,这时如果样本过小,则某些类别的子样本就可能由于调查对象太少而无法进行分析。因此在确定样本大小时,应当估计一下在分析时样本需做哪些分类,并保证每个类别有一个能够统计分析的子样本,相关分析和其后的检验方法要求每一小类的子样本容量不得小于 10。

研究所要求的分析程度不同,它需要的样本大小亦不同。例如回归分析中样本大小要依自变量的个数增减。

通常大多数调查收集不止一个项目的信息资料,当项目很多时,应对其中最重要的一些项目分别确定精度要求,然后逐项确定这些项目所需子样本的大小。这时可能各项目的子样本大小相差不多,如此便选其中容量最大的一个作为总体样本容量。但有时各子样本相差很多,这时可降低某些项目的精确度要求或取消这些项目。

(四) 抽样方法与样本容量

在同样的精确度要求下,样本容量还因所选择的抽样方法不同而不同,每一种抽样方法都有自己计算样本容量的公式。因此在选定抽样方法后,需分别考察和计算这一方法所需样本数。

(五) 无回答与样本容量

在调查过程中,由于调查对象未找到或拒绝访问等原因,实际上最终收集到的样本数与理论决定的样本数不同。再有,即使是全参与分析的样本,也因对其中各个问题的回答率不同而在不同项目上显示出不同的样本规模,在确定样本大小时,亦应将这些情况考虑进去。例如初步确定的样本容量是 1000,但估计可能有 20% 的无回答,则实际调查所用的样本容量应为 $\frac{1000}{80\%} = 1250$。

(六) 经费与样本容量

最后,在样本大小按上述考虑确定后,还要看看样本规模是否与准备用于调查的现有人力、物力、财力、时间等条件相适应,有时由于上述条件的限制或抽样操作上的困难,必须缩小样本,那么,就需做出选择:是减少样本规模,但达不到所要求的精确度;还是增加调查力量,以保证样本的精确度,或是干脆放弃这次调查。

由上面的介绍可以看出,样本容量的确定要受到各种因素的制约,这些因素往往是相互对立的,例如为了提高样本的代表性,我们往往希望一个大样本,但样本越大,虽然抽样误差减小了,非抽样误差却可能大大增加,经费也要增多。

又如采用多阶段整群抽样,由于样本集中,虽然可以节约大量经费,但样本的代表性则会降低,要提高样本精确度,则要增加样本容量。实际上在设计样本规模时,精度要求与费用、抽样误差与非抽样误差始终是两对难于处理的矛盾。随着抽样理论的发展和抽样调查的广泛应用,其中有些成功的经验逐渐成为样本设计的依据。例如美国的民意测验,样本数一般在 1600—2000 人之间,最多不超过 3000 人,而最重要的全国调查则在 15 万—20 万之间。在一般的社会调查研究中,实际上并不要求很高的精确度,调查人员一般是凭经验确定样本容量的大致范围,下表给出了经验确定样本容量的大致范围,仅供参考。

经验确定样本数的范围

总体规模	100 人以下	100—1000 人	1000—5000 人	5000—1 万人	1 万—10 万人	10 万人以上
样本占总体比重	50% 以上	50%—20%	30%—10%	15%—3%	5%—1%	1% 以下

应当指出的是,由经验确定的样本调查,其结果不能推论总体,只能作为了解总体状况的参考。要想精确地推论总体的状况,不仅要对代表性进行检验,而且要检查抽样方法是否科学。精确的抽样调查需要抽样专家和专业研究人员的严格指导。

注释

① 引自杨心恒:《社会调查方法初步》,天津人民出版社 1986 年版。
② 参见福武直:《社会调查方法》,湖南大学出版社 1986 年版。
③ 转引自于真等:《当代社会调查研究科学方法与技术》,工人出版社 1988 年版。
④ 引自林楠:《社会研究方法》,农村读物出版社 1987 年版。

第二编　资料收集

本编主要介绍社会研究中收集资料的具体方法。资料收集是通过对社会现象的观察、量度与探究来获取社会信息的过程,在这一过程中可使用多种方法:问卷法(第八章)、访问法(第九章)、量表与测验法(第十章)、观察法(第十一章)、实验法(第十二章)、文献法(第十三章)等。问卷法与测验量表法多用于收集标准化的定量资料;访问法与观察法则多用于收集非标准化的、无结构的定性资料;实验法不仅是收集资料的方法,而且也是一套具有特定程序的研究方式,它作为自然科学的基本方法,反映了科学研究的一般逻辑和设计思想;文献法是历史研究和哲学研究的基本方法,本编将说明这两种方法在现代社会研究中的具体应用。读者在较好地掌握了前面所讲的社会研究方法论、研究的一般过程及研究设计的基础上,将会对本编介绍的各种方法、特别是调查方法和实验方法有更深入的理解。

关于资料的收集方法,还应注意的两点是:(1)某一种资料收集方法不可能适用于所有的研究课题或研究领域,本编各章分别对每种方法的优缺点和适用范围进行了说明。(2)在任何具体的社会研究中都可以采用多种不同的资料收集方法,这些方法可以相互补充、相互验证,并有助于克服单一方法或技术的局限性。

第八章

问 卷 法

问卷法是现代社会研究中最常用的资料收集方法,特别是在调查研究中,它的使用更为普遍。因此,美国社会学家艾尔·巴比称"问卷是社会调查的支柱"。而英国社会学家莫泽则说"十项社会调查中就有九项是采用问卷进行的"。可见社会研究者对问卷法的评价之高。除了在社会调查中使用外,问卷法还用于实验研究,研究人员常常用问卷来对实验对象进行前测和后测。

第一节 问卷的类型和结构

问卷是社会研究中搜集资料的一种工具。它的形式是一份精心设计的问题表格,用以测量人们的特征、行为和态度等。

一、问卷的主要类型

社会研究中所用的问卷,依据填答或使用的方式的不同,可分为两种主要的类型:自填问卷和访问问卷。所谓自填问卷是由被调查者本人填答的问卷;访问问卷则是由访问员根据被调查者的回答填写的问卷。这两种问卷既有联系,又有区别。它们虽然都是社会研究中搜集资料的工具,也同样都由一系列问题和答案所构成,但是直接面对的对象却是不同的——自填问卷直接面对被调查者,而访问问卷则直接面对访问员。正是由于这种区别,使得它们在具体的形式、设计的方法和要求等方面都存在一定的差别。适用于某种调查形式的问卷往往并不适用于另一种调查形式。

自填问卷又依据发送到被调查者手中的方式的不同,分为邮寄问卷和发送问卷两类。邮寄问卷通过邮局寄给被调查者,被调查者填答完后又通过邮局寄回;发送问卷则由调查员或其他人将问卷送到被调查者手中,被调查者填答完后再由调查员逐一收回。此外,还有二者相结合的发送方式,比如登门或集中发送,然后通过邮局寄回等。

二、问卷的基本结构

一般来说,一份问卷通常包括以下几个部分:封面信;指导语;问题及答案;其他资料。

(一) 封面信

即一封致被调查者的短信,其作用在于向被调查者介绍和说明调查者的身份、调查目的等内容。封面信的篇幅虽然短小,但在整个问卷中却具有相当重要的作用。因为,你能否说服每一位被调查者参加到你的调查中来,能否让他们如实地填写问卷,能否让他们把填好的问卷寄回来等等,在很大程度上都取决于封面信的效果。在封面信中,一般需要说明下列内容:

调查的主办单位或个人的身份。这种身份既可以直接在封面信中说明,比如"我们是北京大学社会学系的学生,我们正在进行一项……调查"。也可以通过落款来说明,比如落款为:北京大学社会学系××问题调查组。注意,落款一定要注明具体的单位,而不能只写"儿童教育问题调查组"、"婚姻家庭问题调查组"这类的署名。因为,人们即使看到这样的署名,仍搞不清楚你们是哪里的,干什么的,从而会对你们的调查产生很多疑虑。如果能附上单位的地址、电话号码、邮政编码、联系人姓名等就更好,就更能体现调查者的诚意,体现调查的正式性和有组织性,从而有利于得到被调查者的信任和合作。

调查的内容和范围。一般来说,应尽可能用概括的语言,明确地说明调查的实际内容。既不要含含糊糊甚至欺骗被调查者,又不要过分详细地在封面信中大谈调查的具体内容。通常只用一句话指出内容的范围就行了。比如"我们正在进行物价改革方面的调查"或"我们这次调查,主要是想了解人们对离婚现象的看法"等。

调查的目的。这是封面信中一项十分重要的内容。要尽可能做出恰当的、合理的解释。比如"这次调查的目的,是要通过了解广大青年职工日常生活、工作、学习和娱乐等方面的情况,为党和政府制定青年职工的有关政策提供科学依据"。或者"为了探索解决好恋爱、婚姻问题的规律,帮助广大青年建立幸福家庭,我们开展了这项调查"等。目的叙述得当,有利于调动回答者的积极性和责任心。

调查对象的选取方法。合适的说明能消除被调查者心理上的压力和顾虑。比如"我们根据科学的方法选定了一部分居民作为全市居民的代表,您是其中的一位"或"我们从全市五家工厂中抽取了一部分工人作为调查对象"等等。再加上有关不记名的说明和对回答保密处理的许诺,这样回答者的心理压力就会小些。

除以上内容外,通常还把填答问卷的方法、要求、回收问卷的方式和时间等等具体事项写进封面信。在信的结尾处一定要真诚地对被调查者表示感谢。封面信的文笔要简明、亲切,切忌啰嗦和官气十足。

（二）指导语

所谓指导语,即用来教被调查者如何正确填答问卷,教访问员如何正确完成问卷调查工作的一组陈述。指导语对于问卷的作用就相当于一部新机器的使用说明书。指导语有卷头指导语和卷中指导语之别。卷头指导语一般以"填表说明"的形式出现在封面信之后,正式调查问题之前。其作用是对填表的要求、方法、注意事项等作一个总的说明。下面就是这种填表说明的一个例子：

填表说明

1. 请在每一问题后适合你自己情况的答案序号上画圈,或在____处填上适当的内容。
2. 问卷每页右边的数码及短横线__是上计算机用的,你不必填写。
3. 如无特殊说明,每一问题只能选择一个答案。
4. 填答问卷时请不要与他人商量。

卷中指导语一般是针对某些较特殊的问题所作出的特定指示。比如"可选多个答案";"请按重要程度排列";"若不是,请跳过10—14题,直接从15题开始答起";"计算房间数目时要包括厨房,但不包括洗澡间和厕所";"家庭人均收入即全家人的总收入除以全家的人数"等等。总之,问卷中每一个有可能使回答者不清楚、不明白、难理解的地方,一切有可能成为回答者填答问卷的障碍的地方,都需要给予某种指导,而对于编写指导语来说,最主要的标准,就是要简明易懂。

（三）问题和答案

问题和答案是问卷的主体,可以说,被调查者的各种情况正是通过问题和答案来收集的。问卷中的问题在形式上可分为开放形式和封闭形式两大类;在内容上又可分为有关事实的、有关态度的和有关个人背景资料的三大类。

所谓开放式问题,就是不为回答者提供具体的答案,而由回答者自由回答的问题。例如"您喜欢看哪一类书籍?""您对物价改革有什么看法?""您学习的主要动力是什么?"等等。开放式问题的主要优点是,它允许回答者充分自由地按自己的方式发表意见,不受什么限制,因而,回答往往是最自然的。所得的资料也往往比封闭式问题所得资料丰富生动得多。但开放式问题也有一些令人头痛的缺点。首先,它要求回答者有较高的知识水平和文字表达能力,这就大大限制了调查的范围和对象。其次,开放式问题要求回答者花费较多的时间和精力。因为回答者要思考,要组织,还要书写,所以十分费神费力。再次,开放式问题所得到的资料难以处理,尤其难以定量的处理和分析。因为对于同一个问题,人们的回答往往是千姿百态、千差万别的,要对这样的回答进行分类、统计无疑是十分困难的。

所谓封闭式问题,就是在提出问题的同时,还给出若干个可能的答案,供回答者根据自己的实际情况从中选择一个作为回答。比如:

"您喜欢看哪类电视节目?(限选一个答案)
 (1) 新闻节目   (2) 体育节目
 (3) 文艺节目   (4) 广告节目
 (5) 其他节目(请写明)_____"

"您学习的主要动力是什么?(限选一个答案)
 (1) 为四化做贡献   (2) 为考取研究生
 (3) 为出国留学   (4) 为家庭和老师争光
 (5) 其他(请写明)_____"

封闭式问题的优缺点同开放式问题正好相反。由于封闭式问题已为回答者提供了供选择的答案,所以它实际上也就限制了回答者的回答范围和回答方式。这样,封闭式问题所得的资料往往失去了开放式问题所得资料中所表现出来的那种自发性和表现力。这是封闭式问题的主要缺点。另一个缺点是回答中的偏误难以发现。由于在封闭式问题中,回答者所做的事情只是在某个答案上打一记号,比如画圈、打钩等。因此,那些由于笔误打错的或由于心理压力而故意错打的,甚至由于不明题意而胡乱打的记号往往难以发觉,从而影响到调查结果的准确性和真实性。

封闭式问题的主要优点是回答者填写问卷十分方便,对文字表达能力也无特殊的要求。因此,回答者完成问卷十分容易,所需的时间和精力也要少得多。另外,封闭式问题所得的资料十分集中,而且特别便于进行统计处理和定量分析。

在实际的问卷调查中,研究者往往根据二者的不同特点,把它们用于不同目的、不同形式的调查中。例如,开放式问题常常用于探索性调查所用的问卷中,而正式调查所用的问卷则主要是封闭式问题。

一般来说,问卷中问题的内容主要包括三个基本方面:一是有关行为方面的问题。比如:"你上周看了几场电影?""您家订了几份报刊?"二是有关态度或看法方面的问题。比如:"您是否赞成民主选举厂长?""您认为选择对象的最重要条件是什么?"三是有关回答者个人背景的问题。比如年龄、性别、文化程度、职业、婚姻状况、收入、家庭规模等。

(四) 其他资料

除了上述内容以外,问卷还包括一些有关资料,如问卷的名称、编号、问卷发放及回收日期、调查员、审核员姓名、被调查者住址、问题的预编码等等。

第二节 问卷设计基本原则

从这一节开始,介绍问卷设计的有关内容,首先谈谈问卷设计的若干原则。

一、把为被调查者着想作为问卷设计的出发点

问卷调查的过程是调查者通过问卷向被调查者了解情况的过程。即"调查者—问卷—被调查者"。显然,问卷在这一过程中充当的是为调查者服务的角色,它是研究者思考和设计的结果。不同的研究者按照自己的研究目的和意图设计出各种不同的问卷,用以收集各种特定的资料。从这一方面来看,问卷设计的出发点当然应该是从研究者的角度来考虑,即一切为着研究者的需要。

但是,我们必须同时看到问题的另一面。在"问卷—被调查者"这一环节中,问卷是被调查者的主宰,被调查者是问卷所作用的对象。不同质量、不同形式的问卷,对被调查者的刺激和影响是不同的,对被调查者的要求也是不同的。合适的问卷可使得被调查者愿意回答,也容易回答,而质量低劣的问卷则既可能使被调查者拒绝填答,也可能使他们难以填答。因此,要达到我们的调查目的,就必须在问卷设计时,首先从被调查者的角度出发,首先为回答者着想。

在实际社会调查中,有些研究者还是对这一原则注意得不够,因而产生出各种只为自己着想,只从自己的需要出发,不为被调查者考虑的错误。主要表现有:

1. 问卷设计得很长,问题太多,需要填答的量太大。比如有的问卷长达16开40页共133个问题,供选择的答案3000多个,其中,回答者需要填答500多项,如果只从调查者的角度考虑,当然是问题提得越多越好,因为这样就可以收集到更多的资料。但是若从回答者的角度考虑,这么多的问题意味着什么呢?人们从头到尾仔细看一遍都得一两个小时,填答起来所需时间就更多了。被调

查对象不是机器,而是活生生的有思想感情的人。当他们面对这样厚的一本问卷时,他们会有什么样的反应呢?

2. 问卷中要求被调查者进行难度较大的回忆和计算。比如有一份对小学生家长的调查,问卷中提出了下述问题:"孩子 2—3 岁时,平均每月抚育费约多少元钱?"(这里的抚育费指"一切花在孩子身上的钱")"这个孩子从小到现在,大小玩具(包括别人送的)共花费了约多少钱?"还有的问卷中提出了下列问题:"您全家 1984 年的总收入(包括奖金)共多少元?""您最远到过多远的地方(填数字)____公里?"这些问题看起来只是要求回答者回忆一些过去的情况和做些计算工作,但是设计者却忽视了进行这种回忆和计算工作的复杂性。试想,家长们对五六年前,七八年前甚至更早时期的家庭生活能够回忆到什么程度?同样的,孩子从小到大所有玩具的数目,有几个家长记得全?至于这每一件玩具的价钱就更不用说了。退一步说,就算家长们对这些玩具的数目和价钱都能记住,他们也还得一一相加。那么,仅这一个问题就要花费回答者多少时间和精力?一个人一年的总收入,计算起来也许还不太困难,可是要计算三个人、四个人,甚至五个人每年的总收入呢?也许就不大容易,不大方便了。还有,若问一个人最远到过哪里,这也许不难回答,但要问这个距离是"多少公里",却又能有多少人知道呢?

上述现象启示我们,设计问卷时,不能只把注意力放在编制什么问题上,还要注意调查过程中人的因素。多从回答者的角度考虑,尽可能为他们回答问卷创造条件,减少他们回答问卷的困难和麻烦。

二、对阻碍问卷调查的因素有明确的认识

问卷调查实质上是调查者与被调查者之间的一种社会互动过程。一项问卷调查成功与否,关键在于被调查者能不能很好地同调查者合作。因此,明确问卷调查中阻碍被调查者同调查者合作的各种因素,了解问卷调查过程中可能出现的各种障碍,对于提高问卷调查的质量,取得良好的调查效果,有着十分重要的意义。从问卷设计的角度来分析,主要有下述一些影响被调查者同调查者合作的障碍。

(一) 主观障碍

即由被调查者心理上和思想上对问卷产生各种不良反应所形成的障碍。在问卷调查这一社会互动过程中,调查者发到被调查者手中的问卷,实际上就是一种作用于被调查者的刺激物,它必然会在被调查者的心理和思想上产生各种不同的反应。设计不当的问卷往往会引起一些不良的反应,正是这些不良的反应构成了影响被调查者同调查者合作的主观障碍。它们包括:

畏难情绪。当问卷内容太多，问卷表太厚或者问卷中的开放问题、特别是需要花较长时间思考、回忆、回答的问题太多时，这种不良反应最容易产生。它往往直接导致被调查者放弃问卷，或者采取应付态度，使得问卷的回收率大大减少，废卷增加，同时也使资料的真实性受到影响。

顾虑重重。这是一种担心如实填写会给自己带来不利的影响，会有损于切身利益的心理反应。当问卷调查的内容越敏感，这种心理反应就越容易产生。它往往会导致被调查者从稳妥出发，以不会影响到自己的利益为标准。比如对于收入或存款等问题，有些人常常往少的方面填；对有关国家政策，或对某种事物的态度方面的问题，则常常按大多数人的看法填，或者按"正确"的看法填。还有些被调查者为迎合调查者而违心地填写。造成这一不良反应的原因主要是调查者在问卷封面中对填答问卷的匿名性、资料的保密性解释不够。同时在问题编制方面，对某些敏感的问题设计不妥、安排不当造成的。这种心理反应最容易形成假的资料。

漫不经心。当调查者在设计问卷的封面信时，对问卷调查的目的、意义以及被调查者如此填写问卷的重要性和作用说明不够，则容易使被调查者产生这种心理反应。也正是在这种心理反应的影响下，被调查者往往表现出对问卷调查不重视，缺乏同调查者进行积极合作的责任感，有的甚至根本不把调查当一回事，填写问卷时随随便便、马马虎虎，高兴怎样填就怎样填，有的还搞些恶作剧或乱开玩笑。所有这些显然都会极大地影响到资料的真实性，这也是造成废卷的主要原因。

毫无兴趣。这是被调查者对问卷的一种最平淡、最微弱的反应。它往往是由于问卷内容脱离被调查者的生活实际，或者所用语言与被调查者的社会文化背景极不协调，或者问卷设计呆板、杂乱，或者没有说明被调查者填写问卷的作用与意义等，从而使得问卷对被调查者的吸引力很小，丝毫不能引起他们的兴趣。在这种情形下，被调查者常常把问卷置于一旁，不予理会，有些甚至弃如废纸。这是影响问卷回收率的最重要原因。所以，如何才能引起被调查者对问卷、对问卷调查的关注，提高被调查者对填答问卷的兴趣，提高他们在问卷调查中的积极性，这是调查者在设计问卷时所应考虑的又一个问题。

（二）客观障碍

这是指被调查者受自身的能力、条件等方面的限制所形成的障碍。由于大多数问卷调查所使用的都是自填式问卷，所以客观上对回答者的能力提出了一定的要求。调查者在设计问卷时若不考虑到被调查者的各种能力等客观因素，也会影响到被调查者同他们合作，也会造成问卷调查的失败，这些客观障碍主要

包括:

　　阅读能力的限制。一个被调查者起码要能看懂问卷才能做出他的回答。在这方面,有些问卷表对于那些文化程度较低的调查对象来说,不能说不是一种障碍。有的格式太复杂,有的设计不合理,有的问题太抽象,有的语言不规范、不通俗,调查对象很难看懂,根本谈不上同调查者合作。因此,在设计问卷时,必须考虑调查对象总体的文化程度,以总体中的每个被调查者都能看懂为一条重要标准,尽可能使问卷与他们的知识水平和阅读能力相一致。

　　理解能力的限制。显然,无论是对调查目的、调查意义的不理解,还是对问题的含义、填答问卷的方法的不理解,都会直接影响到被调查者填答问卷及同调查者合作的态度和效果。此外,我们还应该看到,一个人对某一事物的理解程度,除了受文化水平的影响,还会受到社会生活环境和个人成长经历等方面的影响。调查者在设计问卷时,除了尽量使所提的问题清楚明白,不含糊、不费解,语言通俗易懂外,还要考虑到被调查对象总体的社会生活背景和时代特征等。

　　表达能力的限制。封闭式问题的回答方式相对简单,对回答者表达能力要求不高。回答开放式问题,或者回答访问员的提问,被调查者则常常受到表达能力的限制。有的回答者可能会把他的本意表达错了,有的则可能表达得很不完全、很不清楚,有的还可能完全表达不出来。所有这些,都会使所得的资料存在缺陷,都会使调查的成果受到影响。因此,在设计问卷时,应特别注意开放式问题的设计。对开放式问题的内容和数量都应有一定的限制。若是访问调查,则对访问员的访谈技能应有一定的要求。

　　记忆能力的限制。许多问卷调查常常希望得到有关调查对象经历的资料。但是,问卷设计者应该记住:并不是每个人对自己所经历的各种事情都能回忆得起来,同时,也并不是每个人都愿意去进行这种回忆。因此,我们在设计问卷时,一定要设身处地地从被调查者的角度去考虑,要充分估计调查对象回忆某件事情的可能性以及他们所能回忆的准确程度。否则,问卷中的有些问题可能会使调查对象难以回答或不愿回答,从而放弃同调查者的合作。

　　计算能力的限制。计算能力的问题与记忆能力的情况类似,除了有一个回答者会不会计算问题外,更有一个回答者愿不愿去算的问题。许多问题也许在设计者看来并不困难,可它们在有些回答者的面前却可能是相当的困难。如果一份问卷中需要计算的问题太多,或者计算太麻烦、太复杂,也会影响到被调查者完成问卷的信心,甚至导致回答者放弃填答问卷。所以,调查者在设计问卷时,应该注意,最好不要在问卷中列出需要计算,特别是比较麻烦、较复杂的计算问题,尽可能只问原始的、简单的、调查对象最容易回答的数据,而把计算的工作留给调查者自己。

三、从多个不同的角度来考虑问卷的设计工作

一份问卷看起来是由一组问题和答案所构成的调查表格,但是,它的设计工作却涉及许多在问卷上看不到的因素,并受到这些因素的影响和制约。因此,设计问卷时要从多种不同的角度来考虑,尤其要考虑到下述几种因素的影响:

(一) 调查目的的影响

调查目的是问卷设计的灵魂,它决定着问卷的内容和形式。如果研究者利用问卷收集资料的目的,只是为了从总体上了解和描述研究对象某些方面的现状和特征,他只需要在问卷设计中尽可能全面详细地收集有关研究对象这些方面的客观事实就行了。但是,如果研究者进行调查的目的,不只是一般的描述,而是要对某种社会现象做出解释,即要探讨社会现象之间的相关性或因果关系,那么,他所要搜集的资料必须是验证某种理论或假设的经验事实。他在问卷设计中,就不能泛泛地提出问题了。问卷中必须提什么问题,不必提什么问题以及如何提这些问题,都受到理论假设和研究变量的约束,整个问卷的编制工作,都要紧紧地围绕假设和研究变量来进行。

(二) 调查内容的影响

调查内容对问卷设计工作有着直接的影响。有的调查内容回答者比较熟悉,而有的内容他们则比较生疏;有的调查内容对被调查者来说可能非常敏感,有的对他们来说则没有什么心理压力;有的调查内容可能比较容易引起回答者的兴趣,有的内容则可能使他们感到枯燥、单调和平淡无味等等。所有这些方面的不同,都构成了进行问卷调查的有利因素或不利因素。设计人员要充分认识这种差别,并在具体设计时区别对待。对有利的因素,要尽可能利用,对不利因素则要采取各种办法加以弥补。一般来说,当调查内容回答者比较熟悉时,没有什么心理压力时,容易引起他们的兴趣时,问卷就可以设计得相对详细一些,深入一些;问题也可以提得直接一些,数量也可以稍多一些;问卷的封面信,指导语也可相对简单一点。但是,调查的内容回答者不大熟悉时,或者难以引起他们的兴趣时,或者调查的内容涉及比较敏感的问题时,问卷设计者就要多动脑筋,多想办法。问卷的封面信和指导语就要十分的详细,措辞要更加小心,问卷中的问题相对来说就只能提得浅显一些,间接一些,问题的数量也要少一些。

总之,由于调查内容的不同,使得被调查者对调查的重视程度、敏感程度、熟悉程度等都存在不同的差别,因而有的调查相对容易展开一些,而另一些则相对

困难一些。问卷设计者要对这些情况有明确的认识,并根据不同情况采取不同的方法进行设计。

(三) 样本性质的影响

问卷是给被调查者看的,所有被调查的性质,即调查样本的性质,对问卷设计的影响也十分明显。这里所说的"样本的性质"指的是样本的构成情况,即被调查者是一些什么样的人,比如说,什么职业、什么文化程度,什么年龄、什么性别,他们相互之间的差异程度如何等等。因为不同的人们有着不同的社会背景、不同的生活方式,他们对同一事情的反应也是不同的。所以,在问卷设计前,必须对样本有一个清楚的认识,只有这样才能设计出合适的问卷。

如果样本只是某个特定群体的一部分,比如从工人中抽取的样本,那么,整个问卷的设计工作都要以这一特定的群体所具有的特征为依据。即按工人群体的文化程度、生活方式、心理状态等特点去设计。另外,同一内容的问卷,当用于工人样本中与用于大学生样本时,设计上的要求是不尽相同的。用于前者的问卷,语言应该口语化一些、简单一些,问题数量应少一些;而用于后者的问卷,语言则可以书面化一些,问题可以复杂一些,数量也可以相对多一些。然而,当样本包含多种成分的人时,问卷的设计工作就更为复杂,因为这时被调查者在各方面的特征都难以存在统一的地方,而我们设计的问卷却必须以同样的"面孔"去面对不同的对象。这就要求设计者充分考虑到各种身份、各种群体的人所可能产生的各种心理反应,谨慎地安排好每一个问题,写好每一句话,用好每一个字。

(四) 资料处理分析方法的影响

不同的资料处理和分析方法,对问卷设计者有着不同的要求。如果资料由调查者采取手工的方法进行统计和整理,那么,除了调查的样本很小时,问卷可以比较详细外,一般情况下,问卷的内容只能非常简单。因为如果问卷的内容较多,那么,手工统计和处理不仅费时费力,有时甚至是无法完成的。如果资料采用电子计算机进行处理,那么,样本可以很大,问卷的内容也可以很多。另外,如果研究者对资料主要采用定性分析的方法,那么,问题的形式就必须以开放形式问题为主;而当主要采用定量分析时,问题的形式就必须以封闭式问题为主了。

(五) 问卷使用方式的影响

问卷的使用方式包括问卷的填写方式和回收问卷的方式。由被调查者亲自填写的问卷,即自填问卷,与由访问员根据被调查者的回答填写的问卷,即访问问卷之间存在着较大的不同。自填问卷要求设计得尽可能地简单、明了,便于填写;而访问问卷则可以相对复杂一点,但要将对访问员的指导语与对被调查者的提问和指导语明确区分开。从发送及回收的方式上看,用于集中分发、当场填答并收回的问卷,封面信的设计就可以十分简单甚至不要。因为调查者可以在分发问卷前作统一的解释和说明,以代替封面信的解释和说明。但用于邮寄调查的问卷,则要对封面信倍加注意。因为被调查者在接到一份由陌生的调查单位或个人寄来的问卷时所产生的一切疑问,都必须由封面信解释清楚。此外,由于这种方式调查者与被调查者完全不见面,所以一切事情都得通过书面语言来进行,这也给邮寄问卷的整个设计工作提出了特殊的要求。

(六) 调查经费和时间的影响

调查经费的多少以及调查时间的长短都可能对问卷的设计工作造成影响。比如说,如果调查的经费不足,可能就只能用油印的问卷而不能用铅印的问卷。有时则是由于铅印的时间太长,赶不上调查的需要等原因,只能油印。

第三节 问卷设计主要步骤

一、探索性工作

编写问卷中的问题并不是问卷设计工作的第一步。在具体动手编制问卷的第一个问题之前,必须有一段时间的探索性工作。这种探索性工作才是问卷设计的第一步。

探索性工作最常见的方式,是问卷设计者亲自进行一定时间的非结构式访问。即围绕着所要研究的问题,以十分随便、十分自然、十分融洽的方式,同各种类型的回答者交谈。把研究的各种设想、各种问题、各个方面的内容,在不同类型的回答者中进行尝试和比较。以便从中获得对各种问题的提法、实际语言、可能的回答种类等内容的初步印象和第一手资料。同时,还可以在接近回答者的方式、封面信的设计、问题的数量与次序、问题的适当形式以及减少拒答率等方面形成较为客观的认识。

在问卷回答中,许多致命的含糊性及许多不符合客观实际的回答,常常潜藏在设计者难以察觉、未曾料到的地方。而探索性工作对于防止这种情况的出现,对于设计问题的实际用语有着极大的帮助。因为在访谈过程中,当我们提出的问题还是含糊的或者太抽象时,我们同回答者的交谈必然会受到阻碍,回答者要么会提出疑问,要么会做出文不对题的回答。当遇到这种情况时,研究者就可以对自己的提问进行分析,不断改进问题的提法。

另外,探索性工作对于我们把自由回答的开放式问题转变成多项选择的封闭式问题具有十分重要的作用。问卷的设计者常常不清楚各类回答者对于某一问题会有哪些种类的回答,通过探索性工作中同各种不同的回答者交谈、询问,可以发现,人们的回答大致可以分为几种主要的类型。这样,在实际问卷的设计中,设计者就可以用这几种主要的类型作为该问题中供选择的答案,再加上一个"其他"类,就构成了问卷中的一个封闭式问题。

二、设计问卷初稿

经过了探索性工作,就可以开始动手设计问卷初稿了。此时,头脑中已经有了研究所涉及的主要问题及答案的初步印象。现在的问题是,如何把这些零散的问题和答案"组装"成一份合适的问卷。在实际设计工作中,研究人员常常采用两种方法来分析。一种可称为卡片法,另一种则称为框图法。

卡片法的第一步是根据设计者在探索性工作中的记录、印象或认识,把每一个问题及答案单独写在一张卡片上。如果有 50 个问题,就有 50 张卡片。第二步是按照卡片上问题的主题内容,把问题卡片分成若干堆。即属于询问同一类事物或事件的问题放在一堆。第三步是在每一堆中,按日常询问的习惯与逻辑,排出问题的先后顺序。第四步是根据问卷的逻辑结构排出各堆的前后顺序,使全部卡片连成一份完整的问卷。第五步是从回答者阅读和填答问卷是否方便,是否会造成对回答者心理的影响等不同角度,反复检查问题的前后连贯性及逻辑性,对不当之处逐一调整,并可补充一些新的问题卡片。最后把调整好的问题依次写到纸上,形成问卷初稿。

框图法与卡片法不同,它的第一步是根据研究假设和所需资料的逻辑结构,在纸上画出整个问卷的各个部分及前后顺序框图;第二步是从回答者回答是否方便、是否会形成心理压力,问题内容前后是否符合逻辑等方面反复考虑这些部分的前后顺序;第三步是具体地写出每一部分中的问题及答案,并安排好它们在该部分中的顺序和形式;最后对全部问题的形式、前后顺序等方面从总体上进行修订和调整,然后将结果抄写在另一纸上,形成问卷初稿。

这两种方法的区别在于前者是从问题开始,由部分到整体。而后者相反,先从总体结构开始,由部分到具体问题。由于前者采用卡片形式,所以很容易着手进行,特别是在调整问题相互间的顺序和修改问题方面十分方便。缺点是在第一阶段写具体问题时,由于缺乏总的结构,所以常常漏写某些方面的问题。后一种方式虽然在安排问卷各个部分的顺序和逻辑结构方面比前者容易,但修改问题、调整问题则显然前者方便。因此,最好是将两种方式结合使用,比如可按下列步骤进行:

第一，根据研究假设和所测变量的逻辑结构，列出问卷各个大部分的内容，并安排好它们的前后顺序；第二，一个部分一个部分地将探索性工作中得到的问题及答案写在一张张卡片上；第三，在每一部分中，安排并调整卡片间的结构和顺序；第四，从总体上对各部分的卡片进行反复检查和调整；最后将满意的结果抄在纸上，并附上封面信等有关内容，形成问卷初稿。

三、试用和修改

问卷初稿写好后，必须先将它用于一次试调查，而不能直接将它用于正式调查。试用这一步在问卷设计工作中至关重要，时间再紧也不能不做。

访问调查各种缺陷和遗漏可以随时得到修改和补充。但是在问卷调查中，我们却常常难以做到这一点。只要问卷一发出，一切潜在的缺陷和错误都将直接展现在被调查者面前。然后，又带着使研究者十分遗憾和后悔的资料回到研究者手中。在这一过程中，研究者即使发现了所存在的缺陷，也无法纠正。所以，问卷设计中的任何一点不足，都将在最终的问卷资料中留下印记，造成难以弥补的损失。正是在这种意义上，我们强调试用在问卷设计过程中的不可省略性。

试用的具体方法有两种。一种可称为客观检验法。它是将设计好的问卷初稿打印几十份，然后在正式调查的总体中选择一个小样本来进行试用。这样，正式调查时会遇到和会出现的问题，通常也都会在这种试调查中遇到和出现。这种方法起到了对问卷进行客观检查的作用。试用的结果是我们关注的中心，通常可对下述方面进行检查和分析：

1. 回收率。在某种程度上，回收率可看成是对问卷设计者的总的评价。如果回收率较低，比如说 60% 以下，那么，说明问卷设计中有较大问题，必须做较大修改，甚至完全重新设计。

2. 有效回收率。即除掉各种废卷后的回收率。它比一般的回收率更能反映出问卷本身的质量。如果某一问卷的回收率较高，如 80%，但其中一半没填，明显乱填乱写的，个人所有背景资料都未填的问卷占了 30%，仍说明问卷设计中存在较大问题。

3. 对未回答的问题的分析。如果问卷中有几个问题普遍未被回答，那么就要仔细检查这几个问题，分析出被调查者未填答的原因。如果是从某一个问题开始，后面部分的问题都未填答，那么，即有可能是前半部分的问题太难回答，或太花费时间，导致被调查者不愿继续填写下去；也有可能是中断部分前后几个问题难以回答，使回答者"卡壳"，从而放弃继续填写。因此，一定要找出中断的原因。

4. 对填答错误的分析。如果是填答内容上的错误,则可能是对问题的含义不理解或误解造成的,因此要仔细检查问题的语言是否明确、具体。如果是填写形式上的错误,则有可能是问题形式过于复杂,或者指示不清楚造成的。

另一种方法可称为主观评价法。它是将设计好的问卷初稿抄写或复印若干份,分别送给该研究领域的专家、学者、研究者的同行以及典型的被调查者等,请他们根据自己的经验和认识,从各个不同的角度和不同的方面直接对问卷进行评论,指出各种缺陷或错误。

在实际社会研究中,除了某些小型问卷调查仅仅采用主观评价的方法外,大部分问卷调查都往往采用客观检验法,还有一些调查同时采用两种方法进行试用的。

第四节 问卷设计具体方法

一、问题的形式

开放式问题由于不需要列出答案。所以,形式很简单,在设计时,只需在问题下面留出一块空白即可。唯一要考虑的是这块空白留多大比较合适。空白太大,增加整个问卷的篇幅,同时也意味着希望或要求回答者多写一些。空白太小,客观上限制了回答的内容,因而可能导致填答不全或简单应付,达不到收集全面资料的目的。因此,留多大空白,要依据问题的内容、回答者总体的文化程度、研究者提这些问题的目的等因素进行综合考虑。

封闭式问题,包括问题及答案两部分,形式复杂得多。下面对问卷中常见的封闭式问题的形式及其特点、作用等逐一介绍。

1. 填空式。这种形式常用于那些对回答者来说既容易回答,又方便填写的问题(通常只需填写数字)。比如:

例1. 您的实足年龄:＿＿＿岁。

例2. 您家有几口人？ ＿＿＿口。

例3. 您家几个孩子？ ＿＿＿个。

2. 是否式。即答案只有肯定与否定两种,回答者根据自己的情况选择其一。这种形式在民意测验所用的问卷中用得最多。特点是回答简单明确,划分界线分明,被调查者可以被严格地"一分为二",即分成两类不同的群体。这种形式的弱点是,得到的信息量太少,类别太粗,不能了解和分析回答者中客观存在的不同层次。下面是是否式问题的几个例子。

例1. 您是待业青年吗？是 □ 否 □

例2. 您是否住在本市？是 □ 否 □

例3. 您是否打算调动工作？是 □ 否 □

3. 多项选择式。即给出的答案至少在两个以上，回答者选择其一。这是问卷中采用得最多的形式。通常，多项选择问题的答案设计形式有以下几种：

例1. 您的婚姻状况（请在合适的答案号码上画圈）：

（1）未婚 （2）已婚 （3）离婚 （4）丧偶 （5）其他

例2. 您的文化程度（请在合适答案后的方框内打√）：

（1）小学及以下 □ （2）初中 □

（3）高中 □ （4）大专以上 □

4. 矩阵式。当询问若干个具有相同答案形式的问题时，可以将其设计成矩阵形式。比如：

例1. 您觉得下列环境问题在您居住的城市里是否严重？（在每一行的适当方框中打√）

	很严重	比较严重	不太严重	不严重	不知道
（1）噪音	□	□	□	□	□
（2）烟尘	□	□	□	□	□
（3）污水	□	□	□	□	□
（4）垃圾	□	□	□	□	□
（5）有害气体	□	□	□	□	□

这种形式的优点是节省空间，使问卷显得紧凑。同时，由于同类问题集中在一起，回答方式也相同，因而也节省了回答者阅读和填答的时间。

5. 表格式。表格式与矩阵式十分相似，比如将上例变成表格式即有：

例1. 您觉得下列环境问题在您居住的城市里是否严重？（在每一行合适的格中打√）

	很严重	比较严重	不太严重	不严重	不知道
（1）噪音					
（2）烟尘					
（3）污水					
（4）垃圾					
（5）有害气体					

表格形式的问题除了具有矩阵形式的特点外,还显得更为整齐、醒目。要注意的是,矩阵形式和表格形式虽具有简明、集中的优点,但也容易使人产生呆板、单调的感觉,故不宜用得太多。另外,这两种形式虽可节省版面空间,但并不减少问题的数目和内容。比如上面例子中,虽然表面上只是问卷中的一个问题,但实际上却是五个问题。只不过它们是以同一种提问方式和同样的回答类型提出这五个问题的。

二、答案的设计要求

答案是封闭式问题中非常重要的一半。如何列举答案,关系到回答者是否能够回答,是否容易回答,还关系到问卷资料价值的大小。设计答案时要注意什么呢?

首先,要保证答案具有穷尽性和互斥性。我们知道,问卷中的每一个问题,都是在对某一个变量进行测量。而为该问题准备的答案,实际上就成为变量的取值。由于变量的最基本特征是取值必须既是穷尽的,又是互斥的。所以,我们为每个问题所编制的答案也应符合这一要求。一方面,我们所列的答案要能包括所有可能的回答,不能有遗漏,不能使有的回答者无答案可填(没有一个答案符合他的情况),另一方面,我们所列的答案相互之间又不能相互重叠或相互包含,不能使有的回答者可以填多于一个的答案(有两个以上的答案都符合他的情况)。

其次,要根据研究的需要来确定变量的测量层次。不同测量层次的变量具有各种不同性质,而且,高层次的变量可以转化成低层次的变量来使用。因此,我们在设计问题的答案时,先要看问题所测的变量属哪个层次(是定类的、定序的还是定距的),然后根据研究的要求和变量的层次来确定答案所应具备的特征,再根据这种特征决定答案的形式。比如要测量"人们每月的工资收入",这是一个定比的变量,即最高层次的变量,它可用于任何层次。因此,当研究者希望准确了解每一个回答者相互之间的差别和比例关系时,可采用填空形式。即"您每月的工资收入是多少?____元"。若研究者希望了解的是总体中人们每月工资收入处于不同等级的分布情况,就可把月工资收入转化成定序变量来测量。即

"您每月工资收入处于下列哪个范围内?(在合适的答案号码上画圈)
(1) 70元以下   (2) 70—100元
(3) 101—130元   (4) 131元以上"

如果研究者仅想了解某一总体的人们月工资收入水平处于全国平均水平(假设为100元)上下的比例,就可以把月工资收入转化为定类变量来测量:

您的月工资收入属于下列哪一类?(在合适的答案号码上画圈)
(1) 100元以下　　　(2) 100元及以上

最后,在实际问卷设计中,设计者常常遇到这样的情况:有些问题的答案如果要将它们全部列出,即使不是不可能也是十分困难的。比如说人们选择对象的条件。要全部列出来也不必要。因为即使有50种不同的条件,但大部分人的选择却往往会集中在若干个主要的条件上。所以,可以采取列几个主要答案,然后加上一项"其他"。当然,如果问卷回收后选择"其他"一类的回答者非常多,那就说明所列举的那几类还不恰当,还有更重要的类别没有单列出来,而是并入了"其他"一类中。

三、问题的语言和提问方式

语言是编制问题的基本材料。要设计出含义清楚、简明易懂的问题,必须注意问题的语言。另外,同样的问题,提问方式不同时,所产生的效果会不一样。因此,必须同时注意这两个方面。下面是几条常用的规则:

1. 尽量用简单的语言。设计问题和答案时,要尽可能寻找简单通俗、人人都明白的字眼。不要使用专业术语、行话,如"社区、社会分层、核心家庭、社会角色"等等。也要避免使用抽象的概念,如"政治体制、经济体制、开拓精神"等。

2. 问题要尽量简短。问题越短,产生含糊不清的可能性越小。有的社会学家认为,短问题是最好的问题。在设计中,要尽可能不使用长问句,要使问题尽可能地清晰、简短,使回答者很快看完,很容易看懂。

3. 避免双重含义问题。双重含义的问题就是在一个问题中,询问了两件事情,或者说是一句话中实际上询问了两个问题。比如:"您的父母是工人吗?""有人认为,应该提高工资待遇,降低福利待遇。您同意吗?"前一问题中实际包含了"您的父亲是工人吗?"和"您的母亲是工人吗?"这两个问题。后一问题中实际包含了"提高工资待遇"和"降低福利待遇"两件事情。这样的问题往往使一部分回答者无法填写。比如那些父母亲中只有一个是工人的回答者就无法填答前一问题,而那些认为工资和福利都应提高的回答者就无法填答后一问题了。

4. 问题不要带倾向性。人们对问题的回答在一定程度上很受问题措辞所表现出来的倾向性,也称诱发性的影响。因此,问题不能带有倾向性,应该保持中立的态度。要避免提问方式对回答者形成诱导,即避免使回答者感到研究者提该问题是想得到某种特定的回答,或是在鼓励他、期待他做出某种回答。比如,要了解被调查者是否抽烟。一般问:"您抽烟吗?"如果把问题改成"您不抽烟,是吗?"就带有一种希望被调查者回答"是的,我不抽烟"的倾向。在问题中引用或列举某种权威的话,比如"医生认为抽烟是有害的,您的看法如何?"也会使问题带有倾向性。另外,在问题和答案的用词上也要注意保持中性的原则,不要用贬义和褒义的词语。

5. 不用否定形式提问。由于用否定形式提问题容易产生误解,所以问卷设计中要避免用否定形式提问。比如,当提出"您是否赞成物价不进行改革?"这样的问题时,很多人往往容易漏掉"不"字,并在这种理解的基础上来选择回答。结果许多赞成对物价进行改革的人选择了"赞成",而不赞成物价进行改革的人却选择了"不赞成"。而且,这种实际态度与答案选择正好相反的情形,在问卷的答案中丝毫看不出来,研究者无法知道谁是真赞成,谁是误填的赞成。

6. 不问回答者不知道的问题。要使我们在问卷中提出的每一个问题都有意义,十分重要的一点就是回答者必须具备回答这个问题的知识。如果我们提出这样的问题:"您对我国的社会保障制度是否满意?"那么普通公民中的大部分人都将无法回答,因为人们并不具备社会保障制度方面的知识。人们对自己不知道、不了解、不熟悉的事物怎么可能做出客观的评价呢?要提这样的问题,必须先提一个过滤性的问题,如"您了解我国目前的社会保障制度吗?"然后仅对那些回答"了解"的被调查者提出前面的问题。

7. 不直接问敏感性问题。对于敏感性问题,如果直接提问,往往会引起很高的拒答率。因此,对这类问题最好采取间接询问的方式,并且语言要特别委婉。

8. 问题的参考框架要明确。所谓参照框架,是指问题相对于什么背景而言,在什么范围内或对什么方面而言。如果一个问题的参照框架不清楚,人们往往难以回答。比如,如果提出"这个城市属于哪种类型?"这样的问题,那么,下列任何方面的回答都是适合的:人口规模、气候风景、舒适程度、生活消费、政府的效率、就业机会、社会治安等。只有给出了明确的参照框架,比如"就人口规模而言,这个城市属于哪种类型?"问题的意思才清楚,也才能正确回答。

四、问题的数目和顺序

问题的数目和顺序,也是问卷设计时要解决的两个问题。问题数目的多少,决定着整个问卷的长短。一份问卷,究竟应该包含多少个问题合适,主要依据研究的内容、样本的性质、分析的方法、拥有的人力、财力等多种因素而定,没有统一的标准。但是总的来说,问卷不宜太长,问题不宜太多,一般以回答者能在30分钟时间内完成为宜。问卷太长往往会引起回答者心理上的厌烦或畏难情绪,影响填答的质量和回收率。当然,如果研究的经费和人员相当充足,能够采取访问形式,并付给每个回答者一定的报酬或赠送一点纪念品,问卷本身的质量又较高,调查的内容又是回答者熟悉的、关心的、感兴趣的事物,那么,问卷稍长一点也无妨。反之,若是调查的内容是回答者不熟悉、不关心、无兴趣的事物,采用的又是自填问卷的方式,研究者除了两句感谢的话外不可能给回答者带来半点实际利益的补偿,这时的问卷应该尽可能短小精悍,能够不问的问题坚决不问,能够使回答者在20分钟以内答完问卷最好。

问题的前后次序及相互间的联系,会影响到被回答者对问题的回答,甚至影响到调查的顺利进行。如何安排问卷中问题的顺序呢?一般来说,有下列常用的规则:

1. 被调查者熟悉的、简单易懂的问题放在前面,比较生疏、较难回答的问题放在后面。问卷的头几个问题一定要相当简单,回答起来相当容易,这样就可以给回答者造成较好的感觉:完成这份问卷很方便,有利于他们继续填答下去。相反,如果开头的几个问题回答者填答起来很费劲,或者他们感到很生疏,就会影响回答者的情绪和积极性。

2. 把能引起被调查者兴趣的问题放在前面,把容易引起被调查者紧张和顾虑的问题放在后面。问卷调查主要依靠被调查者的积极合作。如果开头的一批问题能够吸引被调查者的注意力,引起他们的兴趣,问卷调查工作将会十分顺利,质量也会比较高。相反,若是问卷开头部分出现的是几个触及人们思想深处的问题,或者是有关伦理、道德、政治见解、个人私生活等敏感性问题,就容易导致被调查者产生强烈的自我防卫心理,对问卷调查产生反感,甚至拒绝合作,使调查难以进行下去。若这些问题在问卷的后面才碰到,那时,有些回答者可能已逐渐习惯回答各种问题,即使有些拒绝填答这几个问题,也不至于影响到整个问卷的其他问题。

3. 把开放式问题放在问卷的结尾部分。由于开放式问题一般需要回答者较多的思考和书写,所以,回答开放式问题所用的时间要长一些。如果问卷一开始就提出开放式问题,当回答者发现他答完前边问题的一部分就花了10分钟时间,他就会感到没有那么多的时间和精力填完这份问卷。

4. 先问行为方面的问题,再问态度方面的问题,最后问有关个人的背景资料。问卷中的问题大致包括行为、态度和个人背景资料三个方面的内容。行为方面的问题主要是有关客观的、已发生的、具体的事实,容易回答。而态度方面的问题要涉及回答者的主观因素,宜放在后一些的地方。个人背景资料问题虽然也是事实性问题,但由于它们是除了姓名以外的有关回答者本人特征的全部信息,若放在开头部分,即使封面信中说明了不记名,但一上来就问这些特征,人们的潜意识中仍免不了会产生一种本能的防卫心理,影响到问卷资料的真实性。

5. 按一定的逻辑顺序排列问题。从时间框架来说,一般按时间先后顺序来提出问题。既不要颠倒也不要打乱。即把询问同一方面事物的问题尽可能地排在一起。否则会破坏回答者的思路和注意力。

五、相倚问题

在问卷设计中,经常遇到这样的情况,有些问题只适用于样本中的一部分调查对象。而且某个被调查者是否需要回答这一问题,常常要依据他对前面某个问题的回答结果而定。这样的问题,称之为相倚问题,而前面的那个问题则叫作过滤问题或筛选问题。一个回答者是否应该回答相倚问题,要看他对前面的过滤或筛选问题的回答而定。比如,对于过滤问题:"您是个体经营者吗?"有两种可能的回答,"是"和"不是";而相倚问题"您从事个体经营有多长时间了?"只适合"是"的那一部分回答者。

相倚问题的格式一般如下例所示:

例 1. 您是个体经营者吗?

  (1) 是→   请问,您从事个体经营有多长时间了?____年
  (2) 否   一般情况下您每天工作多长时间?____小时

相倚问题的这种格式有两点要十分注意:一是它要用方框与过滤问题隔开;二是要用箭头将相倚问题方框与过滤问题中的适当的答案联在一起,以表明回答这一答案的那部分回答者才继续回答方框中的问题,回答其他答案的人则不答方框中的问题,而只需继续往下填答。

有时,问卷中还需要更复杂的相倚问题,只要掌握了上面的方法和原则,同样可以设计出条理清楚的多层相倚问题。

例 2. 您有孩子吗?

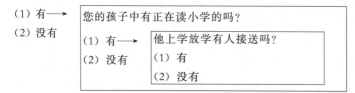

常常存在这种情形,即有好几个问题都只适合于一部分回答者。此时,则可采用跳答指示。比如:

例 3. 您的孩子是独生子女吗?

(1) 是的

(2) 不是的 ——→ 请跳过问题 4—8,直接从问题 9 答起

这里的问题 4—8 都是询问有关独生子女方面的情况,对于多子女家长来说,显然就是无意义的,因此通过跳答指示,让他们从问题 9 开始回答。

第五节 问卷设计的常见错误

初学者在问卷设计中常常出现错误和不妥当的地方,这本是正常的现象。但由于社会调查研究的结果常常取决于问卷的质量,故每一个研究者、每一个问卷设计人员都应该尽可能避免各种错误的产生。根据对目前国内一大批问卷的分析,设计人员易犯的错误,主要有下列几种:

一、问题含糊

所谓问题含糊,即问题的含义不清楚,不明确,或有歧义。

例如:A. 您对单位近年来情况的感觉是:

(1) 几乎没有什么变化 □

(2) 变化不大 □

(3) 变化较大 □

(4) 变化很大 □

B. 您认为这种状况(变化或没变化)是:

(1) 有利的 □

(2) 不利的 □

首先,问题 A 没有说明你所问的是单位的什么情况。即是问单位的各方面情况呢,还是问某一方面或某些方面的情况;是问单位的生产情况呢,还是问单位的干群关系、人际关系或福利待遇、文体活动等方面的情况。这里都十分含糊。其次,问题 B 中对谁有利或无利也不明确。有的变化可能对个人有利但对

集体和国家无利,有的则相反。像这样笼统的提问是得不到科学的答案的。问题不明确,也就意味着资料不可能反映客观现实。产生这种错误的原因主要是设计者对所提问题的目的和用意不清楚,或者是表达不当,对问题的语言推敲不够。

二、概念抽象

前面谈到,问卷设计中研究者必须先通过操作化过程,将所研究的概念或变量变为具体可测的指标。这是问卷设计过程中的关键环节之一。许多研究者正是在这方面注意不够,因而在设计问卷时产生了毛病。

例如:一个民族的传统道德总是会改变的。您认为这些年在中国这种情况是:

(1) 改变得太快了　□　　(2) 还可以　□

(3) 慢了些　　　　□　　(4) 太慢了　□

什么是"一个民族的传统道德"?什么是"中华民族的传统道德"呢?这些都是既抽象又笼统的概念。由于含义不具体、不明确,在不同回答者的心目中,内容是不同的。有人可能会理解成传统文化、有人可能理解成某一方面的传统道德观念等等。实际上,一个民族的传统道德涉及众多的方面,而其中的每一个方面往往又需要若干个具体的指标来测量。因此,要真正了解人们对这一问题的认识,所需要的就远不止这几个简单的答案,而是一份包含若干个问题的问卷了。

三、问题带有倾向性

合格的问卷应该是中立的、客观的。问卷中的问题不应该带有某种倾向性。否则,达不到准确测量回答者的行为和态度的目的。

例如:您认为,全国职工的平均工资水平是否应该提高呢?

(1) 工资偏低,应当大幅度增加　　　　　　　　　　　　□

(2) 应当小幅度增加　　　　　　　　　　　　　　　　　□

(3) 虽然偏低,但为了国家建设可暂不增加　　　　　　　□

(4) 和劳动生产率相比,工资不算低,不应增加　　　　　□

问题的这种提法无疑带有明显的肯定倾向,它很可能导致回答者选择前两项答案。如果把问题改为"您认为全国职工的平均工资水平如何",就可以消除这种倾向性,而且与答案也更为协调。

四、问题提法不妥

问卷中的问题除了要明确具体、不带有倾向性以外,提法上也应该合情合理,否则也可能会影响到问卷调查的顺利进行。有些提法不妥的问题甚至可能促使回答者放弃回答。

例如:请您判断以下几种说法是否正确:

	正确	错误	不知道
(1)"打是疼,骂是爱",打骂也是家庭教育不可缺少的方式	☐	☐	☐
(2)对孩子应该多表扬,少批评	☐	☐	☐
(3)多吃巧克力对孩子的身体有好处	☐	☐	☐

在调查中,要求被调查者判断正确与否,就像把回答者推进考场一样,这对被调查者的心理是一种压力。尤其是当被调查者遇到他们不大理解或拿不准的问题时,这种压力就更大。假如改为"您是否同意下列说法",并将答案改为"同意、不同意、不知道"就比较妥当了。

五、双重含义问题

我们说过,一个问题只应问一件事情。如果一个问题中同时问了两件或更多的事情,回答者往往会无法回答。这种双重含义问题有时不注意的确是不易发现的。

例如:实行责任制以来,您觉得您的文化水平和生产技术能否满足生产需要?

(1) 能满足 ☐　(2) 不能满足 ☐　(3) 不知道 ☐

这里实际上询问了两件事:一是文化水平,二是生产技术。因此,那些认为自己的文化水平能满足生产需要,而生产技术方面还不能满足需要的被调查者,或者自己的生产技术能满足需要,而文化水平不能满足需要的被调查者,就无法填答这一问题,应该把这一问题分成两个问题,即:

您觉得您的文化水平能否满足生产需要?

您觉得您的生产技术能否满足生产需要?

六、问题与答案不协调

对于封闭式问题,问题和答案是一个不可分割的整体,二者必须相互配合。在提出问题的同时,还应该为这个问题准备好全面而恰当的答案。既不能答非所问,也不能答案不全或答案互相包含。否则就不能很好地达到收集资料的目的。

例如:您常看哪一类报刊书籍?

	经常看	偶尔看	从不看
(1) 文学艺术类	□	□	□
(2) 趣味常识类	□	□	□
(3) 政治理论类	□	□	□

问的是"常看哪一类",所以答案中除了类别外就不应再有别的内容。否则就会出现一些答非所问的回答。比如"您常看哪一类报刊书籍?我从不看趣味常识类报刊书籍"等。若问题不变,则必须将答案中的"经常看、偶尔看、从不看"去掉,仅留下三个类别供选择;若答案不变,则问题必须改为"您对不同书刊的阅读情况如何?"

七、答案设计不合理

答案中的毛病主要有:答案不穷尽、不互斥,或不处于同一层次、同一维度。

例如:A. 您认为目前人们应该主要致力于(选一项):

(1) 缔造人类未来的美好生活 □

(2) 改善人们今天的生活和福利 □

(3) 继承和发扬过去的优良传统 □

B. 下列各种素质中,您认为哪些是一个合格的厂长应该具备的?

(1) 决策能力 □   (6) 指挥协调能力 □
(2) 任贤能力 □   (7) 管理科学知识 □
(3) 业务能力 □   (8) 马列理论水平 □
(4) 谋略能力 □   (9) 综合分析能力 □
(5) 创新能力 □   (10) 实际生产知识 □

前一问题中,给出的三个答案不可能概括人们各种不同的生活目的或行为目标,即它不具有穷尽性,故应在其后加上一个"其他(请指明)____"这样的答案。另外,所列的三个答案在内容上并不处于同一层次,最后一个答案与前两者不能并列。第二个问题所给出的答案中,相互包含的很多。比如,厂长的"业务能力"就应该包括答案(1)、(2)、(4)、(5)、(6)、(7)、(9)、(10)。

八、语言中的毛病

设计问卷时,语言通顺、易懂是基本的要求。此外,用语还应该尽量口语化,大众化。否则就会产生各种毛病。

例如:A. 您是否是个体经营者?

　　(1) 是　☐　　　(2)否　☐

　B. 您认为缩短工时能否促进企业经济改革,或相反?

　　(1) 能促进企业经济改革　　　　　　　　　　　　　　☐

　　(2) 影响企业经济改革　　　　　　　　　　　　　　　☐

　　(3) 毫不相干　　　　　　　　　　　　　　　　　　　☐

第一个问题本来很简单,但设计者却没能把它说得更通俗、更符合人们平常说话的习惯。其实,改为"您是个体经营者吗?"似乎更好些。第二个问题是一个前后重复的问句。前一部分已问了"能否促进"就包含了"能促进"和"不能促进"两种情况。后一部分的"或相反"就是多余的了。

九、其他方面的毛病

除了上面读到的几类错误外,在表格设计、封面信及指导语设计等方面也常出现一些不妥的地方。有的表格设计得过于复杂,一个表格所包含的问题和内容太多,往往给被调查者填答带来一些困难。尤其是当一份问卷中复杂的表格问题太多时,既给人一种呆板的感觉,又容易使回答者放弃填答。有的表格设计得不正确,没有按照一般人们填写的习惯(按行填写)来设计,因而增加了回答者理解的难度和填答的困难。

封面信设计上易犯的错误主要有:对调查的有关内容(比如调查目的、调查内容、调查意义、调查方法等)介绍不够,过于简单;或者相反,内容过于啰嗦,不简明扼要。另外,有些封面信的语言太专业化,用了一些专业术语,或者太文学化,这都会对调查产生不良影响。

最后，由于校对检查不够，许多问卷中常出现一些印刷错误，这种印刷错误的危害也不能小看，特别是当一些较关键的字、较重要的字印错时，有时造成的损失是难以挽回的。

第六节 问卷法的特点及其运用

一、问卷法的优点

首先，问卷法节省时间、经费和人力。从问卷调查方法的实施程序来看，它比传统的调查方法具有更高的效率。一方面，由于问卷调查可以采取邮寄的方式进行，所以，它可以由很少的调查者在很短的时间内，同时调查许多人的情况。另一方面，这种邮寄的方式还可以使问卷调查不受地理条件的限制，到达的空间范围十分宽广。

其次，问卷法具有很好的匿名性。由于社会调查的对象是现实生活中具体的、有思想感情的人。所以，不同的调查方法必然会对他们产生不同的影响，引起他们不同的反应。在面对面的访问调查中，人们往往难于同陌生人谈论有关个人隐私、社会禁忌或其他敏感性问题。但在问卷调查中，由于被调查者在回答这类问题时，并没有其他人在场，问卷本身又要求匿名。所以，问卷调查的方式可以减轻被调查者心理上的压力，便于他们如实地回答这类问题。从这一方面考虑，问卷调查更能客观地反映社会现实的本来面貌，更能收集到真实的社会信息。

再次，问卷法可以避免偏见、减少调查误差。在访问调查中，常常由于访问员的不同（在性别、年龄、能力、态度等方面的不同）、访问员提问的方式的不同、访谈进展情况的不同以及被调查者回答问题的语言的不同等原因，产生出各种访问偏见，形成一定的误差。但在问卷调查中，由于每个被调查者所得到的都是完全相同的问卷，因而无论是在问题的表达、问题的先后次序，还是在答案的类型、回答的方式等方面，都具有高度的一致性。每个被调查者受到的刺激和影响都是相同的。这样就能很好地避免由于人为的原因所造成的各种偏误，减少调查资料中的误差，更真实地反映出不同被调查者的不同情况。

最后，问卷资料便于定量处理和分析。社会研究向定量方向的发展，是当前社会研究的一大趋势。由于问卷中的问题是研究者把所研究的概念、变量进行操作化处理的结果，而各种答案又都进行了页边编码。因此，问卷调查所得到的原始资料很容易转换成数字，特别适于用电子计算机进行处理和做定量分析。

二、问卷法的缺点

首先,对被调查者的文化水平有一定要求。由于填写问卷的人首先必须能看懂问卷,所以,问卷调查客观上要求被调查者必须具有一定的文化程度。他们必须能够阅读和理解问题的含义,能领会填答问题的要求和方法。但是,现实社会中并不是所有的人都能做到这一点的。因此,问卷的使用范围常常受到限制。对于那些文化程度较低的群体,问卷调查就往往难以进行。

其次,回答率往往难以保证。在社会调查中,一定程度的回答率是保证调查资料代表性的必要条件之一。调查是以访问的形式进行时,由于访问员在场进行面对面的交谈,大多数访问一般都能顺利完成。所以,访问调查往往可以保证较高的回答率。但是在邮寄问卷调查中,问卷的回收率往往难以保证。这是因为一份问卷能否完成,能否收回,主要取决于被调查者。如果被调查者对该项调查的兴趣不大、态度不积极、责任心不强、合作精神不够,或者被调查者受到时间、精力、能力等方面的限制,他就有可能放弃问卷,使问卷的回收率受到影响。

最后,不能保证填答问卷的环境和填答的质量。问卷调查由于无访问员在场,被调查者填答问卷的环境无法控制。他既可以同别人商量着填写,也可以和其他人共同完成,甚至还可能完全交给别人代填。所有这些,调查者都无法知道。另外,当被调查者对问卷中的某些问题不清楚时,也无法向调查者询问,往往容易产生误答、错答和缺答的情况。因此,问卷调查所得资料的质量常常得不到保证。这也是当前问卷调查面临的主要难题之一。

三、问卷法的运用

我们要在社会研究中很好地运用问卷这一工具,不能不对它在社会学研究方法中所处的位置、所扮演的角色有一个清楚明确的认识。在实际社会研究中,问卷法作为一种主要的资料收集方法,常常同大规模的抽样调查以及资料的定量分析相联系。可以说,抽样—问卷—定量分析三者的结合体,是现代社会学定量研究中最常见,也是最重要的一种方式。这种方式与那种以参与观察、深度访问等方法对个案进行定性研究的方式有着明显的区别。

此外,在问卷法的具体运用方面,我们还应该结合我国的情况,明确它的适用范围。由于采用问卷作工具收集资料的一个重要前提,就是被调查的对象必须具有一定的文化水平。

问卷的适用范围还受到调查对象总体构成情况的影响。一般来说,问卷法在成分单一的总体中(比如全部是工人,或者全部是学生等)比在成分混杂的总体中适用。在成分单一的总体中进行调查时,由于人们的社会背景中相同或相似的因素比较多,可以减少许多问卷设计上的困难和麻烦;而一个成分混杂的群体中,人们社会背景中的各种因素往往相差很大,相互之间共同的或相似的东西很少。因此,要设计出一份适合每一部分人情况的问卷,往往很难办到。

　　通过分析和探讨问卷法的优缺点和适用范围,我们不难理解,为什么说问卷既是社会调查中十分有用、十分重要的收集资料的工具,又不是唯一的、万能的工具。在有些情况下,社会研究所需要的资料很容易通过问卷调查的方法去收集,或者只能采取这种方法去收集;而在另一些情况下,社会研究所需要的资料却难以通过问卷调查的方法去收集,或者完全不可能用这种方法去收集。明白了这一点,我们就能在社会研究的工作中,根据具体的情况作出判断和选择,充分发挥各种调查方法的作用,达到最佳的研究效果。

第九章

访 问 法

访问法是一种最古老、最普遍的收集资料的方法,也是社会研究中最重要的调查方法之一。访问的过程实际上是访问者与被访问者双方面对面的社会互动过程,访问资料正是这种社会互动的产物。

访问因研究的目的、性质或对象的不同,而有各种不同的方式。例如,根据访问中访问者与被访问者的交流方式,可分为直接访问和间接访问,前者是访问双方面对面的交谈,后者则是通过电话进行的交谈。根据一次被访问的人数,访问又可分为个别访问与集体访问。目前社会研究中广泛采用的是按照对访问过程的控制程度进行的分类,按照这一分类方式,访问分为结构式访问与无结构式访问。

第一节 结构式访问

结构式访问又称标准化访问,它是一种对访问过程高度控制的访问。这种访问的访问对象必须按照统一的标准和方法选取,一般采用概率抽样。访问的过程也是高度标准化的,即对所有被访问者提出的问题,提问的次序和方式,以及对被访者回答的记录方式等是完全统一的。为使这种统一性得到保证,通常采用事先统一设计、有一定结构的问卷进行访问。访问中所有调查员都必须严格按问卷上的问题发问,不能随意对问题作解释,当被调查者表示不明白时,只能重复一遍问题或按统一的口径进行解释。通常这种类型的访问都有一份访问指南,其中对问卷中有可能发生误解问题的地方都有说明,这些说明规定了访问者对这些问题解释的口径。

不难看出，结构式访问的最大优点是访问结果便于量化，可作统计分析，它是统计调查的一种。与另一种统计调查——自填问卷相比，结构式访问的最大特点是能够控制调查过程，从而可以最大限度地降低来自被调查者方面的误差，提高调查结果的可靠程度。例如，在调查中可以使调查对象听清所问的问题，并能当场核实答案，因而使误答和因问题不清而不回答的数量大量减少。由于调查员可以设法做到在没有第三者在场的情况下完成调查，确保访问对象独立回答问题，从而避免了在自填问卷时常常发生的由他人代填或由几个人商议填写的弊端等。

与自填问卷相比，结构式访问的另一大特点是回收率高，一般的结构式访问回收率可以达到80%以上，而且回收了的问卷的应答率也高。

与自填问卷相比，结构式访问的应用范围也更广泛，由于可以自由选择调查对象，可以问一些比较复杂的问题，并可选择性地对某些特定问题作深入调查，因而大大扩展了应用的范围。

此外，由于能在回答问题之外对被访问者的态度行为进行观察，结构式访问能获得自填问卷无法获得的有关访问对象的许多非语言信息。例如，他家的生活水平，他是否精明能干，他的态度是否合作等。访问员还可以根据这些观察资料，分辨其回答的真实程度，对资料或答案的效度与信度进行评估。例如，被访者在问卷的收入一栏中填报的数字很低，但从他家的情况看生活水平属于一流，就应怀疑他的回答是否真实，并要想办法进行核对。如果看到访问对象头脑不清，反应迟钝，就要考虑这份问卷是否作废。

与自填式问卷相比，结构式访问费用高、时间长，因而往往使调查的规模受到限制。对于敏感性、尖锐性或有关个人隐私的问题，它的效度也不及前者。由于结构式访问是由访问员进行的。因此，访问员的态度、素质、经验等对访问结果有决定性的影响，访问员往往自觉不自觉地将自己的主观意见或偏见带到访问过程中，从而使调查结果产生偏差。例如访问员当听到访问对象表示同意自己强烈反感的某种看法时，若在表情或手势上流露出不以为然的样子或对被访问者进行启发，就会影响被访者对后面类似问题的回答。又如在对访问对象的回答，特别是对于开放性问题的回答进行记录时，也可能会掺入访问者的主观意见或偏见。有的访问员怕麻烦、不负责、自己乱填或请人代填问卷，这种不正当行为会给研究带来灾难性后果。因此，在进行结构式访问时，应当严格挑选访问员。

结构式访问常常用于大规模的社会调查，需要访问员数量较多，这时访问员的质量往往难以保证，而且，众多的访问员之间对问题的理解与处理方式上难以保持一致,从而影响访问的信度。因此,在进行结构式访问时,必须事先对访问员进行训练。通过训练使访问员在访问前做好心理、技术、物质以及相关知识的准备。实践证明,这些准备对于成功的访问是必不可少的。

结构式访问除采取个别访问的方式外,还可采用集中访问的方式,即将调查对象集中起来同时作答。具体做法是将被调查对象集中起来后,由一个调查员提出问题,并给调查对象提供一个回答公式,告诉他们如何记录自己的回答。同时,还应有两三名调查员在访问者中间进行巡视,以便随时解答他们提出的问题。由于这种方法经济、客观,易于从文化低的人那里获得资料,而且由于有调查员在场,可对理解上的疑问加以回答,并可在收回答案纸时对答案进行检查,因而效度较好,回收率和应答率较高,在实际调查中较受欢迎。缺点是众多人在一起作答,若管理不好,一些调查对象互相商量、开玩笑或发生争论,就会影响调查的质量。此外,这种方式还存在所谓团体压力问题,例如,调查工人对厂长的看法时,因为怕有人将调查结果告诉厂长而隐瞒自己的真实看法。又如对于收入等一些敏感问题,也因怕别人知道而不道出实情。因此,在实行这种类型的结构式访问时,要尽力避免上述情形的出现。

由于结构式访问要使用统一的问卷和表格进行调查,这种统一的问卷和表格显然无法包括事件的全部,故而只能从中选取几个方面进行调查,这就使这种类型的访问很难触及社会生活的深层及其变化过程,难于综合性地多层次地把握问题,使研究流于表面化。对于某些统计结果,由于不知道有关的社会背景情况,而无法进行恰当深入的解释。此外由于结构式访问不能像参与观察那样,提供对研究对象在其中生活和行动的生活环境的感觉,虽然因与被访人有一定的交往而有某种程度的感性体验,但由于严格的标准化程序,访问者与被访问者的积极性难以发挥,这种感性体验无法深刻。因此,在实际调查中,往往与另一种访问方法——无结构式访问结合使用。

第二节 无结构式访问

无结构式访问又称非标准化访问,它是一种半控制或无控制的访问。与结构式访问相比,它事先不预定问卷、表格和提问的标准程序,只给调查者一个题目,由调查者与被调查者就这个题目自由交谈,调查对象可以随便地谈出自己的意见和感受,而无须顾及调查者的需要,调查者事先虽有一个粗线条的问题大纲或几个要点,但所提问题是在访问过程中边谈边形成,随时提出的。因此,在这种类型的访问中,无论是所提问题本身和提问的方式、顺序,还是被调查者的回答方式、谈话的外部环境等,都是不统一的。

与结构式访问相比,无结构式访问最大的特点是弹性大,能充分发挥访问者与被访问者的积极性。双方可围绕所给的题目,就有关的问题、事件、现象,从历史到今天,从原因到结果,从动机到行为,从个人到他人及重大的社会环境等进行深入广泛交谈与讨论。在这种交谈与讨论中,被访问者提供的许多想法和事情往往是调查者所不曾料到的,从而给他以很大启发,使之找到研究的新思路或提出新的研究问题。因此无结构式访问常常被用于探索性的研究,用于提出假设和建构理论。

与结构式访问相比,无结构式访问的另一大特点是访问者能对问题作全面、深入的了解。无结构式访问的过程不仅是调查问题的过程,同时也往往是研究问题的过程,不仅是收集资料的过程,同时也往往是评价解释资料的过程。它一般被用于深入了解只按表面程式抓不住的复杂事实,以取得证言、个人心理奥妙,如动机、态度、价值观念、思想等无法直接观察的问题。

无结构访问不仅能获得与研究问题有关的丰富的社会背景材料,还能获得有关研究对象生活与行动于其中的环境的生动的感觉。这就使访问者能综合性地多层次地全面把握问题,从而可以对结构式访问所得到的统计结果做出合理生动的解释。

与结构式访问相比,无结构式访问比较费时,从而使调查的规模受到很大的限制。由于访问过程是非标准化的。因此,访问的结果难于进行定量分析。而且访问的结果更依赖于访问员的素质、经验和技巧,对访问员的要求更高。

无结构访问虽然是无控制的访问,但由于实施方式的不同,程度上仍有差别,通常又分为下述几类。

一、重点访问

又称集中访问,它是集中于某一经验及其影响的访问。这个方法是美国社会学家默顿(Robert K. Merton)等人创造的,他们认为这种方法可作为一般性的访问方法,并在对大众传播,如广播、电视、出版物、电影等社会及心理效果的研究中多次使用这种方法。

重点访问法的重点不是指对调查对象的重点挑选,而是访问所侧重的内容。它的具体做法是:(1)选择一定的情境,并把调查对象安排到这一预先设置好的情境中去,例如让他们看一场战争题材的电影,听一段流行音乐,参加一次心理实验或阅读一篇文章,或者是选择那些曾经经历过这种情境的人作访问对象。(2)然后对他们进行访问,调查他们在情境当中的主观经验,即个人对情境的认识与解释,这种主观经验即是重点访问的重点所在。研究者对被访者的回答进行分析与解释。

重点访问法是建立在这样一种假设基础之上的,即透过某种刺激,可使调查对象在情境上产生特殊的反应。研究者从这些反应获得信息,再加以解释。因此,研究人员们需事先对情境本身进行研究,即对这一情境过程的主要因素、模式以及条件结构等进行深入分析,从中得出关于研究问题的一套假设,并根据这些假设编制出有关访问的问题,然后根据这些问题进行访问,搜集有关个人反应经历或特殊情感的资料。因此,重点访问严格地说应当是半结构的,而不是完全无结构的,因为访问问题即使措辞没有事先确定,但问题的内容是事先确定了的。在实际调查中,研究者所预设的问题往往包括两个部分:一部分是标准化的问题,一部分是开放式的问题,由被调查者自由地陈述自己的心理经验与反应,访问员可根据情况,随时提出新问题,调整预设的问题。好的访问员通过运用特殊的访问技巧能发掘出事先未曾预料的大量新资料。

重点访问在分析特殊经验所引起的态度变迁上,效果较大,因此常常被社会心理学家用来研究大众传播的效果。由于这种访问总是以一个预先的假设为基础,因此还常常被用于证实以前有关人类情境行为假说的正确程度,例如对强烈的恐惧、紧张,特殊的宣传造成的个人反应模式的验证等。但由于在这种类型的访问中往往搜集到的是许多不可比较的材料,因而分析解释工作难度较大。此外这一方法的运用需要高度的技巧与想象力,这也给它的广泛应用带来困难。

二、深度访问

又称临床式访问,它是为搜集个人特定经验(例如偷窃、吸毒、自杀等)的过程及其动机和情感资料所做的访问。最初常用于个案工作的调查、囚犯的调查和精神病人的调查,其目的是做出临床诊断,挽救罪犯和治疗患有精神及心理疾病人,后来广泛用于对一般人的个人生活史及有关个人行为、动机、态度等的深入调查中。我国老一辈社会学家在生活史研究中,曾成功地运用了深度访问法。

对个人生活史的访问是个人生活史研究中获取资料的主要方法之一。生活史研究是一种对人们的生活经历进行详细了解和分析的研究方法,它采用访问、观察或由被研究者自己写自传等方式,对某一社区或某一群体中的全部或部分个体的生活经历进行详细的了解,如实地记录下研究对象生活经历中各方面的情况,然后将不同个体的生活史进行统一的整理和归纳,找出共同点和不同点,并找出其中典型的个案作为描述和解释的例证,以此来反映这一群体的社会生活状况以及他们的心理、思想、态度和观念等。这种生活史研究的例子,有美国社会学家 W. 托马斯和 F. 兹纳涅茨基所做的著名的关于在欧洲和美洲的波兰农民的研究和我国社会学家陈达 1946 年对上海工人生活的研究。前者利用了几个农民家庭的信件;后者则主要通过访问 200 多位工人而得到他们的生活史记录。类似采用生活史研究的例子还有 F. M. 斯拉歇尔的《帮伙》和 W. 安德森的《流浪汉》,及中国 20 世纪 30 年代一批社会学家所做的研究。

深度访问与重点访问相似,可以说是一种半结构式访问,它选取研究问题的某些方面向调查对象提问题,访问是机动的或结构松散的,但重点与焦点是有的。例如,研究青少年犯罪原因的人员提出了一个假设:青少年犯罪的原因之一是家庭生活不幸。于是在访问中,调查者问及的问题就会围绕着青少年时代的家庭情况,如:是否不完全家庭、父母对他的态度、父母亲离异的原因、他与父母的关系等等,加上其他一些问题,就可能引出大量的必要信息,并可能出现意外的因素。这种访问与重点访问一样,允许在访问当中对这些意外的因素进行充分探索和深究,研究人员可能由此而获得某种重大发现,这种偶然重大发现往往带来研究问题的突破。

三、客观陈述法

又称非引导式访问,最大特点是让调查对象对他自己和他周围的社会先作一番考察,再客观地陈述出来,即调查者鼓励调查对象把自己的信仰、价值观念、行为以及他所生活的社会环境客观地加以描述。例如"根据您的观察,您认为我们国家目前最重大的问题有哪些,为什么您这样认为?"或"请您谈谈您所在村实行生产责任制以来的主要变化"。在这种类型的访问中,调查者基本上是一个听众,他所有提问几乎完全依赖于尽可能中立的插问,这些问题通常很简短,如"为什么""是吗"等。这类访问意在避免访问员的主观因素对被访者的影响,使回答者能自由地谈出或流露出其最深层的主观性的思想感情,它可以引出甚至连回答者都不知道或对自己都不愿承认的感情,调查者从调查对象那里获得的不仅是资料,而且还有对资料的某种解释。当然,这些解释也许会受到被调查者观念的影响。为了避免这一点,调查者必须对调查对象的背景、价值观念、态度有较为深刻的了解,否则就无法判断资料的真伪程度。此外,对他的地位与处境亦应加以考察,如果他根本没有机会去观察你的研究对象,或没有能力去批判他的社会环境,就必须谨慎地考虑材料的可用性。例如,在一个工厂,厂长、班组长、工人的地位处境各不相同,当他们对同一件事做客观陈述时,结果一定会有差异。

客观陈述法是一种能让被访问者发表意见的方法,一种能使研究者直接接触被访人的信念、价值观或动机一类抽象概念的方法。它常用于了解有关个人、组织、团体的客观事实及访问对象的主观态度。

四、座谈会

座谈会也就是我们常说的调查会,它是一种无结构式集体访问,即将调查对象集中起来进行共同讨论。这种方法是毛泽东倡导并亲自实行,并在中国广为使用的一种方法。毛泽东说:"开调查会是最简单易行又最忠实可靠的方法,我用这个方法得到了很大的益处。"

座谈会的最大特点是,访谈过程不仅是调查者与被调查者的社会互动过程,也是调查对象之间的社会互动过程,座谈会资料受到这两种社会互动的影响。因此,要使座谈会成功,调查者不仅要组织好调查者与被调查者之间的互动,而且要组织好调查对象之间的互动,这就要求调查者有更熟练的访谈技巧及组织会议的能力。由此可见,座谈会是较个别访问层次更高,难度更大的调查方法。

座谈会的上述特征,使得这一方法常被用于验证或调查集体行为与群体关系的倾向,以及心理治疗和企业及组织诊断。此外,典型调查也常采用这种方法,深入解剖一个典型,召集各种代表人物进行座谈,既简便易行又收效快。

根据长期实践经验,调查会人数以5—7人为宜,最多不要超过10人。参加调查会的人员应以研究目的的不同而做不同的选择,但一般应是具有代表性,了解情况,敢于发言,并且最好是相互信任,有共同语言的人。访谈前应事先将访问的具体内容、要求和到会人员的名单告诉参加调查会的全体调查对象。正式访问前,访问者应做好充分的准备、拟定好询问提纲。调查会可采用两种方式进行,一类是所谓的"头脑风暴法",即会议主持者不说明会议的明确目的,而只就某一方面的总议题,请到会者自由发表意见,会议主持者不发表意见,更不对别人的意见内容提出评论。另一种方式叫"反向头脑风暴法",即会议首先列出某方面的问题,参加者不仅自己发表意见,而且必须针对别人的意见展开批评与评价,以寻求解决问题的途径。调查会上要避免让某些权威人士的发言左右其他人的发言,或受调查会主持人的意见左右,而要使各种意见都能得到充分发言。调查会最好使用"半"结构式的访问,这样才能把握重点,否则容易流于空谈,而且一旦争论起来,访问员有可能不知如何控制局面。

由于调查会是调查员和调查对象之间、调查对象相互之间的多层次互动,因此,由它所获得的资料较其他访谈的信息更广泛,而且可以互相启发,互相补充,互相核对修正。由于同时访问若干人,因而能节省人力、时间,并较快获得社会状况的有关情况。此外,由于座谈会常常将调查与研究集于一身,因而会获得一些意外的收获。但这种访问也容易产生一种"团体压力",使个人顺从多数人的意见,而不敢表示异见。因此,对于某些敏感的问题,不宜于用这种访问方法。与个别访问相比,它难做深入细致的交谈。

五、无结构式访问与个案研究

无结构访问的最大特点是弹性大,有利于充分发挥调查者和调查对象的主动性和创造性,有利于适应千变万化的客观情况,了解原调查方案中没有考虑到的新情况,能获得结构式访问所无法获得的丰富资料,有利于拓宽和加深对问题的研究。但这种访问法对访问员的要求较高,所得的资料难以定量分析。而且费时较长,使调查规模受到限制。因此它常常在个案研究中大显身手。

个案研究是社会调查的一种类型,是与统计调查相对而言的。"个案"一词,出自医学、心理学和法律学研究,即个别病例或案例。个案研究在医学上就是对个别病人作详尽的临床检查,包括查明病况、病史、病因等,以判明其病理和诊断过程中的变化。个案法作为心理学对人的一种研究方法,是搜集关于一定个人的家庭情况及社会地位、教育、职业经历、健康等历史资料,从对这些资料的分析中探究这个人的心理特征的形成与发展。在法律上,个案是包括法律行为的一项事件或一组事件,通过对一个案例的研究,了解有关该案件的法律原理及实践。从个案研究的历史渊源和应用范围不难看出这一研究方法的主要特点,即处理问题深入、全面、细致。它是一种从整体上处理问题的方法,也就是从事物的多个方面和整体情况,从各个层次间生动联系以及从历史发展状况把握问题。在社会学中,个案研究的对象从个人扩大到团体、组织、社区、社会。《江村经济》就是对一个社区的个案研究。在将个人作为个案研究的单位时,研究资料主要来源有三:(1)个人的文献资料,即包括自传、信件、日记、文章及其他记载等出于作者本人意愿及主动,或其内容完全由本人所决定的,其内容重在本人的经验及遭遇的文字记录材料。(2)访问资料,通常采用的是无结构式访问,特别是其中的深度访问所获得的资料。(3)观察所得资料。以个人为研究对象的这种个案研究与生活史研究相似,不同的是:一项生活史研究常常包括多个个人,而个案研究的对象通常只有一个或几个个案。当个案研究的对象是组织与社区时,收集资料通常采用观察法与访问法,有时辅之以其他结构性研究技术。

对个案进行分析时,一般采用下列两种形式:第一,描述和解释这个个案,提供有关当前的状况和它不断运行的动力的信息。这种分析可称作列举性分析。它是利用一般规律或规则进行特殊个案的分析,即用一个已知的概括做出一个特殊的分析。第二,通过对单个个案的分析,发展出经验的概括或理论,不是以个案去发现它作为一个系统的有关的一切,而是把它作为理论建构的经验基础,是用特殊个案发展一般的陈述。前者最著名的研究是马克斯·韦伯的《新教伦理与资本主义精神》,他用价值观和行为之间一般的、大家公认的关系来解释资本主义的起源。后者著名的例子是米歇尔的《政党》。

在下述情况时,个案资料的收集具有特别重要的意义:(1)作为和社会状况及文化背景相关的东西,要进行具体详细的研究时。(2)要研究某个对象、某人、某种状况的自然发展或生活史时。(3)如果不能确保整个社会状况或有关因素的复合关联的事实,记述社会过程的分析就不能进行时。(4)要研究个人生活及社会需求、动机或者生动的存在、文化背景下的群体行为时。显然在收集与这些情况有关的资料时,无结构式访问无疑是最有力的工具之一。

个案研究法的主要作用之一是:它能从个案的详细描述与分析中,发现影响事物的主要因素(变量)及其作用,从而导致假设的形成,并找出群体或类型的详细资料。在很多场合下,个案研究亦被认为是完成一个正式研究的必要的结束手续,即研究的结果可用个案研究印证是否正确。它的最大优点是对于个案的社会背景进行深入全面的把握,这是其他研究方法所无法做到的。正如库利(C. Cooley)所言:"个案研究加深了我们的领悟能力,它在我们的日常生活里,给予我们一个更深刻的认识。"

第三节 访问的程序与技巧

如前所述,访问是一种社会交往过程,访问中调查者与被调查者之间形成了一种社会互动关系,访问资料正是通过这种社会互动得到的。因此,访问的成败,在很大程度上取决于调查者对这种社会互动过程组织的好坏,调查者只有在这种互动中,与调查对象建立起基本的信任与一定的感情,并根据对方的具体情况进行访谈,才能使被访问者积极提供资料。由于被调查者一般是陌生地方的陌生人,他们又往往不乐意主动提供资料,此外这些人都是有思想、有感情、有心理活动的个性化的人,这就使得这种组织工作并非易事,它要求访问员必须具备良好的访谈技能,并能掌握和灵活运用访谈的各种技巧。一般说来,访问大体可分为访问准备、进入访问、访问过程的控制、结束访问等几个阶段。下面我们结合每一个阶段的特点,介绍具体的访问技巧。

一、访问的准备

1. 对于无结构式访问,访问前的准备工作首先是根据研究目的和理论假设,准备详细的访问提纲,并将其具体化为一系列访谈问题,同时还要充分准备与调查内容有关的各种知识。一个知识丰富的访问员常常能够达到与被访者的深入交谈,提高被访者回答问题的积极性,访问者则可获得丰富深入的资料,并可对资料的真伪作出判断,而且往往能捕捉到一些有价值的新信息,触发新的思想。

对于结构式访谈,访问前的准备工作首先是弄懂统一设计的问卷及访问手册,了解访问目的、要求、步骤,可能出现的问题及解决的办法等。

2. 为了访问的成功,在准备工作中还要对被访人的社区特征有所了解。这里所说的社区特性包括社区人文环境和社会文化传统。每个社区都有自己的特点,若事先不多加了解,掌握这些给人和调查带来的影响的方面,不仅访问极难进行,而且往往引起不必要的误解,也将无法解释个人所表现的行为特征。例如调查地区是回族居住区,有不食猪肉的禁忌,若在访问中触犯这类禁忌,就可能引起调查对象的反感而拒绝访问。又如某地区刚进行过其他调查,若对此点无知而再实施一次调查,就可能因调查内容重复引起调查对象的厌倦。再如,若不了解该地区发生过某种可能影响回答率的特殊事件,如自然灾害、社会事件等,就无法对回答率低或答案中的某些现象做出解释。

3. 被访问者是访问中社会互动双方的一方。他们是资料的提供者,因此,无论是以访问为主要研究方法或是作为辅助工具,被访者的选择是否得当,对他们是否了解,都会对整个调查的成败影响极大。因此,访问准备的另一个重要内容就是确定适当的访谈对象,并对他们进行初步了解。结构性访问多采用随机抽样选取调查对象,以保证结果能统计分析。在无结构访问时,究竟以哪些人为访问对象,则与研究目的及社区特性密切相关。不过一般来说,不管什么研究,当地或部门的决策者或领导层总是在被访之列,只有这类人对地区事务和文化传统了解较深。

访谈对象选定后,就要尽可能充分了解被访问者,例如其性别、年龄、职业、文化程度、经历、专长、当前的思想状况、身体状况和精神状况等,这对于顺利进入访问,与访问者建立良好的交谈气氛,提高访问的信度与效度大有好处。

4. 在上面工作结束后,应当拟定实施访问的程序表,对要做的工作与时间进行安排。这种程序包括:访问前应阅读哪些文献资料;了解社区到哪种程度;有些什么特殊事件或特殊人物应当事先做准备;被访问者应如何安排,如何与其联系;访问地点安排在何处;选择何时进行访谈、大约谈多少时间;访问时如何进行控制等,对可能出现的问题也要事先做出估计并提出应付防范的办法等等。

5. 临赴现场访问前的最后一步工作是准备工具。工具分为两类:一类是普通工具,如笔、纸等,另一类是特殊工具,如调查表格、调查说明书、问卷、调查地区地图、照相机、录像机、计算器等,此外还应有调查机关所发的公文、介绍信、证件等。

二、进入访问

在实地访问之前,有必要与调查对象所属的省、市、区、乡等政府机关或派出所、街道这样的地方机构取得联系,在获得对方的允许后,才能着手进行访问。随着越来越多的研究所、学校、政府机关、商业部门和其他组织使用挨门挨户搜集资料的方法,采取这一行动更加不可少。

当研究对象是一个社区或社会组织时,通常都是先和其领导人洽谈,以争取他们的合作。如果是规模较大涉及面较宽的调查,有可能的话,最好在调查前召开群众大会,请地区或单位负责人召集主持,向群众阐明调查的目的和意义,调查与群众的利害关系及对群众的要求,这样做能使调查获得很好的配合。

有些调查如果能取得当地机关、团体或单位的支持,并派人参加联合调查,则效果更佳。这时,调查力量可以增大,并可得到许多便利条件,群众亦容易给予支持。

"进入访问"是访问的开始,它是由请求及第一批问题组成,目的是实现:(1)回答者产生回答问题的动机;(2)作好回答问题的准备。开始访问是一种真正的艺术,全部资料的可靠性在很大程度上取决于访问者在这方面的表现。

访问者在接近被访问者时,首先要进行自我介绍,然后说明来访目的以及为什么要进行此项研究,请求他的支持与合作。此外,还要告诉被访者,他是如何被选出来的,根据具体情况有时告诉他是依据科学方法随机抽样的,无特殊目的,他的回答将给予保密;有时则告诉他是因他在社区和这次研究中的重要性而特意挑选的。这一阶段的主要任务是与调查对象建立融洽的关系,消除其顾虑,使他们产生参与研究的动机。在这一阶段,最容易出现:(1)陌生感,它使双方拘束无言。(2)调查对象以各种原因拒绝受访,访问者因此产生怯场或不耐烦情绪。(3)由于调查者与被调查者地位不平等,产生不自然感。因此,为了创造有利于访问的气氛,除对访问对象表示礼貌外,为打破僵局,正式谈话前可以先谈谈调查对象具备或熟悉的方面,从而消除拘束感,比如他的住房、家庭、爱好等。也有些调查员开头总要问问调查对象是哪里人,由此展开谈话。

有了利于调查的气氛后,就可以详细说明要调查的内容,提出第一批问题,因为这时被访者的意识尚未转向问题题目,他必须有一个预先心理上的酝酿过程,因此开始切忌提出一些大而复杂的问题。经验证明,开始问题回答顺利能使被访者信心增强,双方互动协调到这时才可以深入进行访问。

三、访问的控制

访问的过程,是调查者提问的过程,因此,提问成功与否是访问能否顺利进行的一个关键。但访问时对调查对象施加影响的,并不只是提问本身,调查者的音容笑貌,举止动作都会影响到调查对象的情绪,关系到访问是否能顺利进行。因此提问与表情(动作)是控制访问的两个主要手段。由于结构式访问主要是依据问卷来控制访问的,因此本段所讲的主要是针对无结构式访问,但其中许多地方涉及结构式访问的控制。

(一) 提问控制

1. 题目转换。如果在访问中,向被访者连续提出一系列与其工作活动有关的问题,随后又提出一些毫无明显联系的家庭关系和朋友关系问题,那么这种从一个题目突然转换到另一个题目的做法,会使调查对象因为毫无心理准备而产生困惑,这种转变应不露痕迹,为此通常使用一些功能性问题。所谓功能性问题,是指在访谈过程中为了对被访问者发生某种作用而提的问题。例如在从工作问题转向家庭关系问题时,可以问:"您的工作真忙,回到家里可以轻松一下吧?"这种过渡性的功能性问题使谈话容易保持连贯与自然。

访问中被访者有时会跑题,这时就需要调查者进行引导性提问,使他回到原来的主题上,在转换话题时,切忌粗鲁地打断对方谈话,或者说:"你跑题了""你没有按要求回答"之类的话,这会使调查对象感到难堪,从而产生抵触情绪。在这种情况下可以采取归纳法,即将调查对象谈的那些漫无边际的情况加以归纳说:"你刚才谈的是×××问题,很好,现在请你再谈×××问题。"以此把对方话题引过来。亦可采用提要法,即从调查对象所谈的不着边际的材料中,选取出一两句跟正题有关的话进行提问,如:"你刚才谈的×××问题,是怎么一回事?"第三种方式是以动作转换话题,当对方将话题扯远了,可给他送水递烟,中断谈话,当谈话重新开始后,可提出新的问题请他回答,不知不觉改变话题。

2. 对问题的追问。当被访者对问题的回答含糊不清时就要进行追问,以期引导调查对象作更准确更充分的回答,或至少给予一个最低限度可接受的回答。当回答前后矛盾不能自圆其说,或回答残缺不全不够完整时,也需要追询。追问可以采取正面的方式,即正面指出回答不真实、不具体、不准确,请对方补充回答。追问也可以采用侧面的方式,即换一个侧面或换一个角度、一个提法而追问相同的问题。追问特别是正面追问是一种比较尖锐的访问方式,容易引起被访问者的反感,因此追问一般放在访问后期进行,而且应当尽量采取中立的追问。贝利认为,一个中立的追问包括:(1)复述问题。每当被访人支吾或看来并未理解问题时,应将问题再次进行复述。(2)复述回答。当调查者不能肯定自己理解了被访人的回答时,可复述一下被访人的回答,以使回答者与调查者确证对回答作了正确的理解。(3)表示理解和关心。访问者可表示自己已听到回答,从而激发回答者继续谈下去。(4)停顿。若认为回答不完全,调查者可停顿不语,表示等待他继续谈完。(5)一个中立的问题或评估。例如:"你讲的这个是什么意思?"或"你是否能给我再多讲一些?"

3. 合适的发问与插话。访问过程组织的好坏,取决于问题的好坏、提问的方式、提问时机的把握。访问既然是双方的互动,它就是一个动态的过程,不可能完全按照某种模式进行,访问员必须根据具体情况灵活处理,其中包括提问与插话,这就要求调查员善于捕捉时机。调查者有时需要调查对象的回答,特别是当他对其过去的经历不作任何回答时。例如他只讲他们的外在活动而不讲内在动机、当时的想法等,这时就需要提问,像问一些有关他们对这些活动所造成的个人关系和社会现象等的看法和态度问题。又如有时调查对象陷于过去一些琐事而不举出特例,也应用一些适合的问题寻求一个肯定的解答,这些问题往往是调查者临时提出的,不一定与正常过程或预先的计划有关。

有时调查对象在谈话中途可能停顿一下等待调查者暗示,以便开始另一个问题的谈话,这是调查者提出准备好的问题的最好时机,如"以往怎样呢?""你对此事的看法如何?"等等。有时为鼓励调查对象,特别是那些不善于讲话的人,调查者要插几句鼓励或表示对刚才的谈话满意的话。当调查对象对其过去经验不能清楚地回忆时,可提一些补充问题帮助他回想,有的插话与提问则完全为消除回答者的疲劳之用。

4. 提问的注意事项。第一,始终保持中立态度。即应尽力避免倾向性,不允许对回答者的答案进行诱导。

第二,把握方向及主题焦点,尽量减少题外话,以便集中注意力讨论重要问题。

第三,注意时间上的顺序,特别在研究变迁问题时,事件先后发生的顺序非常重要。

第四,使用语言越简单越好,以能达意为原则,不要不着边际,也不要用带有情感的字眼,如先进、落后、自由、保守等。

第五,根据访问对象特点,灵活掌握问题的提法与口气,例如访问对象是孩子时,就应用浅显的语言,亲切的口气。如是老人,则要放慢说话速度。

(二) 表情与动作控制

访问技巧也包括表情与动作技巧,访问员可以通过自己的表情与行为表达一定的思想、感情,从而达到对访问过程的控制。例如前面所讲的,当调查对象跑题时,可以利用送水递烟中断他的谈话,然后就可顺理成章地重新开始话题。又如,连连点头,表示"很对""同意";匆匆记录,说明对方讲的内容很重要,这些动作都意在鼓励对方谈下去。

表情也是传达思想的一种重要方式,在访问中,访问员自始至终都要使自己的表情有礼貌、谦虚、诚恳、耐心。在运用表情时要注意防止:(1)毫无表情。作为被访问者,总是希望自己的话能受到对方的注意,如果他看到的始终是一张毫无表情的脸,他谈话的兴趣就会降低。表情过于严肃,一声不吭,也会使被访人产生一种紧张感,从而影响对问题的回答。(2)用表情控制人,即访问员要控制自己的表情,使其符合调查对象所谈的情境,当调查对象谈到挫折、不幸时,要有同情和惋惜的表情;谈到不平的事时,要有义愤的表示。而当调查对象谈到一些难于启口的隐私时,不要表示轻蔑和鄙视,要做出理解的表示。调查对象谈到成就时,要表示高兴等等。调查者的表情要突出表现在看和听上。调查者若目不转睛地盯着对方,会使他感到拘谨、紧张。相反,如果不看对方,只盯着自己的笔记本,会使对方误以为他的谈话令人感到厌倦。因此,运用目光时,应视调查对象的特性与调查时的具体情况而定。调查者还应当是一个好的听众,应表现出对对方的回答感兴趣,切忌边听边打哈欠,或目光游离、三心二意,甚至搞一些小动作,使对方产生反感,失去谈下去的兴趣。

四、结束访问

结束访问是访问的最后一个环节,有时比开始访问还困难。访谈结束应掌握两个原则:(1)适可而止。即访问时间不宜过长,一般以 1—2 小时为宜。(2)要把握住结束谈话的时机。例如有时调查对象仍然很有兴趣,还有其他重要的话要说,而他自己又要求转换话题时,调查者乘机插话,就可能圆满结束。有时双方都感到非常疲乏和厌倦,谈话难以进行下去了,这时应尽量快结束谈话,为使材料完备,最好问调查对象:"我们忽略了什么没有?""我们有什么地方没有谈到?"或"你还愿意告诉我些什么?"之类的问题以结束调查。最后都要对被访问者表示感谢。

总之,访问者在访问过程中始终应该:(1)耐心细致,即使在亲密的态度之中也要采取理智的批判态度。(2)不带某种权威的架子,即要以平等的态度访问。(3)不要采取忠告或训诫式的态度。(4)不和对方进行议论。(5)发现下列情况就应进行交谈而停止提问:(a)需要帮助对方说话;(b)需要解除交谈对象的恐惧不安;(c)为了正确地把握对方的思考和感情而鼓励对方;(d)失掉谈话的机会或忘了所谈的问题,要回过头去议议等。[①]

五、访问记录

访问的目的就是要获得资料,在访问调查中,资料是由访问者记录而来的。做好记录需要一些特殊的技巧,结构式访问的记录比较简单,只需按规定的记录方式,把被访者的答案记录在事先设计好的表格、问卷上就可以了。困难是无结构式访问的记录。

记录的方式分为当场记录与事后记录两类。当场记录是边访问边记录,它需征得调查对象的允许。当场记录的优点是资料完整、不带偏见,但因为了记录完整,而埋头记录,则有可能失去由对方的表情、动作所表达出来的信息,而且可能因为了详细记录而忘了要点,同时,由于紧张也容易产生错误。

如果调查对象许可录音,则既可获得最完整、详细的资料,又可使访问摆脱于记录而专注于谈话。如果可能亦可两个访问员访问一人,一位谈一位记录。

事后记录是在访问之后靠回忆进行记录,它可以不破坏调查者与被调查者的互动,提高对无记名的相信程度。但访问者有时特别注意由于自己偏好而认为最重要的话,而他认为不大重要的话在凭记忆记录时可能根本消失,而且靠记忆记录会失去许多情报。为此,调查者一方面要训练自己的记忆力,另一方面可采用一些技巧,如事先列好访问时问题的顺序,依序访问,访问后再依序回忆。又如可拿一张纸,在桌上乱画,遇有重点,记下几字,整理时可作联想的线索等。

记录除调查对象的回答与陈述外,还应包括对他的居住条件、邻居情况的描述。此外,还应将访问中观察到的现象与行动,听到的一些有意义的谚语俗语,以及重要的表情与姿势记录在案,并记上自己对被调查者语言能力,参与调查的态度、情感的评价等,也就是说,既包括听到的,又包括看到的,还有想到的。

访问记录下来的资料还要鉴定其正确性,研究人员可以从调查对象中抽样,通过电话或信件与其进行联系,核实是否向他做过调查,并通过询问几个问题辨明资料是否记录准确。

第四节 访问员的挑选与训练

访问员是访问中的中心人物,研究结果在很大程度上取决于访问者的个人品质、特征和能力。一个好的访问员,不但所得资料丰富、可信,而且还可以从访问中获得新思想,发现新问题,通过访问获得对问题的更深的认识与理解。反之,就只能了解到一些表面的,甚至不真实的社会现象。因此,利用访问收集资料的任何研究都有一项任务:挑选和训练符合该项研究要求的访问员。

一、访问员的选择

一般地讲,应尽可能选择那些经过训练、有调查经验、对所调查的问题比较熟悉的人作访问员,例如经过社会学调查方法训练的社会学专业和人口学专业的大学生。实践证明,这样的访问员能大大提高调查的质量,降低调查的成本。特别是无结构式访问,对访问员的质量要求更高,他们通常都是具备与所调查的题目有关的专业知识的人,实际上往往就是参与研究的研究者本身。

访问员应当具备的条件分为两类:一类是由研究主题的性质、社区类型及调查对象的特点所规定的,另一类是任何研究的访问员都应具备的,前者称特殊条件,后者称一般条件。

(一)特殊条件

重要的有下述几个方面:

1. 性别。研究表明,男性访问员去访问领导人较宜,对女性的访问则以女性较适宜。在访问生产、政治问题时,以男性访问员为宜,而婚姻、家庭调查则以女访问员较合适。

2. 年龄。通常是青年访问青年较好。对于身份较高或影响力较大的领袖或年龄大的人,宜以年龄较大者为佳。在政治和经济问题的研究中亦不宜以年轻人为访问员。

3. 教育。研究表明,教育水平高的访问员在问问题方面造成的差异最小,教育水平对访问的重要性,还在于访问技巧的运用和对于被访问者的反应程度。因此,在研究复杂问题的时候要相对提高对访问员学历的要求,而且要求具有一定的经验。

4. 地区。我国地域广大,民族众多,各地区风俗习惯、语言等差异极大,并且城乡间也有很大的差异。因此在选择访问员时要充分考虑这点,尽量选择当地的、同民族的人作为访问员。总之,访问者与被访问者背景越相近(如职业、社会地位、地区、民族),访问效果越好,特别是对于那些敏感性的问题,如民族、宗教等问题,为减少回答的误差,最好的办法就是使用一个与被访者特征大致相同的访问员。

(二) 一般条件

主要的有以下几种:

1. **诚实与精确**。这是调查员必须具备的最基本的品质。诚实认真一方面表现在准确地遵守工作细则,另一方面表现在忠于访问的事实,对于访问资料的记录必须十分精确,敷衍从事者不行。

2. **兴趣与能力**。如对访问工作没有兴趣,就不可能把工作做好,特别是经过几次访问后,调查工作会变得枯燥起来,若不是真对工作有兴趣,造成误差的机会就会增加,除对访问工作的兴趣外,访问员必须具有一定的能力,主要应具有的能力是观察力、辨别力、表达能力及交往能力。

3. **勤奋负责**。实地访问调查是件极其辛苦的工作,此外还有精神上的痛苦。例如,受访问对象的冷淡、拒绝等。若无责任心,不能吃苦耐劳,就会知难而退,完不成访问任务。这个条件是对访问员相当重要的要求。

4. **谦虚耐心**。访问员抱着虚心求教,亲近对方的态度,被访者才能知无不言,言无不尽。要善于耐心听完被访者的话,并能耐心讲解问题,即使碰到无理对待亦要耐心,否则很容易造成关系紧张,甚至发生争吵,导致访问失败。

二、访问员的训练

关于训练访问者的意义以及训练对研究结果的影响可根据在英国进行的有趣的试验结果说明。[②] 参加这一试验的有三种访问员:来自政府调查组织的职业访问员、来自不列颠舆论研究所的职业访问员和伦敦经济学院的大学生。有经验的访问员和没有经验的访问员(大学生)取得的成果之间的差别在所选择的三个试验区里是明显的,不管访问的内容是关于肺病、读书还是储蓄状况,也与访问者的性别与年龄无关。结果如下表:

	政府调查组织	不列颠舆论研究所	伦敦经济学院
访问成功	83.7%	81.3%	69.5%
拒绝访问	3.5%	3.2%	13.5%
没有接触	5.0%	6.7%	5.8%
不在家	5.4%	7.5%	10.1%

对于大规模的结构式访问,训练访问员的意义不只在于提高访问员的访问技巧和能力,而更重要的是为了保证访问过程的标准化。因为大规模的结构式访问需要的访问员数量一般较多,他们在对于问卷的理解,对访问中出现问题的处理,以及对答案的记录方法上均难免存在差别,需加以训练统一,以降低并消除误差对调查结果的严重影响。下面我们主要介绍结构式访问访问员的训练方法和一般步骤。

(1) 研究指导者作简要介绍,介绍包括该项研究的目的、意义、整个调查的范围,调查对象的数量及每人的工作量,调查的步骤和每阶段所需时间,付给多少报酬,共需工作多久等等。

(2) 阅读问卷、调查员手册或访问指南及其他与该项研究有关的材料。先由访问员认真阅读,然后由访问指导者逐条对上述文件进行讲解和提示,使访问员明确每个项目内容,回答类别及如何记录回答,明确访问中每一步工作及其对他们的要求。对于访问员提出的问题,访问指导者要一一给予回答,并与访问员一起对问卷的条款进行讨论。

(3) 举行模拟访问,可在访问员之间一对一互相访问,也可找个试验点,使每个访问员实际操作一遍。研究指导者应从旁观察与协助,并严格检查访问结果。模拟访问的目的是发现和解决在实际访问中可能出现的潜在问题,熟悉访问内容与磨炼访问技巧。

(4) 集体讨论,结合模拟访问,全体访问员与访问指导者一起再次逐一复习和讨论问卷的所有问题,并将每一疑问加以解决,并指出今后工作中应注意的问题。

(5) 建立监督管理办法,包括将访问范围和访问对象进行分配、建立相互联络和互相帮助的方式、订出每天工作进展、资料可靠度以及纪律要求、访问备要及工作日记的记法与要求。备要记载与访问技术有关的问题,如找哪些被访人?如何对待不同的问题与人物?日记则记录当天的活动,包括生活、思考、新问题、访问心得、挫折及特殊事件等等。

第五节　访问法的特点

在社会学调查研究中,访问法是一种使用十分广泛的方法,它也是一种十分有力的研究和调查方法,特别是当将它与其他方法结合使用时,效果更佳。访问法之所以在社会学研究中占有如此重要的地位,是和它的优点分不开的。当然,这些优点是和这一方法的本质特征联系在一起的。

第九章 访问法

与其他调查方法相比，访问法的最大特点在于，访问是一个面对面的社会交往过程，访问者与被访者的相互作用，相互影响贯穿调查过程的始终，并对调查结果产生影响。这就是说，一方面访问者收集的资料，形成的意见看法等要受到被访问者的回答和态度的影响；另一方面被访问者的回答也受他对访问者的看法与想法的影响。访问的这种特征是其他调查方法不具备的，这就使访问法不仅能收集到其他调查方法所能收集到的资料，而且还能获得其他调查方法所不能获得的资料，这后一种资料正是通过访问者与被访问者相互刺激与互动得到。访问既然是一种面对面的社会交往，因此交往成功与否将决定调查质量的好坏，这就使访问具有很强烈的个人色彩，即它在很大程度上取决于访问者个人的人际交往能力，访问技巧的熟练程度以及对访谈过程的有效控制。因此，访问法一方面能较其他调查方法获得更多、更有价值的社会情况，另一方面它也是一种较其他社会调查方法更复杂，更难以掌握的社会调查方法。

访问由于包括结构式访问和非结构式访问两种方式，这就使得它既能用于定量研究，也可以用于定性研究；既可以用于大规模调查，又可用于小规模研究；既可以了解主观动机、感情、价值方面的问题，又可以了解客观问题；既可以了解现时资料，又可以了解历史资料，即长的历史发展和短的历史变化；既可以用于验证某种假设或理论，又可以用于提出假设和理论；既可获得语言提供的信息，又可以获得大量非语言提供的信息；既可以用于文化水平高的调查对象，又可以用于文化水平低的调查对象。因此，与其他调查方法相比，访问可以获得的资料更丰富、实行起来也更灵活、弹性更大、应用范围更广泛，且有利于对问题进行更深入的探索。

此外，环境可控是访问法的另一大优点，当访问对象对问题不理解或误解时，访问者可及时引导和解释，当被访问者的回答不完备或不准确时，访问者可以当面追问，当回答出现明显错误时，可以当场进行纠正，而且可以确保访问者独立回答问题不受干扰。因此访问法可提高调查工作的可靠性，并可对获得的资料进行效度和信度的评估，当将两种访问结合使用时，不仅可以提高研究工作的信度，且可以提高其效度。

访问法还可以充分发挥研究人员的主动性和创造性，训练和培养他们的想象力、人际交往能力以及对事物的洞察力，激发他们对问题的新的认识和解决问题的新思路。

由于访问是一个访问者与被访问者相互作用的过程，双方具有不同的价值观、社会经验、社会地位及思想方式，这些主观因素会导致访问误差，因为双方都无法做到完全客观，互不影响。

对于敏感性问题、尖锐问题和隐秘问题，被访问者一般不愿当面回答，或者不作真实回答，这些都会对访问结果产生不利影响，对于这类问题不宜用访问法进行调查。

需要指出的是，无法用语言表达的经验、情感过程，如同情、厌恶、回避等，以及许多人的互动资料、心理经验、身体的动作以及场所与速度的变化等社会测量的资料等都不宜或无法用访问法获取，而需要用观察法或其他调查方法获得。

此外，与其他调查方法相比，访问调查的费用较高，费时较长，需要的人力较多，这就限制了它的规模，这些都是访问法的弱点。

注释

① 福武直:《社会调查方法》，湖南大学出版社1983年版。
② 参见苏联科学院社会学研究所编的《社会学手册》第492页。

量表与测验法

本章介绍几种收集数据资料的手段或方法,即量表法、测验、社会计量法、民意测验,它们都与问卷法有相似之处,且都用于精确测量人们的态度和行为特征,但在许多方面又与问卷法不同。本章可看作是"测量"一章的延续,前面讨论的是如何将概念(或变量)操作化,并制定测量指标。本章将详细说明如何利用各种测量工具收集数据资料。

第一节 量表概述

量表是社会科学研究中广泛应用的一种测量工具。其主要作用在于测量复杂的概念。由于社会研究者所希望研究的许多概念不可能只用一个单独的指标来测量,因而人们创造出各种量表来达到测量的目的。

一、量表的概念

"量表"一词的英文是"scales",它也常常译成"尺度"。由于它与多个不同的概念相近,又有各种不同的译法,因而,它是社会科学中最令人迷惑的概念之一。我们有必要先对量表及其相关的术语进行一些讨论。

首先,让我们区别一下量表与维度(dimension)这两个概念。维度的概念属于理论范畴。它表示现象的某一层次或某一方面,或者说,它在抽象层次上表示从某一角度看待现象时的某种连续统一体,如幸福——不幸福、理智——不理智、保守——激进、贫穷——富裕等等。维度与理论分量的概念常常被看作是同义的。与维度不同,量表和指标都是用来捕获和再现理论维度的经验工具,即对理论维度的一种代表。例如,在一组问题中,几个关于人们对个人幸福的自我判断的问题,就构成了对幸福的一种操作化的度量。又如,我们也可以用自杀率这一指标衡量某一群体的相对幸福程度。可以说,量表和指标是用在经验层次上对现象的连续统一体的测量。

其次,量表与指标也是有区别的。在社会研究中,量表的概念最经常地用来表示包括判断或主观评价的测量。当请一位专家对一组教师的水平进行评价时,就进入到量表测量的过程中,也就是说,当研究者使用量表来测量他所感兴趣的维度,比如用一份问卷来测量幸福感时,需要进行个人评判。而在用自杀率来作为幸福的代表时,由于自杀的资料并不包括社会研究者的判断(只有验尸官才需要作一些判断,即判断是否自杀),因此,自杀率这一指标不能称作量表。在社会科学中,某些测量仪器也不称作量表,因为它们也不包括判断。

再次,量表通常是由多项测量内容综合而成的。比如,一份幸福量表由几个相关的问题组成,每一个问题都称作一项内容。这每一项内容都可看作是经验变量的一个指标或指示标志(indicator),而一个量表就可由两个或更多个指标所构成。例如,一个篮球运动员的能力可以通过一个由奔跑能力、运球能力和投篮能力所构成的量表来进行测量。因此,我们也可以把量表视为衡量概念(或变量)的综合指标,它不同于一个单项指标。

最后,我们要区分量表和指数(indexes)的概念。在社会研究中,指数与量表这两个术语常常不严格区分,有时甚至可以混用。但两者毕竟不完全相同。

指数也可由一组指标综合而成。这组指标分别对一个复杂概念的不同部分进行测量,然后对这组指标的数值进行累加或其他运算就可综合为一个指数。例如,将每个国家的失业率、犯罪率、离婚率、自杀率等指标综合起来就可以建立一个"社会安定"指数,用以评价各个国家的稳定程度。

量表与指数的主要区别在于,量表"在原则上都需要个人对一系列精心设计的统一陈述或项目做出赞成或反对、同意或不同意的反应"[①]。也就是说,量表必须由一套问卷问题所构成。它"将回答者对一套问题的回答综合起来,其结果就是个人在该量表上的'得分'"。指数则可以依据其他的资料(如统计数据、观测记录来建立)[②]。一般来说,指数是由几个数量指标的运算综合而成的。而量表则由对一组问题的回答"计分"综合而成,它常用于测量人们的态度。

美国社会学家 E. 巴比从计分方式上对量表作了进一步区分,即分为"综合指标型"和"尺度型",前者的"总分"是由每一项目上的得分简单总加而成,而后者的"总分"是依据不同项目本身所具有的趋强结构的特点来计算。[③] 这一区别导致下面要介绍的"总加量表"与"累积量表"的本质差异。但两者的共同点是,它们都是对某一变量的定序量度,而且都是基于对两个以上项目的测量。

综合以上的讨论,可以看出,量表相当于一把"尺子",它的作用在于精确度量一个较抽象的或综合性较强的概念,特别是度量态度和观念(如生育态度、种族偏见、政治倾向)的不同程度或差异。量表比单一指标或单项问题的测量能获得更多、更真实、更准确的信息,能通过间接的、定量的方式衡量那些难以直接观测、难以客观度量的社会现象。

自然科学的发展是从精确观测物体开始,而社会科学也需要逐步精确化、定量化,量表技术就是适应这一要求而发展的,但它目前还存在着一些缺点,如设计比较复杂,测量的信度和效度还不太高等等。不过随着社会研究的深入,量表技术和其他调查技术一样,也会不断完善,会不断克服现有的缺点和局限性,在社会研究中发挥更大的作用。

二、量表的类型

量表可根据它的测量内容分类。在社会研究中,量表不仅限于测量人们的态度,它还用于测量人们的能力、智力、性格、工作成绩、社会地位、生活水平等等。因而可区分出态度量表、能力量表、智力量表、人格量表等类型。

量表还可以分为调查量表与测验量表。它们分别用于问卷调查和测验中。在问卷调查中,使用量表的主要目的是要精确了解总体的状况。例如,问卷调查中的"政治态度"量表是要通过对个人政治态度的统计汇总来了解各类人的政治态度,它的分析重点是群体而不是个人。而在测验中通常是要精确观测个人的某一特征(如智力、能力、成绩),它的分析重点是个人,因此量表设计要严格、精确且具有较高的信度和效度,这就需要设计大量题目。与此相反,问卷调查中的量表题目较少,效度不要求很高。

举例来说,目前我国各地组织部门常用的"领导干部德才考核量表"就是一种测验量表,它的目的是要精确测定每个干部本身具有的各种能力和素质,以便根据考核结果"量才使用"。它类似于对个人的"智力测验",因此需要设计大量题目,对个人特征进行精确量度。而对领导干部的"民主评议量表"则是一种调查量表,它的目的是了解群众对某一干部的意见和看法,它是民意调查的一种方式。用一种形象的比喻来说,测验量表就好比对各种电视机的性能指标进行精确测定,以确定每一种电视机的质量、性能和等级,而调查量表是由群众对每种电视机进行评价,以便了解群众最喜欢或最不喜欢哪一牌号的电视机。当然,群众的主观评价与电视机本身客观的性能和质量是有联系的,但是群众的评价并不使用精密的仪器、仪表,而是凭主观印象和实际感受。这一例子是说明,研究目的不同,量表的设计也不同;同时也说明,对于目前尚不能精确量度的事物,可以通过大量题目,也可以通过大量样本的主观判断来间接地、近似地反映。

第二节　量表的设计

量表的结构形式有多种,它们的制作方式和设计方式各不相同。

一、总加量表

目前使用最广泛的总加量表是利克特量表,它是由美国社会心理学家利克特(R. A. Likert)于1932年在原有的总加量表基础上改进而成的。利克特量表由一组陈述组成,每一陈述有"非常同意""同意""不一定""不同意""非常不同意"五种回答,分别记为1、2、3、4、5,每个被调查者的态度总分就是他对各道题的回答所得分数的加总,这一总分可说明他的态度强弱或他在这一量表上的不同状态。

（一）总加量表的形式

下页我们以一个例子来说明总加量表的形式和设计方式。（见表10.1）

表10.1　"人际关系量表"

您是否同意下列说法,请在合适的回答栏中打"√"

提问项目	选择回答(只限选一项)				
	非常同意	同意	不一定	不同意	非常不同意
+1. 我在本厂有许多好朋友	5√	4	3	2	1
+2. 只要我需要,我相信本厂的大部分同事都会助我一臂之力的	5	4√	3	2	1
-3. 对周围的同事我很少关心	1	2	3	4√	5
-4. 我很难和本厂的人交朋友	1	2	3	4√	5
+5. 我经常向本厂的人请教	5	4√	3	2	1
-6. 只有少数同事是开明的,多数人是有偏见的	1	2	3	4√	5
+7. 大部分同事会为了集体的利益牺牲个人利益	5	4	3	2√	1
-8. 我相信大部分同事会背后中伤我,如果这样做可以使他们晋升的话	1	2	3	4√	5

续表

提问项目	选择回答(只限选一项)				
	非常同意	同意	不一定	不同意	非常不同意
－9. 我很少关心别人说什么,我只相信我自己	1	2√	3	4	5
－10. 本厂大部分同事思想保守,他们怎么也不肯改变	1	2	3	4	5√
＋11. 我跟所有的同事都是朋友	5	4	3	2√	1
－12. 我在本厂没有一个好朋友	1	2	3	4	5√

上表是用来测量企业职工间的人际关系的。它由12个不同的陈述（问题）组成,每一种陈述有五种回答,回答栏中的数字是每个陈述的每种回答的记分,它是根据量表测量的维度确定的,这一维度说明,所测量的是什么内容,即测量范围是什么,测量范围的两端是什么,如何记分？ 如这一量表的维度是：

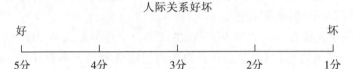

根据这一维度来确定每道题的回答是否与维度的方向一致,如果一致,就记为"＋"号,它说明,若"非常同意"这一道题,就表示"人际关系好",可记为5分；如果与维度方向相反,就记为"－"号,它说明,若"非常同意",就表示"人际关系坏",可记为1分。根据"＋""－"号所表示的方向,就可按顺序确定每道题的回答是按5—1分还是按1—5分记分。12道题的总分是从12—60分,分越高就说明人际关系越好。

如果要测量某一职工在企业中"人际关系好坏",可请他回答这一量表,在每一道题的合适回答中打"√",把每题的得分总加起来,就是他的人际关系总分。例如,表10.1中打的"√"是某一职工的回答,他的总分是(从第一题加到第12题)：

5＋4＋4＋4＋4＋4＋2＋4＋2＋5＋2＋5＝45

这一分数表明这一职工的"人际关系"较好。

（二）总加量表的制作与使用

总加量表的制作程序是：

1. 根据所要测量的内容或变量(如"人际关系"、"劳动态度"、"生育意愿")

收集大量与这一内容有关的问题,然后初步筛选出一组问题(在社会调查研究中,一般为 10—30 个)作为量表草案。

2. 确定问题的类别和计分标准。回答的类别可分为五个等级,也可分为七个等级、三个等级或两个等级("同意"与"不同意")。计分标准是按测量维度规定的方向和回答类别来制定,应注意"+""-"号的区分,即正向提问和负向提问的记分是相反顺序的。一般来说,在一个量表中,正向("+")提问和负向("-")提问应各占一半,以便使回答者集中精力认真回答,防止误答或敷衍。两级回答可用 0、1 或 1、2 记分,五级回答可用 0—4 或 1—5 记分。

3. 试调查。从调查对象中找一些人尝试回答量表草案,以便发现量表设计中有什么问题,是否会引起误解。另外,更重要的是检查每道题的分辨能力。分辨能力是指一个题目是否能区别出人们的不同态度或不同程度,假如一道题是"应该坚持共产党的领导",那么几乎 100% 的人都会回答"同意",这一题目就没有分辨力。

4. 计算各题目的分辨力,删去分辨力不高的题目,保留分辨力较高的题目(一般为 5—20 个)组成正式量表。

利克特量表检查分辨力的方式是:将试调查中得分最高的 25% 的人与得分最低的 25% 的人进行比较,然后计算出每道题的分辨力。举例来说:表 10.1 的"人际关系量表"是一个量表草案,在正式调查前,先对企业中的 20 名工人进行试调查,调查结果如表 10.2,按总分高低由上到下排列。然后列出得分最高的 25% 的人(20 人×25% = 5 人)和得分最低的 25% 的人(也是 5 人),分别计算这两类人在每一道题上的平均分。例如,总分高的 5 人在第(1)题的平均分为 $\frac{4+5+5+4+5}{5} = 4.6$;总分低的 5 人在第(1)题的平均分为 $\frac{2+2+1+1+1}{5} = 1.4$,两者相减(4.6 - 1.4 = 3.2)即为第(1)题的分辨力系数。用公式表示:

每题的分辨力系数 = 得分最高的 25% 的人在这一题上的平均分 - 得分最低的 25% 的人在这一题上的平均分。

分辨力系数越小,就说明这一题的分辨力越低,这种题目应当删除,如第(11)题、第(12)题的分辨力系数分别为: - 0.2 和 0.2,它们在这 12 道题中是最小的,即分辨力是最低的,因此删除这两题,保留第(1)—(10)题,组成正式的"人际关系量表"。

第十章 量表与测验法

表 10.2 分辨力的计算

被调查者	题目	(1)	(2)	(3)	(4)	(5)	(6)	(7)	(8)	(9)	(10)	(11)	(12)	个人总分
总分高的25%人	工人 1	4	5	5	4	3	5	4	4	3	5	2	5	49
	工人 2	3	4	4	5	5	4	3	2	5	4	1	4	46
	工人 3	5	4	3	3	4	5	4	3	4	4	2	4	45
	工人 4	4	4	4	4	3	3	3	3	3	5	1	4	45
	工人 5	5	5	3	2	4	4	3	4	5	2	2	4	43
	工人 6	4	3	2	5	4	4	3	4	4	3	1	5	42
	工人 7	4	4	4	4	2	3	3	4	3	2	4	4	41
	工人 8	3	3	4	4	2	3	5	4	2	3	2	5	40
	……													
	工人 14													
	工人 15	2	4	2	3	2	3	2	4	4	3	1	4	34
总分低的25%人	工人 16	2	2	2	3	2	3	2	3	4	2	2	5	32
	工人 17	2	2	2	3	4	2	4	1	3	3	2	4	32
	工人 18	1	3	4	1	3	3	2	1	2	2	2	5	29
	工人 19	1	1	2	2	2	3	2	3	4	1	1	4	26
	工人 20	1	1	1	2	1	2	1	2	3	2	2	3	21
	总分高的25%人的平均分	$\frac{23}{5}=4.6$	4.4	3.8	3.6	4.2	4.2	3.4	3.2	4.2	4.0	1.6	4.4	
	总分低的25%人的平均分	$\frac{7}{5}=1.4$	1.8	2.2	2.6	2.2	2.6	2.4	1.8	3.0	2.0	1.8	4.2	
	分辨力系数	3.2	2.6	1.6	1.0	2.0	1.6	1.0	1.4	1.2	2.0	-0.2	0.2	

一个量表设计好之后,就可以对调查对象作正式调查。量表在用于问卷调查时,一般是与其他问题一起打印在一份问卷中,然后抽取大量样本进行调查。量表同其他问题项目或调查指标一样,都是反映样本在某一变量上的取值或类别,通过分类汇总,就可以描述样本总体或子总体在某一变量上的分布状态,如"所调查的国有企业工人中人际关系很好或较好的占 40%,人际关系一般的占 30%,人际关系不好的占 30%"或者"冶金工人内部比商业职工内部的人际关系

好",量表用于测验时,常常是单独使用,用以测定具体的个人。

利克特量表的最明显优点是容易设计。其次,利克特量表的适用范围比其他量表要广,它可以用来测量其他一些量表所不能测量的某些多维度的复杂概念或态度。再次,通常情况下,利克特量表比同样长度的量表具有更高的信度。最后,利克特量表的五种答案形式使回答者能够很方便地标出自己的位置。

利克特量表的最主要的缺点是,相同的态度得分者具有十分不同的态度形态。因为利克特量表是以各项目总加得分代表一个人的赞成程度,它可大致上区分个体间谁的态度高、谁的低,但无法进一步描述他们的态度结构差异。

二、累积量表

累积量表又称格特曼量表,它是格特曼(L. Guttman)1944年设计使用的。它也是目前使用较为普遍的一种量表。如前所述,利克特量表有一个主要的弱点,就是许多人对于量表的回答虽然各不相同,但他们所得总分却是相同的,因此,量表本身很可能是多维度的,即每一量表总分可能有多种回答组合与其对应,故其结果不易进行比较。而格特曼量表是单维的,即量表自身结构中存在着某种由强变弱或由弱变强的逻辑关系。因此不会像利可特量表那样形成分数相同而态度结构形态不同的现象,它的每一个量表总分,都只有一种特定的回答组合与之对应。

(一) 累积量表的形式

我们举一个简单的例子来说明格特曼量表的基本原理。假设有一项数字能力的测验共包括三道题:一道是简单的加法题,一道是包含五位数的长除法题,另一道是微积分题。我们希望任何一个通过长除法题的人,一定也通过了加法题,而一个通过了微积分题的人,一定也通过了其他两道题。这也即是说,一个人的数学能力可以看成是量表中的某一点,这个人可以通过所有低于他能力的测验题,但却通不过高于他能力的测验题。若将这个例子中的三道题换成三种态度方面的陈述,将"通过"和"通不过"换成"赞成"与"不赞成",就构成了格特曼量表的形式,量表总分就简单地定义成回答者所赞成的陈述数目。我们在社会调查中常用到的社会距离量表,就是累积量表的一个特例。下面我们就以此种量表为例说明累积量表的形式与特点。

社会距离量表又称鲍格达斯量表,它是美国社会心理学家鲍格达斯于1925年创用的。这一种量表过去一直广泛地用于测量人们对种族群体的态度,现在,它也被用来测量人们对职业、社会阶层、宗教群体等事物的态度。

第十章 量表与测验法

鲍格达斯量表由一组表示不同社会距离或社会交往程度的陈述组成。它要求被调查者根据自己的看法对这些陈述表态。下面就是一份用来测量人们对待黑人的态度的鲍格达斯社会距离量表。(见下表 10.3)

表 10.3

你愿意让黑人：

1. 生活在你的国家吗？ ☐
2. 生活在你的社区吗？ ☐
3. 住在你们的那条街吗？ ☐
4. 做你的邻居吗？ ☐
5. 同你的子女结婚吗？ ☐

请在你愿意的问题的方框内打一个√。

表中的五个问题一个比一个关系更近，其强度一个比一个更高。显然，能接受高强度内容的人必定能接受低强度的内容，反之则不然，比如，一个愿意让黑人做他邻居的人绝不会反对让黑人生活在他的社区和国家。但他却不一定愿意让他的孩子同黑人结婚。因此，在这一组问题中，实际上蕴含着一种超强的逻辑结构。

通常，我们用"弱项"和"强项"来表示这组问题间的逻辑关系。比如上例中，"生活在你的国家"就是"弱项"，而"同你的子女结婚"则是"强项"，而从弱项到强项则是一个逐渐加强的关系。显然，接受弱项的人们总是比接受强项的人们更多。除了某些例外情况，量表本身的逻辑结构使我们能够得出这样的结论：即当一个人拒绝了量表中一项关系，那么他也必将拒绝这一关系后面所有"更强"的关系。

有时我们可以用同样的几条社会距离陈述同时测量人们对好几个对象的态度或与这几个对象之间的关系程度，下面就是这种用法的一个例子：(见下页表 10.4)。

鲍格达斯量表测量所得到的结果，既可以用来比较具有不同特征的人们对某一群体的社会距离的大小，也可以用来比较具有相同特征的人们对不同的群体的社会距离的大小。特别是将结果绘成统计图后，更便于进行分析。

表 10.4

序号	各种关系的类型	日本人	美国人	俄国人	英国人
1	通过婚姻结成亲戚关系				
2	成为我在俱乐部中的私人朋友				
3	成为我的邻居				
4	在我从事的行业中工作				
5	成为我国的公民				
6	仅作为来我国的旅游者				
7	应被驱逐出我国				

说明：请你根据自己对表中几个国家的人的印象，指出你所愿意接受的关系类型，即在各栏中的合适方格中打√。请注意，不要根据你对某一国家的人中最好的或最坏的人的印象，而是从总体的角度根据你的一般印象。

比如，下图是在某发达国家和某发展中国家中用表 10.3 进行调查所得的结果（假设资料）。

下图的两条曲线表明，两国样本对黑人的接纳程度有较大区别。在发达国家中，人们往往只能容忍黑人生活在他们的国家或社区（两项合计百分比 90％），而发展中国家愿意让黑人住在他们同一条街道以及成为他们邻居的人占了 55％以上。

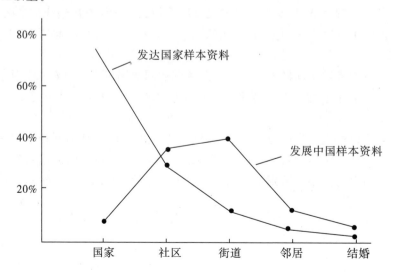

下图是以表10.4对某一群体进行调查所得结果中的一部分(假设资料)。

图中的两条曲线表明,调查样本对于美国人的社会距离比对日本人的社会距离小。这也即是说日本人不大受该样本的欢迎。

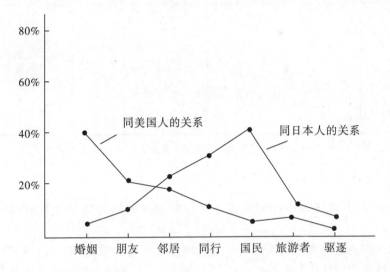

(二) 累积量表的制作

设计格特曼量表的方法与设计利克特量表的方法大致相同。首先,研究人员围绕他所希望测量的某一事物或概念编制一组陈述,这些陈述应该是单维的,即具有某种趋强结构。然后用一个小样本对这些陈述进行检验,接着将检验的结果,按最赞成的回答者到最不赞成的回答者,从上到下排列,并按最赞成的陈述到最不赞成的陈述,从左到右进行排列(见下表),然后从中去掉那些不能很好区分赞成的回答者与最不赞成的回答者的陈述。并按公式:再现系数 = 1 − $\frac{误差系数}{回答总数}$ 计算出再现系数。如果再现系数大于或等于0.90,我们就称该量表是单维度的。每个人的态度得分就是他回答赞成的项目总数。

回答者	陈述								分数
	7	5	1	8	2	4	6	3	
7	+	+	+	+	+	+	+	−	7
9	+	+	+	+	+	+	+	−	7
10	+	+	+	+	+	+	−	−	6
1	+	+	+	+	+	+	−	+	7
13	+	+	+	+	+	+	−	−	6
3	+	+	+	+	+	−	−	−	5

续表

回答者	陈述								分数
	7	5	1	8	2	4	6	3	
2	+	+	+	+	−	−	−	−	4
6	+	+	+	+	−	−	−	−	4
8	+	+	+	−	−	+	−	−	4
14	+	+	+	+	−	−	−	−	4
5	+	+	+	−	−	−	−	−	3
4	+	+	−	−	−	−	−	−	2
11	−	−	−	−	+	−	−	−	1
12	+	−	−	−	−	−	−	−	1

注：表中"+"号表示赞成，"−"号表示不赞成，将上表的再现系数计算如下：

$$再现系数 = 1 - \frac{3}{14 \times 8} = 1 - \frac{3}{112} = 0.97$$

上表说明，以该表中排列的陈述顺序所构成的格特曼量表具有较好的单维性。

用这样的量表来测量人们对于某一概念或事物的看法或态度，就可以直接根据他所同意的陈述的数目即他的量表分数，来决定他对这一概念或事物的赞成程度，这也正是格特曼量表的最大优点。比如，在上例中，如果某个回答者的量表分数为5，那么，我们同时也就知道了他赞成代号为7、5、1、8、2这五种陈述。将人们对事物的态度变为一个具体的数字，对于我们的研究工作来说，无疑是十分重要和十分便利的。

格特曼量表的弱点主要是：首先，我们对一组陈述具有单维性的假设是有局限性的，这种单维性往往只是某一部分人的态度模式，一组特定的陈述可能在某一群体中表现出单维模式，却不一定在其他的群体中也表现出这种单维模式。同样，在一个时期中是单维的模式，但到了另一个时期却不一定还是单维的了。其次，单维的领域往往难以找到。以对政府的态度为例，人们对政府商业政策方面的态度可能与他们对政府的税收管理、公民权利等方面的态度大不相同，而这些维度中没有一个能完全地将人们对于复杂的政府概念的态度指数化。在这种情况下，最好的方式是承认态度的多维性这种现实，并用利克特量表来测量它。正是由于这一原因，目前在测量复杂的社会态度时，人们往往更多地使用利克特量表，而不是格特曼量表。

三、语义差异量表

（一）语义差异量表的形式

语义差异量表是用一组意义相反的陈述或形容词构成一份评价量表，以用来测量人们对某一特定概念或事物的不同意识和感受。它是社会心理学家奥斯古德、萨西和坦南鲍姆1957年首先提出的。下面是语义差异量表的一个例子：

```
                    我的许多大学朋友
对民族和国际事务十分关心      ------- 对民族和国际事务一点不感兴趣
非常喜欢参加校外团体         ------- 一点也不喜欢参加校外团体
非常喜欢参加校内团体         ------- 一点也不喜欢参加校内团体
专心于专业学习              ------- 不专心于专业学习
热心于社会活动              ------- 不热心于社会活动
不聪明                    ------- 很聪明
不热心于改善地位低下         ------- 热心于改善地位低下者生活的工作
   者生活的工作
政治上十分保守              ------- 政治上十分激进
传统衣着外表                ------- 现代衣着外表
```

在这个例子中，量表所要测量的是回答者（全部是大学生）对他的大学朋友的看法和评价，这种被评价的事物或概念一般放在量表顶端的中间。对这一项事物或概念的各个方面的评价都由一对意义相反的陈述或形容词构成，这一对陈述放在表的两端，中间划出七道不连续的短横线。使用时，要求回答者依据自己的看法和感觉在每一对陈述或形容词之间的适当位置上划上记号（一般打×），以表示在这方面自己觉得被评价的事物更接近两端陈述中的哪一种。

（二）量表的记分

语义差异量表的记分方法有两种：一种是将两陈述或两形容词间的七小段横线从一端到另一端分别记1—7分；另一种则是分别记为 $-3, -2, -1, 0, +1, +2, +3$ 分。要特别注意的是，每一对陈述的记分方向要依据整个量表的方向来决定。比如，如果肯定性陈述的一端记为1分，否定性的陈述的一端记为7分。那么，上表中"不聪明"与"很聪明"一项以及后面的三项的记分顺序就要颠倒过来，即从7分到1分。设计这种量表时，之所以要把看上去接近或具有一致性的陈述或形容词有意打乱，是为了避免产生系统反应误差。使测量结果更加准确。

根据不同的研究目的和要求，可以按不同的方式来进行计算。常见的计算方式主要有三种：

（1）通过计算各个不同的群体在每一个单独的陈述中的平均分，比如，计算男生与女生、高年级学生与低年级学生之间在各陈述中的平均分以用来比较这些群体之间的差别，参见图 10.1。

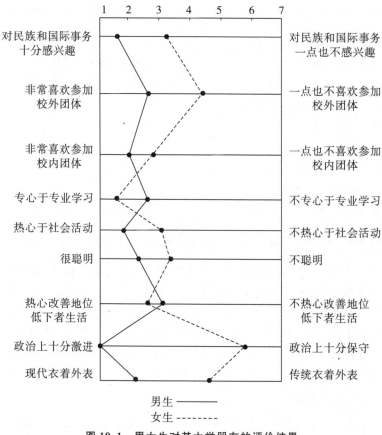

图 10.1　男女生对其大学朋友的评价结果

（2）先将表格中的陈述对按所测的维度分成若干个小组，比如，将上例中的"热心于改善地位低下者生活的工作"、"政治上保守"、"对民族和国际事务感兴趣"等陈述对组合成有关被测对象的"政治表现"小组，将"参加校外团体"、"参加校内团体"、"热心社会活动"等陈述对组合成有关被测对象的"社交活动"小组。然后再按上法计算出各群体在这些小组的总平均分，并比较他们之间的差别。

（3）将对于不同评价的对象或概念在各陈述对上的评分进行比较。例如，只将上例中的评价对象"我的许多大学朋友"换成"我"，其余不变，又可以构成另一个语义差异量表。这样，将回答者在这两个量表上对同一陈述对的分数进行比较，就可以看出回答者对这两个事物的认识或感觉上的差别。并可以通过找出一组回答者的差分中位数来进行深入的分析。

语义差异量表虽然构造起来并不难，但要注意的一点是对回答者的指导语一定要写清楚，最好举一个简单明了的例子来具体说明量表的填答方法。否则有些回答者会在填答时发生困难，从而放弃填答。

另外，在不同的学科中，语义差异量表的特点有所不同。一般来说，在心理学、社会心理学中，研究者往往想测量人们的潜在意识或感觉，因而所用量表常常由成对的形容词构成，而在社会学、政治学等学科中研究者往往想测量人们的社会态度或行为倾向，因此常常以成对的陈述构成量表。

第三节 测 验

一、测验的概念和类型

测验是以间接的方式收集个人的态度、人格结构和心理行为等方面资料的方法。它是一种标准化了的程序，在这个程序里，受测人对一组预先设计好了的刺激做出反应，这些反应能够使得测验者能够以一个数或一组数来描写受测者，并由这个数或一组数推论受测者拥有这个测验所想测量的心理行为的状况。

测量方式有间接与直接之分，对于行为的测量通常是直接测量，例如每周看电影的次数，每月伙食费的支出额等。而对于态度、人格、能力等心理特征，由于无法观察而不能直接进行测量，但某种心理特征在受到刺激时总会做出某类反应，这种反应往往是可以直接进行测量的，测验就是通过对反应的测量而间接地测定与其对应的心理特性。比如音乐能力，我们无法直接对其进行测量，但在一般情况下，音乐能力强的人较之于音乐能力弱的人更善于辨别和记忆音调，而"辨别"与"记忆"显然是可以测量的行为，因此我们可以用钢琴弹出一系列音调让调查对象辨别和记忆反应，由其正确回答的数目和速度来推测他们的音乐能力。在这个例子中，"一系列音调"是一个刺激。这就像温度计的水银柱，通过水银柱高度做出的变化而间接地推定气温的度数，同样，通过在对音调做出反应时的不同得分而间接地推定音乐能力的高低。测验就是通过刺激——反应的联结关系将个体内在的人格、心理与外在的行为联系起来，从而达到通过对外在行为的观察测量而推论它所联结的内在人格、心理特征的目的。在测验中,作为测验刺激的可以是一个或一组量表,这时受试者的反应方式是对自己的行为、态度和意见进行陈述或报告;作为测验刺激的可以是一件工作,例如让被试者打字或绘图,这时受试者的反应是一个可由测验者直接观察到的行为;测验刺激还可以是一个模糊不清的信号,例如一幅自然形成的墨迹图片,这种情况下受试者的反应方式是由墨迹产生的自由联想。因此,若我们想测量某一心理特性,例如智力,就应首先弄清这一心理特性的含义,即回答"什么是智力",同时分析与这一心理特性相关联的行为,即回答"哪些活动是智力的活动",然后制作出相应于这些活动的一组作业,根据个体在这组作业上的表现,推测他的智力水平。

测验按照不同的标准而有不同的分类。目前一般采用的分类系统是以心理或生理特征的类型作为分类标准的,按照这种分类方法,测验可分为能力与成就测验,人格与兴趣测验两大类。

(一) 能力测验

能力是与顺利地完成某种活动有关的心理因素,它包括完成某种活动的具体方式,以及顺利地、成功地完成某种活动所必需的个性心理特征。如从事音乐活动,既需要掌握歌唱、演奏等具体活动方式,又需要形成曲调感、音乐听觉表象等心理特征。能力的本质特征是:(1)预见性或潜在的可能性,在心理学中,能力被作为能预见将来习得知识和技能的可能性;(2)稳定性和恒常性,能力在某种程度上可以说是一种先天的素质,能力测验的目的就是测量个体能力的有无和能力的大小。因此,被标准化了的能力测验具有两种功能:一是判断个人具有何种能力,即所谓诊断功能;二是测定在所从事的活动中,成功和适应的可能性,即所谓的预测功能。

能力测验包括一般智力测验和特殊能力测验。

1. 一般智力测验。智力通常叫智慧,也叫智能,它有各种各样的定义,多数倾向于将它看成某种整体的能力或潜能,笼统地说就是人认识客观事物并运用知识解决实际问题的能力。智力测验就是为科学地、客观地测定人的智能而制定出来的测量工具,其测定结果以数量化的形式来表示,这种数量化是按照标准化程序制定的基准进行的。智力测验由法国心理学家比纳(A. Binet)首创,他与西蒙于1905年制成第一个智力测验。此后,比纳本人及其他人对该测验进行了多次修订,其中最重要的是美国斯坦福大学特曼(L. M. Terman)教授1919年修订而成的"斯坦福—比纳量表"。其最大特点是采用了智力商数(智商,用IQ表示:$IQ = \frac{\text{智力年龄(心理年龄)}}{\text{实际年龄}} \times 100\%$)表示智力的高低。目前广泛采用的是韦克斯勒

(D. Wechsler)1955 年修订而成的"韦氏成人智力量表"、"韦氏儿童智力量表"、"韦氏学龄前期和学龄初期智力量表"。"韦氏成人智力量表"由语言性测验和动作性测验两部分共 257 个问题组成,测验结果用一个人正确回答问题的数目与同龄人正确回答问题的平均数之比表示,即用离差智商取代比率智商。

上述智力测验是将智能作为一个实体或一个单一的数量,它可以测出人的一般能力上的差异,但无法区别人的能力结构的不同,比如两个人虽然智力商数一样,但一个人也许数理能力强而手的灵巧性差,另一个人也许是语言能力强而空间能力弱。为测量个体间能力结构的差异,人们发展出另一类智力测验,它将智力看成是数种基本能力或才能的集合,这一类的智力测验就是由这些基本能力的测验组合而成的测验。由于对智力所包含的基本能力的看法不同,以及由于测验目的的不同,这一类的智力测验有多种多样的形式,例如办事能力的测验是对办公室工作的七种重要技能和能力:算术、业务词汇、核对、编码、口头与书面指示的理解与听从、归档与语言(文法、拼写、标点符号)的测验。而学习能力测验则测量的是智力的三种主要成分——文字理解、数学推理和察觉空间联想的能力。在工业中常用的威斯曼人事分类测验,自我管理测验等均属于此种类型的智力测验。

2. 特殊能力测验。能力分为一般能力和特殊能力。前者如思维能力、智力等,后者是指人在专业活动中表现出来的能力,例如秘书需要较强的文字能力,管理人员需要较强的组织与人际交往能力,革新小组成员需要较强的创新能力等。特殊能力测验就是针对这种需要所进行的测验。特殊能力测验包括空间关系测验、机械才能测验、手指手腕灵活性测验、创造测验、音乐能力测验、美术能力测验、视见测验等若干种。

在实际中,常需同时区分数种特殊能力,这时可将数种特殊能力测验进行组合,做成一个复式测验,它可同时分别测出数种能力。美国劳工部用十年时间编成的"普通能力成套测验"就是一个复式测验,它可以测量许多职业领域中所需要的九种能力。

(二) 成就测验

成就是某一时刻一个人在某一工作上的表现状况,成就测验的目的就在于测量某个人对某项工作已经知道多少或能够完成某种程度。能力是指个体的先天素质,是学习某项工作技能的潜在可能性,是一种心理特性,而成就所表述的则是个体后天的学习,是已经习得的某些知识和技能。能力测验多用于预测,而成就测验多用于评价。在行政管理中,成就测验常用于甄选职工,即根据职工在过去类似工作中所具有的经验与能力挑选出优异者,以作为雇用和晋升之用。

成就测验主要测量:(1)工作知识或见闻;(2)工作技能。工作技能的测验通常采用作业实例方式,像完成一份打字、速记工作或用机器制作一件产品等。工作知识与见闻测验是纸笔测验,即用纸笔回答有关工作方面的问题。成就测验除对受试人本人施测,以了解他的工作知识与工作技能外,还可通过对他人施测,以了解他的工作效绩。我国从日本修订过来的"企业领导行为评价调查量表"就是一种成就测验。这个测验不是施测于领导本人,而是要求领导的直接下级及该单位职工来完成,借以评定企业领导的工作成就。这一调查量表共含61项问题,分为两个方面,十类因素。

(三) 人格与兴趣测验

人格是指个体所具有的各项比较重要和相当持久的心理特征的总和,它"是个体与其环境交互作用的过程中,所形成的一种独特的身心组织,这一缓慢变化的组织使个体在适应环境时,在需要、动机、价值观念、气质、性向、外形及生理等方面,各有异于其他个体之处"。目前的人格测验主要测量情绪、动机(或心理需要)、人际行为和态度等四个方面。个体行为的差异,主要表现在能力与人格两个方面,但人格测量要比能力测量困难得多,这主要是因为人格定义分歧众多,对刺激的反应形式有较多的变异性。此外,被试往往希望表现自己好的一面,故回答带有很强的主观性。人格测验分为两类:自陈式测验和投射测验,在社会研究中多使用前者。

自陈测验的主要工具是量表与问卷,自陈测验就是受试者本人对自己个人人格,按量表项目和回答方式,依自己意见逐一予以评价的方式。人格量表中,一类专为测量人格的单一特质,例如有的只为鉴别服从与支配者,有的只为鉴别内向与外向者;另一类则同时测量多种特质,例如著名的"明尼苏达多项人格检查(MMPI)",这一测验不仅在美国,而且在加拿大、南美各国、英国、意大利等欧洲各国以及在日本、泰国等亚洲地区都有译本和应用。20世纪80年代初我国也以中科院心理所为中心,组织全国有关单位进行了MMPI的中国化的修订工作。该量表1940年由美国明尼苏达大学编制而成,包括26大类550个项目,涉及人生经验的广泛领域,可同时测量人格的多种特质。

在劳动人事管理上使用最广泛的自陈测验是提供有关职业兴趣的测验,例如"库德职业兴趣量表",可以用来衡量十种不同领域的职业兴趣,如机械的、计算的、科学的、劝导性的、艺术的、文学的、音乐的、社会服务的、办公室的和室外活动的。

二、测验的程序

测验是一种标准化程序,所谓测验的标准化,包括两方面的内容,一是测验必须经过标准化的程序进行编制,二是使用时必须按标准化的程序使用,即对每一个受试者给予相同的题目,相同的施测条件,相同的记分法。因此测验结果是可比的,可作统计分析。一个标准化的测验主要包括下述步骤:

1. 测验的编制。在测验目的确定后,就要根据这一目的编制测验草案,编制的程序是:(1)根据测验目的确定测验目标,例如是测验能力,还是测态度,或是人格;是测成人智力,还是测儿童智力等。(2)分析这些测验目标所包含的心理过程或心理特性,弄清这种过程和特性由哪些因素构成,例如欲测智力,首先应分析智力应包括哪些方面的能力。(3)搜集相关的经验材料,例如欲测学生的学科成绩,就要收集教学大纲、有关教科书、测验题目、现成的标准化教育测验以及心理学有关的论著等。(4)编选测验项目,编选时应考虑的因素有:①测验时间;②测验项目的数量;③测验刺激的形式;④计分的方法。(5)将编选好的项目进行编排,制成测验草案,编排的一般原则是先按试题类型分类,然后由易到难地进行排列。

经过长期实践,人们发展出了一批具有相当信度与效度的标准化测验,这种标准化测验得到了普遍承认和运用,上文中提到的比纳智力测验,明尼苏达多项人格测验等,就是广泛被使用的标准化测验。因此,只要可能,人们总是运用现成的测验而不是自编测验,不过在使用时需针对自己的测验目的和要求作一定的修订。

2. 试测。测验编定或选定后,需在少数特定群体中进行试测,以检验测验项目是否合格,所需时间多少,难度大小如何等。试测人数一般在500—1000人左右,试测群体应与欲测总体状况相近。

3. 对测验草案进行修正。试测结束后,应根据试测结果对草案中的项目逐一对难度与辨别度等进行分析,通过项目分析,对不适当的项目进行修正或删除,最后定出正式测验的项目。

4. 正式施测。测验编成后,还要就实施这个测验的情境、具体步骤、要求与注意事项等制成测验手册,以供使用者遵循。施测样本一旦抽选出来,就可以依测验手册施测。

5. 建立常模。常模也就是比较的标准,通常将样本的平均得分作为该测验的常模,它可作为判断个体差异的依据和比较的标准,根据施测样本的类型,常模种类亦不相同,最常用的有年龄常模、地区常模和全国性常模等。

6. 对测验进行检验。即用各种手续对该测验的客观性、信度、效度、辨别度等测验应具备的条件进行鉴定,并将结果记录在测验手册中,作为评价该测验的客观材料。

三、测验的功能与应用

现代的测验方法主要来源于心理测验,心理测验发端于19世纪末和20世纪初,英国的弗朗西斯·高尔顿(F. Galton,1822—1911)、法国的阿尔弗来德·宾乃特和美国的詹姆斯·麦基恩·卡特尔(J. Mckeen Cattell,1860—1944)等人是最早使用心理测验的。到第一次大战期间,心理测验由仅用于个人发展到能够应用于群体,从而大大扩大了测验方法的应用范围,例如一战期间,在分配和审查新兵的过程中,进行了150万人的测验。战后,测验在社会学、社会心理学等学科中获得了很大的发展,测验的应用也扩大到教育和工业等各个部门。

测验作为考察与识别人的一种重要方法在人事管理中得到广泛的应用。测验在劳动人事管理上最重要的用途有:(1)考试与选择新进的职工;(2)分配工作岗位与任用;(3)作为调整工作与职务的参考;(4)制定培训职工的方案以及考核培训的效果;(5)作为职工咨询与指导的依据;(6)作为政治思想工作的参考。

社会研究中应用测验更多是用来进行文化比较与文化变迁研究,例如各国之间,一国之内,各地区、各民族之间,或同一文化的不同历史阶段之间以及不同阶层与群体之间,在心理结构上有何不同,造成这种差异性的社会文化背景是什么,哪些因素影响它们的变迁等等。它关心的是群体和类别间的差异性以及造成这种差异的社会环境原因。需要指出的是,各种测验技术在实践中仍需不断地修订和完善,特别是我国对这些技术的使用还刚刚开始,因此更要谨慎从事。实施测验必须严格遵守心理学和社会学的原则,测验的结果需由受过科学训练的专家加以解释和应用,否则测验极易被人误解,造成不良后果。而且测验有其本身的功能与限制,并非万能的。

第四节 社会计量法

一、社会计量法的一般概念

社会计量法(也称社会交往计量)是"评量某一群体、组织中的人际吸引或拒

第十章 量表与测验法

斥关系的工具",或更进一步说是:"用以决定个人在群体与组织中被接受的程度,发现群体内人与人之间的现存关系,并揭示组织本身的结构特征的工具。"社会计量法是由美国心理学家莫雷诺(Jacob L. Moreno)等人 1930 年所创用的,主要用于小整群体的人际关系与群体结构的研究。

小整群体研究一般是从调查群体所有成员的特征和他们之间的关系(包括相互之间的评价)入手。依研究目的与侧重点的不同,小整群体研究可以分为两类:一类着重于分析群体的内部结构,揭示群体成员间相互关系的特征、相互作用的模式等,例如分析派系、意见领袖和孤立个人、凝聚力、群体成员间相互关系的类型等;另一类研究着重于对群体成员(或其中的某些重要成员,如领导者)做出评判或进行考核,这些评判可以包括他们的威望、被其他成员的接受程度、个人的素质与品格、在群体中的作用等。

社会计量法一般是采用问卷收集资料,对群体实施的是整体调查,即群体的所有成员无一例外的都是调查对象。在设计问卷时要确定以什么为"准绳"来测量所要了解的人们之间的关系。"准绳"通常是一个问题,如"你最愿意与谁谈心?"回答者可以在群体内选择若干人来回答这一问题。准绳的选择关键是要准确反映出所要测量的关系;其次要具体而切实,易于被调查者了解和回答,切忌空泛模糊。比如要了解某科室工作人员间的人际吸引关系,可以问"你愿意和谁的办公桌挨在一起?""你愿意与谁一起讨论工作?"等。准绳也可以是消极的问题,例如"你不愿意和谁的办公桌挨在一起?"但这类问题不应具有强制性、威胁性或挑起不良情绪。在一般情况下最好不要采用消极的准绳。

采用几个准绳来测量一种关系以及对每个问题的回答允许有几个选择,并无一定之规。有的人用多个准绳来测量一种关系,有的人对回答时选择的人数不加限制。但一般的做法是采用一个标准,允许三个选择。经验表明这样做一般可以满足研究的需要,并避免标准选择过多带来的麻烦。

除了上述以问题为"准绳"的测量方法以外,还有一些其他的测量方法,常用的方法有:(1)量表法,即使用量表,让回答者对群体中每个成员的素质、个性或有关行为做出评判。(2)群体偏好记录法,即直接要求回答者对群体内每个成员表示"喜欢""不喜欢"或"关心""不关心"等态度。(3)"猜是谁"技术,即给出一些表述,如"他最关心别人""他待人最热情"等,要求回答者找出群体中最符合这些表述的人。

用社会计量法收集到的资料可用不同的技术加以分析。一般来说,描述性分析常采用图示法,即社群图。图示法可以直观地展示群体内人际关系的亲疏,简单清楚,它一般用于小群体的研究和简单关系的分析。另一种是矩阵分析法,它是将群体中成员彼此间的选择分列于由横轴与纵轴交叉而成的方阵图中,它指出了谁选择了谁,选择的顺序与次数,以作进一步解析分析。矩阵的解析技术可用于分析较复杂的和较大的群体,特别是可借助计算机来帮助处理。深一层的分析方法是指数分析法,即根据各种变量就特定的公式编定社会计量指数,指出群体结构的各种特征。

下面我们通过一个例子来说明社会计量法如何实施,如何整理资料,如何分析,如何通过分析了解群体和组织的结构特征及成员之间人际关系特征,以及如何根据这些特征促进组织的管理,提高组织的效益。

二、社会计量法的程序与方法

(一)实施

实施的单位是某企业的一个生产小组,小组共有31名成员。本次测量的目的是了解小组内人际关系的情况,以便对小组内三个班次及各项工作的人员重新加以安排。首先根据这一调查目的拟定一个问题:"各位都知道在本小组内与谁在一起工作最愉快,请您写出三位您最愿意与他在一起工作的人的姓名,并按愿望的程度在名字左侧标上1、2、3。"问题拟好后还要附有一个简单的说明,说明的内容是:(1)限定团体的范围,在本例中选择的范围仅限于本组中的人。(2)告诉每位工人,他们的答案将完全保密,不让第三者知道。(3)请他们在答案上务必写上自己的姓名。然后将印有问题与说明的纸发给每一个小组成员,请他们回答。

(二)资料整理

答案收上来后,先给每个人编号,如张××为1号、李××为2号等等,然后着手整理。整理的方法有两种:其一是社会矩阵法,其二是社群图法。

1. 社会矩阵法。社会矩阵法是一个 $n×n$ 方形表格,n 是被测群体人数,图10.2是本例的社会矩阵,左方的一列数字为选择者的代号,上方的一行数字为被选择者的代号,表中的①、②、③表示第一、第二、第三选择,表的底部数字为每人所获选择的总数。为了解选择的分布、互选数量及小整群体成分,可将社会矩阵转化成各种统计表,获得更多有意义的资料。

被　选　择　者

选择者	1	2	3	4	5	6	7	8	9	10	11	12	13	14	15	16	17	18	19	20	21	22	23	24	25	26	27	28	29	30	31
1																						①									
2													①												②						
3														②			①														
4																							①								
5																															
6												①											③					②			
7																							① ②								
8				②																				①							
9																		①													
10																															
11			①																												
12																							①					②			
13																												②			
14															②	①															
15						①																									
16																															
17				①																								②			
18				①																											
19																															
20																							① ②								
21																															
22																															
23			③						①		②																				
24																								①							
25			①																												
26				②									①																		
27									①														③						②		
28			①											②																	
29				③			②			①																					
30																							①								
31											①																				
第一选择	0	0	1	3	0	1	0	0	2	0	1	0	1	1	0	2	0	1	1	1	1	1	3	4	0	0	0	0	0	0	0
第二选择	0	0	0	0	1	1	0	0	0	0	1	1	0	0	2	0	0	0	0	0	0	0	0	3	0	0	0	2	2	1	0
第三选择	0	0	1	0	0	1	0	0	0	0	0	0	0	0	0	0	0	0	0	0	0	0	1	0	0	0	0	0	0	0	0
总计	0	0	2	3	1	3	0	0	2	0	1	1	1	1	1	2	0	2	1	1	1	1	4	8	0	0	0	2	2	1	0

图 10.2　某企业某生产小组社会矩阵

2. 社群图法。社群图是以图形综合群体成员间的选择，图 10.3 为本例资料绘制成的社群图，图中每一圆圈中的数字表示一个工人，他们之间发生选择用箭头连接，箭头指向被选择者，如果是互选则用双箭头。绘图时应当注意通常是将受选数最多的放在中间位置，次多者置于它的周围，受选数极少或无人选择者置于最外围。此外在绘图时还应尽量避免线条交叉。

（三）分析

我们主要介绍社群图分析和指数分析。

1. 社群图分析。社群图绘好后,计算下述几个量,并作直观分析。

（1）孤独者的数量。所谓孤独者指的是既不选择他人又不为他人所选的人。图10.3中有一名孤独者:10号。

（2）意见领袖的数量。在群体中被10%以上成员提名的人被称为意见领袖,它们是群体中威望较高的人。图10.3中有两个意见领袖:25号和24号。如社群图中缺乏意见领袖,且图又显得散乱时,表明群体结构松散。

（3）对偶数量。一对互选的成员称作一个对偶,图10.3中有4个对偶:6和29;6和17;29和17;23和9。愈是团结的群体,其对偶数也愈多。

（4）串联的数量。这是指3人以上的连锁关系,如图10.3中的28→16→9→23→11→4→24→25就是一个串联。串联是群体团结的要素,串联数愈多、愈长,群体关系就越紧密。如果社群图中互选的对偶数多而且有较多的长而重叠的串联时,则显示群体或组织有相当完整的结构与良好的沟通网络,成员之间相互比较了解且关系融洽。

（5）小群体的数量。小团体由3个以上成员组成,每个人至少选择一个小团体中的成员,并至少被选中一次,小团体构成一种封闭的连锁关系。图10.3中有三个小团体:①由3、16、9和23号组成;②由6、17、29号组成;③由4、24和25号组成。在一个群体或组织中的这些小团体为非正式团体,多由兴趣、爱好、工作等原因形成。如果社群图中这种非正式小团体明显存在并且小团体之间又很少沟通时,则群体容易产生摩擦。

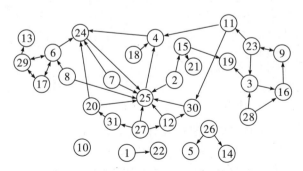

图10.3 某企业某生产小组社群图

（6）主要联络点与次要联络点的数量。在群体中那种当他一旦离开将会使群体至少分成两个小群体(每个小群体至少由 2 人组成)的人,称为主要联络点。那种当他连同另一个人同时离开将会使群体至少分成两个小群体的人称为次要联络点。在本例中 6 号是一个主要联络点;24、8、11、19 和 3 号是次要联络点。由联络点的定义可以看出,如果社群图中孤立者和联络点多,则会增加群体内信息、意见与情感沟通的困难。

2. 指数分析。即通过社会计量指数分析个人在群体中的地位,比较同一群体内不同情境下每个人的社会地位,且对不同群体的特征进行比较。常用到的指数有(计算公式略):

(1) 社会地位指数,表明个人在群体中受重视的程度。

(2) 受选地位指数,表明个人在群体内所受支持的程度。

(3) 高和低选择者,受选择数在平均选择数一个标准差以上者,低选择者是在其以下者。

(4) 吸引率,表明群体内吸引作用发生的程度。

(5) 团结指数,表明群体的团结程度。

(6) 调和指数,表明团体中调和的程度。

(7) 内群亲近率和外群亲近率,前者显示群体成员对本群体向心的程度;后者显示成员的离心程度。这两个指数适用于不限制选择外群体成员时。

各类组织都有自己的人与人相互关系的网络,有利害关联和相互影响,但这些关系很复杂、隐蔽无形,很难从外部观察、把握,运用社群图和指数分析,我们就可以直观地得到群体性质的概貌,即有关群体的下列信息:(1)群体的结构类型,通过类型结构又可以得知群体效率,团结状况如何等;(2)群体内信息沟通方式,效率和存在的问题等;(3)群体的内聚力;(4)群体内人际关系,每个人在群体中的地位;(5)群体中的领袖人物;(6)群体间的关系。

(四) 应用

社会计量法广泛应用于教育、工业和行政管理、军事及社区服务等领域,这些应用主要集中于下述几个方面:

1. 领导才能的评价与干部选拔。社会计量法在评价领导能力方面较其他的方法更正确,因此它成为选拔领导的重要依据。

2. 工作分配。研究表明,社会计量地位与意外事件的发生呈负相关,例如社会计量地位低的钢铁工人,容易发生意外事故。因此,通过社会计量将那些在群体内社会地位低的人甄选出来,重新分配工作,可提高工效,避免意外。

3. 士气的考察。社会计量法常用于对群体士气的考察,并由此探寻影响士气的群体结构方面的原因。詹金斯(J. G. Jenkins)曾用此法在第二次世界大战期间对美国两个海军飞行中队的士气进行过测量,发现两者显然不同,A 队士气高昂,没有小团体存在,指挥官是全中队最受欢迎的两人之一。而 B 队士气低落,有两个小团体,多数以上的人讨厌他们的指挥官。

4. 组织诊断和治疗。诊断就是找出群体、组织在结构和人际关系上的问题。例如各种原因造成的非正式群体间的割裂现象,又如孤立者、受拒者的情况,以及群体士气的考察等。治疗就是将社会计量资料作为重组团体、调整人员、进行思想政治工作的依据之一。例如对生产小组重新分班、调整领导班子的人员搭配等,它还可以对个别成员给予个别帮助,例如根据孤立者被孤立的原因,对其进行指导。

5. 评价。这种评价包括两个方面:从个人所获选择及其社会地位的分析,作为评价职工人际关系及其变化的重要参考;对劳动人事管理措施的效果进行评价,例如领导班子的配备是否合理,奖励制度是否有效等。

第五节　民意测验

民意测验(也称民意调查、舆论调查)是一种了解公众对某些政治、经济、社会问题的意见和态度的调查方法,其目的在于通过对大量样本的问卷调查来精确反映社会舆论或一般民意动向。

民意测验作为社会调查的一个重要工具是在 20 世纪初期开始广泛应用的,但这种方法的科学化还得益于盖洛普(G. H. Gallup,1901—1984)等人。盖洛普于 20 世纪 30 年代初期依据费希尔的抽样理论,在民意测验中采用了科学的抽样方法,并在一系列预测中取得成功。近十几年来,东欧、苏联各国也纷纷建立民意测验机构,其中既有政府主持的,也有民间的,它们专门从事政治、经济、社会等方面的社会舆论和大众心理的调查研究。

80 年代以后,民意测验在我国也得到发展,许多省市、部门都广泛采用民意测验的方法来了解社会情况和群众意见。例如,各地的组织部门都尝试利用民主评议的方法对领导干部进行评定和考核,这种民意调查作为群众监督、公开对话的一种方式可收集到群众的意见和反映,有利于改进组织工作和领导工作。近年来,一些部门还进行了全国范围的社会舆论调查,以反映群众对各种社会问题的意见,了解一般的民意动向,为制定和评价各项改革措施提供重要信息。目前,我国的一些政府部门和教育科研单位,已建立了专门的调查机构。

民意测验的主要作用是:

1. 客观及时地反映社会舆论和大众心理的一般状况和变化情况。例如,

1988年我国对万户农民的抽样调查表明:87.4%的农户对近几年农村发生的变化感到"满意",表示"不满意"的只占0.8%。④又如,美国在1965年到1978年的民意调查表明:1965年有35%的公众对于夜间单独行走感到"害怕",1977年这一比例上升为45%。⑤

2. 为制定或评价政策、措施提供依据。在采取重要的政策或措施的前后进行民意测验可了解群众的有关意见、态度或评价。例如,工商企业为了解商品质量、销路或检查广告效果所做的市场调查和预测;广播电台、电视台为检查节目效果和收视率进行的民意调查,都是为发现问题、改进工作、制订计划、采取相应措施服务的。

3. 对大众心理进行分析和预测。民意测验可对涉及人们主观态度的宏观社会现象进行较客观的分析和预测。例如,将全部调查对象按年龄、职业、收入、地区等分为不同类型,然后比较各类人的态度和心理。除了横向比较外,还可以作纵向比较。国外每年都在民意测验中询问一些同样问题,如"你认为目前生活状况与过去相比是'较好'、'停留原状',还是'较坏'?""你认为社会是在进步吗?"对这些问题的回答进行纵向分析就能发现社会心理的波动状态或一般趋势。

一、民意测验的程序和方法

民意测验实际上是一种问卷调查,其调查范围大至全国,小至一个单位或群体。与问卷调查相类似,它的主要步骤是:(1)确定调查课题;(2)确定调查对象和抽样方案;(3)设计调查问卷;(4)发放和回收问卷;(5)对调查资料进行统计分析。这里只重点介绍民意测验的抽样和问卷设计。

(一) 抽样方案的设计

民意测验是以样本的状态来推论总体状况,因而它一般是采用随机抽样。抽样设计首先要根据调查课题的目的、要求确定研究总体和调查范围,其次是根据调查对象的特点选择抽样方法。例如,1988年中共中央农村政策研究室进行的"万户农民调查"是要了解全国农户的一般状况,因而研究总体是全国农民;所采用的抽样方法是分层抽样,即第一步是在全国28个省(市、自治区)随机抽取300个村,第二步是在这300个村中随机抽取10938个农户。当调查范围较小时,其抽样方法则比较简单。例如,中共北京市委组织部1985年在一些单位对领导干部进行"民主评议"时,是采用简单随机抽样方法,即从一个单位的几百人(或几千人)的名册中用随机数表抽取大于50人的样本。

20世纪30年代到50、60年代,国外的全国性民意测验通常采用定额抽样

（或配额抽样）。此种方法的特点是，分配给样本中各类人的比重与总体中各类人的比重大致相等。例如在总统选举预测时，研究者首先从人口统计资料查出全国有选举权的公民总共有多少，其中男人和妇女、黑人与白人、城市居民与农村居民、各种年龄、各种宗教信仰、各种党派的人各占多少。然后确定从近一亿选民中抽取2000—3000人为样本，样本中各类人的比重是按选民总体中各类人的比重分配的。定额抽样的缺点在于，由于让调查员选取调查对象，样本容易产生偏差。例如调查员可能在规定的范围内选择最容易接触的人进行调查，尽管这些人在性别、居住地、党派、年龄、宗教信仰上符合要求，但在文化水平、职业、收入水平上却可能集中在某种类型上。如样本中具有中等文化水平的人较多，而文盲、半文盲几乎没有，一般工人、职员较多，而干部和个体户过少等。定额抽样的偏差导致了1948年美国总统选举预测的失败。

50年代以后，盖洛普民意测验改为分层随机抽样，具体抽样程序是：(1)将全国分为300个区域，每个区域约50万人，在每区域中分出约10个地带，每一地带约5万人，再在每一地带分出约10个地段（或居住区），每一地段约5000人。地段是按居住特点划分的，它可能是一个街道或一个村落。这样把全国分为约30,000个地段。(2)在这些地段中随机抽取300个地段，它们在地理分布和人口特征分布上有广泛的代表性。(3)调查员在每一地段中采用随机抽样方法确定要调查的楼房或住宅（约10个），然后在每幢住宅中随机抽取一名被调查者。抽出3000人之后再计算各类人的比重，将这些比重与总体作比较，如差异较大就要进行调整。⑥

（二）调查问卷的设计

民意测验的问卷一般比较简单，提出的问题较少，这些问题一般是被调查者熟悉和易于回答的。举例来说，在"万户农民调查"中的问题有：

1. 你认为土地承包到户后，是否有必要建立村合作经济组织？（请在 ☐ 中打√）
(1) 有必要 ☐   (2) 没必要 ☐   (3) 无所谓 ☐
2. 你认为农户每年向村、乡上交的各种摊派和负担款是否合理？
(1) 合理 ☐   (2) 大部分合理、少部分不合理 ☐
(3) 小部分合理，大部分不合理 ☐   (4) 都不合理 ☐

上述问题是由调查员到农户中当面询问，并以他们易于听懂的方式提出问题，并由调查员填写，因此，这类问卷可对文盲或半文盲调查。但是自填问卷、邮寄问卷，则要考虑被调查者的文化程度。

此外，在设计问题时，要考虑这一题目是否有多层含义，如有多层含义就应再从其他角度提出几个问题，以便明确所要了解的问题。

当然，在对人们的意见、态度进行调查时，不可能把各种看法和不同程度区分得很清楚，这就要掌握"适度模糊"的原则，只要能区分出主要的态度、意见，能达到调查目的就可以了。依据这一原则，民意测验的选择回答类别也较少，一般是"赞成""不赞成"两类，或加上"不表态"一类。

总之，民意测验的问卷设计不同于一般的问卷设计，它的主要设计要求是：(1)提出的问题不能超过 40 个，回答的时间控制在 20 分钟以内；在简单的民意调查中还要尽可能减少问题和回答时间。(2)提问和回答要尽可能简单明了。一般是采用封闭式回答，选择回答的类别要尽可能少。(3)要避免使用难懂的词语，要使一般人能理解提问的内容和含义，要针对公众熟悉的或关心的问题提问。

二、民意测验的优缺点

尽管民意测验得到广泛应用，但有些人仍对它持怀疑态度，他们的主要指责是：(1)只抽取千分之一甚至万分之一的样本能否反映出公众的态度？(2)公众的意见是不可靠的、易变的，尤其是一般老百姓都缺乏政治、经济、社会方面的专业知识。针对这两个指责，盖洛普进行了反驳。首先，他以 1938 年的一次全国性民意测验为例说明，只要采用科学的抽样方法，那么当样本数量达到一定规模后，就能较好地反映总体，这时再增加样本并不能提高多少精确度（见下表）。

因此，盖洛普认为，对美国一亿人的民意测验，抽取 1500—2000 人的样本就可以达到足够的精确度。

样本数	赞成国内复兴计划的人数比例
1000 人	53.9%
5000 人	55.4%
10,000 人	55.4%
30,000 人	55.5%

其次，他指出："通过近 50 年的民意测验，我们发现，公众的集体判断是极为可靠的，特别是在那些他们熟悉的问题上。公众实际上常常比他们选出的领导人更早地接受创新和社会变革。"[①]

这说明,民意测验的缺点并不在于以上两个方面。实际上,民意测验的主要缺点和局限是:(1)由于民意测验是用简化的方式来了解公众的一般态度,它对不同含义、不同程度的意见、态度都用是或否、赞成或反对这两种答案来概括,因此它很难做出深入的分析和理论解释。(2)民意测验只限于询问一些公众熟悉、易于回答的问题,它获得的信息较为表面化、简单化、缺乏深度。此外,对于公众不熟悉或缺乏了解的问题,回答的信度和效度有可能较低。由于以上局限,所以在应用民意测验的结果时应做具体分析。例如,某单位群众对某位领导干部给予"好评"可能是出于某种原因,如这位领导可能"人缘较好"或工作能力较强或能给单位群众"谋福利"等。因此,在说明民意的一般情况后,还有必要分析民意的产生原因。在做具体分析时,应当结合其他方法去进一步收集资料,这样才能得出切合实际的结论。

民意测验的主要优点是:(1)能迅速地了解群众对某些问题的看法,及时反映社会舆论的变化情况。(2)调查结果能推论总体的一般状况,具有较高的代表性。(3)只需抽取较少比重的样本就能了解总体和全局的情况,相对来说,能节省人力、财力,且简便易行。(4)应用领域较为广泛。正是由于上述优点,民意测验才能在现代社会调查中得到广泛应用。

注释

① G. 邓肯·米切尔主编:《新社会学词典》,"量表",上海译文出版社 1987 年版,第 279 页。
② G. 罗斯:《当代社会研究解析》,"量表和指数",宁夏人民出版社 1988 年版,第 334 页。
③ E. 巴比:《社会研究方法》,四川人民出版社 1987 年版,第 300—302 页。
④ 见《人民日报》1988 年 4 月 12 日。
⑤ 引自袁方主编:《社会统计学》,中国统计出版社 1988 年版,第 489 页。
⑥ J. G. Gallup, "The Gallup Poll", J. G. 盖洛普:《盖洛普民意测验》导言第 14—16 页, Wilmington: SR Inc., 1984。
⑦ 同注⑥,导言第 8 页。

第十一章

观 察 法

观察是人们日常生活中广泛采用的一种活动方式。例如,观察天气的变化,察看工作状况是否正常,注视上下级和同事们的举止言谈,即通常所说的察言观色,以及观赏自然界的风光景色,观察动植物的特征等等。但是,日常生活的观察与科学的观察有很大区别。前者通常是无意识的或不系统的。而科学的观察则必须要具备以下几个特征:(1)有一定的研究目的或研究方向;(2)预先有一定的理论准备和较系统的观察计划;(3)有较系统的观察或测量记录;(4)观测结果可以被重复验证;(5)观察者受过一定的专业训练。

在社会科学中,观察法是一种搜集社会初级信息或原始资料的方法。这种方法是通过直接感知和直接记录的方式,获得由研究目的和研究对象所决定的一切有关的社会现象和社会行为的情报。观察虽然主要是依赖视觉获取信息,但它也运用其他感官,如听觉、触觉和直觉等等作为辅助。观察法是社会研究的主要方法之一,它通常在实地研究中使用,而且通常结合其他方法共同进行。

第一节 观察的类型

一、分类原则

在实际的社会研究过程中,许多研究人员虽然都是采用观察的方法来收集资料。但是,由于研究目的的不同,所需资料的性质不同,采取的观察形式也往往有着很大区别。总的来看,我们可以从以下四个方面来对观察的方式进行分类:

首先，从观察的场所来看，观察法可分为实验室观察和实地观察两大类。实验室观察通常在具有单向透镜、摄像机、录音机等设备的实验室中进行。有时，这种"实验室"也可以是某些自然场所，如教室、会议室、活动室、俱乐部等等。但这些自然的场所事前必须经过一定程度的控制，比如预先设置某些观察工具，规定好观察的程序和内容等等。总之，要使它尽可能接近实验室的条件。实地观察则是在自然的环境中进行的，即在实际的社会生活中进行的观察。这种观察不需要（实际上也不可能）对观察的场所和对象进行控制，而是深入到现实生活中对实际所发生的现象进行观察。

其次，从观察者的角色来看，观察法可分为局外观察和参与观察两大类。所谓局外观察，就是观察者置身于所观察的现象之外，"冷眼旁观"研究对象的活动和表现。比如，实验室观察就是典型的局外观察，在实地观察中，有些也是以局外观察的形式进行的。比如在汽车站旁的一间楼房内，对车站上排队候车的人上车行为的观察；在书店某个隐蔽处对光顾书店的顾客行为的观察等等。参与观察则是指观察者亲自投身到所观察的社会现象和社会生活中去，在自身成为社会生活中各种活动的一员的同时所进行的观察。比如到工厂和农村，边参加实际劳动边进行观察，或生活在某一社区中所进行的观察等等。当然，根据观察者在参与观察过程中所扮演的角色的不同，参与观察中还有不同的形式。关于这一点，将在"参与观察"一节中详谈。

再次，根据观察程序的不同，可把观察法分为结构式观察和非结构式观察两大类。结构式观察往往事先要对观察的范畴详细分类，对各项内容的观察和记录方法逐一规定。因此，结构式观察常将注意力集中到若干具体的、明确的、许多还是可以计数的行为和特征上。这样，结构式观察的结果通常可以像问卷调查的结果那样进行定量的处理和分析。而非结构式观察则没有这些要求。研究人员事先并不专注于某些特定的行为和特征，在观察过程中也不只是期待这种行为的出现。他们只是当行为发生时进行全面的观察并记录下来。因此，非结构式观察的资料通常不能像结构式观察所得资料那样进行定量的分析和处理，它通常只能从定性角度用来描述所研究的对象和行为。

最后，根据观察对象的不同，又可将观察分为直接观察和间接观察两大类。直接观察即对那些正在发生、发展和变化着的人们的行为所进行的观察。即研究者当时目睹人们的行为举止。目睹正在发生的各种事件和过程。间接观察的对象通常不是正在活动着的人们，不是人们当时的行为和表现，也不是正在发生的事件和活动，而主要是人们行为以后、事件发生以后所留下的各种痕迹。比如通过观察不同的展览会的地板的磨损程度，可以比较哪个展览会更受欢迎；通过观察学校课桌上涂写的内容和数量,可以用来分析学生思想情操和道德观念等等。

综合以上介绍,我们有下列简表,以帮助大家区分:

分类原则	观察类型
根据观察场所的不同划分	实验室观察——实地观察
根据观察者角色的不同划分	局外观察——参与观察
根据观察程序的不同划分	结构式观察——非结构式观察
根据观察对象的不同划分	直接观察——间接观察

在以上四种分类中,各种不同类型的观察方式之间存在着一定的联系。比如,实验室观察总是局外观察,并且常常采取结构式观察的形式;参与观察显然是实地观察,并且常常采取非结构式观察的形式。本节简要介绍实验室观察、局外观察和结构式观察。下两节分别对社会研究中普遍采用的参与观察和与上述几种观察有较大不同的间接观察做较详细的介绍。

二、实验室观察

实验室观察常常是为了了解人们某些具体的、细微的行为特征,这些行为特征则是作为命题中概念(或变量)的指标被观察的。正因为如此,实验室观察常常采用结构式观察的形式来进行。例如,为了检验下列命题:"社会地位高的人在人际交往中处于主导地位",就要对各个概念进行定义和测量。其中"处于主导地位"可以用一些行为特征作指标,如谈话的方式、语调、握手的方式、交往的主动性和被动性等等。

国外的一些研究人员设计了一种结构式的观察方案,通过直接观察不同阶层的人在交往中的目光移动方式来检验上述命题。他们假定,交往中在相互对视了一段时间之后首先移开目光的人处于被动地位。然后,研究人员在备有录音、录像设备的"办公室"里介绍不同的人相互认识,每次2—3人。两名观察人员通过单向镜分别进行观察和记录。在谈话结束之后,介绍人(研究人员)分别询问被观察者的自我感受,即感到自己在交谈中处于何种地位。对比两名观察员的记录可以检验观察的一致性程度,即信度(实际结果约为0.9)。比较观察记录和被观察者的自我陈述及其他行为特征,可以检验以"目光移动方式"作为

"交往中主导(或从属)地位"的操作指标的效度。然后,对观察记录和被观察者所属阶层进行相关分析,就能够检验上述命题。

实验室观察也可以是无结构的。它预先不建立一套分类系统;而是设计一种情景让被观察者自由活动,通常是设计一些游戏,然后观察者在观察孔或单向镜后面进行观察,并采用投入理解法分析游戏过程中的一系列行为。这种观察的目的在于详细地了解行为的过程和特征,理解被观察者的行为动机和价值规范。有的游戏实验被用于心理治疗,让被试人在游戏中发泄自己的感情,使他们的精神压力得到缓解。实验观察还在其他领域中得到应用;如通过模拟测验、模拟会议或处理文件来观察被试者的素质和能力,以这种方式考核和选拔人才。

三、局外观察

由于社会研究的对象是有思想、有感情的人,所以许多研究方法都不可避免地会引起研究对象的各种反应,从而影响到研究结果的客观性和准确性。为了克服这种现象,十分重要的一点就是要使被研究的人意识不到他们正在被研究,同时又要保证他们在一种极其自然的、不受研究人员干扰环境中行动。局外观察的方法正是能达到这些要求的一种研究方法。它的突出特点是"冷眼旁观"。它可用来研究某些公共场所或某些公众闲暇活动(比如观看足球比赛)中的人们的行为和表现。

例如,70年代,美国的反淫秽书刊委员会需要了解经常光顾出售这类书刊的"成人"书店的是哪些人。由于用问卷法或访谈法很难得到调查对象的合作,因此,他们采取了局外观察的方法。通过抽样,选取一些城市的某些书店作为观察点,在书店的外面设置隐蔽的观察所,然后记录进入书店的每一个顾客的特征,记录表格是预先设计好的,主要有四项指标:性别、年龄、社会阶层、婚姻状况。对这些指标进行了操作化,如以服装来区别各阶层,以是否戴结婚戒指来确定婚姻状况。事先还对观察员进行了统一培训,以使观察标准化。

又比如有的社会学家为了研究人们光顾书店的目的性,就在书店内选择一个既便于观察又不引人注意的位置,按照下列事先准备好的观察记录表,对进入书店的人们的行为特征进行了观察。结果表明,女性顾客比男性顾客在书店中的行为更具有目的性。

书店观察表

观察开始时间_____ 结束时间_____

个人情况： A. 男 □　　　B. 已婚 □
　　　　　　　女 □　　　　 单身 □
　　　　　　　　　　　　　 不知道 □

年龄估计：10 岁以下 □　　41—50 岁 □
　　　　　 11—20 岁 □　　51—60 岁 □
　　　　　 21—30 岁 □　　61 岁以上 □
　　　　　 31—40 岁 □

职业或身份：_____ 不知道 □

单独一人 □　　同___个同伴
　　　　　　　 同谁？_____

买了几本书___本　一本也没买 □　不知道 □

进书店时的最初行为：_____

同服务员的接触情况：_____　　　　　一个也没接触 □

同其他顾客交谈情况：_____　　　　　一个也没交谈 □

翻阅书籍情况：_____　一本也没翻阅 □

评价目的性：
　　　有目的的 ├──┼──┼──┼──┼──┤ 浏览的
　　　　　　　　　　　　0

四、结构式观察

结构式观察通常需要围绕所要观察的范畴和事物预先设计出严格的方案。设计的内容主要包括：对这些观察范畴的详细分类；加以标准化以便于客观地测量和记录；然后对记录进行定量分析。

（一）观察的范畴与分类

结构式观察比较著名和典型的例子是美国哈佛大学社会学家贝尔斯对小团体内部成员互动过程的研究。他观察的范畴是"小组讨论会上人们的互动行为"。他设计了12项互动行为，以此进行"互动过程分析"（简称IPA）。这些类别是对"互动行为"这一概念的操作化(见表11.1)。其后美国社会学家伯盖塔又将它扩充为18项,称为"互动过程评分"(简称IPS)。这两套分类系统为观察、描述小团体互动行为提供了标准化的工具。

分类系统是在大量的初步观察基础上建立的。例如,小团体在长期交往中会有一些固定的行为类型,这些类型不仅可以通过对某一特定团体的观察得到,而且也可以依据过去的经验得到。适当的分类可以使观察的资料比较集中,减少那些不必要或不重要的信息,但这要经过一个筛选、检验和完善的过程。贝尔斯最初曾经把互动行为分为50个类别,后来确定为12个类别。如果少量的类别无法概括某些重要的行为类型,这时就需要补充和修订。同样,对观察范畴的选择也要经过鉴定和检验,有些效度不高的范畴将被淘汰。

(二) 观察的记录与分析

结构式观察预先都制定专门的观察卡片,卡片上明确列出各种观察范畴和分类,观察者只需在相应的格内标记,而不做出自己的评价。以上述观察"交往中的主导(或从属)地位"为例,观察卡片可采取下页的表列形式(简化的):

观察卡片没有统一的格式,而是根据具体的观察内容来设计的。设计的原则是简单、易行、可靠、准确。

结构式的观察有些类似于问卷调查,观察卡片上的范畴类似问卷的题项;行为类别相似于问题中的答案类别,因此对观测数据的整理、分析也近似于对问卷资料的处理分析,即可对数据做出总体描述、分类统计、有时也可做相关分析。

观 察 卡 片

编号_____ 日期_____ 地点_____

被观察者编号_____ 观察人_____

时间____时____分到____时____分

观察范畴	行为分类	被观察者编号			备注
		1	2	3	
目光移动	1.首先注视对方				
	2.首先移开目光				
交谈	1.首先询问对方				
	2.主动转移话题				

表 11.1　贝尔斯观察小团体互动的分类及统计

互动范围	行为类别	行为数	%
社会—情感范围 积极反应	1. 显示团结	5	0.7
	2. 缓解紧张：开玩笑等	57	7.9
	3. 表示赞同	179	24.9
工作范围 解答问题	4. 提供建议	59	8.2
	5. 提供意见	192	26.7
	6. 提供工作方向	161	22.4
中性反应 提出问题	7. 探询工作方向	12	1.7
	8. 探询意见	12	1.7
	9. 探询建议	4	0.5
社会—情感范围 消极反应	10. 不赞同	29	4.0
	11. 表现紧张：或退场	7	1.0
	12. 表现对抗	2	0.3
合　　计		719	100

表 11.1 是贝尔斯观察互动行为的统计，所记录的某次讨论会上的互动行为总数为 719，它们分属于 12 个类别。表 11.1 显示出，极端情感性行为很少（第 1、12 类只占 1%）；积极反应（33.5%）大大高于消极反应（5.4%）；互动主要集中在解答工作问题（57.3%）和对别人意见加以肯定上（24.9%）。

以上数据是对"较为圆满"的小组讨论会上互动行为的总体描述；这些数据可以与其他类型小组会议的数据比较；也可以比较小组内部不同个人的互动行为，最后还可以与某些自变量进行相关分析。

第二节　参与观察

参与观察一般与实地研究（Field Study）相联系。它是在自然场所里进行的直接的观察，而且多采取无结构观察的形式。

一、参与观察与人类学

参与观察是人类学和民族志研究中最常用的研究方法。它们的研究对象多是原始社区或特殊的文化与亚文化群体。近几十年来，人类学和社会学也将这种方法运用到对现代社会某些特定群体和社区的研究中。

这种观察的目的是全面、深入地描述某一特定的文化现象。它预先并没有什么具体的理论假设,也很难通过其他方法(如问卷法)获得所需要的资料,因此需要在研究领域内部进行长期观察,从大量现象中概括出研究对象的主要特征。研究目的和特点决定了观察者要有较高的参与程度。在实地观察中,研究人员努力忘却他们自己的文化,试图在当地的文化环境中再社会化。参与观察法的创始人之一马林诺斯基在其名著《西太平洋的航海者》一书中描述了他对突布兰群岛土著文化进行实地观察的情况:

"当我在突布兰群岛的村落中安定下来不久,我就开始用各种方法参加到村落的生活中,等待着村中各项事情的发展……当我每天清晨在村中散步时,我可以很靠近而且详细地看到他们的家庭生活,包括清洁、排泄、烹煮食物以及进餐等等;我也可以看到他们安排一天的工作,看到人们开始干自己的事情,男人们或女人们忙于生产某种东西。争吵、开玩笑、家庭琐事等等,有时是琐碎的,有时是戏剧化的,但这些都形成了我们及土著的日常生活中重要的气氛。土著们每天都看到我,所以他们不再对我有兴趣,对于我的出现,他们既不感到惊慌,也不会在意……我经常违反他们的习惯、规范,土著们因为已跟我熟识,也就会很快地指正我的错误。我要不断地学习像他们那样行动,而且在某种程度上,我已学到了他们那种判别是非、好坏的态度。由于这些,以及由于同他们友好相处,分享他们的游戏与欢乐,我开始觉得自己真正地与这些土著们相通了,这种境界才是完成一个成功的实地工作的初步状态。"

这段话具体、生动地描绘了观察的过程,而且也涉及观察法的几个基本问题。

二、参与观察的类型和实例

在实际的社会研究中,当研究者采用参与观察的方式来收集资料时,他通常必须在各种不同的观察者角色中做出选择。有的社会学家按参与的程度和方式的不同,把角色分为四种:完全的观察者、作为参与者的观察者、作为观察者的参与者、完全的参与者。完全的观察者实际上是上节所谈到的局外观察者。下面我们着重介绍其他的三种角色。

1."作为参与者的观察者"是这样一种角色,他的研究者的身份是被所研究和观察的群体知道的,即人们都知道他是一个研究人员。他是以这种公开的身份参与到被研究群体或社区中进行观察的。这种角色最典型的例子是美国著名社会学家威廉·福特·怀特所做的"街角社会"的研究。

怀特出身于一个中上阶层的家庭,1936年,他从斯沃思莫学院毕业时,获得

第十一章　观察法

了哈佛大学的一笔奖学金。他可以用这一大笔钱在三年的时间里进行任何一项他所感兴趣的研究。由于他当时对社会改革很感兴趣,所以,他决定用这笔钱去研究波士顿的一个贫民区。他选择了一个叫作"科纳威里"的意大利贫民区,因为他觉得这个地区同他头脑中对贫民区的印象最为相近。当然,他的这种选择方法并非是很科学的。他自己后来也承认:"我是在一种不科学的基础上做出这种选择的。"①

为了进入这个地区开展研究,他曾经历过好几次失败的尝试。后来,他终于得到诺顿大街福利委员会一位社会工作者的帮助。这位社会工作者安排他同当地青年帮伙中的一个头头会了面。这个头头名叫多克,29岁。经过坦率的交谈,他同意为怀特在这个意大利社区中做保证人——即允许怀特作为"多克的朋友"去参与和观察各种活动。怀特经常同帮伙的年轻人聚在一起玩滚木球的游戏、打棒球、玩纸牌,也常同他们一起谈论赌博、赛马、性以及其他事情。他在科纳威里生活了三年半,其中有一年半的时间是同一个意大利家庭住在一起。他还学会了说意大利语。在长期的参与观察中,他收集了大量丰富生动的资料。关于他的研究,怀特写道:

"当我开始在科纳威里游逛时,我发现需要对我自己和我的研究做出解释。因为只要我和多克在一起,有他担保,就没有人多问我是谁,或者我在干什么。但是,当我独自巡回于其他群体,甚至在诺顿人中间时,他们显然对我十分好奇……

不久,我发现人们在这样议论我:我正在写一本关于科纳威里的书。这似乎是过于含糊的解释,可这就足够了。我发现,我能否为这个地区所接受,取决于我所发展的私人关系,而远不是取决于我所能做出的解释。写一本关于科纳威里的书是不是件坏事,完全取决于人们对我个人的看法。如果我是好的,那么我的研究也是好的;如果我不好,那么就没有什么解释能够使他们相信写这本书是个好主意。"②

通过参与观察,怀特获得了有关青年帮伙、社区政治以及诈骗活动等等的新的眼光。他的某些最重要的结果论及诺顿帮伙对其成员自我概念和自我形象的社会影响。比如在冬季和春季,玩滚木球游戏是诺顿人的主要社会活动。每周六的晚上,男人们分成不同的队进行比赛。同时,也进行个人比赛。怀特起初对这样一种事实十分困惑不解,即一个人的体育能力看起来并不是影响他在滚木球游戏中的表现的主要因素。例如,要论纯粹的体育能力,弗兰克应该是一个优秀的滚木球手。他曾在一些半职业性的棒球队中干过。可说来也奇怪,当弗兰克在社区中打棒球比赛时,就总是表现不佳。阿列克也是这样,当他平时每天晚上"由于有趣"而玩滚木球游戏时,他是一个标准的滚木球手。可当周六的晚上,诺顿帮聚在一起时,他的表现就糟透了。与此相反,多克和丹尼只是很一般的滚木球手,可他们在滚木球的比赛中却总是打败其他人。

基于他的观察,怀特得到这样的结论:一个人在滚木球游戏中的表现,同他在诺顿帮里所处的地位相关。多克和丹尼享有最高的地位,同时也有最高的得分;弗兰克和阿列克的等级相当低,同时得分也最低。诺顿帮把低地位的成员打败最高地位的成员看成是不合适的。怀特指出,信任在形成滚木球者的表现方面扮演着一种重要的作用。一个低地位者滚木球很出色时,群体的成员往往把他的成功看成是"运气"所致,并且诘难他,可对于最高地位者却不是这样。在这种证据的基础上,怀特得出结论说,在个体的表现与群体的结构之间存在着一种关系,诺顿帮成员的精神健康和良好的心理状态都受到他们的群体关系的影响。

本书附录中选编了怀特介绍他的研究经历和方法的文章。

在我国,费孝通教授的许多研究是运用参与观察法开展研究的突出例子。本书附录中有专文论述费先生的研究方法,读者可同本节所介绍的内容及附录中怀特研究《街角社会》的文章联系起来阅读,以便进行比较,抓住参与观察法的实质。

参与观察法的一个最大优点就是研究者生活在所研究的对象、群体以及社区中间,对许多现象都能够得到生动具体的感性认识。同时,他还能够公开地询问他想了解的任何问题,可收集到许多采用其他方法难以得到的资料。而参与观察的最大不足就是被观察的人们会十分现实地感觉到他们正在被观察,从而有可能改变他们的行为方式。也就是说,参与观察者在客观上必然会影响到被观察对象的行为。比如在怀特的研究中,多克就说过,以前自己的行为是出于直觉,即想怎么干就怎么干,而现在却要考虑怀特将会怎样看、怎样想了。

2. "作为观察者的参与者"则是这样的一种观察角色,它要求观察者既能够成为群体的一员,又能在不暴露研究者身份的情况下询问问题。这是一种要求研究者采取虚伪的角色的情形。例如,装作一个体验生活的作家或进行采访实习的记者等等。这样的角色将允许研究者看起来是好奇的,同时又可以在群体成员不知道研究者所做工作的真正性质的情况下,询问许多研究者感兴趣的问题。但在实际社会研究中,采取这种角色进行参与观察的并不多见。原因可能是作家、记者等类似的角色与社会研究者的角色,对于被观察的群体来说并没有什么大的差别。因此研究者往往要么公开让被观察群体知道他是社会研究人员,就像上面所介绍的怀特的研究那样;要么干脆完全不让被观察对象知道其真实身份,这就是下面我们所要介绍的"完全参与者"的角色。

3. "完全参与者"的角色实际上就是间谍的类型。在整个观察的过程中,被观察群体的成员都相信他是这一群体中的一个普通成员,一点也不知道他是一个观察者。例如,为了研究生产集体中所形成和确立的社会价值的性质和内容,以及为了找出个体把这种价值内化的某些机制,苏联社会学家奥里珊斯基来到工厂,并成为享有充分权利的工人集体的成员。在好几个月中(在没有达到研究目的之前)他一直干装配工的工作。他经常到工人家中串门,很快与工人建立了友谊关系,并在工人中享有一定的威信。没有一个工人疑心车间里来了一个研究者。结果,他用这种完全参与观察所获得的资料出版了一本有关现代社会心理学最迫切问题的著作。

此外,采用这种极端角色的研究者往往是为了了解极端的情况。例如,美国社会学家奥瓦波安便是使用这种完全参与法进行监狱管理与囚犯生活调查的。他先取得政府当局的同意,装成一个犯人,进入监狱中与犯人一起生活。因而,一般犯人对他毫无隔阂,将生活情况及所受待遇予以倾诉。这样,他获得了许多实际的材料,并用这些材料在1914年发表了一本名为《在监狱内》的著作。对监狱生活描述得十分详细,给予美国政府改善监狱设施以很大的贡献。

我国老一辈社会学家严景耀教授,新中国成立前也曾采取完全相同的方法到监狱当犯人,研究中国的犯罪问题。详见本书附录一案例三。

类似的例子还有许多,比如,有的研究者为了了解黑人的生活和遭遇,把自己装扮成美国南部的一个黑人进行亲身尝试,最后用他所见所闻和经历写成了《像我一样的黑人》这本著作。还有的研究者把自己打扮成伦敦的一个穷困潦倒的人,并像游民一样漂泊流浪了好几个星期。后来他用他所观察到的资料写成了一本《穷困潦倒》的著作。有关报刊也曾报道过美国一位33岁的妇女于1979年化装成85岁的老妪进行私访,想了解老年人在美国的处境的消息。她到过14个州,足迹遍布一百多个城市的大街小巷。三年之后,她遍身伤痕斑斑,感情受到严重摧残。她把自己的经历写成一本名为《一个真实的、令人厌恶的故事》的书,描述了美国老年人的悲惨情景,并要求改变这个国家对待老年人的方式。

完全参与的最严重问题是伦理道德问题而不是技术问题。虽然研究者采用这种方法可以获得许多有价值的资料,但是,研究者却都必须面对这样一个问题,即社会研究者究竟有没有为了研究的目的而操纵和欺骗人的权利?

三、参与观察的主要问题

任何观察都要考虑这四个基本问题:(1)观察什么?即观察的对象、范畴和内容。(2)何时何地进行观察?(3)观察者与被观察者的关系。(4)如何得到准确的观察资料。在参与观察中,首先还要考虑如何进入观察现场的问题。

(一) 进入现场

获准进入原始社区需要各种特殊的方式；这是因人而异，因地制宜的。而获准进入现代社会的社区和群体则是更为现实和复杂的问题。一般都要经有关部门的允许或受其委托。如无这种正式的关系，则通常是靠熟人关系。为了获准进入现场可采取一些策略，如协作搞研究，为当地解决某些困难等等，还有一种逐步扩大研究领域的策略，即开始只申请短期的或只在某一分支部门进行的观察，随着研究的进展再提出扩大研究范围或延长时间的要求，这时就比较容易得到批准了。对于一些禁止外人进入的社区和群体，常常是采用完全参与的方式，但在选择这一方式前要慎重考虑，并注意职业道德的问题。

(二) 观察内容

任何观察都包括下列内容：(1)现场的情境：事件或活动的舞台与背景。(2)观察对象的角色、地位、身份、数量以及相互间的关系等等。(3)人们行动的目的、动机、态度。(4)社会行动的类型、产生与发展过程，行为的性质、细节以及影响等等。(5)事件和行为发生的时间、出现频率、持续期间等等。但是，无结构观察预先对具体的观察范畴和观察内容没有明确规定，它可能是全面观察，也可能是观察某些方面的内容，这些都可以在研究过程中灵活变动。

(三) 观察的时间、地点

无结构实地参与观察要求观察者加入到当地的日常生活中，随时随地进行观察。例如，美国社会学家 S. 罗伯特和 M. 兰德对美国中部城镇进行研究时，要求观察员长期住在城镇的公寓或私人住宅里，让"他们在每个可能的情形下，参加该城镇的生活，交朋友，并且与地方建立关系，就像住在城镇的居民一样尽他们的义务"。

(四) 与被观察者的关系

观察者首先要确定自己担任哪种"角色"，然后根据这种角色的要求确定与被观察者的关系。在实地参与观察中，与被观察者建立良好关系是顺利开展研究的一个必要条件。观察者应当遵守当地的风俗习惯，学习他们的语言、参与他们的活动。要使被观察的群体或社区接受，建立相互信任的关系，可采取不同的策略：一种是表现出谦虚、谨慎的态度，使被观察者认为你不会危害他们的生活。另一种是借助上级机关和领导人的支持，显示出自己的重要地位，使当地的人认识到你的研究的重要性。第三种是取得当地关键人物的支持，使他们意识到你的研究也与他们的某些利益相一致。当然，采用各种策略的目的是更好地建立友好互助关系。参与观察也是一门艺术，它需要各种技巧。许多人类学和社会学的实地研究人员都有自己的一套调查技巧和个人经验,这是在长期实践中逐步积累的。

(五) 观察的准确性

参与观察的资料主要是观察记录。它的准确性取决于两个方面:一是如何正确和详细地做记录。二是如何科学地整理与分析观察记录。

记录所观察到的现象和行为,应当尽量在当场或短时间内记笔记,这可以减少记忆的遗漏和错误。但另一方面,要不引起被观察者的注意,以免使他们改变自己的正常行为。此外,有时事件发生得很突然,变化比较急剧,不可能在观察的同时做记录。遇到这种情况时,有经验的观察者通常利用记忆技术在短期内记住行为的细节,或用一些简单的符号注明事件的过程和重要事项,以帮助回忆。然后在事件过后马上做笔记。这种当场或短时间内的笔记一般是杂乱的、潦草的。许多实地研究人员经常在每天晚上对白天的速记进行整理,重新写工作日记或事件记录。它通常包括客观的描述与观察者自己的解释、印象、感想等等两部分内容。

为保证记录的客观性和准确性,常用的方法是同时由两个以上的观察者分别记录,以便相互对照、取长补短。另外,要将记录中的客观描述与观察者自己的解释区分开来,分别归类。在有些场合,除了尽可能详尽记录外,还可以利用录音、录像设备。

长期的实地观察会积累大量的观察记录,为了系统地对记录进行分析,就需要以分类学或流程图的方法来概括、整理。分类可以根据人物、事件或行动为指标;分别建立资料档案以便于查阅和检索。流程图是从资料中归纳出事件发展过程的几个重要阶段,然后对各个阶段或步骤深入分析和描述。

无结构参与观察,虽然预先没有具体的理论假设,但是在观察的全过程,即从准备阶段到资料分析阶段,都必须以一定的理论为指导。首先,在进入现场前要查阅理论文献,了解前人的研究和理论观点,从而选取一定的研究角度和观察角度。其次,在观察过程中要注意所观察到的事实是否验证或推翻了过去的理论。最后,通过对观察资料的分析建立新的理论。

第三节 间接观察

以上所讲的观察方法都属于直接观察,即研究人员直接目睹他的调查对象。直接观察的局限性主要在于观察者或观测工具对被观察者的影响。而间接观察则能完全避免这种弊病。

间接观察是通过某些中介物来观测调查对象；这类似于测量学中的"三角测量"，即分别通过直线和折线来确定某一点的确切位置；并比较各种不同途径的结果来检验各种方法的有效性。在社会学收集资料的方法中，问卷法、访问法、实验法和直接观察都属于直线式的调查方法。而间接观察、文献研究、内容分析则属于折线式的。间接观察包括两种类型：物质痕迹观察和行为标志观察。

一、物质痕迹观察

物质痕迹是指人们的行为所留下的迹象，由于行为者并不曾想到调查研究人员会对这些迹象感兴趣，因而他们的行为是真实的、自然的。美国社会学家韦布将物质痕迹观察分为两类，即腐损测量与累积物测量。

（一）腐损测量

腐损是指人们在活动时有选择性地使用某类物体所造成的腐蚀和腐损。例如，在一定期间内，图书馆中哪些书刊磨损得比较严重，就说明人们更经常地借阅这些书刊，由此可以看出这一期间读者的阅读倾向。又如，观察刑警队车辆的轮胎磨损程度可以推测这一时期刑事案件的发案率，它可以与报表统计的发案率相互验证。

（二）累积物测量

考古学家通过观察历史沉积物可以发现自然界和动植物的演变。同样，社会调查人员通过对人们遗留下来的物质的观察，也可以推测人们的行为特征。例如，观察私人书架上面的灰尘可以猜测被调查者对书籍的喜好程度。对垃圾箱中的丢弃物进行分析也可以得到许多有关行为的信息。美国著名的性研究专家金赛（Kinsey）还运用这种方法对公共厕所墙壁上遗留的涂写文字进行了分析。

当然，对物质痕迹资料的收集和分析都比较困难，尤其是很难判断这种资料的有效性和普遍性。但是，这种方法作为辅助手段，可以提供某些行为线索，可以对其他方法获得的资料进行检验。

二、行为标志观察

这种间接观察方法是通过一些表面的或无意识的现象来推测人们的行为方式和价值观。它假定，这些现象是人们行为或态度的间接反映。

例如，国外研究人员设计了一种"丢失邮件或物品"的观察；他们在不同城市、不同时间将一些标有地址的信件或物品丢失在街上；然后统计这些信件被寄回或物品被送回的比率，不同的比率表明不同地区、不同城市居民的助人程度，它反映了人们在互助行为或社会道德观念上的差异。这种方法还可以验证其他方法的结果。比如,美国社会学家对波士顿居民夜间交往关系的研究就采用了这种方法。研究人员在不同时间将不同标记的铝制钥匙(以便夜间也容易发现)丢落在街上,钥匙链上标有地址、姓名,如过了两个小时还未被人拾走就收回,以免混淆不同时间的回收率。统计各段时间被人拾走的数目和寄回的数目即可算出回收率。调查结果表明,白天的回收率要高于夜间的回收率,这与对问路、回答问卷、结伙的统计结果是矛盾的。研究人员认识到,这种结果反映了夜间活动者价值观的另一层面,即夜间的行人对于同属于夜间活动者的陌生人是友善、互助的,而对于不知是何人丢失的物品这类事情则不太关心。由此,研究者发现了夜间活动者与白天的行人之间的差别:前者具有豪爽、敢于冒险、性格粗放、开朗的特征,而后者在平均程度上是理智的社会人。因而,所有的假设虽然被前三项指标证实,但应当修改为"夜间活动者的助人程度要大于白天的活动者"。这个例子说明,间接观察有助于更深入、全面地了解人们的行为。

间接观察的主要优点是对被观察者没有任何影响,不会使他们产生"反应",因此可以收集到真实行为的资料。它的主要缺点是很难对效度进行检验,无法知道所观察的标志和迹象是否真正反映了所要调查的行为或现象,即使能够反映的话,也很难断定这种行为——指标的关系是否具有普遍性。所以,间接观察一般都作为辅助手段,用以对其他方法进行补充和检验。

第四节 观察的效度与信度

要讨论观察的效度与信度,有必要先简要介绍一下观察的过程及主要步骤。

一、观察的步骤

观察的全过程可分为三个阶段:准备阶段、实施阶段和资料处理阶段。每个阶段中又包括几个主要步骤。

表 11.2 观察的步骤

阶　段	内　　容
准备阶段	(1) 确定研究目的 (2) 制订观察计划 (3) 理论准备和物质准备
实施阶段	(4) 进入观察现场(或实验室) (5) 与观察对象交往 (6) 进行观察(或测量),做出现场记录
资料处理阶段	(7) 整理和分析观测记录 (8) 撰写调查报告

准备阶段包括:(1)确定研究目的。(2)制订观察计划:这是对整个观察过程的图上作业,它包括确定观察对象、观察内容和范畴,选择观察方法,确定观察地点、时间,以及详细考虑在各阶段中可能遇到的各种问题。(3)理论准备和物质准备,理论准备包括查阅文献,提出理论假设或将观察范畴操作化,确定观察指标和分类系统;物质准备包括制定观察卡片或记录提纲,选用技术设备,培训观察员等等。

实施阶段:(4)进入观察现场(或实验室)。(5)与观察对象交往(或与被试者交谈)。(6)进行观察(或测量),做出现场记录。

资料处理阶段:(7)整理和分析观测记录,进行统计分类,得出观察结论;提出理论解释。(8)撰写调查报告。

由于观察法是直接目睹行为和事件的发生与演变,因此它比其他的方法具有更大的表面效度,正如俗话说的:"耳听为虚,眼见为实。"但是,在观察的各个阶段仍然存在着一些影响观察效度和信度的因素。

二、观察的效度

在准备阶段,首先,要选择适当的观察方法,然后根据这种方法,对研究者角色的规定来确定观察方案,在观察地点的选择上应考虑它是否适合于研究目的。例如,要观察少数民族的风俗习惯,却选择一个受外来文化影响较大的村镇就不可能得到预想的资料。同样,对观察对象的选择也要考虑研究目的和观察者角色的影响。如果要研究工人的劳动积极性,就要观察不同年龄、不同工种的工人,并且观察必须考虑研究者本人是否适合于从事这种观察。例如,国外有的社会学家要研究洗衣店工人的工间活动,他采用了参与观察,即进店当了临时工。洗衣店大部分是 50 岁以上的女工,而他本人才 20 多岁,因此,当他在场时,女工们的工间交往活动都集中于同他交谈,并且以母亲对待儿子的方式同他交往,结果,他获得的资料并不是研究目的所需要的。

对内在理论效度影响较大的是理论准备过程,即观察范畴的选择和操作化。例如,以前面对"成人"书店顾客的描述为例,在确定观察范畴时要考虑它们(如婚姻状况、社会阶层)对于研究目的来说是否是重要的和有效的,然后要考虑所确定的操作化指标是否能表示上述范畴,如以戴结婚戒指来表明已婚是否有效(在实际观察中,研究者通过抽样调查发现,50%的已婚男子不戴戒指,他们根据这个比率对观测结果进行了修正)。

在观察实施阶段,影响内在经验效度的因素较多,它们来源于:(1)被观察者的"反应"。当被观察者意识到有人对他们观察时,总是会在不同程度上有意识或无意识地改变他们的习惯行为;尤其是在某些敏感性的问题上(如从事违法行为或私下活动时)。(2)观察者本人的价值观和期望的影响。观察者要做到完全客观地观察是不可能的;他们总是多少带有一些个人偏见。此外,不同的观察者可能会注意到不同的事物,这取决于他们的兴趣和期望。例如,"许多男人同一个女人待了一天后对她的穿戴只有极模糊的概念,但是大多数的女人在见到另一个女人以后几分钟就能详细地描述那个女人的服饰"③。(3)观察者本人感官和记忆力的影响。观察者有时会出现错觉,特别是在紧张、疲劳的时候。他们也会对某些经常出现的现象熟视无睹,而未加记忆。

最后在资料处理阶段,研究者有可能依据自己的偏好来决定资料的取舍,或者挑选有利的数据来构造自己喜好的理论。这些都会影响观察结论的准确性。

观察的效度很难检验,尤其是对无结构的观察。检验效度通常是与其他方法的结果相比较。表11.3列出了两种方法对"成人书店"顾客的调查结果:

表11.3 "成人书店"顾客的特征

社会特征	观察法	问卷法
年龄(或平均年龄)	30—49岁	32岁
性别	99%男性	90%男性
社会阶层—服装	47%—51%中产阶层(西装领带)	
社会阶层—职业		49%(专业—管理人员)
婚姻状况	52%已婚(26%戴戒指)	61%已婚

在问卷调查时,由于研究人员取得了书店老板的合作,采用不记名的方式请顾客填写问卷,并且只调查几项非敏感性的问题,因此,它的效度可以认为是较高的。比较两种方法的结果可看出,尽管观察法的定量方式有些直观,但两种结果是比较一致的。

国外的研究人员对观察中主观判断的效度进行过某些检验。例如,他们请50名学生表达10种面部表情,让另一组学生观察,作记录。结果,观测高兴、友爱、恐惧的准确率为75%,其他如厌恶、轻蔑等表情的准确率为50%左右,总的效度是0.62。可以断定,经过训练的观察员其正确观测的比率要更高。

以上例子说明,结构式的观察只要在各个阶段上注意消除干扰因素的影响,就可以达到较高的内在效度。无结构的观察和间接观察的内在效度不易检验,但它们外在效度较高,而且具有其他方法所不及的优点。

三、观察的信度

观察的信度包括三种类型:(1)不同观察者的相关度;(2)稳定系数,即同一观察者在不同时间观察的符合度;(3)信度系数,即不同观察者在不同时间内观察的符合度。一般来说,不同的观察者或同一个观察者在不同的时间对日常现象的观察是很难完全一致的,国外的研究者曾作过下列实验:

在一次心理学会议上,突然从门外冲进两个人,后面的人拿着手枪追赶前面的人,他们在会议厅中央混战时响了一枪,两人又一起冲了出去。从进来到出去总共 20 秒钟。会议主席立即请所有与会者写下他们目击的经过。这件事是事先安排,经过排演并全部照下相来的,尽管这种情况与会者当时并不知道。在交上的 40 篇报告中,只有 1 篇在主要事实上错误少于 20%,其中 14 篇有 20%—40% 的错误,其余 25 篇有 40% 以上的错误。特别值得一提的是:在半数以上的报告中 10% 或更多的细节纯属臆造。这次观察的条件是有利的,因为整个经过十分短暂,并非常惊人,足以引起人们注意,细节又是事后立刻记下,记录者都是惯于作科学观察的心理学家,并且与事件都无个人牵连,但观察效果却很差。[①]

其他类似的实验,其结果也大致相同,这说明无结构观察的信度很难信赖,也很难检验,除非对一切都进行录像。因为无结构观察主要依靠具体观察者的感官和主观描述,这种主观描述不是以数量表示的,也不是标准化的,很难相互对比。

观察的可靠性取决于不同观察者都集中注意于某些事项;他们不仅要看到而且必须探寻每一个细节,并用标准化语言记录出来。对信度的精确评估,必须运用统计检验,而这只有在结构式观察方式才能有可能。美国社会学家西尔斯等人对结构式观察的信度进行了研究。

他们在一项为期 6 周的观察中,将 4 名观察人员分别组合为 6 个两人观察组,在不同时间观察同一个孩子的行为。一共统计了 63 次的对比资料,他们计算了每次观测时两个观察人员的一致性程度,即信度,得到总的信度为 81%。其中第一周的信度为 72%,第五周为 82%,第六周为 87%。按对行为类型的分类统计,观测孩子们的成人角色行为的信度为 86%,依赖性行为的信度为 61%。所记录的行为大部分是成人角色行为;而反社会的侵犯性行为仅记录了 23 例。上述结果说明,观测信度是随时间递增的,而且有较多记录的行为类别其信度也较高。

提高观察信度的方式,一种是通过在不同时间的重复观察,另一种是增加观察者的人数。但前一种更为可信一些。另外,要注意选择有经验的和受过专业

第十一章　观察法

训练的观察者,对观察的类别要有较清楚的定义。在对不同时间的行为观察时,要注意情境的变化,以及同一个人在不同时期中行为的变化,因为这些都对观察之信度有影响。

第五节　观察法的作用与特点

观察是取得社会信息的重要手段。科学家们认为:"知识来源于对周围事件中相似处和重现情况的观察。"一切科学发现都离不开对具体事物的大量观察。社会学为研究大量的社会问题,它首先要了解在社会结构中结成各种社会关系的不同人群的活动,即人们的社会行为,其次它要了解社会文化和社会经济状况对人们的相互行为的影响。观察可以提供有关社会行为的详细的、第一手的资料,可以对社会情境有直接的感性认识。例如,恩格斯在调查英国工人阶级状况时通过亲身观察详细地描绘了工人的生活状况和社区环境,他说:我寻求的并不仅仅是和这个题目有关的抽象知识,而是要在工人的住宅中观察他们的日常生活,了解他们的状况和疾苦,亲眼看看他们是怎样为反抗压迫者的社会和政治统治而进行斗争的。⑤这种观察为揭示工人阶级的本质特征和行为方式,揭示社会经济状况与工人阶级的思想意识,价值观及伦理规范之间的联系建立了基础。

观察法还用来搜集用其他方法很难获取的信息。特别是当研究者与被研究者无法进行语言交往或处于不同文化背景的情况下,常常采用观察法。英国社会人类学家马林诺斯基为了研究西太平洋突布兰群岛的土著文化,在岛上生活了六年之久。他一方面学习当地的语言,另一方面主要运用观察法了解当地的生活习惯、风俗、宗教礼仪等等,以便揭示隐藏在这些非西方文化现象背后的深层文化结构和它们的社会功能。他创立的实地参与观察方法成为社会人类学方法的典范。

观察也是提出理论假设的基础。在理论研究中经常是一开始对所要研究的问题并没有较全面和深入的了解,没有明确的概念和假设。这时一般要先进行探索性研究,初步观察和了解研究对象的特点,并结合其他方法形成一些理论假设,为下一步的深入研究做准备。

从观察法的作用中可以看出,这种方法具有以下几个优点:

1. 它可以当时当地观察到现象或行为的发生,从而掌握第一手资料。观察不仅可以把握整个现场情况,而且还可以感受到当时当地的情境和气氛,并借助于现场记录或录音、录像可得到详细、可靠的信息。

2. 观察一般是在自然环境中进行,因此,它对研究对象的扰动较小,尤其是在间接观察、局外观察和完全参与观察中,被观察的对象很难觉察到观察者的存在,因而可得到自然条件下真实行为的资料。

3. 观察法特别适用研究无语言文字沟通的调查对象,例如对土著、少数民族和幼儿、聋哑人的研究。

4. 观察法可以弥补其他方法的缺陷。在社会调查中,经常遇到调查对象不愿接受访谈,拒绝回答以及不交回调查问卷的情况。此外,即便回答或填写问题,也有可能有意歪曲真实情况或因记忆不清等原因产生较大的误差。而采用观察法则可避免上述局限性。另外,观察法还可以为文献研究补充具体、详尽的材料,并且能验证其他方法所获得的资料。

观察法的作用和优点是由其特点决定的。观察法有三个主要特点:(1)观察的直接性与自然性。与其他方法相比,在观察中,研究者与被研究者的联系更为直接和自然。(2)由于观察的直接性,因此观察者本人的主观意识和价值取向则更多地介入到观察对象和观测资料中。(3)观察具有广泛性,这不仅指观察法广泛适用于各种场合和情境,它的对象包括各种各样的社会现象,而且也指与其他方法相比,观察者的范围更广,甚至未经多少专业训练的人也可以采用这种方法。但是,也正是由于这些特点,使观察法具有一定的局限性和缺点:

1. 由于观察的直接性和自然性,使它难以控制环境变量和时间变量,很难进行数量分析和统计判断。在自然环境中,研究者很难预见到他所要研究的社会现象何时会发生,很难控制各种影响变量,不易做到有计划的观察。而且一般来说,现场观察的样本数较少,难以定量化,不适于推断到其他场合或其他调查总体。另外,对少数人的观察或一次性的观察很有可能导致歪曲和偏差。

现场研究往往需要直接观察某些组织和人群,如政府机构、领导人等等,但研究人员往往很难获准对其观察。即使是对某一企业进行观察,也可能会由于企业领导人的担忧或职工对观察者的怀疑而导致失败。此外,观察也很难得到私人场合的行为资料,如家庭内部纠纷、高层领导行为、性行为等等。

2. 由于观察的主观性和情感性较强,因此观察资料会受到观察者的价值观和感情因素的影响。在观察时,观察者本人就处于社会环境之中,他与观察对象有着不可分割的联系,这种联系会直接影响他对社会现象的感知和理解。另外,观察主要依赖于观察者个人的感官和思维能力,而人的感知范围是有限的和有选择性的,人的思维方式也是不同的,例如,观察者常常是不自觉地以自我文化为本位,用他自己的概念和文化标准来评价观察对象的行为。因此,观察者不仅有可能忽视某些重要的社会现象,而且不同的观察者也有可能得出不同的结论。由此得到的资料很难重复验证,无法相互比较,对观察信度也不易检验。

一般来说,观察者的参与程度越高,观察的时间越长,观察结果的主观成分也就愈大,情感色彩也越浓。由于观察者与被观察者建立了较深的感性关系,因此他有时可能会拒绝相信或不愿报道某些对后者不利的事情,从而破坏了观察的客观性。

3. 虽然从表面上看,观察是一种任何人都可以采用并适用于大多数场合的方法,但是这也给它带来一定的局限。由于观察的范围较大,涉及各种现象和行为,因此,通过记录而得到的大量观察资料很难整理和分析,这种资料类似于开放性问卷中的回答,它通常是定性的描述或琐碎的记录,缺乏系统性,不易分类和编码。而且,观察的工作量很大,较费时间和精力,需要较多的经费。此外,要从大量的观察资料中提炼出有意义的结论,必须借助于观察者本人的经验和识别能力,从这个意义上讲,与其他方法相比,观察法对于研究者的素质要求更高。

在实际研究中,要做到科学的观察是非常困难的。这种困难不仅来源于观察法本身的特点;更主要的是由于社会科学的性质。研究社会过程与研究自然过程有某些本质区别。首先,社会过程受大量偶然因素的影响,很少会出现完全相同的社会现象,因而很少显示出严格的规律性,只有通过多次,详细的观察才能得到比较可靠的资料。其次,对社会过程的观察和理解要受观察者本人的价值观,情感因素和知识结构的影响。最后,观察者的在场会影响研究对象的习惯行为和行动的正常进程。

当然,观察法,乃至社会科学方法的局限性并不是绝对的。一方面,近几十年来社会科学中的观察手段与技术在不断发展完善;另一方面,观察法有各种形式,它们适用于一定的研究范围并且有不同的特点,因此不能一概而论。

注释

① 怀特:《街角社会》,1955年英文版,第283页。
② 同上书,第300页。
③④ W. I. 贝弗里奇:《科学研究的基础》,科学出版社1984年版,第104页、第102页。
⑤ 《马克思恩格斯全集》第二卷,第269—587页。

第十二章

实 验 法

科学可以说是从文艺复兴时期实验方法的采用开始的。自然科学通过实验建立了理论与经验事实的联系,由此才得以逐步形成并取得飞速发展。

近几十年来,社会科学家也越来越认识到实验对于学科发展的重要。美国社会学家索罗金在60年以前说过:发展一门真正的社会学,看来是大势所趋。因为要对社会行为和社会现象的发展变化做出解释、预测和控制,只能通过实验,其他方法无法完全达到这些目的。

社会科学中研究现象之间相互关系的方法有两种:实验法和相关分析法。后者主要限于对过去的统计资料进行处理,它一般对研究环境很少控制。实验法则是在研究现场中进行,资料搜集与研究过程同步,它对研究环境实行一定的控制,因此实验不仅可以根据原因去预测结果,而且还可以通过控制原因去发现预期的结果。实验法的主要特征就是控制情境和变量来研究社会行为和社会现象的变化,以建立变量间的因果关系。

根据实施场所的不同,可以将实验分为两大类:(1)实验室实验,它限于在有专门设备的实验室中进行,并对实验的条件、控制以及实验设计都有严格的规定。(2)实地实验,它一般在实际场所中进行,它的实验设计并不很严格。根据对变量的控制以及实验设计的严格程度还可以将实验区分为纯实验和准实验。这两种实验在基本原理上并没有很大区别,只不过纯实验对情境和变量的要求更严格而已。

第十二章 实验法

第一节 实验法的原理和程序

一、实验法的基本原理

实验研究的目的是建立变量间的因果关系。通常研究者预先提出一种因果关系的尝试性的假设,然后通过实验操作来进行检验。

一个典型的例子是罗森塔尔和雅各布森在1968年所做的一项实验。他们的研究基于下列理论假设,即"人们对他人行为的期望通常可导致他人向期望方向改变"。由此他们提出的工作假设是:那些被教师认为更聪明的学生,会由于教师的这种偏见而在实际上变得比其他学生更聪明。他们选择一所学校为实验室,让几百名学生参加智力测验,然后从中随机抽取了20%的学生;并告诉教师说,这些学生是测验成绩最高的,因此是最有培养前途的。一年以后,他们又对这几百名学生进行了测验。统计分析表明,上述20%的学生其平均成绩明显高于其余的学生。实验结果证明了工作假设,即教师的期望与学生学习成绩的提高之间存在着因果关系。

从这个例子中可以看出实验法的基本原理:即首先以一个理论假设为起点,这个假设是一种因果关系的陈述,它假定某些自变量(如教师的期望)会导致某些因变量(如学生的成绩)的变化。然后进行如下操作:(1)在实验开始时对因变量(y)进行测试(前测);(2)引入自变量(x),让它发挥作用或影响;(3)在实验结束前再测量因变量(后测);(4)比较前测与后测的差异值就可以检验假设。如果没有差异,就说明自变量对因变量没有影响,从而推翻假设。如果有差异,则可证实原假设,即自变量对因变量有影响。为了排除其他因素的影响,通常将受试者分为两个组:实验组与控制组。这两个组是随机选派的,它们的所有特征和条件都相同,只不过在实验中,实验组(如被老师认为有培养前途的20%的学生)受到自变量的影响;而控制组(其余80%的学生)则未受到这种影响。表12.1是一项假设的实验研究的结果。

表 12.1 假设的实验研究结果

	前测	引入(或改变)自变量	后测	差异值
实验组	$y_1(80)$	x	$y_2(90)$	$de = y_2 - y_1 = U + E$
控制组	$y_3(80)$		$y_4(84)$	$dc = y_4 - y_3 = U$
比　较	$y_1 - y_3$		$y_2 - y_4$	$E = de - U$

(表 12.1 为假设的实验研究的结果)

分两个组进行实验的目的是要考察自变量 x 引起的变化 E。因为即使不引入自变量,由于某些其他外部因素的影响,在一定时间后(几小时、几天或一年)后测的数值也肯定不会与前测的数值相等。外部因素的影响由 U 表示。实验组所受的影响实际上是由两部分组成的:一部分是由于外部的因素,另一部分是由于新引入的自变量,即 $de = U + E$。由于实验组和控制组的构成是采取随机分派的原则进行的,因此实验组所受到的外部因素的影响与控制组所受的影响相等(都等于 U)。这样,实验组真正受到的自变量的影响 E 应该为:

$$E = de - U = de - dc$$

例如,在上例中,对所有学生进行了前测,由于是随机分组,因此各组学生的平均成绩是相等的,即 $y_1 = y_3$(假设为 80 分),平均一年之后的成绩为:$y_2 = 90$ 分,$y_4 = 84$ 分,那么,教师对学生的期望所产生的影响 $E = de - U = 6$(分)。

二、实验的主要组成部分

无论是在自然科学中,还是在社会研究中,大部分实验通常都包括三个主要的组成部分:自变量和因变量、实验组和控制组、前测和后测。

(一) 自变量和因变量

我们说过,实验的中心目标是理解因果关系,其基本内容是检验自变量对因变量的影响。通常,自变量是实验中的刺激因素,是有待检验的、引起因变量变化的原因。因此,自变量应该是能够引起某种变化的。同时,必须经过严格定义和操作化,这样,才便于在实验中进行测量。

因变量是一种应该由自变量所引起的状况,它是研究的关键点,是要被解释的现象。这种因变量应该在状况上与实验前有所变化,也应该在接受自变量刺激的对象和未接受这种刺激的对象之间有所不同。实验者应该尽可能让因变量处于一种自然的状态中被观察和测量。同时,因变量也同样应该是经过操作化处理的,这种操作化处理包括一系列具体的测量方法。

应该注意的是,一项实验中的自变量,可能成为另一项实验中的因变量。

(二) 实验组和控制组

在实验研究中,我们把接受自变量刺激的一组对象叫做实验组,而把不接受自变量刺激的一组叫作控制组。

设置控制组的主要目的,是为了将研究本身(如前测和后测)对实验对象的影响,与实验刺激(自变量)的影响区分开来。为了达到这种目的,就要求在实验开始前,实验组与控制组成员的各方面条件和状况都相差无几,即基本上不存在大的差别。这就导致下面我们将讨论的消除外部影响和控制无关变量的方法问题。

(三) 前测和后测

由于任何实验的关注点总是在于实验刺激(自变量)的效果,所以,证明这种刺激的确产生了某种效果,就是至关重要的了。正是这种证实刺激在产生效果中的中心地位的需要,使得前—后测设计在实验中如此重要。实际上,实验者所寻求的并不是刺激后的结果,而是因变量的变化——从刺激前的某个时间点到刺激后的某个时间点的变化。在实施实验刺激以前对实验对象(实验组和控制组)进行的测量称为前测。而在实施实验刺激后对他们的测量称作后测。

在对实验对象进行前测和后测过程中,也可能产生一定的问题。实验对象可能会对测量问题的形式由不熟悉变得比较熟悉,对研究的目的由不了解变得比较了解,因而可能在后测中有意改变他们的回答,以迎合研究者的意图,或故意与之唱反调,从而影响到实验结果的客观性。同时,两次测量可能会使一部分对象感到厌烦,因而缺乏积极合作的热情。此外,两次测量之间其他一些因素(如实验对象个人的生活经历、环境等)可能发生变化,也可能出现一些突发事件,因而导致两次测量的差别不能完全归于实验刺激。正是因为这些原因,人们又设计出仅有后测的实验。在后面我们将进一步介绍。

三、实验的基本程序

实验研究的程序与其他方法大致相同。可分为准备、实施和资料处理三个阶段以及若干步骤:

(一) 准备阶段

1. 确定研究问题和研究目的。查阅理论文献,确定研究课题的价值及其可行性。

2. 提出理论假设和工作假设。选择和分析各个有关的变量,将变量分类并建立变量间的因果模型。

3. 进行实验设计。选择实验场所、设备、测量工具、确定实验进程、控制方式、观测方法等。

(二) 实施阶段

4. 选取实验对象,采用随机、指派法等手段进行分组。

5. 实施实验。控制情境、引入(或改变)自变量、仔细观察、做测量记录。

（三）资料处理阶段

6. 整理分析资料。对观测记录进行统计分析，得出实验结果，检验假设，提出理论解释和推论。

7. 撰写研究报告。

四、三项基本工作内容

在上述各个步骤中，有三项内容与其他方法差别较大。也可以说它们是具体实施一次实验的三项基本工作内容。这三项基本工作内容是：变量的选择和分类、变量的控制、变量的测量。

（一）变量的选择和分类

在用实验法研究某个问题时，首先要把与研究课题有关的各种因素挑选出来，然后分析这些因素之间的关系，建立因果模型。例如，要研究企业改革中工资制度的改革对工人劳动积极性的影响，工资制度就是自变量，工人的劳动积极性就是因变量。除了这两类变量之外，还有许多因素会对实验结果产生影响，例如，工厂的类型、规章制度、工人的年龄、性别、职务、教育水平等等，这些因素可能是外部影响变量或中间变量，也可能是独立的变量，但它们对于这一特定实验来说，都是需要控制的无关变量。

（二）变量的控制

对自变量的控制就是要有计划地、系统地安排实验刺激的情境和程度，使其作用于因变量。例如，新的工资制应当与旧工资制有明显差异，同时，新工资制的各种形式（如计件工资、浮动工资等等）之间应有较大区别；这样分别进行实验，就可以看出各种工资改革方案所产生的不同效果。

对所有外部变量（或无关变量）的控制原则是：使他们在实验中保持不变或较少变化；如有可能应尽量把它们排除，使其不致影响或混淆自变量与因变量之间的因果关系。控制外部影响因素的方法有以下几种：

1. 随机法。随机法是以随机分派的方式将受试验者分配到实验组和控制组（或各个不同的实验组）。这是最常用的方法，在理论上也是最有效的控制影响变量的方法。因为按照随机抽样的原则，各个组的成员构成、条件都是均等的；受试者的年龄、文化程度、性别比例等等都基本相同，外部因素对他们的影响也是同等的。即使会出现一些差异（如上例前测的平均成绩，实验组为80分，控制组为81分），也只可能是由抽样误差造成的，而不会是系统偏差。

2. 配对法。这种控制变量的方法是找出两个各种条件都完全相同的人，将其中一人分派到实验组,另一人分派到控制组,这样一对一对地分派所形成的两个组在理论上是完全相同的,但在实践中却很难做到,因为世界上很难找到两个完全相同的人。例如:两个人年龄、文化程度、性别都一样,但家庭出身、性格习惯等方面则可能有很大差别。如果要使两个人的各种条件都相同,这几乎是不可能的。为克服这种困难,可采用不太严格的配对法(频数分布配对),使两个组在各种特征上的比例大致相同;或者在某一主要影响变量的分布和方差上大致相同。但是,它们不能消除其他未控制因素的影响。因此,配对法常常结合随机法一起运用,而很少单独使用。

3. 排除法。这种方法是在实验之前把其他影响因素排除在外。例如,测量不同年龄的学生的智力水平时,性别、家庭背景也可能会对智力水平有影响,为排除这些影响,可以只对出身于知识分子家庭的男学生进行实验。不过,这种实验结果不能推论到女学生和其他家庭出身的学生。因此,排除法在实验中不常使用。

4. 纳入法。纳入法是把其他主要的影响变量也当作自变量引入到实验中,同时对几个自变量进行操作、测量和检验。这就需要较复杂的实验设计,并运用统计分析的方法考察各个自变量的影响和它们的相互作用。

(三) 变量的测量

实验所要求的观测记录应当是定量化的数据。因为自变量对因变量的影响只能通过定量化的指标才能加以评定。自变量(实验刺激)可以是定类的,如前面所提到的旧工资制和新工资制,但它的变化程度应当有明显差异或容易观测。例如,若研究人的个性、价值观、动机需求对人的行为的影响时,对于这些自变量就很难精确观测。

对变量的测量一般采用问卷、量表和仪器等工具。测量工具的选用首先要保证它的内在效度和信度,即测量的准确性和可靠性。其次,要注意测量对受试者的影响。例如,同一批受试者既接受前测,又接受后测,就很容易使他们意识到实验的意图,致使实验结果的效度降低。在测量时,应尽量不使实验对象觉察到实验的真正目的。为此,可以采用一些自然的或者伪装的测量方式,如在课堂上测量等等。

第二节　简单实验设计

实验设计大致可分为两类:简单设计和多组设计。简单实验设计是对单项假设进行验证,即考察一个自变量与一个因变量之间的因果关系。此外,它只分为一个实验组和一个控制组,或仅有一个实验组。多组实验设计则有三个以上的组,它可以考察多个自变量与因变量之间的关系。

一、简单实验设计的几种模式

(一) 单组前后测实验设计

这种设计没有控制组,只有一个实验组,其模式如下图:

	前测——实验刺激——后测		
实验组	y_1	x	y_2

它假定自变量的影响可以通过比较后测(y_2)与前测(y_1)的差异(de)来考察。例如,在一项实验中,让受试者填写一份有关种族偏见的量表,然后让他们看一部反对种族偏见的电影,过一段时间,再填写上述量表,比较前后差异,就可以看出宣传工具对人们观念变化的影响。这种设计一般在研究人员能够确定外部因素不会对实验产生影响即 $U=0$ 时才采用,否则,它无法区分因变量的改变(de)有多少是自变量引起,有多少是由其他无关变量引起的。

(二) 两组前后测实验设计

这种设计也称为典型的或传统的实验设计。其模式如下图:

	前测——实验刺激——后测		
实验组	y_1	x	y_2
控制组	y_3		y_4

典型实验设计的主要优点是:(1)比较实验组和控制组前测与后测的差异值,不仅可以确定自变量的影响,而且还可以排除外部因素的影响。(2)可以排除前测造成的某些干扰影响,例如,在第二次回答测验题时,由于对题目比较熟悉,所以后测的成绩肯定要高于前测。但因两个组都同样受这个因素的影响,因而不会影响实验的内在效度。

典型设计的主要缺点是:受试者经过一次前测,所以可能会对自变量的引入产生敏感,这样,虽然不会影响内在效度,但会影响和降低实验的外在效度。例如,在对种族偏见的测量中,实验组的人两次填写同样的表格,就很可能会意识到让他们看一部反对种族歧视的影片是什么意图,因而使第二次填写的效度大大降低。在前测会引起受试者敏感的情况下,应考虑采用无前测的实验设计。

(三) 两组无前测的实验设计

由于上面提到的前测的影响的缘故,人们设计了两组无前测的实验模式。其模式如下图表示:

	实验刺激	后测
实验组	x	y_1
控制组		y_2

这一设计中,实验对象一般是随机抽取和随机分派的。在实验组引入自变量之后,同时在两个组测量因变量。例如,在实验组看过反对种族歧视的影片之后,测量两个组对种族偏见的态度,就可以看出影片对人们观念的影响(E)。由于两个组的成员是随机分派的,因此可假定他们的各种特征和所受影响是相同的,唯一不同的是,实验组看过电影,而控制组没看过,因而两组之间的差异只可能是实验刺激(影片)导致的。此外,由于不进行前测,所以排除了前测与实验刺激之间的交互作用效应。因此,对于这一特定实验来说,这种无前测的设计比模式(1)和(2)都具有更高的效度。

简单实验设计只考虑一个因变量与一个自变量的关系,因而操作容易、简单易行,可以检验和建立明确的因果关系。但是,它将现实生活中错综复杂的关系简化为单一的因果关系,这就大大降低了实验结论的概括能力和外在效度。因为现实事物往往是"多因多果"的。简单实验设计的另一个缺点是:它将所有的其他影响因素都作为无关变量加以控制和排除,忽视了各种因素间交互作用的效应,因而降低了实验的内在效度。

二、交互作用效应

交互作用效应是指实验刺激(自变量)的影响(用 E 表示)、外部因素的影响(U)与前测干扰影响(P)三者之间相互作用所产生的影响。

以测量种族偏见的实验为例,实验刺激(看电影)与前测干扰的交互作用是指受实验者将测量与看电影联系起来,从而猜测出实验目的所产生的影响,用 I_{PE} 表示;这种影响表现为受试者不愿被别人视为种族歧视者,因而在第二次测量时隐瞒自己的真实态度。实验刺激与外部因素的交互作用以 I_{EU} 表示;由于在两次测量的间隔时期,受试者不仅通过反种族歧视的影片,而且还可能受到其他因素的影响(如看书刊、报纸、听讲演等),因此,他的观念变化还归因于看电影与书刊、讲演等无控制因素共同作用的强化效应。此外,前测与外部因素的共同作用以及这三类因素的共同作用都会产生交互作用效应（用 I_{PU}、I_{PEU} 表示）。

简单实验设计未考虑交互作用效应，所以它的实验结果是不太精确的。从下表中可看出三种简单实验设计的精确性。

表 12.2　差异值的构成

实验设计	观测到的差异值
(1) 单组前后测	$d = y_2 - y_1 = E + P + U + I$
(2) 两组前后测	$d = (y_2 - y_1) - (y_4 - y_3) = E + I_{PE} + I_{EU} + I_{PEU}$
(3) 两组无前测	$d = y_2 - y_1 = E + I_{EU}$

注：E：自变量 x 引起的观测值变化
　　P：前测引起的改变
　　U：外部无控制因素引起的改变
　　I：交互作用引起的改变
　　　$I = I_{PE} + I_{PU} + I_{EU} + I_{PEU}$

设计(1)只有一个实验组，它除了假定前测(P)和外部因素(U)影响很小外，还将这些因素的交互作用忽略不计，因此它的测量结果误差较大，效度较低。设计(2)通过控制组排除了前测和外部因素的影响，只有一些交互作用效应影响它的实验效度。设计(3)由于无前测，因此效度最高。但是无前测也有一定局限性，它无法比较不同时间的变化，而且无法检验在实验开始时两个组的特征值是否相等。例如，在考察教师期望对学生成绩提高的影响时，就不能采用这种设计。

第三节　多组实验设计

多组实验设计可以部分地克服简单设计的两个主要缺点：(1)它可以排除某些交互作用效应对实验结果的影响。(2)它可以考虑多种因素（自变量）与因变量的因果关系。

一、所罗门四组设计

这种设计精确测量干扰因素和交互作用效应的影响。它综合了典型设计和无前测设计的优点。

表 12.3　所罗门四组实验设计

	前测	引入(改变)自变量	后测	差异值
实验组(1)	$y_1(80)$	x	$y_2(90)$	$de_1 = y_2 - y_1$
控制组(1)	$y_3(80)$		$y_4(85)$	$dc_1 = P + U + I_{PU}$
实验组(2)	无	x	$y_5(87)$	$de_2 = E + U + I_{EU}$
控制组(2)	无		$y_6(83)$	$dc_2 = U(3 分)$

表 12.3 中实验组(1)和控制组(1)相当于典型设计,实验组(2)和控制组(2)相当于无前测设计。该设计可以测量自变量、外部变量和测量干扰这三类因素各自对因变量的影响。下面再以教师期望(x)与学生成绩之间因果关系的实验为例简单说明这一方法的运用。

首先,随机分派四个组,按表 12.3 的设计对各组学生进行测量,测量的成绩列在表中的括弧里。由于是随机抽样和选派,所以尽管实验组(2)和控制组(2)没有前测,但可以假定他们的前测平均成绩也是 80 分,而控制组(2)一年后的成绩为 83 分;这样就可以知道外部因素对学生成绩的影响($U = 3$ 分)。由($y_2 - y_3$)得到 $P + I_{PU} + I_{PE} + I_{PEU} = 3$ 分。其中,$y_4 - y_6 = P + I_{PU} = 2$ 分,这就精确地了解到测量干扰以及由前测引起的交互作用效应对因变量的影响。最后,由($y_5 - y_6$)得知,自变量对因变量的影响($E + I_{EU}$)为 4 分。因此,实验组的前后测差异值($de = 10$ 分)中,教师期望所产生的影响约为 4 分,外部因素影响为 3 分,测量的影响为 3 分。然后,通过对变异值的统计检验可以判断,教师的期望与学生成绩之间是否存在着因果关系。

所罗门四组实验设计的实验效度较高,可以区分出外部因素和测量干扰的影响。但它的缺点是:(1)设置四个组,必然要增加受试者人数,从而增加了实验的困难。(2)所得结果必须经过复杂的统计检验,对单变量实验的检验一般比较简单,对两组的平均值变异可采用 t 检验,对三组的平均值变异可采用 F 检验,而对四组的平均值变异的检验要用比较复杂的 χ^2 检验。这就使较简单的问题复杂化。(3)它只能判断其他外部因素对因变量有否影响,但无法确定哪些变量与因变量间还存在着因果关系。例如,假如教师期望的影响只占 10%—20%,而外部因素的影响占 60%—70% 的话,那么就要找出对因变量有主要影响的其他自变量。

二、多因素设计

以上介绍的实验假设都是检验单项假设,即关于一个自变量和因变量的因果关系。多因素设计则是检验多个自变量(或一个自变量的多种取值)对因变量的影响。

例如,国外社会学家1976年研究了来访者的频数与退休老人健康程度的关系(见表12.4)。

表 12.4　多因素设计

	前测	引入自变量 x(来访者)	后测	差异值
实验组(1)	y_1	x_1(经常)	y_2	$de_1 = y_2 - y_1$
实验组(2)	y_3	x_2(较多)	y_4	$de_2 = y_4 - y_3$
实验组(3)	y_5	x_3(很少)	y_6	$de_3 = y_6 - y_5$
控制组	y_7	x_4(无)	y_8	$dc = y_8 - y_7$

这种设计是对典型设计的扩充,它有三个实验组,各个组的自变量强度有明显差异。实验发现,前两个组成员的健康状况变化不明显,而后两个组成员的健康程度明显下降。

多因素设计的另一形式是考察两个以上的自变量对因变量的影响以及自变量之间交互作用对因变量的影响。一般也称为因子设计(Factorial Design)。它假定外部因素的影响等于零。例如,要检验教师期望(x_1)和采用新教学方法(x_2)对学生成绩的影响时,可做如下设计(见表12.5)。

表 12.5　(2×2)因子设计

	前测	引入自变量	后测	差异值
实验组(1)	无	x_1　x_2	y_1	$y_1 - y_2 = I_{12} + E_2$
实验组(2)	无	x_1	y_2	$y_2 - y_4 = E_1$
实验组(3)	无	x_2	y_3	$y_1 - y_3 = I_{12} + E_1$
控制组	无		y_4	$y_3 - y_4 = E_2$

因子设计为消除前测引起的敏感影响并减少工作量,一般都运用无前测的设计。上述例子中有两个自变量(x_1 和 x_2),每个自变量有两个值(有 x 和无 x),分为四个组,通常称为(2×2)因子设计。因子设计可以同时包括多个自变量,每个自变量也可以有多个取值。但是,随着自变量的增加,实验组的数目也要相应增加。例如,在上面的例子中,若再考虑对不同年级学生的影响(假设为三个年级),就变成了(2×2×3)设计,分为12个组(见表12.6)。

表 12.6 （2×2×3）因子设计

x_2		新教学法		旧教学法	
x_1：教师期望		x_1	无 x_1	x_1	无 x_1
x_3 年级	一年级				
	二年级				
	三年级				

如果再考虑年龄的影响，就成为四变量 2×2×3×2 设计，实验组数目还要成倍增加。这在实际中很难实施，因为这种实验至少需要几百名受试者，并要进行大量复杂的数据处理和统计分析工作。

三、重复测量设计

重复测量设计不是像上述设计那样对不同组的受试者施以不同的实验刺激，而是对每个组（也即每个受试者）都给以不同的实验刺激。实验效果不是以不同组的观测值差异值来表示，而是通过每个组对不同刺激的差异来反映。

例如，要测量不同学生解答形象思维和逻辑思维智力测验题的差异，可作下列设计（见表 12.7）：

表 12.7 重复测量设计

	形象思维测验	逻辑思维测验
第一次	男生（10人）	女生（10人）
第二次	女生（10人）	男生（10人）
比较	（总、男女）平均分	（总、男女）平均分

可以看出，重复测量是一种轮换的方法，即每个组都先后接受不同的测量，然后通过比较每一组不同测量的平均值就可以检验不同刺激造成的不同差异。它的优点是：(1) 不用随机抽取实验组和控制组，而只需选取几组实验对象让他们参加各种项目的测验，因此，不必担心组间特征值随机误差的影响。(2) 只需较少的受试者就可达到实验目的。例如，在上例中，若采用控制的方法则需要四个组（40 人）；而重复测量只需要 20 人。(3) 它的实验假设可以有多个，即一个实验可以同时检验几个假设。如上例，实验目的是检验男生组、女生组和总体的

形象思维能力和逻辑思维能力有何差异,其中,实验变量是智力测验。重复测量设计的局限是:对有些易于引起受试者敏感或产生较大交互作用效应的实验变量不能进行重复测量。这种设计一般在无法进行随机抽样而只能进行整群选择时采用。例如,要检验三套试题的难易程度,一般只能在学校选择几个班让全班同学都参加实验,这时就必须运用重复测验(见表12.8)。

表 12.8 重复测验

	试题 I	试题 II	试题 III
第一次	一班	二班	三班
第二次	二班	三班	一班
第三次	三班	一班	二班
比 较	平均分数分布	平均分数分布	平均分数分布

这里必须注意:各组受不同实验刺激的顺序不应相同。例如,如果几次实验中,三个班都依次做同一套试题,各套试题的平均分差异就有可能是时间因素或学生技能提高引起的,从而分辨不出试题本身的难易程度。

四、拉丁方格设计

拉丁方格设计也是一种多因素设计,但是与因子设计不同,它不是考察多个自变量与因变量的关系,而是考察多个自变量的引入顺序对因变量的影响。这种设计可以引入多个不同自变量,这些自变量只有一个取值。实验组的数目取决于引入的自变量,有多少个自变量就分派多少个实验组。每个实验组都依次引入各个自变量,但引入的次序各不相同(见表12.9)。

表 12.9 拉丁方格设计

	引入自变量 x 的次序				观测比较
	① →	② →	③ →	④	
实验组(1)	x_1	x_4	x_2	x_3	y_1
实验组(2)	x_4	x_3	x_1	x_2	y_2
实验组(3)	x_2	x_1	x_3	x_4	y_3
实验组(4)	x_3	x_2	x_4	x_1	y_4

实验组可以只有一名被试者（在拉丁方格设计中各组通常只有一名成员），也可以有多名被试者。所引入的自变量在每一行或每一列仅出现一次,每个实验组都依次接受一系列的实验刺激,但各组的实验顺序是不同的,这样就形成了多种互不相同的自变量组合方式。观测不同组合所产生的效果,就可以检验引入自变量的顺序是否会对因变量造成不同的影响。如果各组的因变量观测值（y）都相同的话,那么就说明引入自变量的顺序对因变量没有影响,这种顺序是可以互换的,因此每个自变量都是独立的,它们的作用可以叠加。否则的话,就说明这种顺序对于因变量的变化有影响。通过比较观测值（y）,可以发现哪种顺序使因变量发生更大的变化。此外,y值的不同,还说明某些自变量不是独立的或说明这些自变量之间有交互作用,这时,就要对各个引入阶段的 y 值进行比较和分析,以便对这种差异的产生的原因做出解释或提出假设。一般来说,拉丁方格设计无法测量出交互作用效应,它只能检验实验顺序对因变量的影响,并判断自变量之间是否存在交互作用。

拉丁方格设计的缺点是：(1)它必须保证各组成员的特征相同,不会影响实验结果。但在小样本的情况下,很难找到各种特征都相同的被试者。(2)各种自变量是共同发挥作用的,因此,无法区分每一个自变量对因变量的单独影响。这种设计一般在特殊场合中才采用,即检验自变量的组合方式对因变量的影响或找出最佳组合方式时才使用。

第四节　准实验法

在社会研究,由于研究对象的性质与自然科学中研究对象的性质有着相当大的差别,因而常常不可能像自然科学家那样,在设备良好的实验室中,严格地控制各种条件来进行实验。通常,人们总是采取准实验的方法。所谓准实验方法就是没有严格地进行指派和严格控制实验刺激的实验方法。它通常不是在纯粹的实验室环境中,而是在研究现场进行,它们常常依据现场的条件和可能性来设计实验方案,并对纯粹的实验设计加以简化。

准实验法的特点是：(1)它的实验假设并不一定是因果关系的假设,也可能是相关关系的假设。(2)它很少采用严格的随机抽样。(3)它通常缺乏前测和控制组。有些人认为,这种实验没有严格地执行实验方法的准则,因此,它不是科学的实验。但是,更多的社会工作者认为,科学并不是以纯实验为起点和目的的,科学的发展必须利用现实所能提供的手段和技术,而不能等待完美的方法产生以后再进行研究。同时,实验设计本身也是一个从无到完美的不断发展过程。

而目前社会科学的实验已基本具备了科学方式所要求的条件。尽管它并不总是能检验或建立因果关系,但这种"准实验"至少是能检验相关关系并能发现新的事实的。

准实验法主要有下列几种类型:

一、相关设计

相关设计(Connectional Designs)通常指交互分类设计,这是社会学研究中最常用的分析方法之一。它的形式近似于两组无前测设计。但是,实验组和控制组不是随机分派,而是根据实验变量(自变量)的要求选取的。例如,海斯(Heiss)(1972)使用这种方法进行了一项研究。他的假设是:美国黑人的婚姻持久性与其父母家庭的婚姻持久性相关。它的实验结果和设计如下:

表 12.10 相关设计

	实验变量(父母离过婚)	离婚率
实验组	x	39.2%
控制组		31.2%

实验组的成员,其父母都离过婚,控制组的成员的父母则都未离过婚。两组成员的离婚率有较明显的差异。实验结果看起来似乎是验证了假设。

但是,相关设计由于对各实验对象没采取控制,所以无法排除其他变量的影响,因而,它的内在效度较低。在上例中,实验对象的年龄、文化程度、家庭背景、职业、父母离婚的时间等都对实验结果有影响,如果对以上的变量加以控制,就相当于采用配对法抽取和分派实验对象,即将上述特征都相同而仅在父母离婚方面不同的一对对象分派到实验组和控制组,这样才能提高效度。但在现实中,很难做到这一点,因此一般都是利用统计分析中控制变量的方法来解决上述问题。但运用统计分析方法需要较严格的抽样和较大的样本,并且需要对统计资料或者问卷的效度进行检验。

相关设计的另一缺点是缺少前测,无法进行时间序列的比较。解决这一缺陷的一种方法是,增加一个事后回溯设计,即在引入实验刺激并加以后测之后,再询问被试者过去的状况。以此与因变量的后测值比较。例如,要了解参加战争对士兵政治态度的影响,一方面要了解士兵们目前的政治态度,另一方面还要询问他们战前所持的态度。但是,要注意,人们对过去状况的回忆通常是受目前状况影响的,即使他们主观上愿意真实地回答,也可能由于记忆不清或选择性记忆而产生较大的偏差。

二、时间序列设计

时间序列设计(Time-series Designs)是对相关设计的扩充,它也是一种交互分类设计,不过,它的前测和后测包括多个时点,由此组成了一个较长时间序列的观测值,从这些因变量的变化趋势中可以发现自变量的影响程度和影响过程。例如,要研究物价改革(x)对不同城市,不同阶层的人所造成的影响,可以选两个组进行长期观测。例如,某一城市的物价变动很大,从这一城市选取一个实验组,而另一城市的物价变动较小,则把它当作控制组。若考察这种变动与人们对政府的信任程度之间的因果关系,可以运用时间序列设计。设计和假设的实验结果如下图所示:

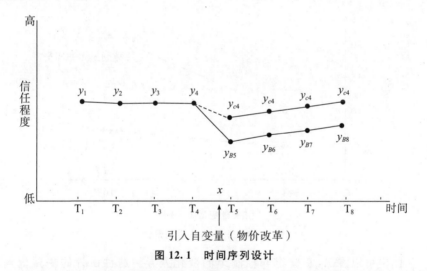

图 12.1 时间序列设计

由图中可见,由于自变量的影响,实验组的 y 值明显下降,控制组下降程度不大,假如这段时间内其他因素不会对信任度有较大的影响,那么就可判定,自变量(x)与因变量(y)之间有明显的因果关系。同时,从趋势上来看,y 值在急剧下降之后,有一段时间会保持稳定的,然后又相对缓慢回升。

时间序列设计有多个观察点,而且在每一时点都对实验组和控制组加以测量,因此,从它的差异可以发现因变量的变化趋势,由此可以预测未来的发展变化,并在实际发展过程中检验这种预测。

时间序列设计也称为趋势研究,它一般用于研究较长时期内人们的态度和价值观念的变化。例如,盖洛普民意测验机构通常用这种方法研究社会舆论的变化。但是,这种方法需要较多的人力和物力。此外,它还有两个缺点:(1)它无法断定所假设的自变量是否对因变量有主要影响,因为在很长的时期内,会有许多其他因素导致因变量的变化。(2)测量态度和价值观的变化是很困难的,由于趋势研究是要不断地观测社会发展变化和新的社会现象,它很难利用现有的量表或标准问卷,因此无法确定测量工具的效度。

三、非等组前后测设计

这种设计的形式与典型设计相似,但是,它的实验组与控制组是不等同的。例如,要调查加入共青团对青少年思想和行为的影响,可以以青少年违法率作为因变量,以团员为实验组,非团员为控制组。实验设计和假设实验结果如图 12.2 所示。

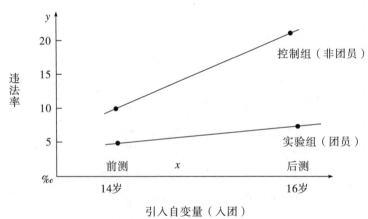

图 12.2 非等组前后测设计

从图中可以看出,实验组与控制组的变化差异。这种设计的主要优点是:(1)它不仅可以得到后测的差异,而且还可以知道前测的差异。如果仅有后测的话,就不可能知道实验组在引入自变量前(如入团以前)是处于何种水平。(2)它可以得到更多的信息。例如,从图 12.2 可以看出,违法率是随着年龄增长的,因此对实验结果的解释就要考虑更多的因素,并重新修正原有的假设。它的缺点是,由于两组是不等同的,因此无法推论 x 与 y 的因果关系,因为 y 的变化很有可能是不同的实验对象所固有的,没有控制实验对象的固有特征就不能检验出 x 的真正影响,最多只能说明所假设的自变量(入团与否)与因变量(违法率)之间存在着相关关系。另外,从实验结果中也无法确切判定入团是否是原因,而其结果是导致违法率的变化。

四、现场实验设计

准实验一般都是在自然环境中进行的,研究人员虽然不能对自然场所的变量加以严密的控制,而且很难采用随机抽样方法使实验组和控制组保持完全一致,但他们可以结合研究目的对实验变量和现场环境加以一定的控制,这种实验也称为实地实验或现场实验。

现场实验的特点是隐蔽性、真实性和概括性都较高。实验对象一般不易发现现场实验的目的,很难觉察到实验对象的存在。现场实验的环境比较真实,很近似于现实的情况,此外,实验变量的引入比较自然,能产生真实的效果。因此,现场实验具有较高的实用性。

例如,国外的社会学家设计了多种实验设计,以观察人们的行为和态度。其中一种称为"盗窃实验"。在这个实验中,研究人员在街上设置了一个售货亭,两名研究人员分别扮演售货员和进行盗窃的顾客,当受试者(真正的顾客)进来购买东西时,售货员假装出去接电话,而离开较长的时间。这时,盗窃者就会抬走货架上的一箱啤酒,并说:"反正卖货的不会发现少了一箱啤酒的。"然后,扬长而去。等售货员回来时,在场顾客(一人或两人)的反应如何,便是这项实验的目的。从这种反应中可以了解人们对盗窃行为的态度以及对他人利益的关心程度。实验发现:在只有一名受试者在场的情况下,受试者会马上向售货员报告的占20%,当售货员询问:"刚才那个顾客怎么走了?发生了什么事?"之后,才报告偷窃事件的占45%,合计65%。在有两名受试者在场的情况下,其中一人马上报告或者在询问后才报告的合计占56%。这说明,在其他顾客在场的情况下,受试者更倾向于采取与己无关的态度。增加盗窃的数量(两箱或三箱啤酒)不会增加报告率,受试者的性别也不会影响实验的结果。

这一实验设计是最简单的,它既没有控制组也没有前测,只有一个实验刺激(盗窃)和对反应变量的观测。但是,由于情景真实自然,并采用机械抽样,因此,实验的信度和效度都较高,实验所得的结论也可以得到广泛的应用。

另一较典型的实验设计是考察工人对采用新的工作方式的抵制程度。研究人员在实验前假设,随着工人参与决策程度的提高,工人对新生产方式的抵制程度会降低。在这里,工人参与决策是自变量。实验人员在美国一家机械制造公司的几个主要工厂进行了实验研究,实验对象分为三个组,控制组的工人没有任何参与决策的权利,两个实验组的人参与了修改生产方式的讨论和决策,但是程度有所不同,一个组是部分参与,另一组是完全参与。实验结果表明,非参与组的工人强烈抵制新的生产方式,部分参与组的工人抵触情绪较低,而完全参与组则没有任何抵制,而且在改变生产方式之后,生产率有很大提高。从而,结论验证了假设。

现场实验的主要缺点是,对实验变量和外部变量缺乏严格的控制。为了弥补这一缺陷,应当尽可能地在相似状况下重复同一项实验,以提高实验的效度和信度。例如,上述实验在50年代重复了多次,在不同工厂都得到了相似的结论。

最后要说明的是,准实验与纯实验在原理上没有严格的区别,准实验只是由于场所和研究条件的局限不得不将纯实验设计加以简化。当然,当条件许可时,应尽量采取较严格的设计程序,以提高实验的效度。但是,目前的社会学实验大部分还不具备采用严格设计的条件,它们通常只能称为准实验,而在纯实验设计或实验室研究中,大多是研究社会心理学和教育学的课题。准实验和纯实验均有其优缺点和局限性。此外,在多种形式的实验设计之间,也没有绝对的优劣之分,它们都适用于某些特定的研究目的和研究领域,研究人员应当依据研究目的之要求来选择最适当的实验设计。

第五节 实验的信度和效度

实验误差是一件引起普遍关注的事情。在实验过程中,因变量随时都可能受到其他因素而不是自变量的影响。因此,在实验过程中总是存在着误差。但是,一项良好的实验设计的目标,则是要尽可能多地减少误差,努力提高实验的信度和效度。

一、信度

与其他搜集资料的方法相比,实验法的信度和内在效度较高。尤其是在测量行为并对行为类型加以明确的定义,以及测量工具的标准化和精确程度较高时,实验的信度也较高。但当采用问卷或量表测量人们的态度时,则可能由于问题的模糊或者含义不清而降低可信度。对信度的检验一般是通过重复实验的方法,如果发现几次实验的结果有较大的差异,则有可能是由于测量工具的原因。当然,观测实验的前测和后测也可以检验信度,但是由于实验刺激或时间过程的影响,有时不容易区分出测量工具的偏差。另一种方法是在多组设计的情况下,通过各个组在同一次实验中的差异来检验信度。

二、效度

讨论实验的效度问题则比较复杂。实验目的是检验变量间的因果关系,并使实验结果具有概括性。但这两个目的是很难同时达到的,要精确测量自变量的影响就要严格控制情景和外部变量,但这会使实验环境人工化并缺乏代表性,从而降低外在效度,而如果提高情景的真实性和样本的异质性以使实验能概括广泛的现象,则很难控制其他外部因素的影响,因而降低了内在效度。大部分实验设计都面临着这两种困境,若提高内在效度则有可能降低外在效度,或者相反。这也是纯实验与准实验的不同之处,前者内在效度较高,外在效度较低,后者则相反。

影响外在效度的因素主要是:(1)实验情景的人工化。实验室的环境与现实生活的场景相距甚远,因此实验结果很难对实验室以外的行为或现象做普遍性的概括。同样,在实验室环境中很难复制社会生活中的许多现象。(2)实验样本缺乏代表性。由于大部分实验室实验是选取自愿受试者或是整群抽样,因此很难代表所要研究的具体总体,这样,实验结果的适用范围很有限,如果推论到其他层次时则很容易丧失实验的外在效度。

影响内在效度的主要因素是:(1)社会现象和社会行为的因果关系很复杂,影响因素很多,对这些变量很难实施控制。(2)对社会因素很难明确界定和测量,因此,许多量表或问卷的效度是有问题的。

在实验中,研究人员通常把提高内在效度放在首位。这就使实验常常局限于特殊的研究对象和较简单的课题。而在研究宏观现象和集体行为时,常常因为实验的困难而放弃了严格的设计。这个矛盾只能随着实验方法和手段的完善才能得到逐步克服。

为了提高内在效度,我们可以从下列几个方面来考虑各种危害实验内在效度的问题,并尽可能减少和控制它们的潜在影响。

(一)有关实验对象方面的问题

1. 对象选择。即用来进行比较的两个群体之间是否本身存在差异?通过随机指派对象到实验组或控制组的办法,可以减少在选择上的影响。

2. 对象的丧失。即是否所有的对象都一直在研究中?如果实验要经历一个较长的时间周期,那么某些实验对象可能因缺乏实验兴趣、没有时间、搬迁或死亡等原因而不再成为实验中的一部分。一旦退出实验的那些对象在基本条件上不同于那些仍留在实验中的对象。那么,在实验中的两个群体(实验组和控制组)实际上就并不是可比的,它们本身在构成上就存在着差异。

3. 实验与控制组的竞争。如果控制组的成员意识到他们的表现将同实验组成员的表现进行比较。那么,他们就可能超过自己原有的水平而表现得更为出色。这就影响到实际的实验结果。

(二) 有关实验程序的问题

1. 测量的影响。对象在前测中所学到的东西,可能对他在后测中的表现产生影响。尤其是在能力、成就、测验、态度或人格测验中十分明显。经过了前测后,一些实验对象就会对测验本身十分熟悉,因而会在后测中表现得更出色。

2. 器械操作。效度问题常常产生于测量中的变化、测量仪器的不精确,或者测量人(或观察者、记录者)的工作疏忽等。

3. 实验处理的模仿。如果实验组和控制组的成员没有完全隔离,控制组成员也可能从实验组成员那里了解到实验处理的内容。这样,控制组成员也在某种程度上受到了实验处理,因而使实验无法达到真正的控制。

(三) 有关时间的问题

1. 成熟的影响。在前后测之间,人们可能变得更成熟或更加经历丰富。或者,他们在智力上或体力上会发生变化。这种情形在长达数年的实验中更为明显。在短期研究中,人们也可能变得疲劳、饥饿、厌烦等等。这些都将影响到实验结果。

2. 历史的影响。在前、后测之间发生的事件可能会影响到实验的结果。例如,在一项对乘飞机安全性的态度实验中,实验刺激是观看一场关于飞机失事过程的电影。如果在前后测之间真的发生了一起重大的飞机失事事件,那么,就很难决定人们的态度究竟在多大程度上是电影的影响,在多大程度上是由于事件的影响了。

第六节 实验法的优点和缺点

一、实验法的优点

1. 能够确立因果关系。实验法是社会科学研究中建立因果联系的最好方法。在实验中,实验者可以操纵实验刺激即自变量使其作用独立出来,这一点在基本的实验模式中表现得最为明显。实验者在实验前测得一组实验对象具有某种性质,在对他们施行了实验刺激(施加了自变量的影响)后,又可测得其性质发生了改变。由于这些对象除了受到实际刺激的影响外,并未受到其他刺激的影响。因此,可以得出结论说,这种性质的改变应当归因于实验刺激,即自变量的影响。

2. 花费较少。同其他社会研究方法相比,实验法的费用常常是很低的。这主要是因为一项实验(尤其是实验室实验),受研究目标和特性的限制,规模往往比较小。较少的对象、较小的规模、较短的时间决定了实验的费用不会太多。

3. 易于重复。重复一项研究对于获得可靠的结论来说,有着十分重要的意义。这也是许多经典的实验经常被重复的原因。这种对经典实验的重复,有时是在稍微不同的环境中进行的,以保证其结果并不是某种特定环境的特殊产物。虽然其他的一些社会研究方法也可以进行重复,但常常是不如重复一项实验更方便的。

4. 控制能力强。对研究对象、研究环境、研究条件等具有控制的能力,这对于资料的分析和假设的检验来说,具有重要的意义。而在各种社会研究方法中,实验组的控制能力最强。它通过对实验条件和实验对象的控制,可减少和排除外部因素对实验结果的影响,减少各种误差的产生。同时,它通过对自变量和实验环境的控制,使结果的可信程度大大提高。

二、实验法的缺点

实验法的特定方式及其所具有的优点中,实际上也暗含着它的十分明显的缺点。这些缺点主要有:

1. 缺乏"现实性"。对实验环境的控制程度较高,同时也就意味着离现实越远。实验法之所以能够确立自变量与因变量之间的因果关系,关键在于它通过各种设计方式,把其他一些因素的影响控制在最小限度以内,以突出实验刺激对因变量的影响。这也就是把所研究的社会现象和社会行为设置于一个能适当控制的人造环境中。然而,现实社会中的大量社会现象和行为总是特定社会环境的产物,抽掉了这种环境,这些现象和行为也许根本不会发生。实验室中的社会过程往往也不能代表现实世界中的社会过程。这是实验法最大的弱点。在这一点上,依据现实世界自然环境而设计和进行的现场实验等准实验方法,比起实验室中进行的纯实验方法来说要稍好一些。

2. 样本的缺陷。把一项实验所得的结论推广到更大的总体时,往往存在着较大的危险。这是因为,实验结论所依据的那些实验现象与现实世界中的人们往往大不相同。而要说服现实世界中一个合适的样本全部参与到实验中来,通常又是十分困难的。在样本的规模上,由于实验方法的限制,常常又是很小的。因此实验法,尤其是实验室实验,更多地应用于心理学。在社会学中,实验法则主要用于社会心理学或小群体研究。形成这一状况的一个重要原因,就是实只能研究一个相当小的样本。

3. 实验人员的影响。第一节列举的罗森塔尔等人的实验，证实了"人们对他人行为的期望，可导致他人向预期方向改变"的结论。而在实验中，由于实验人员有意或无意地给实验对象以某种暗示，某些实验对象会有意去迎合实验者的期望，从而，就有可能出现实验对象的行为受到实验人员的影响的情况。

4. 伦理及法律上的限制。由于社会研究的对象是人，因而实验所能操纵的自变量常常受到现实生活中伦理或法律的限制。比如，我们不可能为了进行有关人口密度和侵犯行为间的关系的实验，而让众多的实验对象长时间禁闭在拥挤的室内，也不可能让他们之间发生各种暴力侵犯的行为。

第十三章

文 献 法

在严格意义上文献法并不是一种资料收集方法,而是一种研究方式——既包括资料的收集方法也包括对这些资料的分析方法。它与其他方法有一个显著的不同——资料的来源不同。它不是直接从研究对象,即人那里获取研究所需要的资料,而是去收集和分析现存的、以文字形式为主的文献资料。这一研究方式的基本原理与其他几种社会研究方式并无大的区别,只是由于这种资料来源上的差异而导致在具体的操作程序上有所不同而已。因此我们仍把它与其他几种具体的资料收集方法放在一起介绍。

第一节 文献的类别及来源

所谓文献,指的是包含我们希望加以研究的现象的任何信息形式。根据文献具体来源的不同,我们既可以把文献资料分为个人文献、官方文献及大众传播媒介三大类,也可以把它分为原始文献(或第一手文献)和第二手文献(文献学上称二次文献)两大类。个人文献主要指个人的日记、自传、回忆录及信件等。官方文献主要指政府机构和有关组织的记录、报告、统计、计划、信函等;大众传播媒介主要指报刊、电影、电视等。此外,书籍、歌曲、绘画、图片等等也是文献研究中常见的文献来源。所谓原始文献,指的是由亲身经历某一事件或行为的人所写的资料。第二手文献是利用别人的原始文献所编写或产生出的新的文献资料。

(一) 日记、回忆录和自传

这三者都是当事人亲自所写的第一手文献。人们记日记的原因多种多样。但对于大多数普通人来说,记日记主要是把每天所发生的有意义的事记录下来,将来回忆过去的时光时往事又会历历在目。或者,通过记日记,达到自己跟自己进行交流、交谈的目的。还有人则是将自己在日常生活中所触发的思想火花记录下来。由于日记是人们从纯粹的个人目的出发,自觉自愿写下的,其内容常常是人们内心思想的自然流露,而且它常常会按时间顺序持续相当长的一段时期。因此,日记对于研究人们的思想、感情,理解人们的行为、性格,无疑具有很高的价值。但是由于日记属于个人隐私的范围,不经主人允许,其他人不能随意翻阅。所以,这也给利用日记进行研究带来很大困难。虽然在西方国家中,有过利用日记进行研究的例子,但在我国,日记这一文献资料的利用所受的局限很大。

回忆录和自传既有相似的地方,又有一定的区别。回忆录往往是作者对于自己在某一时期中的一些特殊经历的描述。在这一描述中,作者本人可以不是中心的人物;自传虽然也是对作者亲身经历的描述,但是它却与回忆录有较大的不同。自传是对作者从小到大,直至目前的生活历史,按时间顺序给出的连续性记述,传主是记述中唯一的中心人物。

回忆录对于研究过去发生的某一事件或运动以及社会变迁来说,有较高的价值。例如,罗伯特在一本描述他儿童时代的名为《古雅的贫民窟》的回忆录中,非常生动具体地描绘出一次世界大战前后当地人民的生活方式。他的这本回忆录是一本关于社会历史的很好的材料,当我们用社会学的眼光来看这本回忆录时,便会发现它所描绘的那个时期所发生的巨大的社会变迁。

而利用自传来进行社会学研究的最杰出的例子也许就是美国社会学家托马斯和兹纳涅茨基所做的波兰农民的研究了。在这一研究中,他们利用了在美国的波兰人与在波兰国内的波兰人之间的通信,以及一个叫威斯津连斯基的27岁的年轻人应研究者的要求所写的自传。这份受专门委托所写的自传长达311页,主要涉及这位年轻人早期在波兰国内的生活和来美国途中的经历。他们把这位年轻人作为"文化上消极的群众的代表",深入研究他的自传。当然,这种做法的科学性也受到人们的质疑。有的人提出,即使是在当今社会中,究竟有多少受过教育的27岁的青年能写出长达三百多页的生活历史?

(二) 信件

上面谈到的托马斯与兹纳涅茨基的波兰农民研究中,研究者就利用了由754封信所提供的文献资料。这754封私人信件是通过在一家美国出版的美籍波兰人杂志上刊登广告而得到的。每封信根据质量分别用10美分到20美分的价钱买得。这些信件按照姓名分成50组进行分析,以帮助研究者探讨那种来自特定封建家庭文化的人整合到美国文化中所出现的问题。

信件也常常作为一种描述事件或者描述人们对某种事物的个人感情的资

料。比如,研究者可要求儿童或青少年以写信的形式反映他们的苦恼。从中可以进一步分析各级学校教育及家庭教育等方面存在的问题。有人则采用一种与写信相似的方式,即让青少年写一篇有关他将来走上工作岗位,第一天上班情况的文章。结果发现,在学生们的期望和想象中,存在着许多令人忧虑的问题。研究告诫人们,非常需要对青少年学生进行"工作意味着什么"的教育。

对于利用信件来进行社会研究的做法,同样受到不少人的指责,有人仔细地评论了托马斯和兹纳涅茨基利用信件所做的研究,提出一系列批评。有人甚至断言,对于特定的社会学目的来说,现在几乎没有什么类型的通信可以很容易地被利用,也没有什么类型的通信对社会研究有价值。他们指出,即使信件对研究是可用的,也存在很大的局限性。首先,写信的人通常并不能构成普通人口总体的代表。另外,人们在信件中对于事件的描述往往是经过不正常的压缩的,并且往往是从特定角度来描述的。我们可以用一个例子来说明这一点。想象一位大学生写了两封信,一封是给其父母的,另一封是给他中学时期最要好的朋友的。内容都谈到上周末的舞会。不难想象,对于这两种不同类型的收信者来说,舞会的细节一定不会相同。

(三) 报刊

这是文献中用得较多的资料之一。从报刊的版面、封面、标题,直到刊登的文章、消息、报告等,都可以是人们进行社会研究尤其是采用内容分析方法所用的材料。而报纸中的新闻报道则常常成为人们分析某一事件或运动的依据。但是,有一点应该注意:报纸上的报道文章通常并不是事物的全部。因为它一方面受到报道者个人思维、观察、分析及表达能力的限制——它往往只是报道者印象最深或者最受刺激的一部分,同时又会受到报纸版面的限制及编辑部负责人和上级有关部门各种要求的限制。

(四) 官方统计资料

这是文献研究中另一个重要的资料来源。无论是全国人口普查资料,还是由国家统计部门、各级政府部门、各级专业机构编制的月统计报表、年统计图表、年统计报告等等,都是社会学工作者研究社会的极有价值的资料。这种资料往往提供了一个地区、一个部门,或者全国的有关概况,对于研究者从总体上认识社会现象,分析各种因素之间的关系、掌握事物的发展趋势等。都有不可取代的作用。例如,在我国,人们在社会研究中常常用到的官方统计资料,主要有国家统计局编的《中国统计年鉴》《中国社会统计资料》、中国人口情报中心编的《中国人口资料手册》等。

在利用官方统计资料时,应注意两个问题:一是应该对统计资料的内容、对象、范围、特点等等都具有清楚明确的认识。二是对于各种统计指标、比率和数字的实际含义、它们的计算方法等等应十分清楚,不能含含糊糊。否则就会出现错用资料的情况。当我们阅读或使用某个统计数字时,总是应该问一问这个数字所代表的实际内容是什么。

(五) 历史文献

在某种意义上,要从文献中划出"历史"的文献这一部分是不可能的,因为所有的文献资料实际上都是历史的,即都是关于过去的。但是,在实际研究中,人们还是根据若干特征将这一类文献与其他文献区分开来。一般来说,历史文献往往是指那些在形成的时间上距目前较远并且文献的作者以及所记述的事件和运动的当事人都已去世的资料。在通常情况下,历史文献更多地为历史学家所运用。但历史学家只是在陈述和解释过去所发生的事情。他们虽然也研究社会的发展变化,但其重点只是在弄明白历史事实的真相。他们并不打算去证明历史现象之间的因果关系。社会学家则希望从历史事件中找出事物发展变化的一般规律。因此,社会研究者在利用历史文献所进行的研究中,更多地涉及社会关系的结构、组织及管理的原理等等,而很少涉及那些吸引历史学家的事件细节。

利用历史文献进行社会研究的一个很好的例子,是阿斯沃思对于1914—1918年的战争中,西部战场堑壕的社会学研究。他把壕沟作为一种极端的社会处境,数以百万计的人被卷入这种处境中,每个人都试图杀死其他的人而保全自己的生命。阿斯沃思的分析所用的概念是从社会学和心理学中抽出的,而他所用的资料,则遍及官方的战争史,包括师级和营级的战争史,各种回忆录、纪念文章,直到新兵的日记在内的各种历史文献。虽然对于他的研究来说,历史材料是相当丰富的,但这同时也意味着评价他从这些资料中所抽取的信息将是一项困难的任务。

第二节 第二手分析

一、第二手分析的含义

第二手分析也称二手分析,指的是对那些由其他人原先为别的目的收集和分析过的资料所进行的新的分析。这种新的分析主要有两种类型,分别为着两种不同的研究目的。一种是从别人为研究某一问题而收集的资料中,分析与该问题所不同的新的问题。即把同一种资料(已有的,别人的研究所收集的资料)

用于对不同的问题的分析和研究中。另一种类型则是用新的方法和技术去分析别人的资料,以对别人的研究结果进行检验。即用不同的分析方法处理同一种资料,看看是否能得出同样的结论。

二手分析所用的资料常常是别的研究者或研究机构通过实地调查所得到的原始数据,以及各种统计部门所编制的统计资料。由于电子计算机在社会研究中的普及和应用,社会研究人员分享各种实地调查和统计所得的大量数据资料成为可能。从20世纪60年代开始,第二手资料的研究在国际规模上得到发展。许多研究中心和研究机构相互协作,形成了数据档案网。录好原始数据的磁带和输入卡被存入档案库,就像传统的图书馆收藏图书一样,供广泛交流和使用。不同的是图书馆的书籍要靠借阅的办法,而数据档案库里的数据资料则需要复制和购买。

例如,美国社会学家艾尔·巴比在他的著作《社会研究实践》一书中举了一个他自己经历的例子。他在加州大学柏克莱分校念研究生时,曾对查尔斯·格洛克关于宗教参与的原因的观点十分感兴趣。格洛克指出,那些看得到社会问题的现实解决办法,并感到能够取得成功的人们,往往去寻求这些办法。而那些看不到现实解决办法的人们将转向求助于宗教。艾尔·巴比很想检验一下格洛克的这一观点。但是,他当时却没有经费去进行一项大规模的实地调查。十分幸运的是,在他所上的研究方法课上,老师购买了一套数据资料供他们练习掌握各种研究方法。这套数据资料是阿尔蒙德和弗巴在50年代末至60年代初所做的一项有关人们政治社会化和政治参与的特点的研究中,从一个由五个国家的人员所构成的样本中得到的。这套数据资料包含着人们的宗教活动与政治活动的信息,以及人们对从政治上解决社会问题的各种看法。因此,巴比就能够不费一分钱地利用这些资料来检验他的假设,即是否那些看不到政治解决办法的人们比那些看得到的人们具有更大的宗教参与。

二、第二手分析的步骤

从理论上说,我们应该总是在取得资料之前就明确要研究什么问题。但在实际中,却往往总是先发现一组特别令人感兴趣或特别丰富的数据资料,然后再构想出一个能利用这些资料进行研究的问题。不过,为了叙述方便,我们还是按"正常"的顺序来介绍。

(一)选择研究的主题

适用于第二手分析的主题可以是相当大的,它有时仅仅只能采用那种在一个国家规模上所得到的数据资料。一旦你提出了某个假设或某种研究问题,就必须仔细地考虑操作化工作。哪些控制变量是关键性的？因变量是不是必须以某种特定的方式进行测量？通常,在你的研究设计中,要留有一定的余地,以便一旦发现相关的资料中并不具备你所想要的各种特征时,就可以稍微修改你的研究设计,以保持与可用资料的一致性。在第二手分析中,你必须相当准确地把注意力集中到你的研究主题上,以便于选择与之相适应的数据资料。在主题与资料的关系上,第二手分析往往要求主题去适应资料,而不是相反。这主要是因为数据资料是已定的,无法变动的,研究者只能在处理和分析资料的方法上、技术上动脑筋。而研究主题则是可以随时调整的。

（二）寻找合适的资料

由于第二手分析所用都是原始调查或统计所得到的数据资料,因此我们应该对这种资料的主要来源有所了解,在美国等西方国家,有许多专门从事调查研究的机构,并且计算机应用十分普及,又有各种不同规模的数据库,因而,资料来源较广。比如,有一种资料是由"全国民意研究中心"（NORC）根据其每年对全国的调查所编辑的《综合社会调查》。还有其他一些大学和科研机构、政府机构的调查研究中心所收集的数据资料等等。在我国,目前尚还缺乏这样的数据资料库,因而所能利用的大多是国家统计部门所收集的资料。

对于第二手分析来说,明确所寻求的资料十分重要。也许一个研究人员发现潜在的具有吸引力的资料来源的最好途径是阅读一份相关的研究。因为有那么多公开发表的研究都是来源于大规模调查的分析,你可以通过查阅过去一段时期的研究期刊而得到有关大型调查数据资料的情况。当发现一组对你似乎十分有吸引力的数据资料时,你可以仔细地阅读论文的资料部分对资料的内容、收集方法等等的描述。如果是在一本著作中发现这组资料的,那么,书中一般都有介绍资料的收集方法和过程的专门章节。此外,在书后的附录中,还可以找到诸如问卷、指数计算方法等详细的信息。

当你认为这组数据对研究确实有用时,你可与原始资料的收集者联系,向他索取原始问卷和了解具体细节。在美国等西方国家,研究者通常会很快送你一份包括问卷、编码本、数据使用说明等在内的文件而不需其他手续和费用。根据这些文件资料,可以从中选择所需要的数据,复制一份。原来的研究者所建立的某些变量、量表和指数,比如社会经济地位量表等,只要是研究需要的,可以直接为你所用,但一定不要忽视他们的编制方法。

（三）对资料的再创造

得到所需要的数据资料后,往往要对这些资料进行一些加工才能更好地为自己的研究服务。首先,必须从资料中寻找或重新定义所要研究的变量。其次,应该仔细地研究这些变量。如果有一份每一变量的频率统计,就可以帮助你加深对资料的了解。比如说,若有很大一部分被调查者对于某一项目的回答是"不知道",那么,你就必须决定是否利用这一项资料,以及如何去利用它。最后,你也可以只取样本中的一个部分作为分析的对象。比如说,只取男性样本的资料,或只取20岁以上的对象等等。但是,在这样做时候,你必须重新考虑抽样设计,看看这种抽取部分样本的做法对样本本身的性质有什么影响,这一子样本的代表性又如何等等。总之,作为一个第二手分析研究人员,你可以重新创造出许多资料去适合你的研究。但必须时刻注意,不要把资料用于它所不适合的目的。

(四)分析资料

第二手分析的最主要也是最大量的工作,就是对资料的重新分析。后文"资料分析"将介绍各种基本的资料分析技术和方法。

把第二手分析的方法与调查研究的方法进行比较,可以更清楚地认识这种方法的实质。调查研究往往是研究者根据自己的研究目的去实地收集第一手资料,也可以说他们是先"创造"出资料,然后,再对这些资料进行分析。而第二手分析则是研究者自己不去进行实地调查,不去"创造"第一手资料,只是根据自己的研究目标在别人已"创造"出的各种原始资料堆中去"寻找"合适的资料进行分析,即把别人已"创造"好的资料拿来为自己所用。

三、第二手分析的优缺点

第二手分析首先具有省时、省钱、又省力的优点。它可以使研究人员从复杂辛劳的原始资料收集工作中,以及单调、枯燥的数据登录、输入等工作中解脱出来,以便能集中更多的时间和精力来分析他的资料。第二手分析的另一个突出优点是特别适合于比较研究和趋势研究。比如,我们可以通过对不同的研究者在不同的地区分别收集的资料进行第二手分析,来对比不同地区的情况;或者把不同的研究者对不同的群体进行调查所取得的资料进行二手分析,来对比不同群体的情况;还可以把其他研究者在不同时期对于同一问题所作若干次研究的资料聚集在一起进行第二手分析,以便研究事物发展的趋势。

第二手分析的主要缺点在于其资料的准确性或适用性。某个研究者为其特殊的目的所收集的数据资料不一定与另一研究者的研究旨趣相符;而二手分析研究者所需要的资料有可能完全搞不到。最常见的情形是,二手分析研究者往往发现原始研究中的某个问题"基本上"是在测量他所感兴趣的某个变量。但他更希望这个问题的提法稍微有点不同。或者再接着问一个相关联的问题。那样就能更准确地测量他想测量的东西。实际上,这样的资料对于第二手分析研究人员来说,效度是较低的。即原始问题所测量的并不正是二手分析研究人员所希望测量的变量。对于现存统计资料的分析中,也存在着这样的问题。这一点,我们在下面还会谈到。

第三节 内容分析

内容分析是这样一种研究技术,它对各种信息交流形式的明显内容进行客观的、系统的和定量的描述。所谓"各种信息交流形式"指的是诸如书籍、杂志、报纸、诗歌、歌曲、绘画、电视节目、演说、信件、照片、广告等各种书面材料、宣传品和艺术品。所谓"明显的"内容,是指这些形式外在的东西,比如它们的文字、颜色和实物本身,而不是这些文字、颜色和实物的含义。研究者所分析的只是这些外在的、表面的内容,而不是内容的深层解释。"进行客观的、系统的"描述,意味着内容分析是一种规范的方法。它要求研究者根据预先决定的计划,采取一定的规则,按照一定的步骤来进行。而"定量的"描述则说明内容分析方法的基本性质。它意味着,在内容分析中,其主要目标通常是决定内容中某一项目的频数,或者决定某一类别在整个内容中所占的比例等等。此外,还对这些定量的结果进行分析。

一、内容分析的几个例子

理解内容分析方法之实质的一种好的途径就是通过一些具体的实例来学习。下面让我们来看看几个内容分析的实例。

例1 歌词中的求爱模式

许多内容分析研究都把流行歌曲的歌词作为他们的研究对象。在一项对50年代到60年代求爱模式变迁的比较研究中,社会学家凯里从60年代的流行歌曲中抽出一个样本,同社会学家霍顿10年前所进行的一项早期研究结果进行了比较。根据霍顿的抽样方法,凯里选择了1966年夏季两个月中发表在四种杂志上的歌曲,以同霍顿在1955年夏季两个月中从同样的四种杂志上所选的歌曲样本达到一致。此外,还包括电视歌曲中的前30首及旧金山广播电台播出的前30首歌曲,这样共得到227首歌曲,其中包括布鲁斯、摇滚乐、西部乡村歌曲及其他类型的歌曲。霍顿在研究中找出了一种四阶段的求爱模式,凯里分别把它们称为求爱阶段(积极寻求阶段)、蜜月阶段(幸福阶段)、下降阶段(破裂阶段)和孤独阶段(主人公成天孤身一人阶段)。凯里不仅考察了与这每一阶段相关的歌曲数量,而且仔细地考察了每一阶段中的歌曲的歌词内容。凯里发现,第一阶段歌曲中的歌词"并不是必须含有复杂的罗曼蒂克的成分",下图中的歌词 A 就表达了这种情调。而在求爱的第四阶段,凯里也举出了"孤独的人"这首歌(见下图中歌词 B)作为年轻人孤独感的一个例子。

> 歌词 A:《你不必说你爱我》
>   你不必说你爱我,
>   只要把我的双手紧握。
>   你不必说永远同我在一起,
>   你的心思我全明白。
> 歌词 B:《孤独的人》
>   我不知道我的未来,
>   直到能找到一位姑娘,
>   她同我在一起,
>   从不背着我耍花样。
>   我是一个孤独的人,
>   将来也许还是这样。

通过对歌词内容的考察,凯里发现,60 年代的歌词中,罗曼蒂克的求爱内容有所减少。并且,在歌词所表达的社会价值观和个人奋斗目标等方面,两个时期的歌词内容都发生了重大的变化。人们日益着重男女关系中自主权的价值,一些新的模式包括:(1)对生理上相互吸引的爱的减少;(2)男女之间关系缺乏持久性;(3)在决定相互关系时,体现出更强的主动性。

例 2　全家合影像片中所反映的家庭关系

在一项有关不同代际家庭关系的研究中,社会学家费希尔对 30 户美国家庭在 1729 年到 1871 年之间的全家合影照片的内容进行了分析。他发现,在 1775 年前,所有的照片中除了一张外,全都是父亲位于家庭其他成员之上(在后排站着),母亲则坐着,旁边可能还坐着家庭中其他的成年女性,子女则在母亲之下。1775 年后,这种暗示着父亲的家长角色和父母高于子女的等级角色的垂直安排,被一种水平安排所取代。在这种水平安排中,所有的家庭成员都处于同一层次。把这些早期的全家合影同更接近于当代的全家合影相比较,费希尔发现,暗示着家庭中成员之间的相互平等的水平安排,又被 20 世纪中这种安排的更大变化所取代,比如在某些合影中,子女的位置处于父母之上。

例 3　戏剧内容与国民性

社会心理学家麦克拉纳汉于 1948 年进行了一项美国与德国两国国民性的

比较研究。他调查了1929年一年中美国与德国上演的受群众欢迎的45部戏剧,分析这些戏剧的内容,用来进行两国国民性的比较。他认为,这些戏剧既然受到广大群众的欢迎,就意味着它们的主题及内容反映了当时人们的客观要求、心理状态以及价值观念等等,他的研究结果表明,两国的国民性存在着明显的差异。下表是他对戏剧内容进行分析的结果:

表13.1 戏剧内容与国民性的比较

国别		德国	美国
主题		观念的、哲学的、历史的、指向社会的	个人问题(恋爱、日常生活问题)
主人公		杰出人物(女性少)	普通人
结尾形式	大团圆	40%	67%
	悲剧	27%	9%
	其他	33%	24%
态度性格的变化		顽固、不妥协,必须用大气力能改变	通过说服、讨论、摆事实得以改变,强调教育的可能性

例4 期刊内容与社会问题

60年代对美国来说是一个骚乱的年代。方克豪瑟通过对期刊内容分析,来研究这一时期美国社会所面临的重大问题。他从美国1960年至1970年的期刊中,选出三种最著名的周刊,把这三种期刊在十年中出版的全部刊物作为他分析的样本。刊物总数为1716份。然后,他按照《读者指南》的编目,把每一类条目下的文章篇数记下来。下表是他的统计结果与盖洛普民意调查结果的对照。

表13.2 新闻杂志对六十年代各类问题的报道及盖洛普调查
关于各类问题重要性的排列顺序对照表

问题类别	文章篇数	排列顺序	盖洛普关于各类问题重要性的排列顺序
越南战争	861	1	1
种族关系及城市骚乱	687	2	2
校园动乱	267	3	4
通货膨胀	234	4	5
犯罪	203	5	3
吸毒	173	6	9
环境污染	109	7	6
贫困	74	8	7
性(道德堕落)	62	9	8

注:新闻报道的排列顺序与盖洛普调查关于各类问题重要性的排列顺序相关系数为 $0.78(p=0.001)$,二者结果十分相近。

从上表我们不难看出二者的结果十分相近,它表明这两种不同的调查方式所得到的结果具有较大的一致性。

二、内容分析的程序

总的看来,进行一项内容分析的许多程序与进行调查研究的那些程序都是相同的。内容分析同样需要抽取有代表性的样本,同样需要利用某种工具、按照某种程序来收集资料,最后通过对资料的分析得出结果。下面我们简要介绍内容分析的主要步骤。

(一) 抽样

在对某种文献进行内容分析时,首先遇到的问题就是抽取样本。像以人为对象的研究一样,以文献为对象的研究中也常常不可能直接研究全部对象。因此需要通过抽取有代表性的样本的方法,来达到研究全部对象的目的。

内容分析的抽样常常从杂志、报纸、电视节目、广告或其他类似的标题或期号中进行。还有一些则是在作者、书籍、章节、段落、句子、短语、词汇等层次上进行的。我们在抽样一章介绍的各种抽样方法,都可以在内容分析中运用,特别是分层随机抽样、多阶段随机抽样的方法运用得更为普遍。比如,为了分析全国报纸对社会问题的报道和评论,我们可以先按地区、出版单位的级别、报纸出版频率等特征分层,然后从中抽取一个分层样本。又比如为了从全国某一年的青年刊物中抽取了一个文章的样本,我们可以先从该年全国所有的青年刊物名单中,随机抽取 10 种刊物;然后再从这 10 种刊物中的 12 期期号中随机抽取 5 期,比如第 2、3、6、9、12 期;然后再从抽中的每期刊物中随机抽取两篇文章,比如所有第 3 篇文章和第 10 篇文章。这样,由这 10 种刊物的 2、3、6、9、12 期中的所有第 3 篇和第 10 篇文章所组成的 100 篇文章,就是我们分析的样本。其他形式的文献也可以在时间、地点、规模、颜色、频率等各种概念层次上进行抽样。

(二) 编录

内容分析的基本做法是对样本中的信息进行编录,即根据特定的概念框架,对信息——无论是口头的、文字的、画面的或是其他形式的——做分类记录。与编录工作有关的问题有两个:一是要选择编录的单位;二是要制定一份编录单。

选择编录单位,即是选择具体的观察和点算单位。要注意把它与分析单位加以区别。本书第一部分曾谈到分析单位即研究所描述或解释的对象。它既可以是内容分析中的编录单位,也可以不是编录单位。比如说,如果我们想了解法律量刑是否对男性与女性有所不同,在这一研究中,单个的法律就既是编录单位,又是分析单位。如果想了解那些在法律上种族有别的国家,是否比其他国家更有可能制定男女有别的法律,在这一研究中,虽然编码的单位仍是单个的法律,但其分析单位却不是法律而是国家了,即国家是它所要描述的和解释的对象。

编录单是对文献材料进行观察和记录的工具,在某种程度上,它同结构式观察所用的记录单十分相似。它的形成和结构将主要依赖于编录单位的选择。比如,如果编录单位是短篇小说的中心人物,研究者就必须为每一个人物准备一份编录单;如果编录单位是一场完整的电影,研究者必须为样本中的每一部电影都准备一份编录单。

编 录 单

```
小说标题_____ 小说编号_____
人物的姓名_____
人物的描述_____

1——居住国              5——角色
  (1)中国                (1)主要英雄人物
  (2)外国                (2)主要反面人物
  (3)不详                (3)一般人物
2——国籍                (4)小角色
  _____               6——年龄
3——民族                (1)儿童
  (1)汉族                (2)少年
  (2)少数民族             (3)青年
  (3)其他(写明)____       (4)中年
  (4)不详                (5)老年
4——性别                (6)年龄变化
  (1)男性                (7)不详
  (2)女性
  (3)不详
```

一旦选定了编录单位,研究者就要为它们制定或赋予数值。分类的基本要求同问卷中的答案编制要求一样,有两条原则:一是每一事实或材料——无论是小说的中心人物,还是书籍中的单词、报纸中的文章或其他类似的东西——都必须仅仅只能归于某一类。这也就是说,所制定的各种类别必须是互不相交的或互相排除的。一个被归于"男性"类的人物,就不可能又归为"女性"类;被列入"政治"类的文章,也不能又被列入"知识"类中。另外这些种类又必须是穷尽的,即样本中每一种情况都可以归到某一类中。比如,假设在一项内容分析中,所有的人物都归入了"男性"类或"女性"类。但还有两个担任主要角色的动物(如猫、狗等),或者一个没有指示其特别性别的人物,我们将如何对他们进行归类呢?前一种情况下,需要扩展原来的类别系统,增加一个"动物"类;或者这两种情况都通过增加一个"其他"类来解决。下面就是一份用于研究杂志里短篇小说中的人物的编录单节选。

三、内容分析的类型

根据研究者所寻求的信息形式的不同,内容分析也有好几种不同的类型。这里我们介绍主要的三种。

(一) 计词法

计词法是内容分析中最简单、最常用的方法。这种方法是,首先确定与研究问题有关的关键词(记录单位),然后统计这些关键词在各个样本(分析单位)中出现的频数和百分比,最后进行比较。

例:选出两组词,一组词全部与法制观念有关,另一组词全部与道德观念有关。现在假定样本总体是两份家庭方面的月刊杂志中《离婚问题》专栏全年的评论员文章或编者按。然后计算这两组词在每篇文章中出现的频数,再合计总数及每个词所占的百分比。通过这种方法我们发现两家编辑部在对待离婚问题的讨论上,一家提倡和注重法制观念,另一家提倡和注重道德观念。

最后说明一点,计算频数和百分比,不仅可以应用在计词法中,也可直接统计类型单位。

(二) 概念组分析

在有些研究工作中,使用单词作为记录单位有些过于简单化,使用主题作为记录单位又不易划定主题的界限。此时,可以利用概念组分析。概念组分析,是将与研究内容有关的关键词分成小组。每组代表一个概念,同时也是理论假设中的一个变量。这种方法的记录单位仍是单词,但分析时的变量却是概念组。

例如:假定有一种理论认为:当社会处于经济下降、犯罪率高的时期,人们往往把犯罪问题与经济问题相联系;当社会处于经济发展、犯罪率高的时期,人们往往将犯罪问题与社会价值相联系。现在,将"越轨行为""经济""价值"三个变量定义为下面的概念组:

越轨行为	经济	价值
犯罪	失业	道德
青少年犯罪	通货膨胀	传统
欺诈	经济衰退	权威
非婚同居	货币贬值	家庭
行凶抢劫	经济滞涨	尊重

概念组分析的第一步是,搜集上述两个时期内五年间(或更长)登载在主要报刊上的有关文章,以文章为分析单位计算单词的出现次数。如:

概念组:经济

词	出现次数
失业	5
通货膨胀	3
经济衰退	4
货币贬值	0
经济滞涨	2
总计	14

前面谈过,分析时的变量是概念组,所以当某个词出现时就算其概念组出现了一次,分析时只看出现次数总计就行了。

如果前面的理论假设是正确的,则应该看到:在经济下降时期,多数文章把越轨行为与经济相联系;在经济上升时期,多数文章把越轨行为与价值相联系。如果可以得到下表这种统计结果,那么可以说原假设是正确的。

	经济下降时期		经济上升时期	
越轨行为——经济	432	(84%)	243	(30%)
越轨行为——价值	78	(16%)	563	(70%)
总计	510	(100%)	806	(100%)

(三) 语义强度分析

计词这种方法只注意了数量方面的差别,语义强度分析则是从质的方面给予解释。

语义强度分析,首先是给出词汇的"强度权",以显示它们在使用时的差别。

强度权是由词汇的语义所决定的,如"爱"比"喜欢"的加权数高。下面是一组例子:

词汇	加权数
爱	+3
喜欢	+1
崇拜	+4
藐视	+4
不喜欢	+1
厌恶	+3
无所谓	0

  区分词汇的强弱程度的目的,是想区分人们态度的强弱程度。假如在某个调查中发现,对某事物持肯定态度的人和持否定态度的人是各占一半,那么还应知道各自的程度如何。如果持否定态度的人是"不喜欢",而持肯定态度的人是"热爱",则表明了虽然两种看法在人数上旗鼓相当,但是在程度上却有差别。

  下面我们来看看如何给出词汇的正、负度加权数,以体现肯定或否定的意义。仍以上组词汇为例:

词汇	加权数
爱	+2
喜欢	+1
崇拜	+2
藐视	-2
不喜欢	-1
厌恶	-3
无所谓	0

  有了这两种尺度后,就可以更好地测量某些态度和行为的"质"的一面了。现在举例说明语义强度分析的应用。

  某地政府提出一项建议,动员居民义务劳动,将××湖边的一块空地建成一座儿童游乐场。但是居民中反响不一,为此,一家报纸在"本市天地"专栏中开展了讨论,听取群众意见,帮助政府做出最后决定。现在以读者来信作为分析单位,以词作为记录单位,按语义强度分析的方法给每封信打分,测量群众来信中所反映的态度。下面看看如何给来信打分。

编辑同志：

贵报连日来在开展对政府关于将××湖边的空地改建成儿童游乐场的建议的讨论，我作为湖边的一个住户，也想谈谈自己的看法。

0 ——————
我们这些湖边的老住户对那块多年无人管理、又脏又乱的空地真是 厌恶 已久了，现在那里几乎成了垃圾场。我们曾提过不少的意见和建议，但从前无人理睬。不过，说实话
-1（+1）
=-1 ——————
我起初并 不喜欢 政府的这个建议，因为怕孩子们的嘈杂声影响我们。但后来一想，这样一可解决我们的老大难问题，
+2（+4）
=+8 ——————
二可为孩子们造福，总比维持现状好，这个建议理应受到 支持。
-1（+1）
=-1 ——————
尽管我的一些邻居们 不乐意 这么做，可我还是呼吁大家为孩子们想想（这将成为全市第一座儿童游乐场），无非
+2（+3）
=+6 ——————
是多流些汗水。我也相信此建议会受到多数人 欢迎 的。

在信文的旁边，给出了记录单位的权重，权重结果为该词汇、负度加权数与强弱度加权数的乘积。注意，"厌恶"一词没有计分，乃是因为该词在使用时与建议没有直接关系。最后结果，此信具有权重+12。

依照这种方法算出每封信的权重分数后，就可以综合测量读者对那项建议的态度了。为了方便起见，下面仅给出10个样本的权重分数，并不妨碍我们理解语义强度分析的结果。

肯定信($N=4$)	否定信($N=6$)
权重	权重
+12	-2
+5	-4
+2	-1
+14	-7
	-3
	-2
总计 +33	-17

权重差 = +16

在这10个样本中，否定信的数量比肯定信的数量多。但是由权重差+16可以看出，读者对建议的肯定程度比否定程度要高。

四、内容分析的优缺点

也许内容分析的最大优点是它既省钱又省时。一个大学生总可以在调查的方法行不通时,采用内容分析方法。它既不需要大批的调查人员,也不需要特殊的设备和仪器。内容分析的另一个优点是保险系数大。假如在调查或实验中结果不理想。如果重做一遍,则无疑要耗费双倍的时间和经费。如果一项实地研究做坏了,要重做也许根本不可能。因为你所研究的事件和环境已不再存在了。而在内容分析中,弥补过失比起其他研究来就容易得多。你只需要对你的资料进行重新编录,而无须一切从头开始。内容分析还允许我们研究在一个长时期中所发生的过程。这往往需要抽取不同时期中的资料进行分析就可达到。最后,内容分析是一种非干扰性的研究方法,它不会打扰我们的研究对象,不会对这些研究对象发生影响。

内容分析方法也有自身的弱点。首先,它只局限于对记录下来的信息进行分析和研究。同时,资料的效度也存在一定的问题。研究者对资料进行编录的结果是否的确反映了他所希望测量的概念或所希望研究的变量呢?很多时候并非如此。因此,效度是内容分析的一个常见问题。

第四节 现存统计资料分析

在社会科学研究中,人们也常常运用各种现存的统计资料来进行自己的研究。这种现存的统计资料,既可以为研究提供历史背景材料,又可以成为研究数据和资料的一种来源。

现存统计资料的分析与第二手分析有一个相似的方面,这就是它们所用的资料都是别人已收集好的。只是第二手分析所用的是原始数据资料,而现存统计资料的研究者则是利用那种以频数、百分比等统计形式出现的聚集资料。毫无疑问,我国最有价值的统计资料是由国家统计局编辑的《中国统计年鉴》以及诸如《中国社会统计资料》《中国人口统计年鉴》这样的分支统计资料。它既包括各省和主要城市的资料,也包括不同年代的资料。在美国,质量最佳的资料是由美国商业部每年出版的《美国统计摘要》;此外,《美国年鉴》以及联邦机构所公布的数据资料,对于社会科学研究来说也是十分有用的。国际范围内的统计资料主要由联合国提供。它的《人口年鉴》每年都提供各国重大的统计资料。比如出生率、死亡率、人口自然增长率等有关人口的资料。而联合国的其他出版物则提供各种分类的数据资料。此外,一些专门的研究机构,特别是调查研究及民意测验机构,也可以提供巨大的数据资料。比如美国的盖洛普民意测验中心,每年都公布他们的各种调查结果。就是在各种社会科学的专业刊物以及学术著作中,也有各种各样的统计资料,利用它们同样也能进行社会科学研究。

一、现存统计资料分析的例子

现存统计资料分析的最著名的例子,是法国社会学家迪尔凯姆对自杀的研究。尽管人们自杀的原因是各种各样的,但是仍然可以按照某些共同的原因对这些自杀案例进行分类。比如说是由于失恋、受辱、经济上的失败或其他个人方面的问题等等。然而,迪尔凯姆探讨自杀问题时,头脑中所思考的问题与这些原因有些不同。他希望发现环境特别是社会条件对于自杀的影响。

他查阅的记录越多,各种不同的模型就越是明显地展现在他面前。所有这些模型他都十分感兴趣。首先引起他注意的是自杀率的相对稳定。查阅了好几个国家的资料后,他发现自杀率年复一年几乎总是相同的。他还发现夏季自杀的发生率比其他季节多得多。这一点启示他,也许温度与自杀有关。如果真是这样,那么,南欧国家的自杀率就应比北欧国家高。但他发现情况并非如此。自杀率最高的既不是南欧国家,也不是北欧国家,而是一些中纬度国家。因此温度似乎不是自杀的原因。

他又探索了年龄、性别以及其他许多因素的作用。终于,他从不同的资料中发现了一个重要的模式:尽管自杀率具有相对稳定性,但是,政治动乱时期自杀率会突然增高。比如1848年前后的欧洲国家就是如此。这一发现使他产生出下述假设:社会平衡的破坏会使自杀率增高;反之,社会的稳定与和谐似乎可以防止自杀。

迪尔凯姆通过对一系列不同的数据进行分析,使这个一般性的假设更加明确、具体。比如,他通过比较不同国家之间的各种差别,发现新教国家比天主教国家的自杀率高。新教占统治地位的国家中,每百万人有190人自杀;新教和天主教混合国家有96起,而天主教占统治地位的国家则只有58起。他对宗教信仰与自杀之间的关系更加具有信心。

从各种具体表现中,迪尔凯姆抽象出"社会整合程度"的概念,说明自杀现象是社会整合程度的一种反映。社会整合程度越高,自杀率越低;反之,社会整合程度越低,自杀率就越高(参见附录一案例一)。

二、现存统计资料分析的主要步骤

(一) 选择合适的资料

许多研究常常要求大量的聚集资料与此相适应。比如,任何涉及全国范围内某种社会现象的趋势的研究,都要求这种资料。如果你所研究的问题可能与某种聚集资料相适应,那么,你必须仔细地考虑能够用来回答这一问题的统计证据的类型。要从各种调查统计部门所编制的现存统计资料中选择最适合你的研究问题,最有代表性和最有说服力的证据。

(二) 处理资料

由于聚集资料都是基于一定的基础之上建立起来的,所以要把它们分解开来通常是不可能的。比如,当你发现了某一时期的就业率资料时,只要该资料本身没有区分性别,那么,你就不可能将这一资料分解成男性就业率与女性就业率。我们通常所能做的,是比较那些基于较小的单位,比如说省、市为单位的合计资料中的信息。比如说,我们可以比较改革十年中,沿海开放城市与内地城市的就业率,或经济较发达的省与经济较落后的省的就业率等等。

(三) 说明资料来源

现存统计资料分析中的一个很重要的工作,就是要说明所用的现存统计资料的来源,并使这种资料能够被理解。研究者必须对所用资料的各种注释、总体基础以及测量指标的确切类型等等都有明确的认识,一定要记住准确地记下资料的来源和出处。因为,现存统计资料分析人员所用的都是别人已整理好的资料。不明确这些资料的收集方法、指标含义、总体范围和某些特定的说明,往往不能很好地使用这些资料;而不确切的说明资料的来源、出处,别人就会对你的证据的可靠性和准确性产生疑问。

三、现存统计资料分析的效度和信度

只要我们的研究所依赖的是对现存统计资料的分析,那么,我们必然会受到现存统计资料内容的限制。通常,现存统计资料并不能准确地包含我们所感兴趣的资料,而我们的测量对于我们所希望得出的结论来说,也常常不能成为我们所研究的变量和概念的有效的代表。因此,逻辑推理和重复验证这两条科学的原则,对于保证现存统计资料分析的效度来说是极其重要的。看一场悲惨的电影时流泪,并不一定是同情心的有效的测量;因此,假若女人比男人更爱流泪,并不能证明她们就一定更富于同情心。同样的,把受伤的小鸟放回鸟窝也不一定是同情心的有效测量；向慈善团体捐款也可能是出于其他原因，而不是由于同情心。所有这些事情没有一件能够单独证明女人比男人更富于同情心。但是，如果女人在所有这些事情上都比男人更富于同情心，那么，就可以造成支持这一结论的有力证据。在现存统计资料分析中，一点小小的独创和推理常常可以发现好几个有关假设的独立检验标准。如果所有这些检验都表现出一致的结果，那么，证据就有力地支持了你的结论。

现存统计资料分析的信度在相当大的程度上依赖于统计资料本身的质量。即这些统计资料是否精确地报告了它们所要报告的内容？如果统计资料本身不精确，就会造成严重的问题。要减少和防止这样的问题，要提高现存统计资料分析的信度，就要对这种问题产生和出现的可能性有较清楚的认识。这通常需要对数据和报表的性质进行调查和了解，对数据失真的程度做出估计，从而加以修正。比如说，如果某一现存统计资料中包含犯罪率的统计数据，我们不能毫不加以分析和了解就把这一统计数据看作现实的情况。因为这种统计数字中往往只包含已立案的或已发现、已报告的犯罪案件，却并不包括那些未被发现、未报案或未立案的犯罪事件。当然，如果同时运用逻辑推理和反复验证的方法去分析所用的现存统计资料，那么就能更好地克服这方面的问题。

第五节 文献法的特点

由于资料的来源不同，形式不同，收集和分析资料的方法不同，使得文献研究的方法具有许多区别于其他几种研究方法的特点。在这些特点中，既有有利于研究者的方面，也有不利于研究者的方面。它们分别构成了文献法的优点和缺点。

一、文献法的优点

首先，文献法具有无反应性的优点。由于各种形式的文献研究都不需要直接同人打交道，而只是研究那些业已存在的文字材料、数据资料以及其他形式的信息材料。所以，在整个研究过程中，研究对象不会受研究者的影响而发生变化。虽然这种方法在收集资料过程中有可能受到研究者主观偏见的影响，但收集资料方法本身却不会使正在收集的资料发生变化。

其次，文献法的费用较低。尽管进行一项文献分析的费用会依所分析的文献的类型、文献散布的广度、获取文献方式的难易程度等方面的差别而有所不同，但是，一般来说，它比进行一项大规模调查所需费用要少得多。因为它所用的资料往往只需要通过借阅、复印等形式就可得到。

再次,文献法可以研究那些无法接触的研究对象。比如,如果我们要研究某一历史时期中的人们或事件,而这些人们早已离开人世,这些事件也早已成为历史。此时,要采用其他的社会研究方法,比如调查、实验、观察等都已不可能。文献法则可以帮助我们达到这一目的,只要我们能找到足够的与这些人们或事件有关的文献材料。例如,在 1968 年,美国社会学家兰兹等人打算研究工业革命前美国的婚姻与家庭。可是,生活在那个时期(1700 年前后)的人们没有一个活着。因此,他们无法采用调查访问的方法去收集资料。于是他们采用了文献研究的方法,对美国独立前 13 州时代的杂志进行了分析。尽管他们所用的资料存在某些问题,但是这却是要达到其研究目的的唯一可行的途径。

最后,文献法适于作纵贯分析。由于调查、实验、观察等方法所研究的都是现时的情景,因而往往难于用来进行纵贯研究或趋势研究。文献法在这方面则有着它特别的优势。随着时间的流逝,各个不同历史时期的社会现象和社会生活,或多或少总会以各种不同的文献形式记录和描述下来。因此,如果我们要研究不同历史时期(比如 40 年代、50 年代、60 年代、70 年代直至 80 年代)我国人民的婚姻观念的特点和发展趋势,最好的方法就是利用这 50 年来的各种有关婚姻观念的文献资料进行分析和研究。当然我们也可以去访问或调查在这些不同时代结婚的人们。但是,对于较早时期的对象(比如 40 年代结婚的人们)来说,则可能出现由于年龄大、文化程度低、身体不好等众多客观困难,达不到理想效果的情况。

二、文献法的缺点

首先,许多文献的质量往往难以保证。无论是个人的日记、信件,还是报纸上的各种报道文章直至官方的统计资料,都常常隐含着由个人的偏见、作者的主观意图以及形成文献过程中的客观限制所形成的各种偏误,从而影响到文献资料的准确性、全面性和客观性,影响到文献资料的质量。这是因为,进行一次社会研究所用的文献通常都不是为研究的目的而编制的。它们的作者是为他们自己的特定目的而编制的。因此,他们的主观意图,他们的个人偏见,还有他们所遇到的客观限制,都不可避免地会影响到他们对文献内容的取舍和对文献形式的安排。

其次,文献法还具有资料不易获得的缺点。由于许多文献都不是公开的和可以随意获得的,因此对于某些特定的社会研究来说,往往很难得到足够的文献资料。比如说,个人的日记、私人的信件,往往属于个人的隐秘,一般不会公布如众。此外,某些政府机构、社会组织的文件、决议、记录、统计数字等等,也常常属于这些机构和组织的内部机密,研究人员通常很难得到。

最后,许多文献资料由于缺乏标准化的形式,因而难于编录和分析。有些文献,比如报纸,经常以一种标准的形式出现,因而编录和分析起来就比较容易,既可以进行纵贯的对比研究,又可以同其他报纸进行横向的对比研究。但是,其他许多文献特别是个人文献,却不具备这种标准的形式。它们的撰写目的不同,内容或对象的不同,长度、语言等表达形式的不同等等,都给研究人员进行编录和分析带来了很大的困难。同时,这种文献也往往难于进行对比分析。

第三编　资料分析

第二编介绍了收集资料的方法与技术,这些方法与技术能够使所获得的资料具有相当的效度与信度。但是,由这一阶段得到的原始资料通常是粗糙、杂乱的,虽然代表着事物的某种特征,具有社会实在性,但它们本身并不能深刻揭示事物或现象的本质,只有对其进行去伪存真、由此及彼、由表及里的制作,才能把握其内部的规律性,反映出事物的本质。对资料的加工制作包括两部分:第一,资料的整理,即对收集到的资料的真实性、准确性、合格性、完整性等进行审查,并通过分类、分组和编辑汇总等,使其条理化、系统化。第二,资料的分析,它是资料处理的核心部分,它通过对资料所包含的被研究事物的各个部分、各个阶段和属性的考察,对本质与非本质、偶然与必然因素的区分,把握事物的本质特征、属性、功能、结构与规律性,进而对所研究的事物做出正确的解释与结论。因此,资料分析不仅决定着收集到的资料是否有价值,而且能够很好地检验假设和理论,或者适当地回答所研究的问题,它还能够以可以理解和令人信服的形式描述研究成果。通过分析,研究者就可以将认识从具体提高到抽象、从个别提高到一般,并可从中发现新问题、提出新假设,将研究引向深入。在某种意义上说,分析的水平决定着整个研究的水平。

收集到的资料通常包括定性资料与定量资料两大类,本编我们以定量资料为主,分别介绍资料的整理(第十四章)程序与方法、资料分析的逻辑和策略(第十六章)、各种具体的分析方法与技术(第十五章、第十七至第二十一章)以及与资料分析阶段相联系的研究报告的撰写(第二十二章)和对研究的评估(第二十三章)。

在社会研究中,定量化的传统一方面源于英国的"政治算术",他们将描述性统计用于国家政策和行政工作;另一方面来源于比利时与法国的道德统计学,即对犯罪、自杀、非法行为的统计。这一阶段的定量研究主要是收集与社会现象有关的实际数据的统计工作。第二次世界大战后社会调查研究中引入了抽样理论与统计检验理论，推广了社会测量法和交互分类技术，尽管这个阶段的统计分析是初步的，但定量分析较战前有了很大的发展，并最终导致了社会统计学的建立。社会统计学是有关社会资料收集、整理、分析和推论的一整套方法，它不仅包含全部抽样理论、统计检验理论和大部分的社会测量法，而且使分析技术获得极大的发展，主要是多元统计方法的发展，如路径分析（第十八章）、因素分析（第十九章）等。

20世纪60年代以来，美国社会学家独自有意识地发展出了数理社会学，即通过建立数学模型分析与说明社会现象，本编第二十一章对数理分析方法做了概要的介绍。

尽管本编主要介绍的是定量分析方法，但这并不意味着定性分析不重要。社会现象也同自然现象一样，具有质和量两个方面的规定性，因此对社会现象的定性分析与定量分析是缺一不可的。

第十四章

资料整理

资料整理就是对收集到的原始资料进行检查、分类和简化,使之系统化、条理化,以为进一步分析提供条件的过程。因此,资料整理既是资料收集工作的继续,又是资料分析的前提,也就是说,资料整理是由资料收集阶段过渡到资料分析研究阶段的中间环节。

资料一般分为定性资料与定量资料两大类。由于这两类资料的性质不同,因而所采用的整理方法与分析方法亦不同。

第一节 定性资料的整理

定性资料的来源一般有两个,一是"实地源",它包括无结构式访问和观察的记录。二是"文献源",即以文字形式叙述的文献资料,如公私机关的档案、文件、会议记录、个人的日记、传记、信件、公开发表的调查报告和研究论文等。由于资料来源上的差异,整理方法上也略有不同。但都要经历三个阶段,即审查、分类和汇编。

一、资料的审查

资料审查的目的是消除原始资料中的虚假、差错、短缺、余冗等现象,以保证资料真实、可信、有效、完整、合格,从而为进一步整理分析打下基础。对定性资料的审查主要集中在真实性、准确性和适用性上。

所谓真实性审查,也称信度审查,即看资料是否真实可靠地反映了调查对象的客观情况,进行真实性审查通常采用以下几种方法:(1)根据已有的经验和常识进行判断，一旦发现与经验、常识相违，就要再次根据事实进行核实。(2)根据材料的内在逻辑进行核查，如果发现资料前后矛盾，或违背事物发展的逻辑，就要找出问题所在，剔除不符合事实的材料。(3)利用资料间的比较进行审核。如果资料是用多种方法获得的，例如对某个问题，既有访谈资料，又有文献资料及观察记录，就可将这些资料进行比较看有无出入，以判断真伪。对于观察资料，如果观察是集体进行的，则可将组内各人的观察结果进行比较，对访问资料，可将对同一事件不同回答者的叙述进行比较以判明资料可信程度。(4)根据资料的来源进行判断，一般地说，当事人反映的情况比局外人反映的情况更可靠些，有文字记录在案的情况比传说的情况可靠一些；引用率高的文献比引用率低的文献可靠一些等等。此外，人类学者曾把在一个部落停留的时间作为衡量资料真实性、可靠性的一个标准，因为在较长的时间内，调查者可以排除某些人为的虚假成分，了解到许多短期调查所了解不到的事物。真实性是资料审查中最根本的要求，因为错误和虚假的资料有可能导致错误的研究结论，甚至导致整个研究的失败。

　　除真实性的要求外，收集到的资料还必须准确适用。所谓准确性审查，也就是效度检查，一方面是审查收集到的资料符合原设计要求及对于分析所研究的问题有效用的程度。对于那些离题太远，效用不大或不符合要求的资料要予以清除。另一方面是审查资料对于事实的描述是否准确，特别是有关的事件、人物、时间、地点、数字等要准确无误，切忌事实资料含混不清，模棱两可，数据资料笼统模糊。在对资料的真实性和准确性进行检查后，还要审查资料的适用性如何，也就是考察资料是否适合分析与解释。主要包括：资料的分量是否合适、资料的深度与广度如何、资料是否集中紧凑是否完整等。

　　对于文献资料，为审查其是否合用，需要对其进行分析评价，这种评价对于资料的分类整理以及对问题的研究是极其重要的。文献资料一般分为三类：(1)原始资料，例如各公私机关的档案、文件、会议记录及个人的日记、信件、自传等。(2)调查资料，如调查报告等。(3)引用文献，即研究者将原始资料或调查资料总结概括而成的第二手资料。对于文献资料的分析评价，首先是进行所谓的"外在批判"，即审查：是在什么地方、什么时间、什么人、为什么目的、用什么方法编写这些文献的。文献的真实性、准确性和适用性与这五个方面密切相关，例如文献作者的价值观念、政治态度和学术观点以及编写文献的目的对文献的影响是显而易见的。又如文献的编写时间，如果文献是编写者在事件发生过程中或根据事件发生的进程在印象清晰的情况下编写的，具体情节就会比较清晰，一般地讲文献编制日期离事件发生时间越近，其内容就越具体可靠。在对文献进行

"外在的批判"后,还要进行"内在的批判",即了解资料的编写者表达的什么内容,在什么条件下编写的这些资料,内在的批判特别要注意:(1)对作者使用的词,特别是多义词、价值语进行反复的推敲。(2)在文笔的表现上特别要区分"事实"和"对事实的解释与推论"。(3)要进行多方面的研究,看作者是否真实地反映了客观事实,资料的叙述是否正确,有无夸张歪曲,或偏执于一家之言;叙述是否准确,叙述者写作上的表现能力如何等。只有在进行了上述内在和外在的批判后,才能判定在多大程度上这些文献资料是适用的。

资料的审查工作,一部分是在搜集资料的过程中进行的,边搜集边审核,这叫作实地审查;一部分是在资料收集完毕后集中进行的,这叫作系统审查。对于访问和观察资料,收集过程中的审查特别重要,这一方面是因为可以防止遗忘,而且在发现错误、遗漏和矛盾时能就地补充和改正,及时弥补准确性和适用性上出现的问题,新发现的问题和新线索也能就地及时收集有关的资料。另一方面是因为,在收集资料的过程中,访问者通过对资料提供者的考察,观察者通过对产生资料的实地社会背景的考察,以及通过互相讨论,或派专门人员抽查等方式,对影响资料的各种因素进行分析和控制,对资料的信度和效度进行评估。一般地说,"实地源"的资料较"文献源"的资料更可靠。对于观察资料,在搜集过程中的检查要特别注意"测不准效应"和"棱镜效应"对资料的信度与效度的影响。前者是指由于观察者的参与,改变了被观察对象的自然状态,被观察者或单位可能做出种种假象来掩饰事实的本来面目,使真实状态的测定不可能了。后者是指,社会现象的感知和解释都要通过观察者这面棱镜,通过他的价值标准和以往的经验再折射出来,从而使观察资料不准确。对于访问资料,在搜集过程中的审查应特别注意被访问者的态度和本人素质对资料效度和信度的影响,被调查者对调者对象的信任程度以及其理解力,记忆表达能力等等都会影响所提供资料的可靠性和准确性。

资料的审查是一项重要而又细致的工作,它要求研究者认真对待,决不可草率从事。

二、资料的分类

资料整理的第二步工作是分类。经过真实性、准确性和适用性审查后的资料,仍是杂乱无章的,必须经过进一步的加工整理,使之条理化和系统化。

分类具有两重意义,对于全部资料而言是"分",即将相异的资料区别开来,对于各份资料而言是"合",即将相同或相近的资料合为一类。因此分类就是将资料分门别类,使繁杂的资料条理化系统化,为找出规律性的联系提供依据。它不仅有利于资料的存取,本身也是对研究对象的一种认识方式。

(一) 确定分类标准

分类的关键在于选择和确定分类标准。分类标准一经选定,必然突出在此标准下的性质差异,而将其他标准下的差异掩盖起来。分类标准的选择往往是基于某种假设或理论,本身就是对所研究问题的一种分析与认识。

分类标准可分为品质标准和数量标准两大类。所谓品质标准,就是反映事物属性差异的标准。例如性别、民族、户口类别、企业的所有制等,均属于品质标准。所谓数量标准,就是反映事物的数量差异的标准,例如以人口作为划分大、中、小城市的标准。年龄也是一种数量标准。

分类标准还可以分为现象标准与本质标准两类。前者是反映事物的外部特征与外在联系的标准,如年代、地别等。后者则是反映事物的本质特征或内部联系的标准,如划分阶级的对生产资料的占有。按现象标准分类能够帮助研究者建立资料的档案系统,便于资料的存取和查找。按本质标准分类不仅是资料的存取、检索系统,也是研究者对客观事物和规律认识的总结系统。按本质分类常常反映出研究者的理论观点。

分类标准的选择是件困难的工作,这是因为社会学的研究对象具有各种社会属性,例如人具有年龄、性别、种族、社会地位、职业、收入等各种属性,有的千差万别,有的错综复杂。确定分类标准是以科学的理论为指导,以客观事实为依据,同时必须遵循下述原则:

1. 有效性原则。所谓有效性有两个含义:第一,这一分类方式对于研究目的是有效的。第二,这一分类能有效地反映现实社会现象。为此,(1)分类必须服从于研究目的。例如要研究社会的结构特征,可选择职业声望和收入作为分类标准;要研究企业经营情况,则可以经济效益作为分类标准。如果不是按研究的需要设立分类标准,研究问题就无法得到恰当的解释。(2)分类必须能反映现象的本质特征。社会现象的诸多特征中有本质和非本质特征,事物的特征是由本质特征决定的,因此,分类要能有效地反映社会现象的真实情形,必须能抓住其本质特征。马克思对阶级进行分类的标准——对生产资料的占有情况就抓住了社会现象的本质特征。

2. 互斥性原则。互斥性是指分类标准应当互斥,以使同一条资料只能归于一类,不能既属此类,又属彼类,例如人口出生地区,若按北方人、南方人、北京人分类,则在北京出生的人既可以划入北方人一类,又可划入北京人一类,这种分类标准就违反了互斥性原则。

3. 完备性原则。完备性是指分类标准的确定应当能使每一份资料都有所归属,分类结果要使所有资料全部包容进去,无一遗漏,如将人按性别分类,就是一种完备的分类标准;若将人按白种、黑种、黄种人分类的话,则混血儿将无类可归,违反了完备性原则。

4. 各类别必须处于同一分类层次。例如把自然界分为无机界、无生物、动物、植物、微生物,就混淆了层次界限,犯了"超级分类"的错误。

资料分类有两种方法,即前分类和后分类。前分类指收集资料前就已定下分类标准,然后按分类指标收集和整理资料。后分类指在资料收集完成后,再根据资料的性质、内容和特征分类。定量资料通常采用前分类,而定性资料则一般采用后分类。

(二) 分类的功用

1. 指出社会现象或社会单位的类型。通过分类就能运用比较法对不同类型的社会现象进行比较,分析产生差异的原因,进而做出理论解释。例如将育龄妇女按城乡分类比较其生育意愿,通过对这一意愿上差异的比较,分析出经济发展水平、文化水平对生育意愿的影响。

2. 反映总体的内部结构。通过将一个总体分为性质相异的若干组成部分,就可以看出总体是由哪些部分构成?这些部分之间的区别和相互联系是什么?每部分对总体的影响如何?例如用阶级来反映社会结构状况,以企业所有制类型反映区域的社会经济结构,以性别反映人口结构状态等等。

3. 分析社会现象间的依存关系。社会现象之间都是互相联系、互相制约、互相依存的。通过分类可以从数量上揭示这种关系。例如通过交互分类揭示阶级地位和政治态度间的关系,企业的所有制类型和经济行为间的关系,收入和职业间的关系等。

由此可见,分类不仅是一种整理资料的程序,同时本身也是一种分析和认识问题的方法。与定量资料不同,对于定性资料,整理与分析不能截然分开。

三、资料的汇总和编辑

分类标准选出后,就要将资料归类,并按一定的逻辑结构进行编排,即汇总和编辑。

为了对分类资料进行汇总和编辑,首先应根据研究的目的、要求和客观情况,确定合理的逻辑结构,使汇总和编辑后的资料既能反映客观情况,又能说明研究问题。汇总和编辑资料的基本要求是:(1)完整和系统,大小类要井井有条,层次分明,能系统完整地反映研究对象的面貌。(2)简明集中,要使用尽可能简洁、清晰的语言,集中说明研究对象的客观情况,并注明资料的来源和出处。

资料的编辑可以按人物、也可以按事件发生的时间顺序或按事件发生的背景及按分析的要求，例如要分析影响青少年犯罪原因，就可按原因的种类编辑，例如家庭情况，是否不完全家庭、家庭经济社会地位如何；邻居情况，学校班级环境；个人的情况，又可分为有无不良朋友、受教育情况等等。如有必要，还可对各项资料的价值和作用等作些简短的评述，以备进一步研究参考。

定性资料中有许多是个案资料，为了对个案进行比较以及对个案做出正确的估价和分析，要尽可能使资料数量化，使分析方法和看问题角度标准化。拉扎斯菲尔德和罗宾逊在1940年第24期《应用心理学》上发表《个案研究的定量化》，提出以下操作步骤：

1. 定义对个案进行分类的标准（为此要明确规定个人归属分类轴）。

2. 决定在各个案记录的指标中登载于这一分类标准上的项目或与这一分类有关的项目（如果要采用"统治与服从"的分类轴，为了知道某人是统治还是服从，至少也要挑选一些有用的项目）。

3. 根据各指标在标准上的位置，给予数值和符号（要分别给各个案以正值和负值，如表示某人是处于统治地位的事例都是 +1，表示处于服从地位的事例都是 -1。当然，如有必要可使用更详细的等级，如 +0.5、-0.3 等，不属于任何一方的中间状态则是 0）。

4. 为了决定表示各个案位置的最终指数，要汇总各个案记录的分数（一个个案的指标的分数的最有效的表示方法是算术平均值，当然分数取值范围是在 +1 和 -1 之间）。

第二节 定量资料的整理

与定性资料一样，定量资料的来源也有两个，一是实地源，二是文献源。前者包括问卷资料、结构性访问和观察的记录等，后者主要是统计资料。由于来源不同，这两类定量资料在整理方法上也有所不同。但一般地说，统计资料的整理较问卷资料和结构性观察资料要简单，步骤要少。因此，本节将主要介绍第一类定量资料的整理程序。由于问卷资料在第一类定量资料中占有绝大部分，而且结构化的观察记录在形式上与问卷资料相似，故这种介绍主要集中在问卷资料的整理程序上。问卷资料是以定量地把握社会现象和人们的态度为目的而收集的，因此，整理要求更细心，人手更多，和没有误差的客观化程序，其过程通常分为资料的审查、分类与编码及汇总三个阶段。

一、资料的审查

对定量资料的审查主要集中在完整性、统一性和合格性上。资料的完整性包括两个方面的内容:一是资料总体的完整性。例如,检查抽样调查中的样本数目是否达到要求,问卷的回收率如何。如果样本数目没有达到要求或问卷回收率很低时,则要在后面分析其原因及评估其对调查结论的影响。二是每份资料的完整性,例如,统计报表是否填报完全,问卷上各个项目是否都有回答,等等。我们必须尽量避免问卷上留下空白,如果访问时得到"不知道"或"无可奉告"的回答,必须原封不动地登记。

资料的统一性检查,首先是检查所有问卷、报表登记填报方法是否统一;其次要检查对同一指标的数字所使用的量度单位是否一致,以及不同表格对同一指标的计算方法是否统一等。对于统计资料,统一性检查就更重要,对统计资料的统一性审查包括两个方面,第一,审查指标的定义和分组的标准是否与自己研究的分类相一致,若不统一则不能使用这些资料,要想使用,必须根据自己的研究目的重新分类。第二,审查指标统计总体范围是否一致。例如,我们从某县的县志上查得该县1930年有30万人口,而1980年的人口为60万,不能据此就下结论说该县人口增加了一倍,而应先审查两个年代该县的疆界是否相同。

资料的合格性审查包括:(1)提供资料者的身份是否符合所规定的调查对象的身份。例如,一份调查高中毕业生的升学意愿的问卷是由其家长填写的,就属不合格资料。(2)所提供的资料是否符合填报要求。例如一份要求按税前利润和毛产值填写的统计报表若是按税后利润和净产值填写的;又如问卷要求从数项答案中仅择一项作为自己的回答,而回答者却选择了几项,这些都属不合格资料。(3)所提供的资料是否正确无误,为此可采用三种方法,第一,判断检验,就是根据已知情况来判断资料是否真实正确。例如已知某乡是落后乡,而资料却表明它的工农业总产值超过了先进乡。这样的资料的正确性就值得怀疑。第二,逻辑检查,即从资料的逻辑关系来检验其是否正确真实。例如,12岁的孩子填写已婚,男性在"流产次数"一栏中也作了回答,小学文化程度的人填写自己的职业是中学教师等,就属于不合逻辑的情况。不合逻辑的资料其正确性值得怀疑。第三,计算检验,就是通过各种数字运算来检验各项数字的正确性。例如各部分之和是否等于总量,各部分百分比之和是否等于1等。

问卷资料的审查在资料收集时就已经开始了。整个审查工作要经历三个阶段:

第一阶段,是由调查员进行审查。每一个调查对象回答完所有问卷上的问题、访问即将结束时，或去调查对象处收取其自填的问卷时，调查员要对问卷进行初次检查，看有无漏记项目、记录不全项目和登记回答的错误等。在一天的调查结束后，调查员还要再次对问卷进行检查，包括检查有无计算错误，每份问卷回答登记方法是否统一，有无不易辨认的字等以及是否当天应调查的对象都已调查完毕。

第二阶段，由现场专职的检查员进行检查。检查员当调查员的面，把他们拿回来的问卷进行核查，内容包括有无登记疏漏、登记不完全处、登记上的错误、模糊不清的字、回答的登记方法是否统一、是否所有应调查者都进行了调查等。

第三阶段，是在调查结束后由调查组织机关的检查员进行检查，重点是检查回答登记错误，计算错误及调查员是否对应调查对象均进行了调查，有无作弊等。为检查后两项内容，可以让值得信赖的调查员再去访问，或通过电话、信件进行确认。也可用其他客观资料与登记的被调查者的情况进行对照。

二、资料的分类和编码

问卷通常是由多项调查内容组成的，每一份回收的问卷反映了一个具体的研究对象，即特定个案对调查问题的具体回答，从而构成一份个案档案。这些回答中，有些本身就是数字，如家庭人口、收入、年龄等，但大量的是非数字回答，如性别、婚姻状况、职业等。为了进行定量分析，必须把这些非数字的回答转化成数字形式，编码就是将文字资料转化为数字形式的过程。也可使用阿拉伯数字之外的其他符号来编码，例如英文字母等。编码的目的是用一组变量表示各项调查问题，用每一变量的不同取值表示对这一问题的不同回答，从而使文字资料转化为数字形式。例如，回答者的性别，可用数字"1"表示男性，数字"2"表示女性。需要指出的是，这种数字仅起到一种代表的作用，并不说明任何数量上的意义。

编码分为两步，第一步是对回答进行分类，第二步是建立回答类别与变量数值间的对应关系。对某一特定变量如何分类，没有固定不变的方法，应视研究的问题与目的而定。例如，对回答者的职业这个问题，回答可能有几十种，如医生、理发师、大学教师、中学教师等等，可以相应将之分成几十类，编成几十个数字。也可以将其分成几类，如工人、农民、干部、军人等，从而编成几个数字。在某些研究中，例如研究具有不同声望的职业的人对某个问题的态度，把职业分成几十类，编成几十个数字可能是适宜的；在另外一些研究中，把回答者的职业仅分成两类：体力劳动者和脑力劳动者，可能更易于验证假设。对于问卷中的封闭性问题，回答的分类在问卷设计工作中已经完成，这种情况下的编码，只剩下第二步的工作,即建立回答类别与变量数值间的关系。对于开放性的问题,因事先不能预料到答案的情况,故无法在设计问卷时事先分类,这时的编码就要从第一步,即对问题的回答进行分类开始。为此需要从回收的问卷中抽选出一些问卷(100份左右),首先将这些问卷中对该题的所有回答全部抄录下来,如果回答过长,则摘抄下来或大致浏览一遍,然后根据研究假设与研究目的进行分类。在这种情况下,分类的数量以多少为宜,是一个较难把握的问题。如果不加任何限制,或不想造成任何误解,类别数目就可能会与答案上数目一样多,而过多的类别会给分析带来极大的困难。若类别过少,则可能因将大量异质性的东西塞在一起而失去判别力。一般地讲,开始时分类可细一些,当分析不要求过细的分类时可以将某些类别进行合并。分类的多少还要考虑到统计分析方面的问题。例如类别太多,交互分类后每一类所包含的个案的数量就可能过少而达不到统计分析的要求。对开放性问题的答案的分类与封闭性问题的答案的分类一样,也必须遵循有效性、完备性、互斥性和同层次分类等原则。

任何调查中都不免有一些回答者对一个问题不作任何回答的情况,为此对问卷中的每个提问要增加一个无回答编码。在编制问卷和搜集数据时,研究者应尽量避免出现无回答,因为无回答会引起很多问题。不过,若出现了无回答,研究者就要在资料整理中对其进行编码。对无回答的编码原则是明确区分无回答与其他回答,通常的习惯是用"9"或几个"9"来代表无回答。例如,如果某个问题的编码用两位数字表示,则定义"99"为无回答编码。但是,当"9"这个数值可以是真实回答时,需改用其他不可能出现的数字作编码,例如对于年龄这一项,适宜用"0"作无回答。有些研究人员简单地以空白表示无回答,我们建议大家不要这样做。顺便提及,对无回答的项目不能一概简单地认为是缺失数值或回答率低。统计缺失数据时,应结合回答人的情况分析,如行政人员不回答"技术职称"一栏是正常的,未婚者对"子女数目"也不会做出任何回答的。

对于专门的社会调查,除对问卷或调查表中的所有问题进行编码外,还应对每一份问卷中包括的下述项目进行编码:问卷编号、问卷所属区域或部门、其他要进行统计的分类标准。例如调查对象所在企业的所有制类型等。这些编码在数据处理中非常重要。例如区域或部门编码:(1)可以控制区域和部门回收问卷的数目。(2)在汇总表中有更详细的分类,将各区域和部门的情况反映在表格上。(3)可以分析不同地区和部门的各种社会现象,便于比较和鉴别。

对资料编码的方法,主要有三种:预编码、后编码和边缘编码。

1. 预编码。预编码的方法,是在设计问卷时对回答的每一个种类都指定好其编码值,并印在问卷上。预编码主要限于回答类别事先已知的问题,这些问题主要是封闭性问题，或回答已经是数字而不需作转换的问题。如，调查高中生高考的志愿：

　　你打算报考哪一类专业？
　　□1. 文科
　　□2. 外语
　　□3. 理、工、农（含林、牧、渔）、医
　　□4. 音乐、体育、美术
　　□5. 军事院校
　　□6. 未决定（不知道）

这里，每个回答前的数字就是其编码。如果某人的回答是"外语"，则以后在计算机内存储的该回答人对志愿的回答就是"2"。

预编码的长处是处理资料时比较简单，省力省时。它的缺点显然是无法用于开放性回答，因为我们无法事先知道回答的种类。

2. 后编码。后编码是指对问卷的编码过程是在问卷回收之后进行的，而不是与问卷设计同时进行的，多用于对开放性问题的编码。

后编码的方法，尽管从效果上看是同预编码一样的。但从工作量上讲，这种方法比较费人力、费时间。所以，仅当问卷上要不可避免地提出开放性问题时，才使用此法。也正是由于这一点，现在很多研究人员倾向于尽量少用或不用开放性回答，以节省处理问卷的人力和时间。

3. 边缘编码。边缘编码实际上是一种预编码的方法，它与前面所讲的预编码的不同之处在于，这种方法不仅指定了编码值，而且给出了每个项目记录回答（编码）的空间，现在应用得最多。

边缘编码是在问卷上每个调查项目旁边的空白处标明填写编码的位置。问卷回收后，将每份问卷上的回答变成指定位置上的编码。

例如：

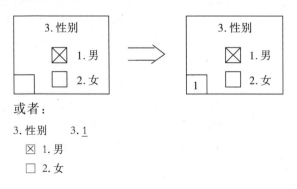

或者：

3. 性别　　3.<u>1</u>
　　☒ 1. 男
　　□ 2. 女

第十四章 资料整理

无论哪一种编码方法,都必须制作编码簿,用以指示每个编码的意义和变量的位置。编码簿的作用是建立变量和调查内容、变量值与回答类别的一一对应关系,它可以:第一,作为编码工作的指南;第二,使研究者在分析过程中便于查找变量及各个编码所代表的意义。要了解编码簿的构造,首先要知道资料卡片的构造。通用的资料卡片每张25行80列,见表14.1。也就是说,每张资料卡可以登记25个调查对象的个案档案,当个案档案的数据超过80列时,则需要2个以上的横行。编码簿的作用就是指导对每份问卷上的回答进行编码,并将经过编码的数据资料按一定规则转录到这种资料卡片上,在资料卡片上形成数据的集合,这种数据的集合称为数据库(或数据文件)。数据库的种类很多,下面列举的是一个数据库的一部分。

表14.1 登录卡

研究方案编号_____ 登录卡号_____

（空白表格：25行×80列）

登录_____ 校对_____ 日期_____

表14.2 数据文件实例

纵行序号	1.	2.	3.	4.	5.	6.	7.	8.	9.	10.	11.	12.	13.	14.	……	79.	80.
	0	1		1		1	7			1	8		1		……		1
	0	1	2	1	0	0		7	5		8	7			……		4
	0	2	1	1	1		2		1	0		1			……		2
	0	2	2		0	9	0		8	9		7	0		……		3

这是有关某中学一个班级的学生的学习成绩的数据,包括了学生的智力测验成绩、性别、实验成绩、数学成绩、物理成绩、化学成绩以及学生主修理科还是主修文科等资料。每个学生的资料(一般叫作一个个案或一组观察)包括两个横行,第一个横行包括了 79 个字符,第二个横行包括了 80 个字符(包括空白在内)。下面是编码簿的一部分:

表 14.3　编码簿实例一部分

问题号码	变量号码	变量名称 (项目名称)	内容说明 (变量说明)	行序号	列序号
	1	学生编号		1	1—2
	2	横行序号		1	4
1	3	智力测验水平	在由 20 个问题组成的智力测验中答对的问题数目	1	6—7
2	4	性别	男 = 1 女 = 2	1	9
3	5	试验成绩	在 20 个实验中报告成绩在良好以上的实验数目	1	11—12
4	6	所修科别	1 = 理科 2 = 文科	1	14
……	……	……	……	……	……
20	20	是否住校	1 = 是 2 = 否	1	79
		学生编号		2	1—2
		横行序号		2	4
21	21	数学成绩		2	6—8
22	22	物理成绩		2	9—11
23	23	化学成绩		2	12—14
……	……	……		……	……
39	39	体育成绩		2	80

由上表可以看出,编码簿包括以下五个主要项目:

1. 问题号码。是在调查表或问卷上的问题的题号,有了题号就可以知道这一题目在资料卡片上的哪几列,例如 14.3 上的问题 1,从编码簿上可知它占有第 6 列到第 7 列。

2. 变量号码。变量号码是研究者自己为各变量所编的号码,有了变量号码后,研究者可知变量的代号,以利分析计划的拟订,在分析时直接引用变量号码而不必提及变量名称。

3. 项目名称。又称变量名称，用概括性的语言表明项目的含义，使研究者对于该变量(该项目)的含义一目了然。有些编码簿的变量名称(项目名称)栏内是将该问题原封不动进行转抄，一般情况则是将问题进行概括，用简短的语言加以说明。

4. 编码的内容说明。即给出每一项目问题答案的分类以及分配给每一类别的数字。这是非常重要的，必须详细写出，才能知道某一列中某一数字的具体含义。

5. 列序号。即每一项目应当占哪几列，例如表14.3中规定调查对象的编号占第1到第2列，性别占第9列等。从编码簿中可以看到，我们为每一个项目都留下了列数一定的位置，如调查对象编号这个项目，给它留了2列，因为此次调查的调查对象是46人，编号应是二位数。数据搜集完成之后进行资料整理时，要将每个回答者的资料编号，编号用几位数，应考虑整个调查对象的数目，若调查对象共几十人，编号应取两位数，即从01—99。若是千人以上，万人之下，应取4位数，即为从0001—9999。这个编号的目的是使数据上的文件与原始问卷相对应，以便以后查找、复核与净化。而为每项留多少列，主要考虑此项目的回答分多少类，不超过9类者留1列，大于等于10类小于99类者留2列，依此类推。有些项目所占的列数要经过对资料的分析规定，不过，由于不能仔细翻阅每份问卷，项目的实际位数可能超过规定的列数。例如，通过翻阅问卷得知回答的月收入绝大部分为三位数，那么就规定该项目占三列。编码时发现有个别回答者的月收入超过千元，为四位数，这时就要将之编为最大的三位数999。

在每个个案是由两个或两个以上横行的数据组成的情况下，常设有横行序号一栏，表明变量的横行位置。如果每个个案的数据只有一个横行，横行序号这一栏当然也就不需要了。

在我们上面列举的例子中，有些相邻的项目之间留有空格(如智力测验水平项目与性别项目之间)。有些相邻项目之间则没有留下空格(如数学成绩项目与物理成绩项目之间)。通常是相同相近的项目间不留空格，相异相远的项目间用空格隔开，从而使资料清晰、明了，便于查找、复核和净化。

通过编码簿我们就可以建立起资料卡片上的数据与回答者的信息间的对应关系。例如，我们在资料卡片上看到这样的数列：011152102……则我们就可以据编码簿得知：第01号学生是女同学，主修文科，智力测验成绩为15，实验良好以上成绩是10等。有时当一个个案由两个以上横行数据组成时，这些横行不登记在一张卡片上，而是分别登记在几张卡片上，这时每张卡片的前几列均给出调查对象的编号。这种情况下要特别注意在各张卡片上的同一调查对象的资料要在同一行上。

三、资料的登录

即根据编码簿将每一调查对象(个案)的资料转化为数字形式后,过录到资料卡片上,建立个案档案和数据库(所有个案的数据的集合)。登录是在编码以后进行的,登录的内容是把问卷或调查表上的数字资料(包括编码数字),依编码簿的规定,填到资料卡片上指定的位置上去。

登录有两种基本的方式:个案登录和总体登录。

1. 个案登录。即将各个调查对象的全部数据资料以编码的形式记录在一张张卡片上,即建立个案档案。

表 14.4 是一份个案登录卡片的例子,将每个个案的全部资料记录在卡片四周小格上,目的是便于识别和分类。其中"(1)(2)(3)……"为变量号,例如(1)为性别;(2)为年龄;(3)为文化水平等。"1,3,4,2……"为该项目不同答案的编码,如(1)方格中的 1 为男;(2)中"3"为 25—35 岁等。

表 14.4 个案登录卡片的例子

1 (1)	3 (2)	4 (3)	2 (4)	3 (5)	2 (6)
2 (16)	个案编号: 34 单 位:机电研究所 时 间:1990 年 3 月 25 日				5 (7)
1 (15)					1 (8)
(14) 2	(13) 4	(12) 2	(11) 4	(10) 1	(9) 3

个案登录卡片在调查对象数量与调查项目较少,需用人工进行统计分析时比较方便,可以尽快统计各类的次数分布和交互分类。这种登录方法不适于为电子计算机处理数据做准备。由于定量资料越来越多地采用电子计算机处理,这种登录方式已很少使用。

2. 总体登录。即将所有调查对象的全部数据记录在一张资料卡片上,这种方法适用于为电子计算机处理作准备。在这种情况下,由于数据与项目之间的对应完全取决于数据所处位置,在登录时要非常注意不要漏掉字符。因为在某一项目处漏掉了一个字符后,该项目后面的项目的数据就全错了。登录工作完毕后,全部量化后的调查资料汇集到了一张总表上,这张总表就是我们进行定量分析的依据,又称数据库。数据库中的每一行代表一个调查对象的具体情况,即是一份个案档案,每一列或几列则是关于某一项目的全体调查对象的档案资料。

登录工作是一项重要的然而却往往是比较枯燥和容易疲劳的工作,因此,一定要集中精力,细致耐心,编码员和过录员要具备一定的文化水平并应经过培训,登录的字迹要清楚,登录完成后至少要校正一遍,注意看、读、写或填等过程中有无差错。

四、资料的汇总

所谓汇总,就是根据研究的目的,对分类后的各种数据进行计算和加总,汇集到有关的表格之中,以集中系统地反映调查资料总体内部的数量情况。汇总的目的是:(1)初步了解数据的分布情况;(2)为编制次数分布表作准备;(3)为深入的统计分析做准备;(4)便于保存调查资料。

问卷调查取得的资料通常是大量的,因此一般采用电子计算机进行整理汇总。

汇总的结果通常用汇总表的形式给出。表 14.5 是一份汇总表的例子。

表 14.5 ××××问卷调查的汇总表

时间:_____   编号:_____

回答变量号\调查对象编号	1	2	3	……	100	101 征询意见	
00001							表头
00002							表体
……							
统 计							表尾

制作汇总表时,一般地应将封闭型问题放在汇总表的左侧,然后是半封闭性问题,最右侧是开放性问题。在汇总表最后,一般要设一个征询意见栏,它是问卷中结束语的一个组成部分。

第三节　计算机处理资料的一般过程

随着计算机技术的不断进步,计算机的功能从早期用于科学计算发展到用于数据处理。从只能处理数值数据发展到能处理非数值数据,如文字、字母、符号、表格、图形等;此外,各种非数值的算法,如判断、检索、排序、增删、分类、合并等,也得到了迅速的发展。计算机这些发展为其用于社会研究开辟了广阔的道路,而计算机的普及大大推动了社会研究资料的计算机处理。

计算机处理资料一般经过下述步骤:

一、输入前的准备

在资料收集工作完成以后,要将资料进行一定的整理和简化,使之变成可以直接输入计算机进行处理的数据,这个过程叫作数据的准备。如前节所述,它又分为三步:(1)资料的审查。(2)资料的分类与编码,包括建立编码簿。(3)登录,即将问卷中的回答转录到资料卡片上。在使用计算机处理资料时,为提高效率和避免转录中发生错误,一般将编码、登录与数据输入过程结合起来,为此,越来越多地采用页边编码的方式。

输入前的准备工作不仅是为了使收集到的资料成为计算机可以读懂的数据,也是为了使其后的数据处理工作顺利准确。一份准备得不够好的数据输入计算机后,不仅为数据的处理工作带来无穷无尽的烦恼,也难以在分析中得出有说服力的结论。数据的准备是数据处理和分析的基础,没有一份准备得很好的数据,就很难有完美的处理和出色的分析。

二、输入数据

指通过对计算机输入设备的操作,将资料卡片中的数据送入计算机贮存起来,以备调用。不同的计算机有不同的输入方式,主要的输入形式有:(1)键盘输入,即将键盘和显示器结合起来使用,数据直接由键盘键入计算机。键盘键入常与页边编码相结合,不将编码后的数据过录到资料卡片上,而是直接将这些数据键入计算机,这样做由于将登录与输入结合起来,因此可大大提高工作效率,节省大量人力和时间,并可避免登录时带来的错误,故而键盘输入越来越成为计算机数据输入的主要方式。(2)卡片输入。(3)光电输入。

把所有问卷汇集起来,形成一个按一定结构的数据集合,即建立有一定逻辑结构的数据文件,这就是数据输入的任务。由于数据输入的进度、质量是非常重

第十四章 资料整理

要的问题,因而有人称它是整个计算机数据处理工作中的"瓶颈"。当数据采用键盘输入时,可能产生的错误之一是录入串位。一般一项社会调查的问卷有数百个编码项,这一长数字数列在输入时容易发生数据移动位置,即录入串位现象,比如有一项编码应占两位,如应编为07,在键入时仅打了一位数"7",这时此项后面的数据都会向前移动一位。为防止录入串位,可采用按问卷的页分成段,即采用显示终端屏幕控制,当问卷一页编码录入完毕后,用录入程序检测是否漏掉或超出。当发生串录时,屏幕显示出错误情况。由于键盘输入数据是手工劳动,长时间单调的操作必然会产生错误,为提高数据的质量,可采用二遍输入的方式。第二遍输入时与第一次录入的数据进行比较,两次输入的数据相同时,继续输入;当不相同时,程序应提交这两个数据,然后由录入员查原问卷进行核实。

数据输入后,要对数据进行检查,又称资料的净化。任何一份资料都难免有些错误,这些错误可能是回答者的笔误引起的,也可能是编码、登录或输入错误引起的。当一位研究者所面临的数据很多时,要仔细地校对每份问卷几乎是不可能的。除了对问卷进行抽样检查的方法(这种方法对估计资料的错误率有用,但只对资料中错误的一部分进行修正,显然是无济于事的)之外,研究者常常用一种叫作"资料净化"的方法来大概地检验和修正错误。目前,资料的净化过程常常是在数据文件输入计算机之后进行的。使用一个自编的简单程序或者已有的统计软件可以将某一变量的分布显示出来,这样就可以检查出一部分错误。例如,在上述列举的数据文件中,我们可以列出学生性别变量的分布,假设共有46名调查对象,1的频数是22,2的频数是21,5的频数是2,8的频数是1。由于允许的回答只有两个——1(男)、2(女),因此,5和8是违规数字。这样,我们首先了解到,性别这个变量的数据有错误。然后,我们可以编出一个程序列出含有性别变量的违规值的学生的编号,通过核对问卷,就可以知道这些违规值是如何出现的,以及如何修正了。在这个例子中,由于一共有46名学生,这种净化方法的优越性不大,如果研究者处理的是几千名学生的资料,这种方法的优越性就十分显著了。

上面列举的是资料净化的一种方法,称为幅度检查,另一种方法是利用变量间的逻辑关系来净化资料,称为逻辑检查。在研究中,各个变量之间常常是有各种各样的逻辑。例如,变量 A 有四个值——1、2、3、4,变量 B 有两个值——1、2,A、B 两个变量之间可能有这样一种关系:若 $A=1$,则 B 就不可能等于2;若 $A=4$,则 B 就不可能等于1。利用 A、B 两个变量之间的这种逻辑关系,我们可以列出变量 $A=1$ 时和 $A=4$ 时变量 B 的分布,从而检验变量 B(也可能是变量 A)的违规值。

上述这两种净化方法都是非完全检验,它和完全检验、校对不是一回事,它只能检验出一部分错误,因而,也只能纠正一部分错误。资料净化过程,可能要求研究者修正一部分数据,甚至也可能要求研究者剔除个别被判定无效的问卷,以保证资料的可靠性。

三、数据的处理

包括:(1)对已输入到计算机中的数据资料进行定义;(2)进行数据处理方面的操作,如判断、分类、合并、存贮、计算、检索等;(3)数据的输出,包括数据库资料和经过处理后的数据,输出方式有打印,存在磁盘上或显示在荧光屏上等。

在用计算机进行数据处理时,研究者可以用 Basic、Fortran 等计算机程序语言自己编写程序,也可以使用统计软件包(或称统计软件系统)。

目前,国外用于数据处理的统计软件包很多,最近几年中,国内也发展了自己的统计软件包。在这些软件包中,有些是综合性的,用于数据的一般性统计分析,有些则是比较专门性的,用于数据的专门性统计分析。在最为流行而又易于使用的综合性统计软件包中,有一种是专门为社会科学研究而设计的,叫作"社会科学统计包"(Statistical Package for the Social Sciences,简称 SPSS)。另外一些较为常见的综合性统计软件包,如 SAS、BMDP、SP 等,其基本原理与 SPSS 相似,像其他各种软件包一样,SPSS 软件有其自己的使用手册,包含有关于统计分析以及程序指令的说明和例子。一般来说,即便是一个从未接触过 SPSS 软件而又对计算机所知甚少的人,借助使用手册也可以逐步掌握 SPSS 软件。当然,也像其他软件包一样,SPSS 一直在不断地改进,不断有新的功能新的版本出现。

第十五章

资料的统计分析

在调查资料整理之后,就进入到分析阶段,统计分析是资料分析中最重要和应用最广泛的定量分析方法。

统计最初是指对国家实况的研究,包括计算国家人口、记录国家职业和统计国民财富等内容,即"用数字的方法说明国家的特征"。19世纪中叶,概率论引入统计学,此后,一门研究客观世界随机现象的严谨的数学理论——数理统计学逐渐形成。数理统计学的建立与发展,使得统计的功能大大扩展,成为一种对数字信息进行分析与解释的有力手段。特别是近几十年来,随着电子计算机的迅速发展,统计分析在自然科学研究和社会科学研究中的作用日益增大,已成为必不可少的工具。

统计理论是关于客观世界一切随机现象的数学理论,社会现象特点决定了社会研究资料的收集、分析有某些特殊性,使得对社会总体的数字信息进行收集、分析和解释的方法,逐渐从统计理论的基础上发展成为一个新的分支学科——社会统计学,其数学推理和更详细的内容可参阅有关教材。

第一节 统计分析的作用和原则

一、统计分析的作用

社会调查往往要涉及大量的变量,并包括众多的个案,而且这些变量之间的关系又往往是错综复杂的,这就使每项调查所要处理与分析的数字信息量十分庞大。处理并理解这么多信息资料是极其困难的,必须设法提炼压缩,找出其内在的特征。统计分析就是帮助人们提高控制数字的能力,透过这些庞杂的数字和复杂的关系去把握其内在的规律性的一种有力的工具。统计分析的作用主要有:

1. 可对资料进行简化和描述。统计分析的作用之一就是以精简的数字来综合大量的事实,对研究变量自身特征做出清晰的描述,这也就是所谓的描述性统计。例如要比较两个企业的职工收入,假设甲企业有 10,000 人,乙企业有 2000 人,根据工资表我们得到了两个企业共 12,000 个收入数据,如何比较两个企业之间职工收入的高低呢?显然通过各企业间个人收入对比是很难得出结论的,因为两个企业人数不等,无法用每个企业的职工总收入进行比较,这时最好的办法就是对每个企业职工收入分别求平均值,这样甲企业的 10,000 个数字和乙企业的 2000 个数字就可以分别用一个数字——平均收入来代表,而企业之间职工收入高低就可以通过企业的平均收入进行比较了。

需要指出的是,在用某种精简的数字对大量资料进行概括综合时,必然要损失掉某些信息,例如上例中职工的平均收入可以概括描述一个企业的平均收入水平,但却无法反映企业内部职工间收入的差距。为了弥补这种损失,一般采用多个指标,即多种精简数字来综合和描述资料的不同特性。例如在上例中,就可以用标准差来概括描述不同企业内部职工间收入差距的大小,以弥补平均收入损失了的信息。

2. 可对变量间的关系进行描述和深入的分析。变量间关系是社会研究的最重要的内容之一,统计分析为深入描述和分析变量间关系,进而为达到理论解释提供了十分有力的手段。例如我们要研究企业职工的收入水平是否与企业经济效益有关,就可以把企业职工的平均收入作为一个变量,企业的人均利税(企业完成总利税/企业职工总数)作为另一个变量,通过计算两者间的相关系数,描述它们是否有关,以及关系程度。接着还可以通过引入检验因素对这种关系的真伪、成立的条件和内涵作进一步的分析。此外还可以运用回归模型、路径模型、因素分析等多种统计分析方法深入探讨影响一个企业职工的平均收入水平的其他因素,这些因素之间的关系以及企业职工人均收入的变化趋势等等。

在社会研究中,运用实验的方法研究多个变量之间复杂的因果关系存在许多困难,统计分析对社会研究的一大贡献就是通过事后解释使探讨变量间复杂的因果联系成为可能,即采用社会调查来获取关于社会现象的资料,然后从统计分析中去发现事物中既存的数量联系,通过统计和控制等手段,去掉其中偶然性因素的影响,并将各因素的作用分解,找出各个因素的"净作用",以最后确定这种数量联系中那些稳定的、相关程度高的联系,从而达到理论解释。

3. 可通过样本资料推断总体。在社会研究中,大量的社会调查是抽样调查,如何由样本资料概推到总体,就成为抽样调查必须解决的一个问题。而统计学很好地解决了这一问题。它可以通过参数估计和统计检验等手段,将样本资料推论到总体并能指出这种推论的误差及做出这种推论的把握有多大,这就是所谓的推断性统计,它是建立在概率论基础上的。推断性统计使抽样调查科学化,它与描述性统计和抽样调查一起成为一整套定量分析方法,从而大大扩展了社会调查的范围,提高了社会调查的效率,并使社会研究得以深入进行。

二、统计分析的步骤和原则

统计分析作为定量科学研究的一种手段,为社会研究向深度和广度发展提供了新的可能性。但是如同任何方法与手段一样,统计分析的应用也必须满足一定的前提条件,在一定的范围内,并遵循一定的原则,如果不了解并注意在分析中考察这些条件、范围和原则,而盲目地使用各种统计技术,死搬硬套各种计算公式,统计分析的效用不仅得不到充分发挥,而且会导致错误的结论。下面我们结合分析设计的有关步骤,对此做一些简要的介绍。

1. 对应用统计分析的前提条件进行考察。统计分析是建立在数理统计理论基础上的,因此它的应用必须满足一定的理论前提,例如资料在总体中的分布是否满足了统计分析的要求;如果是抽样调查,抽样方法是否是随机抽样等等。由于社会研究过程是一个相互联系的整体,分析只是其中的一步,因此它的前导步骤是否正确执行,就构成了统计分析能不能成功运用的实际前提。例如资料的信度与效度如何,资料收集方法是否科学等。如果资料的信度与效度很低,收集资料的方法不好,则再精密的统计与分析也无济于事,统计分析实际上是在量度过程中某些要求已被满足的条件下数字的处理。因此,在运用统计方法对调查资料进行分析之前,首先要注意审查使用统计分析的理论前提和实际前提条件是否满足。

2. 制定统计分析方案。实际上,研究人员在设计调查时就应根据研究目的和理论假设考虑准备进行哪些分析,再从统计分析的需要出发决定测量中的有关事项。当然,这时对统计分析的考虑还只是初步的、粗略的。研究人员在对资料是否满足统计分析的前提条件进行考察后,要经过周密审慎的思考,制定出详细的统计分析方案,然后交由计算机进行分析。这种分析方案可以包括以下几方面内容:

(1) 再次确定自变量与因变量。一般来说,自变量与因变量是在设计调查时就确定了的,但是,往往在调查之后需要作取舍或调整。也许我们会发现当初确定的某些因变量与自变量之间并不存在这种关系,或者反之,实际存在着这种关系的变量当初并未被研究人员所估计到,这都说明最初的设想是不对的,需要加以修正。

(2) 定义复合变量。问卷或调查表上出现的各个变量,一般称作基本变量或原始变量。这种变量在分析中是不可再被分解的。

用基本变量组合而成的新的变量,称作复合变量。复合变量常可约简变量的数目,突出资料的某种性质。复合变量的产生,可以是各个子变量(原始变量)的代数和,也可以是各个子变量加权后的代数和,例如描述个人职业地位的变量就是一个复合变量,它是基本变量职业收入和教育水平加权后的代数和,即:$y = -6.0 + 0.59 y_2 + 0.55 y_3$。是否需要产生复合变量,应视研究的实际需要及变量的性质而定,任意的组合并不能给研究带来实际意义。

(3) 变量分组。确定了变量之后,就要进行变量的分组。在调查问卷或表格上各个变量的编排与分布,不一定符合统计分析的需要,可能是为了方便被访人、也可能是为了便于提问。例如,为了减轻被访人的敏感度,问卷上将一组敏感问题(如政治态度)分散安排了。

变量分组是将类别或属性相同的变量组合成有意义的数组。例如研究政治态度时,可将个人的基本情况变量归为一组;将人格、个人现代性、性格等心理特点归为一组;将对政治的兴趣、倾向、看法等归为一组。大组中可再分成小组。

(4) 提出统计计算的要求并提出适当的统计方法。变量分组之后,研究人员要拟定各组所要统计的内容并要同时提出统计分析的方法,如可以拟定以下说明:

① 计算第一组和第三组中各个变量的频数分配及百分比;
② 计算第二组中各个变量的平均数与标准差;
③ 计算第三组内各变量间的皮尔逊相关系数;
④ 以第一组的变量为自变量,第四组的变量为因变量,进行单因素方差分析;
⑤ 做变量 $x_1 - x_{15}$ 与 y_2 的交互分类;等等。

这样的统计分析计划应当是所有参加分析的研究人员共同制订、共同遵守的,也作为日后检查工作的依据。

3. 选择统计分析方法的原则。各种统计分析方法都具有特定的假设前提、应用范围以及功用,在进行资料分析时,必须根据研究目的和资料本身的特点选择适当的统计分析方法,否则得到的统计结果,不是毫无意义,就是由于稳定性极差而不可信赖。

第十五章 资料的统计分析

社会研究的目的大体可以分为两类：描述性研究和解释性研究。描述性研究在于说明某种社会现象的状况，一般可采用描述性统计来表示。解释性研究的目的在于寻找社会现象之间，或者说是变量之间（两变量间、一个变量与另一组变量之间、两组变量之间）是否存在某种关系、关系的程度如何、关系存在的条件是什么等等。这时除采用描述性统计方法外，还要使用控制变量、建立因果统计模型和分类及综合变量等多种统计分析技术。

研究资料的性质，主要要考虑以下四个方面：变量的测量层次、资料的收集方法、数据的分布形态、变量的个数。

我们知道，变量有四种测量尺度。一般地说，在低层次测量尺度可施用的统计方法亦可施用于高层次的测量尺度，反之则不可，但是为了不损失资料的信息，最好采用与测量尺度相应的统计方法。每一种统计方法均与相应的测量尺度相对应，社会调查资料往往是低层次的变量，如定类和定序变量，有时为了需要，需对这些低层次的资料作一些特殊的统计处理，使其层次提高，以能够使用高层次的统计分析方法。

所谓资料的收集方法是指资料是通过普查得到的还是通过抽样调查得到的，如果是由普查获得的，则使用描述性统计，如果是由抽样调查得到的，仅用描述性统计就不够了，还必须运用推断性统计技术，将样本资料推论到总体。

还有一个方面，是要考虑数据的分布形态，例如是正态分布还是偏态分布，是连续分布还是离散分布等。使用一个统计公式时，必须首先确定数据的分布形态与公式的假设前提是否相符。因为统计分析所用的公式，都是在一些有关分布形态的假定下推演出来的。例如皮尔逊相关公式有一基本假定：要求相关的两个变量所构成的二维空间的次数分配应具有常态性，亦即所涉及的两个变量应形成一个二元正态分布。只有考虑了统计公式背后的基本假定与数据的分布形态，才能决定采用何种统计方法。

最后一个方面是变量的个数，如果为要概括研究对象的特征，则可用单变量分析，如某一群体的"平均年龄"，某一国家"自杀率"等。如果分析是要说明社会现象间的关系，就要用到多变量分析方法。

4. 对于统计结果的解释。对于统计结果的解释，要从实事求是的立场出发，与定性资料如社会、历史、文化等背景资料及有关个人态度、动机的资料相结合，并参考其他分析方法所得到的结果，反映和揭示调查资料所代表的社会现象的本质的、深刻的意义和内容。

统计分析是一种定量的分析方法，但任何具体的量都是有质的规定性的，如果不了解量的这种质的规定性以及数量关系背后的社会背景情况，就可能做出浮浅的、错误的甚至是荒谬的解释。因此对于统计结果的分析,有赖于对事物作深入的观察和了解,决不能凭表面的数据就轻易地下结论。

在统计结果与原理论假设不相符的情况下,则要对造成这种矛盾的原因进行认真的分析,这时一方面可能是原来的假设或理论是错误的;另一方面可能是研究过程本身所造成的,例如收集数据的方法不当,或是测量工具信度与效度不高,要么是统计方法选择不当或计算过程有误等。然后,对这一分析的结果进行说明。

第二节 单变量统计描述

单变量统计描述是对某一变量的数量特征所做的描述,它是最简单也是最基本的统计,是对某一变量大量数据的统计概括。

一、变量的分布

变量的分布分为两类:一类是频次分布,一类是频率分布。

1. 频次分布。简单地说,变量的频次分布就是变量的每一取值出现的次数。例如对1000户家庭的子女数进行了调查,通过将相同子女数的家庭进行归类,就得到这1000个家庭子女数的频次分布:无子女家庭80户,一子女的家庭700户,二子女190户,三子女20户,三个以上子女的10户。这样,用5个数字就可以概括出这1000户家庭子女数这一变量的内部结构情况。

对于离散型变量,如定类变量,频次的计算相当简单,只要对每一变量取值的个案数累加即可。而对于连续型变量,如定距变量,频次的计算必须分组进行。以上述1000户调查家庭的人均收入为例,由于收入可能是某一区间内的任意值,因此只有先将整个区间分组,计算频次才有意义。假定1000户中人均收入最高为150元,最低为50元,则可将50—150这一区间划分为首尾相接,间隔20元的五个组:50—70;70—90;90—110;110—130;130—150。其中每组上限即下一组下限,通常将组下限包括在本组中,每组用组中值(组中值=$\frac{组上限+组下限}{2}$)表示,如此,上述五个组就可用60、80、100、120、140代表了。分组后即可按组统计频次。

2. 频率分布。频次分布可以把原始资料作初步简化,并对变量特征做出清晰的描述,但它不能用来比较不同样本。例如有另一个500户的调查,其子女数的频次分布为:无子女家庭40户;一子女家庭300户;二子女家庭130户;三子女家庭 20 户;三个以上子女家庭 10 户。因为样本容量不同,因此无法与 1000 户的调查资料进行比较。频率分布由于是用变量每一取值的频次数除以总个案数,它是一个相对指标,排除了样本规模的影响,故而可用来比较不同的样本,例如按这一公式计算 1000 户与 500 户两个样本,家庭子女数的频率分布可得到:无子女户 0.08、0.08;一子女户 0.7、0.6;二子女户 0.19、0.26;三子女户 0.02、0.04;三个以上子女户 0.01、0.02。由此就可对两个样本的情况进行比较。

一般频率分布是用比率的形式表示的,即将每一变量取值的频次数/总个案数×100(或 1000 或 10,000 等)。

二、统计表与统计图

为了更直观清晰地将上述变量的分布情况显示出来,通常采用统计表与统计图的形式。

1. 统计表。所谓统计表就是以表格形式来表示变量的分布,表 15.1 是上例中千户家庭子女数的频次与频率分布表。

表 15.1 千户家庭的子女数

子女数(个)	频次	累计频次	频率	累计频率(%)
0	80	80	8.0%	8.0%
1	700	780	70.0%	78.0%
2	190	970	19.0%	97.0%
3	20	990	2.0%	99.0%
3 个以上	10	1000	1.0%	100.0%
总计	1000		100%	

在制作统计表时,如果有未回答或回答不符合要求的情况,可有两种处理方法:一是仍以调查对象的总数为基数计算频率,这时在表 15.1 中三个以上这一行下面加上一类:未详。二是以有效回答为基数计算频率,这时应在表的下面、紧接着表的地方注明:未详××户。

表 15.1 中累计频率(次)是将频率(次)从上到下逐行累加而成的。例如表中累积频率 78.0%,是由无子女户频率 8.0% 与一个子女户频率 70.0% 累加成的,它表示无子女户与一个子女户共占总户数的 78%。累积频率(次)也可以由下到上逐行累加。

为了对不同样本的资料进行比较,可将两个样本的分布放在一张统计表中,表 15.2 是上例中千户与 500 户两个样本子女数的分布对比表,由此表可以知道两个样本子女构成上的差异。

表 15.2 千户与 500 户家庭子女数的频率分布

子女数(个)	甲样本(1000 户)	乙样本(500 户)
0	8.0%	8.0%
1	70.0%	60.0%
2	19.0%	26.0%
3	2.0%	4.0%
3 个以上	1.0%	2.0%
总计	100.0%	100.0%

2. 统计图。统计图是以图形表示变量的分布情况。与统计表相比,统计图虽然不如它精确,但却更直观、生动、醒目。常用的统计图有圆瓣图、条形图、直方图和折线图等。

(1) 圆瓣图。圆瓣图是用一个圆代表现象总体,每一瓣代表现象中的一类,其大小代表它在总体中所占的百分比频率。圆瓣图的制作方法是将变量每一取值的频率乘以 360°,它就是此取值圆瓣的圆心角度数,图 15.1 为千户子女数的百分比频率分布图。

圆瓣图多用于描述定类变量的分布。

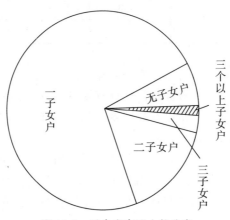

图 15.1 千户家庭子女数分布

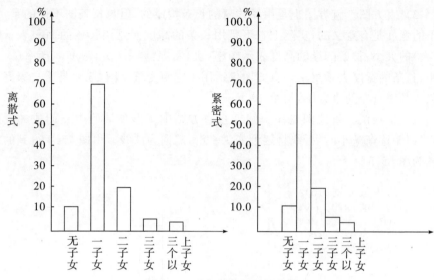

图 15.2　千户家庭子女数分布

(2) 条形图。条形图多用于描述定类与定序变量的分布,它是以长条的高度表示变量不同取值的频率(次)分布的,其中长条的宽度没有意义,一般均画成等宽长条。长条的排列可以是离散的,也可以是紧挨着的,见图15.2。条形图有两种形式:长条平行于纵轴(图15.2)和长条平行于横轴(图15.3)。

为了对不同样本或类别进行比较,可以将它们的条形图组合在一张条形图中,做成复式条形图,见图15.3。

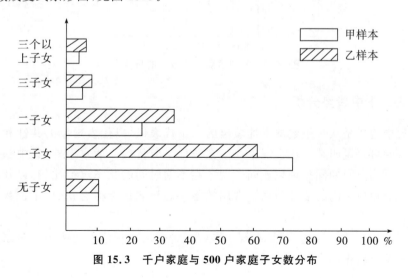

图 15.3　千户家庭与 500 户家庭子女数分布

(3) 直方图。直方图也是由紧挨着的长条构成的,但与长条图不同的是,它的条的宽度是有意义的,实际上它不是用长条的高度而是用长条的面积表示频率(次)的大小,长条的纵轴高度表示频率(次)密度;频率(次)密度 = 频率(次)/组距;长条的宽度表示组距。直方图仅适用于定距变量。图 15.4 是千户家庭人均收入频率分布的直方图,组距 20 元。

(4) 折线图。折线图是用直线连接直方图中条形顶端的中点而成的。显然,当组距逐渐减小时,折线将逐渐变为平滑,趋向为曲线。由图 15.4 得到的折线图为图 15.5。

组中值分别为 60、80、100、120、140、160 元。各组的频率分别为 10%、16%、25%、24%、18%、7%。

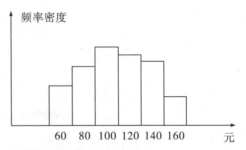

图 15.4　千户家庭人均收入分布

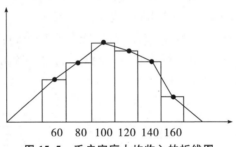

图 15.5　千户家庭人均收入的折线图

三、集中趋势分析

集中趋势是从一组数据中抽象出的一个代表值,以代表现象的共性和一般水平。除可以说明某一社会现象在一定条件下数量的一般水平外;集中趋势还可以对不同空间的同类现象或同一现象在不同时间的状态进行比较;以及分析某些社会现象之间的依存关系。常用的集中趋势测量指标有众数、中位数和平均数。

1. 众数(M_0)。众数就是出现频率(次)最高的变量值。前例中千户家庭子女数的调查数据的众数为一子女户。

第十五章 资料的统计分析

众数可适用于任何测量层次的变量,对于定类和定序变量,众数可直接从变量的频率分布中观察到;对于定距变量,如果变量是在第 i 组具有最高的频率(次)密度,则用第 i 组的组中值表示变量的众数。例如图 15.4 千户家庭人均收入的众数在第三组,其值为 100 元。

2. 中位数(M_d)。中位数是将观察总数一分为二的变量值。因此中位数应是位于数据序列中央位置的变量值,若将数据从小到大顺序排列,则 M_d 取值于 $\frac{N+1}{2}$(N 为观察案例总数)处的变量值。例如对于数据序列 3,5,6,8,9,11,14,中位数位于 $\frac{7+1}{2}=4$ 处,其值为 8。当 N 为偶数时,由于 $\frac{N+1}{2}$ 处无数值,这时中位数为居中间位置左右两数的平均值。当变量是以频次分布的形式给出的,则用 $\frac{N+1}{2}$ 算出中位数所在位置,然后利用累积频次查找这一位置所对应的变量值。例如表 15.1 中中位数的位置 $=\frac{N+1}{2}=500.5$,由累积频次得知其对应值为 1。

对于经过分组的资料,中位数的位置则是通过计算累积百分比频率得到的,即首先计算出含有累积频率 50% 的区间,然后求出这个区间的上、下限值(U、L)最后利用公式 $M_d = L + \frac{\left(\frac{N}{2} - cf\right)}{n}(U - L)$ 计算中位数值(其中 N 为调查案例总数;n 为中位数所在组的频次;cf 为中位数所在组以前的累积频次)。以图 15.4 的资料为例,含有 50% 累积频率的组是第三组,区间的上、下限为 90 和 110,则其中位数 $M_d = 90 + \frac{\left(\frac{1000}{2} - 260\right)}{250} \times (110 - 90) = 109.2$。

中位数一般用于描述定序及定序以上测量尺度的变量的集中趋势。

3. 平均数。它仅适用于定距及定距以上变量,但有时也可用于定序变量,如求平均等级。平均数 $=\frac{\text{全体调查对象的观察值总和}}{\text{调查对象总数}}$,在原始数据较少时,可直接将这些数据累加,然后除以调查对象总数。在原始数据经过整理,得到它的频次分布时,平均数的计算用加权平均数公式 $\frac{\sum n_i x_i}{\sum n_i}$(其中 $n_i x_i$ 表示变量值 x_i 与它对应的频次 n_i 的乘积)求得。表 15.1 千户家庭平均子女数 =

$$\frac{80\times0+700\times1+190\times2+20\times3+10\times4}{1000}=1.18\doteq1.2(3 个以上子女户是按 4$$

个子女加权计算的,由于 3 子女以上户出现频率很小,故取 4 作为代表对结果影响不大)。

对于分组数值,一般用组中值来代替变量值,然后按加权平均数公式计算平均数。以图 15.4 的资料为例,千户家庭人均收入

$$=\frac{60\times100+80\times160+100\times250+120\times240+140\times180+160\times70}{1000}=109(元)。$$

需要指出的是,用组中值计算的加权平均数只是用原始数据计算的平均数的近似值。由于分组是人为确定的,因此在变量分布不均匀的情况下,不同的分组会有不同的结果。

平均数主要是为了描述平均水平,它对每个案例的取值都十分敏感,在分布中如有少数非常极端的变量值,则平均数要受到较大影响,反而不能代表大多数观测值,这时用中位数描述变量的集中趋势更有益。

4. 分布与三值的关系。图 15.6a、15.6b、15.6c 给出了变量分布的三种形态,a 形态是所谓的对称分布,又称正态分布,这时众数、中位数、平均数三者位置重叠。b 与 c 是所谓的偏态分布,b 是正偏态,c 是负偏态,在偏态分布中,三值不重合,在正偏态时,由于左边频次密集,这使得中位数偏向左方,但由于右侧的变量取值大,故平均数较中位数偏右,即平均数>中位数>众数;而在负偏态时则相反,有平均数<中位数<众数。

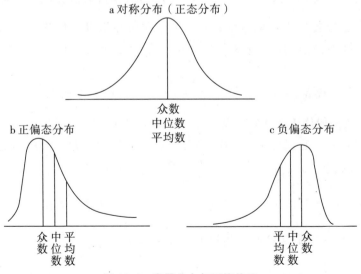

图 15.6 变量分布与三值关系

四、离中趋势分析

集中趋势描述的是变量的一般水平,它用一个值概括出一组数据的共性,但它却无法说明被它概括了的这一组数据间的差异程度,而离中趋势正是用以概括描述数据间差异程度的统计指标。与集中趋势一样,离中趋势也是对变量特性进行描述的量数,但两者不同的是:集中趋势描述的是现象的共性,而离中趋势描述的是现象的差异性,如果离中量数大,说明数据分布很分散,这时集中值对数据的代表性低,相反,则说明数据的分布很集中,集中值对数据的代表性高。在由样本资料推论总体时,集中值告诉我们的是如何去估计与预测总体,而离中趋势则告诉我们这一估计与预测的误差大小,因此,两者是相互补充的。常用的离中趋势测量指标有异众比率、极差、四分互差和方差。

1. 异众比率。异众比率即非众数的各变量值的总频数在观察总数中的比例。可见异众比率是对众数的补充,异众比率越小,说明众数的代表性越好;反之,异众比率越大,则说明众数的代表性越差。

2. 极差。极差是对定序及定序以上尺度的变量离散程度的测量。它等于最大观察值与最小观察值间的差。极差越小表明资料分布越集中。但由于它的值是由端点的差决定的,因此个别远离群体的极值会极大改变极差,以致使它不能真实反映资料的分散程度。

3. 四分互差。四分互差也是对定序及定序以上测量尺度的变量离散程度的测量指标,它的优点是可以克服极差中极值对资料分散程度度量的干扰。

把一组数据按序排列,然后分成四个数据数目相等的段落,各段分界点上的数叫作四分位数,即第一个四分位数 Q_1 以下包括了 25% 的数据,Q_2 是中位数,第三个四分位数 Q_3 以下包括了总数据中的 75% 的数据。四分互差就是第三个四分位数与第一个四分位数的差,即 $Q = Q_3 - Q_1$。以表 15.1 的频次分布资料为例:Q_3 所在位置 $= \dfrac{3(N+1)}{4} = \dfrac{3(1000+1)}{4} = 750.75$,由累积分布可查知,这个数据在一子女户内,所以 $Q_3 = 1$,Q_1 所在位置 $= \dfrac{N+1}{4} = \dfrac{1000+1}{4} = 250.25$,这个数据也在一子女户内,即 $Q_1 = 1$;于是 $Q = Q_3 - Q_1 = 1 - 1 = 0$。显然,四分互差的间距越小,说明中位数的代表性越大,数据分布越集中。

对于分组资料,求 Q_1 与 Q_3 的值的方法与求中位数的方法相同,即首先找到含有累积频率 25% 与 75% 的区间,然后用线性插值法或直接用公式 $Q_1 = L_1 + \dfrac{\left(\dfrac{N}{4} - cf_1\right)}{n_1}(U_1 - L_1)$ 和 $Q_3 = L_3 + \dfrac{\left(\dfrac{3N}{4} - cf_3\right)}{n_3}(U_3 - L_3)$ 进行计算。其中

L_1、L_3 为含有累积百分比 25% 与 75% 区间的下限，U_1、U_3 为对应上限，n_1、n_3 为含有累积百分比 25% 与 75% 的区间的频次；cf_1 与 cf_3 为含累积百分比 25% 与 75% 所在组以前组的累积频次。以图 15.4 的资料为例，$Q_1 = 70 + \dfrac{\dfrac{1000}{4} - 100}{160}(90 - 70) = 88.75$，$Q_3 = 110 + \dfrac{\dfrac{3 \times 1000}{4} - 510}{240} \times (130 - 110) = 130.0$，因此 $Q = 130.0 - 88.75 = 41.25$。

4. 方差与标准差。方差与标准差只适用于定距变量。方差等于每一观察值与其平均数的差的平方和除以观察总数，即 $\sigma^2 = \dfrac{\sum (x_i - \bar{x})^2}{N}$，而标准差则是它的正平方根，$\sigma = +\sqrt{\sigma^2}$。对于未经整理的原始资料可直接按公式计算 σ^2。对于经整理的频次分布资料，则可利用公式 $\sigma^2 = \dfrac{\sum f_i (x_i - \bar{x})^2}{N}$ 进行计算。

对于分组资料，用组中值 b_i 代替上公式中的变量值 x_i，则计算公式变为 $\sigma^2 = \dfrac{\sum f_i (b_i - \bar{x})^2}{N}$。当然，用组中值计算的方差，不及用原始数据计算的方差精确，但对大多数社会研究来说，已足够用了。

5. 离散系数与标准分数。离散系数是标准差与平均数之百分比：$cv = \dfrac{\sigma}{\bar{x}} \times 100\%$。离散系数可用于两组数据的离散程度的比较。例如甲厂平均工资水平为 70 元，标准差为 6.5 元；乙厂平均工资 60 元，标准差为 6 元。则甲厂的工资离散系数 $= \dfrac{6.5}{70} \times 100\% = 9.3\%$，而乙厂为 $\dfrac{6}{60} \times 100\% = 10\%$，表明乙厂职工工资差距大于甲厂。

标准分数 $Z = \dfrac{x - \bar{x}}{\sigma}$，$x$ 为原始数据，$\bar{x}$ 为总体平均数，σ 为总体标准差。将原始数据标准化有两个作用：一是确定原始数据在总体分布中的位置，例如某厂人均收入是 224 元，标准差为 62 元，若厂中张三的年均收入为 348 元，则该人在厂里的收入位置如何？先计算标准分数 $Z = \dfrac{x - \bar{x}}{\sigma} = \dfrac{348 - 224}{62} = 2$，再查正态分布表，得到 $Z = 2$ 在总体中的相对位置是 0.95，即厂中 95% 的人收入低于该张三，只有 5% 的人高于他。原始数据的标准化还有另一个作用，即对不同分布的各原始数据进行比较。假设甲厂人均收入是 224 元，标准差 62 元，其中张三年均收入 348 元。乙厂李四年均收入 300 元，从绝对值来看甲厂张三收入高于乙厂李四收入。但李四所在厂人均收入 225 元，标准差 25 元。因此，$Z_{李} = \frac{x - \bar{x}}{\sigma} = \frac{300 - 225}{25} = 3$，因 $Z_{张} = 2$，所以 $Z_{张} < Z_{李}$，故乙厂李四的相对值较甲厂张三更靠前。

第三节 双变量统计分析

如上节所述，单变量分析的目的纯粹是为了描述，在社会研究中，往往要涉及两个或两个以上变量，因此两变量及多变量间的关系是统计分析的一项更为重要的内容。本节我们将介绍描述与分析两变量关系的各种技术与方法，它们是多变量分析的基础与准备。

一、列联表

列联表又称交互分类表，所谓交互分类，是指同时依据两个变量的值，将所研究的个案分类。交互分类的目的是将两变量分组，然后比较各组的分布状况，以寻找变量间的关系。表 15.3 是千户家庭调查数据依据变量家庭居住地与变量户主从事的产业交互分类而成的。

表 15.3 千户家庭居住地与户主从事的产业

产业	地区			总数
	东部	中部	西部	
农业	28	30	14	72
工业	248	330	122	700
商业服务业	20	56	130	206
建筑业	4	3	7	14
运输	0	1	7	8
总数	300	420	280	1000

从表中可以清楚地了解到在每种地区条件下，户主从事产业的分布情况。因此这样的表又叫作条件次数表。表的最下一行和最右一列分别是每类地区和每种产业的总次数，称为边缘次数，其分布称为边缘分布。其余的次数称为条件次数。每一条件下的分布称为条件分布。

条件次数表中的数字是绝对数字,由于各个类别的基数不同,相互间无法进行比较,因而不能看出两变量之间的关系。为克服条件次数表的这一缺点,使各个类别之间可比,应将表中的绝对数字转变成相对数字——百分比,这样制成的表称为条件百分表。表15.4就是由表15.3制成的条件百分表。

表15.4 千户家庭所在地区与户主从事的产业

产业	地区		
	东部	中部	西部
农业	9.3%	7.1%	5.0%
工业	82.7%	78.7%	43.6%
商业服务业	6.7%	13.3%	46.4%
建筑业	1.3%	0.7%	2.5%
运输业	0	0.2%	2.5%
总数	(300)	(420)	(280)

将条件百分比表中的各列百分比进行比较,就可以得到居住地对家庭从事产业活动的影响。例如由表15.4可看出,中部、东部的家庭一般以从事工业活动为主,西部家庭一般以从事商业服务业活动为主。

在制作条件百分比列联表时,一般应将自变量放在表的最上端横行位置上,例如表15.4中自变量居住地区,因变量放在表的最左一列,例如表15.4中的产业类别栏。计算百分比通常是按照自变量的方向,因为研究的目的是要了解自变量对因变量的影响,因此应计算在自变量不同取值情况下因变量的变化情况如何。例如表15.4是要分析居住地区对家庭从事产业的影响,因此应按居住地计算百分比,如果居住地不同,家庭从事的产业的分布也不同,就说明居住地类型对产业活动是有影响的。但在某些特殊的情况下,例如因变量在样本内的分布不能代表其在总体内的分布时,百分比就要按照因变量的方向进行计算。例如[1]要研究某城市破裂家庭对青少年犯罪行为的影响,由于犯罪青少年在青少年总体中所占比例太小,如果以相同比例从犯罪与未犯罪青少年中抽样,则样本中犯罪青少年的比重太小,这样小的样本难于提供准确的资料,因此要扩大它的抽样比例。假定这个城市青少年总体中犯罪青少年有900名,未犯罪青少年54400名,以1%的比例从后者抽样,而以50%的比例从前者抽样,则得到的样本中未犯罪青少年有544名,犯罪青少年480名。假定交互分类后得到的条件次数表如下:

	犯罪青少年	未犯罪青少年	
破裂家庭	146	45	191
完好家庭	334	499	833
	480	544	

由于因变量在样本中的分布不能代表其在总体中的分布,因此若以自变量计算百分比就会歪曲资料。例如在上面的频次分布表中,完整家庭的青少年共833名,其中犯罪者334名,如果从这个方向计算百分比,则其犯罪率高达40.1%,这显然与事实不符,原因是抽样时扩大了犯罪青少年在样本中的个案数。因此应以因变量作为计算百分比的方向,由表15.5,可见犯罪青少年中破裂家庭的比例(30.4%)大于未犯罪青少年(8.3%),由此证明家庭破裂确实是导致青少年犯罪的一个原因。

表 15.5　家庭对青少年犯罪的影响

家庭情况	青少年行为	
	犯罪%	未犯罪%
破裂家庭	30.4	8.3
完整家庭	69.6	91.7
总数	(480)	(544)

另外在制作列联表时,应在表的最后一行绘出自变量各类数值的个案总数,并以括号括起来。表的大小一般是以行的类别数(自变量)乘以列的类别数(因变量),例如表15.4,其大小为3×5,而表15.5的大小是2×2。

列联表综合了两个变量的共同分布,因此像单变量频率分布统计表一样,具有对变量进行描述的作用。列联表的另一个作用是可对不同类别进行比较。但从另一个角度看,它又是对变量关系的一种解释性分析。例如表15.4,可以用于对各居住地区组的比较,但也可以换一个角度,不再以东部、中部、西部为不同的分组,而视居住地区为对其他变量,如产业类别有影响的变量,即在居住地与产业类别间有一种因果关系。

列联表可用于各种测量层次的变量,在用于定序变量时,变量应按取值的大小顺序排列,如低、中、高,大、中、小等。在将其用于定距尺度的变量时需事先进行分组,然后以组的首尾相接顺序排列,如50—70元,70—90元,90—110元……对于变量间关系的分析,列联表的优点是直观、资料丰富,不仅可以看到关系的有无、大小，而且还可以了解这种关系的详细结构。但当表很大时，这种直观性会受到很大限制。此外，它无法确切地告诉我们这种关系的密切程度如何，因此，还需要计算相关系数。

二、消减误差比例

相关系数有各种类型，其中大部分含有消减误差比例的意义。所谓消减误差比例，是指一种对变量间关系的测定，简称 PRE。社会研究的主要目的是预测或解释社会现象的变化，例如对于家庭从事的主要产业(y)活动，假定我们要推测我国家庭一般从事什么产业活动，或者推测在不同时代，家庭从事的产业类别。在做这种解释或推测时，难免会有误差，但如果我们知道样本的分布，例如表15.3千户家庭所从事产业的分布，我们就可以推测出我国家庭一般是从事工业活动的(出现频率最高的变量值)，显然这种推测可以最大限度地消减误差。此外，如果知道另一种社会现象与这种社会现象有关系，例如知道家庭所在地区(x)与其户主从事的产业有关，或社会经济发展水平与家庭从事的产业有关，则根据社会现象 x(居住地)来预测社会现象 y(从事的产业)，应能减少这种推测或解释的误差，而且，x 与 y 的关系愈强，所能减少的误差就应越多。因此，通过所消减的误差多少，可以反映出 x 与 y 的关系强弱。

假设在不知道 x 的情况下，对 y 进行预测的全部误差是 E_1，在知道 x 的情况下，由 x 预测或解释 y 的总误差为 E_2，则由 x 预测或解释 y 时所减少的误差为 $E_1 - E_2$，消减误差比例 $PRE = \dfrac{E_1 - E_2}{E_1}$。PRE 越大，表示以 x 预测或解释 y 时所减少的误差越多，即 x 与 y 的关系愈强。换言之，PRE 的值表示的是用一个社会现象(x)来解释另一个社会现象(y)时，能够消除百分之几的错误，即 x 对 y 的解释力有多大。由上式可知，PRE 的值在 0 与 1 之间，当 $E_2 = 0$ 时，PRE = 1，说明 x 与 y 完全相关，x 能百分之百解释 y 的变化；若 $E_2 = E_1$，则 PRE = 0，说明 x 与 y 之间没有关系，x 对 y 无解释力。

消减误差比例适用于各种测量层次的变量，但公式中的 E_1 与 E_2 的具体定义在不同层次的变量间，或同一层次的变量内部有所不同。由于这一统计值具有的意义合乎社会研究的需要，故而它是变量间关系测量的基础。

三、相关分析

所谓相关，就是指两个变量间存在一种连带关系，即当一个变量的值发生变化时，另一个变量的值也相应地发生变化。例如当居住地发生变化时，家庭从事

第十五章 资料的统计分析

的产业也发生变化,我们就可以说家庭的居住地点与其户主从事的产业活动是相关的。相关分析就是以一个统计值表示变量与变量间的关系,这个统计值称为相关系数。通常大多数相关系数取值在 0 与 ±1 之间,0 代表无相关,±1 代表完全相关,相关系数越大,表示相关程度越强。相关系数前面的正负号表明相关的方向,正相关系数表示,当一个变量的值增大时,另一个变量的值也增大;而负相关系数则表示,当一个变量的值增加时,另一个变量的值却在减少。当然,对于两个定类变量,其相关不存在方向问题。需要特别指出的两点是:虽然相关系数可以描述变量间关系的有无、大小和方向,但相关系数多大时才能断定两个变量有必然的、规律性的联系,是很难说的,在统计学中需要大到 0.7 以上,但社会现象间很少有这样密切的联系,所以研究人员一般要结合定性分析来断定事物内在的、本质的联系。此外,数据所显示出的相关(或无关)关系,实际上也可能并不反映变量间存在(或不存在)有意义的关系。相关系数有各种类型,用于测量不同层次的变量间的关系,下面按照变量的不同测量层次对各种相关系数作一简单介绍。

1. 定类变量——定类变量。用于测量两个定类变量的相关系数,主要有 Lambda 与 Tau-y 两种。

(1) Lambda 系数,Lambda 相关系数又分为:①对称形式,用 λ 表示,即用于测量的两个变量间的关系是对等的,即无自变量与因变量之分。②非对称形式,用 λ_{yx} 表示,即所测量的两个变量间有自变量与因变量之分,x 为自变量,y 为因变量。$\lambda = \dfrac{\sum m_x + \sum m_y - (M_x + M_y)}{2N - (M_x + M_y)}$;$\lambda_{yx} = \dfrac{\sum m_y - M_y}{N - M_y}$,其中 $M_y = Y$ 变量众数的频次;$M_x = X$ 变量众数的频次;$m_x = Y$ 变量每个取值之下的 X 变量的众数的频次;m_y 为 X 变量的每个取值之下的 Y 变量众数的频次;N = 调查对象总数。Lambda 的取值在 0—1 之间。Lambda 系数具有消减误差比例的含义。

表 15.3 中家庭居住地与户主从事的产业的相关系数 $\lambda_{yx} = \dfrac{248 + 330 + 130 - 700}{1000 - 700} = 0.03$。说明当用家庭居住地区预测其户主从事的产业类别时,只能消减 3% 的误差。

(2) Tau-y 系数,简称 τ_y 系数,它是测量变量间非对称关系的,其中 y 为因变量,x 为自变量。τ_y 系数也具有消减误差比例的含义,τ_y 通常都用经过简化

的公式 $= \dfrac{\sum\limits_{1}^{r}\sum\limits_{1}^{c}\dfrac{f_{ij}^{2}}{F_{i}} - \dfrac{\sum\limits_{1}^{r}F_{j}^{2}}{N}}{N - \dfrac{\sum\limits_{1}^{r}F_{j}^{2}}{N}}$ 计算，其中 $F_j(j=1,2\cdots\cdots r)$ 为 y_j 的边缘分布次数，F_i 为 $X_i(i=1,2\cdots\cdots c)$ 的边缘分布次数；f_{ij} 为同属于 x_i 和 y_j 的个案总数；r 为 y 变量的类别数；c 为 x 变量类别数；N 为观察总数。τ_y 取值在 0—1 之间。

通常 τ_y 值比 λ_{yx} 值更好，但 λ_{yx} 值较 τ_y 值易于计算。此外无论是 λ_{yx} 或 τ_y 都是测量变量间非对称关系的，因此 λ_{xy} 与 λ_{yx}、τ_x 与 τ_y 的意义是不同的。

2. 定序变量——定序变量。如要测量两个定序尺度变量间的关系，可用 Gamma 系数、d_{yx} 系数和斯皮尔曼等级相关系数。

（1）Gamma 系数，一般用 G 表示，它适用于分析两个变量间的对等关系，即两个变量无所谓自变量与因变量之分。G 系数具有消减误差比例的含义。

$G = \dfrac{\text{同序对数} - \text{异序对数}}{\text{同序对数} + \text{异序对数}}$，其值在 -1—+1 之间，既表示相关程度，也表示相关方向。式中同序对是指某对个案在两个变量上的相对等级是相同的，异序对是指某对个案在两个变量的相对等级上是相反的，以表 15.6 为例。

若调查对象总数为 N，则应有 $\dfrac{1}{2}N(N-1)$ 对个案，本例调查对象总数为 4，因此有 6 对个案：A—B、A—C、A—D、B—C、B—D、C—D。按照定义，其中 A—C、B—C 是同序对，其余均为异序对，于是其等级相关系数 $G = \dfrac{2-4}{2+4} = -0.33$。它表示企业的效益与其职工人均收入成反比，以企业的经济效益等级推测其职工人均收入等级，可以减少 33% 的误差。

表 15.6　四个企业的效益水平与人均收入水平等级

企业	企业效益等级	职工人均收入等级
A	4	2
B	3	3
C	2	1
D	1	4

如表 15.6 所见，G 系数是分析两个等级序列的关系的，故又称等级相关系

数,在社会研究中,它所涉及的往往是研究对象本身的某两种特征间的等级关系。例如人的阶级地位与偏见程度,教育水平与职业声望,企业规模的大小与经济效益水平,农村社会经济发展水平与其社会保障水平等。在等级分布表中,有时两个个案分数相同,分不出高低,这时一般用两级的平均值作为这两个个案的等级,如表15.7中的B和C。

表15.7 五名调查对象的职业声望等级与收入水平

调查对象	职业声望等级	收入等级
A	5	5
B	3.5	3
C	3.5	3
D	2	1
E	1	3

我们用 T_x 表示仅在变量 x 上同等级的对数,T_y 表示仅在变量 y 上同等级的对数,T_{xy} 表示在两个变量上都同级的对数。表15.7中 $T_x=0$,$T_y=2$(B-E;C-E),$T_{xy}=1$(B-C)。T_x、T_y、T_{xy} 叫作同分对,G 系数不考虑同分对,而只考虑同序对与异序对。

在本例中,同序对有6对(A-B;A-C;A-D;A-E;B-D;C-D),异序对有1对(D-E),故 $G=\dfrac{6-1}{6+1}=+0.71$。可见职业声望与收入水平成正相关,相关程度很高。用职业声望水平来推测其收入水平,可以消减71%的误差。

上面所介绍的是如何由少量个案的原始资料计算 G 的值,而在大规模调查中资料的等级分布往往是用列联表的形式给出的,例表15.8,这时同序对数量等于表内每个频次乘以其右下方全部频次之和,然后加总,而异序对数量则等于表内每个频次乘以其左下方全部频次之和,然后加总。以表15.8为例:

表15.8 教育水平与职业声望

职业声望	教育水平		
	低	中	高
低	200	400	700
中	500	900	400
高	800	300	100

由表中数据可得同序对量 = 200(900 + 300 + 400 + 100) + 500(300 + 100) + 400(400 + 100) + 900(100) = 830,000；异序对数量 = 700(500 + 800 + 900 + 300) + 400(800 + 300) + 400(500 + 800) + 900(800) = 3,430,000；则 $G = \frac{830,000 - 3,430,000}{830,000 + 3,430,000} = -0.61$。

(2) d_{yx} 系数，与 G 系数一样，d_{yx} 系数也是等级相关系数，其值也在 -1 到 +1 之间，也具有消减误差比例的意义。但不同于 G 系数的是，d_{yx} 系数测量的两个变量间的关系是非对称性的，即所测两个变量有自变量 x 与因变量 y 之分，因此其计算公式也不同于 G 系数，$d_{yx} = \frac{\text{同序对数} - \text{异序对数}}{\text{同序对数} + \text{异序对数} + \text{仅在 y 变量上同等级的对数}}$，根据表 15.7 中的资料可得 $d_{yx} = \frac{6-1}{6+1+2} = 0.56$。

当资料是以次数列联表形式给出时，同序对与异序对的数量计算方法同 G 系数，T_y 等于列联表中的每个频次乘以它右面的所有同行频次之和，然后加总。以表 15.8 为例，$T_y = 200(400 + 700) + 400(700) + 500(900 + 400) + 900(400) + 800(300 + 100) + 300(100) = 1,860,000$，于是 $d_{yx} = \frac{830,000 - 3,430,000}{830,000 + 3,430,000 + 1,860,000} = -0.42$。

(3) 斯皮尔曼等级相关系数(Spearman)，一般用 ρ 表示。与 G 系数和 d_{yx} 系数不同，斯皮尔曼相关系数不是考虑个案对在两个变量上的相对等级，而是考虑单个个案在两个变量上的等级差异，它在计算每个个案在两个变量上的等级时，不仅要作高低的比较，还要考虑等级的差异是多少。例如某研究对象职业声望等级为 3，收入等级为 1，则不仅其在两个变量上的等级高低不同，而且相差了两个等级。以 D_i 表示第 i 个调查对象在两个变量上的等级差异 $(x_i - y_i)$，x_i 为它在 x 变量上的等级值，y_i 为其在 y 变量上的等级值，N 表示全部调查对象总数，则 $\rho = 1 - \frac{6\sum D_i^2}{N(N^2-1)}$，$\rho$ 取值在 -1 到 +1 之间。

斯皮尔曼等级相关系数是测量两变量间对等相关关系的，它有消减误差比例的含义。

斯皮尔曼等级相关是以变量没有相同等级为前提的，如果某些个案在同一变量上的等级是相同的，且相同等级不太多时，可取其平均等级。例如下面的 11 名学生的考试成绩中，在 80 分、75 分和 64 分上都出现了同分对，这时就应取平均名次：

分数	95	92	86	80	80	76	75	75	64	64	64
名次	1	2	3	4	5	6	7	8	9	10	11

$$\underbrace{}_{4.5}\quad\underbrace{}_{7.5}\quad\underbrace{}_{\frac{9+10+11}{3}=10}$$

3. 定距变量——定距变量。测量两个定距变量相关系数的一个最常用指标是皮尔森(Pearson)相关系数,用 r 表示, $r = \dfrac{\sum(x_i-\bar{x})\cdot(y_i-\bar{y})}{\sqrt{\sum(x_i-\bar{x})^2\cdot\sum(y_i-\bar{y})^2}}$。

其中 $\bar{x}$ 是变量 x 的平均数, x_i 为 x 变量的第 i 个观察值; $\bar{y}$ 是 y 变量的平均数, y_i 为 y 变量的第 i 个观察值。r 值在 -1 到 $+1$ 之间。

r 系数要求调查对象的成对资料 $N \geqslant 50$ 而且两个变量的分布应近似于正态分布。r 系数是测量两个变量间对等关系的,并且 r 的平方值具有消减误差比例的含义, $r^2 = \dfrac{[\sum(x_i-\bar{x})(y_i-\bar{y})]^2}{\sum(x_i-\bar{x})^2\sum(y_i-\bar{y})^2}$。在实际进行计算时,一般采用下述经过简化的公式: $r = \dfrac{N\sum x_i y_i - (\sum x_i)\cdot(\sum y_i)}{\sqrt{N\sum x_i^2 - (\sum x_i)^2}\sqrt{N\sum y_i^2 - (\sum y_i)^2}}$。变量 x 与变量 y 间存在线性关系这一假设,是 r 系数的前提,如果两个变量间的关系不符合线性关系的假设,用 r 相关系数进行分析就会犯错误。如何分析两变量间非线性关系呢?一个常用的办法是下面将要讲的相关比例测量法。相关比例测量法是测量一个定类变量与一个定距变量相关程度的,即因变量(定距变量)在自变量(定类变量)各值上的差异情况。两定距变量是非线性关系时,可将一个变量看作是定类变量,采用比例相关测量法分析,由于定类变量不具有数量大小的概念,故不存在是否线性相关的问题,因此两个非线性相关的变量关系分析可用相关比例测量法来测量。

4. 定类变量——定距变量。两个变量中,自变量为定类变量,因变量为定距变量时,采用相关比率来测量两者间的相关程度。相关比率,又称 eta 平方系数,简写为 E^2, $E^2 = \dfrac{\sum(y-\bar{y})^2 - \sum(y-\bar{y}_i)^2}{\sum(y-\bar{y})^2}$。其中 $\bar{y}$ 是因变量 y 的平均数, $\bar{y}_i$ 是在每个自变量值 (x_i) 上因变量的平均数。$E = \sqrt{E^2}$,其值在 0—1 中间。

E^2 具有消减误差比例的含义。eta 平方系数的计算公式可简化为 $E^2 = $

$$\frac{\sum N_i \bar{y}_i^2 - N\bar{y}^2}{\sum y^2 - N\bar{y}^2}$$ 其中 N_i 是自变量值 x_i 的个案总数，N 是全部调查对象总数。相关比例测量法基本上是用于分析非对称关系的，但要求并不严格。

5. 定类变量——定序变量。对于一个定类变量例如性别，与一个定序变量例如收入水平关系的分析，一般可以有两种处理方法。第一，用 theta 系数，简记为 θ，其值在 0—1 之间。θ 系数是专门用于测量定类变量与定序变量间关系有无和强度的，它测量的是变量间非对称关系，并且不具备消减误差比例的含义。第二，采用测量两个定类变量关系的 λ 系数和 τ_y 系数，即将定序变量作为定类变量处理。虽然这样做会损失数据的某些信息，如等级差别，但方便了统计分析工作，因此在社会研究时大多数人都采用这两个指标分析一个定类变量与一个定序变量的关系。

6. 定序变量——定距变量。处理一个定序变量，例如教育水平，与一个定距变量如年均收入之间的关系，一般采取下述两种办法：第一，将定序变量看作是定类变量，采用相关比例测量法。第二，将定序变量看作是定距变量，采用 r 相关系数。严格地说，低测量层次变量不能使用高测量层次的统计指标，但在有些情况下，由于这种提高测量层次的方法给研究结果的解释带来的危害程度不大，大部分社会学家还是接受了这种做法。

上面我们介绍了各种测量层次的两个变量在不同组合下，其关系的测量方法。由上面的介绍可知，在分析两个变量关系时，选择哪种相关系数，主要考虑两个方面：(1)变量的测量层次；(2)变量关系的类别，即是对等的还是非对称的。

四、一元方差分析

方差分析是统计分析中应用非常广泛的技术，其中包括一元方差分析，二元方差分析以及多元方差分析。一元方差分析是关于一个定类变量和一个定距变量关系的分析，二元方差分析是对于两个定类变量与一个定距变量的关系的分析……依此类推，n 元方差分析是指 n 个定类变量与一个定距变量关系的分析，二元以上的方差分析都叫作多元方差分析。方差分析是由对变量间相关关系的分析，到建立描述变量间因果关系的一般线性模型的过渡，后者是大多数多变量分析方法的核心思想。变量间因果关系的一般线性模型要求所涉及的自变量与因变量均是定距或定比变量，而方差分析所讨论的自变量虽然是定类变量，但采用的基本模型与假定和线性模型没有什么不同。下面我们结合一个例子来说明方差分析的基本原理和具体方法。

表 15.9 是在三个民族地区各抽 8 个村得到的资料。②

表 15.9　三个民族地区的入学率

入学率	民族地区		
	民族地区 1	民族地区 2	民族地区 3
第一个村	69%	75%	81%
第二个村	72	78	77
第三个村	76	80	84
第四个村	71	81	88
第五个村	80	75	82
第六个村	77	82	89
第七个村	85	88	93
第八个村	84	86	91
y_i 总数	(614)	(645)	(685)
N_i	8	8	8
$\bar{y}_i$	76.75	80.625	85.625

由于 y 是定距变量,在不知 x 时,应用变量 y 的平均数作为推测的标准,则每个推测的误差为 $(y_{ij} - \bar{y})$,为防止正负值相互抵消,取 $(y_{ij} - \bar{y})^2$,总推测误差为 $TSS = \sum_{i=1}^{m}\sum_{j=1}^{n_i}(y_{ij} - \bar{y})^2$,$TSS$ 叫作总离差平方和,表示全体观测值 y_{ij} 对总平均数(推测值)的离差平方和。表 15.9 中 $\bar{y} = 81$,$TSS = (69-81)^2 + (72-81)^2 + \cdots + (84-81)^2 + (75-81)^2 + (78-81)^2 + \cdots + (86-81)^2 + (81-81)^2 + (77-81)^2 + \cdots + (91-81)^2 = 932.000$。

在知道 x 与 y 的关系后,应用自变量每一取值 x_i 下的 y 分布的平均数 $\bar{y}_i$ 做推测的标准,则每个个案推测的误差为 $(y_{ij} - \bar{y}_i)$,将其平方 $(y_{ij} - \bar{y}_i)^2$,这时总推测误差为 $RSS = \sum_{i=1}^{m}\sum_{j=1}^{n_i}(y_{ij} - \bar{y}_i)^2$,$RSS$ 又称组内离差平方和,表示各观测值对本组平均数的离差平方和,它不是由自变量而是由其他未知因素引起的。$BSS = TSS - RSS = \sum_{i=1}^{m}n_i(\bar{y}_i - \bar{y})^2$,$BSS$ 叫作组间离差平方和,表示各组的平均数与总平均数的离差的平方和。它是由于自变量值 x_i 的不同引起的差异。换句话说,总推测误差可以分为两部分:一部分是可被 x 解释的,一部分是剩余未能被 x 解释的,即 $TSS = BSS + RSS$。表 15.9 资料的 $BSS = 8(76.75 - 81)^2 + 8(80.628 - 81)^2 + 8(85.625 - 81)^2 = 316.75$,它是被 x 解释了的部分,即用民族(x)的不同可以解释入学率(y)的差异。$RSS = TSS - BSS = 615.25$,是组内离差平方和,这一部分是各民族之内的差异,是不能用民族的不同来解释的,RSS 又称剩余平方和,即未解释的变动。

设 $F = \dfrac{BSS/\mathrm{d}f_1}{RSS/\mathrm{d}f_2}$ 其中 $\mathrm{d}f_1$、$\mathrm{d}f_2$ 分别为 BSS 与 RSS 相应的自由度,$\mathrm{d}f_1 = m - 1$,$\mathrm{d}f_2 = N - m$(m 为变量 x 值的类别数,N 为观测总数)。$\mathrm{d}f_1 + \mathrm{d}f_2 = \mathrm{d}f$ 即 $F = \dfrac{BSS/m-1}{RSS/N-m}$,$F$ 越大就表示 x 与 y 越可能相关。表 15.9 的 $\mathrm{d}f_1 = 3 - 1$,$\mathrm{d}f_2 = 24 - 3$。

于是 $F = \dfrac{316.75/3-1}{615.25/24-3} = 5.460$

由此可见,方差分析的基本思想就是把推测的全部误差(TSS)分为两部分:可被自变量 x 消减的部分(BSS)和剩余部分(RSS),然后从这两部分的相互比较中看 x 与 y 是否相关。

方差分析是分析一个定类变量与一个定距变量的关系的,但如果是一个定序与定距变量,当把其中的定序变量看作为定类变量时,也可以使用方差分析,实际上许多社会调研人员都是这么做的。

五、一元回归分析

相关分析的目的在于了解两个变量关系的有无、大小和方向,从本质上说相关分析只是对客观现象的一种描述程序。回归分析比相关分析进了一步,它是对相关的两个变量间关系的具体形态的一种深入分析。例如通过相关分析知道了教育水平与期望子女数是一种负相关关系,但两者之间关系的具体形态,如是一种直线关系还是一种曲线关系,如果是曲线关系,是哪种曲线,这些由相关分析无法了解到,而回归分析可以说是解决这类问题的一种有力的方法,即它不仅分析两个变量关系的有无、大小和方向,而且要了解两个变量具体是以什么方式发生关系的。回归分析是一种因果分析,它是根据两变量间关系的具体形态,选择一个合适的数学模型,用来近似地表达变量间平均变化关系,这个数学模型就是回归模型。回归分析一般用于分析定距变量间的关系,它除了具有描述和说明这种关系的功能外,还具有预测的功能,这也是相关分析所不及的。回归分析

第十五章　资料的统计分析

根据自变量的数目,可分为一元回归、二元回归、多元回归等。

1. 一元回归模型。对于已知相关的两个变量 x 与 y,假设它们之间是一种线性关系,则这一关系可以用一元线性方程 $y = a + bx$ 表示,其中的 a 和 b 是待定系数。那么应如何确定 a 和 b 的值? 一般的原则是使由 $y = a + bx$ 算出的值 y_i' 与实际数据 y_i 的误差 $(y_i - y_i')$ 最小。为避免误差正负相抵消,回归分析一般采用最小平方即计算值与实际值的差的平方和 $\sum(y_i - y_i')^2$ 最小为标准,实际上回归分析就是根据最小平方这个原则计算出 a 值与 b 值,即确定方程式 $y = a + bx$。这个方程叫作回归方程,b 称为回归系数,a 称为截距,即 $x = 0$ 时,y 的值。a 与 b 的具体计算公式为:

$$b = \frac{\sum(x-\bar{x})(y-\bar{y})}{\sum(x-\bar{x})^2} = \frac{N(\sum xy) - (\sum x)(\sum y)}{N\sum x^2 - (\sum x)^2}$$

$$a = \bar{y} - b\bar{x} = \frac{\sum y - b(\sum x)}{N}$$

2. 散点图与回归直线。为了直观地看出 x 与 y 的关系形态,往往先做关于所调查的数据的散点图,即在直角坐标系中,将由每一横坐标 x_i 与相应的纵坐标 $y_i(i = 1, 2, \cdots\cdots, n)$ 所确定的点标示出来。图15.7是一份散点图,由图中点的分布可以看出 x 与 y 间存在一种线性关系,虽然可以有多条直线来近似地刻画这种关系,但其中只有一条直线的代表性最好,这条直线就叫作回归直线。

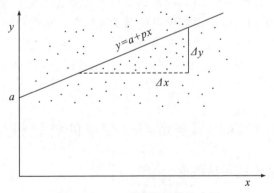

图15.7　××调查数据的散点图

回归直线的方程就是回归方程,回归方程中的 a 就是回归直线的 y 轴截距,回归系数 b 就是回归直线的斜率,它表示每当增加一个单位的 x 值时,y 值的变化有多大。b 为正值时,表示随 x 的增大,y 也增大;b 为负值时,则表示 x 增大,y 却减少,因此 b 值具有描述自变量对因变量的影响的大小和方向的作用。

3. 回归系数与 r 相关系数。回归系数与 r 相关系数都是描述两个定距变量间的线性关系的指标。r 相关系数是一种对等关系测量法,它反映的是两个变量有无关系,关系的强弱,但它不能给出当一个变量 x 有 Δx 的变化发生时,y 的变化 Δy 具体有多大。b 值可以做出这种区分,不过 b 值却无法反映两个变量间关系的强弱。此外,b 与 r 值不同的是,b 值所描述的是一种因果关系,而相关关系只是因果关系的必要条件。

尽管有上述不同,但回归分析与相关分析间有着十分密切的关系,实际上 r 值所要表示的,就是以回归方程作为预测工具时所能减少的误差比例,r 值越大,就表示回归方程的预测能力越强,即散点图中的点越靠近回归直线。因此我们用 r^2 作为决定系数,在社会研究中往往要先计算 r 的值,然后再决定是否用回归分析进行预测。

4. 回归分析的作用。回归分析模型是一种因果关系模型,因为增加了因果关系,因此与相关分析相比,它的作用也大于相关分析。除具有与相关分析同样的简化资料的功能,还增加了预测的功能,即当得到了两个变量 x 与 y 的回归方程后,就可以从自变量的值经回归方程式计算出 y 的预测值。

但应当注意的是,应用回归方程来预测因变量时,一般不应使用超出资料所包括范围的自变量的数值,因为回归线段以外未观察到的点可能出现非线性的趋势。此外,预测的回归方程式只能反映一定时期内事物之间的相互关系,随着时间的推移,这种关系会起变化,因此回归模型也要做相应的修改,如果这时还使用原来的模型做预测就会得到错误的结论。回归分析在应用时有许多假设前提,例如其关系是线性的,自变量无测量误差等等,在社会研究中完全满足这些假设前提的情况不多见,这就要求研究人员仔细检讨这些情况,并对它们对于分析结果的影响进行讨论。

第四节 单变量与双变量的统计推论

一、统计推论的一般概念

推论统计是抽样调查资料分析的特有的内容,因为抽样调查的目的不是对样本本身的认识,而是要通过样本来认识总体,统计推论就是达到这种认识的桥梁。

统计推论分为两类:参数估计和假设检验。所谓参数估计,就是根据一个随机样本的统计值,来估计总体的参数值。例如由某一万人企业中随机抽取的

400个职工的人均收入来估计整个企业职工人均收入情况。假设检验则是首先对总体的情况做出假设,然后抽选出一个随机样本,以这一样本的统计值来检验原先的假设是否正确。例如根据分析,假设某企业职工人均收入大约是 150 元,然后在企业中随机抽样选出一个 200 人的样本,计算他们的人均收入,看是否是 150 元。显然这两种统计推论的逻辑思想是不同的,前者是先看样本的情况,再论及总体情况,后者则是先构想出总体的情况,然后才进行抽样和分析样本的情况。实际上,社会研究大多数是先建立假设,然后再以经验资料予以证实或证伪。因此社会调查研究中大多采用假设检验的统计推论方法。

二、参数估计

参数估计分为点估计与区间估计两类。点估计就是从一个适当的样本统计值来估计总体的未知参数值,例如上例中由 200 个职工的人均收入推测该企业全体职工的人均收入。点估计的缺点是无法了解到这种估计和推测的可信程度如何,区间估计可以弥补这一不足。所谓区间估计就是通过样本统计值来推测总体未知参数的可能范围。例如根据 200 个职工算出的人均收入情况,推测该企业全体职工的人均收入在×××元到×××元之间。这一可能范围的大小,取决于我们在估计时所要求的可信度(置信水平)的高低,对于同一样本,如果要求这种估计的可信程度越高,则总体参数的可能范围越大,反之越小,这一可能的范围称为置信区间,显然,置信水平与置信区间成正比。

区间估计的一般程序是:

1. 确定置信水平。如前所述,区间估计是与对这种估计的可信度(置信水平)的要求分不开的,要求估计的越可信,即置信水平越高则估计的区间也应越大。社会研究一般用 95% 或 99% 的置信水平。

2. 计算标准误差。根据样本分布特点和样本不同统计值,分别采用不同的方法确定标准误差。

3. 根据样本统计值和标准误差确定置信区间。下面以平均数、方差、成数及 r 相关系数为例说明如何进行区间估计。

(1) 平均数的区间估计:① 当总体方差 σ^2 是已知的时候,根据抽样分布理论,$Z = \dfrac{\bar{x} - M}{\dfrac{\sigma}{\sqrt{n}}}$ 满足标准正态分布 $N(0,1)$,式中 n 为样本容量,M 为待估总体平均数。区间 $\left[\bar{x} - Z_{a/2}\left(\dfrac{\sigma}{\sqrt{n}}\right), \bar{x} + Z_{a/2}\left(\dfrac{\sigma}{\sqrt{n}}\right)\right]$ 为待估平均数 M、置信水平为 $1-$

α 的双侧置信区间。在置信水平为 95% 时，$\frac{\alpha}{2}=0.025$ 则由 $\varphi(Z_{\alpha/2})=1-0.025=0.975$，查正态分布表（附表1）即得：$Z_{\alpha/2}=1.96$，于是可知总体平均数的置信区间为：$\left[\bar{x}-1.96\left(\frac{\sigma}{\sqrt{n}}\right),\bar{x}+1.96\left(\frac{\sigma}{\sqrt{n}}\right)\right]$。②当总体方差 σ^2 未知时，又分为两种情况，a：当 $n\leqslant 100$ 时，总体平均数的双侧置信区间为 $\left[\bar{x}-t_{\alpha/2}\frac{S}{\sqrt{n}},\bar{x}+t_{\alpha/2}\frac{S}{\sqrt{n}}\right]$。$t_{\alpha/2}$ 值需查 t 分布表（附表2）得到。b：当 $n>100$ 时，总体平均数的双侧置信区间为 $\left[\bar{x}-Z_{\alpha/2}\left(\frac{S}{\sqrt{n}}\right),\bar{x}+Z_{\alpha/2}\left(\frac{S}{\sqrt{n}}\right)\right]$。

从上面的区间估计的公式中可知，置信区间与样本的大小成反比。在抽样一章我们曾经说过，当总体一定时，样本规模越大，其代表性越高，因此，区间估计值可以小一些。可见只要将样本加大，就可以提高估计的精确程度。

（2）方差的区间估计：①当样本 $n\leqslant 100$ 时，由抽样分布理论可知，$\frac{n-1}{\sigma^2}S^2=\chi^2$ 满足自由度为 $n-1$ 的 χ^2 分布。对于给定的置信水平 $1-\alpha$，区间 $\left[\frac{(n-1)S^2}{\chi^2_{\alpha/2}},\frac{(n-1)S^2}{\chi^2_{1-\alpha/2}}\right]$ 即待估总体方差 σ^2 的双侧置信区间，$\chi^2_{\alpha/2}$ 和 $\chi^2_{1-\frac{\alpha}{2}}$ 的值可由 χ^2 分布表（附表3）查出。例如要求置信水平为 95%，当自由度为 $10-1=9$ 时，由 $P(\chi^2\geqslant\chi^2_{\alpha/2})=\frac{\alpha}{2}=\frac{1-95\%}{2}=0.025$ 查 χ^2 表得到 $\chi^2_{\alpha/2}=19.023$，由 $P(\chi^2\leqslant\chi^2_{1-\frac{\alpha}{2}})=1-\frac{\alpha}{2}=0.975$，查 χ^2 表得到 $\chi^2_{1-\alpha/2}=2.7$。②当样本 $n>100$ 时，总体方差在置信水平 $1-\alpha$ 下的双侧置信区间为 $\left[\frac{(2n-2)S^2}{\sqrt{2n-1}-Z_{\alpha/2}},\frac{(2n-2)S^2}{\sqrt{2n-1}+Z_{\alpha/2}}\right]$。

由总体平均数与方差的讨论可知，总体参数的区间估计方法的选择除考虑参数的类型外，还应考虑样本的规模。在大样本的情况下，常采用正态分布，而在小样本时，则要采用其他类型的分布。

（3）总体成数的区间估计：当样本的规模 $n>100$ 时，总体成数的双侧区间估计是：$\hat{P}\pm Z_{\alpha/2}\sqrt{\frac{P(1-P)}{n}}$，其中 $\alpha=1-$ 置信水平，$Z_{\alpha/2}$ 值由查正态分布表（附录二附表1）得到；$\hat{P}$ 为样本成数；P 为总体中某类所占百分比，当总体成数未知时用样本成数代替。当置信水平要求为 95% 时，$Z_{\alpha/2}=1.96$，这时总体成数的双侧置信区间为 $\hat{P}\pm 1.96\sqrt{\frac{P(1-P)}{n}}$。

第十五章 资料的统计分析

以上介绍的是总体参数的双侧区间估计,有时我们会碰到单侧区间估计的问题,即以一定的置信水平保证总体参数至少大于(或小于)某一值。例如在95%置信水平下,总体平均数 μ(大于某一值)值的单侧置信区间为 $\mu > \bar{x} - 1.65 \frac{\sigma}{\sqrt{n}}(n > 100)$ 或 $\mu > \bar{x} - 1.65 \frac{S}{\sqrt{n}}$。

有时我们还要对两个总体均值差或成数差进行估计,例如根据样本估计两个企业的人均收入相差多少,或者两个城市独生子女比例相差多少等等。这时若两个样本都是大样本($n_1 > 100, n_2 > 100$),则两个总体均值差的双侧置信区间为:$\left[(\bar{x}_1 - \bar{x}_2) - Z_{\alpha/2} \sqrt{\frac{\sigma_1^2}{n_1} + \frac{\sigma_2^2}{n_2}}, (\bar{x}_1 - \bar{x}_2) + Z_{\alpha/2} \sqrt{\frac{\sigma_1^2}{n_1} + \frac{\sigma_2^2}{n_2}} \right]$;成数差的双侧置信区间为:$\left[(\hat{P}_1 - \hat{P}_2) - Z_{\alpha/2} \cdot \sqrt{\frac{P_1(1-P_1)}{n_1} + \frac{P_2(1-P_2)}{n_2}}, (\hat{P}_1 - \hat{P}_2) + Z_{\alpha/2} \sqrt{\frac{P_1(1-P_1)}{n_1} + \frac{P_2(1-P_2)}{n_2}} \right]$,在 σ_1^2 与 σ_2^2 未知时用 S_1^2 与 S_2^2 代替。在两个总体成数未知时,用对应的样本成数代替。

(4) r 相关系数的区间估计:在置信水平 $1-\alpha$ 的要求下,总体 r 相关系数的置信区间可由如下方法求出:首先将样本相关系数代入公式 $Z' = 1.151 \log \frac{1+r}{1-r}$ 中求出 z' 值,则总体 Z' 值的置信区间为 $\left[z' - Z_{\alpha/2} \frac{1}{\sqrt{n-3}}, z' + Z_{\alpha/2} \frac{1}{\sqrt{n-3}} \right]$,由上式 $Z' = 1.151 \log \frac{1+r}{1-r}$,将 $z' - Z_{\alpha/2} \frac{1}{\sqrt{n-3}}, z' + Z_{\alpha/2} \frac{1}{\sqrt{n-3}}$ 两值对应的两个 r 值求出,这两个 r 值即为 r 相关系数的置信区间端点值。附录二附表4中给出了 Z' 值与 r 值的换算关系,表中第一行与第一列数值都代表 r 值,两者相加就可得到任何三位小数的 r 值,表内相应数就是 Z' 值。因此利用此表可由 Z' 值查出对应的 r 值,反之可由 r 值查出对应的 Z' 值。

三、假设检验

假设检验是由经验资料验证理论假设的一个重要环节。如果经验资料只是整体调查获得的,那么根据资料计算的结果就能验证原有理论假说是否为真;如果经验资料是由抽样调查获得的,由资料计算出的结果还不能马上验证原有理论假设是否为真,而要首先对这一结果的显著性进行检验,即检验这结果是否对总体具有显著的代表性,这种与抽样调查结合在一起的显著性检验称为统计假设检验,简称假设检验。下面我们具体讨论一下为什么要进行统计显著性检验。

在我们直接用样本结果检验原理论假设时可出现两种情况：符合或不符合原假设。以后一种情况为例，即样本资料与原假设不符。发生这种情况的原因可能是：(1)原假设是错误的，比如原假设两个变量是相关的，但实际上并不相关。(2)样本缺乏代表性，即总体的两个变量是相关的，但由于样本不能代表总体，故而与理论假设发生矛盾。因此，如果不对样本的代表性进行检验，剔除因样本的代表性所产生的结果与假设不符的情况，而否证原理论假设，就有可能犯抛弃正确理论假设的错误的危险。同理，在样本结果与原理论假设相符的情况下，有可能犯以假当真的错误。因此，在用样本资料结果验证原假设时，必须对样本代表性进行显著性检验。

（一）假设检验的一般概念

1. 原假设与备择假证。原假设又称虚无假设，一般用 H_0 表示，它常常是根据已有的资料或根据周密考虑后确定的。例如，根据理论探讨假定妇女生育意愿与教育水平相关，这个假设就是原假设。但直接用于假设检验的不是原假设，而是所谓的备择假设，又称研究假设，备择假设就是与原假设相反的假设，用 H_1 表示，它是当原假设被推翻时需要接受的假设。上例中的备择假设应当是：假定妇女的教育水平与生育意愿无关。如上所述，当从一个随机样本中发现 H_0 是正确的，例如妇女教育水平与生育意愿确实相关，那么能否就断言说 H_0 是对的呢？不能，因为这种符合有可能是因为样本缺乏代表性所造成的，这时断言 H_0 是对的，就有可能犯以假当真的错误。假设检验的目的就是要排除这种可能的错误。假设检验依据的是小概率原理，所谓小概率原理，就是说小概率事件被认为是在一次观察中不可能出现的事件，因此如果在一次观察中出现了小概率事件就应当否定此事件是小概率的说法。假设检验的逻辑就是求出 H_0 是正确的可能性，如果能证明这种可能性极小，就应否定 H_0，接受 H_1。根据这一逻辑原理做出的判断就可以排除上述抽样误差的说法。

2. 显著性水平与否定域（接受域）。如上所述，决定是否拒绝假设，主要是检验样本统计值与所假设的总体参数值之间的差异是否显著，一般用显著性水平衡量。显著性水平是指假设成立的标准，即小概率的值，用 α 表示。换句话说就是，显著性水平 α 意味着总体参数值与样本统计值具有同等特性（例如同等相关系数）的概率为 $1-\alpha$，抽样误差不超过 α。一般常用的显著性水平有三个：0.05、0.01、0.001。在进行研究时，通常是先决定显著性水平的大小，若样本统计值达到这一水平，则可确认样本具有较好的代表性，原假设可以成立。有时有些研究是先计算样本的统计值，然后看此值到达哪一个显著度。

简单地说,拒绝域就是在显著性水平 α 下,拒绝原假设 H_0 的区间,它位于抽样分布的一端或两端的小区域内,根据小概率原理,当由样本算出的统计值落入此区域内时,则原假设被否定。反之接受域就是接受 H_0 的区间,它位于抽样分布的中间区域内,若由样本算出的统计值落入此区域内,则接受 H_0。以正态分布(图 15.8)为例。

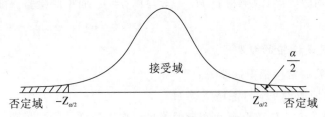

图 15.8　正态分布的否定域与接受域

图中阴影部分为拒绝域,中间空白部分为接受域,$-Z_{\alpha/2}$ 和 $Z_{\alpha/2}$ 为临界值,临界值由查表得到。显然接受域、拒绝域与临界值都与显著性水平有关,要求的显著性水平越高(α 值越小),$Z_{\alpha/2}$ 的绝对值就越大,两端阴影部分的面积就越小,样本统计值越难于落入此区间内,原假设越不容易被否定。这时就有可能将一错误的原假设接受下来而将一正确的备择假设抛弃。相反,若规定的 α 值过大,即对显著性水平的要求越低,就有可能将一正确的原假设抛弃而接受一个错误的备择假设。因此,慎重地规定显著性水平是非常重要的。

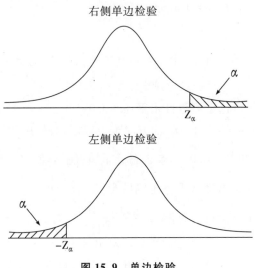

图 15.9　单边检验

3. 双边检验与单边检验。上面讲的拒绝域是位于抽样分布的两端,这是所谓的双边检验。有时研究只需要作单边检验,例如,要研究城市妇女的生育率是较农村妇女高? 还是低? 这时拒绝域只集中在抽样分布的一端,如果是位于右端就叫作右侧单边检验,如果是在左边就叫作左侧单边检验(参见图15.9)。一般地说,双边检验较单边检验更难否定 H_0,因此在提出备择假设时,最好说明方向。以平均数为例,双侧检验 H_1 一般写作 $\mu \neq \mu_0$ 而单侧检验一般写作 $\mu > \mu_0$ 或 $\mu < \mu_0$。

(二) 假设检验的步骤

假设检验通常包括下述步骤:

1. 建立原假设 H_0 与备择假设 H_1。

2. 根据总体的分布形态和变量的测量层次以及样本的规模等,选择能反映 H_0 的统计量和确立 H_0 成立条件下的这一统计量的分布。

3. 根据问题的需要,规定适当的显著性水平 α,并据此确立拒绝域或接受域。

4. 根据样本统计量的观测值进行判断,若其落入拒绝域,则拒绝原假设,接受备择假设,反之则接受原假设。

下面用一个例子来说明假设检验的步骤。根据研究,估计某区中学教师的平均工资为100元,为了证实这一估计,对随机抽取的100名中学教师进行了调查,他们的月平均工资为 $\bar{x} = 115$ 元,标准差 $S = 20$ 元。

首先,建立假设:$H_0 : \mu = 100$ 元。

$H_1 : \mu \neq 100$ 元。

其次,选择检验的统计量,由于本例样本是大样本,选择统计量 $Z = \dfrac{\bar{x} - \mu}{\dfrac{S}{\sqrt{n}}}$,

Z 服从正态分布,然后选定显著性水平:$\alpha = 0.05$。

并由此确定拒绝域,由于 H_1 的方向难于确定,故采用双侧检验。

由 $\alpha = 0.05$ 知 $\dfrac{\alpha}{2} = 0.025$,查正态分布表得临界值 $Z_{\alpha/2} = 1.96$。

所以在 0.05 显著性水平下拒绝域为 $|Z| \geqslant 1.96$。

最后,由样本统计量进行判断:$Z = \dfrac{115 - 100}{\dfrac{20}{\sqrt{100}}} = 7.5$。

落在拒绝域 $|Z| \geqslant 1.96$ 内,故应拒绝原假设,接受备择假设,即某区教师的

第十五章 资料的统计分析

平均工资不是100元。

应当指出的是,在进行判断时,无论是做出拒绝或接受假设的判断,都不会百分之百的正确,都会有一定错误,判断的第一类错误是弃真的错误,即原假设反映了客观世界的真实情况,但却在检验中被作为错误的看法而加以拒绝。犯弃真错误的概率为 α。假设检验中的第二类错误是纳伪的错误,即原假设不是真的却被作为真的而加以接受。显然当拒绝 H_0 时,犯弃真错误的可能性 α 是很小的,而在接受 H_0 拒绝 H_1 时,犯纳伪的错误的可能性却很大。由此可知,H_0 与 H_1 在假设检验中的作用是不等的。H_0 一般选择的是常规的已存的现象,没有充分的根据是无法否定的,而把要研究的看法或猜想作为备择假设 H_1,因为一旦备择假设被接受,那么它被否定的概率是很小的。由于社会研究一般是证实假设,即希望否定原假设,因此应特别注意弃真的错误。弃真与纳伪这两种错误是互相对立的,即在一定条件下,弃真的错误增大时,纳伪的错误就会减少,反之也一样,完全消除两者的矛盾是不可能的。为了同时减少犯这两种错误的概率,一般采取增大样本容量的办法。因为我们知道,当样本容量增大时,抽样误差将减少,假设与实际调查资料间的差别受样本误差的影响就会减少,从而提高由此得到的判断的准确性。

(三) 假设检验的类型

假设检验的方法很多,可以分为两大类:参数检验与非参数检验。参数检验要求总体必须具备某些条件,例如上面用到过的 Z 检验就要求总体成正态分布,而且参数检验一般要求所涉及的变量是定距层次的变量。与参数检验不同,非参数检验不要求总体具备特殊条件,且适用于各种层次的变量,它不是检验总体的某些参数,如平均数、方差等,而是检验总体某些有关的性质。参数检验的优点是当总体充分满足所需求的前提条件时,在做假设检验时可以非常准确,但在社会研究中往往很难判断总体是否合乎要求。非参数检验由于对总体没有要求,因此在做推论时准确度不及参数检验,但其优点是适用范围广、计算简单,当样本容量加大时,其推论的准确度可以增加。近年来,非参数检验获得了越来越广泛的应用。

选用何种检验方法,需考虑以下三个问题。

1. 样本的个数与类型。假设检验的对象有时是单一样本,有时则是两个样本或 K 个样本。两个样本或 K 个样本有时是由不同的独立总体中随机抽取的,这时的两个样本是相互独立的,其目的一般是为了对不同总体的性质进行比较,例如两组青年初婚年龄是否相同,大中小城市的初生婴儿的性比例有无不同等。有时两个样本是由同一个总体中选取的,这时这两个样本的元素可能是彼此独立的,也可能是彼此关联的。两个元素彼此关联的样本,是非独立样本又称配对样本,它又分为两种情况,一是同一样本但被观测两次,例如观察同一批人在实验前后的态度变化;一是两组样本中的元素成对配合,例如夫与妻角色行为的比较。样本的个数与类型不同,检验的内容与检验的方法亦不同。

2. 样本的规模。样本的规模不同,其分布呈不同形态,需采用不同的检验方法。检验方法有大样本与小样本之分。统计学中的小样本,一般指含有 30 个及 30 个以下元素的样本,超过 30 个元素的样本称为大样本。有的社会统计学家以 50 作为分水岭,目前常用的是以 100 为标准,即大于 100 个元素的样本为大样本,等于或小于 100 个元素的样本称为小样本。

3. 变量的测量尺度。各种检定方法都是以一定尺度的变量为对象的,在选择检验方法时,一定要注意这一点。当然,某些适用于低层次变量的方法也可以用于检定高层次的变量,许多社会研究人员也是这么做的,但在应用时应特别小心,最好使用一些其他的检验方法进行校正。

(四) 参数检验

顾名思义,参数检验是对于总体参数的检验,当总体的分布形式已知,而其中的某些参数,如平均数、方差等为未知时,可以先对这些参数做出假设,然后从总体中抽出一个随机样本,根据对样本的观察资料对假设的真伪作出判断。社会研究中常用的参数检验方法有三种:Z 检验、t 检验和 F 检验。

1. Z 检验。这种检验方法要求:第一,样本必须是随机抽取的;第二,变量必须是定距层次的变量;第三,总体应呈正态分布,不过当样本容量相当大时 ($n>100$),这一要求可以放松。Z 检验法可用于下列参数的检验。

(1) 大样本的总体均值检验,这时用于检验原假设的统计量(又称检验值)是 $Z = \dfrac{\bar{x} - \mu_0}{\dfrac{S}{\sqrt{n}}}$。

(2) 大样本的总体成数检验,这时用于检验原假设 H_0 的统计量是 $Z = \dfrac{\hat{P} - P_0}{\sqrt{\dfrac{P_0(1-P_0)}{n}}}$,其中 $\hat{P}$ 为样本成数值,P_0 为假设的总体成数值。

(3) 大样本的总体均值差检验,当甲总体的样本规模 n_1 与乙总体的样本规模 n_2 均大于 100 时,其平均数的差异可由 Z 检验值来检验,$Z = \dfrac{\bar{x}_1 - \bar{x}_2}{\sqrt{\dfrac{S_1^2}{n_1} + \dfrac{S_2^2}{n_2}}}$,$\bar{x}_1$、

第十五章 资料的统计分析

S_1 分别为样本 n_1 的平均数和方差，$\bar{x}_2$、S_2 分别为样本 n_2 的平均数和方差。原假设 H_0 为：$\mu_1 = \mu_2$，备择假设 H_1 为：$\mu_1 \neq \mu_2$（或 $\mu_1 > \mu_2$，或 $\mu_1 < \mu_2$）。

（4）大样本的总体成数差检验，在甲总体的样本容量 n_1 与乙总体的样本容量 n_2 均大于 100 时，其成数差异也可由 Z 进行检验，$Z = \dfrac{\hat{P}_1 - \hat{P}_2}{\sqrt{\dfrac{P_1(1-P_1)}{n_1} + \dfrac{P_2(1-P_2)}{n_2}}}$，

$\hat{P}_1$、$\hat{P}_2$ 分别为样本 n_1 与样本 n_2 的成数。相应的原假设 H_0 为：$P_1 = P_2$，备择假设 H_1 为：$P_1 \neq P_2$（或 $P_1 > P_2$ 或 $P_1 < P_2$）。

（5）G 相关系数、d_{yx} 系数的检验。以 G 系数为例，G 系数描述的是两个定序变量的相关程度与方向，若样本中 G 不等于零，我们就要检验在总体中 G 是否也不为零，即变量间的关系是真的。因此，原假设 H_0 为：$G = 0$，备择假设 H_1 为：$G \neq 0$，检验统计量 $Z = G\sqrt{\dfrac{n_s + n_d}{n(1 - G^2)}}$，$n_s$ 为同序对，n_d 为异序对，n 为样本大小，G 是样本的 Gamma 值。

由于 d_{yx} 系数与 G 系数的计算公式中都是以同序对 n_s 及异序对 n_d 的差 $n_s - n_d$ 作为分子的，故均可通过 $n_s - n_d = S$ 的检验来推断总体的情况。

2. t 检验。t 检验要求：第一，被检验总体成正态分布；第二，样本须是随机抽取的；第三，变量应为定距尺度的变量。一般说来 t 检验多用于小样本。可用于 t 检验的参数有：

（1）小样本的总体均值检验 这时原假设 H_0 为：$\mu = \mu_0$，备择假设 H_1 为：$\mu \neq \mu_0$（或 $\mu > \mu_0$ 或 $\mu < \mu_0$），检验统计量 $t = \dfrac{\bar{x} - \mu_0}{\dfrac{S}{\sqrt{n}}}$。下面我们用一个例子来说明如何运用 t 检验。根据某地一个随机抽取的 9 个人的调查资料得到其平均初婚年龄 $\bar{x} = 23.5$ 岁，方差 $S = 3$（岁），是否可以认为该地区平均初婚年龄超过 20 岁，（$\alpha = 0.05$）

首先建立原假设 $H_0: \mu = 20$ 岁

和备择假设 $H_1: \mu > 20$ 岁

然后计算样本检验统计量，由于初婚年龄服从正态分布，且 $n = 9$，是小样本，故选择 t 检验法，$t = \dfrac{23.5 - 20}{\dfrac{2}{\sqrt{9}}} = 3.5$。根据自由度 $k = n - 1 = 8$，$\alpha = 0.05$ 求 t 的单边临界值：$t_{0.05}(9-1) = 1.86$。

由于样本检验统计量 $t=3.5>t_{0.05}(9-1)=1.86$,因此原假设被拒绝,接受备择假设,即该地区平均初婚年龄已超过 20 岁。

(2) 小样本的总体均值差检验 对应于这种检验的统计量 $t=\dfrac{\bar{x}_1-\bar{x}_2}{\sqrt{\dfrac{n_1S_1^2+n_2S_2^2}{n_1+n_2-2}}\cdot\sqrt{\dfrac{n_1+n_2}{n_1n_2}}}$,而原假设 H_0 的形式为:$\mu_1=\mu_2$,备择假设 H_1 为:$\mu_1\ne\mu_2$(或 $\mu_1>\mu_2$,或 $\mu_1<\mu_2$)。

(3) 配对样本的比较 这时原假设 H_0 的一般形式为:$\mu_1=\mu_2$,备择假设 H_1 为:$\mu_1\ne\mu_2$(或 $\mu_1>\mu_2$,或 $\mu_1<\mu_2$)检验统计量 $t=\dfrac{\bar{x}_d}{\dfrac{S_d}{\sqrt{m-1}}}$,其中 m 为配对数目,$d=x_1-x_2$;$\bar{x}_d$ 为 d 的平均数,S_d 为 d 的标准差。

3. F 检验。F 检验是检验一个定类变量和一个定距变量关系存在与否的方法,它要求:第一,样本需是随机抽取的;第二,有一个变量是定距变量;第三,要求各子总体均为正态分布并具有相等的方差。$F=\dfrac{E^2(n-k)}{(1-E^2)(k-1)}$,$E$ 是样本的相关比率系数,n 为样本规模,k 是分组数。F 检验一般用于:

(1) 方差分析的检验。这时原假设 H_0 的一般形式为:$\mu_1=\mu_2=\cdots\cdots\mu_k$(各类间平均数相等)。备择假设 H_1 为:有一个以上的类别平均数不同。检验的统计量为 $F=\dfrac{BSS/k-1}{BSS/n-k}$,$BSS$ 为组间平方和,RSS 为组内平方和。以表 15.9 的资料为例,H_0:地区 1 的入学率 = 地区 2 的入学率 = 地区 3 的入学率。

H_1:有一个以上地区入学率不同

表 15.9 算出 $F=5.046$

假若要求显著性水平 $\alpha=0.05$

则由附录二附表 5 中可查出 $F_\alpha(2,21)=3.47$

因为 $F=5.046>F_{0.05}=3.47$,即在 $\alpha=0.05$ 显著性水平下,H_0 被拒绝,应接受 H_1,即各民族地区入学率不同。

(2) 对两个总体或多个总体的差异做检验。研究有时要用到两个或两个以上的样本,例如实验时用一个控制组和两个实验组,又如比较两个或多个城市居民的平均收入。当样本是两个时,如前所述,可以用 t 或 Z 检验,但也可采用本处所介绍的 F 检验,当样本超过两个时,则一般采用 F 检验,这时 H_0 形式为:$M_1=M_2=M_3\cdots\cdots$ 而 H_1 则为:$M_1\ne M_2\ne M_3\ne\cdots\cdots$

(3) r 相关系数与回归系数的检验。从前面回归分析的介绍可知,计算相

关系数 r 与计算回归系数 b 的公式具有相同的分子,因此对 r 的检验亦即对 b 的检验。此时原假设与备择假设的形式一般为:H_0:总体中 $r=0, b=0$,H_1:总体中 $r\neq 0, b\neq 0$,检验统计量 $F = \dfrac{r^2(n-2)}{1-r^2}$($\mathrm{d}f_1=1, \mathrm{d}f_2=n-2$),$n$ 为样本大小,r 为样本相关系数。这个检验统计量是以变量 x 和 y 呈线性关系为前提条件的,两个变量若是非线性关系时,这一方法就不适用了。那么如何判断两变量在总体中是否具有线性关系呢?一般可用 F 检验值进行检验,此时,

H_0:x 与 y 在总体中是线性关系,即 $r=E$

H_1:x 与 y 在总体中是非线性关系即 $r\neq E$

检验统计量 $F = \dfrac{E^2-r^2}{1-E^2}\left(\dfrac{n-k}{k-2}\right)$($\mathrm{d}f_1=k-2, \mathrm{d}f_2=n-k$),$k$ 为 x 变量值的类别数,E 为样本相关比率系数,r 为样本线性相关系数。

(五) 非参数检验

χ^2 检验是目前统计中应用最广泛的非参数检验法,在用于变量关系的检验时,它要求:第一,两个变量均为定类变量;第二,样本必须是随机抽取的。χ^2 检验一般用于:

(1) 列联表的检验,列联表通过将两变量交互分类,旨在发现其间是否存在某种联系,因此在对列联表进行检验时,原假设 H_0 应为:变量 x 与 y 无关,H_1 应为:变量 x 与 y 相关。检验统计量(表 15.10) $\chi^2 = \sum\limits_{i=1}^{c}\sum\limits_{j=1}^{r}\dfrac{(f_{ij}-E_{ij})^2}{E_{ij}}$

表 15.10 列联表一般形式

y \ x	x_1	x_2	……	x_c	f_{*j}
y_1	f_{11}	f_{21}	……	f_{c1}	f_{*1}
y_2	f_{12}	f_{22}	……	f_{c2}	f_{*2}
……	……	……			
y_r	f_{1r}	f_{2r}	……	f_{cr}	f_{*r}
f_{i*}	f_{1*}	f_{2*}	……	f_{c*}	f

表中① f_{ij} 为属于 x 第 i 类和 y 的第 j 类的个案数

② f_{i*} 为 x 的边缘频次分布

③ f_{*j} 为 y 的边缘频次分布

④ f 为观测总数

公式中 E_{ij} 为期望频次,可由边缘分布求得,$E_{ij} = \dfrac{f_{i*} \cdot f_{*j}}{f}$

在查 χ^2 分布表(附表3)求临界值时,需用到自由度的概念,χ^2 统计量自由度为:$df = (r-1)(c-1)$。当算出的 χ^2 值大于某一显著性水平下的临界值时,则原假设在这一显著性水平下被拒绝。

在用 χ^2 值对列联表进行检验时,每一格值的 E_{ij} 要保持在一定数目之上,若其中有的格值 E_{ij} 太小则有可能引起判断失误。一般要求在 $r \times c$ 的表中 $E_{ij} \leqslant 5$ 的格数不应超过20%,也有的人认为所有格值应不小于10。

(2) 二分变量的相关测量,所谓二分变量就是取值只有两类的定类变量。两个二分变量的列联表就是一个 2×2 的表,见表15.11。

表 15.11　2×2 列联表

x \ y	x_1	x_2	$\sum$
y_1	a	b	$a+b$
y_2	c	d	$c+d$
$\sum$	$a+c$	$b+d$	$n=a+b+c+d$

对于 2×2 列联表,可用 χ^2 值来测定变量间的相关,较为常用的有:第一,φ 系数,$\varphi = \sqrt{\dfrac{\chi^2}{n}}$($n$ 为样本大小),其值在 0—1 之间。φ 系数亦可用于 $r \times c$ 列联表,但这时 φ 值将会超过1,为克服这一缺点,设计出了 V 系数。

第二,V 系数,$V = \sqrt{\dfrac{\chi^2}{n(m-1)}} = \sqrt{\dfrac{\varphi^2}{m-1}}$,其中 n 是样本大小,m 是表的行数 r 与列数 c 中较小数,即 $m = \min(r,c)$,V 值 0—1。显然在 2×2 表时,$V = \varphi$。第三,C 系数,$C = \sqrt{\dfrac{\chi^2}{\chi^2+n}}$,其值最小为0,表示两变量完全无关,但其上限是可变的,最大不超过 0.707,即使两变量完全相关,亦无法达到1。

(3) 正态总体方差检验,这时原假设 H_0 为 $\sigma^2 = \sigma_0^2$,备择假设 H_1 为:$\sigma^2 \neq \sigma_0^2$ (或 $\sigma^2 > \sigma_0^2$ 或 $\sigma^2 < \sigma_0^2$),检验统计量为 $\chi^2 = \dfrac{(n-1)s^2}{\sigma_0^2}$,自由度 $df = n-1$。

χ^2 检验是检验两个变量间在总体中关系的有无,而不是关系的强弱程度,因此显著的话能说明相关关系存在但并不能说明这种相关关系在实际中是否重要。χ^2 的统计显著性一方面受相关关系强弱的影响,另一方面也受到样本规模的影响,同样的相关强度,样本规模不同,就会具有不同的显著性水平,即使是一个很弱的相关,但只要样本足够大,也会具有统计显著性。因此在大样本统计检验显著时,还需进一步确定相关强度的高低,以确定这种相关有无实际意义。

χ^2 检验要求两个变量均为定类变量,其中一个是定序变量时,一般也用 χ^2 检验,这时将定序变量看作是定类变量。

注释

① 本例由李沛良:《社会研究的统计分析》,第 68—69 页例子改写,湖北人民出版社 1987 年版。

② 本例引自郭志刚、郝虹生等人编著:《社会调查研究的量化方法》,中国人民大学出版社 1989 年版,第 332 页。

第十六章

变量分析的逻辑和策略

上一章我们介绍了对调查资料进行统计分析的具体方法与技术,本章进一步说明社会调查研究中对变量间关系进行深入分析的一般逻辑和策略。所谓分析的逻辑是指进行分析时所遵循的逻辑方法和推理过程,而分析的策略则是指分析程序的设计及分析的技巧等。

统计调查的目的一是通过一些变量来描述调查总体和各个部分的状态、特征和一般过程,说明社会现象"是什么",二是通过对这些变量之间关系的分析来说明社会现象之间的因果联系和一般规律,解释社会现象为什么会产生、发展、变化。变量关系的分析要遵循一定的逻辑方法,要采取一定的程序和策略。掌握变量分析的逻辑与策略不仅能使资料分析更深入、更全面而且还能澄清和防止某些逻辑错误,使理论解释更符合实际,或发现新的理论和问题。此外,通过对变量分析思想的把握,还可以培养研究者的想象力和分析能力,从而能有效地理出资料的头绪,最大限度地利用资料以取得较大的研究成果。

统计调查的变量分析最早是由法国社会学家迪尔凯姆运用到社会研究中来的,以后经斯多弗、拉扎斯菲尔德、罗森伯格等人的发展与完善,已形成了一套较系统的统计调查的资料分析模式——详析模式,本章主要是通过对这一模式的介绍来说明目前社会调查研究中变量分析的一般逻辑和策略。[①]

第一节 变量关系的类别

社会研究的目的主要是对社会现象做出描述、解释、预测与控制,它们所需要的知识和理论,往往涉及两个或两个以上事物之间的关系。因此,为了达到解

第十六章 变量分析的逻辑和策略

释、预测与控制的目的,研究便不能不以事物间的关系的分析为其主要工作。

一、变量间的关系

变量间的关系是多种多样的,有两个变量间的关系和多个变量间的关系。在很多情况下,多个变量间的关系如一因多果型或多因一果型关系,可以用数个两变量间的关系进行描述。因此,两变量间关系的研究是社会研究最重要的内容之一。

就两个变量而言,它们之间可能有关系,也可能没有关系。如上章所述,两个变量之间关系有无和大小可以用相关系数进行测量,叫作统计相关或统计无关。两个从统计上看无关或弱相关的变量,实际上可能的确无关,但也可能有关系,两变量间这种统计上无关而实际上相关的情况,称为虚假无关。而两个从统计上看具有相关关系的变量,它们之间的真实关系有下列三种可能的情况:实际上无关、实际上相关、实际上具有因果关系。

二、统计相关的不同类型

1. 统计相关,实际无关。这种情况称为对称关系或虚假关系,即从统计上看有关系的两个变量实际上相互独立、互不影响,并无有意义的联系。例如,手心冒汗与心跳的关系就是一个对称关系,表面上看两者之间有关系,它们常常同时出现,一起变化,但实际上两者之间互不影响,没有内在的联系,我们不能说手心冒汗引起心跳,或心跳导致手心冒汗。两变量间的对称关系用符号表示就是:$X—Y$。

2. 统计相关、实际也相关。两变量的这种情况称为相互关系,所谓相互关系是指统计上相关的两变量间实质上也是有关系的,这种关系是一种交互影响的关系,在这种关系中,两个变量相互作用、相互加强。例如疏离态度与社会地位的关系:低社会地位使人与社会的价值和制度疏离,而疏离又造成低的社会地位。又如投资与利润的关系:利润多的公司会增加其投资,而新的投资又增加了利润,这又造成再投资。在这个例子中,我们虽然明知有因果关系存在,却难于指出何者为因、何者为果,谁影响了谁,实际上是互相影响,互为因果。相互关系在调查中极为常见,用符号表示这种关系就是 $X \leftrightarrow Y$。

3. 实际的因果关系。这种情况是指统计上相关的两个变量之间实际上存在着因果关系。因果关系是变量分析中所要探讨的最重要的课题。社会研究中所说的因果关系是指在两个变量中,一个变量的变化伴有另一变量的变化,即一个变量影响另一个变量,但反过来不成立。抽烟与肺癌的关系就是一个因果关系,抽烟可以导致肺癌,但反过来肺癌不会导致抽烟。在因果关系中,能够影响其他变量发生变化的变量称为自变量,依赖于其他变量,但其本身不能影响其他变量的称为因变量,后者通常是我们希望解释说明的变量。因果关系用符号表示就是 $X \to Y$。

判断因果关系中哪个变量为自变量,哪个为因变量的一般原则有两个:

(1) 时间的先后。显然,由于后发生者无法影响先发生者,因此先发生者一定是自变量。

(2) 变量的不变性与可变性。时间的因素固然重要,但并不是决定关系方向的不变的标准。例如当一个人生为黑人且处于贫困地位,并终生如此时,就很难判断这两个变量时间上的先后,但种族无疑是自变量,这不是因为种族先于贫穷,而是因为种族是不可变的,而收入却是可变的。在社会研究中常将一些具有固定性、持久性的变量作为自变量,如性别、年龄、民族等。社会研究中还有一些主要的变量,它们只具有相对持久性,如社会地位、居住地及社会阶级等就属于这种类型的变量。这类变量比行为、态度等变量更为固定、持久,因而往往被当作自变量。因此,在决定两个变量中哪个为自变量,哪个为因变量时,不变性只是一个相对的概念。

需要指出的是,这里所讲的因果关系,也称为非对称关系($X \to Y$),它是指在特定条件下的两变量关系中,一个变量影响另一个变量,反过来,后者对前者没有影响。这种非对称关系与自然科学所讲的因果关系有一定区别,后者的定义要更严格一些。

第二节 详析模式

一、两变量的交互分类

多数的研究都是从两变量间关系的假设开始的,比如说基于某种理论,我们可能会预测女人比男人更不关心政治,或者说社会地位与自信心呈正相关关系。因此,资料分析的第一步就是检验这些假说所预言的这种关系是否存在,即对这种关系的有无和强弱以及它的状况进行描述,它回答社会现象"是什么"的问题。如上一章所述,对两变量间关系进行描述的最基本的方法是"交互分类法",又称列联表。

这种描述性分析能在统计上指出两变量间关系的有无和大小。但在上一节中我们曾经指出,两个变量在统计上相关与否与实际上是否存在内在的关系并不一定完全一致。因此,通过这种描述性分析,我们仍不能回答假设所预言的两变量间的关系是否真实存在的问题。此外,这种描述性分析也无法回答"为什么有这种关系"和"在怎样的条件或情况之下存在着这种关系"这样的问题。对这些问题的回答是分析的第二步的任务,即要对变量之间的关系和联系程度进行精确的因果分析,以判别关系的真伪,回答这种关系为什么会产生以及说明这种关系存在的条件。为了解释和检验两变量间的真实关系,虽然可以根据已有的知识做出猜测,但更有价值的办法是进行系统的检查。

二、引入检验因素

检验两个变量间关系的最重要、最系统的办法是引入第三个变量,然后检查引入第三个变量后自变量与因变量原有关系的变化情况,由此澄清与深化对原关系的认识,并揭示两变量的真实关系。这种引入第三变量对两变量关系进行检验,以解释或确定这种关系的过程叫作分析的详析化,被引入的变量叫作检验因素或控制变量。

下面我们用一个例子来说明如何运用详析模式,即如何使用检验因素对两变量间的关系进行检查。

例一: 表 16.1 中青年人与老年人收听宗教节目的比例相差 9%(26%—17%),它表明年龄大的人较喜欢收听宗教节目。

表 16.1 年龄与收听宗教节目

收听宗教节目	年轻人收听比例%	老年人收听比例%
收 听	17	26
不收听	83	74
百分比总和	100	100

在追问为什么会产生这种现象时,研究者假定可能这是受了教育的影响,即年龄大的人喜听宗教节目可能是因为他们的教育水平低。为了检验这个假设,将调查对象按不同教育水平分组,制成新表 16.2。

表 16.2 年龄与收听宗教节目（控制教育）

收听宗教节目	高教育程度		低教育程度	
	年轻人%	老年人%	年轻人%	老年人%
收听	9	11	29	32
不收听	91	89	71	68
百分比总和	100	100	100	100

在表 16.2 的高教育组中，青、老年收听宗教节目的比例相差 2%（11%—9%），在低教育组中相差 3%（32%—29%），均较原差异 9%小了很多。这说明，当消除了教育这个因素的影响后，青、老年收听宗教节目的比例差异很小，换句话说就是，年龄与收听宗教节目无关，二者原来所具有的关系是由教育引起的，是因为二者同时分别与教育相关。这样一来，两变量关系的真伪以及"为什么有这种关系"的问题获得了解答，即老年人较喜听宗教节目是因为老年人文化水平较低，而低文化水平的人较喜欢听宗教节目。

在这个例子中，作为检验因素的变量是教育水平，检验的过程运用的是所谓的"分表法"[②]，具体地说就是：(1)首先描述变量 X 与 Y 的关系（本例中的表 16.1），这时的关系称为原关系。(2)依据理论或经验选择检验因素（本例中的教育水平）。(3)将检验因素分成不同层次或不同类别（本例分为高、低两个教育组），然后在每一类别中做 X 与 Y 的分列联表（本例中表 16.2 包括的高教育组与低教育组两个分列联表），分表中 X 与 Y 的关系称为部分关系。(4)对各分表中 X 与 Y 的关系（部分关系）进行考察，若 X 与 Y 的原关系在各分表中均消失了（各分表中 X 与 Y 均无关），证明原关系主要由检验因素引起；若 X 与 Y 间的原关系在各分表中仍然存在（各分表中 X 与 Y 的关系与原表相近），说明 X 与 Y 的关系不受检验因素的影响；若 X 与 Y 间的原关系在各分表中存在但较原关系减弱，证明 X 与 Y 间的关系部分受到检验因素的影响。

三、详析模式的主要作用

详析模式的一个主要作用是使调查研究可分享实验设计的一些优点。除了数理逻辑的演绎外，实验是科学中最有力的证明模型，但在社会现象的研究中，由于各种原因，往往无法实施直接的实验，而只能采用一种间接的方式。详析模式就是一种近似的实验设计。如例一所述，我们欲了解是否年龄是导致收听宗教节目兴趣高低的原因，按照实验法的原理，我们必须找到两个群体，除年龄外，

第十六章 变量分析的逻辑和策略

其他方面完全相同,然后比较他们收听兴趣有无差异。但对调查来说这是不可能的,因此要通过变量控制将不相干的因素加以控制,例如教育水平,以使两个群体差异缩小。如果在将这些不相干的因素加以控制后,年龄不同的两群体其收听兴趣仍有差异,则我们有较大的信心说年龄是一个原因。无疑所控制的项目越多,则两个群体除一个变量不同外,其余可能越接近相同。这样,详析模式就使调查近似于事后实验设计,从而成为社会科学中最有力的证明模式之一。

详析模式可以充分利用统计调查资料,并将研究引向深入,它一方面能对变量关系做出描述;另一方面通过引入第三变量,它还可以澄清事实真相,包括两变量间关系的真伪、这一关系存在的条件和存在的原因等等,从而使变量间的关系更具体、更精确可靠。分析的目的在于解释,详析模式在解释上的贡献很大,它不仅能证实解释,也能排除错误的解释,并能获得新的解释等。因此它是建立理论和开发资料的有力工具。

在详析模式中,部分关系与原关系进行比较时,可出现三种情况:(1)关系相同;(2)关系减小或消失;(3)关系分裂,即一些部分关系与原关系相似或加强,而另一些部分关系则有所减弱或完全消失。(1)和(2)是一般关系分析的主题,而(3)是条件关系分析的主题,下面我们将分别加以介绍。

第三节 变量关系的检验

一、虚假关系的检验

两变量间的虚假关系是指两变量表面是一个非对称关系,但实际上是一个对称关系,两变量间并无有意义的或内在的联系,它们之所以有关系是因为此两变量恰巧与其他某一变量相关联。造成两变量虚假关系的这"某一变量"就叫作外在变量,它与自变量及因变量的关系用图来表示就是:(外在变量)$A \begin{cases} (自变量)X \\ (因变量)Y \end{cases}$。所以,若某一变量为外在变量,则将其控制之后,自变量与因变量的关系应当消失。因此,根据理论或经验选定可能成为外在变量的变量作为检验因素,使用分表法将检验因素加以控制,就可判断一个关系是否虚假。

上节例一中的"教育水平",就是一个外在变量,年龄与收听宗教节目间的关系是因为两者都与教育水平有关,年龄本身对收听宗教节目并无影响。

引入外在变量的最重要的贡献是能够防止做出错误的解释,请看下面的例子:

例二: 1845—1945 年的医学统计资料表明,在过去的一个世纪中,精神病患者的比例大为增加。对于这一关系，不难做出下述解释：在过去的一个世纪中，生活环境的迅速改变造成了严重的社会紧张，可能是这种社会紧张导致了精神病患者的增多。

但是，如果考虑到年龄这个因素，将其作为检验因素加以控制，分别检查每一年龄段的精神病比例，就会发现（年龄大于五十岁者例外）其实在过去一个世纪中，这一比例并未有真正的改变。因此，两者间的关系是虚假的。

年龄为什么造成了这种错误的解释？在年纪大的人中最常见的精神病是老年性痴呆症，这种病是因生理衰退而不是因精神紧张引起的。1845—1945年间由于医学进步使人的寿命普遍增加，老年人在人口中的比例增加，也因此产生了大量的老年性痴呆患者，这又使患老年精神病的就医人数增加，因此，1945年高比例的精神病主要反映了人口年龄分布的改变及老年人就医率的增加，而不是社会紧张的增加。

这个例子说明，一个看起来精密的理论架构，就因为没有考虑到外在变量，事实上却是错误的。

上述引入外在变量的做法，能增进研究者对两变量具有内在关系的信心，但是每次检验，只能知道这一关系是否受此次外在变量的影响，不能肯定它是否受其他外在变量的影响，因此还需将这些其他的外在变量作为检验因素继续检验，但由于每个变量与许多其他变量有联系，难于全部加以检验，因此我们无法完全断定一个关系是真实的。尽管如此，每当控制一个相关因素并发现原关系继续存在时，对这个关系的信心即可增加，造成错误解释的危险也就减少了，这样，在进行了若干次检验之后，我们就会比未经检验时有较大的信心说某一关系是真实的。为了防止外在变量过多，造成工作量过大，一般在下列情况下才引入检验因素进行关系检验：(1)有理论或经验相信它可能解释其中的关系；(2)无证据证明它与自变量及因变量没有关系。

二、变量关系的具体化

社会学中常常有些极为笼统的命题，它们的涵盖能力很大，但却无助于增进对问题的了解。例如："社会地位低的人精神病患者比例高"确为事实，但人们需要知道的是，究竟社会地位低的人哪种因素促使精神病发生，是贫穷？工作枯燥？受人歧视？还是生活习惯或低教育水平？在得知社会地位的哪些因素对精神病的产生影响最大之前，我们对问题的理解是相当有限的。为使变量间这种笼统的关系具体化，找出在一个复杂且涵括极广的自变量中对因变量起主要作用的因素，往往采用引入检验因素的办法。作为检验因素的就是自变量中被理

第十六章 变量分析的逻辑和策略

论或经验推测为对因变量起主要作用的那个因素。能使两变量间关系具体化的变量被称作内含变量。下面是迪尔凯姆应用内含变量进行自杀研究的一个例子。

例三： 在控制了年龄这个因素后，迪尔凯姆发现结婚者较未婚者自杀率低，并发现这种差异不是因结婚者与未结婚者的特征有什么不同而造成的，而是婚姻本身降低了自杀率。但到底是婚姻生活的哪一部分造成这种结果的呢？"……实际上家庭包括了两种组合：夫妻与子女，两种组合起源不同，性质亦不一样，所产生的结果也不同，那么家庭环境对自杀率的影响是由于前者还是由于后者？"迪尔凯姆假说为后者。分表统计后发现，1887—1891年间，100万个没有子女的丈夫有644个人自杀，而100万个同龄未婚男子约有975人自杀，644与975的比率为100：150，即无子女的已婚男子的生存系数为1.5，他们的自杀率只比同龄未婚男子少三分之一。但是如果他们有子女，则情形大不一样，100万个有子女的丈夫们每年只有336人自杀，这个数目与975的比是100：290，这就是说，如果他们有子女，则生存系数几乎增加一倍。

因此，显然并不是婚姻本身——诸如性的满足、夫妻感情、不孤独等影响已婚者的自杀率，而是婚姻这一涵括的概念中因有子女而产生的一种社会性整合体使然。在这种情形中，两变量的关系是建立在涵括的概念上，但实际上这一关系却是由概念所包含的某个因素引起的，是总体"代表"了局部。用图表示就是：

$$\left.\begin{array}{c} A \\ B \\ C \\ \vdots \end{array}\right\} \begin{array}{c} \longrightarrow Y \\ X \end{array}$$

与此相反，还有另外一种情形存在，即关系是由某个因素引起的，但实际起作用的却是涵盖这个因素的更宽的概念，是局部"代表"总体。

三、追寻关系产生的原因

在实际中常常碰到这样一种情况：变量 X 与 Y 之间的关系是另一变量 A 的"媒介"作用的结果，即 X 导致 A，而 A 又导致 Y，X 通过 A 的作用产生与 Y 的关系，用图表示就是：$X \rightarrow A \rightarrow Y$。变量 A 对 X 与 Y 之间关系的建立起了中介作用，故称其为中介变量。引入中介变量后就可以回答两变量间关系"为什么会如此"的问题了。如果能证实 X 确经 A 影响 Y，就可以说：X 与 Y 的关系之所以如此，是因为 A 作用的结果。或者说：X 之所以影响 Y，是因为 X 导致了 A，而 A 又影响了 Y。因此，将中介变量作为检验因素引入到两变量之间这一检验模式，可以说明自变量是如何影响 Y 的，即对两变量关系发生的过程进行注释，请看下面的例子。

例四： 表16.3中的资料表明，已婚女工的旷工率高于单身女工。

表 16.3　旷工率

	已婚女工	单身女工
旷工(%)	6.4	2.3
上工(%)	93.6	97.7
百分比总和	100	100
人数	(6496)	(10230)

对于表 16.3 中表现出来的这种关系，我们想知道的是，为什么已婚女工的旷工率高于单身女工，即婚姻所造成的结果是什么，它对旷工的影响如何？一个极浅显的解释是已婚女工家务事较多。假如家务繁忙的确是一个中介变量，则当我们控制这个变量后，婚姻与旷工之间的关系应当消失，这就是说，在家务事的量相同的情况下已婚女工的旷工率与单身女工应无差异。表 16.4 表明，在家务事的量同样的女工中，旷工率仅有很小的差异，这就是说，显然家务事并不是唯一的解释，但它显然是一个主要因素，即它的确是一个中介变量，它既是婚姻的结果，同时又是旷工的原因。

表 16.4　旷工率与婚姻与家务事多寡的比较

	家务事			
	极多		少或没有	
	已婚女工	单身女工	已婚女工	单身女工
旷工(%)	7.0	5.7	2.2	1.9
上工(%)	93.0	94.3	97.8	98.1
百分比总和	100	100	100	100
人数	(5680)	(1104)	(816)	(9126)

显然，指出中介变量有助于更进一步了解两个变量间的关系，如果不考虑这种中介因素，我们就会止于事实，而缺乏完整深入的了解。

四、寻找因果次序

前导变量的引入可以说是源于社会学研究中对因果次序的探寻。例如调查资料显示出教育水平低的人投票率亦低，即教育水平低是投票率低的原因，用图表示就是教育→投票率。那么导致低教育水平的原因又是什么？如果能够找到这个因素，则原来的因果链条就可以向前追溯，变为：某因素（例如父亲的教育水平)→教育水平→投票率,即 $A \rightarrow X \rightarrow Y$,这里,$A$ 因素就是前导变量。前导变量的引入不是使自变量与因变量之间的关系消失,而是使它得到澄清。

检验一个变量是否为前导变量的具体做法是:逐一检验这个变量能否满足下述三个统计上的条件,若能满足,则是前导变量,否则不是。

1. 三个变量——前导变量、自变量、因变量——必须两两相关。
2. 控制前导变量后,自变量与因变量的关系不应消失。
3. 控制自变量后,前导变量与因变量间的关系应当消失。

五、防止将真关系误判为假

判断的错误有两种类型,一种是误将一个虚假关系当作真实关系而接受,为防止这种类型的错误,多采用引入外在变量进行检验的办法。另一种是误将真实关系当作虚假关系而抛弃,当两个变量表面无关而实际有关("虚假无关")时,这种类型的错误最容易发生。两变量间真实关系不能表现是由于第三个变量的闯入抑制、取消或削弱了这一真实关系。这种使真实关系隐而不彰或减弱的变量就叫作抑制变量。对抑制变量的检验不仅可以避免错误的判断,还能防止将一个正确的理论抛弃,这对研究的重要性是不言而喻的。请看下面的例子:

例五: 表 16.5 中,会龄四年以上组与四年以下组无种族偏见者的比例相差无几(49.2 与 50.4),这说明工会会员的种族态度与其参加工会时间的长短无关。

表 16.5 工会会员的种族态度与工会会龄

种族态度	会龄少于四年	会龄长于五年
无种族偏见	49.2%	50.4%
人数	(126)	(256)

然而实际观察的结果发现,工会会员的种族态度确有差异,由经验推测可能是年龄抑制了上述关系。控制年龄,做成包含三个分表的新表 16.6。

表 16.6 工会会员的种族态度与工会会龄(控制年龄)

种族态度	29 岁以下工会会龄		30—49 岁工会会龄		50 岁以上工会会龄	
	小于四年	大于四年	小于四年	大于四年	小于四年	大于四年
无偏见	56.4%	62.7%	37.1%	48.3%	38.4%	46.1%
人数	(78)	(51)	(35)	(116)	(13)	(89)

由表 16.6 可见,29 岁以下,30—49 岁,50 岁以上三个分表中,不同年龄的种族态度均有差异(分别为 62.7%—56.4%;48.3%—37.1%,46.1%—38.4%),这就是说,会龄长短与种族态度不是无关而是有关。

一个抑制性变量在某种意义上是与外在变量相对应的。后者用于检验假是否被当作真,它从假设两变量具有真相关始,继而引入检验因素——此因素对原来的两个变量来说是外在的,假如发现原来的关系消失了,则称原关系是虚假的。而前者则用于检验真是否被当作假,它从两个变量间无关系(或弱关系)始,然后引入检验因素——这个因素对原来的两个变量来说亦是外在的,假如在每一个分表中出现了关系,则称原来的无相关(或弱相关)是虚假的。

正像外在变量可以判断关系为假而无法断言关系为真一样,抑制变量可以判断关系为真却不能断定关系为假。但是外在变量虽不能判断两变量关系为真,却可以通过对多个外在变量的检验,加强它是真关系的信心。同样,抑制变量虽然不能判断两变量关系为假,但却可以通过对多个抑制变量的检验,加强它是假关系的信心。

六、恢复变量间关系的真貌

歪曲变量是使两变量间真实关系扭曲、变形的变量,它既可将真扭为假也可将假变为真,甚至完全改变一个关系的真实方向,如例六。因此,对歪曲变量的检验,能够将两变量间真实关系袒露出来,从而使研究者避免抛弃正确的假设或接受错误的假设。

例六: 如表 16.7 所示,社会阶级与对民权的态度相关,相关的方向是工人阶级的民权分数高。有人将此解释为低阶层人员在意识形态上较"进步"和"开放"。

表 16.7 社会阶级与对民权的态度

民权分数	中产阶级	工人阶级
高(%)	37	45
低(%)	63	55
百分比总和	100	100
人数	(120)	(120)

假定这个调查是在华盛顿所做,由于该地区黑人比例极高,因此选种族为检验变量,控制种族因素后,结果如表 16.8 所示。

表 16.8　社会阶级与对民权态度（控制种族）

民权分数	黑人组		白人组	
	中产阶级	工人阶级	中产阶级	工人阶级
高(%)	70	50	30	20
低(%)	30	50	70	80
百分比总和	100	100	100	100
人数	(20)	(100)	(100)	(20)

表中数据表明，黑人组与白人组的中产阶级的民权分数均高于工人阶级，这与表 16.7 中的情形恰好相反。在这个例子中，种族是曲解变量，它歪曲了原有关系。

第四节　条件关系的分析

上一节讨论了怎样在两个变量间导入第三个变量，以便澄清变量间的关系。在利用分表法对分表中的关系与原关系进行比较时，我们发现这些分表中的关系或减弱、消失；或维持原状；或从无相关到有相关、弱相关到强相关；或与原关系的相关方向相反。在这些情形中，我们假定所有分表中关系的大小与方向是相似的。但是，在有些情况下，各分表中的关系可能并不一致，即有的分表关系强、有的弱，有的分表是正相关，有的则是负相关。在前一种情况下，由于所有分表中自变量与因变量的关系都相同（或相似），因此可以说这一关系是普遍的、无条件的。而在后一种情形中，自变量与因变量的关系因"表"而异，也就是说这一关系是有条件的，因此我们称其为条件关系。这里所说的"条件"，可以是检验因素的不同分类、不同的层次、不同的阶段，以及任何具有分类意义的东西。

条件关系在社会学分析研究中作用很大，它不仅可以帮助解释，对理论的建立作出贡献，它还能说明、澄清两变量间的关系，促进对事物的了解；而且它对科学的主要目标之一——预测，也有重要贡献；它使得调查资料的分析更丰富、更深入、更正确。

一、帮助解释

条件关系对于两变量间关系的解释最重要的贡献主要表现在下述几个方面。
1. 促进修正原解释或发现新解释。下面是这种情形的一个精彩的例子。
例七：　一个有关青年学生的研究发现，那些出身于社会地位高的家庭的学生较出身于社会地位低的家庭的学生对自己的评价高。对此可以做出如下解释:按照米德等的观点,自我是外界评价的反映,由于社会地位基本上是社会声望的反映,因此那些受到高的社会评价(家庭社会地位高)的人很自然地发展出高的自我评价,而受到低的社会评价(家庭社会地位低)的人则自然发展出低的自我评价。

但是当使用条件关系加以检验时,发现社会地位与自我评价的上述关系在男生组中很强,而在女生组中却很弱,见表16.9。

表 16.9 社会地位与自我评价(控制性别)

自我评价	男生组社会地位			女生组社会地位		
	高	中	低	高	中	低
高(%)	55	47	36	47	46	41
中(%)	17	25	26	28	25	27
低(%)	28	28	38	24	29	32
总百分比	100	100	100	100	100	100
人数	(89)	(1383)	(168)	(106)	(1311)	(72)

这个发现使人们对上述解释产生怀疑,因为没有办法解释为什么同样的社会评价会使男女同学产生不同的自我评价。为此,人们寻求新的解释,后来的研究指出,高社会地位家庭男孩的自我评价较高并非因为他们有较高的社会声望,而是因为他们与父亲关系较接近。

2. 支持或强化原解释。这种理论上的贡献看来令人不可思议,因为若原解释是恰当的话,则这种解释当然也适用于属于同一母总体的各分群体。事实上,不同群体所表现的不同结果可能强化原解释,而相同的结果反而可能减弱原解释,请看下例。

例八:斯韦尔(Swell)与奥伦斯坦(Orenstein)发现大城市男孩的职业期望高。对此他们所做的解释是,不同的职业期望源于人们对高职位者的认识不同。一个人若有机会直接接触高职位的人,或者能经常得知这些人日常活动的消息,则会将他们作为自己的职业榜样,并感到这种职位是个人合理的追求目标,父母、师长及朋友若对此给予适当鼓励,这种动机会更强烈。在上述这些方面,城市学生的机会显然较小社区学生多,这造成了他们较高的职业期望。

如果这个解释是恰当的,则下述假设应当成立:上层社会中社区大小与职业期望的关系较下层社会中同样的关系要强。这是因为无论城乡,下层社会家庭的孩子都很少有机会与高职位的人接触。而在上层社会则不然,城市中上层社会的孩子较乡下上层社会的孩子接触高职位人的机会多。表 16.10 的结果证实了这一假说,从而支持了原来的解释。

表 16.10 高三男生高等职业选择的百分比
（控制社会经济地位与居住地）

居住地	社会经济地位			
	低	中	高	总计
农场	22.0	37.4	49.6	32.9
乡村	19.2	37.5	55.6	35.7
小市镇	24.3	42.4	64.0	45.4
中型城市	23.8	40.3	66.9	45.7
大城市	34.2	52.7	73.6	57.2

3. 帮助选择正确的解释。对于同一个现象,人们常常做出各种不同的解释,这些解释似乎同样令人信服,都同样切合结果,使人难辨真伪。条件关系的检验往往能帮助分析者摆脱这种困境,选择恰当、合理的解释。

例九: 研究发现,父母离异或丧偶的青少年,父母再婚者比父母未再婚者自尊心低。此研究中,所有这类孩子都随母亲生活,因此这里所说的再婚主要是指母亲。对这一发现有两种解释,一种是依据弗洛伊德的理论,认为个人人格形成于幼年时期,母亲再婚,小孩面临再一次恋母情结的发展,因而造成比较低的自尊。另一种解释依据角色理论或社会整合理论,认为由于失去父亲,母亲与孩子要同时面对家中没有父亲存在的许多问题,设法弥补父亲这一角色,这样使母子更加紧密团结在一起。一旦母亲再嫁,由于母亲可能分心给继父继子,小孩失去了在母亲心目中心肝宝贝的地位,从而失去原来从父母得来的自信。

为判断这两个解释中哪个更可信,进行条件关系的分析,检验因素是孩子在家庭破裂时的年龄,结果如下表。

表 16.11 父母再婚与否与自尊心（控制孩子失去父亲时的年龄）

自尊	家庭破裂时孩子的年龄					
	3 岁以下		4—9 岁		10 岁以上	
	再婚	未再婚	再婚	未再婚	再婚	未再婚
高(%)	32	77	33	46	32	49
中(%)	32	27	19	21	27	26
低(%)	35	37	48	32	41	26
总百分比	100	100	100	100	100	100
样本数	(71)	(41)	(64)	(56)	(37)	(78)

表 16.11 表明,家庭破裂时,孩子年龄越大,其自尊高低与母亲是否再婚间的相关关系就越强。这就是说,孩子若幼年丧父,其母亲再婚不影响其自尊,若年龄大时丧父,则母亲再婚影响其自尊。

由此看来,第二种解释似乎更合理。十岁以上儿童显然已经意识到某些父亲的责任,并与母亲一起处理一些问题,一旦自己在母亲心目中地位有了变动,自尊心就会受损。

4. 帮助发现隐而不彰的事实。造成"虚假无关"的一种原因是各个分表的相关关系方向相异,这些反向的相关关系互相抵消,使得两变量间的原关系"消失"或"减弱",从而呈现一种"虚假无关"。在这种虚假无关中,由于各个分表中的关系方向相反,因而可用两种方式进行解释。第一,分别解释,也就是对正关系与负关系各自做出解释。第二,整合的解释,即将两种对立的发现融合起来,只给出一个高抽象层次的解释。整合的解释对社会学理论的贡献十分重大。下面的例子即为一证。

例十: 一个大规模调查发现61%的工人阶级与59%的中产阶级具有权威人格,也就是说阶级与权威人格两变量无关。可是控制了教育程度后情况显著改变,见下表。

表 16.12　控制教育程度时阶级与权威人格

权威人格	受教育 0—8 年		受教育 9—12 年		受教育 12 年以上	
	中产阶级	劳工阶级	中产阶级	劳工阶级	中产阶级	劳工阶级
百分比	83%	67%	58%	56%	44%	62%
实　数	(88)	(121)	(121)	(129)	(126)	(13)

除中等教育组外,其余两个教育组中产阶级与劳工阶级权威人格比例均有明显差异,但差异方向相反。在低教育组中是中产阶级权威人格较劳工阶级多(83% vs.67%),而在高教育组中是劳工阶级较中产阶级权威人格多。

这种矛盾的结果可用"地位整合"来解释。研究发现地位不整合(如教育程度与职业不相配)的人容易有紧张心理,在本例中,表现为权威人格,而"高教育程度的劳工阶级"与"低教育程度的中产阶级"均是地位不整合的人。

从这个例子可见,这种类型的"虚假无关"或低相关乃代表着一种最具有理论价值的条件关系形态。

5. 帮助了解事物发展趋势或过程。条件关系的检验是研究事物发展趋势或发展过程的锐利工具之一,具体做法就是将时间作为检验因素。

例十一: 众所周知,在美国,宗教信仰是影响投票行为的一个重要因素,为了了解这一关系的变化情况,引入第三个变量——时间,见表 16.13。

表 16.13 中,老年组(55 岁以上)、中年组(35—54 岁)、青年组(35 岁以下)的基督教徒与天主教徒的投票行为均有显著差异,但差异的程度随年龄的下降而显著减小(老年组 70%,中年组 41%,青年组 28%)。这说明,宗教仍然是影响投票行为的一个重要因素,但这种影响力近年来显著减弱,青年一代较之老一代,愈来愈少受他们所属宗教群体的影响。

表 16.13 宗教信仰与投票行为{控制年龄(时间)}

	55 岁以上		35—54 岁		35 岁以下	
	基督教	天主教	基督教	天主教	基督教	天主教
投共和党票	88%	18%	82%	41%	66%	38%
差异	70%		41%		28%	

在横剖研究中调查资料大多是于某一时点或某一段时间收集到的,将它们用于社会动态研究颇受限制,但如果善于运用条件关系,就能在相当程度上解决这一困难。

二、对关系进行说明、澄清及描述

除帮助解释外,条件关系还可对两变量间的关系予以说明。所谓"说明"一个关系,就是将分表里具有特殊意义的关系指出来,并且指明这种特殊的意义。"说明"是要达到"澄清"的目的,即将干扰因素排除,使各种情况之下的关系的性质更加清楚地显露出来。

1. 清除原关系中的干扰因素。两变量之间关系的大小除反映它们原来既存的相关外,同时往往受一些无关因素的影响,如不能将这些无关影响排除,则有可能导致错误的理论解释。条件关系的运用可起到清除干扰的作用。

例十二: 在一个关于高中学生的调查中发现,自尊越低者越不喜欢与同学讨论政治。由此研究人员发现了特殊人格特质与社会互动的关系,自尊低者对于表达意见较介意,因他们怕被人家讥笑见解愚蠢。但是当将政治兴趣加以控制后,上述关系得到了进一步澄清。

表 16.14 显示出在对政治无兴趣组中,自尊与政治讨论的关系消失(实际自尊越高者反而更少参加讨论)。而在对政治有兴趣组中,这种关系不仅存在,而且加强了。可见原来由于将政治兴趣低的人掺杂在分析之中,使得人格类型与行为间的关系变模糊了。而条件关系的运用使其得到澄清。

表 16.14　自尊与参加政治讨论意向(控制政治兴趣)

		有兴趣						无兴趣				
				自尊								
意向	(高)	0	1	2	3	4	5—6(低)	(高) 0	1	2	3	4	5—6(低)
高%		63	56	46	53	44	43	5	5	11	8	12	4
中%		26	32	37	32	30	30	34	38	37	34	42	48
低%		11	12	17	15	25	27	60	57	52	58	46	48
百分比总和		100	100	100	100	100	100	100	100	100	100	100	100
样本数		(182)	(254)	(226)	(123)	(63)	(44)	(38)	(58)	(65)	(50)	(26)	(25)

2. 明确指出加强或抑制原关系的一些条件。如前所述,两变量间关系是由许多因素造成的,其中有些促进了原关系,有些则抑制了原关系,若将这些促进或抑制原关系的条件明确指出,其意义是很清楚的。下面是关于促进条件的例子。

例十三： 研究者发现,偏态家庭的孩子较不守法,表 16.15 给出了几个有趣的分列联表。

表 16.15　家庭邻居与犯罪(控制种族、性别、学业)

曾被传呼或拘捕一次以上的百分比

	黑人		白人		男生		女生	
	偏态家庭	正常家庭	偏态家庭	正常家庭	偏态邻居	正常邻居	偏态邻居	正常邻居
	55	39	27	29	71	47	14	16
差异	16		-2		24		-2	
	学习差		学习好		学习差		学习好	
	偏态家庭	正常家庭	偏态家庭	正常家庭	偏态邻居	正常邻居	偏态邻居	正常邻居
	71	45	33	27	82	53	44	37
差异	29		6		29		7	

从表中可以看出:(1)偏态黑人家庭造成较多犯罪,而白人否。(2)偏态邻居使男性犯罪增加,而女性否。(3)无论来自偏态家庭还是偏态邻里关系,学习差的学生犯罪多于学习好的。这些条件关系说明,只有当一个人没有办法寻找到其他替代性成就目标时,偏态的环境才会促使其犯罪。因此,无合法机会是偏态家庭子女容易犯罪这一关系的促进条件,这个例子说明一个一般的促进条件怎

样将几种不同的结果综合成一个结果。

3. 可以说明两变量关系成立的必要条件。一般说来，所有的关系都是条件关系，即每一种关系都是在某种条件之下才成立。但通常研究并不特别指出关系成立所应具备的条件，因为一般情况下它们的存在是内含的、公认的。然而在某些情况下，若能在说明一个关系的同时，指出这种关系成立所必须的条件，则会增加人们对研究现象的深入了解，也使分析更加完整，条件关系可以完成这一使命。

例十四：根据经验，对于某一物品喜好的人较之于不喜好的人，购买此物品的可能性大。表 16.16 是关于消费者对"东芝"牌彩电的态度与购买行为的调查统计资料。表中的数字证实了上述经验判断，但差异不大，喜好与不喜好的人购买"东芝"牌彩电的比例仅差 4%。

表 16.16 对"东芝"牌彩电态度与购买行为

	喜欢"东芝"牌彩电	不喜欢"东芝"牌彩电
购买(%)	8	4
不购买(%)	92	96
百分比总和	100	100
人数	(330)	(110)

但是控制家庭收入水平后发现，家庭收入中等以下组，是否喜好东芝彩电与是否购买东芝彩电无关。而在家庭收入高的组是否喜好东芝彩电与是否购买它有较强的相关（相差 40%）。这说明只有在具备一定的购买力的条件后，人们对商品的态度才对购买行为有很大影响。

4. 条件关系可澄清自变量与因变量的本质。为进行实证的社会研究，必须将概念操作化，变成具体的指标或指数，然而这些指数与指标往往并不能精确地代表概念，因此在解释指标时，常常超过或达不到这个指数或指标的范围，从而做出错误的解释。条件关系有时可以帮助分析者澄清调查资料所表现的指数的意义，Pearlin 的研究可以提供很好的证明。

例十五：Pearlin 在这个研究中所要检验的是精神病医院每个服务人员与医院权力中心距离的大小与本身疏离感高低的关系。测量疏离感用的指标是"无力感"即个人在自己职位上缺乏对其事务的控制力的感觉。资料显示，距离权力中心越远者，疏离感（此处是无力感）越强，见表 16.17。

表 16.17　距权力中心远近与疏离感

疏离分数		四步	三步	二步	相邻
低 ↓ 高	0	2%	12%	15%	14%
	1	25	31	25	29
	2	34	23	34	23
	3	29	18	14	18
	4	11	16	12	11
人数		(56)	(238)	(358)	(314)

Pearlin 就各种不同的条件检验这个关系，检验因素为"地位服从"，所谓"地位服从"就是对于上级的命令接受或拒绝。表 16.18 表明，在服从性低的人当中，地位距离与疏离感关系强烈，而在服从性高的人当中，两者关系较弱。

表 16.18　地位距离与疏离感（控制地位服从）

疏离分数		低或中度服从				高度服从			
		4 步	3 步	2 步	1 步	4 步	3 步	2 步	1 步
低 ↓ 高	0	0%	12%	16%	22%	5%	13%	12%	12%
	1	22	30	21	25	32	32	32	36
	2	28	18	33	20	41	27	35	31
	3	34	22	16	20	18	18	12	13
	4	16	18	14	13	5	11	9	8
人数		(32)	(148)	(248)	(220)	(22)	(85)	(98)	(86)

这说明，当个人地位距离权力中心较远，而且只有当他个人有掌握自己权力的欲望时，才会感到无力。因此疏离感不只是一种无力的感觉，而且是一种源于没能力行使影响力时所引起的无能为力的挫折感，当个人没有影响权力的欲望时，他就不会有疏离感。这样，"疏离感"这个因变量由于导入了条件关系而获得进一步澄清。

除上述作用外，条件关系还可以使描述性的说明更精确。例如一个有关母亲工作经验与学生高中毕业后升学愿望的调查结果表明，母亲婚前有工作经历者，其子女比较倾向升大学。但进一步的分析指出，这种现象只有在劳工阶级中成立，在中产阶级中并不成立，此一条件关系帮助我们描述两个阶级之间的差异。

在社会学研究中，社会观念、社会规范、价值观等等都是重要的研究内容，但在复杂社会中，除社会的一般文化规范外，在不同地区、不同群体、不同社会组织中还存在亚文化，研究者常常要逐一研究这些亚文化并将其加以比较，当欲对由各个亚文化组成的一般文化做概推时,条件关系可使其免于做出错误的概推。

此外,由于条件关系比原来的关系更具体、详细,因而它能更有益于科学的预测。

第五节 联合作用的检查

前面两节集中讨论了在两个变量的关系中引入第三个变量后,原关系将发生什么变化?本节要讨论的是将第三个变量作为一个自变量,以了解它与原来的自变量以怎样的互动方式对因变量产生作用。这种作用就是所谓的"联合作用",它包括四种类型:独立作用、相对作用、累积作用以及类型作用。

一、独立作用

如果将两个变量 X 与 Y 间的不对称关系用 $X \rightarrow Y$ 表示,引入第三个变量 A,将其视为自变量并假设 A 与 Y 也存在着非对称关系,则变量间的关系就变成 $\begin{smallmatrix}X \searrow \\ A \nearrow\end{smallmatrix} Y$。$X$ 与 A 对 Y 的作用可分为:(1)两个自变量在不受对方作用下对 Y 的独立作用。(2)X 与 A 对 Y 的共同作用。(3)X 与 A 形成新变量后对 Y 的作用。

独立作用又分为两种情况:第一,两自变量之间彼此无关,各自独立地对因变量起作用。布劳关于"结构作用"的分析,对于独立作用在理论上可能具有的意义作了极好的说明,见例十六。

例十六: 布劳的研究要回答的问题是:一个团体的态度是否能独立于组成它的个人的态度之外而对个人行为发生影响?他以某社会福利机构的工作人员为对象,研究他们对请求帮助者的态度。他首先将认为求助者应受到更多公共救助的工作人员列为"积极"取向者,然后将所有工作人员分成5到6个小组,若组内多数人员是"积极"取向者,则被称作积极团体,"服务取向"作为因变量。现在要回答两个问题:(1)具有"积极"取向的工作人员是否"服务取向"高?(2)积极的群体,不论其成员的态度如何,是否服务取向高?

表 16.19 对求助者态度与服务取向(控制团体类别)

团体	积极团体		不积极团体	
个人取向	积极	不积极	积极	不积极
服务取向	60%	44%	44%	27%

表 16.19 表明,不论在哪个团体,对第一个问题的回答都是肯定的,从而说明个人对求助者态度独自与因变量相关。另外,无论是积极取向者还是不积极取向者,积极群体均比不积极群体的服务取向高(60%对44%,44%对27%),这就使第二个问题得到了回答,即团体结构作为一个自变量独立于其成员的个人态度之外对个人的行为发生影响。

独立作用的第二种情况是两个自变量彼此密切相关地对因变量发生作用,每一自变量在一定程度上反映着另一自变量,例如年龄与衰老的感觉。为弄清在这种情况下的两个自变量的独立作用,必须进行澄清的工作。下面的例子给出了具体的澄清步骤。

例十七: 研究表明:(1)家庭收入高的学生比家庭收入低的学生选择商业与自由职业的比例高。(2)自认来自上层社会的学生较自认来自下层社会的学生较多选择商业与自由职业。

父亲的收入正好代表学生个人所属的阶级群体,而学生个人的认同则反映他自己的参考团体,两者实际上是高度相关的变量,而且其中一个的作用明显的掩盖着另一个。那么,究竟是阶级认同的作用来自父亲的收入,还是父亲收入的作用来自阶级认同?若为前者,则阶级团体因素的影响力就明确了。

为获得上述问题的答案,轮流将父亲收入和阶级认同中的一个加以控制,来检查另一个的作用。表 16.20 显示控制阶级认同后,父亲收入与个人职业选择的关系。表 16.21 则显示控制父亲收入后,阶级认同与职业选择的关系。

表 16.20 父亲收入与职业选择(控制阶级认同)

职业选择	阶级认同															
	上层阶级(收入)						中产阶级(收入)						劳工阶级(收入)			
	5	5-7.5	7.5-10	10-20	20-30	30+	5	5-7.5	7.5-10	10-20	20-30	30+	5	5-7.5	7.5-10	10-20	20-30	30+
商业自由职业	—	38	53	63	69	71	42	41	53	56	67	71	32	38	37	—	—	—
人数	(9)	(21)	(30)	(81)	(67)	(87)	(419)	(273)	(252)	(68)	(47)	(412)	(69)	(16)				

表 16.21 阶级认同与职业选择(控制父亲收入)

职业选择	父亲收入(美元)																	
	<5000			5000—7500			7500—10000			10000—20000			20000—30000			>30000		
	阶级认同																	
	上	中	下	上	中	下	上	中	下	上	中	下	上	中	下	上	中	下
商业自由职业	—	42	32	38	41	38	53	53	37	63	56	—	69	67	—	71	71	—
人数	(9)	(419)	(412)	(21)	(421)	(69)	(30)	(273)	(16)	(81)	(252)	(—)	(67)	(68)	(—)	(81)	(41)	(—)

表 16.20 表明,除工人阶级家庭的学生之外,父亲收入与职业选择强烈相关,父亲收入越高,选择商业与自由业的人越多。就收入最高与最低两端相比,上层阶级中相差 33%,中层阶级相差 29%。

表 16.21 则表明控制父亲收入后,阶级认同与职业选择的关系减弱很多(只有一组差异较显著 16%)。

综上所述就是:在同一阶级认同团体中,收入明显影响职业选择;而在收入相同的人群里,阶级认同对职业选择影响很少。由此可知,变量"阶级团体"是起独立作用的因素。

二、相对作用

假定每个自变量均对因变量有独立的影响,那么何者大?这就是所谓相对作用的问题。相对作用研究在社会学研究中有极重要作用,许多理论问题可以从检验相对作用的大小获得解决。例如人口统计因素相对作用的比较研究:是教育还是经济对个人的生育行为影响大?此外,对心理因素的相对作用的比较研究,例如是个人的职业价值观念还是个人的自我观念对职业选择影响大?对人际关系的相对作用的比较研究,如对于犯罪,是同辈群体还是家庭的影响力大等,也是社会学研究者感兴趣的课题。下面是一个两心理因素相对作用比较分析的例子。

例十八: 在一个有关秘鲁人口的研究里,研究者发现:认为多生小孩将有损健康者不愿多生小孩;认为生小孩加重经济负担者亦不愿多生小孩,那么两因素何者作用大?表 16.22 表明是经济因素的影响力大。担心经济负担而不担心健康者,73% 不愿再生孩子,关心健康而不担心经济负担者只 64% 的人不愿再生孩子。

表 16.22　经济因素与健康因素与生育意愿

	认为有害于健康		认为无害于健康	
	担心经济负担	不担心经济负担	担心经济负担	不担心经济负担
不愿生孩子百分比	90	64	73	48

三、累积作用

所谓累积作用是指两个自变量对因变量 Y 的共同作用,这种共同作用并不一定是两个自变量各自影响力的单纯相加,决定其强度的因素很多,但其中以两自变量间的相关程度为最重要。

例十九： 研究发现,一个人的朋友的政治倾向和宗教信仰均对他的投票行为产生影响,即一个人的最亲密朋友中倾向共和党的人数越多,他投共和党票的可能性也越大。另外信仰基督教者倾向投票给共和党。现在我们来考察朋友的政治态度与本人的宗教信仰对其投票行为的累积作用。这一累积作用的强度可通过对表16.23中极端单向组的投票行为的比较获得,即用三个朋友均倾向共和党(RRR),且本人是基督教徒者的投票行为,与三个朋友均倾向民主党(DDD),且本人是天主教徒者的投票行为二者之间的差异表示。本例中前者投共和党票的占93%,后者仅占10%。在本例中,两个自变量对因变量的累积作用大于每个自变量对因变量的单独作用。

表16.23 朋友的政治倾向与宗教信仰与投票行为

	三个最亲密朋友的政治倾向							
	RRR		RRD		RDD		DDD	
	基督教	天主教	基督教	天主教	基督教	天主教	基督教	天主教
投共和党的票	93%	62%	85%	42%	57%	36%	21%	10%

然而,并非所有的累积作用均有上述效果,例如教育水平与投票行为有关,职业与投票行为亦有关,但教育水平与职业两者的累积影响力也许并不比两者各自单独的影响力大,这是因为教育水平与职业高度相关所致。因此,累积作用的大小的主要决定因素是两自变量间的相关程度。

四、类型作用

前面三种作用的讨论是在两个自变量均与因变量相关的前提下进行的。但是有时两个自变量或其中某一个自变量与因变量并不相关,然而当他们融合在一起时,却能够产生另外独特的作用,这种情形相当于两个自变量融合后形成一个新的自变量,它是超于组成它的两个单个自变量之上的一个新的实体,为与原自变量区别,我们称这种变量为"类型"。"类型"与各个自变量的关系就像整体与部分的关系,部分组成整体,但整体性质不等于各部分之和。例如研究父母态度与儿童行为的关系,一个自变量是父亲的态度,另一个自变量是母亲的态度,假设父亲强调子女应当服从,母亲亦强调服从,将这两个自变量一起考虑,则出现另一新的变量,即"父母态度一致",这一新变量无法从对每个原有变量的检验,或加入另外变量中推演出来,所谓"一致"乃是一个新的事物。相同地,若父亲强调服从,而母亲并不强调,那么新出现的变量是"父母态度不一致",这也是另外一个单一的变量。

按自变量的融合方式,"类型"可分为四种。

1. 特殊类型。新生成的自变量的含义不同于原来两个自变量的含义。例如性别与自尊心高低无关,但独生子女较非独生子女自尊程度高,将上述两个自变量(性别、是否独生子女)放在一起考察时发现,独生的男孩的自尊表现特别高,而独生女孩则无此现象,独生男孩就是一种特殊类型。

2. 修正类型。新合成的自变量修改了原自变量的本质与特性。例如研究发现宗教与投票行为有关,基督教徒多投共和党票,天主教徒多投民主党票,而对自己所属宗教团体的认同程度与投票行为无关。当两自变量(宗教所属与对所属宗教团体的认同程度)合在一起时,宗教认同程度这一自变量对宗教所属自变量起强化作用,即认为自己所属的宗教团体很重要的基督教徒比一个认为自己所属宗教群体不重要的基督教徒更倾向投共和党的票。

3. 一致—不一致类型。新自变量由两个性质一致或两个性质不一致的自变量合成,例如前面所说的"父母态度一致"、"父母态度不一致"即为此种类型。这一类型的一个典型的例子是社会分层研究中所使用的"地位整合"概念。地位整合是指个人在各个不同的重要社会等级中所占的地位一致。在杰克逊(Jackson)的研究中,所涉及的地位包括职业、教育与种族背景,每一种地位均分为1、2、3(上、中、下)三个等级,这样可有下述四种类型:(1)地位一致者——111,222,333;(2)稍不一致者——三个地位中有两个相同,一个不同,但与前两个只差一级——112,323等;(3)地位均不同者——123,312等;(4)两级地位差异——有两个相同,而第三个与前两者相差两级,如113,313等。

表16.24表明,就紧张症状而言,地位一致与稍不一致者之间差异很小。但地位均不同者表现更高的紧张症状,而有两级地位差异的人表现较高的紧张症状。

表 16.24　地位一致性与个人紧张症状的关系

地位一致性程度	各种紧张症状百分比			
	低	中	高	N(100%)
一致	27	57	16	392
稍不一致	27	55	18	931
三地位均不同	24	52	24	206
两级地位差	16	48	36	144

4. 相对的类型。指通过两个自变量相互地位的比较所产生的新变量。例如研究社会流动中的代际流动时，父亲的地位与儿子的地位是两个自变量。个人地位超过父亲的为上升流动，个人地位低于父亲的，为下降流动。研究者关心的不是被访者个人的既有地位，而是这一既有地位是高于还是低于父亲的地位，这里的新合成变量"上升流动"与"下降流动"即为相对类型，它是通过两个自变量相互地位的比较得到的。

由以上介绍可见，详析过程是统计分析与理论分析密切结合的过程，研究者不仅要运用缜密的逻辑推理，而且要运用理论的洞察力和想象力对调查资料中所反映的客观事实或现象间关系做出理论解释。因此在现代社会调查中，调查研究人员不仅要努力掌握先进的统计技术，而且更重要的是要掌握科学的思维方式和推理方法，提高对社会现象的分析能力和洞察力。

第六节 调查分析的策略

分析除遵循一定的方法与逻辑推理过程外，还需讲究策略和技巧。正确的策略往往可达事半功倍之效。

一、详析的程序

如本章起始所言，变量间的各种关系是分析的最重要的内容。为了使两个变量间的关系细致化和清晰化，需对这一关系进行详析。如前所述，详析内容涉及很多方面，如关系的类型、关系的真伪、关系存在的原因及存在的条件等等，为此要引入多种类型的检验因素，进行多次的检验。因此，如何设计和安排这些检验，就成为一个重要问题。下面我们简要概述详析的一般程序：

1. 确定两变量间关系的类型。在进行详析工作之前，首先要对两变量间的原关系进行考察。若两者相关系数较显著，就要进一步分析它们之间是对称关系、还是相互关系或因果关系，如果是相互关系，我们则要进一步检查其相互的影响，比较两者谁是更具持久性和固定性的变量，以尽可能决定影响的主要方向。如果是因果关系，则要确定谁是自变量，谁是因变量。

2. 确定关系的真伪。这里要分两种情形考虑，一是两变量统计相关显著，一是两变量统计无关或相关不显著。在前一种情况下，应考虑这种关系是否有内在的或有意义的关系，是否受到某外在变量影响的结果。在后一种情形下，则要看其关系是否被抑制变量所抑制，特别是在理论和实际观察都表明它们有可能有关系时。当两变量间的原关系的方向与我们所了解的和理论所提供的方向

第十六章 变量分析的逻辑和策略

相反时,就要考虑是否歪曲变量在起作用。

3. 将两变量间的关系具体化。在确定了两变量间的原关系为真后,则可以检查内含变量,以使这一关系更具体。例如我们发现父亲的社会地位与孩子的职业选择高度相关,社会地位是一个很大很抽象的概念,它包括职业、收入、声望、权力、教育程度等多方面内容,究竟是社会地位中的哪个因素影响孩子的职业选择呢?假如我们认为可能是父亲的职业、教育程度对孩子择业行为的影响最大,就要分别将这两个变量作为内含变量进行检验。

4. 寻找变量间的因果链。在上述分析做完后即要进行中介变量的检验,目的是对这一关系做出说明。例如,经检验证明少年犯罪与家庭破裂高度相关,那么我们就要弄清为什么破裂家庭容易导致未成年子女犯罪。考虑到破裂家庭的小孩一般与母亲一起生活,我们可以假设是因为缺乏父亲的缘故,然后对此假设进行检验,如果为真,就可以说破裂家庭的小孩容易犯罪是因为破裂家庭缺乏可以模仿的父亲形象或缺乏父亲的严厉管教,由此就容易导致少年犯罪。有时我们可以进一步通过追寻前导变量来扩大因果链条。

5. 检查是否存在条件关系。在上述工作完成后,我们可集中检查条件关系,如前所述,许多有价值的资料都是由这一步骤获得的。

6. 进行联合作用的考察。在分析中如果我们发现两变量如教育与社会地位都与因变量相关(如本人的职业成就)就要进一步考察这两个变量是否存在独立作用,如是教育独立于社会地位之外发生作用还是社会地位独立于教育之外发生作用,如果两自变量彼此独立起作用时就要进一步考察两者何者为大,此外还要考察累积作用。最后可检查两个自变量是否可以建立一个新的变量类型。

需要特别指出的是,在调查分析中,两变量关系只是代表分析的开始,而非结束。实际上在详析的过程中,每一步的分析都会得到一些结果,这些结果会产生一些新的问题,需进行进一步的分析。例如我们发现在工厂工作的已婚妇女较未婚妇女缺勤率高。我们首先想到的是以婚姻状况、结婚后家庭负担增多来解释这一现象,但这种解释可能是错误的,或许不是婚姻状况,而是年龄这个外在因素的影响,即妇女年龄越大越无法承受工厂工作的压力。假如将年龄予以控制后,原关系消失,即结婚与否与缺勤率高低不相关,我们就可以断言婚姻本身并不决定缺勤行为。到此分析并未结束,这一分析结果导出了新的问题,我们可以进一步问:为什么年纪大的妇女缺勤率高?是因为体力差,或者是由于他们的经济收入比青年女工高?我们可以再控制经济收入这一变量,如果年龄与缺勤行为间的关系消失,则我们可以知道影响出勤率的主要原因不是年龄因素或体力因素而是经济因素。

这个简单的例子说明,分析是一个不断探寻的过程,每一步分析都会产生一个新的问题,而需检验新的资料,进行新的分析,新的资料又产生其他问题……如此循环反复就使得我们对于调查资料的利用更加充分并进而导致对社会现象的认识不断深化。

二、假设检验与概念追踪

我们在本书第四章曾经讲过,假设检验是目前社会研究普遍采用的一种分析范式,它由严格的演绎推理过程或更普遍的理论探讨中抽离出预设假设,然后通过观察来检验这一假设。如果经验资料证实了这个假设就可以对被观察到的具体现象做出有效的理论解释,否则就要对理论做出修正或推翻原有理论,建立新的理论。在调查研究中虽然假设检验具有极大的价值,但它并不是唯一的,有时甚至也不是最主要的一种方法。这是因为即使假设是由理论抽离出来的,也能获得资料的支持,但资料并不能证明理论,资料只能给理论以支持,虽然研究的发现与假设所根据的理论一致,但这些发现也可能与其他理论一致。

柯恩(M. Kohn)和克劳森(John A. Clausen)的社会孤立与精神分裂症的研究提供了一个假设获支持但却破坏理论的例子。在30年代初,法里斯(Faris)与邓汉姆(Dunham)证实社会解组的城市社区其精神分裂症病人也较多,对此他们的解释是,在这些社区中,社会整合程度低导致社会孤立,精神分裂症则是这种社会孤立的结果。柯恩和克劳森将"社会孤立导致精神分裂"作为自己要检验的假设,他们对来自马里兰某一社区的住院治疗的病人与同年龄、性别与职业的正常人进行分组比较(在就医前的16年,大约有一半的病人与正常人在同一学校中上同一个班),发现13—14岁时,精神分裂症者只有42%不是孤立分子,而在一般正常人中非孤立分子则占80%。显然资料支持了社会孤立导致精神分裂症的假设,但这些资料并未证明假设所根据的理论。因为这个理论假定环境结构造成个人的社会孤立,但仔细分析资料却发现孤立者与非孤立者的社会环境结构并无不同。实际上,经验研究远远超出了检验理论的被动功能,它不仅仅是证实或反驳假设。如果能适当地运用其他一些分析的策略与技巧,经验研究在创造、改进、反思和澄清理论上也能发挥积极的作用。许多调查分析往往采取一种所谓"概念追踪"的分析方法,它是一个理论与资料动态地交互作用的复杂过程。下面我们用一个例子说明概念追踪的一般程序。

例二十: 在青少年自尊的研究中,研究者通过检验子女的性别结构与自尊的关系,发现出生顺序和家庭规模(只有男孩的家庭除外)与自尊关系不显著,但三个或三个以上子女的家庭中,男孩占多数的家庭的男孩41%有较高自尊心,

第十六章 变量分析的逻辑和策略

而女孩占多数的家庭,则有50%的男孩有较高自尊,但女孩的自尊与兄弟的多少无关,在女孩占多数的家庭中,姐妹年龄较大而自己年龄较小的男孩自尊更高,见表16.25,其中前一半和后一半是指男孩在家庭中的出生顺序。

表 16.25 子女性别比例、出生顺序与男孩自尊

(有3个或3个以上子女的家庭)

自尊	男孩占少数		男孩占多数或相等	
	处于前一半或中间	处于后一半	处于前一半或中间	处于后一半
高(%)	48	56	41	40
中(%)	24	20	26	28
低(%)	29	24	34	31
总百分比	100	100	100	100
人数	(244)	(121)	(544)	(237)

这一发现自然引发出下面的问题:是什么原因使年龄小而又占少数的男孩有较高的自尊?研究者们通过分别对父亲、母亲与姐妹们的态度的考察,证实了是家庭的偏爱使然。那么又是什么因素使家庭的偏爱转变为主观的高自尊的呢?根据以往的研究知道,学校中学习成绩好的学生较成绩差的学生自尊心高,因此可以作出下例假设:由于家庭中年龄小且男性占少数的男孩是家庭强烈希望所在,故学业受到家庭各方特别的关注、帮助与鼓励,使得他在学业上的成功帮助他提高了自尊水平,但对资料的检验指出,年龄小且男性占少数家庭的男孩成绩显然低于其他男孩,见表16.26。

表 16.26 家庭子女性别比例、出生顺序与学业成绩

(有3个或3个以上孩子的家庭)

学习成绩	男孩占少数		男孩占多数或相等	
	处于出生序的前半或中间	处于后半	处于前半或中间	处于后半
A—B	34%	24%	32%	36%
C	47	57	48	40
D—F	18	19	20	25
总百分比	100	100	100	100
人数	(233)	(118)	(536)	(230)

这一发现使研究者决定分开检查不同群中学习成绩与自尊的关系。结果发现,除年龄小且家中男性又占少数的男孩外(在这些男孩中成绩差的人与成绩好的人自尊一样高)其他群中学习成绩与自尊都显著相关。这一发现启发研究者做出下列假设:年幼且在家中占少数的男孩表现的是另一种类型的自尊,即无条件的自我接受,这一自尊是由于受到家庭中父母及姐妹们的关心爱护深刻影响的结果,它与后期家庭之外的经验相关不大。为了进一步证明这一假设,可以设计其他的客观指标进行检验,例如课外活动的参与以及班内职务的选举等。该研究使用了六种社会参与与成功的指标,发现就整个样本而言,在社会活动中活跃或成功的学生经常有较高的自尊心。但对于年幼且男性占少数的男孩来说,这种关系并不成立,他们的自尊与在中学的社会成功与失败关系不大。这就证实了他们的确是无条件的自我接受。

此例说明,概念追踪与纯粹假设检验模型不同。假设检验是由理论起,理论发展出假设,收集相关资料,然后检验假设以决定其是获得支持或否认。概念追踪则是在理论与资料间进行互动,它由资料出发,资料常迫使理论家进一步对其加以解释,而这些解释与理论又指引适当的资料以进一步验证理论或使理论更为周密。

三、偶然重大发现的利用

科学的历史充满着未曾假设的意外发现。在实际研究中,这种以偶然或智慧获得发现极为重要,因此对于这种偶然性发现的警觉是研究策略的一个关键要素。这种意外的发现可以促使产生新的理论或对原有理论做出修正。美国社会学家斯多弗在其著作《美国士兵》一书中,提出了该研究最具有理论成果的概念——相对剥夺感,这个概念的发现完全是偶然的。

"通常在尝试'解说'或阐明一个意外的实际经验发现时,会导致再思,以便将许多此类的发现组织起来。我清楚地记得,在研究小组我们曾为了某一发现困惑了好几个月,这个发现是驻扎在南方营地的北方黑人,虽然他们表示希望能驻扎在北方,而且对于南方公共汽车及警察的歧视感到愤怒,但在反映个人在军队中的适应性的一些项目上,他们都比驻扎在北方营区的黑人表现出较佳的反应。对于这种矛盾的现象,我们之中有些人简直失望透顶。他们将报告的撰写工作耽搁了一个月之久,对资料和分析过程进行了一遍又一遍的检查,希望能在其中发现错误,以解释这种矛盾的现象。最后,当其他资料显示出在南方的北方黑人军人在南方享受许多黑人老百姓所没有的利益,而在北方黑人军人并不比黑人老百姓享受更多的利益时,这种矛盾的问题就迎刃而解了。经历了许多这一类经验后,'相对剥夺感'这一概念就显得有用了,有了这一概念,我们就知道如何预料这种矛盾的现象,而能在研究中纳入一种直接检查的方法。"

有时意外发现的贡献不一定是突破性的,但对于资料的意外可能性保持高度警觉,研究者就能够更充分的利用这些资料,并增进对社会学理论与知识的贡献。

四、证据的分析

任何科学的目的是达到概括论断,即由具体的事物得到一般的原则或模式。概括论断可分为两类:经验的与理论的,前者是指根据一些个案所得到的结果概推到较普遍的总体。而后者则是指从各种不同情况中得出一般的原则,在这种概括论断中,具体的变量被看作是较抽象的概念的一个指标,两者的差别可由下面的例子加以说明。样本的资料表明,天主教徒比基督教徒更喜欢投民主党的票。如果样本是概率抽样抽取的,则此结果推论到总体。对于这一发现,也可解释为低地位群体受到的经济剥削和社会压迫较大,因此希望以政治方法进行社会变革,以改善其命运。而高地位群体则倾向维持现状,以保持其特权与地位,所以比较保守。前一种概括是一种经验性的概推,而后一种解释则是理论性的概推,其中每一个变量都被看成是较抽象概念的指标。"天主教信仰"(基督教信仰)被看成"低地位群体成员资格"(高地位群体成员资格)的一个指标,"民主党"(共和党)是"自由或激进政治意理"(保守政治意理)的指标。由此例可知,理论性的概括论断更有可能从复杂多样的社会生活中来显露其统一性。

由经验得到概括论断,应进一步加以确证,以增加它的可信度和解释力。对于经验性概括论断一般是通过复验进行证实的,复验的方法有以下几种:

1. 将资料与来自同一或可比总体的其他样本作比较。例如,在一次全国抽样调查中,有60%的天主教徒与35%的基督教徒支持民主党。如果有四或五个其他全国性的选举组织都得到相同的结论,则我们对于这一经验性的概括论断就有了较大的信心。

2. 在不同的总体中作相同的经验性概括论断。迪尔凯姆在自杀的研究中多次使用了这种复验方法。例如他发现法国的天主教徒自杀率低于基督教徒,于是他推论一般的天主教徒的自杀率低于基督教徒,并在欧洲17个国家和地区对于这一概推进行了复验。

3. 配对比较方法。例如对美国士兵的研究中,斯多弗发现,在整个样本中未曾委任的军官较士兵士气高。将样本依军种分为三个群体,每一群体再依教育水平分为两组,每一组又再依在军队中的服役时间分为三组。结果表明,除去那些个案数少于40的群体,13种群体中只有3个例外,其余的未经委任的军官士气均高于士兵。这一结果加强了上面的结论。

证实理论性概括论断的基本方法是选择代表同一概念的不同指标。以迪尔凯姆的自杀分析为例,他发现在19世纪的欧洲,犹太人的自杀率低于基督教徒,对此他的解释是,由于犹太人受到的歧视与压迫较深,所以迫切觉得有与自己的宗教群体密切整合的必要,正是这种社会整合,降低了自杀率。如果这一解释是正确的,即群体的社会整合程度越高,自杀率越低,那么可以假定,凡是整合程度较高的群体,则自杀率也较低,迪尔凯姆检查了各种高社会整合群体,结果发现,每一高整合群体的自杀率均较低(参见附录案例一)。

迪尔凯姆的分析提供了整理证据的卓越例子,他将许多经验性概推整合成单一的理论性概推,即高度的社会整合与低自杀率相关。将相同命题的证据累积起来就使其论点特别有说服力。需要指出的是,在验证理论性概推时,对于同一个研究与理论命题相关的一切资料都需加以检查,而不能任意进行选择。

证据分析对于理论性概推的贡献主要有以下几点:

1. 可以支持对结果的解释。由此可产生更强有力的和更有包容力的理论概推。例如,一般人对于天主教徒的自杀率低这一结果并无太大的兴趣,但这一结果若解释成社会整合程度高的群体自杀率低,而且若证据分析发现其他高社会整合群体自杀率均低,即这一解释获得支持的话,则一个更具普遍性和更有解释力的命题就出现了。

2. 可以对某一理论性的解释提出疑问,从而使我们注意寻找更符合事实的其他解释。以青少年自尊的研究为例,该研究的经验命题是:家庭社会地位较高的青少年较家庭社会地位较低的青少年有较强的自尊。对此命题的解释是:那些在社会上享有较高社会声望的人会更受他人尊敬,而经由米德的反省评估机制,会对自己有较好的评价。由此可得到理论性的概推:在社会上高社会声望与高自尊密切相关。如果这一概推是正确的,则我们可以预期在社会上最受歧视和声望最低的黑人,其自尊会极低,同样社会地位较低的犹太人自尊也会比较低。但资料分析表明黑人的自尊并不比白人低多少,而犹太人的自尊比其他人还要高一些。将社会中不同种族群体的声望、等级与其高自尊的比例等级作相关,发现其等级相关系数几近于零。上述证据分析否定了理论概推,"青少年的自尊与其所在群体社会声望相关"。这一发现使我们知道社会地位与自尊的关系并非是受到社会声望的作用。这就迫使我们去做新的解释。

3. 可使在对原有结果的不同解释间做出正确的解释。例如对于天主教徒的自杀率低,这一结果可作如下两种解释:(1)由于他们有较高的整合;(2)害怕在死亡之前,无法作忏悔洗涤罪过。但是如果证据分析显示在死前不举行忏悔仪式的犹太人或是信奉基督教的"传统性"国家也有较低的自杀率,则显然第一种解释比第二种解释更具有说服力。

4. 可在同一研究中进行验证。经验的概推除"配对比较"外,不可能在同一研究中对自身的结果进行验证。例如如果发现出身上层家庭的青少年较出身下层家庭的青少年自尊高,我们无法在同一样本资料内对此结果进行验证,只能用其他研究或从进一步的研究中加以复验。但假如将经验命题转化为理论命题:高社会声望与高自尊密切相关,就可在同一样本资料内进行检验,比如我们可以检验在其他高声望群体像宗教、种族等中,此命题是否为真。

5. 有时能使我们对理论概推比经验概推在统计上更有信心。例如在有关自尊的研究中,样本中有一组认为他们在校成绩是差的,在这群学生中,研究者发现那些认为学校成绩是重要的人比那些认为不重要的人自尊要低。由此可做出下述理论概推:当某些品质被高度评价时,对这些品质的自我估计很可能影响自尊。为了增进对这一概推的信心,研究者选择了为调查对象高度评价的 16 种品质进行分析,发现其中 15 个均表现出一致的结果:凡对其评价甚高,但却认为自己欠缺此一品质者,比那些虽不具有这些品质,但却认为这些品质并不重要者,自尊要低。虽然有些品质并不具有统计上的显著性,但结果的高度一致性却证明理论概推是正确的。

五、事后解释

与假设检验的模式不同,事后解释不是先有一个特别的解释,然后决定资料是否与其相一致,而是先有资料,然后再找符合它的解释。因此事后解释只是一种可信性的解释,而无法达到"证据确凿"的解释(高度肯定),即这种解释只是与一套资料相符而已。这一特点使事后解释有下述三个主要缺陷(参见本书第四章第二节)。(1)伸缩性过大,即对一种调查结果,可有多种解释。(2)不能将其完全抛弃,例如如果研究发现工人阶级较为激进,我们可以解释说这是由于他们受到的经济剥削最深所致。资料如果支持了前一命题,则我们就没有办法证明后面的这个解释是错误的。(3)无法依赖外在的确证。事后解释因为是有了资料后才加以解释的,因此无法肯定这一解释的正确性,我们无法再检查资料以获得确证。

对于上述三种缺点,我们可以通过本节讨论过的详析程序(变量关系的检验和条件关系的分析等)和证据分析程序部分地加以克服。这两个程序都是由解释抽取出推论,然后将其付诸验证。因此,事后解释并非分析的结束而只是它的开始。请看下面三个例子：

例二十一： 研究发现破碎家庭的青少年更易犯罪。对此的解释是：双亲权威的降低使孩子更易受街头不良少年的影响，正是这种影响导致其犯罪。这一事后解释颇可信，它与许多经验或理论研究相符。但我们还是可以进一步对其进行验证，即控制街头不良少年的影响这一中介变量以检验家庭破裂与青少年犯罪的关系，若关系仍存在，则解释失效；若关系消失，则解释得到证明。

例二十二： 研究发现父母离异的孩子自尊低于完整家庭的孩子。对此做出的解释是：父母离异的孩子曾经历不谐调的家庭生活，也感受到他们的不正常的社会处境，这些经验对于他们的自尊造成不良的后果。这种解释可由条件关系加以检验，如果上述解释是真的，则在离婚受强烈谴责的群体中（如信天主教的国家），父母离异家庭的社会耻辱与双亲不和应最大，离婚对自尊的影响也最大。如果条件关系的分析表明离婚与自尊的关系在天主教徒中与在基督徒中一样，则解释应当抛弃，若在天主教徒中关系强于在基督教徒中，则解释可以肯定。

例二十三： 研究结果显示矿工较其他工人更激进。对此的解释是：收入极不稳定的工人政治上更具有斗争性，并主张作更根本的改革。这一理论性解释可由证据分析加以验证。如果这一解释是正确的，则我们可以预料，其他收入不稳定的职业群体，如水手、搬运工、渔民等也应在政治上较激进。若研究结果的确如此，则解释获得支持，否则上述的解释的解释力就减弱了。

社会调查研究中不得不使用事后解释，但在使用这种方法时，必须注意它所具有的局限性，必须运用上述的程序对它们进行处理。

注释

① 本章主要参考 M. 罗森伯格：《调查分析的逻辑》，台湾黎明文化事业公司 1979 年版。文中的例子（个别除外）均引自该书。

② 除分表法外，还可通过计算偏相关系数的方法，参见本书第十七章"多元分析概论"有关内容。

第十七章

多元分析概论

第十五章所介绍的统计分析,是对一个变量的特征的描述和对两变量之间相关或因果联系的分析。但社会现象之间的联系很少是单纯一对一的关系,即用一种现象就可以解释另一种现象的产生,而是一种现象的产生,往往需要用多种原因或多种因素进行解释,甚至是用一组相互有关的现象去解释另一组现象。有时这种解释还需要多层次。由于这种多元的相互联系更能反映社会现象联系的实际情况,因此多元统计分析成为深入研究社会现象、进行定量分析的必不可少的工具。本章概要介绍目前常见的多元分析方法,由于多元分析一般由电子计算机完成,因此这种介绍偏重于这些方法的原理和应用方面,详细的内容必须进一步阅读专门的有关书籍。

第一节 多元分析的一般概念

一、详析模式与多元分析

上一章我们介绍了通过引入第三个变量来分析与解释两变量间关系的方法,即详析模式。在那里我们将引入的这个变量作为控制变量加以控制,然后观察两变量 x 与 y 的关系有无变化,这时可能出现下述四种情况:(1)无变化,说明这个引入的变量对 x 与 y 的关系无影响。(2)关系全部消失,说明 x 与 y 的关系完全是由于被引入变量的影响产生的。(3)关系分裂,说明原关系的存在是有条件的,即条件关系。(4)关系减弱,说明 x 与 y 间的关系部分地受到被引入变量的影响,换句话说,x 与 y 的关系不只受到这一个变量的影响,而可能是受到两个或更多个其他变量的影响。例如某项调查发现职业与生育意愿间有很强的相关,考虑到这种关系可能是因教育水平引起的。控制教育这个变量后,职业与生育意愿间的关系减弱,但未完全消失,这说明教育水平只是造成职业与生育意愿"虚假相关"的一个因素,也许还有其他因素在起作用。例如可能是经济收入水平的作用。在这种情况下,为说明与解释两变量 x 与 y 的关系,应控制的变量应当是两个,即"教育水平+收入水平"。

控制多个变量的方法与控制一个变量的方法一样,也可采用分表法,只是分表的层次更多而已。在上例中我们假设职业 x 分为农民与工人两大类,生育意愿 y 分为一个和一个以上子女两大类,教育水平 A_1 分为高低两个层次,经济收入 A_2 分为高中低三个层次,则用分表法同时控制 A_1 与 A_2 的方法如下:

(1) 首先制作 x 与 y 的交互分类表;
(2) 然后控制 A_1 作 x 与 y 的两个分列联表;
(3) 最后在 A_1 的高教育水平组和低教育水平组分别控制 A_2,制作 x 与 y 的交互分类表,见下图。

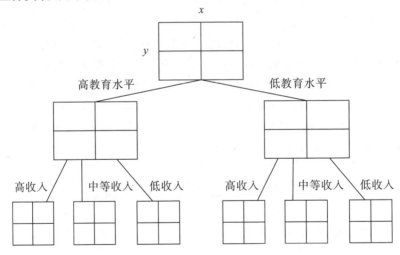

图中最下一层就是同时控制了变量 A_1 和 A_2 后的六个分表,例如左起第一个分表的调查对象均为高教育水平和高收入的人,第二个分表为高教育水平与中等收入的人,第五个分表均为低教育水平、中等收入的人……将这六个分表中 x 与 y 的部分关系与原表(图中最上层的那个表)中 x 与 y 的关系进行比较,就可以知道 x 与 y 的关系的真实情况。同理,对更多个有可能影响 x 与 y 真实关系的变量,可采用同样的控制方法加以分析。

由上一章联合作用的分析可知,控制变量 A 可看作是与自变量 x 共同对因变量起作用的另一自变量,这时详析模式的作用是分析两个自变量对一个因变量 y 的作用。同样,当控制变量是两个($A_1 + A_2$)时,亦可将其看作是与自变量 x 共同对 y 起作用的另外两个自变量,这时详析模式可用于分析三个自变量对一个因变量的作用。在上一章例十九关于青少年自尊的研究中,实际上可同时检验三个变量对青少年自尊的影响,这三个变量是:(1)子女的性别结构,分为两类:男孩占少数及男孩占多数或男女孩相等;(2)排行,亦分为两类:处于前一半或中间及处于后一半;(3)学习成绩,分为三等:A—B、C、D—F,采用上述分表法可得下表:

表 17.1　男孩自尊与子女性别结构、排行及学习成绩

自我评价	研究对象排行在前一半或中间 学习成绩			研究对象排行在后一半 学习成绩		
	A—B	C	D—F	A—B	C	D—F
	家中女多男少					
高	56%	45%	41%	46%	60%	64%
中	20%	27%	27%	19%	18%	18%
低	24%	28%	32%	35%	22%	18%
总计	100%	100%	100%	100%	100%	100%
人数	(79)	(104)	(41)	(26)	(65)	(22)
	家中男多女少或男女数目相同					
高	51%	40%	29%	42%	44%	30%
中	26%	27%	18%	32%	33%	20%
低	23%	32%	53%	26%	23%	50%
总计	100%	99%	100%	100%	100%	100%
人数	(168)	(240)	(102)	(78)	(86)	(56)

由表 17.1 可进行如下分析:

(1) 子女性别结构对自尊的影响。以自尊高的男孩为例,这时应比较表的上下两部分的第一行:56%与51%,45%与40%,41%与29%,46%与42%,60%与44%,64%与30%。可见在其他条件相似的情况下,男孩占少数家庭的男孩其自尊较男孩占多数或男女相等家庭的男孩高,而且这种关系在成绩差的男孩中更显著。

(2) 排行对自尊的影响。这时应比较表的左右两部分的第一行,它们是:56%与46%,45%与60%,41%与64%,51%与42%,40%与44%,29%与30%,可见排行对自尊没有影响。

(3) 学习成绩对自尊的作用。以高自尊为例，这时应比较全表四个部分的第一行，即 56% 与 45% 与 41%，46% 与 60% 与 64%，51% 与 40% 与 29%，42% 与 44% 与 30%。可见在排行大的男孩中，学习成绩对自尊的影响要较在排行小的男孩中的影响大。如例十九所言，对此研究者提出了一个解释，即排行小的男孩属于一种独特的自尊类型，即无条件的自爱，由于父母兄弟姐妹的宠爱，排行小的男孩的自我评价往往不受学习成绩的影响。

这个例子提供了利用详析模式进行多变量分析的逻辑，从理论上来说，这一方法可用于分析任意多个变量间的关系，但实际上当变量数目超过四个时，由于表的层次过多、过大，使用这一方法是很困难的，特别是当要从一组因素去确定一定数目的变量，而且希望分析这些变量之间的关系时，困难就更大。为解决这一困难，所用办法是将上述的逻辑程序倒转过来，即"不摸索着去推断数据的结构性质，而是先提出某一结构的假设，然后考察这个结构是否真正符合数据"①。例如我们可以假设变量子女性别结构、排行、学习成绩与变量自尊之间存在一种线性可加关系，即 $y = a + b_1 x_1 + b_2 x_2 + b_3 x_3$，然后考察这一假设与调查数据是否相符，若不相符，我们就要修改假设。本章所介绍的多元分析方法大多是以这一逻辑为基础的。

二、多元分析的类型和应用

多元分析方法种类繁多，不同学者从不同角度对其进行分类，例如美国学者库利（William W. Cooley）和洛内斯（Paul R. Lohnes）按照变量的组数和群体数分为下述四类：因素分析，复相关、偏相关和典型相关；多因方差分析；判别分析和聚类分析。英国统计学家则根据研究目的将多元分析方法分为两大类：相依性分析和互相依性分析（Analysis of Dependence & Independence）。回归分析、判别分析、典型相关分析均属于相依性分析，它们的共同特点是分析所涉及的变量是不平等的，即有自变量与因变量之分。相依分析的目的在于分析多个变量对某个或某些变量的共同影响或相对效应。互相依性分析所涉及的变量是平等的，分析的目的是变量之间的相互关系，以简化这种相互关系。因素分析、聚类分析等均属于互相依性分析。

应当指出的是，每一种多元分析方法都是建立在一系列假设前提的基础之上的，这些假设既包括这一方法所涉及的变量的测量层次，而且也包括这些变量间相互关系的性质，以及资料的不同来源等。例如线性回归分析要求所涉及的变量均为定距变量，自变量间的关系是相互独立、线性可加的。因此，在选择一种多元分析方法时，应首先考察这一方法所要求的前提条件是否得到满足，若某些条件未获得满足,就要想办法进行某种统计处理,例如对于定类变量,可先将其变为虚拟变量后再引入回归模型。

多元分析较之于单变量和双变量分析能更真实地反映复杂的社会现象间相互联系与相互依存的关系,但它在社会研究中的应用因下述几方面的原因而受到很大的限制:

1. 如前所述,大多数多元分析方法都是在分析前先形成一个假设,然后再探寻与资料的符合程度,因此多元分析大多是与事先的理论研究密切联系在一起的,这就要求研究者具备很好的专业训练。此外,选择何种理论假设模型是由研究者决定的,这就使它很难避免研究者主观因素的影响。

2. 多元分析是一种高级分析手段,一般要求变量具有较高的测量层次,在社会研究中这种要求往往很难达到。社会研究中所涉及的变量大量的是低层次的定类或定序变量,这无疑使多元分析方法的应用受到限制。为此研究人员利用许多统计手段将这些低层次变量转变为定距变量处理,从而使多元分析的应用范围得到了一定程度的扩大。

3. 多元分析一般要求每一项记录来自同一时点和同一单位,这在大规模的社会调查研究中也是难于保证的,这就为进行同一时点上地区差异的分析和同一单位的历史变化的分析带来了困难。

4. 多元分析包括了高深的数学问题并要涉及大量的数字处理与运算,随着电子计算机技术的发展和各种统计软件包的相继问世,这方面的困难得到了很大克服,这也是多元分析近二十年来获得越来越广泛应用的一个主要原因。但是当变量的数目太多,或设备缺乏以及受过专业训练的统计人员不足时,多元分析方法的实际应用仍受到很大的限制。

5. 多元分析常碰到的一个问题是对于结果的解释。由于分析中变量的选择,使用的分析方法是因研究者而异的,而且由于多个变量间相互作用的复杂性等,使得对于分析结果的解释要较之于双变量和单变量分析更为困难。多元分析想要做的是什么?它的目标是什么?似乎很难令人明白与理解,往往需要反复的说明。

第二节 相依性分析

一、多元相关分析

在第十五章中我们介绍了两个变量间相关分析的方法,即用一个统计值——相关系数来测量两个变量间关系的有无和大小。本节所介绍的多元相关分析,是用一个统计值来简化多个变量间的关系的方法。根据关系的类型,多元相关分析又可分为以下几类：

1. 偏相关。偏相关是指用一个统计值来测量当控制了其他变量的影响后,某一变量与另一变量间关系的有无和大小。例如控制教育因素后,年龄与收听宗教节目的关系；或当控制婚姻因素后,有无子女与自杀的关系；或控制排行与学习成绩后,子女性别结构与男孩自尊的关系等。根据控制的变量的个数,可将相关分为一阶段相关、二阶段相关、三阶段相关等等。前两个例子就是一阶段相关,最后一个例子是二阶段相关。

偏相关分析要求所有变量均为定距变量,测量偏相关关系的统计值称为偏相关系数,其值由 -1 到 $+1$。偏相关系数用符号 $r_{xx \cdot xxx}$ 表示,在 r 下标点前面的是欲测偏相关的两个变量的名称,点后面是控制变量的个数与名称。例如 $r_{xy \cdot z}$ 表示控制变量 z 后,变量 x 与 y 的偏相关,$r_{xy \cdot uv}$ 表示控制变量 u 和 v 后,变量 x 与 y 的偏相关。为了简便起见,我们常把变量编号表示成如 x_1、x_2、x_3……的形式,这时偏相关系数中的变量符号仅用变量的顺序号表示即可,例如用 $r_{12 \cdot 345}$ 表示控制 x_3、x_4、x_5 后,变量 x_1 与 x_2 的偏相关。下面我们以一阶相关的偏相关系数 $r_{12 \cdot 3}$ 为例说明计算偏相关系数的方法。

$$r_{12 \cdot 3} = \frac{r_{12} - (r_{13}) \cdot (r_{23})}{\sqrt{1 - (r_{13})^2} \cdot \sqrt{1 - (r_{23})^2}}$$

式中的 r_{12}、r_{13}、r_{23} 分别表示两个变量 x_1 与 x_2、x_1 与 x_3 及 x_2 与 x_3 的全相关,它就是我们在第十五章曾经讲过的测量两个定距变量相关关系的皮尔森相关系数。实际上它是偏相关系数的一个特例,即控制变量个数为零时的偏相关,故又称零阶相关。由上述公式可以看出,一阶相关的偏相关系数的计算是建立在零阶相关基础上的,这是与偏相关分析的原理分不开的。偏相关分析的目的是排除其他变量的影响,以测量两个变量间的"净关系",式中 r_{12} 是未排除其他变量的影响时变量 x_2 对 x_1 的全作用,但这种作用中有一部分可能是另一变量的作用所致,r_{13} 与 r_{23} 分别表示 x_3 对 x_1 与 x_3 对 x_2 的影响力,则 $(r_{12} - r_{13} \cdot r_{23})$ 就是从 x_2 对 x_1 的总作用中剔除 x_3 所造成的影响后的净作用。同样的道理,可在一阶相关的基础上得到二阶相关的偏相关系数计算公式：

$$r_{12 \cdot 34} = \frac{r_{12 \cdot 3} - (r_{14 \cdot 3}) \cdot (r_{24 \cdot 3})}{\sqrt{1 - (r_{14 \cdot 3})^2} \cdot \sqrt{1 - (r_{24 \cdot 3})^2}}$$

和三阶相关的偏相关系数计算公式：

第十七章 多元分析概论

$$r_{12 \cdot 345} = \frac{r_{12 \cdot 34} - (r_{15 \cdot 34}) \cdot (r_{25 \cdot 34})}{\sqrt{1-(r_{15 \cdot 34})^2} \cdot \sqrt{1-(r_{25 \cdot 34})^2}}$$

在上一章中我们介绍了利用分表法对两变量 x 与 y 的关系进行检验和深入分析的详析分析方法，偏相关系数也可用于详析分析。其具体做法是：

（1）计算 x 与 y 的全相关系数 r_{xy}。

（2）引入检验变量 A，计算 x 与 y 的偏相关系数 $r_{xy \cdot A}$。

（3）比较 r_{xy} 与 $r_{xy \cdot A}$，若 $r_{xy \cdot A} = r_{xy}$，说明 x 与 y 的关系不受变量 A 的影响；若 $r_{xy \cdot A} = 0$，说明 x 与 y 的关系完全由 A 引起；若 $r_{xy \cdot A} \neq 0$，且 $r_{xy \cdot A} < r_{xy}$，说明 x 与 y 间的关系部分由变量 A 引起。

分表法与偏相关系数法都是利用统计控制去除其他变量的影响，以揭示两变量统计关系的真伪，进行更深入的因果分析。分表法适应于各种类型变量，除可对变量关系进行检验外，还可进行条件关系分析和联合作用分析。缺点是当类别很多、表很大时，这种直观分析方法困难较大，而且为了保证分表中每个单元有足够的案例，需要的样本规模亦较大。偏相关系数法在这两个方面优于分表法，但其缺点是不宜于条件关系和联合作用的分析，应用范围受到限制。

前面所介绍的偏相关系数的计算法，要求所有变量均为定距变量，若计算两个定序变量的偏相关系数，则要采用 Gamma 系数。以一阶相关为例，其具体做法是：依据控制变量 A 的值将样本分组，然后分组计算各组中的同序对数 Ns 和异序对数 Nd，则偏相关 Gamma 系数为：

$$G_p = \frac{\sum(Ns - Nd)}{\sum(Ns + Nd)}$$

其中控制变量 A 可以是定序变量，亦可以是定类变量。当控制变量为两个或更多个时，计算偏相关系数 Gp 的公式是相同的，即将最后组成的各分表的 $(Ns - Nd)$ 的总和除以 $(Ns + Nd)$ 的总和。

当变量 x 与 y 均为定类变量（或一个为定类变量、一个为定序变量）时，应当采用偏 λ（或偏 τ_y）系数。具体做法是：根据控制变量的值将样本分组，以每组个案数与样本所含个案总数的比例为权数，计算各个分组的相关系数值的加权平均数，即：

$$\lambda_p = \frac{\sum N_i(\lambda_i)}{N}$$

其中 λ_i 是每组 $Lambda$ 值，N_i 是每组个案数，N 为样本个案总数。

2. 复相关。与偏相关不同，复相关不是在对某一变量的众多因素中区别出某个变量的单独作用,而是用一个统计值来测量多个变量对一个变量的共同作用。例如子女性别结构(x_1)、排行(x_2)及学习成绩(x_3)对男孩自尊(y)的共同作用;个人教育水平(x_1)、职业(x_2)、居住地(x_3)、收入(x_4)对生育意愿(y)的共同作用等。这一统计值叫作复相关系数,用符号$r_{x \cdot xxx}$表示,在r下标的点前面是被作用变量的名称,点后面的是作用变量的个数与名称,上面两个例子的复相关系数就可表示为:$r_{y \cdot 123}$和$r_{y \cdot 1234}$。复相关系数值在0到1之间,其平方值称为决定系数,具有消减误差比例的含义。其原理是先引入变量x_1,以其来尽量解释y,然后再引入x_2,以其尽量解释所剩余的误差,然后再引入x_3……依此类推,则$r_{y \cdot 123…}^2$所代表的是对y的最大解释,其平方根,即复相关系数,就是各个x与y的最大相关。

复相关亦要求所有变量均为定距变量,其相关系数的计算也是以皮尔森相关系数为基础,例如两个变量(x_1和x_2)与某一变量(y)的复相关系数为:

$$r_{y \cdot 12} = \sqrt{r_{y1}^2 + r_{y2 \cdot 1}^2(1-r_{y1}^2)}$$

将偏相关系数$r_{y2 \cdot 1}$的值按上面所讲的计算公式代入本式,可得:

$$r_{y \cdot 12} = \sqrt{\frac{r_{y1}^2 + r_{y2}^2 - 2(r_{y1}) \cdot (r_{y2})(r_{12})}{1-r_{12}^2}}$$

其中r_{12}、r_{y1}、r_{y2}为变量x_1、x_2、y两两全相关系数。

同理可得三个变量(x_1、x_2、x_3)与某一变量(y)的复相关系数计算公式:

$$r_{y \cdot 123} = \sqrt{r_{y \cdot 12}^2 + r_{y3 \cdot 12}^2(1-r_{y \cdot 12}^2)}$$

即每高一阶的复相关系数可以低一阶复相关系数为基础计算出来。

在许多情况下,分析所涉及的变量不完全是定距变量,例如上节所讲的关于男孩自尊的研究中,排行、子女性别结构、学习成绩与自尊均不是定距变量。在这种情况下要进行复相关分析,必须先将定序或定类变量转换为一组虚拟变量。转换的方法是:如果是一个二分变量,则只要将赋予其中一值1分,另一值0分,这一定序或定类变量就转变为定距变量了,例如将子女性别结构中男孩占少数赋值1分,男孩占多数或男女孩相等赋值0分,这一变量就变成了定距变量。同样在排行变量中,将处于前一半赋值1分,处于中间或后一半赋值0分,就可将排行这一二分定类变量转变为定距变量。统计学上将这种由非定距变量通过赋值0与1两值而变为的定距变量称为"虚拟变量"。虚拟变量因为是定距变量,因而可以运用复相关分析。如果变量不是一个二分变量,这时应依据变量的各个取值组成若干个虚拟变量,例中的学习成绩是一个非二分变量,它有三个值A—B、C、D—F,故可组成三个虚拟变量,第一个虚拟变量(u_1)为A—B组得1

分,其余人得零分;第二个虚拟变量(u_2)赋予 C 组为 1 分,其余 0 分;第三个虚拟变量则给 D—F 组 1 分,其余组为 0 分。经这样的变换后就可将学习成绩作为定距变量与另外两个虚拟变量一起通过计算复相关系数得到它们对男孩自尊的共同影响,当然男孩自尊这一变量亦应虚拟化。

3. 典型相关。典型相关是一种分析两组变量之间的相关关系的方法,它所测量的是两组变量的最大相关。其基本原理是利用标准化直线方程分别将每组变量组合为一个典型变量,然后计算这两个典型变量的相关。例如有 5 个 x 变量与 3 个 y 变量,其对应的典型变量是:

$$x'_1 = a_{11}x_1 + a_{12}x_2 + a_{13}x_3 + a_{14}x_4 + a_{15}x_5$$
$$y'_1 = b_{11}y_1 + b_{12}y_2 + b_{13}y_3$$

其中 a_{ij} 表示 x_j 变量对典型变量 x'_i 的贡献;b_{ik} 表示 y_k 变量对其典型变量 y'_i 的贡献。

建构典型变量 x'、y' 的准则是使两者间的相关系数 $r_{x'_1 y'_1}$ 最大,$r_{x'_1 y'_1}$ 称为第一典型相关系数,因此,典型相关就是两组变量的线性组合的最大相关。应当指出的是,因为每个变量组都有多个变量,第一个典型变量不能完全解释所有误差,故而还应做第二次组合,这次组合的准则是:①第二对典型变量 x'_2、y'_2 的相关 $r_{x'_2 y'_2}$ 也是最强的;②第二个典型变量与第一个典型变量无关,即 $r_{x'_1 x'_2} = r_{y'_1 y'_2} = 0$。

$$x'_2 = a_{21}x_1 + a_{22}x_2 + a_{23}x_3 + a_{24}x_4 + a_{25}x_5$$
$$y'_2 = b_{21}y_1 + b_{22}y_2 + b_{23}y_3$$

由此可得第二个典型相关 $r_{x'_2 y'_2}$。同理可得第三对典型变量和第三个典型相关 $r_{x'_3 y'_3}$。典型相关的个数等于两变量组中较小组的变量个数,因此本例应有 3 个典型相关。

典型相关要求所有的变量均为定距变量,典型相关系数值在 0—1 之间,其平方值具有消减误差比例的意义。显然,当两组变量中某一组变量的个数为 1 时,典型相关就是复相关。与复相关分析一样,当变量不是定距变量时,应先将其转变为虚拟变量,然后才能进行相关分析。

最后应当指出的是,当资料是由概率抽样调查获得的,则无论是偏相关系数、还是复相关系数或是典型相关系数均要进行假设检验。

二、多元方差分析

多元方差分析是对多个定类变量与一个定距变量关系的分析,它是由相关分析到因果分析的一个过渡。多元方差分析与一元方差分析的原理一样,都是将总方差分为两部分:消减方差和剩余方差,通过计算 F 值和相关系数 E 的值来检验和测量定类变量对定距变量的作用。不同的是，由于多元方差分析定类变量数目的增多，在分析定类变量对定距变量的作用时，分析内容也较一元方差分析要多。以二元方差分析为例，为分析两个定类变量 x_1 与 x_2 与定距变量 y 的关系，应首先计算总平方和 TSS，然后将其分为四部分：

(1) x_1 的组间平方和 BSS_1；

(2) x_2 的组间平方和 BSS_2；

(3) x_1 与 x_2 的互动平方和 ISS；

(4) 组内平方和 RSS。

然后利用公式分别计算：

(1) x_1 的净作用；

(2) x_2 的净作用；

(3) x_1 与 x_2 的共同作用；

(4) x_1 与 x_2 的互动效果。

当自变量中一部分为定类变量，一部分为定距变量时，可采用协方差分析。

三、多元因果分析

方差分析与相关分析虽然能够测量多个变量与一个变量或多个变量与多个变量之间关系的有无和大小，但是它不能告诉我们这种关系的具体形态，无法以多个变量来预测一个或多个其他变量的值，因此需进行更进一步的因果分析。多元因果分析通常采用建立因果模型的方法，所谓建立因果模型就是利用统计手段将变量间的因果联系用一个或一组数学方程式表达出来。在社会研究中因果模型受到高度重视，其主要原因在于它与实际估计模式参数的方法论结为一体，从而为人们提供了一种以高度可读性因果图表去表述理论的手段。因果模型所用技术一般具有某种可对理论进行检验的、精确严格的假设式演绎方法。最著名的因果模型是多元线性回归分析模型，此外还有路径分析模型和对数线性分析模型等。在这些模型中因果联系一般是某一特定时间内个体单位属性间的一种非对称关系，而不是一定时间内有序事件的相互关系。

1. 多元线性回归。它是社会研究中多个变量之间数量关系最简单的表达方式，是研究两个或多个自变量 x_1、x_2……与一个因变量 y 之间的线性关系的方法。所谓线性关系是指定量表达式的各项之间是可加的，所以这种表达式又叫作线性可加模型（公式17.1）：

$$\hat{y} = \beta_0 + \beta_1 x_1 + \beta_2 x_2 + \beta_3 x_3 + \cdots\cdots \tag{17.1}$$

其中： β_0 为 y 轴的截距。

β_1 为当 x_2、x_3……保持不变时，x_1 变化一个单位，$\hat{y}$ 的变化量。

β_2 为当 x_1、x_3……保持不变时，x_2 变化一个单位，$\hat{y}$ 的变化量。

β_3 为当 x_1、x_2……保持不变时，x_3 变化一个单位，$\hat{y}$ 的变化量。

……

β_1、β_2、β_3……称为偏回归系数。

$\hat{y}$ 为当 x_1、x_2、x_3……一定取值时，随机变量 y 的平均数。

多元线性回归除要求自变量间的关系是线性可加的之外，还要求所有变量均为定距变量。若是非定距变量，则应先将其转换为虚拟变量后才能引入回归方程。不过与相关分析不同的是，不得将一组虚拟变量均引入回归方程，必须放弃其中一个虚拟变量，否则回归系数将无解。下面通过一个假想的例子来解释多元回归。

假设我们要进行生活质量的研究，通过理论、文献以及探索性研究，认为居民对生活的满意程度与其家庭的收入、职业声望、文化程度、来往亲友的人数以及所在城市规模有关。为了进行定量研究，将"居民生活满意程度" y 划为 1—20 等级，并以 20 为最高满意度。自变量 x_1 为家庭收入，以年收入 100 元为单位；自变量 x_2 为职业声望，最高值为 100；自变量 x_3 为文化程度，以所受教育年限为单位；自变量 x_4 为来往亲友人数，以月累计算；自变量 x_5 为城市规模，以 10 万人口为单位。通过 1000 人的抽样调查得以下多元回归方程：

$$\hat{y} = 10.51 + 0.065x_1 + 0.11x_2 + 0.116x_3 + 0.265x_4 + 0.056x_5 \qquad (17.2)$$

所有 x_1、x_2、x_3、x_4、x_5 的系数就是式 17.1 中的截距 β_0 和偏回归系数 β_1、β_2、β_3、β_4、β_5 的确定值。根据式 17.2 可得到生活满意程度 y 和各自变量 x_i 的因果模型为：

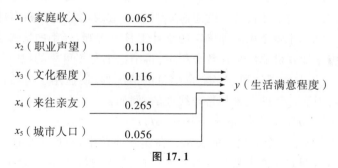

图 17.1

有了回归方程 17.2，我们就可以利用它进行预测。例如某人家庭收入为 1000 元，职业声望为 65，文化程度为 12 年，来往亲友频次为 5，所在城市人口为

600万,代入式17.2得:

$$\hat{y} = 10.51 + 0.065 \times 10 + 0.11 \times 65 + 0.116 \times 12 + 0.265 \times 5 + 0.056 \times 60 = 17.02$$

即生活满意程度的预测值为17.02。但 $\hat{y} = 17.02$ 只表示在 x_1、x_2、x_3、x_4、x_5 取以上各值时,生活满意程度 y 的平均值。对于每个具体人而言,虽然各自变量 x_1、x_2……x_5 相同,但生活满意程度有的比17.02高,有的比17.02低,就平均而言,其值正是多元线性回归 $\hat{y}$ 的预测值17.02。

根据抽样数据建立的多元线性回归,必须经过 F 检验,以确认回归直线以及每一个自变量偏回归系数的建立。由于抽样误差的可能性不会大于给定的显著性水平 α,从而以最大的限度保证了所建多元直线方程和偏回归系数的可靠性。

在多元直线回归中,我们要计算复相关系数 $r_{y \cdot 12345}$,即全部自变量与因变量的相关程度。决定系数 $r_{y \cdot 12345}^2$ 表示使用所确立的多元线性回归方程解释 y 时,所能减少的误差的比例,其值越大,表示多元回归对 y 的解释力越强。例如 $r_{y \cdot 12345} = 0.7$ 则决定系数为0.49,表示 x_1、x_2……x_5 共同解释了 y 离差的49%,而 $1 - 0.49 = 0.51$ 表示尚有51%的误差其原因还未找到。

决定系数是鉴别多元线性回归方程品质的一个非常重要的指标,如果决定系数过小,表示在所使用的回归方程中很可能遗漏掉了某些重要因素。在此种情况下,不仅表示所选择的自变量意义不大,而且很可能破坏了使用多元线性回归的假定,从而使所求得的偏回归系数有误。但是也不能由此采用相反的做法,即引进的自变量多多益善。实际上如果引进了许多与 y 无关的变量或彼此间相关很强的自变量,都会引起所求回归方程偏回归系数的失真或甚至无解。为了判别在多元线性回归中应引进哪些自变量,哪些自变量更重要,从而应先引入方程,常采用逐步回归的方法。但是任何一种统计技术或计算机程序都是由人去操作运用的,它们不能代替人的思考。只有当对现象的本质和内部联系有了一定的认识之后,才能考虑某种确定的统计工具。否则,轻率的选择某种统计工具,或者干脆靠计算机输出来代替分析,所得结论都是不可靠的,甚至是危险的。

多元线性回归除了适用于多个自变量的情况外,还适用于虽然自变量只有一个,但它与因变量间的关系却是非线性的,例如:

$$y = a + b_1 x + b_2 x^2 + b_3 x^3 + \cdots\cdots + b_k x^k$$

即 x 与 y 的关系是一个多项式的关系。在实际问题中,我们很可能会遇到非线性的变量关系,例如人群中吸烟人数和年龄的关系,随着年龄的增大,吸烟人数的比例会逐渐上升,在成年和壮年期达到顶峰,但当年龄进一步上升后,吸烟人数的比例又会逐渐下降(图17.2)。又如人口死亡率在婴儿期和老年期较高,而成年人的死亡率较低(图 17.3)。以上两例说明吸烟人数比例或死亡率与年龄均呈抛物线关系：

$$y = a + b_1 x + b_2 x^2$$

只是系数不同,决定了抛物线张开的方向有所不同。

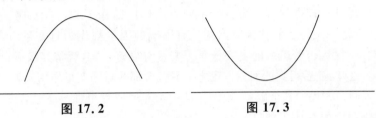

图 17.2　　　　　　　　　图 17.3

对于图 17.2 和图 17.3 的二阶多项式,为了求出 b_1 与 b_2 的值,实际上只要将 x 与 x^2 当作 2 个变量,即进行下述变换：

$$x_1 = x;$$
$$x_2 = x^2。$$

就可将上述二阶多项式回归转化为二元线性回归：

$$y = a + b_1 x_1 + b_2 x_2$$

同理,上面所提到的多项式回归可通过下述变换：

$$x_1 = x$$
$$x_2 = x^2$$
$$x_3 = x^3$$
$$\cdots\cdots$$
$$x_k = x^k$$

转化为 k 元线性回归。

回归分析不仅在横剖因果研究中得到广泛应用,同样在纵贯的时间系列分析中也有广泛的运用。例如我们研究社会发展的各项统计指标逐年变动的情况,就可把"年代"作为自变量,把统计指标看作因变量,建立回归方程。

把回归分析运用于社会分析时,还要注意因果联系中的滞后效应。例如经济增长与人民生活水平的提高,很可能在同一年度不能同步增长。同样,一项政策的实施与分析,既要看到它的近期效应,也要看到它的远期效应。

2. 逐步回归。如上所述,多元线性回归是先建立一个假想的因果模型,然后再检验这一模型与数据的符合情况。倘若某些重要的因素被遗漏,则这一假想的因果模型的解释力将很低,若为避免这种遗漏而引入过多的自变量,不仅会加重计算工作量,而且还可能因其中有某些变量具有较强的相关而导致回归系数失真。在这些情况下就要对原有假想模型进行修改，即重新确定自变量，利用观测值重新确定回归系数以及重新计算决定系数。这样做无疑是很麻烦的，我们希望能在建立回归模型前就能对将要引入的自变量的重要性作出判断，仅将那些重要的自变量引入方程，而将那些不重要的、无关的自变量排除，则这样得到的回归方程具有较强的解释力。逐步回归的作用即在于此，它不是先建假想的模型，它不是一次将我们认为对因变量有影响的因素都作为自变量引入回归方程，而是逐个引入，若引入的自变量对因变量有显著影响，就将其保留；反之则将其去掉。这样，最后得到的回归方程之中只包含那些对因变量作用显著的自变量，而未引入回归方程的其余因素，增加任何一个对回归效果都没有显著的改进。

逐步回归的具体步骤是：

（1）确定有可能影响因变量 y 的自变量，假定在某项研究中我们确定了 5 个自变量 x_1、x_2、x_3、x_4、x_5。

（2）计算每个自变量与 y 的皮尔森相关系数：r_{1y}、r_{2y}、r_{3y}、r_{4y}、r_{5y}，然后从中选出与 y 相关性最强的自变量引入方程，假设 r_{2y} 最大，则 x_2 应被引入回归方程，即：

$$\hat{y} = a_1 + b_2 x_2$$

（3）逐一考虑其余变量 x_1、x_3、x_4、x_5 与已被选入回归方程的变量 x_2 对 y 的共同作用，即计算复相关系数，并从中选出相关最强的自变量进入回归方程，假若 $r_{y\cdot 23}$ 最大，则 x_3 应被引入，得到二元线性回归方程：

$$\hat{y} = a_2 + b_2 x_2 + b_3 x_3$$

（4）同第三步一样，逐一考虑其余变量 x_1、x_4、x_5 与被选入变量 x_2、x_3 对 y 的共同作用，即计算复相关系数 $r_{y\cdot 231}$、$r_{y\cdot 234}$、$r_{y\cdot 235}$，再从中选出复相关最强的自变量进入回归方程，设是 x_1，则可得到三元线性回归方程：

$$\hat{y} = a_3 + b_2 x_2 + b_3 x_3 + b_1 x_1$$

……

依次类推。

在每引入一个自变量 x_i 后，都须进行 F 检验，以确定引入 x_i 后回归方程对于 y 的解释是否显著增加，若达到研究所要求的显著度，则保留该步中引入的变量 x_i，否则将其舍弃。通过逐个引入自变量逐次检验最后所得到的回归方程包含的都是对因变量作用显著的自变量，这些自变量的重要性与其被引入的次序相同，即最先引入的变量最重要，其次被引入的第二重要……由此可知本例中最重要的变量是 x_2，其次重要的是 x_3，再次是 x_1……显然，逐步回归中进入回归方程的自变量的个数多少与研究所要求的显著性水平有关。

第十七章 多元分析概论

逐步回归不仅可以从众多的自变量中找出一些最重要的自变量,从而使研究得以简化,而且当各自变量之间相关程度较高时,使用一般线性回归方程将会出现系数失真或无解情况,逐步回归通过自动地放弃一些变量,从而避免了上述问题。逐步回归可与一般回归混合使用,例如在回归方程中根据理论的要求和研究目的人为指定一部分自变量,而另一部分自变量则由逐步回归进行筛选。

3. 路径分析。一般回归分析和逐步回归分析都是研究多因一果型关系的,这种关系用图表示就是:

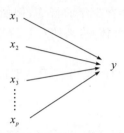

但在实际中社会现象的联系往往是多层次的,即某些变量既是一些变量的果,同时又是另一些变量的因,即因果联系是多层次的,用图表示就是:

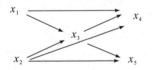

路径分析就是对于这种多层次因果关系的分析方法。

与一般回归分析不同,路径分析不是用一个而是用一组线性回归方程刻画多个变量之间的关系,对于各因变量的分析不仅要分析其受直接作用力的大小,也要分析其受间接作用力的大小。此外,路径分析亦不同于逐步回归分析,它不是寻找一个有效的因果模型,而是以一个有效的因果模型为出发点,这一因果模型其实是一个内容复杂的假设,然后用资料验证这一假设。有关路径分析的更详细的内容请阅读下一章"路径分析"。

4. 对数线性分析。这一方法是由 L. 古德曼(Goodman)所首创的,多用于自变量与因变量均为定类变量的多元因果分析。分析时先将数据制成列联表,再将列联表中所有格值分别取对数,这也是本法称作对数线性分析的缘故。因为取了对数,各自变量对格值的影响就可以看成是线性可加的了,然后以各种模型,如行效应模型、列效应模型、独立模型、饱和模型与调查结果进行拟合检验,以确定最佳的模型分析。

对数线性分析不仅可对因变量同每一自变量间的直接关系以及每对自变量

间的关系进行分析,更重要的是可对三变量或多个变量之间的关系,即对变量间的多种交互作用进行分析。

四、判别分析

在社会研究中,我们常常要对不同类别或群体的差异性进行分析,例如对于犯过罪的青少年和未犯过罪的青少年,我们想要知道的是这两类青少年在哪些地方区别最大,如果我们能够知道这两类青少年在哪些特征上差异最大,我们就可以根据这些特征来预测每个青少年的行为,例如会不会犯罪。判别分析的目的就是描述由几个已知类别(群体)得来的对象的差异性,试着寻找一"判别物",依其将这些群体(类别)分离。

在判别分析中,作为判别物的是由若干判别因子(x_1、x_2……x_p)组成的线性判别函数:

$$y = c_1 x_1 + c_2 x_2 + \cdots\cdots + c_p x_p$$

其中 c_1、c_2……c_p 称为判别系数,表示各个判别变量的贡献,它是由过去的资料求得的。假定我们选择 x_1 = 与父母的矛盾、x_2 = 与兄弟姐妹的矛盾、x_3 = 家庭收入水平、x_4 = 学习成绩作为判别因子(判别变量),则关于是否犯罪的判别函数就是:

$$y = c_1 x_1 + c_2 x_2 + c_3 x_3 + c_4 x_4。$$

在判别分析中,判别变量 x_1、x_2……x_p 均要求为定距变量,由于被判别的各类别可以看作是一个定类或定序变量,因此判别分析也可看作是对于多个定距变量与一个定类或定序变量的因果分析。为了对每个判别因子的贡献进行比较,这些判别变量必须先标准化。

判别分析的步骤是:

(1) 选择判别因子。假定判定类别有两类:A 类(如犯过罪的青少年)和 B 类(未犯过罪的青少年),选定的判别因子有 x_1、x_2……x_p。

(2) 确定线性判别函数:

$$y = c_1 x_1 + c_2 x_2 + \cdots\cdots + c_p x_p$$

实际上就是求出判别系数 c_1、c_2……c_p 的值。确定判别系数的原则是使得:

$$I = \frac{(\bar{y}^{(A)} - \bar{y}^{(B)})^2}{\sum_{i=1}^{n_1}(y_i^{(A)} - \bar{y}^{(A)})^2 + \sum_{j=1}^{n_2}(y_j^{(B)} - \bar{y}^{(B)})^2} \text{ 达到极大值}$$

其中: $y_i^{(A)} = \sum_{k=1}^{p} C_k X_{ki}^{(A)}$ $\quad y_j^{(B)} = \sum_{k=1}^{p} C_k X_{kj}^{(B)}$

$(i = 1, 2\cdots\cdots n_1)$ $\quad (j = 1, 2\cdots\cdots n_2)$

n_1 为属于 A 类的调查对象的数目，n_2 为属于 B 类的调查对象数。x_{ki}、x_{kj} 为 x_k 变量的两类观测值。

$$\bar{y}^{(A)} = \frac{1}{n_1}\sum_{i=1}^{n_1} y_i^{(A)} \qquad \bar{y}^{(B)} = \frac{1}{n_2}\sum_{j=1}^{n_2} y_j^{(B)}$$

假设利用此原则得到关于犯罪研究的判别函数为：

$$y = 0.85x_1 + 0.41x_2 + 0.75x_3 + 0.3x_4$$

表示两组青少年的最大区别在 x_1（与父母的矛盾）和 x_3（家庭收入水平）这两个方面。

（3）计算典型相关系数 CR，在这里典型相关系数表示的是整个判别函数的判别效力，其计算方法是先将各类（组）转换为虚拟变量，除去一个虚拟变量后计算它们与线性判别函数的典型相关。CR^2 表示各类别间的差异能解释的方差的比例。上例中 $CR = 0.590$，$CR^2 = 0.348$，说明两组（类）青少年的区别只能解 34.8% 的方差。

（4）如前所述，判别函数可以进行预测，具体做法是先根据公式：

$$y_c = \frac{n_1 \bar{y}^{(A)} + n_2 \bar{y}^{(B)}}{n_1 + n_2}$$

计算 y_c，y_c 称为临界值。

设 $\bar{y}^{(A)} > \bar{y}^{(B)}$

将要预测的对象在判别变量 x_1、x_2……x_p 上的观测值代入判别函数算出 y 值。

（1）若 $y > y_c$ 则预测将出现 A 类现象
（2）若 $y < y_c$ 则预测将出现 B 类现象

当 $\bar{y}^{(A)} < \bar{y}^{(B)}$ 时，则相反。

若判别类别是三个或多个时，原理相同，只是相应增加判别函数的个数而已。

第三节　互相依性分析

互相依性分析的目的是研究多个变量之间的相互关系，从中找出一个简单的结构。互相依性分析中常用到的方法有：因素分析、聚类分析和最小空间分析等。

一、聚类分析

聚类分析是一种分类技术,它是依据研究者的理论或对变量的实际相关情况将变量分类(组),然后测量这一分类方式是否有效。分类是人类认识世界最基础的手段之一,但在古老的分类学中,人们主要是依靠经验进行分类,聚类分析则是依靠科学的定量方法进行分类,因而更精确可靠。

在社会研究中,一个概念往往要通过一组指标(或变量)来进行测量,例如研究婚姻中的择偶标准,可通过一系列的变量,如年龄、文化水平、职业、性格、身高、品质、家庭出身、住房条件、收入水平、相貌、气质等来进行测量。但这些变量往往并不是互不相关的,有些变量甚至呈现出很高的相关性,因此可通过聚类分析将变量聚合为若干类,从而使我们能更清晰地了解问题。聚类分析适合于各种测量层次的变量。根据聚类的准则,聚类分析可分为两类:

1. 距离法。距离法是通过变量间的距离度量变量的相似性的,距离愈短,相似性越佳,愈可合并为一类。在距离法中,变量被看作多维空间的一个点,则两变量 x_i 与 x_j 的欧氏距离为:

$$d_{ij} = \sqrt{\sum_{k=1}^{n}(x_{ik}-x_{jk})^2}$$

其中 d_{ij} 表示变量 x_i 与 x_j 之距离,x_{ik} 表示第 k 个个案在 x_i 上的观测值,x_{jk} 为第 k 个个案在 x_j 上的观测值,n 为个案数。

根据计算的距离 d_{ij},通常采用谱系聚类法将变量间的关系理顺成谱。其基本思想是先把 P 个变量各自看成一类,然后选择距离最小的合并为一新类;再计算新类和其他类的距离,然后将距离最近的合并为新的一类;这样每次减少一类,直至所有变量成为一类为止。以下是通过谱系聚类法所得变量的谱系示意图:

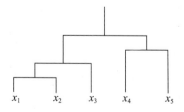

2. 相关系数法。相关系数法是通过变量间的相关系数来度量聚类中变量的相似性的,相关系数越大,相似性越佳,越可合并为一类。相关系数不限于适用于定距变量的皮尔森相关系数 r,如果是定类变量,可采用 λ 系数或 τ 系数等。

相关系数求出后仍采用谱系聚类法进行聚类,但与距离法不同的是首先将相关系数最大的合并为一类,然后再逐步合并,直至所有变量成为一类的谱系图。

谱系图做出后,应将变量分成几类为宜,一般用归类系数进行判断:

$$归类系数 = \frac{组内平均相关系数}{组外平均相关系数}$$

归类系数应大于1。通常要求归类系数≥1.3,作为分类的标准。对于所分类别还应做出社会学的解释,这样聚类的结果才有意义。

以上介绍了变量群的聚类分析,它又称为 R 型聚类分析。但如果研究个案群的归类,则称 Q 型聚类分析,这时只需将调查的几个个案当作几个"变量",其分析方法与 R 型聚类分析将完全相同。

二、因素分析

因素分析也是旨在简化大量变量之间的关系的方法,但它不是像聚类分析那样,将这众多的变量归成少数几类,而是从众多的相关变量中抽取若干共同因子。因素分析的主要步骤包括:抽取共同因子、旋转因子轴并对抽出的因子进行解释、计算样本单位的因子得分。具体做法请参阅本书第十九章。

三、最小空间分析

除聚类分析和因素分析外,较常用的互相依性分析方法还有最小空间分析,它是一种较新但极有发展潜力的分析方法,可适用于各种尺度的变量,最小空间分析以相关系数为基础,通过绘图的方法来简化多个变量之间的相互关系。

多个变量之间的相互关系,可用一维空间来表示,亦可用二维或多维空间来表示,空间越大,情况越复杂,最小空间分析就是要找出一个最小而又最能代表实际情况的空间达到简化变量关系的目的。具体做法是:

(1) 计算所有变量间两两相关系数;
(2) 计算疏离系数,以确定最小空间的维数;
(3) 在最小空间内标出每个变量的位置;
(4) 根据图中点的分布情况确定变量的分组,并赋予各组以社会学的解释。

例如下图中的变量 x_1、x_2、x_3、x_5 为一组;x_6、x_9 为第二组;x_4、x_7、x_8 为第三组。

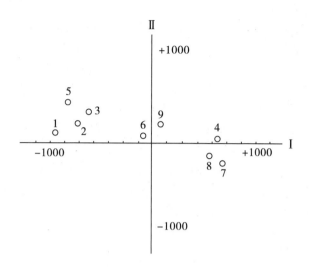

注释

① 引自〔法〕雷蒙·布东:《社会学方法》。

第十八章

路径分析

探索和检验因果关系历来是科学研究的重要目标之一,理论建构的主要内容就在于寻找现象中各不同变量间因果关系的结构。路径分析正是一种用于因果关系研究的多元分析方法。它系遗传学家赖特(S. Wright)1921年所首创,1966年由社会学家邓肯(O. D. Duncan)介绍给社会学家,最近20年中这一方法已发展成为社会学的主要分析方法之一。

第一节 路径分析的一般概念

在社会现象的因果联系中往往存在这样一种情形:一组自变量同时影响另一组自变量,而这组自变量又影响下一组自变量,而其中的某些自变量,还可以越级影响更后继的变量,形成一种递归的因果联系。例如我们要进行关于个人职业流动的研究,在寻找影响个人职业流动的因素时发现,这些因素可以归纳为两大类,一类是个人心理变量,如智力水平、个人的职业期望;另一类是个人流动前的条件,如第一职业的职业声望,而个人第一职业的声望又受本人智力水平和职业期望的影响,即本人智力和职业期望不仅通过影响个人的职业声望,间接影响个人的职业流动,而且还可以越过个人职业声望,直接影响后继的个人职业流动。路径分析就是分析变量间这种多层次的因果联系的方法。

一、路径图与路径方程

为了清楚直观地刻画变量之间多层次的因果关系,研究人员往往采用图示法,这种图称为路径图。参见图18.2。

图中带箭头直线"→"连接的是具有因果关系的两个变量,其因果方向由箭头指向表示:始端为因,终端为果。两变量间只是相关关系而不存在因果关系时,则用带双箭头的曲线"⌢"连接。图中的五个变量根据其特性,可以分为两类:外生变量和内生变量。所谓外生变量就是在因果模型中只扮演"因"的角色,而从未被当作"果"来看待的变量,它是不受因果模型中其他变量影响的独立变量,本例中属于这类变量的是 x_1 与 x_2。另一类变量,如本例中的变量 x_3、x_4、x_5,其变化受制于因果模型中其他变量的变化,它们与外生变量最大的不同之处在于,这类变量既可以是因,也可以为果,我们称其为内生变量。图中的 e_3、e_4、e_5 分别表示相对于因变量 x_3、x_4、x_5 的残差变量,意即自因果模型之外的影响因变量变化的所有变量的总称。

如果我们假定变量之间的关系是线性可加的,则图18.1中的因果模型可以用下列3个多元线性回归方程表示:

$$x_3 = a_3 + b_{31}x_1 + b_{32}x_2 + b_{3e}e_3 \qquad ①$$

$$x_4 = a_4 + b_{41}x_1 + b_{42}x_2 + b_{43}x_3 + b_{4e}e_4 \qquad ②$$

$$x_5 = a_5 + b_{51}x_1 + b_{52}x_2 + b_{53}x_3 + b_{54}x_4 + b_{5e}e_5 \qquad ③$$

由于图18.1中所描述的变量之间的因果结构能被由一组回归方程表示的数学模型所纳入,我们称这一组方程式为因果路径模型,其中的各回归方程为路径方程。路径模型描述了变量的因果结构,而路径方程给出了变量之间的因果关系,式中的因变量为果,自变量为其因。

二、路径系数

路径方程建立后,其中诸未知系数 a_i、b_{ij} 及 b_{ie}($i=3、4、5;j=1、2、3、4,$ 且 $i>j$)的确定成为路径分析的最重要的工作之一。在路径方程中,上述诸多系数是用回归技术与概念通过调查收集到的数据进行计算而确定的。这一点是路径分析区别于理论上研究因果联系之不同点。诸系数中的 b_{ij} 称为由变量 x_j 到变量 x_i 的路径回归系数,它表示当其他变量均保持不变时,变量 x_j 对变量 x_i 直接作用的大小,亦即因果关系的强弱。

考虑到由于不同变量的测量单位不同,其对因变量的作用大小无法进行比较,故应先将变量标准化。具体做法是,用 $\bar{x}_i$ 表示变量 x_i 的平均值,则由方程①可得 $\bar{x}_3 = a_3 + b_{31}\bar{x}_1 + b_{32}\bar{x}_2 + b_{3e}\bar{e}_3$,用方程①减去此方程,并将其除以 x_3 的标准差 σ_3,可得:

$$\frac{x_3 - \bar{x}_3}{\sigma_3} = b_{31}\frac{\sigma_1}{\sigma_3}\left(\frac{x_1 - \bar{x}_1}{\sigma_1}\right) + b_{32}\frac{\sigma_2}{\sigma_3}\left(\frac{x_2 - \bar{x}_2}{\sigma_2}\right) + b_{3e}\frac{\sigma_e}{\sigma_3}\left(\frac{e_3 - \bar{e}_3}{\sigma_e}\right)$$

令 $x_i = \dfrac{x_i - \bar{x}_i}{\sigma_i}$ ($i=1、2、3、4、5$ 及 e) 并令 $p_{3i} = b_{3i}\dfrac{\sigma_i}{\sigma_3}$ ($i=1、2、e$)

则上式可写成:

$$x_3 = p_{31}x_1 + p_{32}x_2 + p_{3e}x_e \qquad ④$$

同理方程②和③可写成:

$$x_4 = p_{41}x_1 + p_{42}x_2 + p_{43}x_3 + p_{4e}x_e \qquad ⑤$$

$$x_5 = p_{51}x_1 + p_{52}x_2 + p_{53}x_3 + p_{54}x_4 + p_{5e}x_e \qquad ⑥$$

方程④、⑤、⑥即为路径方程①、②、③的标准化形式。系数 p_{ij} 即为标准化的 b_{ij},称为路径系数,它表示当其他变量均保持一定时,自变量 x_j 对因变量 x_i 直接作用力大小。路径系数由于能够定量地刻画变量之间因果关系的强弱,从而成为路径分析中最重要的概念之一,确定路径系数也成为路径分析的最重要的工作之一。由上述路径系数的意义可以看出 p_{ij} 与 p_{ji} 的含义不同,因此它们不必同时存在于一个因果模型之中,当它们共处于一个因果模型之中时,大小也不一定相等。为了在路径图上能直观到变量间因果关系的强弱,往往在连接两个变量的箭头上标出路径系数 p_{ij} 的值,例如根据调查数据计算的结果,上面提到的关于职业流动的路径图可表示为:

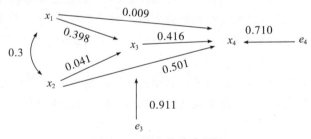

图 18.1　职业流动路径图

三、路径分析的基本假设

以上介绍了路径分析的一些基本概念,在介绍中,我们往往是以若干假设为前提的,这些假设有些在介绍中已明确指出,有些则隐含于叙述之内,路径分析方法的使用正是建立在这样一系列假设之上的,一般说来它们包括下述基本内容:

(1) 变量的因果方向是预定的、单向的,即不考虑变量间的相互因果关系及反馈的存在,本章中所讨论的因果模型均指单向因果回溯模型,表现在路径图上,即直线箭头均为单向,表现在路径系数上,即只存在 p_{ij} 而不存在 p_{ji}。

(2) 变量之间的关系是线性且可加的。

(3) 所有误差变量均为随机的,即平均值 $\bar{e}_i$ 为零。且所有内生变量的误差变量之间均相互独立(图 18.1 中 e_3、e_4、e_5 之间无相关)。此外,某一内生变量的误差变量(如 e_4)和此内生变量(x_4)有着因果关系,但和此内生变量的所有自变量(x_1、x_2、x_3)之间均无相关存在。

(4) 外生变量无测量误差。

(5) 路径方程中的诸系数常用回归技术中的最小二乘法计算,因此,使用最小二乘法所应具有的假设也应包含在路径分析的假设之中。在使用路径分析这一方法时,必须注意假设条件是否满足,当然,并非所有上述假设均为使用路径分析时所必需的,有些假设是可以修改的,只是一经修改,有些分析操作也要做适当的修正。

第二节 路径分析的意义

一、路径分析与回归分析

通过上节的叙述可以看到,从统计的观点出发,路径分析不过是回归分析的一种延伸,它与一般的多元线性回归分析的不同之处在于,路径分析不是只分析一个,而是分析一组回归方程而已。但是作为因果关系的分析研究方法,路径分析与回归分析存在下述两点重要的差异。

首先,一般多元回归分析的分析对象是多因一果型的因果关系,在因—果变量之间直接发生作用,不存在中间变量的影响,这种回归模型用图表示就是:

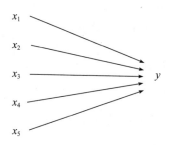

与这一回归分析模型不同,路径分析模型中加入了中介变量,如图 18.2。在这种分析模型中,因果关系既受直接作用的影响,又受间接作用的影响,这就使路径分析模型较一般回归分析模型对于现实因果关系的表述更为丰富有力,实际上路径分析模型可看成几个一般回归分析的组合,如图 18.2 中的因果模型

可分解成几个多因一果型因果模型：

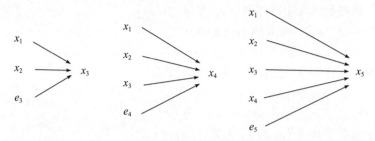

每一子模型与一个路径方程相对应。从这一角度说，多元回归分析不过是路径分析的一个特例。

其次，正因为路径分析注重的是对一组方程式的估计检查，因而研究人员在进行路径分析前必须先对所考虑的方程组有适当的理论解释，而在分析时必须强调各方程式间所含意义的内在一致性，即路径分析着重于探索诸方程之间是否有矛盾的情形，这是回归分析中所没有的。

路径分析与逐步回归分析方法亦存在着两大差异，一是具体的操作方法不同，另一是分析角度的重大差异。逐步回归分析主要用于建立变量间的因果关系模型，并通过对调查数据是否适合所建立的因果模型的定性判断，验证这一模型的有效性，从而选择一个最能符合资料的模型。路径分析则是以所给模型的有效性为前提，分析因果模型中每一因果关系的强度。因此，路径分析不是用来推论变量间的因果关系；而只是用来检验一个假想的因果模型，它不具备预测的作用，仅具有事后回溯的检验作用。具体地说，对于一个假想的因果模型，路径分析所要回答的问题是：(1)模型中两个变量 x_i 与 x_j 间是否存在相关关系；(2)若存在相关，那么 x_i 与 x_j 之间因果关系是什么；(3)若 x_j 影响 x_i，那么，x_j 是直接影响 x_i 还是通过中介变量或二者均有；(4)若 x_j 对 x_i 的影响部分来自直接作用，部分来自中介变量的间接连锁作用，那么两者大小如何？

二、路径系数与相关系数

在已给路径因果模型中，相关系数与路径系数都是描述两个变量之间关系的量，由于使用调查所提供的所有内生与外生变量的数据可以很容易地计算出来诸变量间各相关系数的大小，因此，如果相关系数与路径系数之间存在某种关系，那么我们就可以根据这种关系，通过对已知相关系数的值的计算，获得路径系数的值。下面的分析指出，这种做法是可行的，以图 18.2 中的模型为例：

1. 求路径系数

首先将路径方程④两边乘以 x_1 与 x_2 可得：

$$x_1 x_3 = p_{31} x_1^2 + p_{32} x_1 x_2 + p_{3e} x_1 x_e$$

$$x_2 x_3 = p_{31} x_1 x_2 + p_{32} x_2^2 + p_{3e} x_2 x_e$$

将以上两个方程等号两端同时求期望值，则可得：

$$r_{31} = p_{31} + p_{32} r_{12} + p_{3e} r_{1e}$$

$$r_{32} = p_{31} r_{21} + p_{32} + p_{3e} r_{2e}$$

由于假设变量 x_1、x_2 与 x_e 无关，故 $r_{1e} = r_{2e} = 0$
所以上两式变为：

$$\left. \begin{array}{l} r_{31} = p_{31} + p_{32} r_{12} \\ r_{32} = p_{31} r_{21} + p_{32} \end{array} \right\} \quad ⑦$$

同样，对路径方程⑤两边分别乘以 x_1、x_2、x_3，并求期望值，则可得：

$$\left. \begin{array}{l} r_{41} = p_{41} + p_{42} r_{12} + p_{43} r_{13} \\ r_{42} = p_{41} r_{21} + p_{42} + p_{43} r_{23} \\ r_{43} = p_{41} r_{31} + p_{42} r_{32} + p_{43} \end{array} \right\} \quad ⑧$$

同样，对路径方程⑥两边分别乘以 x_1、x_2、x_3、x_4，并求期望值，可得：

$$\left. \begin{array}{l} r_{51} = p_{51} + p_{52} r_{12} + p_{53} r_{13} + p_{54} r_{14} \\ r_{52} = p_{51} r_{12} + p_{52} + p_{53} r_{23} + p_{54} r_{24} \\ r_{53} = p_{51} r_{31} + p_{52} r_{32} + p_{53} + p_{54} r_{34} \\ r_{54} = p_{51} r_{41} + p_{52} r_{42} + p_{53} r_{43} + p_{54} \end{array} \right\} \quad ⑨$$

因此，当所有变量间的相关系数 r_{ji} 均已由调查数据计算出来后，在所有九个未知路径系数中，p_{31}、p_{32} 可由方程组⑦计算得到；p_{41}、p_{42}、p_{43} 可由方程组⑧得到；而 p_{51}、p_{52}、p_{53}、p_{54} 可由方程组⑨计算得到。

2. 求残差路径系数

为求误差变量的系数 p_{ie}，将路径方程④、⑤、⑥两边分别乘 x_e，并求期望值，可得：

$$\left. \begin{array}{l} r_{3e} = p_{31} r_{1e} + p_{32} r_{2e} + p_{3e} = p_{3e} \\ r_{4e} = p_{41} r_{1e} + p_{42} r_{2e} + p_{43} r_{3e} + p_{4e} = p_{4e} \\ r_{5e} = p_{51} r_{1e} + p_{52} r_{2e} + p_{53} r_{3e} + p_{54} r_{4e} + p_{5e} = p_{5e} \end{array} \right\} \quad ⑩$$

将路径方程④、⑤、⑥分别乘以 x_3、x_4、x_5 并求期望值，可得：

$$\left. \begin{array}{l} 1 = p_{31} r_{31} + p_{32} r_{32} + p_{3e} r_{3e} \\ 1 = p_{41} r_{41} + p_{42} r_{42} + p_{4e} r_{4e} \\ 1 = p_{51} r_{51} + p_{52} r_{52} + p_{5e} r_{5e} \end{array} \right\} \quad ⑪$$

将由方程组⑩得到的 $r_{3e} = p_{3e}, r_{4e} = p_{4e}, r_{5e} = p_{5e}$，代入⑪，并将前面求得的 p_{31}、p_{32}、p_{41}、p_{42}、p_{43}、p_{51}、p_{52}、p_{53}、p_{54} 的值也代入⑪就可得到：p_{ie}^2 ($i = 3、4、5$) 的值，我们称 p_{ie} 为残差路径系数。

残差路径系数表示的是所有自变量所不能解释的因变量的变异量的部分。如 p_{3e} 表示对于因变量 x_3 的误差，自变量 x_1 及 x_2 所解释后的剩余部分。由残差路径系数的意义，我们不难看出，此值大小对于因果路径的确定有相当重要的作用，一个理想的因果模型，p_{ie} 的值应当很小，当 p_{ie} 值很大时，则有必要重新估定此因果路径。我们定义：

$$R_i = \sqrt{1 - p_{ie}^2}; R_i \text{ 称为决定系数。它表示作用于 } x_i \text{ 的所有自变量所能解释 } x_i \text{ 的总误差的百分比。}$$

三、因果作用力的分析

p_{ij} 是当其他变量不变时 x_j 对 x_i 的作用力，而两变量间总的因果作用力是由两部分组成的，即除 x_j 对 x_i 的直接作用外，还有 x_j 经由其他中间变量对 x_i 的间接作用。为了对变量之间因果关系的作用情况进行更深入的了解，首先将变量间的相关系数进行分解，以变量 x_1 与 x_5 的相关系数 r_{51} 为例：

将方程组⑦中的方程 $r_{31} = p_{31} + p_{32}r_{12}$

代入方程组⑧的第一个方程 $r_{41} = p_{41} + p_{42}r_{12} + p_{43}r_{13}$ 之中。整理后再与上个方程一道代入方程组⑨的第一个方程：

$$r_{51} = p_{51} + p_{52}r_{12} + p_{53}r_{13} + p_{54}r_{14} \text{ 之中，经整理可得：}$$

$$r_{51} = r_{15} = p_{51} + p_{53}p_{31} + p_{54}(p_{41} + p_{43}p_{31}) + [p_{52} + p_{53}p_{32} + p_{54}(p_{42} + p_{43}p_{32})]r_{12}$$

此式将 r_{51} 分解成以下三个部分：

(1) x_1 对 x_5 的直接作用：p_{51}

(2) x_1 对 x_5 的间接作用：

  ① 经过 x_3 而不经由 x_4： $p_{53}p_{31}$

  ② 经过 x_4 而不经由 x_3： $p_{54}p_{41}$

  ③ 经过 x_3 再经由 x_4： $p_{54}p_{43}p_{31}$

(3) 因 x_1 与 x_2 存在没有分析的相关而发生的作用：

  ① 仅只经过 x_2： $p_{52}r_{12}$

  ② 经 x_2 再经 x_3： $p_{53}p_{32}r_{12}$

  ③ 经 x_2 再经 x_4： $p_{54}p_{42}r_{12}$

  ④ 经由 x_2 再经 x_3 与 x_4： $p_{54}p_{43}p_{32}r_{12}$

因此变量 x_1 对变量 x_5 的总作用力为：

$$p_{51} + p_{53}p_{31} + p_{54}p_{41} + p_{54}p_{43}p_{31}$$

其他的相关均因为 x_1 与 x_2 有未分析的相关而间接带来的。

当因果模型很复杂时，用上述方法分解相关系数十分困难，这时可遵循下列规则直接由路径图得到分解式。这一规则是：首先由因变量 x_i 始，沿着每个可能的因果路径，将沿途碰到的中介路径系数乘起来，直至回到自变量 x_j。在逆向行进途中，同一变量不可在同一路径中重复出现，且回到 x_j 后，不可再沿另外路径前进，若此过程中有双向相关情况存在（如 x_1 与 x_2），则不论路径方向如何，此种双向路径只能使用一次，此时用相关系数代替路径系数，假若双向相关不只一对时，则在同一条路径中只能经过一个双向相关路线，通过这种方法，可以计算出变量间的直接作用和间接作用，由共同因素造成的虚假相关以及因为自变量存在相关所引起的内生变量间的相关。例如利用此法可将图18.1中的各相关系数分解为：

$$r_{14} = \underbrace{0.009}_{DE} + \underbrace{0.416 \times 0.398}_{IE} + \underbrace{0.416 \times 0.041 \times 0.3 + 0.501 \times 0.3}_{U}$$
$$= 0.33$$

$$r_{24} = \underbrace{0.009 \times 0.30}_{U} + \underbrace{0.501}_{DE} + \underbrace{0.416 \times 0.398 \times 0.30}_{U} + \underbrace{0.416 \times 0.041}_{IE}$$
$$= 0.57$$

$$r_{34} = \underbrace{0.009 \times 0.398}_{S} + \underbrace{0.009 \times 0.041 \times 0.3}_{S} + \underbrace{0.501 \times 0.398 \times 0.30}_{S}$$
$$+ \underbrace{0.501 \times 0.041}_{S} + \underbrace{0.416}_{DE} = 0.5$$

$$r_{13} = \underbrace{0.398}_{DE} + \underbrace{0.041 \times 0.3}_{U} = 0.41$$

$$r_{23} = \underbrace{0.398 \times 0.3}_{U} + \underbrace{0.041}_{DE} = 0.16$$

$$r_{12} = 0.3$$

其中：

DE = 直接作用

IE = 间接作用

U = 因外生变量 x_1 和 x_2 存在相关所引起的相关

S = 虚假相关

图18.1中，除了外生变量和内生变量间的路径系数外，还有尚未辨明的误差变量 e_3 和 e_4，箭头所示的系数：0.911和0.710，这些系数对评价模型有作用。例如 e_3 对应的系数为0.911，平方后为 $0.911^2 = 0.83$，它表示 x_3 的变异中有83%

是由误差变量 e_3 所引起的,而由 x_1 和 x_2 所解释掉的误差仅有 1－83％＝17％。同样,e_4 对应的系数为 0.71,平方值为 0.504,即模型中变量对 x_4 的解释力为 1－0.504＝0.496。因此,若误差变量的系数过大,说明模型中还有一些重要的变量未找到,即所采用的路径图还有待进一步完善。

第三节　路径分析的步骤

一、选择变量与建构因果模型

当研究者确定使用路径分析作为其分析问题的工具之后,首先要做的是根据他对研究问题所建构的理论框架,选择变量并构建因果模型,即确定哪些变量为内生变量,哪些变量为外生变量以及各变量之间的因果次序及因果路径。变量选择是否适当以及因果模型的质量将直接影响研究能否成功。选择多少变量为宜？选择的变量太多,可以不使重要的自变量遗漏,但往往会给分析带来许多困难,例如变量间的线性相关难于保证等,而且实际上因经费和时间的限制,研究者无法选用太多的变量。变量太少,则可能使残差值太大,而使路径模型失去解释力。R^2 为决定某一路径解释力的指标,当依据建构的路径模型求出 R^2 后,需根据公式 $\frac{k}{n-k-1}(1-R^2)$ 计算修正决定系数,其中 n 代表样本大小,k 表示自变量的数目,若修正后的决定系数太小,模型中需增加新的变量。然而,鉴于各种原因,我们所建构的因果模型常常无法完全地与经验世界相吻合,因此,研究者应当同时考虑几个因果模型,然后使用路径分析的方法决定哪个模型最精确。具体做法是,首先分别计算各个模型的路径系数以及残差路径系数,然后再建立一适当标准来比较不同模型的路径系数及残差路径系数以决定模型的符合程度,这样经过几次试验可将符合不好的因果模型去除或予以修改,最后建立一个相对精确模型,此外,也可用布莱洛克的逐步回归法改进可能的因果结构模型。

二、检验假设条件

如我们在第一节所指出的,路径分析的使用,必须以某些假设为前提,因此,路径分析的第二步应对因果模型的有关变量及其关系所应具有的假设进行可行性检验,如直线性、自变量相关、测量误差、测量尺度等问题。

在上面的讨论中,我们一直假设变量之间的关系是线性可加的,因而当变量的关系不是线性时,除非利用数学技巧将非直线关系转变成直线关系,否则不能应用路径分析法,但这种转化的困难在于,首先必须确知变量之间的数学关系是什么。此外，我们一直不考虑带有反馈现象的因果模型，但是如果反馈只是变量之间在时间上的延迟，则我们可以将具有反馈的变量当成延迟变量，然后再按单向回溯路径分析方法处理，例如对于二阶段二变量多次面谈访问的分析，可以把在两个不同时间点上的二变量的因果分析，当成是在一个时间点上四变量因果关系的单向回溯路径分析。

按照对误差变量的假设要求，对任何一个因变量，应当考虑到对它产生作用的所有输入变量，但这是不可能达到的。因此，一般情况下，误差变量之间常常是相关的，这时最小二乘法往往会低估参数。

路径分析一般用于具有定距或定比尺度变量，虽然利用虚拟变量的概念已把定类或定序变量引入回归分析，但仅允许一部分自变量。在所有自变量均是定类或定序尺度时，如何使用路径分析的问题还未解决。

测量误差是用经验的方式检验理论架构过程中的一个严重问题。当变量有了测量误差时，所有有关误差变量之间及它们和外生变量之间不具相关的假设将不再成立，这给分析研究带来许多问题。因此，如何尽可能减少误差，成为研究路径分析的核心问题之一。同时，因为测量指标是用来代表不可测量的理论假构，因此，问题由如何避免测量误差的产生，推展到如何建立具有信度与效度的指标来代表不可测量的变量。

三、建立路径结构的方程式

当研究者确定路径分析应有的假设条件基本获得满足时，即可依据因果模型绘出路径图，再由路径图写出所有的路线结构的方程式。这时我们要讨论路径方程的认定（indentification）问题，所谓认定问题，即已有的资料是否足以用来估计因果模型的参数问题。认定问题是回归方程组才存在的问题。认定问题分为三类：不足认定、恰好认定及过度认定，它们分别对应于已有资料对路径结构方程组中所有参数的估计是不足、恰好还是过多的检定。

那么，如何判定方程是否认定？这里给出一个简单的判定原则：假设路径结构方程组共含有 k 个方程，而不含于某一方程式中的变量数至少等于方程的总数减去 $1(k-1)$ 则此方程的系数可以认定，这个条件被称为认定的必要条件。以本章第一节路径方程④⑤⑥为例：

方程④即：$x_3 = p_{31}x_1 + p_{32}x_2 + p_{3e}x_e$

变量 x_4、x_5 不含于此方程内，其数目等于方程总数 $3-1$，故此方程认定，且恰好认定。

方程⑤即：$x_4 = p_{41}x_1 + p_{42}x_2 + p_{43}x_3 + p_{4e}x_e$

只有 x_5 一个变量不含于方程内,其数目<2,故不可认定。

方程⑥即: $x_5 = p_{51}x_1 + p_{52}x_2 + p_{53}x_3 + p_{5e}x_e$

也属不可认定。

判断认定的充分条件是:若要使一个因果模型中的全部因果方程式均可认定,则至少相同的外生变项不得都出现在所有的方程式中。

由上述讨论不难看出,不足认定是使用路径分析来验证理论架构的问题,这时,必须修改因果模型以使其可以认定。

四、计算有关参数

在解决认定问题后,选择适当的方法(最小二乘法或二段最小二乘法)计算有关参数,即:

(1) 计算路径回归系数与路径系数;

(2) 求解残差路径系数,决定路径可靠程度;

(3) 求解每个因果路径的决定系数(R_i^2);

(4) 将各变量间的相关系数分解为不同成分,求出直接作用与间接作用力的大小及分析相关,比较变量间因果作用力的大小与性质,最后建立一个衡量法则,用以决定路径系数、残差路径系数等参数值是否有意义,必要时修改因果模型。

第四节 路径分析举例*

本节我们将通过地位获得研究的例子来说明路径分析的一般原理和步骤。

1. 选择研究变量和建立路径模型。在社会学研究中,路径分析最初的成功应用是对个人社会地位获得的研究,在《美国的职业结构》一书中,布劳和邓肯应用这一方法第一次以复杂严谨的分析对社会阶层理论进行了经验证明,路径分析从此成为研究地位获得的基本模型。布劳和邓肯认为,了解现代社会的社会阶层的最好途径是系统地探讨职业地位和职业流动,他们假设一个人职业地位的获得主要受两类因素的影响,一类是先赋性的,即家庭背景;另一类是自致性的,即个人后天的努力。一个社会若个人社会地位主要是依据先赋力量获得的,则这个社会一定是一个较封闭的社会,相反则是一个较为开放的社会。据此选

---

* 本节路径分析举例根据《社会及行为科学研究法》,台湾东华书局股份有限公司 1978 年版,第 898—904 页"一个假想的例子"改编。

择以下五个变量：

x_1：父亲的教育水平

x_2：父亲的职业

x_3：本人教育水平

x_4：本人第一职业

x_5：本人目前职业

假设建立的路径模型如下：

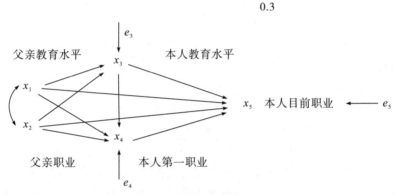

图 18.2　路径图

其中教育水平的测量，是从未受教育到研究生教育，分成 8 分。第一职业是指离开学校后的第一个工作，职业是用职业的社会经济地位量表测量的，此量表最低为 0 分，最高为 96 分。

假设由调查资料算出的各变量间的单相关系数为下表：

表 18.1　变量间的相关矩阵

	x_1	x_2	x_3	x_4	x_5
x_1	1				
x_2	0.07	1			
x_3	0.54	0.43	1		
x_4	0.31	0.54	0.67	1	
x_5	0.38	0.47	0.81	0.81	1

为检验这一模型的适宜程度，计算变量之间的复相关系数，发现 $r_{51 \cdot 234} = -0.09$，$r_{52 \cdot 134} = -0.02$，$r_{41 \cdot 235} = -0.002$，而其他的复相关系数均未如此小，显然 x_1 与 x_4、x_5 及 x_2 与 x_5 之间不太可能具有因果关系。因此将上述路径模型

修改如下：

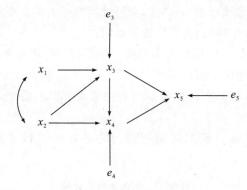

2. 建立路径方程。对于修改后的路径模型，可建立如下路径方程：

$$x_3 = p_{31}x_1 + p_{32}x_2 + e_3$$
$$x_4 = p_{42}x_2 + p_{43}x_3 + e_4$$
$$x_5 = p_{53}x_2 + p_{54}x_4 + e_5$$

检验此三个方程的认定问题，结果可判为是认定的，否则我们必须修改因果关系或增减变量，直到可判认定为止。

3. 求回归系数与路径系数。运算过程一般由电子计算机的专有程序来完成。结果标在路径图上，可得：

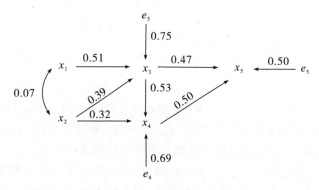

然后利用 $R_i^2 = 1 - P_{ie}^2$ 求各因变量的决定系数：

$R_3^2 = 1 - P_{3e}^2 = 1 - (0.75)^2 = 0.44$

$R_4^2 = 1 - P_{4e}^2 = 1 - (0.69)^2 = 0.53$

$R_5^2 = 1 - P_{5e}^2 = 1 - (0.5)^2 = 0.75$

由此可知，本因果模型 x_3（本人教育水平）与 x_4（本人第一职业）解释了 x_5（本人职业成就）的 75%，x_4（本人第一职业）被 x_2（父亲职业）与 x_3（本人教育水平)解释了 53%,x_3(本人教育水平)则被 x_1(父亲教育水平)与 x_2(父亲职业)解释了 44%。假定样本大小是 $n=500$,则可计算出相关的 3 个修正决定系数值分别为:0.438,0.528,0.749。这三个数值表明:

(1) x_3 与 x_4 对 x_5 的解释力相当强,不需再对 x_5 增加新的自变量。

(2) 若要想改进这一因果模型,可增加 x_4 与 x_3 的自变量,但这就可能出现认定问题,研究者可根据自己的经验与研究需要,规定 R_i^2 的标准,以决定是否需要修改模型。

4. 分解相关系数。根据前面所讲的将各相关系数进行分解,其结果见下表。

表 18.2 相关系数的分解

因变量	自变量	①直接作用	②间接作用	③未分析相关	④相关系数
x_3	x_1	0.51	—	0.03	0.54
	x_2	0.39	—	0.04	0.43
x_4	x_1	—	0.27	0.04	0.31
	x_2	0.32	0.21	0.01	0.54
	x_3	0.53	—	—	0.67
x_5	x_1	—	0.37	0.01	0.38
	x_2	—	0.45	0.02	0.47
	x_3	0.47	0.27	—	0.81
	x_4	0.50	—	—	0.81

在上表中,从相关系数看 r_{53} 与 r_{54} 均为 0.81,但一经分解发现,x_3 对于 x_5 的作用是 0.74(0.47+0.27)而 x_4 对 x_5 的作用等于 0.5(0.5+0.0),引起这种差异的是两者的虚假相关值不一样,x_3 与 x_5 的相关中虚假相关占 0.07,而 x_4 与 x_5 的相关中虚假成分占 0.31,可见相关系数的分解的作用是很大的。

5. 对结果的解释。由决定系数分析可知,在个人职业地位的获得上,天赋因素(以父亲教育水平与职业地位测量)起的作用不大,社会的开放性较高。

第十九章

因素分析

因素分析是用于综合大量资料的一种统计方法。在进行一项研究时,我们往往必须同时考虑许多变量,这些变量可能由于某些特征而分成几类,每一类均具有相同的本质。一个明显的例子是,如果一个学生的代数成绩较好,那么他的其他数学科目——如三角、几何等——的成绩一般也较好,甚至他的物理、化学、生物成绩也相当不错。可见某些能力(或曰变量)之间往往存在着相关性。我们可以想象这种相互关联现象是由于这些变量后面隐含着一个或多个共同的因素所致。因素分析即是用于分析影响变量、支配变量的共同因素(又称公共因子)有几个且各因素本质为何的一种统计方法。因素分析在由表及里探索事物本质联系方面有着重要意义,而且,由于它可以将许多具有共同本质的变量归入一个因素,使变量数目大为减少,因而可使测量与分析工作更加完整、简明。

因素分析由 K.皮尔逊于1901年首先提出,由霍特林于1933年发展应用于相关结构的分析。目前,随着电子计算机的迅速发展,这一分析方法在社会科学领域获得了日益广泛的应用。本章我们将以浅显的文字和具体的研究实例介绍因素分析的基本理论、作用及其应用范围。因素分析的数学计算过程极其复杂,一般要依赖于计算机来完成,现在用于计算机的大多数统计软件包均备有专门的因素分析程序,研究人员可直接选用。

第一节 因素分析的基本原理

在社会调查中,我们常常需要围绕调查目的设计许多变量,通过对这些变量的测量和观察来了解个体对某一情境的反应或个体的某种特征。

设共有 p 个变量（均为定距变量）：x_1、x_2……x_p。每一个变量 x_i 可以分为两个部分，即

$$x_i = x_i^* + S_i$$

其中 x_i^* 为变量 x_i 与其他变量相同的共性部分，设一共有 m 个共同因素（公共因子）：f_1、f_2……f_m，则 x_i^* 可表示为：

$$x_i^* = a_{i1}f_1 + a_{i2}f_2 + \cdots\cdots + a_{im}f_m$$

S_i 为变量 x_i 与其他变量所不同的独立部分，它是由独立因子 e_i 所引起的，可表示为：

$$S_i = b_i e_i$$

于是这 p 个变量与 m 个共同因素（公共因子）及独立因子的关系可表达为：

$$
\begin{aligned}
x_1 &= a_{11}f_1 + a_{12}f_2 + \cdots\cdots + a_{1m}f_m + b_1 e_1 \\
x_2 &= a_{21}f_1 + a_{22}f_2 + \cdots\cdots + a_{2m}f_m + b_2 e_2 \\
&\cdots\cdots \\
x_i &= a_{i1}f_1 + a_{i2}f_2 + \cdots\cdots + a_{im}f_m + b_i e_i \\
&\cdots\cdots \\
x_p &= a_{p1}f_1 + a_{p2}f_2 + \cdots\cdots + a_{pm}f_m + b_p e_p
\end{aligned}
\quad ①
$$

a_{ij} 为变量 x_i 在公共因子 f_j 上的负荷系数，又称因素系数。矩阵

$$
F = \begin{bmatrix}
a_{11} & a_{12} & \cdots\cdots & a_{1m} \\
a_{21} & a_{22} & \cdots\cdots & a_{2m} \\
\cdots\cdots & \cdots\cdots & & \\
a_{i1} & a_{i2} & \cdots\cdots & a_{im} \\
\cdots\cdots & \cdots\cdots & & \\
a_{p1} & a_{p2} & \cdots\cdots & a_{pm}
\end{bmatrix}
$$

为因子负荷矩阵。从①中我们可以看出因素分析的线性模式假设：每一变量均为"公共因子"和"独立因子"的线性函数，其中各因子之间是线性无关的。假定所有变量和因子都已标准化为均值为 0，方差为 1，则负荷系数 a_{ij} 就等于变量 x_i 与因子 f_j 之间的相关系数，即：

$$r_{x_i f_j} = a_{ij}$$

例如，

a_{11} 为变量 x_1 在因子 f_1 上的负荷系数，$a_{11} = r_{x_1 f_1}$。

a_{12} 为变量 x_1 在因子 f_2 上的负荷系数，$a_{12} = r_{x_1 f_2}$。

……

a_{1m} 为变量 x_1 在因子 f_m 上的负荷系数，$a_{1m} = r_{x_m f_m}$。

……

a_{ij} 为变量 x_i 在因子 f_j 上的负荷系数,$a_{ij} = r_{x_i f_j}$。

……

a_{pm} 为变量 x_p 在因子 f_m 上的负荷系数,$a_{pm} = r_{x_p f_m}$。

因素分析的一个重要内容就是由 p 个变量中抽出 m 个公共因子,并确定每一变量在各个因子上的因子负荷系数。一般说来 m 总是较 p 小许多。根据因素分析的上述线性假设,我们可以把对 p 个变量 x_i 的考察缩小成对 m 个因子 f_j 的考察,从而达到科学上以简驭繁、去芜存精的目的。除此之外,完整的因素分析还应包括下面一个重要内容,即研究共性方差 H_i^2。共性方差 H_i^2 表示因子 $f_1, f_2 \cdots\cdots f_m$ 共同对变量 x_i 的方差所作解释的比例,亦即它们对各变量的全部贡献,其值可表示为:

$$H_i^2 = a_{i1}^2 + a_{i2}^2 + \cdots\cdots + a_{im}^2$$

由于 x_i 与 f_j 均已标准化,因此 H_i^2 的取值在 $[0,1]$ 之间。例如:若 $H_i^2 = 0.7$,则表示用 m 个因子 f_j 来解释 x_i 时,可解释的误差占总误差的 70%。显然,当因子数目较少时,而且其中一部分为独立因子,这时共性方差 H_i^2 值会下降,因此 H_i^2 的大小是评价所选因子及其数目的标志。一般说来,如果片面追求 H_i^2 值,则因子数目无疑会增加,在极限的情况下,即 $m = p$ 时,H_i^2 达到最大值 1。但这样做的结果实际上却失去了通过因素分析而压缩指标提供信息的目的。因此一般都是在尽可能少牺牲对变量解释力的情况下求出最少的因子数目,即在 H_i^2 与 m 值之间进行最佳选择。总方差中扣除共性方差之后所剩部分称为 x_i 的唯一性方差,用 u_i^2 表示,

$$U_i^2 = 1 - H_i^2.$$

因素分析的另一重要内容是对因素分析的结果进行解释,即对找出的因子及其与变量间关系的含义加以说明。为了方便因子的解释,目前一般采用旋转因子轴的办法,以使各因子的意义变得比较清晰明朗。

下一节我们将就因素分析的上述三项内容作具体的介绍,在此之前,我们先用一个假想的例子来帮助对因素分析一般原理的理解。

例 1*:假设我们要测量人们的社会经济地位,选择收入、高档消费品、居住面积、教育程度、职业技术水平、职业声望六个变量进行测量。根据生活中的经验,这六个指标之间不会是彼此无关的,如收入高的家庭显然拥有的高档消费品较多,居住条件一般也较好。同样,受教育程度、技术水平和收入之间也有一定的相关关系。因此,可以通过因素分析进一步提取隐藏在六个指标后面的更具

---

* 本例由卢淑华教授编写。

特征的信息。假设经过计算后得到如下结果(见表19.1)。

表 19.1 社会经济地位的因素分析

变量	因子负荷		共性方差 H_i^2
	因子 f_1	因子 f_2	
x_1 居住面积	0.87	0.09	0.77
x_2 职业声望	0.62	0.36	0.51
x_3 技术水平	0.63	0.32	0.50
x_4 高档消费品拥有量	0.92	0.04	0.85
x_5 收入	0.92	0.00	0.85
x_6 受教育程度	0.39	0.53	0.43
六项平方和	3.38	0.52	$\sum H_i^2 = 3.91$
百分比	56.33%	8.67%	65.17%

根据表 19.1 可得到每一变量 x_i 与所提取的两个公共因子 f_1、f_2 的关系表达式：

$$x_1 = 0.87 f_1 + 0.09 f_2 + b_1 e_1$$
$$x_2 = 0.62 f_1 + 0.36 f_2 + b_2 e_2$$
$$x_3 = 0.63 f_1 + 0.32 f_2 + b_3 e_3$$
$$x_4 = 0.92 f_1 + 0.04 f_2 + b_4 e_4$$
$$x_5 = 0.92 f_1 + 0.00 f_2 + b_5 e_5$$
$$x_6 = 0.39 f_1 + 0.53 f_2 + b_6 e_6$$

共性方差 H_i^2 为回归方程中 f_1、f_2 系数的平方和，亦即表 19.1 中每行因子负荷系数的平方和：

$$H_1^2 = 0.87^2 + 0.09^2 = 0.77$$
$$H_2^2 = 0.62^2 + 0.36^2 = 0.51$$
$$H_3^2 = 0.63^2 + 0.32^2 = 0.50$$
$$H_4^2 = 0.92^2 + 0.04^2 = 0.85$$
$$H_5^2 = 0.92^2 + 0.00^2 = 0.85$$
$$H_6^2 = 0.39^2 + 0.53^2 = 0.43$$

共性方差 H_i^2 值表示了因子 f_1 和 f_2 共同对变量 x_i 的解释力。如 $H_1^2 = 0.77$，表示 f_1、f_2 共同解释了 x_1 误差的 77%。六项共性方差之和为：

$$\sum H_i^2 = 0.77 + 0.51 + 0.50 + 0.85 + 0.85 + 0.43 = 3.91$$

占总方差的百分比：

$$\frac{3.91}{6} = 65.17\%$$

表 19.1 的最下面两行中，除了最后一列为共性方差和及对六项变量的解释力外，还分别研究了因素 1 和因素 2 对六项变量的解释力。如对因素 1 来说，六项变量对 f_1 的总负荷系数平方为：

$$0.87^2 + 0.62^2 + 0.63^2 + 0.92^2 + 0.92^2 + 0.39^2 = 3.38$$

因素 1 对六个变量的解释力为：

$$\frac{3.38}{6} = 56.33\%$$

同理，因素 2 对六个变量的解释力为：

$$\frac{0.09^2 + 0.36^2 + 0.32^2 + 0.04^2 + 0.53^2}{6} = 8.67\%$$

由表 19.1，还可计算出变量 x_i 在独立因子 e_i 上的负荷系数：

$$b_1 = \sqrt{1 - H_1^2} = \sqrt{1 - 0.77} = 0.48$$
$$b_2 = \sqrt{1 - H_2^2} = \sqrt{1 - 0.51} = 0.70$$
$$b_3 = \sqrt{1 - H_3^2} = \sqrt{1 - 0.50} = 0.71$$
$$b_4 = \sqrt{1 - H_4^2} = \sqrt{1 - 0.85} = 0.39$$
$$b_5 = \sqrt{1 - H_5^2} = \sqrt{1 - 0.85} = 0.39$$
$$b_6 = \sqrt{1 - H_6^2} = \sqrt{1 - 0.43} = 0.76$$

根据以上数据，可作因素分析，如下页图 19.1 所示：

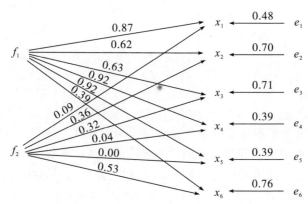

图 19.1　社会经济地位的因素分析图

然后进一步探讨提取出的因子的实际含义。从表 19.1 可以看出，因素 1 给居住面积(x_1)、高档消费品拥有量(x_4)和收入(x_5)三个变量带来的影响最大,造成的方差分别为 $0.87^2 = 0.7569$、$0.92^2 = 0.8464$、$0.92^2 = 0.8464$。三者相加,共占因素 1 对六变量解释力的 72.48%。而这三个变量都和个人所拥有的物质财富有关,因此可称因子 1 为个人财富因子。再看因素 2,它正好给其他三个变量声望(x_2)、技术水平(x_3)和受教育程度(x_6)带来的影响最大,造成的方差分别为 0.1296、0.1024 和 0.2829。三者共占因素 2 对六变量解释力的 98.63%。而这三个变量所反映的是个人素质水平,因此,因子 2 可称为个人素质因子。至此,通过因素分析,我们从影响人们社会经济地位的众多指标中提取了更为本质的两大因素:物质与精神。应当指出的是,通过因子分析提取的因子有时含义不够明确,不能做到只在一个因子上有较强的负荷系数,这时还需将因子轴进行旋转。

第二节 因素分析的主要步骤

因素分析一般包括下述几个主要步骤:

一、决定共性方差和抽取公共因子

我们已经知道,因素分析的目的是要从一丛变量中找出其隐含的共同因素(因子),因此,因素分析的主要处理对象应该是这丛变量中各变量共有的方差。变量之间的共性方差在变量已标准化了的时候即为其相关系数。因而,因素分析的实际工作一般便从求相关矩阵

$$R = \begin{bmatrix} r_{11} & r_{12} & \cdots & r_{1p} \\ r_{21} & r_{22} & \cdots & r_{2p} \\ \cdots & \cdots & & \\ r_{i1} & r_{i2} & \cdots & r_{ip} \\ \cdots & \cdots & & \\ r_{p1} & r_{p2} & \cdots & r_{pp} \end{bmatrix}$$

开始。相关矩阵简单表达了所含全部变量的相关程度。在相关矩阵中,主对角线上的值均为 1,它包含了变量方差的各种可能来源。在因素分析中,由于必须扣除总方差中非共同因素所造成的方差,故相关矩阵主对角线上的数值 1 要由各变量的共性方差 H_i^2 来代替。这种由各变量的共性方差 H_i^2 分别取代主对角线上总方差 1 的相关矩阵,叫作"缩减式相关矩阵",用 R^* 表示。R^* 与 R 除主对角线上的元素不同外,其余均相同。

第十九章 因素分析

在 R^* 矩阵中,H_i^2 的值是未知的,需在因素分析前先对其进行估计。估计共性方差 H_i^2 的方法很多,常见的有:

1. 最高相关系数法。把相关矩阵第 i 行中最大的相关系数作为 H_i^2,填在第 i 个主对角线元素的位置上,借以取代原来的主对角线元素 1。此法容易掌握,用来简便,但准确度稍差,故现在较少使用。

2. 复相关平方估计法。用第 i 个变量与其余 $(p-1)$ 个变量的复相关系数的平方作为 H_i^2,代入相关矩阵中第 i 个主对角线元素的位置。实际运用时,首先要求出相关矩阵 R 的逆矩阵 R^{-1},然后用 1 减去 R^{-1} 的第 i 个主对角线元素的倒数,于是得到共性方差 H_i^2,即 $H_i^2 = 1 - \text{diag}[R^{-1}]^{-1}$,将其置于 R 中第 i 个主对角线元素的位置上即可。这种方法用起来也比较简便,估计的 H_i^2 值较准确。

3. 共性方差 H_i^2 的迭代法。首先,以相关矩阵 R 为依据,利用公式 $(R-I)K=0$ 计算出特征值 δ,根据特征值的大小,决定保留 m 个特征向量 q。然后,求这 m 个特征向量各行元素的平方和,依次作为共性方差 H_i^2。这样,有 p 个变量就可得到 p 个 H_i^2。将这 p 个 H_i^2 依次代入原来的 $p \times p$ 阶相关矩阵 R 的主对角线元素位置,得到一个 R^* 矩阵。接着,再求这 R^* 矩阵的特征值,又保留 m 个特征向量,再算这 m 个特征向量的行元素平方和,又得到 p 个新的共性方差 H_i^2,用这新的 H_i^2 取代以前的 H_i^2,于是又得一个新的缩减式相关矩阵 R^*。再从这一个 R^* 矩阵抽取特征值和特征向量,去求新的 H_i^2 和 R^*。如此反复进行,直到 p 个 H_i^2 与前一次的 H_i^2 相收敛为止,亦即在某精确度内完全相同为止,此时的 H_i^2 便是所要的共性方差。与前两种方法相比,这种方法对共性方差 H_i^2 的估计最为精确,只是计算过程复杂,必须借助于电子计算机。在变量数目 $\leqslant 50$ 时,用这一方法最为精确,当变量数目 >50 时,上述几种估计共性方差 H_i^2 的方法精确度的区别不大。

运用因素分析从事实际研究时,采用何种方法决定共性方差尚有赖于研究者个人的判断。如果研究者面临的问题并不需要十分准确地推计出变量的共性方差,譬如在探索性研究的场合,他不妨以整个相关矩阵作为因素分析的资料。否则,他必须先估计出变量的共性方差,将相关矩阵化为缩减式相关矩阵后,再作下一步分析。

缩减式相关矩阵确定后,即估计出共性方差 H_i^2 后,因素分析的下一个重要步骤便是从众多变量中抽取少数的公共因子,得到一个 $p \times m$ 阶的因子负荷矩阵 F,以期用 m 个因素便能有效地代表 $p(m<p)$ 个变量。

在因素分析中,抽取公共因子的方法通常以缩减式相关矩阵 R^* 为资料,用

迭代法求解下列方程组的特征值和特征向量

$$\begin{cases}(R^* - \lambda I)K = 0 & \text{①} \\ |R^* - \lambda I| = 0 & \text{②}\end{cases}$$

从求得的特征值 λ_i 可看出每个因子的重要程度。特征值表示该因子所能解释的各变量方差的总和。不同的因子具有不同的特征值。特征值越大,说明该因子对解释变量的贡献越大。解方程求得的特征向量 K 在正规化为 λ 之后,即成为因子的负荷向量 f。若抽到的因子有 m 个,则最后可得到一个 $p \times m$ 阶的因子负荷矩阵 F。

如前所述,抽取共同因素的基本原则是:取出的因子数目越少越好,但其对变量的解释力则越大越好。那么,究竟抽取的因子少到几个才合适呢?众说纷纭,很难统一。下面择其主要介绍之:

1. 保留特征值大于 0 的因子。这是所谓"哥特曼最强下限"标准。它保留全部特征值大于 0 的因子,而只放弃那些特征值为负的因子。这是一种较为保守的方法,可以防范把重要的因子遗漏。

2. 保留特征值大于 1 的因子。这是凯塞所主张采用的标准,也是目前一般电子计算机程序中最流行的一种。凯塞认为,既然每一变量标准化之后,其方差均为 1,那么,做因素分析时,取出的各因子所能解释的变量方差便不能小于 1,否则它们解释总方差的效力就还不如单一变量了。凯塞倡导的这一标准在逻辑上言之成理,因而广为人知,长期沿用。但是,这一标准却存在着不可忽视的缺点,在少于 20 个变量的研究中,它取出的因子一般是比较适宜的,但在变量多于 50 的研究中,它取出的因子则嫌太多。

3. 保留贡献率大于 5% 的因子。因子贡献率由因子的特征值除以所有变量的总方差求得,用以说明因子在解释总方差中的效力。计算时,特征值通常是自大而小顺序出现的,因而,因子贡献率也可自大而小解得。当贡献率小于(或等于)5% 时,说明该因子对解释总方差的贡献是微不足道的,弃之并不可惜。

4. 统计上的意义与实用上的意义同时考虑。娄里 1940 年提出一种通过检验因子显著性来确定因子抽取数目的统计方法。对此,哈曼有不同的看法。哈曼主张,抽取公共因子时必须将统计上的检验与实用上的意义同时加以考虑,因为有时在统计上发现有意义的因子在实际应用上却并无意义可言。譬如,我们从统计检验的结果发现某一因子的特征值达到显著水准,但却无论如何也无法赋予这一因子某种意义,或曰不能合理予以解释,这时,抽到这一因子反而是件令人困扰的事。有的时候情形却与此相反,即未达显著水准的某一因子却具有实用上的意义。因此,我们不应过分固执,在实际工作中,一定要视具体情况做

第十九章　因素分析

出理智的判断,这样才不致失去因素分析的真正意义。

下面我们以实例来说明如何抽取公共因子。

例2:就"访友、来客的频率""参加各种团体活动的次数""家庭人均月收入"及"家庭高档消费品拥有量"四个生活体系变量对 100 户居民进行调查,结果得到如下的相关矩阵 R。试分析这四个变量的公共因子。

$$R = \begin{bmatrix} 1 & 0.7409 & 0.2626 & 0.1002 \\ 0.7409 & 1 & 0.4610 & 0.1256 \\ 0.2626 & 0.4610 & 1 & 0.8003 \\ 0.1002 & 0.1256 & 0.8003 & 1 \end{bmatrix}$$

分析:由于研究者的兴趣在于从四个变量中抽出可能的公共因子,并分析哪些变量属于哪个因子,因此,应该用因素分析法来处理。

解:(1)估计共性方差并准备缩减式相关矩阵:

采用复相关平方法估计共性方差 H_i^2。首先求出相关矩阵 R 的逆矩阵:

$$R^{-1} = \begin{bmatrix} 2.3824 & -2.0865 & 0.8833 & -0.6836 \\ -2.0865 & 3.4330 & -2.3836 & 1.6855 \\ 0.8833 & -2.3836 & 4.7233 & -3.5692 \\ -0.6836 & 1.6855 & -3.5692 & 3.7132 \end{bmatrix}$$

再根据公式 $1 - \text{diag}[R^{-1}]^{-1}$ 求共性方差 H_i^2:

$H_1^2 = R_{1 \cdot 234}^2 = 1 - 1/2.3824 = 0.5803$

$H_2^2 = R_{2 \cdot 134}^2 = 1 - 1/3.4330 = 0.7087$

$H_3^2 = R_{3 \cdot 124}^2 = 1 - 1/4.7233 = 0.7883$

$H_4^2 = R_{4 \cdot 123}^2 = 1 - 1/3.7132 = 0.7307$

最后将它们依次代入 R 的主对角线位置取代1,便得:

$$R^* = \begin{bmatrix} 0.5803 & 0.7409 & 0.2626 & 0.1002 \\ 0.7409 & 0.7087 & 0.4610 & 0.1256 \\ 0.2626 & 0.4610 & 0.7883 & 0.8003 \\ 0.1002 & 0.1256 & 0.8003 & 0.7307 \end{bmatrix}$$

(2)以 R^* 为资料采用迭代法抽取公共因子,也就是求解公式 $(R^* - \lambda I)K = 0$ 和 $|R^* - \lambda I| = 0$ 的特征值 λ 和特征向量 K。

计算结果,求得第一个特征值 $\lambda_1 = 1.9806$ 和与之相应的特征向量

$$K_1 = \begin{bmatrix} 0.4121 \\ 0.5033 \\ 0.5989 \\ 0.4671 \end{bmatrix}$$

将 K_1 标准化后有

$$f_1 = \begin{bmatrix} 0.5799 \\ 0.7083 \\ 0.8429 \\ 0.6574 \end{bmatrix}$$

这是我们抽到的第一个因子的负荷向量。

还求得第二个特征值 $\lambda_2 = 1.0174$ 和

$$f_2 = \begin{bmatrix} 0.5358 \\ 0.5202 \\ -0.3556 \\ -0.5774 \end{bmatrix}$$

另有第三个特征值 $\lambda_3 = -0.1730$。由于这一特征值不但小于 1（凯塞的标准），而且小于 0（哥特曼最强下限），说明其对解释总方差的贡献微乎其微。故而，抽取公共因子的步骤可到此为止。本例的变量虽有四个（$p=4$），抽取的公共因子却只有两个（$m=2$）。结果可列表如下：

表 19.2　例 2 的因子负荷矩阵（未转轴）

因子负荷量＼公共因子 变量	f_1	f_2	共性方差 H_i^2
x_1：访友、来客的频率	0.5799	0.5358	0.6234
x_2：参加各种团体活动的次数	0.7083	0.5202	0.7723
x_3：家庭人均月收入	0.8429	-0.3556	0.8369
x_4：家庭拥有高档消费品量	0.6574	-0.5773	0.7654
特征值	1.9806	1.0174	2.9980
贡献率	49.5%	25.4%	74.9%

二、因子轴的旋转和因子解释

在因素分析中，除要找出变量间的公共因子外，还要对所找到的因子做出适当的解释。一般因素分析得到的结果往往是很难加以解释的，类似例 1 中那样的因子抽出后意义就比较明确的现象是很少见的，尤其是当某些变量同时在几个因子上都有相当程度的负荷量时，因子的解释工作就更加困难。如例 2 的表 19.2 中，"访友、来客的频率"这一变量在因子 f_1 与 f_2 上的负荷量分别为 0.5799

和 0.5358,二者相差无几。再看"参加各种团体活动的次数"这一变量,它在 f_1 和 f_2 二因子上的负荷量差别也不大。若将因子 f_1 为横轴,因子 f_2 为纵轴,以变量在 f_1、f_2 上的因子负荷量分别为横坐标与纵坐标,则表 19.2 的数据可制图如下:

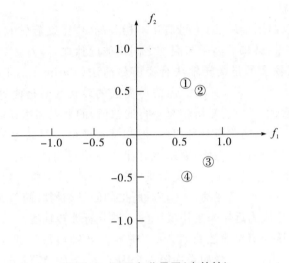

图 19.2　因子负荷量图(未转轴)

图中四个变量所处的位置,无论哪一个都与两因子轴保持大致均等的距离,这就使我们对因子的解释发生了困难。要想对抽取出的因子作合理的解释,使其显现出所含的真正意义,可将因子轴进行一定的旋转,即将原来的参照轴依顺时针或逆时针方向旋转一定的角度,以使各变量向量在新轴上投影的方差尽量成为最大。根据瑟斯顿的研究,良好的旋转作业应满足下列条件(又称"简单结构标准"):

(1) 因子负荷矩阵的每一行至少有一个因子负荷量为 0;

(2) 因子负荷矩阵的每一列至少要有与因子数目相同的 0;

(3) 因子负荷矩阵的每两列之中,至少要有与因子数目相同的变量在某一列的负荷量为 0,但在另一列上的负荷量却不为 0;

(4) 当研究者决定保留四个或四个以上的因子时,大部分的变量在其中任两个因子上的负荷量应该为 0,而只有少数的变量在两个因子上的负荷量都不为 0。

从上述标准可以看出,转轴的目的在于使经过转轴的因子负荷矩阵中的每一个变量都只负荷于少数的因子上,而矩阵中 0 或接近于 0 的负荷量则越多越好。这样,就会使对各因子的解释工作变得简单易行。

转轴的方法过去有图示法,因其太主观,现在渐被淘汰,而改用比较客观的分析性转轴法。一般说来,转轴的方法有两大类:正交转轴法和斜交转轴法。两类方法均可使转轴的结果符合瑟斯顿的简单结构标准。

1. 正交转轴法。

在初步提取出因子后,因子间是互不相关的,作正交旋转时,各因子轴之间仍保持90°的关系,转轴后因子与因子之间仍彼此独立。

目前,使用较多的正交转轴法有变值尽简法(Varimax Solution)和因值尽简法(Quartimax Solution)两种。因值尽简法的旋转准则是使每一变量在所有因子上的负荷量(因子负荷矩阵中每一行的数值)的平方和达到最大值。这种方法虽然能将因子结构简化至某种程度,但却常常使最主要的因子变得相当复杂而难于解释。为弥补这一缺陷,凯塞设计出了变值尽简法。这一方法的旋转准则是使所有变量在每一因子上的负荷量(因子负荷矩阵中每一列的数值)的平方和达到最大值。利用变值尽简法转轴后所得的因子结构既简单又容易解释。因此,变值尽简法已成为近年来运用最广的一种分析性转轴法。

表19.3是用变值尽简法将表19.2中数据转轴后得到的因素分析结果摘要。从中可以看出每一变量如果在第一个因子 f_1' 上的负荷量较大,则在另一个因子 f_2' 上的负荷量便较小,或者相反。这一趋势使我们容易看出变量 x_1 和 x_2 是属于因子 f_1' 的,而变量 x_3 和 x_4 则属于因子 f_2' (见表19.3)。如果我们根据表19.3数据做出图来,就会看得更加清楚,见图19.3。

表19.3 因子负荷矩阵(已转轴)

因子负荷量＼公共因子＼变量	f_1'	f_2'	共性方差 H_i^2
x_1:访友、来客的频率	0.0727	0.7862	0.6234
x_2:参加团体活动的次数	0.1786	0.8605	0.7723
x_3:家庭人均月收入	0.8644	0.2994	0.8368
x_4:家庭高档消费品拥有量	0.8748	0.0106	0.7654
平方和	1.5496	1.4483	2.9979

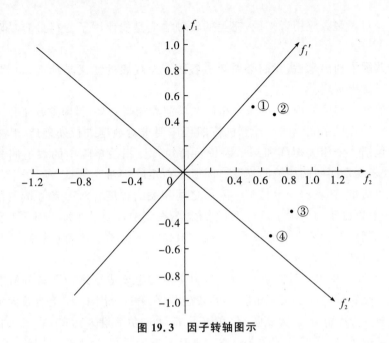

图 19.3 因子转轴图示

注：转轴后，各点（变量）在 f_1 轴和 f_2 轴的投影与未转轴前在 f_1 轴和 f_2 轴的投影并不相同。各点更靠近某一轴和远离某一轴。

表 19.3 还有一个值得注意的地方是：转轴后的因子负荷矩阵各横行的平方和（共性方差 H_i^2）仍未改变（请比较表 19.2）。但是，各纵列的平方和却发生了变化。换句话说，即经转轴之后，表 19.2 中所示特征值所具有的特征——最大方差的标准——已经被破坏了。在因素分析里，这一点并不重要，因为我们并不要求具有最大方差的成分，而是想了解因子所代表的真正意义。

许多研究者都对使用正交转轴法有较大偏好，但也有人认为它不切实际，因为因子之间通常都存有某种关系，硬性规定它们间的关系为直角，总不免有扭曲事实之嫌。

2. 斜交转轴法。

允许因子轴之间形成锐角或钝角的旋转法称为"斜交转轴法"。因子轴之间形成斜角时，各因子间不再是彼此独立、互不相关的了，这比较符合因子结构的实际情况。然而，有些学者却因为用这种方法所得的因子结构无法作不同研究间的比较而反对使用此法。

从统计学的观点来看，不能认为哪种转轴法比另一种更好，所有的转轴方法在统计的意义上讲都同样好。因此，选择因子转轴法时要立足于非统计意义上的考虑。对大多数应用者来说,完美的转轴法应是能使因子变得最容易解释的那种。

公共因子抽出来后,我们必须知道各因子所代表的意义是什么,也就是说,要对因子做出解释。

在前面我们已经说过,因素分析的数学演算相当繁复,目前这一工作一般都是由电子计算机来完成的。计算机按照程序要求对数据进行处理后,其输出结果至少包括一个相关矩阵和一个因子负荷矩阵。相关矩阵中的数值叫相关系数,它代表变量间两两相关的程度。因子负荷矩阵中对应于每一因子下的数值是因子负荷量,它表示变量与某一因子之间相关的程度。对因素分析的结果作解释,一般以已转轴的因子负荷矩阵为依据,按其中各变量在每一因子上负荷量的大小来判定其与某因子的关系。然后,根据在某因子上负荷量较高的几个变量所具有的共性来为该因子取名。

表 19.4 是由电子计算机对 100 名中学生的考试成绩进行因素分析之后输出的一个已转轴的因子负荷矩阵。不难看出,在第一个因子 f_1 上有较大负荷量的是变量 x_1、x_3 和 x_6。如变量 x_1 在因子 f_1 上的负荷量为 0.83,表示"词汇"这一变量与因子 f_1 之间的相关为 0.83,将其平方之后得 0.6889,亦即因子 f_1 可解释"词汇"这一变量全部方差(误差)的 68.89%。从表 19.4 最右边"共性方差"一栏得知,"词汇"这一变量由两个因子所能解释的方差占这一变量总方差的 68.9%(因为 $H_1^2 = 0.6890$),而因子 f_1 就占 68.89%,可见其对"词汇"这一变量是多么的重要。变量 x_1、x_3 和 x_6 依次为"词汇""阅读"和"作文",均属语文方面的内容。由此推断,因子 f_1 可能是语文方面的因素,于是,我们可将其命名为"语文能力因子"。

表 19.4　100 名中学生考试成绩因素分析结果(已转轴)

因子负荷量　公共因子 变量	f_1	f_2	共性方差 H_i^2
x_1:词汇	0.83	0.01	0.6890
x_2:三角	0.10	0.79	0.6441
x_3:阅读	0.70	0.10	0.5000
x_4:几何	0.01	0.83	0.6890
x_5:代数	0.10	0.70	0.5000
x_6:作文	0.79	0.01	0.6342
平方和	1.8331	1.7332	3.5663

第十九章 因素分析

另外还可看出,变量 x_2、x_4 和 x_5 在因子 f_2 上的负荷量都远远大于其他变量,这三个变量依次为"三角""几何"和"代数",均与数学有关,据此我们可以将因子 f_2 命名为"数学能力因子"。

同理,根据表 19.3 的因子负荷矩阵,我们可以将因子 f_1' 命名为"财富因子",而将因子 f_2' 解释为"社交因子"。因为在因子 f_1' 上拥有较高负荷量的变量"家庭人均月收入"和"家庭高档消费品拥有量"二者都是与受试者的家庭财富有关的,而"访友、来客的频率"及"参加团体活动的次数"两变量则都与受试者的日常社会交往活动有关。

上面我们以表 19.4 为例对如何辨认和解释因子进行了说明。如果我们在此借用一下心理学的术语,则因子可算作是"假构"(Hypothetical Construct)的一种。从心理学角度讲,一个人之所以会表现某一种行为,乃是他内部的某一种假构所造成的。即,某受试者之所以得到某种测验结果,是因为他有导致此一结果的某种因素。因此,所谓辨明公共因子并对其进行解释实质上不过是去猜测什么是导致这些行为结果的内在假构。需要指出的是,由于各人的学识不同,因而对于事实上相同的同一因子,不同的研究者为其所取的名字可能会有所不同。

三、因子得分和因素分析模式的比较

通过因素分析,我们找出了多个变量中所隐含的公共因子及各因子的意义。最后,我们还希望利用所找出的因子来衡量各样本单位的性质,这种性质可用样本单位的因子得分来表示。

因子得分是样本单位在测验中某因子上各变量得分的加权总和。权数又称得分系数,通常标准化为 z 分形式。由于高的因子权数总是与高的因子负荷量相对应,因此,人们往往用因子负荷量作为权数来计算因子得分。现以表 19.4 的因子负荷矩阵为例说明如下:

假设某受试者在各变量的测验得分为"词汇"10 分,"三角"8 分,"阅读"9 分,"几何"6 分,"代数"7 分,"作文"9 分,则该受试者的语文能力与数学能力的得分可分别计算出来。

语文能力得分 = $(10 \times 0.83) + (9 \times 0.70) + (9 \times 0.79) = 21.71$

数学能力得分 = $(8 \times 0.79) + (6 \times 0.83) + (6 \times 0.70) = 15.50$

经过计算因子得分,我们看到,原来一个样本单位的性质要用 6 个变量的分数表示,现在只要用两个分数即可表明了。由于表 19.4 是对 100 个样本单位进行分析的结果,因此,每个因子下便有 100 个因子得分,每个因子得分对应于 1 个样本单位,如表 19.5 所示。

表 19.5　100 个样本单位的因子得分统计

因子得分＼公共因子＼样本单位	语文能力因子	数学能力因子
1	21.71	15.50
2	22.00	16.71
3	18.50	21.90
……	……	……
99	20.95	22.43
100	19.20	18.70

最后需要指出的是，本章所讨论的因素分析是一种"主因素分析法"，其他还有许多不同的因素分析模式。各种模式都是从相关矩阵开始借由寻找主轴的方法来求出因子负荷矩阵，其间的唯一差别是它们处理相关矩阵对角线上的共性方差的方式不同。这些模式各有千秋，其优劣很难一概而论，这里简单介绍几种较为常见的因素分析模式，以使研究者在解决问题时能做出适当的选择。

瑟斯顿的"重心法"是最早为人所用的因素分析法。在电子计算机尚未普及的 30 年前，进行因素分析的研究者常用重心法来计算因子主轴。重心法的目标与主因素分析法的目标一致，都是意在找出尽可能少的因子来解释变量间的内在关联。二者不同处在于，主因素分析的每一步骤都提取最大方差，而重心法仅只近似于此，其有效性较差。因而近年来，重心法已不再像 30 年前那样广为人所用了。

"主成分分析"也是一种使用较多的因素分析模式。主成分分析就其目的来说，与主因素分析是不同的。主成分分析的目的不是为了抽取变量丛中的公共因子，而是将变量 x_1、x_2……x_p 进行线性组合，成为互为正交的新变量 y_1、y_2……y_p，以确保新的变量具有最大的方差。因此，与主因素解法不同，主成分分析在提取成分时用到的相关矩阵主对角线上的数值仍为 1。也就是说，在做主成分分析时，变量所有的方差都要用到，而不是像主因素分析那样只考虑因子共同的方差。由相关矩阵得到特征值 λ_1、λ_2……λ_p，正是 y_1、y_2……y_p 的方差；对应的标准化特征向量 a_{i1}、a_{i2}……a_{ip}，正是 y_i 在 x_1、x_2……x_p 上的负荷系数，即 $y_i = a_{i1}x_1 + a_{i2}x_2 + …… + a_{ip}x_p$。如果 $\lambda_1 > \lambda_2 > …… > \lambda_p$，则对应的 y_1、y_2……y_p 分别称为第一主成分，第二主成分……直至第 p 主成分。如果信息无须保留

100%,可依次保留一部分主成分 y_1、y_2……y_m($m<p$)。然而,如果研究者确实是要进行公共因子的分析,那就不应使用主成分分析方法,但可先根据主成分分析在决定保留 m 个主成分之后,接着求出 m 个特征向量的行平方和,作为共性方差 H_i^2,并将此值代替相关矩阵主对角线上的元素,构成缩减式相关矩阵,然后据此做主因素分析,找出公共因子。

除"重心法"和"主成分分析法"外,还有"拉奥典型因素分析""α 因素分析"和"影像分析"等。由于这些因素分析模式较少使用,我们就不作一一介绍了。有兴趣者可自己参阅有关书籍以作进一步的了解。

第三节 因素分析法的应用

从前面的介绍可知,因素分析的目的之一是找出隐藏在某些变量之中的具有代表性的共同因素(公共因子),从而使变量的数目大为减少。因素分析的这种性质使得它往往成为其他多元分析的一个工具,即它本身并不是研究的最后输出,而是进一步分析的输入。因素分析的另一目的是检验变量间关系的假设。下面我们用一个例子来说明因素分析方法的应用。

例 3*:对化妆意识和化妆行为的研究。

女性是如何看待化妆的呢?

一部分女性将化妆看作获得男性好感的手段之一;另外一部分女性认为适当化妆是身为女性的一种必要修饰,甚至是一种义务;也有些女性只是为了享受化妆行动本身的乐趣,或是满足创作的欲望,有时是满足改变自身形象的愿望。当然,想同时满足几种欲望而化妆的女性也有。

虽然上述假说和臆测充斥于街头巷尾,但实际上对女性如何化妆、化什么样的妆等问题却极少有人进行实证性研究。

因此,收集、整理上述种种假说,并根据调查加以讨论,这正是作者对化妆意识与化妆行为所作研究的内容。

调查概况

调查于 1967 年 11 月进行。调查对象是居住在东京都 23 个区内 18—45 岁的普通女性 600 名。采用的是面谈访问法。

下面是化妆意识调查的框图。

---

* 本例引自饱户弘等:《关于化妆行为的研究》,日本第九次届社会心理学大会论文,1968 年。

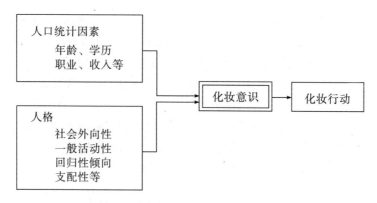

（1）化妆意识。首先尽可能多地收集对化妆的看法、印象、态度、信念等调查项目,然后进行调查,弄清在这些与化妆有关的意识中,究竟哪些是主要方面。这是本项研究的主题。

（2）化妆行为。对化妆的不同看法,当然密切影响着各人的化妆行为。那些认为化妆是女性修饰的人与那些想通过化妆来发挥创造性,从而获得内心满足的人相比,其化妆既简单又省时。几乎不化妆的人,无疑有某种信念依据而这样做。在家和外出时化妆方式的不同,同样是对化妆持不同看法所致。

（3）人口统计因素和人格。化妆意识和化妆行为的模式,因每个人的年龄、职业、收入等人口统计因素的不同而相异。年轻的未婚女性与年过40的中老年女性对化妆的看法和采取的行动自然不同；家庭主妇和从事商业工作的职业妇女,其想法和行为也相差很大。此外,个性的差异亦一定会影响各人对化妆热衷的程度和开放的程度。

弄清这种相互联系的结构是本研究的基本课题(参照上图)。下面我们对本研究的结果进行讨论。

（一）化妆意识的基本元素

首先列举出与化妆意识有关的76条陈述语句,让受试者按7个等级就每一语句评定其在哪个等级上符合自己对化妆的看法、态度及在多大程度上不符合。

然后将评定结果进行因素分析(采用重心法),并进行因子轴旋转,得出如表19.6所示结果。

表 19.6 化妆意识的因子分析(旋转后的因子负荷量)

	I	II	III	IV	V	VI	VII	VIII	IX	X
1. 出于习惯	06	09	49	00	08	12	05	08	04	00
2. 欲比他人美丽	11	-47	-17	09	-17	-13	-02	03	10	14
3. 突出自己的优点	06	-28	-03	24	-04	-04	-13	08	-18	21
4. 让男人觉得漂亮	11	-61	-21	09	-08	03	-05	26	-16	-02
5. 不化妆是失礼的	10	-30	-38	10	-03	13	-07	02	-29	06
6. 出于义务	-10	21	50	-06	10	-14	05	05	00	-16
7. 不化妆心情不好	27	04	-29	00	-01	28	02	-05	-03	44
8. 化妆令人心情开朗	43	-06	-16	-06	-05	13	-06	-06	24	
9. 因为大家都化妆	03	20	50	02	11	20	-06	08	12	10
10. 想变得漂亮一些	30	-31	-04	23	-07	08	-18	10	-13	14
11. 化妆有教养	-25	-01	32	-01	13	-32	12	09	-04	-05
12. 形象不好	-05	13	58	-04	05	04	-00	05	11	-00
13. 不化妆感到羞愧	15	-10	-33	14	00	18	00	-04	-26	20
14. 为保护肌肤	-23	-11	16	13	01	-07	25	17	07	-04
15. 不化妆会令人讨厌	16	15	42	07	09	24	-16	05	21	-01
16. 为掩盖脸上的缺陷	-12	-12	-31	05	-10	-17	10	-10	-32	12
17. 为使青春长驻	21	-06	-27	-06	00	05	-15	-27	-13	04
18. 为使自己快乐	56	-10	-02	11	-16	-04	-03	-03	03	27
19. 不化妆情绪不稳定	42	04	-21	03	-05	24	10	-01	-22	45
20. 为自我满足	45	-26	-16	16	-00	-02	-16	03	-23	18
21. 希望他人感到自己漂亮	28	-37	-05	09	-27	-03	20	04	-17	-10
22. 自认化妆很出色	23	00	-04	20	-22	12	43	-06	03	-01
23. 非常自豪	53	-09	02	08	-27	13	12	01	-14	03
24. 经常用上等化妆品	15	-12	-09	-06	-21	14	12	-26	-24	-00
25. 化起妆来吃饭也忘了	11	-15	-17	-11	-48	-05	20	-06	00	07
26. 非常喜好化妆	40	00	01	13	-34	20	26	-14	12	17
27. 想摆弄摆弄	15	-17	-03	02	-49	-02	29	-06	00	15
28. 在周围人中间不化妆	06	18	24	06	11	37	-00	00	09	19
29. 化妆是乐事	59	03	13	09	-20	19	05	-01	-03	10
30. 可以增加自信	43	-15	-13	08	-13	10	16	03	-39	-01
31. 心里喜不自禁	58	-07	-00	03	-21	08	21	05	-17	-04
32. 因为被公认为化妆出色	22	00	-07	14	-26	00	44	-09	-03	-03
33. 化妆很麻烦	18	09	06	02	-00	50	06	-05	06	12
34. 情绪明朗	59	00	-06	03	-02	29	04	00	-04	-06
35. 走在潮流最前头	01	-08	-12	12	-52	02	12	-22	-16	05
36. 一变漂亮男人就注意自己了	27	-27	-03	01	-36	02	17	14	-18	-17
37. 用他人没有的化妆品	02	-10	-07	09	-45	-23	09	-11	-16	07
38. 变漂亮了心里非常高兴	46	-08	04	13	-23	17	-10	12	-10	-17
39. 买化妆品很内行	18	02	-09	10	-39	03	-06	-07	07	-01

(续表)

	I	II	III	IV	V	VI	VII	VIII	IX	X
40. 与别人一样没意思	07	－10	－04	10	－43	－17	－00	00	－13	－07
41. 能看不到脸上的缺陷感到安心	04	－10	－14	03	－15	－03	02	－14	－33	10
42. 不习惯和平常不一样	－05	09	04	07	00	03	05	04	24	03
43. 在化妆时很快乐	49	－02	03	03	－26	00	06	－10	04	01
44. 化妆时有出神的感觉	47	－12	00	07	－31	10	00	04	－08	－18
45. 化适合本人的妆	19	08	00	08	－31	43	－15	－09	－00	－08
46. 喜欢收集化妆品	24	－03	05	09	－49	25	－07	－05	－00	－11
47. 话题离不开化妆	13	－06	－08	－01	－60	08	－01	－09	－01	01
48. 一说他人漂亮自己就心情沮丧	－00	－30	－06	05	－37	02	－07	00	－06	04
49. 研究	27	08	05	23	－45	13	－01	05	05	10
50. 化时髦的妆	19	－12	－07	32	－34	17	05	12	05	12
51. 素质是重要的	－25	－02	11	－00	01	－06	20	02	－06	05
52. 漂亮受欢迎	05	－43	－10	00	－00	－02	05	－30	－13	－06
53. 不能被别人认为是漂亮的话化妆就没意思了	02	－48	－07	－05	－08	－09	09	－26	－08	10
54. 想引人注目	02	－58	－01	06	－02	－04	01	－17	－09	13
55. 竞争心理	－02	－66	－02	00	－07	－16	09	－13	01	00
56. 依传统做不受非难	03	08	08	07	18	－09	14	35	02	－01
57. 即使是在女人中间也被认为是漂亮的	12	－68	－07	－02	－04	－05	－03	－19	－03	－03
58. 为了漂亮化浓妆	－00	－26	－08	10	－09	02	14	－36	－09	04
59. 希望被男人注意	11	－67	－05	06	－05	03	08	04	－10	－11
60. 不如把化妆的钱用在吃上	14	09	01	17	－08	59	07	－03	－00	01
61. 为自我满足	37	－27	－07	21	10	06	－00	－15	－24	02
62. 化妆太费钱	14	18	12	13	03	59	－00	－08	－10	－05
63. 如果男人化妆女人就无须化妆了	01	39	20	09	07	－11	06	－07	－01	01
64. 不化妆不像女人	13	－15	－27	01	－04	31	10	－36	01	16
65. 男人喜欢出色的化妆	18	－23	－05	00	－13	11	12	－34	－13	－05
66. 醉心化妆	38	－25	－10	07	－27	00	－00	－23	－01	－03
67. 想使自己的化妆品更完备	05	－09	－12	16	－25	02	－06	－33	－00	－04
68. 出于本能	29	－20	－08	09	06	17	－06	－13	－00	－03
69. 为自身的快乐	46	－10	07	10	02	－00	－02	－11	09	12
70. 出于虚荣心	－07	55	19	－00	11	19	01	00	－03	10
71. 精心化妆	17	－02	－01	59	－15	08	10	－06	07	02
72. 时髦感	－02	－02	03	53	－01	－08	08	－02	－01	04
73. 完成任务的感觉	12	－03	－00	64	－12	09	06	03	－04	－09
74. 化妆浓度	10	－01	－09	65	－03	11	06	－12	02	－01
75. 流行化妆	05	－01	00	42	－12	12	－02	06	－04	01
76. 美人意识	02	－09	02	18	05	01	20	05	02	04

第十九章　因素分析

由表 19.6 可以看出,所得到的因子仍很分散,但由于不可能集中成两、三个因子,故而从中析出 10 个因子作为有意义的因子。对这 10 个因子逐一进行讨论,并将经讨论后得出的各因子解释及各因子贡献率绘制成表(见表 19.7)。可见主要因子为第一因子与第二因子,后面的因子则为次要因子。

表 19.7　化妆意识的基本元素

		贡献率	累积贡献率
第一因子	自我满足因子	33.8	33.8
第二因子	个性化、竞争因子	16.0	49.8
第三因子	化妆修饰因子	7.4	57.2
第四因子	变身愿望因子	6.8	64.0
第五因子	化妆狂热因子	6.4	70.4
第六因子	旧式化妆因子	4.8	75.2
第七因子	化妆出色因子	3.8	79.0
第八因子	美化需求因子	2.8	81.8
第九因子	面具因子	3.3	85.1
第十因子	情绪因子	2.9	88.0

1. 自我满足因子(x_1)。首先,被作为最主要的意识元素的第一因子是所谓化妆行为本身很愉快这类项目。例如:化妆很惬意,心情变得开朗起来,喜气洋洋,青春长驻,变得心满意足,因变得漂亮了而高兴,一化了妆自信心便增强,精神振奋起来,等等。值得注意的是下述两点:第一,证实了通常被看作是手段的化妆行动,实际上与其说是作为手段而为之,不如说是由行动本身的乐趣所致,即具有所谓自我实现的功能。第二,恰恰是它被作为化妆意识最基本的元素由第一因子析出,因此,我们可命名此因子为"自我满足"因子。

2. 个性化、竞争因子(x_2)。其次,作为第二重要的意识元素,是对应于化妆的工具机能的因子。它包括下列一些项目:希望女同胞也认为自己漂亮,希望让男性感到自己有魅力,因为好胜心,想吸引男性,企望引人注目,虚荣心,力争自己比他人漂亮,欲被男性欣赏,等等。表现了希望引人注目、被他人认为美丽这类典型的个性化欲望,其中还掺杂着在漂亮和吸引力上超过他人这一有意无意的竞争心理。因此完全可以将其称为"个性化、竞争"因子。特别令人注意的是,此处清楚地表现出来不仅想引起异性兴趣,而且还想引起同性注意这种心理,即竞争的目标不仅只是异性,同性亦占相当比重。

3. 修饰因子(x_3)。与第一、第二因子相比,其余因子的贡献均小了很多,甚至可称之为反向元素。在这些因子中居首位的当推"修饰因子",即第三因子。

第三因子包括的项目有:化妆只要一般做做即可,化妆是女性的义务,因为大家都化妆所以自己不能不化,因为是习俗所以没办法抗拒,不化妆会招致周围人讨厌,等等。这类女性之所以化妆既非由于某种积极的目的,又非出于享受化妆本身的乐趣,而是因为感到不化妆会令他人生厌,无可奈何而为之。因此可以认为她们是社会习惯的消极追随者,是最不热心的化妆派。

4. 变身愿望因子(x_4)。第四个因子重点关心那种高级的、以打扮为中心的化妆。它包括以下一些项目:喜欢华丽的化妆,好浓妆艳抹,喜好郑重其事的化妆,进行精心化妆,化很时髦的妆,等等。这种类型可以说是乐于通过走在时尚前面的华美浓重的化妆,满足某种改变自身形象的愿望。

5. 化妆狂热因子(x_5)。第五个因子中可列举出的项目有:话题总离不开化妆,总是追逐时髦,想用他人尚未用的东西,挖空心思研究适于本人的化妆,化起妆来连饭也忘记吃,若周围有化妆爱好者即刻声言自己也极喜化妆,等等。因此可将这一因子称为"化妆狂热"因子。

6. 旧式化妆因子(x_6)。第六个因子是诸如化妆太麻烦,化妆无用,与其花钱化妆不如用那钱买吃的等明显否定化妆的态度的集合,可称其为"旧式化妆"因子。

第 7 个因子以下,贡献率极小,只达 3%—4%,且多数意义不明显,但若要命名的话,可顺序定为:公认本人化妆相当出色的"化妆出色"因子(x_7);大量采集化妆品、通过化稍重的妆而使自己漂亮起来让男性欣赏这类"美化需求"因子(x_8);化妆可将脸上的缺陷掩盖,因此而安心的"面具"因子(x_9);化妆得好则心情好,化不好则心情沮丧的"情绪"因子(x_{10})。

如果从意义上将上述 10 个因子再进行一次整理的话,则可分为三大类(见图 19.4),即化妆的目的或功能在于化妆者自身充实感,使自我情绪清新的所谓对己功能;意识到男性或女性,或曰意识到他人或社会的存在,并为此而化妆的所谓对他功能;以及居于二者之间,既非对己机能又非对他机能者。第一类因子是化妆行为成自身目的的"自我完成"意识。第二类是将化妆行为当作达到某种目的之手段的"手段"机能。

第十九章 因素分析

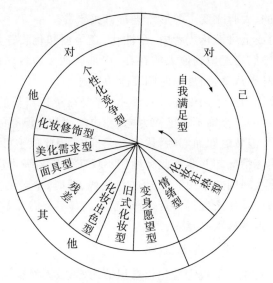

图 19.4 化妆意识的基本元素分类

（二）化妆意识与化妆行动

表 19.8 化妆意识的各元素与每一化妆行动的关系（根据 χ^2 值）

	化妆程度	家中的化妆	上班的化妆	在家的化妆时间	上班的化妆时间	打扮的程度	在化妆品上的支出	S 社会外向性	C 回归性倾向	G 一般活动性	A 支配性	Ag 是否善交际	浪费型	年龄	学历	职业	收入	副业
1. 自我满足	12.46	3.80	6.37	8.63	10.55**	27.53	15.29*	7.56	13.66***	0.51	7.09	2.15	5.50	7.76	5.02	8.04	13.06	27.28*
2. 个性化竞争	11.54	14.40	7.95	10.87***	24.13***	14.93	7.33	2.07	20.66***	4.72	6.10	4.09	8.59*	6.16	7.04	19.57	11.11	17.95
3. 化妆修饰	23.00***	15.10	6.60	27.41***	26.06***	27.46***	8.50	1.37	8.26*	2.15	5.63	4.23	9.92	19.87	12.93***	18.17	17.34	17.71
4. 变身愿望	20.97***	1.54	8.09	20.48***	15.27***	8.65	5.97	2.86	11.79***	5.98	7.38	1.31	2.02	9.14	6.99	16.57*	14.47	21.03
5. 化妆狂热	11.35	2.20	4.96	10.58	27.60***	19.32*	7.39	1.86	15.77***	9.03	8.04	2.88	8.03	8.16	6.17	30.50***	13.22	22.70*
6. 旧式化妆	18.32*	17.54	8.60	16.03	17.28	28.34*	28.55**	2.82	17.55*	6.94	3.23	1.43	5.85	10.31	5.86	17.93	16.03	26.39
7. 化妆出色	7.05	6.99	5.60**	7.43	5.13	10.92	12.51*	6.69	6.67	4.01	5.19	0.25	4.35*	15.44	9.37	24.64	16.76	19.36
8. 美化需求	14.19	7.52	17.66*	9.33	14.19	16.13	18.75*	7.27	10.77**	8.85	3.39	2.00	11.05	10.02	7.87	11.75	8.72	19.95
9. 面具	15.76	15.34	9.80	4.54	12.41	26.61*	8.19	1.64	13.05***	2.55	1.95	1.06	4.58	19.99*	9.32	18.80	20.25	23.84
10. 情绪	15.83	3.79	7.28	15.39	12.73	20.84	2.55	2.61	20.17***	12.17*	4.23	1.83	6.22	23.02*	9.25	14.61	11.78	17.91

注： * 5%水平上有意义的相关存在
    ** 1%水平上有意义的相关存在
    *** 0.1%水平上有意义的相关存在

对化妆的看法自然规定着个人化妆的方式，考察上述化妆意识模型与实际化妆行为之间的关系，结果如表 19.8 所示。若从中选择几个意义较大的关系加以分析，可得下述结论：

首先，具有变身愿望的人在家的化妆时间特别长，她们花很长时间对自己经过化妆而变美了的、大胆改变了的形象进行自我欣赏。

其次，因外出或上班而化妆者中，个性化、竞争型和化妆狂热型的人化妆时间特别长。因为她们均意识到他人的存在，均是以他人为目的而化妆。因此在家时的化妆可以马虎从事，而外出时则要全力以赴。

再次，化妆修饰型女性无论在家及外出，都要花费相当长的时间用于化妆。她们也许一边抱怨为了修饰不得已而为之，一边却欣赏着漂亮的化妆。同样，旧式化妆者也因化妆浪费时间而心烦，认为毫无价值，因此似乎可以预想她们或许不怎么化妆，但实际情况却并非如此。她们不仅花钱买高级化妆品，进行相当程度的打扮，而且化妆时间并不短。只是这些花钱、费时、辛苦的努力对她们来说可能效果不大，因而才使之变得怀疑、否定起来。其实她们并不是真正对化妆漠不关心的人，这一点的确很有意思。

（三）化妆意识和个人属性、性格

最后，我们来讨论一下规定着化妆意识结构模式、因而也规定着化妆行动模式的因素。

调查中选取了年龄、学历、职业、收入、副业 5 个社会属性，并选用回归性倾向(C)、一般活动性(G)、支配性(A)、是否善于交际(Ag)等 6 个变量作为性格因素，结果如表 19.8，除回归性倾向外均未发现有明显的关联。

回归性倾向与所有类型的化妆意识均相关，相反的情形不大清楚。有回归倾向的人是自我满足的、竞争的、狂热的，相反的则是旧式化妆派，或具有很强类似意识的人。

除回归倾向外，其他性格因素与化妆意识从表 19.8 中看不出有什么联系。在人口统计因素中，学历、职业等与化妆意识有一定程度的相关。从学历上看，中等学历者中，化妆修饰型多。从职业上看，职员和家庭妇女中化妆狂热者众，现场工作者和家庭妇女中化妆出色者多。在学历过高或过低者中，视化妆为义务的观念淡薄，但在中等学历者中，持此看法的人却为数不少，这是个很有趣的现象。

除此之外，看不到有统计意义的相关，但有一点令人注目，即有某种代际的影响存在。如 20 岁以下的年轻女性中化妆修饰型多，而化妆狂热型、个性化和竞争型则在 18—25 岁之间的未婚女性中居多。

自我满足型、化妆狂热型分布于 20—40 岁这一较大范围的女性之中。在这一年龄区间，存在有各种类型。

一方面，化妆出色型因需要某种程度的训练，因此在年龄稍长些的 30—35 岁女性中居多。另一方面，在化妆实效有了相当减退的 40 岁以上中年女性中，旧式化妆型逐渐增多，这很清楚地展现了女性一生中意识的变迁。

第二十章

社会网络分析

社会网络分析是适应研究社会结构和社会关系的需要而发展起来的一种研究分析方法。早期的社会网络分析可追溯到由美国心理学家莫雷诺在20世纪30年代发展起来的、用于研究小整群体内部结构与人际关系的社会计量法(参见"量表与测验法"一章)。近二十多年来,社会网络的研究发展很快,目前已成为一个涉及社会学、人类学、心理学、数学、计算机科学等多种学科的研究领域,在国外还成立了专门的社会网络研究学会(International Network for Social Networks Analysis),并出版了专门的杂志(*Social Networks* 和 *Connections*)。

第一节 社会网络及其分析

一、社会网络的定义

我们将社会网络定义为一组已经或有可能(直接或间接)连接的点,这些点的特征和它们之间关系的全体。

社会网络可以用网络图形直观地表示出来(参见图20.1),上述定义就是在图形直观的基础上给出的。其中点可以是社会分析的任何单位,如个人、群体、组织、社区等。点的特征指的是这些单位本身的特征。这一组点一般存在于某一个界限之内,这种界限可以是天然的界限,比如地域的界限,如一个自然村、一条街道;也可以是人为的界限,比如组织或群体的界限;还可以是传播或传递的界限,如某种消息的传播、婚姻关系(一种关系的传递)、文化等都可以形成某种界限。例如在图20.1的网中,点是以数字代表的10个职工,他们在某商店这一组织的界限之内。这些"点"的特征包括他们的性别、年龄、受教育程度、收入等。

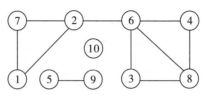

图 20.1　某商店职工中的朋友网

点之间的连接(Linkage)，表示点之间的某种关系。"已经连接"和"有可能连接"分别表示点之间实际存在某种关系和具有存在某种关系的可能性。在图形上，前者点之间用实线连接，后者点之间可用虚线连接(亦可省略)。在图20.1的网中，两点之间的连线表示他们之间存在着朋友关系；另一方面，譬如，在"10"与其他人之间不存在朋友关系，但由于他们在同一商店工作，具有成为朋友的可能性，因而相互之间"有可能连接"。

在一个网络中有时可以考查不止一种关系。当两点之间的关系单纯是某一种关系时，称为单元关系；否则称之为多元关系。在图 20.1 的网中，由于我们考查的仅是朋友关系，因而点之间的关系是单元关系。假如我们进一步考查同学关系，若两个人之间既是朋友又是同学，则称这两个人之间存在多元关系。

间接关系(间接连接)建立在关系可以转及这一假设之上。关系的转及有三种：(1)同性转及，如 A 将一消息传给 B，B 传给 C，则 A 间接将消息传给了 C；(2)异性转及，如 A 与 B 是朋友，B 与 C 是父子，则 A 与 C 之间存在着 C 是 A 的朋友之子的间接关系；(3)多性转及，如 A 与 B 既是朋友又是同乡，B 与 C 既是父子又是同事。

关系具有一定的内容，这一内容就是关系的实质。关系的内容往往表现为关系传递的东西。总的来说，关系传递的东西可分为两大类：信息、资源(如权力、声望、地位、金钱、物质、情感等)。传递不等同于转移。转移指 A 将一样东西交给 B，A 本身失去这些东西。而 A 传递某物给 B，A 本身并不一定失去什么。转移是传递的一种形式，传递中也可能包含某种程度的转移。某些关系，如亲属关系，其内容较为复杂，常常是由一定的文化所规定的，不易把握。因此还可以从其他一些角度来考察关系的内容，比如：是工具性的关系(如工作上的往来)还是情感性的关系(如朋友关系)？是否交换关系？是否控制关系？等等。在描述和研究一个社会网时，应首先努力搞清楚其中点之间关系的内容是什么。

二、社会网络分析的作用

简单说来,社会网络分析就是包括测量与调查社会系统中各部分("点")的特征与相互之间的关系("连接"),将其用网络的形式表示出来,然后分析其关系的模式与特征这一全过程的一套理论、方法和技术。

社会网研究的基本意义之一是它提供了把握整体结构及其动态的有效手段。结构就是一个系统各部分之间的联系。虽然许多社会学研究方法都可用于结构分析,但是社会网研究不仅以关系与结构作为分析的中心,而且发展出了一套系统的测量、分析社会系统各部分之间的关系及收集有关资料的方法和技术,这是其他研究方法所不及的。由于社会网分析的这一特点,因此它可以被用于检验社会学中一些结构性和概念性较强的理论,譬如交换理论、社会资源理论等。

社会网分析有一个基本假设:社会网的结构和特征,其中的关系、点的分布和位置等,将在某种程度上影响点的行为和态度。从这一基本假设出发,社会网的研究就将个别与整体、微观与宏观联系了起来。在社会学的研究中,存在着某种微观研究与宏观研究脱节的现象,社会网研究的另一基本意义就在于克服这一现象,对个人或个别单位的行为、态度等做出结构性的解释。

虽然社会网的理论和方法都有待于进一步发展,但它已经显示出是一种有特色的和有效的社会学研究方法。

三、分析的类型

对于社会网可以根据研究的需要从不同的角度来进行分析,因此就有不同的分析类型。

1. 主体网(Ego-centered Networks)分析。在社会网分析中,有时我们是从某一点出发,分析它与其他点之间的某种关系。比如,某一人的朋友有多少?是哪些人?他与他们之间的关系有哪些特点?这样我们就得到以某一点为中心的一个网,我们称该点为主体,其他点相对于这个点来说就是客体。例如,E 的朋友网(见图 20.2),就是一个以 E 为主体的主体网,A_1、A_2、A_3、A_4、A_5 是 E 的朋友,相对于 E 来说就是客体。主体网分析仅从主体出发分析第一层直接关系,而不涉及间接关系以及客体之间的关系。主体网分析可用于分析个人或个别单位的行为。

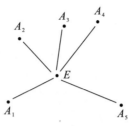

图 20.2　E 的朋友网

2. 关系的分析。关系分析的重点是连接线而不是点。比如,分析两点之间关系的内容、强度、亲切度(参见下文)等。

两点之间关系的分析和三角关系分析是关系分析的基础。三角关系指三个点之间直接连接的关系,但并不要求每两点之间都相连。三角关系分析可用于研究转及关系。比如在图 20.3 中,考察 A 通过 B 对 C 的影响。在三点之间存在具有价值正负的关系时(如朋友—敌对关系),三角关系分析还用于分析关系的谐和与一致性。如在图 20.4(a)中,A 与 B 是朋友,A 与 C、B 与 C 都是敌对关系,此时关系呈谐和状态;在(b)中,A 与 B、C 分别是朋友,但 B 与 C 敌对,此时三者之间的关系不谐和。

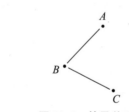

图 20.3　转及关系

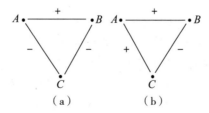

图 20.4　三角关系的谐和

3. 整体网分析。整体网分析要考虑所有点之间的关系(在主体网中还要考虑客体之间的关系),分析整个网的结构。整体网分析往往很复杂,需要用数学公式来简化分析。

在结构分析中一个重要的概念是"位置"(position),社会结构是由位置组成的,位置不同于点,位置是点的归类,一个位置可以包括许多点。占据同样位置的点具有某种共同的特征。例如,在一个学校中,校长、教师、学生分别是不同的位置。社会网研究就是要了解位置的内容、位置间的关系以及形式等。

第二节 社会网络资料的收集

一、总体与抽样

在社会网的研究中应首先根据研究的需要明确定义总体。特别是在以人为界限或传播界限限定总体时,应特别注意总体的确定性。

社会网的结构与它包含哪些点有密切联系,某一关键点的丢失可能完全改变各点之间的关系。例如在图 20.1 中若丢失点 6,则点 1、2、7 与 3、4、8 就分别成为与其他点隔绝的点了。所以在进行社会网研究时应尽可能不抽样,而是对整个总体进行研究。但点太多,在技术上很难处理,所以在总体较大时仍需进行抽样。在某些情形下可以采用整群抽取自然小群体的变通办法来弥补上述不足,以完整把握小群体的结构。例如在工厂里抽取一个车间或工段,调查其中的每一个人。但这样做时要注意不要影响对总体全面情况的了解。

在某些情况下,总体究竟有多大、具体包括哪些点可能不清楚,例如流言的传播网就是如此,在此种情形下可以采用一些特殊的抽样方式。下面介绍两种较为常用的方法。

1. 滚雪球抽样。如流言传播网的抽样,可从其中的若干点追踪扩张,像滚雪球似的越"滚"越大。一般若干次后便可看到样本出现重叠,显现出总体的轮廓。

2. 小小世界法。这也是一种通过对连锁性传递的跟踪来抽样的方法。与滚雪球式抽样不同处在于它有一个起点和终点。例如,让一个人向远方一个完全陌生的人传递一本小册子或某个信息,但要求在传递过程中每次都必须传递给所认识的人,对此过程进行跟踪,就得到一个人际关系网。

二、收集资料的方式与关系的测量

在社会网的研究中可以采用:(1)观察法,即由调查员观察被调查者与哪些人接触,然后记录下来,调查对象走到哪里,调查者就要跟到哪里,因此这种方法费时费力。所以一般观察法的应用都限定于一定的时间及地域之内。(2)自我记录,即请调查对象将自己与谁交往随时记录下来或利用现有记录,例如两个企业间的货物往来账目可做组织网络研究之用。(3)访问法或问卷法,来收集资料。社会网研究在应用这些方法时有一特点,就是除了了解各点的特征外,特别注重了解各点之间的关系。同时应特别注意避免或减少点的遗失,譬如在采用问卷法时应尽量提高有效问卷的回收率。

在调查中关于关系的测量有一些值得注意之处。首先,要明确关系的内容,即是工作上的、金钱或经济上的,还是感情上的,等等。也有时关系的内容不指定,仅确定点的选取范围,如"您今天所接触的人是哪些?"等等。

其次,具体定义点之间的连接,即在何种情况下两点之间才产生连接。通常考虑下面一些内容:

1. 时间。如认识多久了或接触持续的时间有多长等。

2. 关系的强度。强度的计量应根据具体的关系来确定。一种方法是根据接触的频次来计量;另一种方法是看其是单元关系还是多元关系,通常认为多元关系强度较大。

3. 亲切度。主要指人际关系,譬如两人是否无话不谈。

4. 关系方向。即关系是单方向的还是互惠的,有无程度上的差别。

此外,在调查中涉及主体—客体关系时,还有一个确定客体范围的问题。例如一个人可能与很多人都具有某种关系,但他不可能把所有这些人都告诉我们,或告诉了我们也无法处理,因此要在范围上加以限制。限制的方法一般有:

(1) 从时间上加以限制:如问在某一天或某一星期内与主体发生某种关系的人。

(2) 限制点数:比如只请回答者列出 10 个最好的朋友。点数应限制在多少为宜?点数太多,例如将调查对象一个星期中接触到的人都收集起来,这种名单点数非常多,资料分析起来十分困难。点数太少,例如"请把你的经常来往的三个朋友的情况告诉我们",即限制选择关系最强的三个点,但在实际上有些较弱的关系也很有作用和影响,这时靠三个点就不够了。一般认为最少需要 5—10 个点,因为弱关系的作用也不可忽视。

(3) 列出候选人名单:列名单是一种限制范围的有效方法。研究者根据研究目的列出有关名单,请调查对象仅在名单上的人中进行选择。例如要了解工厂中插过队的知青间的交往情况,就可以将所有知青的名单发给每一个被调查者,问他与此名单上的人的接触情况。列名单有帮助回答者记忆、避免遗漏的作用。一般一个整体的规模很大、很分散,而其中成员间接触较少,或对有关成员身份不了解,例如调查对象不了解本厂中谁当过知青,这时如果问"你与本厂中每个知青的接触情况",就会影响回答效果,这种情况下就要给他一个名单。

下面我们用一个例子来说明社会网资料的收集方法和社会网分析的作用。

调查目的：社会结构与人际关系的一般模式是：阶层越高，交往范围的总量越少，即△，在美国这种关系不同于一般模式，而是⌇，我们假设在中国是▽，本调查即为证明此假设。

调查对象：某街道按职业声望抽样100人。

调查方法：记录法，即请调查对象将某一天所接触的人按下表记录下来（这里接触指有交谈三句话以上者，打招呼不算）。接触对象为16岁以上者，不记录接触对象的名字，按接触的先后时间记录。

记录者：   性别：   职业：   年龄：   记录时间：（休息日0，工作日1）

接触对象	与主体关系	接触地点	接触方式	接触原因
1				
2				
3				
4				
5				

……

与主体关系：是主体的：1.父母 2.兄弟姐妹 3.其他亲人 4.同学 5.同事 6.同乡 7.好友 8.一般朋友 9.邻居 10.上级 11.下属 12.生活上的交往

地　　点：1.主体家 2.客体家 3.主体所在单位 4.客体所在单位 5.其他

方　　式：1.见面 2.书信

原　　因：1.交换赏罚 2.传递信息 3.办事 4.家庭困难 5.人事关系 6.情绪 7.解决生活困难 8.权力 9.经济上的困难 10.工作上的困难 11.其他

资料分析：可用统计技术计算下列指标，按主体的职业计算记录对象的职业分布；一天平均接触人数；同性比例；年龄分布；同身份比；工具性原因、情感性原因比等。

第三节　社会网络的分析方法

社会网的分析技术近年来发展很快，在此介绍几种基本的分析方法。

一、图示法（社群图）

在社会计量法中我们曾经提到过社群图。图示法可以直观地展现社会网的概貌,并可用于简单的关系分析。在绘制社会网的图形时应努力使图形清晰、明了、易读。当社会网点数较多或要进行精确分析时,还需要采用其他方法。

在对图形进行分析时要用到若干基本概念:

1. 连接线(adjacent)。连接线指两点之间不经过其他点的直接连线。点与点之间的连接线表示点之间存在着直接关系;两点之间无连接线则表示两点之间无直接关系。

连接线有两种:

(1) 无方向线,如 $\overset{A}{\bullet}\text{———}\overset{B}{\bullet}$,表示两点之间关系对等。

(2) 方向线,箭头表示关系作用的方向。方向线又分两种:

相互线: $\overset{A}{\bullet}\longleftrightarrow\overset{B}{\bullet}$

不等线: $\overset{A}{\bullet}\longrightarrow\overset{B}{\bullet}$

2. 途径(path)。两点之间只要有关系的传递,无论是直接关系还是间接关系,就称为两点之间有途径。途径可能具有方向。

在下列情况下,A 与 C 之间有途径:

(1) 无方向: $\overset{A}{\bullet}\text{———}\overset{B}{\bullet}\text{———}\overset{C}{\bullet}$

(2) 有方向: $\overset{A}{\bullet}\longrightarrow\overset{B}{\bullet}\longrightarrow\overset{C}{\bullet}$

但在 $\overset{A}{\bullet}\longrightarrow\overset{B}{\bullet}\longleftarrow\overset{C}{\bullet}$ 的情形下,A 与 C 之间没有途径。

3. 捷径(distance)。点与点之间包含连接线段数最少的途径称为捷径。如在图 20.5 中, $\overset{A}{\bullet}\longrightarrow\overset{B}{\bullet}\longrightarrow\overset{D}{\bullet}$ 是 A 与 D 之间的捷径。

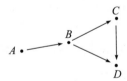

图 20.5 点之间的捷径

4. 切割点(liaison),也叫联络点。在图中去掉此点后其他原来相连的点便被分割成不相连的点群。在图 20.6 中 C 是唯一的切割点。

图 20.6 切割点

5. 桥线(bridge)。在图中去掉此线,则原来相连的点将被分割成不相连的点群。如在图 20.7 中,L_1、L_2、L_3 均为桥线。有时规定去掉桥线后分割出来的点群中至少要有两点,在此情况下,图 20.7 中就只有 L_1 是桥线了。

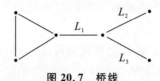

图 20.7 桥线

切割点与桥线由于其特殊的地位,在网中往往特别值得注意。

下面我们对图 20.8 所示的两城市高校之间的学术交流网做一简单分析。在图 20.8 中,①、②、③、④代表甲城的 4 所高校,⑤、⑥、⑦、⑧、⑨代表乙城的 5 所高校,连接线的箭头指向接受资料、信息及人员帮助的学校。从图 20.8 中可以得到下列结论:

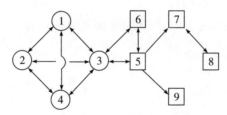

图 20.8 某两城市高校学术交流网

1. 甲城的 4 所高校间的学术交流关系十分密切,每两所高校之间都有直接的相互交流关系;相比之下,乙城的 5 所高校之间的学术交流关系较为松散。

2. 在乙城的 5 所高校中,⑤处于一个核心的位置,除⑥与⑤之间有相互的学术交流关系外,⑦、⑧、⑨都是单方面的从⑤获得帮助。其中⑧是通过⑦间接从⑤获得资料、信息等(⑤与⑦、⑦与⑧、⑤与⑨之间的连线是桥线)。⑦、⑧、⑨可通过⑤间接获得⑥的学术资料(从⑥到⑦、⑧、⑨有途径相通,⑤是切割点),但⑨与⑦、⑧之间不存在学术交流关系(没有途径)。

3. 在两城市高校的学术交流关系中,③、⑤起着关键作用(切割点)。若没有③,则两城高校间的学术交流将被隔断;⑦、⑧、⑨通过⑤间接获得甲城高校的学术情报。⑥亦可通过⑤与甲城学校进行学术交流,但⑥可直接通过③与甲城学校进行学术交流(捷径)。

二、矩阵法

运用矩阵法分析社会网的优点主要在于:(1)通过矩阵可以给出社会网的唯一表示;(2)可借助矩阵解析技术来分析较复杂的社会网,特别是可借助计算机来帮助处理。

1. 社会网的矩阵表示。在社会网的矩阵表示中,网中的每一个点分别对应矩阵的某一行和某一列(行和列与点对应的次序相同),而以 i 行与 j 列交叉处的格值 Z_{ij} 表示对应两点之间的连接关系:$Z_{ij}=0$ 表示没有直接连接,$Z_{ij}=1$ 表示有直接连接。这样得出的矩阵称为连接矩阵(adjacent matrix)。显然,连接矩阵的阶数 N 即为网中点的个数,而且在社会网中的点与矩阵的行、列对应次序一定的情况下,连接矩阵是唯一的,也就是说,社会网的矩阵表示是唯一的。为叙述方便,下文中 N 均表示连接矩阵的阶数,并假设 P_i 点($i=1,2,\cdots\cdots,N$)对应连接矩阵的第 i 行和 i 列。

如果网中的连接线无方向,则连接矩阵是对称矩阵。K_1 是图 20.9 所示的社会网的连接矩阵。

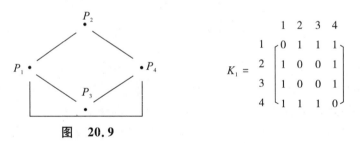

图 20.9

如果网中的连接线有方向,则以行对应起点,列对应终点。图 20.10 所示的社会网对应的连接矩阵为 K_2。

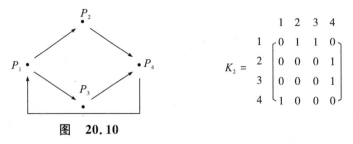

图 20.10

因为点与其自身没有连接,所以连接矩阵的对角线格值为 0。

2. 途径与捷径的矩阵表示。(1) 利用连接矩阵的乘积可以确定连接网中任意两点间的途径的条数及步长(途径由 n 条连线所组成)。连接矩阵相乘的法则同普通矩阵乘法。以图 20.10 所示网络的连接矩阵 K_2 为例：

$$K_2^2 = \begin{bmatrix} 0 & 1 & 1 & 0 \\ 0 & 0 & 0 & 1 \\ 0 & 0 & 0 & 1 \\ 1 & 0 & 0 & 0 \end{bmatrix} \begin{bmatrix} 0 & 1 & 1 & 0 \\ 0 & 0 & 0 & 1 \\ 0 & 0 & 0 & 1 \\ 1 & 0 & 0 & 0 \end{bmatrix} = \begin{matrix} 1 \\ 2 \\ 3 \\ 4 \end{matrix} \begin{bmatrix} 1 & 2 & 3 & 4 \\ 0 & 0 & 0 & 2 \\ 1 & 0 & 0 & 0 \\ 1 & 0 & 0 & 0 \\ 0 & 1 & 1 & 0 \end{bmatrix}$$

在 K_2^2 中各行、列与各点的对应关系仍保持不变,其中的格值表示对应的两点间步长为 2 的途径的条数。若连接线有方向时,则仍以行对应起点,列对应终点。例如由 K_2^2 可知,从 P_1 到 P_4 的步长为 2 的途径有两条,从 P_2 到 P_1、P_3 到 P_1、P_4 到 P_2、P_4 到 P_3 分别有一条步长为 2 的途径,其余各点之间不存在步长为 2 的途径。

推广到一般的情形:设 K 为一连接矩阵,则 K^T($T = 1,2,3\cdots\cdots$)中各行、各列与各点的对应关系与 K 相同,而且,若连线有方向,则仍以行对应起点,列对应终点;K^T 中的格值表示对应的两点间步长为 T 的途径的条数(格值为 0 表示不存在从一点到另一点的步长为 T 的途径)。

将连接矩阵 K 及其各次乘积加起来,得到所谓可达矩阵(reachability):

$$R^T = K + K^2 + \cdots\cdots + K^T$$

R^T($T = 1,2,3\cdots\cdots$)的格值(包括为 0 的格值)表示对应点之间步长不超过 T 的途径数。

(2) 捷径矩阵(path distance matrix):

$$D^T = K^{1'} + K^{2'} + K^{3'} + \cdots\cdots + K^{T'}$$

($T = 1,2,3\cdots\cdots$),其中 $K^{1'} = K$ 为连接矩阵,$K^{S'}$($1 < S \leqslant T$)第 i 行 j 列的格值 $Z_{ij}(K^{S'})$ 按如下法则确定：

$$Z_{ij}(K^{S'}) = \begin{cases} S, & \text{若 } K, K^2 \cdots\cdots, K^{S-1} \text{ 对应的第 } i \text{ 行 } j \text{ 列的} \\ & \text{格值均为 } 0, \text{而 } K^S \text{ 对应的格值不为 } 0, \\ 0, & \text{其他} \end{cases}$$

因为当且仅当 $Z_{ij}(K^{S'}) = S \neq 0$ 时,表示在网中存在着由 P_i 点到 P_j 点的步长为 S 的捷径,而且此时 D^T 的第 i 行 j 列的格值 $d_{ij} = Z_{ij}(K^{S'})$,所以 D^T 中的格值 d_{ij} 不为零时表示对应的 P_i 点与 P_j 点之间存在着步长为 d_{ij} 的捷径;若 $d_{ij} = 0$,则 $Z_{ij}(K^{1'}) = Z_{ij}(K^{2'}) = \cdots\cdots = Z_{ij}(K^{T'}) = 0$,表示在 P_i 点与 P_j 点之间不存在步长小于 T 的捷径。

因为在由 N 个点组成的网络中，捷径的步数 $\leqslant N-1$，所以 D^{N-1} 中的非零格值已经将网中所有相互之间有连接的点之间的捷径表示了出来，而其中等于 0 的格值则表示对应的两点之间没有连接。D^{N-1} 称为最捷矩阵，通常用 D 表示。

现仍以图 20.10 所示的社会网为例，计算最捷矩阵。在此例中 $N-1=3$。

已知

$$K_2 = \begin{bmatrix} 0 & 1 & 1 & 0 \\ 0 & 0 & 0 & 1 \\ 0 & 0 & 0 & 1 \\ 1 & 0 & 0 & 0 \end{bmatrix}, \quad K_2^2 = \begin{bmatrix} 0 & 0 & 0 & 2 \\ 1 & 0 & 0 & 0 \\ 1 & 0 & 0 & 0 \\ 0 & 1 & 1 & 0 \end{bmatrix},$$

又

$$K_2^3 = K_2 \cdot K_2^2 = \begin{bmatrix} 2 & 0 & 0 & 0 \\ 0 & 1 & 1 & 0 \\ 0 & 1 & 1 & 0 \\ 0 & 0 & 0 & 2 \end{bmatrix}$$

所以

$$K^{2'} = \begin{bmatrix} 0 & 0 & 0 & 2 \\ 2 & 0 & 0 & 0 \\ 2 & 0 & 0 & 0 \\ 0 & 2 & 2 & 0 \end{bmatrix}, \quad K^{3'} = \begin{bmatrix} 3 & 0 & 0 & 0 \\ 0 & 3 & 3 & 0 \\ 0 & 3 & 3 & 0 \\ 0 & 0 & 0 & 3 \end{bmatrix},$$

$$D = D^3 = K + K^{2'} + K^{3'} = \begin{bmatrix} 3 & 1 & 1 & 2 \\ 2 & 3 & 3 & 1 \\ 2 & 3 & 3 & 1 \\ 1 & 2 & 2 & 3 \end{bmatrix}$$

由 D 可知，譬如，在 P_2 与 P_1、P_3、P_4 之间分别有步长为 2、3、1 的捷径。

3. 对关系的基本计量。对关系的计量是对网中关系的分布状况及特征给予量化的描述。这种描述又分为绝对量的描述与相对量的描述两种，前者有点出度、点入度、点的连接度等，后者有网的密度、网的凝聚度、网的多元度、点的中心值、相对中心值、声望等。

(1) 点出度。某一点的点出度是当连接线有方向时，自该点引出的连接线的数目。它是连接矩阵中与该点对应的行的格值之和，连接矩阵中第 i 行所对应的 P_i 点的点出度为：

$$\text{Out degree}_i = \sum_{j=1}^{N} Z_{ij}$$

例如,图 20.10 中 P_1 点的点出度为:

$$\text{Out degree}_1 = 2$$

(2) 点入度。某一点的点入度是当连接线有方向时,以该点为终点的连接线的数目。它是连接矩阵中与该点对应的列的格值之和,连接矩阵中第 j 列所对应的 P_j 点的点入度为:

$$\text{In degree}_j = \sum_{i=1}^{N} Z_{ij}$$

例如,图 20.10 中 P_1 点的点入度为:

$$\text{In degree}_1 = 1$$

(3) 点的连接度。某一点的连接度是该点连接线的数目或(在连接线有方向时)进、出线的总数。它是连接矩阵中与该点对应的行和列的所有格值之和,P_t 点的连接度为:

$$\text{degree}_t = \sum_{j=1}^{N} (Z_{tj} + Z_{jt})$$

当连接线有方向时,一点连接度即为该点的点出度与点入度之和。例如,图 20.10 中 P_1 点的连接度为:

$$\text{Degree}_1 = 3$$

点的连接度是描述一点与其他多少点有直接关系的数量指标。

(4) 密度。密度是社会网中实际有的连接线数与可能有的连接线数之比。它是一个从相互有直接关系的点是多还是少的意义上来说明网中关系的密切程度的相对指标。在有 N 个点的网中,最多可能有的连接线数为 $N^2 - N$,它是连接矩阵 K 中除对角线上的格值以外的其余格值的个数(包括为 0 的格值)。实际有的连接线数即 K 中所有格值之和 $\sum_{i=1}^{N}\sum_{j=1}^{N} Z_{ij}$。所以,密度

$$\text{Density}_k = \frac{\sum_{i=1}^{N}\sum_{j=1}^{N} Z_{ij}}{N^2 - N}$$

显然,$0 \leqslant \text{Density} \leqslant 1$。

(5) 网的凝聚度。当关系有方向时,具有形如图 20.11 的对偶关系的点之间往往关系较强。凝聚度就是一个计量对偶关系相对数量的指标。它是实际有的对偶关系数与可能有的对偶关系数之比。凝聚度的计算公式是:

$$G = \frac{\sum_{i=1}^{N}\sum_{j=1}^{N}(Z_{ij} + Z_{ji})}{(N^2 - N)/2}$$

式中：

$$(Z_{ij} + Z_{ji}) = \begin{cases} 1, 若 Z_{ij} = Z_{ji} = 1; \\ 0, 其他 \end{cases}$$

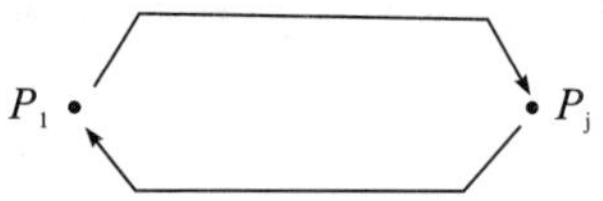

图 20.11　对偶关系

（6）网的多元度。多元度考查的是网中多元关系的密度。当一个网中存在 t 种不同的关系时，则有 t 个对应的连接矩阵 $K_1, K_2, \cdots\cdots, K_t$。设 $K = K_1 + K_2 + \cdots\cdots + K_t$，$Z_{ij}$ 是 K 中的格值，可以计算 m 元多元度（$m \leqslant t$）：

$$M = \frac{\sum_{i=1}^{N}\sum_{j=1}^{N} Z_{ij}(m)}{N^2 - N}$$

其中，

$$Z_{ij}(m) = \begin{cases} 1, 若 Z_{ij} \geqslant m; \\ 0, 若 Z_{ij} < m. \end{cases}$$

密度、网的凝聚度、网的多元度可用于网之间的比较。

（7）点的中心值。点的中心值是点的连接度与网中连接线总数之比。对于网中的每一个点都可以计算一个中心值。P_t 点的中心值为

$$C_t = \frac{\sum_{j=1}^{N}(Z_{tj} + Z_{jt})}{\sum_{i=1}^{N}\sum_{j=1}^{N} Z_{ij}}$$

点的中心值是对于点在网中相对地来说与其他点关系的多少的一个评价。

（8）相对中心值。相对中心值是计量经过一个点的捷径数多少的相对指标。设 g_{ij} 是 P_i 与 P_j 点之间的捷径数，以 g_{imj} 表示其中经过 P_m 点的捷径数，定义 P_m 点的相对中心值为：

$$C_B(P_m) = \frac{\sum_{i \neq j} \frac{g_{imj}}{g_{ij}}}{(N^2 - 3N + 2)/2}$$

上式中 $\frac{g_{imj}}{g_{ij}}$ 的最大值为 1，$(N^2 - 3N + 2)/2 = C_{N-1}^{N-2}$（组合数）是 $\sum_{i \neq j} \frac{g_{imj}}{g_{ij}}$ 的最大值，它也是 P_m 点在网中可能连接的点对（以 P_m 为中介点）的总和。

(9) 声望。社会网中 P_i 点的声望定义为：

$$PR_i = \frac{I_i}{(N-1)CE_i}$$

式中 I_i 称为 P_i 点的影响度(Influence Domain)，其公式为：

$$I_i = \sum_{j=1}^{N} Q_{ji},$$

$$Q_{ji} = \begin{cases} 1, \text{若在捷径矩阵中 } d_{ji} \neq 0, i \neq j; \\ 0, \text{其他} \end{cases}$$

由捷径矩阵的意义知，I_i 是在社会网中以 P_i 为终点，与 P_i 点有直接或间接关系的点的个数；为了理解为什么称 I_i 为影响度，可以形象地理解它表示有多少人拥护 P_i 或听取 P_i 的意见。

又，式中

$$CE_i = \frac{\sum_{j \neq i} d_{ji}}{I_i}$$

它表示各点到 P_i 点的捷径的平均步长。CE_i 又称为集中值(centralization)。

由此可以看到，点的声望决定于两个因素，一是有多少点受其影响，受影响的点越多，声望越高；二是受影响的各点到该点的距离(捷径的步长)，距离越短，声望越高。此外，在声望公式中除以 $N-1$ 是为了消除网中点的个数的影响，便于不同网之间的比较。

三、位置的确定

确定位置，除了考虑点的社会意义外，从技术上来说，有两种方法：

1. 凝聚法。在一个网中可能有某些点之间的关系较为密切，凝聚法就是将这些点归为一类，从而确定其位置。通过此法确定的位置又分为两类，一类称为派系，另一类称为社会圈。两者的差别在于前者不能重叠，而后者可以重叠，即一个社会圈中的点也可以属于另一个社会圈，而两个派系却不能有共同的点。

按照严格的定义，派系(clique)应是相互之间直接连接(双向或无方向)的三个以上的点组成的一个点群。例如图 20.8 中甲城的①、②、③、④4 个高校就构成一个严格意义上的派系。不过这一定义过于严格，在实际中往往不易达到，而且如此确定的派系无法形成内部结构，因此必须对此定义进行放松。如何进行放松目前尚无一定之规。下面介绍两个常用的定义派系的方法。

(1) n 长派系。n 长派系是这样的一个点群：各点之间相互连接(无方向或双向)，且各点之间捷径的步长 $\leqslant n$。就是说，各点之间不一定要相互直接连接，

但派系内每一点在 n 步之内都可以达到派系内的其他各点。这样可以去掉那些与其他点关系微弱,特别是关系单线发展的点。n 取多大应视具体情况而定,n 越大定义越松。仍以图 20.8 的某两城市高校学术交流网为例,其中的①、②、③、④、⑤、⑥构成一个 2 长派系。

(2) K-派系。K-派系是这样一个点群:点群内的 n 个点相互直接或间接连接,且每一点至少与点群内的其他 $n-K$ 个点直接连接。显然 K 越大,定义越松,派系内所能包含的点可能越多。例如,在图 20.1 所示的某商店职工的朋友网中,③、④、⑥、⑧组成一个 2-派系。

2. 结构同等性。结构同等性是认为在网的结构中处于同一层次的点构成一个位置。也就是说,与除自身以外的其他点具有相同的直接关系的点属于同一个位置。如在图 20.12(a)中,A_1、A_2、A_3 构成一个位置,B_1、B_2、B_3 构成另一个位置。

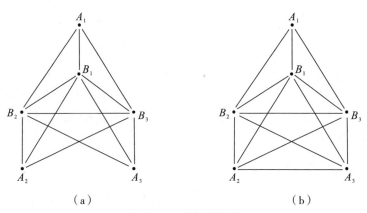

图 20.12 结构同等性

这种确定点的位置的方法与凝聚法截然不同,它只考虑所考查的点与其他点之间的直接关系是否相同,而这些点之间可以像 B_1、B_2、B_3 那样每两点之间都有直接关系,也可以像 A_1、A_2、A_3 那样相互之间完全无直接关系。不过,在位置内部不能只有部分点之间存在直接关系。譬如在图 20.12(b)中,A_1、A_2、A_3 就不构成一个位置,因为 A_1、A_2 与 A_3 的关系不同。这时网中有三个位置:A_1 单独构成一个位置,A_2、A_3 和 B_1、B_2、B_3 分别构成另外两个位置。

可以利用连接矩阵来确定结构同等的点。

首先,对于社会网中的任意两点 P_i、P_j 可以计算它们之间的社会距离:

$$SD_{ij} = \sqrt{\sum_{q \neq i,j}((z_{iq}-z_{jq})^2 + (z_{qi}-z_{qj})^2)}$$

如果网中有一组关系,则可以计算任意两点关于这一组关系的社会距离:

$$SD_{ij} = \sqrt{\sum_{k=1}^{t}\left[\sum_{q\neq i,j}((z_{iqk}-z_{jqk})^2+(z_{qik}-z_{qjk})^2)\right]}$$

上式中 z_{iqk}、z_{qik} 等表示与第 k 个关系对应的连接矩阵中的格值,t 为所考虑的关系的个数。求出所有各点间的社会距离后,可以得到一个以 SD_{ij} 为格值的社会距离矩阵。

按照前面的定义,若 $SD_{ij}=0$,则 P_i 点与 P_j 点属于结构同等的点。这一关系具有传递性,即,若 P_i 与 P_j、P_j 与 P_e 分别是结构同等的点,则 P_i 与 P_e 也是结构同等的点,所以 P_i、P_j、P_e 属于同一位置。

对于上述定义亦可以放松,方法是给出一个值 α,若 $SD_{ij}\leqslant\alpha$ 则称 P_i 与 P_j 相似,所有彼此相似的点构成一个位置。

α 的值可以通过层次组合分析来确定,其基本原则是:从 0 开始逐步扩大 α 的值,分别考察对应于不同 α 值时各点的组合分类情况,然后根据有关理论或经验确定一个 α 值。

四、统计分析方法的应用

除了上述独特的社会网分析方法和技术以外,一般的统计分析方法也可以被应用于社会网资料的分析。最基本的应用是通过描述性统计反映社会网中点的各项特征的分布状况和点之间关系的分布状况,这对于反映网的全面情况是必不可少的。其次,可以用统计方法进行各种相关分析。比如在主体网的研究中,分析主体的特征与客体的特征之间的相关性(参看下节)。此外,因素分析等各项技术也可用于社会网的分析。

第四节 社会网络分析方法的应用

社会网络分析系统地集中在分析单位间的相互联结和相互依赖方面,它为分析社会关系中的紧张和不对称提供了基本的框架。通过对于相互关系和互动的集中分析,达到由互动形成的各种社会组织形式如小集团、派系等的认识,它将人际关系与制度联系起来。

社会网络分析在社会学研究中有着许多应用,例如城乡差别、男女关系、亲属关系、领导者争取和操纵支持者的方式、流言蜚语的传播方式等等。本节介绍其中的几个方面的研究。

一、小整群体内部结构与人际关系研究

这方面的社会网分析又称社会计量法,它是由美国心理学家莫雷诺在20世纪30年代发展起来的,属于早期的社会网研究。随着社会网研究的兴起,这方面的研究又有新的拓展,成为社会网研究的一个重要的和有成效的方面。

小整群体研究一般是从调查群体内所有成员的特征和他们之间的关系(包括相互之间的评价)入手,然后用社会网分析技术进行分析。具体的例子请参见本书"量表与测验法"一章的第四节"社会计量法"。

二、亲属关系研究

对亲属关系的研究是网络分析技术最早和最成功的应用之一。在此我们主要介绍美国社会学家怀特(Harrison White)所做的研究。

怀特的研究是从确定基本亲属角色着手的。怀特根据西方的亲属制度,以丈夫(H)为主体确定了七个基本亲属角色:父亲(F)、母亲(M)、兄弟(B)、姐妹(Z)、妻子(W)、儿子(S)、女儿(D)。这七个亲属角色在西方的亲属制度中是不重叠的,而且所有其他的亲属角色都可以由这七个角色复合而成。所谓基本亲属角色的复合实际是基本亲属关系的传递。比如Cousin(堂兄妹、表兄妹)就可以用复合亲属角色FBS(父亲的兄弟之子)、MBD(母亲的兄弟之女)等来表示。

由基本亲属角色,怀特进一步确定了"最小角色组",其组成为"丈夫(H)、父亲(F)、兄弟(B)、姐妹(Z)、妻子(W)和儿子(S)"。所谓最小角色组的含义是,组内任意一个角色都不能由其他角色复合而成,而其他任何亲属角色都可以由组内的角色复合而成。比如基本亲属角色中的母亲(M)和女儿(D)就可以分别用FW(父亲的妻子)和SZ(儿子的姐妹)来代替。

利用最小角色组,用社会网的方法可以描绘出整个亲属关系体系。在图20.13中,点是"亲属角色",连线表示角色之间的复合关系,箭头指向允许或可能的复合方向,比如,WZ(妻子的姐妹)这样的复合是可能的,而ZW则不可能。复合可以循环进行,比如$FWFWFW$(曾外祖母)是允许的。图中F上面的⊙和S下面的⊙分别表示可以向上、向下做世代之间的复合,即可以有FF(祖父)和SS(孙子)的复合。

图20.13所示的是西方的亲属关系体系。西方亲属关系体系中的一切角色,亲属关系一切可能的传递(一切可能的角色复合)都可以在图中找到。在不同的文化中,亲属关系体系可能是不同的,比如在多夫制下,"母亲的丈夫"这一角色是有意义的。在每一个文化中都有这样一张类似的无形的亲属关系网,它

实际上是一套关于婚姻的规范体系。

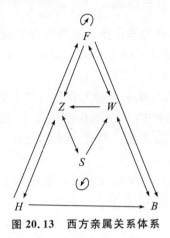

图 20.13　西方亲属关系体系

那么当我们进入一个陌生的社会，比如一个与世隔绝的部落，如何发现其中的亲属关系体系呢？怀特发展出了一套亲属结构分析方法。

这一方法首先是调查哪些人之间可以结婚，哪些家族或家庭之间可以联姻。然后分别做出两个连接矩阵，一个矩阵(形如矩阵 1)，以行代表未婚男性，列代表未婚女性，若两人允许结婚则对应的格值为 1，不允许结婚则对应的格值为 0；另一个矩阵(形如矩阵 2)，以行代表父亲家族，列代表子女家族，格值为 1 表示可以通婚，格值为 0 表示不能通婚。

未婚男子 $\begin{matrix} M_1 \\ M_2 \\ \cdots \\ M_n \end{matrix}\begin{bmatrix} F_1 & F_2 & \cdots & F_k \\ 1 & 0 & \cdots & 1 \\ 1 & 0 & \cdots & 0 \\ \cdots & \cdots & & \cdots \\ 0 & 1 & \cdots & 1 \end{bmatrix}$

矩阵 1

父亲家族 $\begin{matrix} P_1 \\ P_2 \\ \cdots \\ P_n \end{matrix}\begin{bmatrix} S_1 & S_2 & \cdots & S_k \\ 0 & 1 & \cdots & 0 \\ 1 & 0 & \cdots & 1 \\ \cdots & \cdots & & \cdots \\ 1 & 1 & \cdots & 0 \end{bmatrix}$

矩阵 2

最后，按照结构同等性的原则将上述未婚男女和家族进行分类，从中发现婚姻规范和家世通婚规范，就可以大致搞清楚社会的亲属关系体系及家族之间的联姻关系了。

怀特的上述方法虽然有其明显的局限性，即它不一定能完全反映真实的婚姻规范和家世通婚规范，特别是在非封闭社会中。但是它是在亲属关系体系研究中向着更严格、更细致的方向前进的重要一步，而且它还为分析其他类型的社会体系的结构提供了有力的手段。

三、城市社区人际关系研究

上面介绍的小整群体研究和亲属关系研究属于微网研究,即在较小的范围内,对较少的点及其之间的关系进行研究。现在我们以城市社区人际关系研究为例,介绍如何进行大范围内的宏网研究。

以往的社会学研究认为城市化和工业化所带来的后果之一是城市社区中的人际关系淡化。人们之间的社会联系浮浅而变化无常,人们生活在这样的社会里感到很孤单,产生失落感。社会学家称这种社会为"麻失社会"(Mass Society)。

但从60年代开始,人们对城市社区内人际关系的看法有了转变。一方面是英国人类学家的一些研究表明,在城市社区中人际关系仍然起着很大的作用,人们并没有"麻木"和"迷失"。另一方面,以甘斯(Herbert Gans)为代表的观点认为,城市中存在着小群体组织,诸如城市中的居民区落、小街道等,这些小群体组织维系了人们之间的关系。他们用"城市里的村庄"来说明这种小群体组织。但是这些研究在方法上存在着问题。英国人类学家采用对少量个体进行追踪的研究方法,在几个点上可以追踪得很深,但是缺乏代表性。甘斯等人的研究无法证实人际关系与城市化以前的乡村一样,只局限于城市的一小块区域内。

60年代中期以后,一些社会学家开始探索用社会网的方法对城市社区中的人际关系进行深入而有代表性的研究。1965—1966年,美国密西根大学的劳曼(Edward O. Laumann)采用主体网的方法对美国底特律市进行了研究。他研究的主体是从在底特律出生的成年男子中采用分区随机抽样的方法抽取出来的985人。调查的内容主要是让被调查者写出"你最重要的和最要好的三个男朋友",其中最多只能有两个人是被调查者的亲戚,同时让被调查者写出自己和每个客体对政治、工作、婚姻等问题的态度,以及年龄、受教育程度、职业、宗教、闲暇活动等方面的特征。资料收集上来以后,按主体的特征进行归类。然后检验各类人的主体网中的人际关系是否符合一致性理论,即检验客体是否与主体有相同的特征。

研究的结果得出如下结论:(1)城市社区中仍保持着密切的人际关系;(2)人际关系在民族、宗教和职业等方面的一致性很明显,也可以说这些纽带在维系人际关系方面起着重要的作用;(3)属于不同类别的人们之间的关系较疏远,即在类别之间存在着较大的社会距离。

上述结论之所以有意义,很重要的一点是它是在大规模随机抽样的基础上研究得出的,因而具有较强的代表性。后面两个结论用传统的小群体研究方法和人类学方法是不可能得到的。劳夫曼的上述研究是社会网宏网研究的一个突破,它表明用主体网的方法研究宏网是可行的,而且可以借此对一些理论加以验证。

1978—1979年,美国加州大学在费希尔(Claude Fischer)教授的主持下,采用劳夫曼所创立的主体网的方法对加州旧金山湾区进行了一次更大规模的研究。该项研究在全体成人中抽样,对主体和客体的性别及客体的数目均未加以限制。一些具体的做法是:

对于每个主体除了调查他们本身的特征以外,向他们提出了10个问题:

(1) 如果你需要有人替你看门,你会找谁?
(2) 在工作方面要做决策时你找谁商量?
(3) 家务需要人帮忙时你找谁?
(4) 你和哪些人在一起进行社会活动?
(5) 你和哪些人在一起谈论自己的嗜好?
(6) (仅问未婚者)你有哪些很要好的异性朋友(包括未婚妻夫)?
(7) 如果你有烦恼找谁谈谈?
(8) 做重要决定时找谁商量?
(9) 如果需要借大笔的钱,你找谁?
(10) 你家里有哪些成年人?

由这10个问题对于每一个主体可以得到10个主体网,将它们叠加到一起,重复的客体只计一次,便得到一个大的主体网。对于每一个客体,又分别了解他们的年龄、宗教、嗜好等特征,以及他们与主体的关系、关系的密切程度、与主体经常会面的地点、居住地离主体居住地的距离等。

得到上述资料后,在每一主体网中再随机抽取3—5个客体,得一小主体网,然后重访主体,进一步了解他们与主体之间的关系,如:你们是如何认识的?认识多少年了?在一起工作的时间有多长?等等。

通过上述调查得到了大量的资料。这些资料可分为三类:(1)关于主体本身的资料。这次调查共抽取了1500个样本,回收问卷约1000份。(2)关于大主体网的资料。平均每个主体有18.5个客体,总共19,417个客体。(3)关于小主体网的资料。每个主体网重访3—5个客体,总共重访4179人。

对上述资料分析的结果支持了劳夫曼的结论,同时得出了一些新的结论,概括起来主要是:大城市中的人际关系仍然是密切的,但与乡村相比,人际关系的性质有了改变。人际关系的新的特点主要表现在:(1)人们与远亲、邻居和同教堂的人的交往减少了;(2)朋友之间的交往增加了,这种交往是有选择性的,最主要的选择原则是一致性;(3)交往的人不局限于一个地方,交往的地方性减少了,不过交往得多的还是住在较近距离内的人;(4)上述变化并不影响主体网的密度和人们之间的亲密程度,也不影响主体的幸福感(这与麻失社会的结论不同);(5)人际关系网的拉开使得人们的观念、态度有了开放性的转变,尤其是道德观念;(6)由于住在一起和接触的人的语言、肤色、职业、宗教等可能都不同,所以人们对环境中的不同的人群更敏感,防范心理增加。

从上述研究实例中我们可以看到,社会网的研究正在不断发展。目前存在的问题是,由于电子计算机的应用和数理方法的渗透,社会网研究技术发展较快,但是社会网研究的理论发展却较慢,还不成熟。今后社会网研究的发展方向是,吸收数理科学与科学方法论的成果,在实际的社会学研究中发展社会网的理论与研究技术。

(本章在编写中参考了美国纽约州立大学奥本尼分校林楠教授在北京大学社会学系的讲课记录。其中第四节第二和第三个例子,系根据林楠教授讲课记录改写而成。——编者)

第二十一章

数理分析简介

第一节 数理分析的一般概念

所谓资料的数理社会学分析是指从一定的数学理论假定出发,建立数学模型,通过模型分析与预测社会现象的方法。数理分析与统计分析不同,前者是对某类社会现象的理论说明,是在已建立的数理模型的框架中分析这类社会现象的各种可能的数量关系,具体的经验资料只是各种可能性之一,它们可作为特例验证模型,或用于修正模型及其中的系数或参数,因此严格地说,数理分析是一种理论分析,属于实质性科学。而统计分析,正如前面我们曾讲的,是对现实性的经验数据的分析,它不是依据一定的数学模型,而只是分析调查资料中的可能的数量关系。

数理分析方法主要产生于战后美国社会学界,最初使用数理分析方法是在 40 年代,但它的名副其实的发展却是在 50 年代开始的,其后十年取得的重要成果有情报传播模型、社会流动模型、团体结构分析模型、决策模型等。60 年代后数理分析开始走向成熟,经过对已往成果的整理与综合,形成了社会学的一门新的分支学科——数理社会学。这一时期除了有大量各种形式体系的著作出版外,又建立了一些新的分析模型,如运动过程模型、集体行为模型、亲属关系网络模型等。六七十年代所建立的这些模型一般是动态平衡模型,用以描述和分析社会现象的数量变化和因果关系。从 80 年代开始,依据非平衡系统热力学和协同学的原理,人们开始构造能反映社会现象质变(或突变)的非连续过程模型。

所谓模型就是对现实世界进行抽象、模拟所构成的假想世界,由于表述模型的数学方法不同,数理分析中所用的模型可分为两大类,即解析模型和操作模型。解析模型是用数学方程式体系所表现出来的模型,而操作模型是指通过经验的、技术的方法将那些无法用数学方程式表示的情况模型化的产物,如拟态模型和修里斯迪克模型等。解析模型又有动态的过程模型和静态的结构模型之分;必然性模型与随机性模型之分;用于离散型变量的模型和用于连续型变量的模型之分等。过程模型旨在模仿和提供一种对于变化机制的理解,例如态度变化模型,常用的数学工具有微分方程和差分方程。结构模型则试图描绘社会关系的结构,如群体结构和人际关系模型,常使用的数学工具是矩阵代数和图论。随机模型是用于刻画和分析随机现象的过程的,如描述代际社会流动的马尔可夫链模型,这种模型使用的主要数学工具是统计。必然性模型与随机模型相反,是用于分析确定性现象的,如亲属关系结构模型,抽象代数是其主要的数学工具。

建立数学模型的过程也就是在理论、模型、经验资料三者之间建立起一种相互联系的过程。一个好的模型不仅三者本身均有确切的意义,而且三者之间的关系应具有较高的一致性,它不仅要能准确真实全面地反映理论,同时亦能为经验资料所支持。

数理分析的一般程序是(以系统分析为例):

(1) 将研究问题格式化;

(2) 建立描述该系统的数学模型;

(3) 寻求模型的解;

(4) 对模型和解进行检验;

(5) 计算机模拟与计算;

(6) 将最优解付诸实施。

定量调查资料在系统模型分析中的作用:(1)在建立模型之前收集资料以筛选一些主要变量,这种筛选可利用统计分析。(2)收集资料来检验模型,这类似于理论检验研究。例如要研究控制人口增长的问题,则研究人员首先要探寻与人口增长有关的各种变量和各种模式,并将这些要素视为一个互相联系的系统,说明系统的结构、功能和运行机制,然后找出适合于描述这一系统的数学方程以建立模型。下一步是求解数学方程,得出数学解,再用经验资料进行检验,确定各种系数和参数,直到模型与经验资料有较高的拟合度为止。接下来是输入和变换各种参数,在计算机上模拟系统的运动,并计算各种可能的解。假如目标是在 2010 年将人口控制在 13 亿,那么就在各种方案(解)中找出一个最优方案,并按照这一方案的参数值和控制措施加以实施。

第二十一章 数理分析简介

数理模型能精确地描述社会现象的一般状态和实际过程,并能被经验事实所检验。数理分析方法适于作系统分析和有规则性的集体现象的研究。其局限性是:(1)将复杂的社会现象加以简化,因而难于表现社会生活的丰富内容。(2)它只能适用于研究能够精确计量的社会现象,如人口现象、流动现象等。如果研究对象的定量化程度比较低,那么模型的效度就会大大受影响。(3)数理模型一般是小型的,它只能说明社会某一领域或侧面的现象,如公共场所群众的分布与流动、小群体内部的人际交往等,这是由于社会现象的复杂性和综合性所致,目前数理模型主要是一些中小型的理论模型。为克服这些局限性,数理社会学家努力发展一些大型的数理模型,以描述更复杂的社会现象,并利用计算机模拟技术建立操作模型以解决无法用解析方法处理的社会现象。

下面我们将介绍两个数理模型,以说明数理分析的一般概念、过程与方法。

第二节 马尔可夫链和社会流动

在社会学中有关社会流动的研究是其最重要的内容之一,也是到目前为止社会学各研究领域中量化程度最深的一个领域,尤其是现今有关社会流动的研究几乎全是经验研究,而且几乎都是使用非常复杂严谨的数学方法。最著名的社会流动研究是"地位获得研究",它通过建立路径分析模型考察个人目前的职业地位的获得受制于哪些因素,这些因素的相对重要性程度如何,由此透视一个社会的开放程度(参见第十八章"路径分析")。近年来社会流动研究中引入了马尔可夫链的数学模型,开展了非常活跃的研究并取得了令人鼓舞的成果。与"地位获得"研究不同,马尔可夫链作为一种研究事项时间序列的数学模型,它所关注的不是社会地位获得的原因,而是社会地位变迁的宏观过程,由此了解社会发展变化的某种趋势,从而对社会政策进行一定控制或激励,以加速社会的发展。然而,模型是抽象化的东西,在建立模型的过程中必然有某些有意义的东西被抽象掉,但马尔可夫链实不愧为一种精巧的模型,通过对它的不断改进,不仅可以促进我们的研究,而且也对社会做出其贡献。

一、马尔可夫链

任意某事项的时间系列可以进行概率论的分析时,这个系列就称作随机过程,随机过程包括各种情况,其中之一就是马尔可夫过程。

给出某些状态的集合 $\{s_1、s_2、\cdots\cdots、s_n\}$ (例如把 s_i 看成各种不同的职业),所研究的事项在某一瞬间是且只是这些状态之一,然而它从一种状态向另一种状态不断移动,每一次移动都被称作一个阶段。在马尔可夫过程中,从 s_i 移到 s_j 的概率只依存于这个阶段的开始状态 s_i,也就是说,所谓马尔可夫过程就是某阶段事项发生的概率虽然依存于它的前一阶段所产生的结果,但并不依存于它以前的事项所产生的结果的概率过程。

过程中从 s_i 移到 s_j 的概率叫作推移概率,记作 p_{ij},那么正方矩阵

$$P = \begin{bmatrix} p_{11} & p_{12} & \cdots\cdots & p_{1n} \\ p_{21} & p_{22} & \cdots\cdots & p_{2n} \\ \cdots\cdots & \cdots\cdots & & \cdots\cdots \\ p_{n1} & p_{n2} & \cdots\cdots & p_{nn} \end{bmatrix}$$

称作推移概率矩阵,矩阵的各元素 p_{ij} 表示在某时刻的状态 s_i 移到下一时刻状态 s_j 的概率。因此 P 的各行都构成概率向量,且

$$1 \geqslant p_{ij} \geqslant 0$$

$$\sum_{j=1}^{n} p_{ij} = 1 \quad (i = 1, 2, \cdots\cdots, n)$$

在马尔可夫过程中,P 不随时间变化时,此即,在所研究事项的时间系列中,所有相邻二时刻的状态之间的关系被同一 P 表示时,它就叫作马尔可夫链。当各时刻的状态数有限时,称作有限马尔可夫链,本章所提马尔可夫链都是指有限马尔可夫链而言的。

在马尔可夫链模型中,出发状态用概率行向量表示,记作 $\vec{v}^{(0)}$,称为初始分布。如果推移矩阵 P 及初始分布 $\vec{v}^{(0)}$ 被确定,马尔可夫链就完全被决定下来,因此,它具有了利用矩阵理论能够统一表述的特征。

马尔可夫链和社会移动相关的几个定理如下:

1. 任意 n 阶段后状态的概率分布 $\vec{v}^{(n)}$ 可以在推移概率矩阵 P 上左乘 $n-1$ 阶段后状态的概率分布 $\vec{v}^{(n-1)}$ 而得到。也就是,根据定义马尔可夫过程有以下系列:

$$\vec{v}^{(0)} P = \vec{v}^{(1)} \quad (\text{第 1 阶段})$$
$$\vec{v}^{(1)} P = \vec{v}^{(2)} \quad (\text{第 2 阶段})$$
$$\vec{v}^{(2)} P = \vec{v}^{(3)} \quad (\text{第 3 阶段})$$
$$\cdots\cdots \qquad \cdots\cdots$$
$$\vec{v}^{(n-1)} P = \vec{v}^{(n)} \quad (\text{第 } n \text{ 阶段})$$
$$\cdots\cdots \qquad \cdots\cdots$$

2. 任意 n 阶段后状态的概率分布 $\vec{v}^{(n)}$ 可以通过在推移概率矩阵 P 的 n 次幂

第二十一章 数理分析简介

上左乘初始分布$\vec{v}^{(0)}$而得到,即

$$\vec{v}^{(0)} P \cdot P = \vec{v}^{(0)} P^2 = \vec{v}^{(2)}$$

……

$$\vec{v}^{(0)} P^n = \vec{v}^{(n)}$$

3. 首先定义正则遍历性马尔可夫链和吸收马尔可夫链,所谓正则遍历性马尔可夫链指的是推移概率矩阵 P 的任何次幂都是正的元素($p_{ij} > 0$),即不管从 $\vec{v}^{(0)}$ 的哪种状态出发,到达其他所有的状态都是可能的马尔可夫链。正则遍历性马尔可夫链简称正则马尔可夫链。所谓吸收马尔可夫链指的是推移概率矩阵中有 $p_{ii} = 1$ 的元素,也就是,至少具有一个从那里不能漏掉而被全部吸收的状态 s_i,从其他所有状态到达吸收状态都是可能的马尔可夫链。

正则马尔可夫链不管初始分布如何,在相当长的阶段后,接近成为

$$\vec{v}^{(n-1)} = \vec{v}^{(n)}$$

这种一定的分布,称为不变分布,用$\vec{\alpha}$表示。对于$\vec{\alpha}$有

$$\vec{\alpha} P = \vec{\alpha}$$

这种情况,意味着推移概率矩阵 P 存在着极限矩阵

$$\lim_{n \to \infty} P^n = A$$

这里的 A 由同一的概率行向量$\vec{\alpha}$形成。

4. 关于正则马尔可夫链:

$$Z = (I - P + A)^{-1}$$

称作正则马尔可夫链的基本矩阵。Z 的各元素表示来自 $n \to \infty$ 的各阶段 P^n 的平衡状态(极限状态)A 的偏差总和,此处 I 是单位矩阵。

利用基本矩阵可以得到从状态 s_i 出发最初到达状态 s_j 的平均时间(阶段数),叫作平均第一到达时间,以 m_{ij} 表示。$i = j$ 时,把它叫作平均回复时间。

以 m_{ij} 为元素的矩阵 M,

$$M = (I - Z + E Z_{dg}) D$$

此处,E 是所有元素为 1 的矩阵,Z_{dg} 是 Z 的对角矩阵,D 表示向量$\vec{\alpha}$元素 α_j 的倒数 $1/\alpha_j$ 所构成的对角矩阵。

5. 吸收马尔可夫链的性质。具有 r 个吸收状态和 s 个非吸收状态的马尔可夫链的推移概率矩阵,通过改列状态的顺序,可以表示成四个小矩阵的形式:

$$P = \begin{array}{c} r\text{行} \\ s\text{行} \end{array} \overbrace{\left[\begin{array}{c|c} I & 0 \\ \hline R & Q \end{array} \right]}^{r\text{列} \quad s\text{列}}$$

这叫作吸收马尔可夫链的标准型,此处 0 是所有元素为 0 的矩阵。

吸收马尔可夫链的推移概率矩阵 P 的 n 次幂 P^n 成为

$$P^n = \left[\begin{array}{c|c} I & 0 \\ \hline R^n & Q^n \end{array}\right]$$

其中 $R^{(n)} = (I + Q + Q^2 + \cdots\cdots + Q^{n-1})R$。

6. 吸收马尔可夫链的基本矩阵:

$$N = (I - Q)^{-1}$$

基本矩阵 N 是 s 阶正方矩阵,各元素表示从各非吸收状态 $\{s_{r+1}、s_{r+2}、\cdots\cdots、s_{r+s}\}$ 完全进入吸收状态通过各吸收状态的次数期望值(均值)。

此外,基本矩阵的行和表示了从非吸收状态出发到被吸收为止的平均阶段数。

当 $n \to \infty$ 时,

$$\lim_{n \to \infty} P^n = \left[\begin{array}{c|c} I & 0 \\ \hline NR & 0 \end{array}\right]$$

这里 NR 表示从各非吸收状态出发被吸收为各吸收状态 $\{s_1、s_2、\cdots\cdots、s_r\}$ 的概率。

二、社会流动

社会流动有各种类型,如代际流动、代内流动等,代际流动常指两代人之间的职业推移变化。从代际社会流动可以研究社会的变化、探寻社会发展的趋势,一般上下两代人相距二三十年,通过马尔可夫链模型分析这二三十年前后职业的推移,可以得出职业变化的趋势。

(一) 社会流动的测量

将社会流动的数据表示成表 21.1,此表称为社会流动表。$s_1、s_2、\cdots\cdots、s_h$ 代表各种职业,此类职业分类要求达到使每个被调查者都能属于其中一种且只能属于其中一种。时刻 I 表示上一代,时刻 II 表示下一代,$f_{ij}(1 \leqslant i \leqslant h, 1 \leqslant j \leqslant h)$ 则表示上一代职业为 s_i 的下一代职业为 s_j 的频数(人数)。在表 21.1 中分别以 n_i 去除 f_{ij} 就得到两个时刻(上下两代)之间的推移概率矩阵。假设这个概率推移矩阵不随时间变化,就可以把这个社会流动过程作为马尔可夫链来处理,从而对社会流动的特征进行测量和描述,以及对未来发展趋势进行某种预测。

表 21.1　社会流动表

时刻Ⅰ \ 时刻Ⅱ	s_1	s_2	……	s_h	计
s_1	f_{11}	f_{12}	……	f_{1h}	n_1
s_2	f_{21}	f_{22}	……	f_{2h}	n_2
⋮	⋮	⋮		⋮	⋮
s_h	f_{h1}	f_{h2}	……	f_{hh}	n_h
计	m_1	m_2		m_h	n

下面列举日本1965年社会流动的全国调查和美国1962年人口普查的数据进行说明。为简单起见，将职业归纳为非体力劳动的职业（白领）、体力劳动的职业（蓝领）和农业三类。表21.2是根据调查数据得到的两国社会流动的推移概率矩阵。

表 21.2　推移概率矩阵

日本（1965）

父 \ 子	白领	蓝领	农业
白领	0.764	0.201	0.035
蓝领	0.364	0.590	0.046
农业	0.308	0.332	0.360

美国（1962）

父 \ 子	白领	蓝领	农业
白领	0.703	0.282	0.015
蓝领	0.427	0.557	0.016
农业	0.288	0.496	0.216

这两个矩阵代表了社会流动的两种推移变化的类型。将二矩阵予以比较，可以发现日本的世袭比率（对角线上的元素值）相对于美国为高，从农业转到蓝领和白领的概率大体相等，美国的世袭比率相对来说较低，从农业转到蓝领和白领大致以3∶5的比例进行。总之，从总体上看，这两种类型是比较相近的。

表 21.3　北京市（1982）推移概率矩阵

父 \ 子	非体力	体力	农业
非体力	0.4370	0.5486	0.0144
体力	0.1054	0.7933	0.1013
农业	0.0339	0.5214	0.4447

根据1982年北京市人口普查的数据,北京市的推移概率矩阵如表21.3,从表中可以看出北京市社会流动的情况,矩阵对角线上的元素,除中间的较高外,其余均较低,就是说,父亲从事体力劳动的职业,儿子也从事体力劳动的职业,这种概率为0.7933,从非体力劳动职业转到体力劳动的职业的概率为0.5486,从农业转到体力劳动职业(工副业)的概率为0.5214,研究表21.3的第1列,0.4370比0.1054和0.0339大得多,说明非体力劳动者的下一代有较大的机会进入非体力劳动职业的行列。

1. 职业分布的未来趋势

利用推移概率矩阵可以预测未来的状态,这种预测沿两个方向进行。一个是将社会全体的职业分布作为研究的问题,这称作集合过程。另一个是将处于某种职业 s_i 的个人的子孙处于各自社会地位的概率作为研究的问题,称作个人过程。

以下只研究集合过程,表21.4将日本和美国调查时刻的职业分布作为 $\vec{v}^{(0)}$,将未来趋势推至 $n=4$(代)。

对表21.4中美国和日本情况进行比较,白领职业方面,二者现在的分布和未来趋势都极为相近;但在蓝领职业和农业方面,现在的分布就有很大不同,未来的趋势中,虽然二者农业的比例都有单调减少的趋势,但在蓝领职业方面,美国有渐减的趋势,日本有一个阶段增加,从第2代之后才逐渐减少。

表21.4　日、美两国职业分布的未来趋势 $\vec{v}^{(n)}$　　　　(%)

n	日　　本(1965)			美　　国(1962)		
	白领	蓝领	农业	白领	蓝领	农业
现在(0)	46.1	34.9	19.0	46.3	45.9	7.7
1	58.3	36.2	10.0	54.4	42.5	3.1
2	57.4	35.5	7.1	57.3	40.6	2.1
3	59.0	34.8	6.2	58.1	39.9	2.0
4	59.7	34.4	5.9	58.5	39.9	1.9
∞	60.2	34.1	5.7	58.6	39.5	1.9

根据1982年北京市人口普查数据所推测的未来趋势如表21.5,这种趋势反映出,在体力劳动职业方面,今后几代人中比例将不断增加,而农业方面则不断递减,值得注意的是非体力劳动职业所占的比例在不断递减。

表 21.5　北京市职业分布的未来趋势　　　　　　　　（%）

n	非体力劳动	体力劳动	农业
现在(0)	22.87	51.64	25.49
1	16.30	66.80	16.90
2	14.74	70.75	14.51
3	14.39	71.78	13.83
4	14.32	72.05	13.63
5	14.31	72.12	13.57
6	14.31	72.14	13.55
∞	14.32	72.14	13.54

2. 职业分布的稳定状态

职业分布的稳定状态就是正则马尔可夫链的不变分布，表 21.4 和表 21.5 最后一行就是所求得的不变分布。在不变分布上，美、日两国大体相似，但向不变分布收敛的速度有所不同，对美国而言，第 7 代以后就收敛于不变分布了，而日本则在第 11 代以后才收敛于不变分布。这种收敛速度的差异反映出两国工业化进展的差异。

就北京市的情况看，在第 7 代以后趋于不变分布，这种收敛于不变分布的速度还是较快的，这反映出发展中国家工业化的进展情况。

3. 第一到达时间（循环时间）

表 21.6 是美、日两国各自的平均第一到达时间（平均循环时间）。矩阵 M 的各元素 m_{ij} 显示了现在（$n=0$）状态 s_i 最初到达 s_j 为止的时间（阶段数）的均值，这种第一到达时间反映了社会职业间流动的难易程度。

表 21.6　第一到达时间（循环时间）

日本(1965)（世代数）				美国(1962)（世代数）			
出发＼到达	上	中	下	出发＼到达	上	中	下
上	4.83	2.54	9.90	上	2.97	2.76	6.77
中	6.88	1.71	10.23	中	4.17	2.45	5.67
下	7.98	3.24	4.81	下	5.16	2.72	3.93

美、日两国相比较,大体相似。美国方面的流动,特别是向上流动要容易一些,拿上层和中层的流动来看,向上流动(中→上)和向下流动(上→中)的比值,日本为 6.88/2.54 = 2.71,美国为 4.17/2.76 = 1.51,可见美国上部凝固性小,相对而言,向上流动要容易一些。

4. 平均停留时间

平均第一到达时间显示了流动的难易程度,但对角线上的平均循环时间是值得注意的。平均循环时间是从状态 s_i 出发(也包括全然没有流动)再次返回 s_i 的平均时间,如果其值小即不易发生流动,其社会职业显示出固定性。

从某状态出发,停留于和出发时同样状态的持续时间(阶段数)的均值,就是平均停留时间。把状态 s_i 的平均停留时间作为 t_i,

$$t_i = 1/(1 - p_{ii})。$$

平均停留时间的标准差 σ_i,

$$\sigma_i = \sqrt{p_{ii}}/(1 - p_{ii})。$$

表 21.7 是美、日两国的停留时间(阶段数)的均值和标准差。将两国的平均停留时间和平均循环时间的大小相比较,可以看到下层是同方向的,但上层和中层是反方面的。

表 21.7　各阶层的停留时间　(世代数)

	日本(1965)			美国(1962)		
	上	中	下	上	中	下
均　值	1.85	3.95	2.67	2.22	1.89	2.03
标准差	1.26	3.41	2.11	1.64	1.30	1.45

5. 中间层的分解

中间层的分解现象,是指将上层和下层看作吸收状态,现在属于中层(中间层)所包括的职业种类以怎样的概率被上层和下层所分解(吸收)。

根据 1965 年日本的数据,

$$I = \begin{matrix} 上层 \\ 下层 \end{matrix} \begin{matrix} 上层 & 下层 \\ \begin{bmatrix} 1 & 0 \\ 0 & 1 \end{bmatrix} \end{matrix}$$

$$R = 中层 \begin{matrix} 事务 \\ 贩卖 \\ 熟练工人 \end{matrix} \begin{matrix} 上层 & 下层 \\ \begin{bmatrix} 0.265 & 0.240 \\ 0.167 & 0.167 \\ 0.113 & 0.270 \end{bmatrix} \end{matrix}$$

$$Q = \begin{matrix} \text{事务} \\ \text{贩卖} \\ \text{熟练工人} \end{matrix} \begin{matrix} \text{事务} & \text{贩卖} & \text{熟练工人} \end{matrix} \\ \begin{bmatrix} 0.283 & 0.150 & 0.062 \\ 0.135 & 0.457 & 0.074 \\ 0.136 & 0.147 & 0.334 \end{bmatrix}$$

基本矩阵 N，

$$N = [I - Q]^{-1} = \begin{bmatrix} 1.521 & 0.474 & 0.195 \\ 0.435 & 2.039 & 0.270 \\ 0.407 & 0.547 & 1.601 \end{bmatrix}$$

所以，

$$NR = \begin{matrix} \text{事务} \\ \text{贩卖} \\ \text{熟练工人} \end{matrix} \begin{matrix} \text{上层} & \text{下层} \end{matrix} \\ \begin{bmatrix} 0.504 & 0.496 \\ 0.484 & 0.516 \\ 0.380 & 0.620 \end{bmatrix}$$

同样，根据美国1962年的数据有，

$$NR = \begin{matrix} \text{事务} \\ \text{贩卖} \\ \text{熟练工人} \end{matrix} \begin{matrix} \text{上层} & \text{下层} \end{matrix} \\ \begin{bmatrix} 0.625 & 0.375 \\ 0.649 & 0.351 \\ 0.443 & 0.557 \end{bmatrix}$$

NR 的各元素表示了从各非吸收状态出发被吸收于各吸收状态的概率。实际上从中间层不流出的部分也有从上层、下层流入的，所以，这个 NR 也有显示中间分解状况的不足之处。

（二）马尔可夫链运用方面的问题

1. 关于推移率一定的假定

马尔可夫链的一个基本假定是，时间点的推移概率不随时间变化，这个假定对于社会流动而言并非现实，因为社会流动的一个阶段就是一个世代，间隔约为30年，推移概率要经历几个世代都不变化是非常困难的，因此，运用马尔可夫链进行预测，计算得来的 $\vec{v}^{(n)}$ 并不能准确地代表 n 代以后的职业分布状况。

2. 关于马尔可夫过程

马尔可夫链是马尔可夫过程的特殊情况，某时刻状态的概率被假定只依存于其前一状态的结果，即社会流动中，子代职业的概率被假定只由其父代职业来影响的。然而，实际研究清楚表明，子代职业不仅受父代而且也受到祖代的影响。为了解决这个问题，可利用高次马尔可夫链模型。

3. 推移概率矩阵的代表性

社会流动的推移概率矩阵是由世代间的社会流动表所表示的。但这个推移概率矩阵基于如下两点理由不能说是正确反映了社会流动的状况的。

(1) 社会流动的推移矩阵,通常能够比较调查对象(本人)的现在职业(时刻Ⅱ)和父亲的职业,但调查对象的年龄由于明显地看作一般的在职年龄而包络了广泛的年龄层,所以其父辈从事各职业的时间也包络了从现在到六七十年前为止的长时间范围。因此,所谓时刻Ⅰ并不意味着是30年前的时刻。根据这个推移概率矩阵和现在职业分布$\vec{v}^{(0)}$所求出来的$\vec{v}^{(1)}$不能说是严格代表了30年后的哪一时刻职业分布的概率。

(2) 社会流动,比较父子的职业,虽然很简单,但为了运用马尔可夫链模型必须确立每个父亲只有一个儿子的假定,这假定显然是不现实的,因为单身汉和无孩子或有两个以上孩子的夫妇不知该有多少。

基于这些,关于作为社会流动的测量、表述工具的马尔可夫链模型的有效性和权威性应予认真研究。

三、马尔可夫链的可能性

尽管现实的推移概率不是一定的,但限定分析的目的还是能从马尔可夫链模型中引出有价值的情报来的。所限定的目的首要一条是知道现在的瞬间变化的特征,也就是虽然不可能预测很远的将来,但可以利用马尔可夫链模型所反映的特征来说明现在瞬间社会流动的性质。虽然具体数字用于预测会有很大差距,可是对于趋势的预测仍是很有用处的。

推移概率矩阵反映了一种变化,如果变化的性质和趋势清楚,就能知道关于状态概率预测值的上限(或下限)。

例如掌握了各年龄的死亡率,i 岁的年死亡率为 p_i,i 岁的人一年后就成为 $(i+1)$ 岁,概率为 $1-p_i$,关于现在 i 岁的人一年后的状态推移概率矩阵。

此时假定短时间内 p_i 不发生变化,利用马尔可夫链模型可以相当准确地进行预测。因为 $p_d = 1$,如果更假定 p_i 经过长时间都不发生变化,那么就能运用吸收马尔可夫链模型。

$$P = \begin{array}{c} \\ 0\text{岁} \\ 1\text{岁} \\ 2\text{岁} \\ \cdots \\ 100\text{岁} \\ \text{死亡} \end{array} \begin{array}{c} \phantom{0\text{岁}}0\text{岁} \quad 1\text{岁} \quad 2\text{岁} \quad \cdots \quad 100\text{岁} \quad \text{死亡} \\ \left[\begin{array}{cccccc} 0 & 1-p_0 & 0 & \cdots & 0 & p_0 \\ 0 & 0 & 1-p_1 & \cdots & 0 & p_1 \\ 0 & 0 & 0 & \cdots & 0 & p_2 \\ \cdots & \cdots & \cdots & \cdots & \cdots & \cdots \\ 0 & 0 & 0 & \cdots & 0 & p_{100} \approx 1 \\ 0 & 0 & 0 & \cdots & 0 & p_d = 1 \end{array} \right] \end{array}$$

将上面的推移概率矩阵改成标准型,这里的 P_C 右下角小矩阵以 Q 表示,求取吸收马尔可夫链的基本矩阵 N,这个 N 的各行和表示了从非吸收状态(0岁,1岁,2岁,……,100岁)出发达到吸收状态(死亡)被吸收为止的平均阶段数(平均年数),这就是平均寿命。但年死亡率不可能长期保持不变,一般呈下降趋势,所以上述方法求得的平均寿命是预测值的下限。

$$P_C = \begin{matrix} & \text{死亡} & \text{0岁} & \text{1岁} & \text{2岁} & \cdots & \text{100岁} \\ \text{死亡} & 1 & 0 & 0 & 0 & \cdots & 0 \\ \text{0岁} & P_0 & 0 & 1-P_0 & 0 & \cdots & 0 \\ \text{1岁} & P_1 & 0 & 0 & 1-P_1 & \cdots & 0 \\ \text{2岁} & P_2 & 0 & 0 & 0 & \cdots & 0 \\ \cdots & \cdots & & & & \cdots & \\ \text{100岁} & 1 & 0 & 0 & 0 & \cdots & 0 \end{matrix}$$

本节我们以代际流动为例说明了应用马尔可夫链进行分析的原理、方法以及步骤和问题等。马尔可夫链还可以用于代内流动、区域流动的分析,有兴趣者可参阅有关著述。

第三节 社会行动和对策论

人生活在社会之中,一个人不可能孤立地存在,因此对自己行为的选择也就成为和他人行为选择相联系的结果,怎样做出合理的行为选择就涉及对策理论的内容。

在社会学中,对策论对于研究社会行为有着广泛的用途,例如对于罪犯的心理和行为,市场上的买卖行为,男女交往行为以及国与国间的交往行为的研究等。随着城市规划、区域开发等这类政策科学中社会工程学比重的增大,对策论研究的作用也越来越大。

一、对策论的基本概念

对策是行为主体在某种竞争场合下做出的选择方案,或者说是参加竞争的各方为了自己获胜采取的对付对方的策略,对策论因而又叫博弈论。对策论的一个最基本的假设是:人是极其理性的,即他们总是通过理性判断去选择那些使自己获利最大、损失最小的策略作为自己行为的出发点,这样的策略叫作合理性策略。

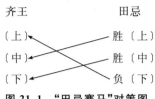

图 21.1 "田忌赛马"对策图

作为对策论的一个古老例子是"田忌赛马"的故事,说的是战国时代,齐国国君有一天提出要与田忌赛马,双方各挑三匹马,分别为上、中、下三个等级,每匹马均要参赛,共赛三场,每场比赛以千金为输赢。齐王三个等级的马分别强于田忌同等级的马,眼看田忌准输无疑时,田忌手下的谋士给他出主意,以其"下马"对齐王"上马",输千金,再以"上马"对齐王的"中马",以"中马"对齐王"下马"。这样田忌二胜一负,反赢千金。从这古老的例子说明了对策的作用。

对策过程中有三个最基本的要素:局中人、策略、收付。分述如下:

1. 局中人

在一场竞争(一局对策)中,为了在这局对策中争得好的结局,必须制订对付对手们的行动方案,这种有决策权的参加者称为局中人。上面说到的"田忌赛马"的故事,局中人就是齐王和田忌,不是参赛的马也不是田忌的谋士们。

为研究问题更清楚起见,将利益一致执行共同行为的参加者只看作一个局中人,因为他们利害相关,使他们彼此协作、相互配合如同一人。例如玩桥牌时,东西双方利益一致,南北两面得失相当,虽有四人参加,也只能算两个局中人。

只有两个局中人的对策称为"二人对策",多于两个局中人的对策称为"多人对策"。根据局中人之间是否允许合作来分,还有"结盟对策""不结盟对策"等。

2. 策略

一局对策中,每个局中人都有供他选择的实际可行的方案,此方案不是某一步的行动方案;而是指导自始至终如何行动的一个完整方案。这种局中人的一个可行的自始至终通盘筹划的行动方案,称为这个局中人的一个策略。

例如,"田忌赛马"中,用(上、中、下)表示首先是"上马"出赛,然后是"中马"出赛,最后是"下马"出赛这样一个策略,显然各局中人都有六个策略:(上、中、下),(上、下、中),(中、上、下),(中、下、上),(下、中、上),(下、上、中)。

如果在一局对策中,各局中人都有有限个策略,称之为"有限对策",否则称之为"无限对策"。

3. 一局对策的收付

一局对策结局,各局中人的得失就是这局对策的收付。实际上,每个局中人在一局对策结束时的收付,是与局中人所选的策略有关的,例如上述赛马的例子,如果齐王与田忌的策略都是(上、中、下),田忌就会输掉三千金、齐王就要赢到三千金,如果齐王的策略是(上、中、下),田忌的策略为(下、上、中),结局时,田忌赢了一千金,齐王输了一千金。

对策论中,从每个局中人的策略中各取一个策略,组成策略组,称之为"局势"。在任一局势中,全体局中人的收付相加等于零时,这个对策就是"零和对策"("田忌赛马"就是一个零和对策),否则称为"非零和对策"。下面着重介绍"二人零和对策"及"二人非零和对策"。

二、二人零和对策

各局中人分别有很多个可能的策略,通过二者决策的结局决定了收付,把它用矩阵表示出来就是支付矩阵,对策事态的规则也可以说是被这个矩阵所规定。零和对策中,一方的得分只要把符号改变就成为对方的得分。

1. 二人零和对策的数学模型

以"田忌赛马"为例,齐王有六个策略:

α_1(上、中、下),α_2(上、下、中),α_3(中、上、下),

α_4(中、下、上),α_5(下、中、上),α_6(下、上、中)。

田忌也有六个策略:

β_1(上、中、下),β_2(上、下、中),β_3(中、上、下),

β_4(中、下、上),β_5(下、中、上),β_6(下、上、中)。

α_i、β_i($i=1,2,3,4,5,6$)又叫纯策略。此时齐王的支付表如下页表 21.8。

表 21.8 中表示了齐王得到的千金数,但同时也是田忌输掉的千金数。田忌的支付赢利表就是将齐王支付表中的数字换成它的相反数便得出来了。

表 21.8　　　　　　　　　　　（千金数）

齐王的支付＼田忌的策略＼齐王的策略	β_1	β_2	β_3	β_4	β_5	β_6
α_1	3	1	1	1	1	-1
α_2	1	3	1	1	-1	1
α_3	1	-1	3	1	1	1
α_4	-1	1	1	3	1	1
α_5	1	1	-1	1	3	1
α_6	1	1	1	-1	1	3

如果只考虑数字,将表 21.8 写成矩阵形式

$$A = \begin{bmatrix} 3 & 1 & 1 & 1 & 1 & -1 \\ 1 & 3 & 1 & 1 & -1 & 1 \\ 1 & -1 & 3 & 1 & 1 & 1 \\ -1 & 1 & 1 & 3 & 1 & 1 \\ 1 & 1 & -1 & 1 & 3 & 1 \\ 1 & 1 & 1 & -1 & 1 & 3 \end{bmatrix}$$

它就叫齐王的支付矩阵(或赢利矩阵),田忌的赢利矩阵就是 $-A$。

赢利矩阵的一般表达形式为

$$A = \begin{array}{c} \\ \text{局中人 I 的纯策略} \end{array} \begin{array}{c} \text{局中人 II 的纯策略} \\ \begin{array}{cccccc} \beta_1 & \beta_2 & \cdots & \beta_j & \cdots & \beta_n \end{array} \\ \begin{array}{c} \alpha_1 \\ \alpha_2 \\ \vdots \\ \alpha_i \\ \vdots \\ \alpha_m \end{array} \begin{bmatrix} a_{11} & a_{12} & \cdots & a_{1j} & \cdots & a_{1n} \\ a_{21} & a_{22} & \cdots & a_{2j} & \cdots & a_{2n} \\ \vdots & \vdots & & \vdots & & \vdots \\ a_{i1} & a_{i2} & \cdots & a_{ij} & \cdots & a_{in} \\ \vdots & \vdots & & \vdots & & \vdots \\ a_{m1} & a_{m2} & \cdots & a_{mj} & \cdots & a_{mn} \end{bmatrix} \end{array}$$

上面矩阵通常表示两个局中人的各种可能的策略,作为各组局势的所得效益是清楚的,但局中人超出理性的选择之外就不可知了。

在这种类型的对策中,显然局中人应采取的合理策略是符合最大最小原理的策略。在上述赢利矩阵中,局中人 I 希望使 a_{ij} 尽可能大,而局中人 II 则希望使 a_{ij} 尽可能小。假设局中人 I 在考虑策略 i,他很自然会想到采取 i 这个策略时,局中人 II 为给他的回击最大,会采取一个策略 j 使 a_{ij} 尽可能小。因此局中人 I 先在各行探求 $\min_j a_{ij}$ (a_{ij} 对 j 而言的最小值),对每一个 i,局中人 I 皆可求出 $\min_j a_{ij}$ 的值,然后再寻求这些最小值中的最大值 $\max_i \min_j a_{ij}$。对于这个最大值 $\max_i \min_j a_{ij}$ 对应的策略 i,若局中人 I 选择它为自己的策略,则他可保证至少能得到 $\max_i \min_j a_{ij}$ 的收获。这就是说,局中人在选择策略时,先探测自己在最不利的情况下的收益,然后在这些最劣收益中选择具有最佳收益的策略。而局中人 II 改变矩阵中元素 a_{ij} 的符号就成为自己的得分(效益),所以探寻的顺序相反,是求取 $\min_j \max_i a_{ij}$。

下面看一个具体例子:

```
                    局中人Ⅱ的纯策略
                 β₁    β₂    β₃   min aᵢⱼ
                                      j
局   α₁     ⎡ 15    0    -2 ⎤   -2
中   α₂     ⎢  0   -15   -1 ⎥   -15
人
Ⅰ   α₃     ⎣  1    2     0 ⎦    0 ← max min aᵢⱼ
的                                    i   j
纯          15     2     0
策
略
max aᵢⱼ
 i                      ↑
                   min max aᵢⱼ
                    j   i
```

此例中，$\max_i \min_j a_{ij} = \min_j \max_i a_{ij} (=V)$ 的关系成立，V 叫作最大最小值（一对策的平均得分期望值）。α_3 及 β_3 叫作最大最小策略，这是在最大最小原理下对于这种对策的最佳解。在这种情况下，局中人Ⅰ便能保证自己至少可以获得 V，而局中人Ⅱ便能保险局中人Ⅰ的收入不超过 V。在本例中，局中人Ⅰ把策略 α_2 与 α_3 比较，不管局中人Ⅱ作何选择，策略 α_3 都有比 α_2 更好的结果，所以，事实上第 2 行就从矩阵中消掉。同样对于局中人Ⅱ来说 β_3 比 β_1 有更好的结果，于是第 1 列也从矩阵中排除，此时矩阵成为如下形状：

```
         β₂   β₃
α₁     ⎡ 0   -2 ⎤
α₃     ⎣ 2    0 ⎦
```

在此又有 α_3 比 α_1 好，β_3 比 β_2 好，所以如果把合理性作为行动选择的前提，α_3、β_3 以外的选择就不会存在了。但矩阵很大时，用这种方法就很困难，所以通常是探寻既是行的最小值又是列的最大值这类鞍点的有无，如果鞍点存在，这种对策的值就是鞍点含有的行和列以 1 的概率成为能够而且应该选择的纯策略。

对方采取最大最小策略，自己也采取最大最小策略最适宜，除此之外的选择常招致损失，所以最大最小解也称作平衡解。

2. 无鞍点的对策和混合策略

如果鞍点不存在，但选择策略间有确切的概率分布时，

$$\max \min \sum a_{ij} p_i q_j = \min \max \sum a_{ij} p_i q_j$$

因此，此时的最佳解是通过几种纯策略间的随机组合采取混合策略的形式得到。

这方面的解法有多种多样的形式。但通常实验中的对策，多使用 2 行 2 列的赢得矩阵，因此，可采用一种简便的解法。

设赢得矩阵为：

$$\begin{bmatrix} a_{11} & a_{12} \\ a_{21} & a_{22} \end{bmatrix}$$

两个局中人的各策略的概率分别为 p_1、p_2 和 q_1、q_2 时,

$$\frac{p_1}{p_2} = \frac{a_{22} - a_{21}}{a_{11} - a_{12}}, \frac{q_1}{q_2} = \frac{a_{22} - a_{12}}{a_{11} - a_{21}}$$

可以证明局中人 I 的对策值:

$$V = \frac{a_{11}a_{22} - a_{12}a_{21}}{a_{11} + a_{22} - a_{12} - a_{21}}$$

对于这种矩阵,图解法也是一种易于理解的直观方法,请看下例。有一赢得矩阵为:

$$\begin{array}{c} & \beta_1 & \beta_2 \\ \alpha_1 & \begin{bmatrix} 3 & -1 \\ -9 & -3 \end{bmatrix} \\ \alpha_2 & \end{array}$$

局中人 II 选择 β_1 时,局中人 I 的期待收益 V_1 是 $3p - 9(1-p)$,选择 β_2 时,$V_2 = -p + 3(1-p)$,根据最大最小原理,要实现 V_1 和 V_2 之中不利方面的情况最大化就是设定 p,也就是:

$$V = \max_p \{\min(V_1, V_2)\}$$

同样,局中人 I 选择 α_1 时局中人 II 的期待效益 V_3 是 $3q - (1-q)$,选择 α_2 时 $V_4 = -9q + 3(1-q)$,根据不利方面损失要最小的最大最小原理:

$$V = \min_q \{\max(V_3, V_4)\}$$

因此,这种赢得矩阵下,局中人 I 的最大最小策略是以 α_1 为 0.75、α_2 为 0.25 的概率选取的混合策略,局中人 II 的最大最小策略是以 β_1 为 0.25、β_2 为 0.75 的概率所选取的混合策略。二者在最大最小原理下采取合理策略,对策值为 0,对两个局中人是公平的对策事态。

三、二人非零和对策

对策构造的理论解释方面,二人零和对策可以说是最先进的,但在实际人类行动和社会现象中,双方当事人的利害并非完全对立,协作的形式也多出现,在这种情形下,非零和对策的适用可能性也很大。

1. 囚犯困境对策

非零和对策中有代表性的类型是囚犯困境对策,它具体体现出协作和竞争的状况对策略选择的影响。

有 A、B 两个被分开关押审讯的同案犯,其中一个如自首坦白就会被减刑,但对另一个拒不招供者将极为不利。在这种情境中,同案犯就会处于是自首坦白而减刑还是继续隐瞒而冒被同伙揭发的风险的困境之中。以赢得矩阵表示,

因为不是零和,所以将各效益量用逗号隔开,行、列分别表示两个局中人,数值表示刑期。

$$\begin{array}{c} & B\text{ 犯} \\ & \text{隐瞒} \quad \text{坦白} \\ A\text{ 犯} \begin{array}{c} \text{隐瞒} \\ \text{坦白} \end{array} & \begin{bmatrix} -2,-2 & -10,-1 \\ -1,-10 & -5,-5 \end{bmatrix} \end{array}$$

或者将困境按其机能也可表示成

$$\begin{array}{cc} & C_2 \quad D_2 \\ \begin{array}{c} C_1 \\ D_1 \end{array} & \begin{bmatrix} R,R & S,T \\ T,S & P,P \end{bmatrix} \end{array}$$

此中,C:协作的策略

D:竞争的策略

R:协作对应的报酬

T:最大利益的诱惑

S:单方面协作的傻瓜

P:背叛的惩罚

上面的赢得矩阵一般适合于具有混合动机的困境对策,特别是在囚犯困境中应满足下列条件:$T>R>P>S$ 及 $2R>S+T$。前一个条件表示了囚犯困境事态的特性,第二个条件是两个局中人通过交互地 $(C_1,D_2),(C_2,D_1)$ 进行选择防止产生实质性协作的可能性。

囚犯困境对策是困境对策中最有名的,除此之外,还有若干条件不同的困境对策,如榨取者对策、领导者对策、英雄对策和殉道者对策等,它们分别对应于固有的困境事态和解决方式。所以如果能够掌握现实的人际关系或国际关系的困境类型,随着对策知识的积累就能够确立解决纠纷的新观点。

2. 交涉对策

以上所研究的对策都是设定对策前当事人之间没有交谈的状况。然而现实纠纷的解决,做出决策前自然是要交谈协商的。通过交谈有可能提高相互的获利,而且两个对手间或多或少存在着相互信赖时,通过交涉对策比只通过竞争对策谋求纠纷解决更为重要。

这里首先要确定交涉成立的可能领域。交涉对策的解从这个领域中以合理的规则进行选择,这样描述两个局中人的赢利平面就很方便。例如用矩阵

$$\begin{bmatrix} 1, & 0 & -a, & -b \\ -c, & -d & 0, & 1 \end{bmatrix}$$

表示男女对策时,图 21.2 是所描画的赢利平面。

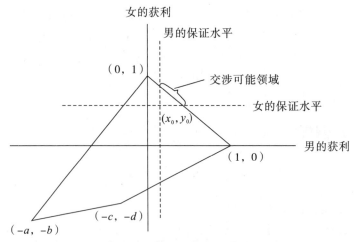

图 21.2　男女对策赢利平面

这种对策,例如有一对男女对于体育和音乐之类有相差悬殊的兴趣,首先宣布自己预定行动的要对方牺牲其兴趣而做出奉陪时,结果是(1,0)或(0,1),不放弃兴趣而单独行动时,结果为$(-c,-d)$,理应迎合对方兴趣是$(-a,-b)$。

从图中明显地看到存在着优势关系,交涉成立的情况,其范围被限定于实行可能领域多边形的右上方(1,0)和(0,1)连接的边界线上。这个范围各局中人不考虑对方的协作,恰如零和对策中通过基于最大最小原理采取混合策略时把期望利益(x_0,y_0)作为基础的保证水平,能够使限定更为狭窄。特意进行交涉,如果不能超过单独所得的量,交涉就不能成立。

具体的交涉中,需要把这个交涉可能领域中的几个实行的可能解以怎样的比率进行混合呢?经济学方面提出关于这点的两对手利益的和与积,甚至把来自保证线的差之积作为最大的交涉原理。

和社会学相联系的对策研究,预料今后的发展,根据向来的心理学方面的对策实验,通过加进社会学观点分析社会行动的结构就能更好地展开了。

第二十二章

撰写研究报告

第一节 研究报告概述

我们进行社会研究所获得的结果,所获得的知识,必须通过交流才能为更多的人所了解。这种交流从形式上看,有口头的和书面的之分;从对象上看,又有专业的和大众的之别。我们这里所谈的研究报告,则是一种书面的、主要以专业读者为对象的交流形式。它是社会研究者同该领域中的其他研究者进行交流的工具。

在着手撰写研究报告之前,我们需要将处于整个研究过程不同阶段中的四种基本成分集中起来。这四种基本成分是:

1. 明确的主题。在研究报告中,研究的主题必须以书面语言的形式清楚明确地表示出来。仅仅指出某个问题,比如"有关我国儿童的问题"是不够的,必须将这种一般性的、含糊的问题变为以研究问题的形式或研究假设的形式出现的特定问题。

2. 对相关研究的分析。在研究设计时,可能已对有关的文献进行了搜集和分析。当研究已基本完成,即将撰写研究报告时,很可能还需要通过查阅最近的相关研究以及考虑其他领域的证据来进一步完善你的观点。

3. 研究设计。研究设计控制着研究课题的模型。一般来说,研究设计常常是在研究的计划阶段或项目申请报告中就已做出的。在研究实际进行的过程中,这一设计可能出现了某些变动。在撰写研究报告时,必须阐述研究所依据的确切模型。具体陈述的内容我们将在后面进行介绍。

4. 分析的资料。研究的结果存在于所分析的资料中。写一篇关于某些资料的报告,实际上就是对资料进行分析的一种方式。

除了上述四种成分外,还需要导言、连接方式和解释性材料,以便将研究报告构成一个逻辑整体。根据目前国内外大多数专业刊物上发表的研究报告来看,研究报告的内容和结构一般如下:

1. 导言(说明你研究的是什么问题以及你为什么进行这一研究);
2. 方法(说明你使用了哪些程序和方式、技术等);
3. 结果(说明你在研究中发现了什么);
4. 讨论(说明你的发现意味着什么,从你的发现中还能得到其他的什么,以及还可以继续做些什么);
5. 小结或摘要(对上述四个方面的简要小结);
6. 参考文献(列出报告中所涉及的书籍和文章目录);
7. 附录(列出研究中所用问卷或量表的原件、所引用的材料,以及难于包括在报告中的那些数量太大、太烦琐的数据表格及计算公式等)。

以下介绍每一步的具体要求和写法。要先从总体上对研究报告的写作方式作一点说明。

从总体上看,研究报告应具有类似于沙漏(见图22.1)的形式。这也即是说,报告应从广阔的导言开始,逐渐转变到较为专门化的领域,直到提出你自己的研究领域,介绍你的研究方法和结果。这是"沙漏"的最狭窄部分。从讨论研究结果的内涵开始,报告又开始逐渐向一般的领域拓宽。广阔的导言可向读者提供你的问题形成的背景及其意义,而讨论部分的拓宽,则可向读者展示你的研究结果的价值及应用。

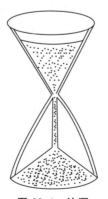

图 22.1　沙漏

第二节 导 言

导言也称引言或绪论，是研究报告的第一部分。它通常包括三方面的内容。

一、介绍所研究的问题

研究报告的第一件工作是介绍所研究问题的性质和背景，即清楚地陈述你所研究的问题是什么，以及你为什么选择这一问题作研究。不管你所研究的是一个有关人类行为的简单经验问题，还是一个有关社会现实的问题，你都必须将这一问题放到一个较大的背景中，以便读者了解为什么这个问题十分重要，值得研究。例如，一篇题为"带有性别偏见的招工广告'帮助和支持'了性别歧视吗？"的论文的导言是这样的：

> 1964年公民权利运动的第12条权利阻止了就业中在种族、肤色、宗教以及性别等方面的歧视。尽管性别规定在当时被看作一个笑话，但是，在该运动后的第一年，正式研究中有40%以上的解释都认为存在性别歧视。仅仅1971年一年，性别歧视的诉讼案就达6000件。

> 第12条权利同样也趋向于扮演了帮助和支持这种歧视的角色。例如，该运动禁止在招工广告中指明对某一性别更为优先，除非性别是一种真正的职业条件。在解释这一规定时，同等就业机会委员会裁定，即使是在需求一栏中标上"男性"或"女性"的做法，也应该被看作是违法的。

> 不管怎样，大量的顾主继续在招工广告中说明性别条件，许多还在招工广告中明确指出只招收某一种性别的人员。同时，许多报纸也继续按需求性别把这些广告分成某一类性别的专栏。

> 这些广告是否由于它们实际上阻止了某种性别的人对他们并不能很好胜任的那些工作的申请而扮演了帮助和支持就业歧视的角色呢？这篇论文中所报告的两项研究希望在经验层次上回答这一问题。它们都是作为法律证据的一部分而进行和发表的，前者取自同等就业机会委员会对美国电话电报公司的诉讼，后者取自全国妇女联合会对匹兹堡出版社的诉讼。（基德尔：《社会关系中的研究方法》）

这篇论文的导言是如何按"沙漏"的形式来写的呢？它先对1964年的公民权利运动作了一般性介绍，接着非常成功地将焦点缩小到该运动对性别的规定，又缩小到帮助和支持性别歧视问题,直到最后集中到该论文所要报告的对于特定问题的回答上。

在对社会学理论的某些方面进行探讨和研究时,也可采取这种报告的策略。这时,你需要首先对你所研究的领域中的理论或概念框架作一小结。但是应该记住,无论你的研究多么理论化,或者多么深奥,你都应该做到让一个有知识的非专业人员能抓住问题的性质,能理解为什么他或者其他人应该关注这一问题。为了帮助读者理解你的导言,你可记住下列几条基本的规则:

1. 尽可能用常用语言写作,而少用专业术语。

2. 不要把毫无思想准备的读者拉进你的问题或理论之中。要用必要的时间和空间,一步一步地把一般性的读者引入到对特定问题的正式的或理论化的陈述中来。

3. 用例子说明理论观点,或者用例子来帮助介绍理论性的或技术性的术语。

二、文献评论

陈述了所研究的问题及其背景后,接下来的工作就是对这一领域中已有的研究和结论进行总结和评论。应该考虑一下,在这一特定的方面,先前的研究已做了什么工作?对于这一特定的现象,是否存在有关的理论,以及有哪些理论?在设计研究之前,应该就熟悉和了解这一领域已有的研究。因此,到撰写研究报告时,文献的查找和阅读工作应该是早已完成了的。

文献研究的结果,既可以使我们在一种与先前研究稍微不同的框架中来重新安排自己的研究,也可以帮助我们去探讨这一问题的一些新的方面。在评论已有文献的工作中,不必逐一评论与所研究的问题有关的每一项研究。因为这样的研究相当多,要做到这一点,既不必要,也不现实。那么,如何选择进行评论的文献呢?可以考虑下列几个方面的因素:

1. 根据所研究的变量、所使用的样本类型,所根据的理论框架与自己的研究相似的程度来选择。

2. 根据发表的时间来选择。在其他方面的情况差不多时,越近的研究越有用,因为它应该已经考虑了更早一些的研究。这种原则来源于科学的累积性质。

3. 根据研究者在该领域中的影响以及是不是重要的权威来选择。这是因为,在每一领域中,总有一些研究者具有一定的知名度,并且已树立了一定的学术声望。这种声望和知名度常常使得他们的研究比那些较不知名的研究者所进行的研究显得更为重要。但是,这种考虑实际上也存在着一种偏见和形而上学的观点,因为所有知名者都是从不知名走过来的。因此,最重要的不是看名声大小,而是看其实际研究的质量高低。

4. 不要选用大众传播媒介如报纸、广播中的文章,哪怕这些文章也涉及同样的社会研究内容。尽管可以从报纸或通俗杂志中得到统计材料或者某些观点,但是却不能企望把自己的研究基于记者的作品上。因为,记者们的工作属于另一个不同的领域。无论是他们收集资料的方式,还是他们分析资料表达结果的方式,都与社会研究中的方式是大不相同的。

5. 不要选用那些虽然涉及所研究的问题,但却对自己的研究毫无具体意义的文献。选择文献时应带着批评或评论的观点。如果阅读了一篇文章,但没有得到与自己课题有关的东西,这篇文章就不要选用。

文献评论的写作要进行精心的组织和安排,不能只是简单地将有关文章的摘要重述一遍,更不能将别人的文章逐字逐句地写进文献评论中。正确的方法是,先仔细地阅读每一篇有关的文章,寻找那些与自己的研究紧密相关的部分,然后依据这些材料做出评论。对每一篇被评论的文献,都需要对其总的情况作一简单介绍,比如这一研究的总的问题,所用的样本类型等。然而,更重要的是要介绍那些真正对你的研究有用的关键点。特别值得一提的是,对于其他研究中所用的与你自己的研究相同的概念或变量要进行仔细的检查比较,而不要想当然地认为只要名称相同,其内涵就一定相同,因而自然是可比的。一定要搞清楚在各个不同的研究中,同一名称的概念是如何操作定义的,又是如何测量的。因为,常常存在着这样的情况,在不同的研究者所做的研究中,同一名称的概念,实际上却意味着两种不同的内容。所以,一定要对那些用来同你自己的研究进行比较的中心概念在你所评论的那些研究中是如何得到测量的做出解释和说明。

文献评论部分应该充满着恰当的、相关的并且是简明和精确的材料。我们之所以报告并评述这些材料,是因为它们对我们的研究有影响。由于这一原因,文献评论通常是在我们对所有相关的文献都进行了分析,并对自己的研究中最关键的变量有了明确的认识以后才进行的。而在研究中最初阶段查阅文献的时候,随手作一些简要的评论,将有助于文献评论的工作。

三、介绍自己的研究

在导言部分的最后,应该简要地介绍一下自己的研究。这种介绍的主要目的不是去讨论研究内容的细节,而是介绍研究的基本框架,比如你所研究问题或准备检验的假设是什么,主要的自变量和因变量是什么。在有些情况下还可以描述你的研究模型,定义你的主要理论概念等等。这一部分的另一个目的就是为转到方法部分提供一个非常自然的和平滑的过渡。在前面所列举的性别偏见

广告的例子中,采取的是下列过渡性介绍:

> 那么,现在的问题是:这种广告是否的确起到了阻拦潜在的申请者申请工作的作用。本研究希望回答这一问题,它所采取的方式是让中学高年级男生和女生阅读几份招工广告,并根据他们自己的兴趣给每一工作打分。对这些兴趣的评分进行分析便可以知道,那些用非性别歧视的语言所写的广告是否增加男人和女人对那些在传统观念上被认为是"别的"性别所干的工作的兴趣。

第三节 方 法

在研究报告中,方法的说明是一个十分重要的部分。读者不光要看你的研究结果,同时也要了解研究是如何做的。只有知道了研究所采用的方法,明了各种具体操作步骤,读者才能评价你的研究是否具有科学性,是否有价值。因此,方法部分的主要任务就是明确具体地告诉读者你是如何做这项研究的。下面将讨论方法部分可能涉及的各方面情况。需要说明的是,由于每一项具体的研究所采用的方法并不是完全相同的,所以它们各自在研究报告中所介绍的内容自然也就不是完全一样的。

一、有关研究方式、研究设计的介绍

对于导言部分所提出的问题,是采取哪一种方式进行研究的?基本设计是什么?这是方法部分首先应该说明的问题。前面曾经介绍过社会研究的几种主要方式,即实验研究、调查研究、实地研究和文献研究。具体到自己的研究来说,主要采用哪种研究方式呢?不同的研究方式,常常由不同的资料收集方法和资料分析方法及特定的程序和技术所组成。同时还包含着不同的方法论问题。因此,介绍的内容和重点往往是不一样的。比如说,如果采取的是实验研究的方式,就需要介绍其实验设计是传统的经典设计,还是所罗门四组设计或是仅有后测的两组设计等等。同时,还必须详细说明什么是实验刺激,如何组成实验组和控制组等等。如果采取的是调查研究方式,那么,需要介绍的则是其研究采用的是定量统计调查呢?还是定性的访问调查,以及调查的总体、样本、采用的调查方式(自填式问卷调查或是访问员登门访谈)、调查工具、调查员培训及资料的回收情况等等方面的情况。而对于实地研究和文献研究来说,它们介绍的内容和侧重点又会不一样。比如实地研究要详细描述进入现场的方式,或进行观察时

所采取的角色等内容；而文献研究则要对文献的形式、文献的选取、文献的质量以及文献资料的处理和分析方法进行详细说明。总之，无论研究者采取哪种研究方式，他都应该在研究报告的方法部分首先对此作一简单说明，以帮助读者了解和检查其在方法使用中的一些具体细节。

二、有关研究对象的介绍

除了文献研究外，其他几种社会研究方式都必须同人打交道。因此，在研究报告中，常常要对作为研究对象的人及其活动进行说明。尤其是在实验研究或调查研究的研究报告中，更要专门介绍研究对象的情况。拿实验研究来说，就要介绍实验对象是些什么人，他们是如何被挑选到的，他们又是怎样被分到实验组或控制组的，这两组的人员在某些主要特征上有没有明显的差异等等。而对于调查研究来说，则需要对调查样本做全面的介绍。比如抽样总体是什么（总体的定义），样本是如何从总体中抽取的，即具体抽样方法和过程。样本的规模多大（实际调查的人数）。目前，许多研究者只是在报告中写上"在××市进行了抽样调查"，或"在××市抽取了500名工人进行调查"，这样的说明是远远不够的。因为读者仍不明白你究竟调查了些什么人，究竟是怎么抽样的。不讲清楚这些内容，读者就无法判断你的调查结果有多大价值，也无法判断你的结论在多大程度上反映了现实的情况。只有当读者了解了你的样本的来源和特征后，他们才能估计将你的研究结果推而广之时受到的局限性有多大。比如，如果你的样本全部由女性组成，你的结论推广到男性对象中也许就不能成立；如果你的样本全部是从大学生中抽取的，你的结论在一般性的包含各种职业、各种成分的总体中也可能不成立。

三、有关资料收集方法的介绍

在本书的第2篇各章中，我们介绍了各种各样的资料收集方法。但一般来说，那只是一种理论上的叙述。实际研究中人们对这些方法的具体应用常常是各不相同的。由于资料是研究结论产生所依赖的基础，因此，在一份研究报告的方法部分，也都毫无例外地要详细说明研究资料的收集方法、过程和工具。

首先是对研究的主要变量的说明。它包括主要变量是什么，变量的操作定义是什么，这些变量是用哪些指标来进行测量的。如果是采用问卷调查的方式，还应该对问卷中用来测量这些变量的特定问题进行分析说明。即使在研究报告的附录中附有调查的问卷，也要这样做。如果某一变量较为复杂，调查中采用的是多个指标的综合测量，在这里就需要把对这些指标进行综合评分的程序和方

式作些说明。即让读者既明白变量是通过哪几个指标来测量的,又清楚具体的计分和计算方法。下面是对变量进行说明的一个例子:

> 本文所考察的是各种因素(自变量)对妇女初婚年龄(因变量)的影响。调查问卷中没有设妇女初婚年龄这一项,本文就用问卷中所列出的妇女结婚年代(问题7)减去其出生年代(问题3)而得到其结婚的年龄。这因变量是个连续变量。所考察的自变量主要有:
>
> 妇女受教育程度。分为不识字或识字不多、小学、初中、高中、大专以上五个层次,直接从问题10的结果得到,该变量为一定序变量。
>
> 妇女婚时就业情况。分为未参加工作、个体经营、集体单位、企业单位、事业单位五类,由问题9得到。该变量是一定类变量。
>
> 社会风俗习惯。该变量对妇女婚龄的影响是通过两个自变量来考察的,即夫妻结合途径和婚龄差。结合途径分为父母包办、自己认识、亲戚介绍、朋友介绍、其他方式五种。婚龄差分为男比女大3岁以上、男比女大1—3岁、女比男大三种。二者均为定类变量。

其次要对资料收集过程进行说明。即如实地把研究者是如何进行实验操作或实施调查的过程告诉读者。比如,一项实验研究对其过程是这样介绍的:

> 我们先用一份含有30个问题的种族偏见程度量表同时对实验组和控制组成员进行测量。半个月后,单独给实验组成员放映了一场反映黑人历史和生活的影片。又过了半个月后,再用同样的量表对两个组的成员再次进行测量。在这一个月中,两组成员都没有经历与种族偏见有关的事件。

对于调查来说,需要介绍的内容也许更多一些。比如,抽样是如何进行的,调查是采用自填式问卷,还是派访问员登门调查;如果是采用自填式问卷,那么问卷是如何发到被调查者手中的,又是如何回收的;问卷的回收率是多少;有效回收率又是多少,那些未回收的问卷主要由于什么原因所致;如果是派访问法登门访谈,那么访问员是一些什么人,他们具有何种程度的访问调查经历,如何对他们进行培训的等等。下列调查是这样介绍的:

> 我们先到市教委抄录了一份全市小学的名单,共168所,并根据教委负责同志的介绍,将这些小学分为三类:即市区重点小学、一般小学和较差小学。然后采用按比例分层随机抽样的方法,分别抽取重点小学3所;一般小学11所;较差小学3所。在每一所小学中,又随机抽取

高低年级各一个并在该年级中随机抽取一个整班。共抽取小学生1462名,这些小学生父母就构成本次调查样本。

调查采用自填问卷的方式进行,问卷表由所抽中班级的班主任老师发给全班学生,由学生带回家让父母填写。填写好的问卷仍由学生带给老师,然后由老师集中寄给我们。实发问卷1458份,回收1389份,其中有效问卷1386份,有效回收率为95.1%。未收回问卷主要由于家长文化水平低、家长生病、出差等因素所致。从总的情况看,家长填答问卷是很认真的,问卷质量较高。

对于文献研究来说,则要详细介绍文献的形式、取得的方法、抽样的方式、内容摘录或编码的方式等等。如果是多人共同进行,同样也要介绍这些文献摘录人员、编码人员的专业经历、培训情况,以及相互间评审、判断的一致性程度等。

最后,要对所用的工具进行说明。无论是实验所用的仪器、材料,还是测验所用的量表,调查所用的问卷,都要对读者进行一定程度的描述。比如前面所举的种族偏见实验中,就应该对所放电影的主要内容及其出版年代、制片厂、导演及主要演员等情况作一简单介绍,以帮助读者了解这一实验刺激的效果和影响程度。对于问卷来说,虽然在学位论文或学术专著中常将其附于文后或书后,但一般的供发表用的研究报告常常由于篇幅的限制,不可能这样做。因此,需要将其长度、形式、制作过程等作些介绍,比如,问卷包含多少个问题,主要是封闭式问题还是开放式问题,是否进行过试调查,在何地对哪些对象进行的试调查,试调查的结果如何等,都应作些说明。

四、有关资料分析的方法的说明

由于研究方式的不同,样本规模的不同,资料收集方法的不同等等使得每一项具体的研究所采取的分析方法也都不完全一样。有的以定性分析为主,有的则以定量的统计分析为主,有的只进行了初步的、一般化的描述分析,有的则进行了较深入的、复杂的相关分析,因果分析等。所以,在方法部分,还要对研究者实际采用的分析方法作些说明。下面是这种说明的一个例子:

由于本文所采用的数据不少是定序和定类的,因此,本文首先采用非参数相关法求出相关矩阵。输出的相关系数为肯德尔的 τ_b,其目的是初步说明所有自变量和因变量之间的相关性。为了进一步考察各自变量和因变量的数量关系,本文接着采用了逐步多元回归法。通过逐步回归方法取得基本回归式后,再逐步添加其他自变量,并根据统计分析来判断其去留。如果在新添加自变量后，决定系数 R^2 的值提高了，而每个系统在统计上是显著的，那么新添加的自变量可放入模型。反之，如果新引进的变量不能提高决定系数 R^2 的值，则不作为自变量放入模型。其次再用方差分析，对已经放入模型的变量的各个水平对因变量的影响进行检验，看每一个自变量各水平对因变量解释的差别是否显著。最后用多元分类分析方法进一步对每个变量的多个水平对因变量的影响进行分析。所有统计分析都是在 IBM-148 计算机上完成。

对于资料的处理、整理及分析过程，也需要作一些说明。比如资料是手工整理或统计的，还是在计算机上完成的。如果是手工整理或统计的，则要说明是由哪些人员进行的，做了哪些统计等等。如果是上机处理的，则要介绍资料输入的质量，所使用的软件（如 SPSS、SAS 等）及计算机机型等。

五、对研究的质量及局限性的说明

在方法的最后部分，常常需要对研究程序、样本、资料等方面的质量进行评估。在社会研究中，任何一项研究都不可能十全十美，即总会在某些方面存在这样或那样的问题。一个研究者的科学态度既体现在研究工作中扎扎实实、一丝不苟的精神上，也体现在对研究质量实事求是的评价上。研究的过程只有研究者本人最清楚，哪些地方存在着误差，哪些方面存在着缺陷，哪些方面存在着限制，都应毫无保留地向读者报告。这种说明既可以避免其他研究者将该研究的结论不适当地推广或运用到不恰当的地方，同时也可以启发其他研究者在该研究的基础上作进一步研究来弥补它的不足。

以上我们讨论了方法部分的各个方面，虽然每一项具体的研究并不都需要介绍上述各项内容，但是他们所遵循的宗旨却都是相同的。这就是：让读者知道你采取了什么方法，使用了什么工具，实际过程又是如何干的。

第四节 结 果

在较短小的论文中或较简单的研究报告中，结果和讨论两部分常常结合在一起，作为"结果与讨论"一个部分。在这种情形中，结果在表达时同时也被讨论。这一部分结尾的两三个段落通常分别陈述研究所得的结论，研究的实施或资料分析过程中所包含的问题或带来的限制，以及对进一步研究的建议等。在刊物上发表的许多经验研究报告常采用这种形式。

但是，如果你的研究比较复杂，因而在提出研究的全部结果之前或得出任何其他的推论之前,必须先表达许多不同类型的结果,或在你的讨论中将涉及好几个不同的事物时,就应该将结果和讨论分开。然而,需要说明的是,即使在将二者分成两个部分时,也不可能有这种纯粹的结果部分,其中不伴随任何一点讨论的。因为,我们不可能在结果部分中只把数据、表格等交给读者,并指望他们把这些数据表格一直记在头脑中,直到后面的讨论部分。实际上,这种划分的目的可以说是希望在结果部分里分别表达和讨论那些不同的事物,即分别讨论和表达各个分支的结果。而在后面的讨论部分中则着重于研究整体结果的表达和讨论。由于前面的结果部分中已对各分支结果作了表达和讨论,因此,在讨论部分中仅从整体上陈述和讨论研究的结果就有了基础。

为了明确起见,我们在叙述上仍把结果和讨论分开。至于在每一个实际的研究报告中是否分开则可以根据实际的情况和我们上面的说明来决定。

在结果的表达上,总的原则是先给出森林然后再是树木。即先给出总体的、一般性的陈述,然后才是个别的、具体细节的陈述。不管是在对整个研究的结果的陈述中,还是在对各个部分结果的陈述中,都应该采取这一原则。在对整个研究结果的陈述中,应该先给出中心的结果,然后移到外围的结果;在对各个部分结果的陈述中,也是应该先陈述基本的结果,然后再在必要的地方和细节上详尽地阐述或描述。具体的做法是:从研究的最中心的结果开始,按照下列步骤来进行:

1. 再次向读者提示你在报告的导言部分所提出的概念性问题,即对所研究问题的概念性陈述。比如,我们的问题是:"男人比女人更容易感情外露吗?"或者,"让我们先看看这一问题:是男人还是女人更容易感情外露?"这一做法的目的是将读者从导言部分开始的、但中途被方法部分打断的有关研究问题的思路再次连接起来,即按照"问题—结果"的线索继续下去。

2. 进而向读者提示你在研究中实际完成的操作或实际测量的行为。即对问题的操作性陈述(这一方面的情况已在方法部分作过详细的说明)。例如,"在观看一部感人的电影时男人比女人流眼泪更多吗?"这一做法的目的是使研究问题直接向你的研究结果靠近,为结果的提出打下基础。

3. 紧接着马上告诉读者你的答案。比如,"回答是肯定的"或者"正如下面表1所显示的那样,正是男人比女人哭的更多"。这就是你的结果或结论。至于你的这种结果是如何得到的,有哪些证据支持你的这种结论,则是后面部分的内容了。

4. 现在且仅仅是现在,用数字、图形、表格、材料来向读者说话。即从这时开始,向读者展示你的详细的、具体的证据和结果。并对这些数字、图形、表格进行必要的说明和解释,这里的基本规则是,既能使读者通过阅读你的说明和解释来抓住你的主要结果,又能使他们通过查看图形或表格来做到这一点。这也即意味着,各种图表都必须具有清楚完整的标题,即使是一个非常长的标题也行。同时,在说明和解释的文字中,你又必须手把手地引导读者找出图表中的主要结果。比如"(表2略)正如表2中第一栏所显示的,男性中流泪人数的百分比(32.6%)高于女性流泪的百分比(26.8%)",而不要只是笼统地说"从上面表中我们可知男性流泪比女性流泪更多"。然后期望读者自己去搜寻具体的证据和结果。

5. 在每一个分支结果的末尾部分,都应对该结果所处的位置作一简要的小结。例如,"上述情况表明,除了在未婚男性中有一点例外以外(这种例外我们将在后面部分进行专门讨论),我们关于'男性在视觉形象的悲伤的反应上比女性哭得更多'的假设得到了有力的支持"。

6. 用一种平滑的转折句把读者引向结果的下一个部分。比如"上述结果肯定了男性在消极的情感方面比女性更容易出现感情外露的现象,但是,我们是否能够假定他们在积极的情感方面也比女性更加容易外露呢?下列表3说明,我们不能下这样的结论……"随着结果部分的进行,我们需要不断地小结,以便帮助读者不断地把到目前为止的这些信息储存在头脑中。而不能总是让读者回过头去查找和取回你的叙述线索中的那些主要点。

下面是结果部分的一个例子:

带有性别偏见的招工广告真的阻止了男人和妇女申请干那些"相反的性别"的工作吗?结果清楚地说明,情况正是这样,这点可以从图22.2中看出。

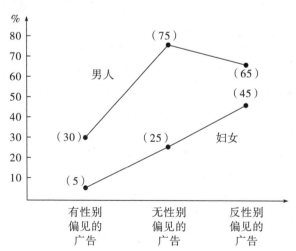

图22.2 对申请干各种"相反的性别"的工作感兴趣的男人和妇女的百分比(每一个百分点代表20个调查对象)

首先来看妇女的结果。当养路工和建筑工的工作以带性别偏见的广告形式出现时,不超过5%的妇女对这些工作感兴趣。当这些同样的工作以不带性别偏见的广告形式出现时,25%的妇女对这些工作感兴趣。而当这两种工作的招工广告写得对妇女有感染力和吸引力时,样本中几乎有一半的妇女(45%)对申请这两种工作感兴趣($\chi^2 = 8.53$,$P<0.01$,单边检验)。这也即是说,带有性别偏见的广告的确阻止了妇女申请那些被称为男人干的工作。如果去掉广告中的性别偏见,就会有更多一些的妇女对申请这些工作感兴趣,而如果以肯定的方式精心编写招工广告,对那些工作感兴趣的妇女就会更多。

男人的结果也显示出一种十分相似的模式。但并不完全相同,从图22.2中可以看到,男人们总的来说对于像电话接线员和服务员这样的工作的兴趣,比女人们对养路工和建筑工这样的工作的兴趣要大(这种差别可能部分地由于这样一种事实,即太平洋电话公司确实在海湾地区雇用男性电话接线员)。尽管如此,结果仍然揭示出带性别偏见性广告趋向于阻止男人申请做电话接线员和服务员这样的工作($\chi^2 = 9.09$,$P<0.01$,单边检验)。因为当性别偏见消除时,男人们中对申请干这两种工作感兴趣的百分比从30%增加到75%。但是当广告的用语以颠倒的性别偏见形式出现时,对这些工作感兴趣的男人的百分比并没有进一步增加(然而,它也没有显著减少:$\chi^2<1$,不显著)。75%也许是对任何特定的工作所能期望的最大值,而颠倒的性别偏见形式可能将增加男性对"女性"工作的兴趣,同时可能略少于前者。

结果表明,招工广告的内容中的性别偏见通过阻止男人和妇女申请"相反性别"的工作的确起到了支持和帮助歧视的作用。(摘自基德尔:《社会关系中的研究方法》,1983年英文版,第442—443页)

第五节 讨 论

当表达了研究所得的结果,下一个任务就是用更为一般的术语来讨论这些结果,并回过头去将这些结果同我们在设计这一研究时所期望的东西相联系。我们在前面说过,讨论部分经常同结果部分相结合,只是对于那些比较复杂的研究,或者那些有着较为广泛或较为抽象的应用的研究来说,讨论部分才常常是单独的。但无论是哪种情况,讨论都与导言部分密切相关。在导言部分所出现的某些中心问题可能会在讨论部分再次出现。还应该记住,导言部分是"沙漏"形报告的上瓶,方法和结果部分是"沙漏"的最狭窄部分——瓶颈,而讨论部分则是"沙漏"的下瓶。导言部分的叙述由宽到窄,而讨论部分的叙述方式则刚好相反,即由窄到宽。

讨论一般是从告诉读者你从研究中掌握了什么开始。一开头就以明确的叙述说明研究假设是否得到证实,或者明确地回答导言部分所提出的研究问题。但是,要注意,不要简单地再次解释和重复结果部分已经总结了的观点。每一句新的陈述都应该为读者理解这一问题带来一些新的东西。在讨论部分,我们应该讨论这样一些问题:从研究的结果中,能够得出什么样的推论呢?这些推论中,哪些同研究的数据资料结合得相当紧密?哪些则在较抽象的层次上同理论更加相关?对于研究的结果来说,它的理论内涵和实践内涵又是什么?

在讨论部分,我们可以把自己的研究结果同在文献评论中列举的那些研究的结果进行比较,看看是否又一次验证了它们的结论。同时还可以讨论自己的研究可能存在的缺陷,讨论将自己的结论进行推广时必须具备的条件及所受到的限制。还要提醒读者注意下列一些方面:比如我们所用样本的特点,让他们注意这一样本与我们所希望概括的其他总体之间出现差异的可能性程度。还有对结果有影响的某些特定方法,或某种方法的某些特殊性质,或者任何其他可能产生不正常结果的因素。特别是要愿意接受反面的或未料到的结果,不要用歪曲的意图将它们解释掉,而要如实地陈述和讨论它们。

讨论部分还包括:对于研究仍未能回答的那些问题的讨论;对于在研究中新出现的问题的讨论;以及对有助于解决这些问题的研究的建议等。在实际发表的研究报告中,相当一部分是以对进一步研究的建议来结束研究报告的。但是,按照"沙漏"的形式,研究报告的结尾部分应该是关于人类行为或整个社会的一般性的宽泛陈述,而不应是只有少数社会研究人员感兴趣的具体细节。

研究报告的讨论部分不宜写长,有些社会学家认为在讨论部分的长度与研究结果的清晰程度之间往往存在着一种负相关。即讨论部分越长,读者对研究结果相反越不清晰。

第六节 小结、摘要、参考文献及附录

一、小结和摘要

研究报告常常包括一个非常简要的小结,在小结中,再次对整个报告的各个部分作一个纲要式的总结。因此,它又得涉及总的问题的陈述,先前已有的研究

结果,对研究设计的描述、资料收集方法、抽样程序、主要的结果、从结果中得到的各种结论和推论,以及更广泛意义上的讨论等。

现在,许多专业杂志上发表的研究报告中常常用摘要来取代小结。摘要是一种更简明扼要的小结,它通常作为一个单独的部分放在研究报告的开头,而不是放在研究报告的末尾。一般来说,摘要往往只有一二百字,它使得广大读者能很快地对这一研究的主要内容、方法、结果和结论有一个总的了解。从而便于他们决定是否继续阅读整个报告的细节内容。摘要非常不容易写好,因为它的篇幅非常有限,其中每句话,每个字都要十分明确和恰当。我们不可能把各方面的情况都写进摘要里,而必须做出选择即决定主要突出哪些关键内容,略去哪些次要内容。

下面是摘要的一个例子:

> 本文所报告的两项研究指出,带有性别偏见的招工广告和报纸中按需求的性别把这些广告分成不同栏目的做法,都阻止了男人和妇女去申请那些他们能很好适应的"相反的性别"的工作。这两项研究原先都是作为实际生活中性别歧视案例的法律证据的一部分而进行和发表的。

二、参考文献

在研究报告的结尾处,常常要将整个研究报告中所引用过的所有著作和文章的目录列出,并用"参考文献"作为标题将它们集中成一个单独的部分。其中,中文著作的写法如下:

(1) 费孝通:《社会调查自白》,知识出版社 1987 年版。

(2) D. K. 贝利:《现代社会研究方法》,上海人民出版社 1986 年版。

英文著作的写法如下:

(1) Whyte, W. F., *Street Corner Society*, Chicago: University of Chicago Press, 1943.

(2) Moser, C. A. & Kalton, G., *Survey, Methods in Social Investigation* (2nd ed.), New York: Basic Books, 1972.

在英文著作或期刊中,所列文献里的书名通常是用斜体字印刷的,以将其与其他内容区别开来。其顺序依次是著者名,书名,出版公司所在地名,出版公司名,年份。

中文文章的写法如下:

(1) 李小明:《城市老年人的社会保障问题》,《城市研究》1984年第2期,第36—42页。

(2) 张强:《城市家庭模式的演变》,《家庭与社会》1986年第5期,第16—22页。

英文文章的写法如下:

(1) Bem, S. L, & Bem, D. J., "Does Sex-biased Job Advertising 'Aid and Abet' Sex Discrimination?", *Journal of Applied Social Psychology*, 1973 (3), pp. 6-18.

(2) Martyna, W., "What Does 'He' Mean?", *Journal of Communication*, 1978 (58), pp. 203-210.

文献中列出的英文文章所发表的杂志名称通常也是用斜体字来和文章名以及其他内容区别开来的。其顺序依次是人名,文章名,杂志名,年份,期号,页码。

如果引用的是某著作中所编入的一篇文章则写法如下:

(1) Schuman, H. & Duncan, O. D., "Questions About Attitude Survey Questions" in H. L. Costner (Ed.), *Sociological Methodology, 1973—1974*, San Francisco: Jossey-Bass, 1974.

其顺序是:文章作者名,文章名,著作编者名,书名,该出版公司的地名,出版公司名,出版年份。

中文的写法也与此类似,如:

(2) 刘英:《中国城市家庭的发展与变化——五城市家庭调查初析》,见刘英、薛素珍编:《中国婚姻家庭研究》,社会科学文献出版社1987年版。

三、附录

研究报告的附录中常常包括这样一些材料,它们往往由于太长而不适于放在研究报告正文部分。这样的材料有:问卷,态度量表,实验中的刺激材料,以及实验设备或研究背景的照片和草图等。这些材料可以帮助读者了解我们的研究的细节。附录中另外一个内容就是某些数据表格或者附加的数据分析,这些数据表格和数据分析之所以被放在附录中,常常是由于它们的分量太大,或者绕得太远,因而不宜放在报告的正文里。而这些资料和信息却可以使那些有兴趣的读者去深入地探讨你的数据的细节,或者回答你在报告的正文部分由于省略某些内容而产生出的某些疑问。

但是,由于专业杂志的篇幅总是有限的,所以,绝大部分杂志上发表的研究报告都没有这样的附录,比如没有把调查所用的问卷也刊登出来的,那些对某一研究的数据资料有疑问，或者希望重复这一实验的读者，通常可以直接同原作者进行联系和交流。而硕士学位论文、博士论文及学术专著则通常包括这种附录。

第七节　研究报告写作的几点建议

上面几节中我们主要介绍了研究报告的各个组成部分及其写作要求，在这一节里，我们将主要从写作方式、技巧上提出一些一般性的建议。

（1）准确清楚。一篇好的研究报告在写作上最重要的标准就是准确清楚。准确是体现研究的科学性、严密性的关键因素，而清楚明白的叙述，则是表达和交流研究成果所应具备的最基本的条件。

（2）先列出报告的大纲。虽然我们在前面已经介绍了研究报告的各个部分，但它与我们每个人具体的研究报告还有一定的差别。我们还必须去实际组织自己的研究结果中的各个主要点，去检查前后结果之间的逻辑性等等。因此，一种有帮助的方式是先列出整个报告的大纲，尤其是各部分中的主要内容。

（3）用简单的语言写作。在本章的导言一节里我们就曾经说过，研究报告应该用常用的语言写作，应该能让非专业的读者进行阅读，并且能让他们理解你干了些什么以及为什么要那么干。即使他们对于统计、实验设计或其他有关的专业知识一无所知。要做到这一点，最主要的办法是尽可能使用简单的语言，少用专业术语。同时还要用到下面一条建议。

（4）用例子来做解释和说明。研究报告毕竟是专业研究的结果，完全不涉及专业术语、抽象概念是不可能的。那么要使研究报告可读性强，除了上面所提到的用简单语言叙述外，还要经常用具体的例子来解释说明所涉及的技术性概念。概念越抽象，就越需要用例子把它同读者自身的经验和已有的知识水平联系起来。

第二十三章

社会学研究的评估

前面各章介绍的研究方法,都是围绕如何做出一项研究结果展开的。这里要解决的问题是:当得出一项研究结论后,怎样对它的有效性加以评价。

社会学研究的评估(The Evaluation of Social Research)就是运用社会学方法的原理,依照社会学研究过程的逻辑,从社会学方法的技术性角度对已经得出的社会学研究结论——研究报告——进行有效性检验,判断该项结论的可靠性程度和可推论范围,以确定它的可信程度,对它的解释力以及对社会学理论的贡献做出评估。在国外有关评估方法的著作中,与"评估"一词等价值用的专业术语还有:"社会学研究的系统分析"(The Systematic Analysis of Social Research)和"社会学研究报告的解析"(Deciphering A Report of Sociological Research)。

与前面各章介绍的各种社会学方法不同,社会学研究的评估所关注的问题不是一项社会学调查研究应该怎样设计和实施,而是一项已经完成的社会学调查研究是怎样设计和实施的。它要回答的问题是:研究的设计和实施过程是否合理,是否有效。对于研究者来说,评估所教给的不是怎样组织撰写研究报告,而是怎样阅读和评价研究报告。因此,社会学研究的评估实质上是对社会学研究结论加以验证。

评估方法和技术的形成始于20世纪50年代,它的创建者和倡导者是美国著名的社会学家、社会学方法专家P.拉扎斯菲尔德。评估方法与技术的建立与以下两个问题有关:

第一,50年代,建立在社会统计基础之上的社会学定量研究越来越普遍地运用。在讨论与社会学研究方法有关的问题时,常常要借用许多具体的研究实例。但是,许多社会学家和社会学方法专家发现,在研究方法和运用这些方法进行研究的具体实施过程之间,存在着许多程度不等的技术性差距。例如,研究方法提供了如何保证抽样合理性的一套原理和技术,但在实际研究中,样本的有效性程度与理论上的要求总是存在着一定的距离。由此而带来的系统性误差直接影响了研究的结果。这类问题的产生往往是由于研究者缺乏运用和贯彻方法原理的实际能力。因此,在社会学研究方法体系已趋于完善的条件下,实际的运用能力就比掌握研究方法的各种知识更为重要。怎样尽可能地控制上述问题的出现,就必须对研究的各个技术性环节加以评价。

第二,在组织一项社会学调查研究之初,研究者需要做的一项重要工作是大量占有、阅读、分析各种有关文献,其中包括凡是能收集到的该领域已做过的研究报告。随之带来的问题是:研究者根据什么去评价这些报告并对其可靠性做出判断?这个问题不解决,无论是进一步的研究还是利用这些报告的结论去做理论上的推论都会冒很大的风险。因为一份研究报告,作为可理解和可讨论的研究成果形式,如果可靠性程度存在疑问,一旦将它作为研究的依据或以它作为进一步研究的起点,就有可能将新的研究引向歧途。这样,正确评价一份研究报告就成为十分有意义的方法论问题了。

评估方法和技术正是为解决这两个问题应运而生的。到70年代,社会学的评估得到了长足的发展,逐步形成了一套相对独立、日臻完善的技术体系。到了今天,社会学研究的评估越来越发挥出不可替代的学科功能和社会功能,其应用范围甚至已超出社会研究之外,进入社会政策评价领域内。它不仅已成为现代社会学研究方法体系的重要组成部分,而且还是现代社会学研究者必备的基本素质之一。

第一节 评估的基本逻辑

每一项社会学研究都是运用社会学研究方法进行的,因此,评估的基本逻辑便是寓于社会学方法体系之中的。评估是要依据社会学方法论思想来对研究结论的有效性进行社会学意义上的全面检验。这就是说,在评估者眼里,一份研究报告所具有的意义与在一般读者眼里不同。他不仅仅要注意理解研究报告——研究课题是怎样产生的?研究过程中获得了什么依据?得出了什么样的结论?研究者做出了什么理论贡献?更重要的是注意分析研究报告的程序和技术要素——研究者使用了哪些资料、表格、数据?选用了什么样的研究方法和手段?这些要素与结论之间的关系怎样?

因此,本节所要讨论的问题便是从研究方法体系中离析出构成评估基础的基本程序和要素。讨论包括以下三个问题：

一、社会学研究的理想模型

第五章讨论了社会学研究的各种类型。社会学研究对象的多样性和复杂性决定了研究形式的多样性：不同的研究者由于其所取的角度不同以及研究过程中的侧重而形成不同的研究风格。但是，任何风格迥异的研究后面，都存在着许多由学科赋予的基本共同之处，这些共同之处是被研究的方法原理所规定下来的。其中最重要的一条原理便是"理论—证据"的联结。任何一项社会学研究，无论运用什么样的具体研究方法还是具有什么样的研究风格，最核心的技术性问题都是如何有效地将证据与理论联结在一起。换句话说，所有社会学方法和技术的最终目的都是为了更好地获取所需证据、运用这些证据去解释、检验理论或构建新理论。

这一原理构成了我们理解社会学研究过程的一个关键点。依照"理论—证据"联结的性质不同，我们把所有的社会学研究划分为两大类型（或理想模型），一类称为理论检验（theory-testing），一类称为理论构建（theory-constructing）。

1. 理论检验。是指通过调查研究来对已有的社会学理论加以验证。验证包含两层含义：一是通过调查研究来确定理论的正确性程度；二是根据调查研究的结论来对理论的错误及疏漏之处进行修正与完善。在这一类研究中，"理论—证据"联结的性质表现为：搜集资料获取证据的目的是为了验证理论，评价理论的正确性程度，并在验证过程中引申出需要进一步研究的问题。

法国19世纪著名社会学家迪尔凯姆的著作《自杀论》就是这类研究的一个极好范例（见本书附录一案例一）。迪尔凯姆从其结构主义理论的原则出发，认为自杀现象并不能用个人的形式加以解释，而是同社会环境有关，正是从自杀的社会环境中，我们才能找到某个人自杀的根源和背景，这是因为任何一种社会现象都与社会的基本结构有关。社会的基本结构构成了个人生活的外在环境，个体的观念和意识取向不过是由社会基本结构造成的集体倾向的体现，集体倾向对每个社会个体都具有强制性作用。自杀表面上是自杀者的自主行为，似乎与他人无关，但是实际上它与诸如家庭、政治、经济、社团、宗教组织等社会现象密切相关。

为了验证这一理论认识，他进行了大量的社会调查，结果表明，根据自杀者与社会的不同联系，自杀现象可区分为三种类型：

（1）当个人"与社会发生分离"，即当社会结构整合的约束力不能发挥作用时，人们容易死于"利己主义"或"个人主义"自杀。

第二十三章 社会学研究的评估

（2）当对个人行为的规范调节变得松懈，即集体良知被削弱时，人们容易死于失常自杀。

（3）当社会对个人的调节过度时，人们容易死于"利他主义"自杀或"宿命自杀"。

结论：自杀率同社会调节的关系是曲线型的，即高自杀率既同过度个性化相关，又同社会的过度调节相关。

通过研究，迪尔凯姆验证并丰富完善了他的社会结构理论。

2. 理论构建。是指我们对某一社会事实只有现象上的认识，还缺乏理论上的解释，因而需要通过研究来建立关于该社会事实的理论。在这一类研究中，"理论—证据"联结的性质表现为：搜集资料获取证据的目的是为了构建理论，为了对某一社会现象做出社会学意义上的归纳、概括和解释。

我国老一辈社会学家、犯罪学家严景耀教授于1934年作的《中国的犯罪问题与社会变迁的关系》研究就是一个典型的理论构建研究（见附录一案例四）。

该研究的目的是"试图以社会观点研究形成犯罪的过程，通过对于犯罪的调查，观察他们的社会关系以及社会对于他们的行为的影响和关心作为参考来研究中国的犯罪问题"。作者认为，犯罪者作为一个人，其犯罪活动是他整个社会行为的一个方面，而个人的行为是在一定的社会结构和社会文化结构中获得的。因此，要解释中国的犯罪现象，就必须"调查人们是如何成为一个罪犯的过程"，注意那些"异常的和特殊的历史背景"。作者先后于1928年和1930年两次在12个省进行调查，并在1928年到北平第一监狱以一名志愿"犯人"的身份过了半年的铁窗生活。通过和犯人共同生活、交谈，了解犯人的个人历史、家庭和社会背景以及如何走上犯罪道路的过程，获得了大量第一手资料，从而对中国的犯罪问题做出了令人信服的理论解释。

上述两种研究类型的划分，对于本章将要介绍的评估方法和技术有十分重要的意义，因为有关评估的基本思想、分析模型和程序都是以这种划分为基础的。

但是，应该指出，这种划分仅仅是形式上的，是为了讨论评估方法和技术的需要。事实上，在许多研究中，这两种类型往往是互相包含的，即在理论检验中包含有理论构建的成分，反之，在理论构建中也包含有理论检验的成分。同时，这种划分也是相对的，从一个更长的研究过程来看，它们常常构成前后相继的不同研究阶段。例如，迪尔凯姆关于自杀的理论是理论构建研究的结果，而我们对这一理论的解释范围（如是否还适用于今天的法国）所展开的进一步研究又构成了理论检验研究。

二、社会学研究资料的性质

所谓资料的性质,是指一项研究用以分析的资料是定性的还是定量的。使用什么样的资料是由研究的不同类型所决定的。一般说来,以理论检验为主的社会学研究所依据的多是定量性资料,又称统计资料。相应地,在理论检验的调查过程中,多采用结构性调查,即事先设计好标准化问卷,按照一定的标准选取样本,运用统计原理处理资料数据,然后通过对各种数据分析来寻找检验理论的证据。例如,迪尔凯姆对自杀现象的研究,所依据的就是不同年代关于自杀的官方统计资料。

相反,以理论构建为主的社会学研究所依据的多是定性资料,在调查过程中,则多采用非结构性调查,如参与观察法、访谈法等等。研究的程序不是预先明确制定的,而是在调查过程中根据调查的逐步展开形成的。资料的形式更多地也不是数据,而是各种文字记录。调查人员从这些文字资料的分析中获取到有用的资料,再根据它们提炼出概念,上升到理论的概括。例如,严景耀教授关于中国的犯罪问题与社会变迁的关系研究所利用的资料即是来源于各种犯人生活史的自述。

对资料性质的不同要求,是由不同类型的研究的内在特点所决定的。理论检验研究的主要目的是要通过调查研究来对理论加以验证,因此,它需要精确的统计资料来进行数量分析,以检验一种理论解释的可靠性程度。这就使得这类研究必然是"定量的"。同时,社会学理论的实证性特点也决定了它的可检验性,即研究者可以通过对理论加以操作化,将理论命题转换为操作命题,再建立起相应的量化指标加以数量分析。这样,抽象的理论问题就可被换算为经验证明。

与此不同,理论构建研究的主要目的是为了建立理论,在研究之初只有问题而没有理论,而是需要从经验事实中进行理论归纳。因此,它不可能预先设计出严格的研究程序。另一方面,由于研究的目的着重从总体上准确把握研究对象的基本特征,就使它没有必要进行大规模的精细的统计分析。严景耀教授的研究很好地证明了这一点。作者研究的目的是为了建立有关中国的犯罪理论。为了获得第一手资料,他采用的是参与观察法,通过对犯人和看守的个案调查来进行调查。起初作者试图利用标准问卷形式,但后来认识到这种做法效果并不好,他说:"我发现从问卷的回答中不能找到很多材料,最好的材料往往在'备注'里。问卷是经我主观想象制成的,问卷的回答使整体情况一致,但有许多要点被抛开了。所以……我放弃了问卷,采取和犯人个别谈话,以一般问题为基础,顺其自然地谈下去。"(《中国的犯罪问题与社会变迁的关系》第 211 页)。

研究资料在性质上的上述不同,造成了理论检验研究和理论构建研究在"理论—证据"联结方式上的差异性。理论检验研究的"理论—证据"联结的方式体现为理论命题与经验命题的关系,经验命题与量化指标的关系,而理论构建则体现为怎样从经验资料中提炼出概念和理论命题,因此,我们在评估不同类型的研究报告时,应该充分注意到它们的差异性。对这个问题,我们在下面再详细讨论。

三、社会学研究的主要构成要素

主要构成要素这一术语,指的是任何一种研究类型在实施其调查研究过程中,都不可缺少的基本技术环节,它们也是我们在评估一项社会学研究时必须给予特别关注的内容。主要包括三部分要素:

1. 样本的选择:
(1) 样本的分布;
(2) 样本的代表性;
(3) 抽样过程;
(4) 抽样偏差的控制。
2. 操作化:
(1) 将理论命题转化为经验命题;
(2) 测量指标对概念的有效性;
(3) 对经验变量的定义;
(4) 分析单位的确定。
3. 资料分析:
(1) 各种调查资料的分类、处理和解释;
(2) 资料对经验命题的有效性。

通过上述三个方面的讨论,我们为评估方法和技术找到了逻辑起点:社会学研究可分为理论检验和理论构建两大类型,它们各自建立"理论—证据"的方式是不一样的,在不同的研究类型中,研究基本要素的组合和侧重点也有所不同。以这一基本线索为基础,我们就可以开始讨论评估的方法和技术了。

第二节　评估的基本分析框架和方法论依据

本节所要解决的问题是引入评估的基本分析框架即评估的基本程序,从方法论的角度来确立具体评估过程的基本依据。

一、评估的基本分析框架

评估的整个过程都是围绕"理论—证据"联结的可靠性程度而展开的,它重点考察的是研究过程各基本要素之间联系的有效性。评估的基本分析框架,是根据研究过程中各个环节的有机相继关系获得的。其基本原理是:按照社会学研究方法体系和研究过程的基本逻辑规则,将每一步骤中的核心要素抽取出来,按照它们内在的逻辑关系组成一个"理想"模型。这一模型所体现的是研究过程的基本逻辑结构,也是"理论—证据"联结的基本形态,这一模型就是我们评估的分析框架。

据此,我们将一个研究过程抽象为下述逻辑关系:

A. 理论→B. 假设(理论命题)→C. 操作化(研究方法及研究设计)→D. 现场调查(研究的实施)→E. 研究结论。

为了方便起见,将上述逻辑关系称为"ABCDE"模型,其中每一个环节在模型中都是有机的,下面分别给予介绍。

A. 理论。是一项研究的基本出发点或终点。它是关于社会现象内在关系的解释性陈述。

B. 假设(理论命题)。需要进行调查研究的具体问题的命题形式,同时也是理论中所有基本概念要素之间的逻辑关系。

C. 操作化(研究方法及研究设计),具体研究过程的设计。它的核心问题是将理论命题转化为经验命题,通过操作化,使得抽象的理论命题转化为可以度量的经验命题及量化指标。这一步骤所要解决的问题是:决定研究的程序;选择资料收集的技术;概念与指标;抽样方法和样本;变量和分析单位的确定。

D. 现场调查。实施操作化的设计程序。涉及的主要问题是资料的收集和处理。

E. 结论。对收集处理后的资料加以分析得出结果;提出对研究对象的解释,反馈到 C、B、A 阶段。

ABCDE 模型的关系可用下图表示:

第二十三章 社会学研究的评估

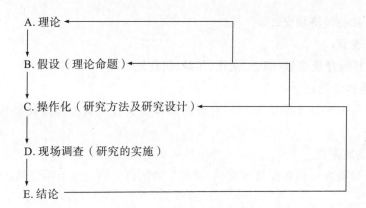

可见上述模型的作用,就是将一份研究报告按其内在的逻辑分解为一个一目了然的要素关系表。对一份研究报告所做的评估,也就是依照上述模型,对其中各个环节的所有要素加以有效性验证。

以《自杀论》为例,我们可以依照分析框架对之进行下述概括:

A. 理论。

对自杀现象原因的探究,决不能仅仅停留在生理、心理、天象、种族等非社会因素上面。自杀,作为一种社会现象,决不取决于个人因素,而是各种社会因素作用的结果。自杀与自杀者所生活的社会环境有关,而且,社会结构决定了自杀类型的不同。

B. 理论命题。

a. 自杀率的高低与自杀者加入的宗教相关。一个宗教社会内部结合的紧密程度与教徒自杀率高低呈正比关系。

b. 自杀率的高低与经济危机和社会秩序的稳定性相关。

c. 自杀率的高低与婚姻家庭状况相关。

d. 自杀率的高低与政治和民族性危机相关。

C. 操作化。

a. 资料收集,几个欧洲国家 30 年的官方的自杀统计资料。

b. 分析单位,个人。

c. 变量:

(a) 宗教信仰;

(b) 婚姻状况(婚否,是否有子女,离婚或鳏寡);

(c) 政治背景(不同时代);

(d) 社会经济状况；

(e) 战争；

(f) 其他背景变量（职业、文化、年龄、居住地等）。

d. 操作命题：

提出与 B 的 4 个理论命题相对应的操作定义并可被上述量化指标度量的经验命题。

D. 实地调查。

主要分析官方的各类统计资料；其他学者的研究结论及引用资料；部分个案材料。

E. 结论。

自杀虽然是一种个人现象，但其原因主要是取决于支配着个人行为的外在原因，即外部环境及带有某种共性的社会思潮和道德标准。即，在同一时期有几股自杀的潮流贯穿着社会，这些潮流的起因不在于个人，而在于集体。因而，引起自杀的真正原因，是社会势力。这种势力因社会、团体和宗教而异。它来自团体，而非个人，而且支配着个人。是社会潮流将个人引向死亡，每个自杀的人都认为他们只服从自己，但实际上他自己不过是集体力量的玩物。

通过上面的分解，我们就能十分清楚地从技术上对研究报告的各个部分及其逻辑关系给予把握。然而，应该看到，在很多研究报告中，资料和研究环节的显示是"不完备"的，即，报告并未详细提供应该包含在内的所有资料。这时，就必须依靠评估者的分析和判断来加以弥补。

显然，上述框架并不适合理论构建研究报告的评估，因为一项理论构建研究之初并没有理论及理论命题，而是要通过调查研究来建立理论。解决这个问题的方法是，将上述标准框架加以适当的"变形"，产生出适合于理论构建研究的框架，这个框架的逻辑关系如下：

C. 操作化
D. 现场调查
E. 结论
B. 理论命题
A. 理论

这一框架与理论检验研究框架最大的区别就在于它是逐层由经验层归纳到理论层，而不是从理论层演绎到经验层。此外，由于理论构建研究是研究者通过

第二十三章 社会学研究的评估

定性研究从经验材料中抽取出理论命题,建立理论解释,就使得评估的每一步骤上具有与理论检验研究评估所完全不同的内容。这种差别是由两种研究的不同方法所决定的。

下面我们对理论构建研究的每一个环节加以说明。

C. 操作化。由于理论构建与理论检验的不同,这里的操作化就不是考虑怎样将理论命题转化为经验命题,而是根据研究问题的要求,在一定理论范式的指导下,确定研究的起点,它解决的问题主要可归纳为这样几个。

(1) 样本的选择和抽样方法的确定。

(2) 研究者怎样进入研究现场,在现场参与观察时,研究者以什么样的身份去参与?完全参与者,作为观察者的参与者,作为参与者的观察者还是完全的观察者。

(3) 使用什么方法进行现场记录?笔录还是使用录音设备?等等。

D. 现场调查。理论建构研究的现场调查要比理论检验研究要求更高的技巧性,尤其是研究人员的素质,因为所有的分析资料都必须凭借研究人员的参与获得。他经常必须考虑的问题是,他怎样才能既能有效地接触研究对象,又在不改变它的状态情况下获得真实可靠的资料。此外,由于研究之初并无完备的研究设计,因此研究的每一步骤都不是预先确定,而是在研究过程中根据具体情况来决定的。同时,研究过程的展开中,还必须随时对已获得的资料进行概括和总结,以确定下一步的计划。因此,整个研究过程的展开,既始终贯穿着研究步骤的设计,又贯穿着资料的分析。在国外的教科书中,把这一过程称为"研究的自然历史"。一个研究的所有最重要的信息都是包含在这一过程中的,因而它应成为我们评估的重点。

E. 结论。主要涉及的问题是怎样摘编资料,怎样从资料的分析中产生与研究课题有关的概念。

B. 理论命题。展开对概念的解释,并说明哪些概念是原有的,那些概念是新产生的;哪些概念是参与概念,那些概念是研究者的理论概念。各概念之间的关系。

A. 理论。研究的结果,对研究对象做出理论的因果关系解释。

根据这一框架,我们可以将《中国的犯罪问题与社会变迁的关系》作如下概括:

C. 操作化。

该研究的主要重点是"从文化的角度来研究犯罪问题"。作为研究的指导的有关理论是,犯罪是社会文化的一个侧面,并且随文化的变化而变化,而文化的变化又和社会的变迁相联系,因而就可以从文化的角度来探讨犯罪和社会变迁的关系。作者明确指出:"为了理解犯罪行动的意义,我们必须了解社会条件如何使这些人的原来的行动成为某种特定的和被人注意的行动的。如果一个人的行动只要考虑到发生行动的社会文化传统就可以得到理解和解释的原则,那么,再进一步探索一个人的个人经验,同样可以寻找到我们文化的来源和意义的原则。"

a. 样本是北平第一监狱的各类犯人,抽样方法是主观抽样和偶遇抽样的结合。

b. 研究者最初是以完全参与者的身份(作为一名"真正的"犯人)参与到监狱中去的,后由于身份暴露,改为作为参与者的观察者的身份。

c. 现场记录。对谈话进行回忆整理,以及现场笔录。

D. 现场调查。

作者资料的来源主要依靠犯人和看守,并得到了很好的合作。他最初以犯人的身份参与进去,后因身份暴露,改以研究者身份观察。他协助看守当狱官,取得了信任。一个月后,结识了很多看守和犯人,获得与犯人单独交谈的权利,犯人把他当作知心朋友看待,主动配合他的研究,使他获得很多在官方记录中看不到的东西。

他起初使用了预先设计的问卷,后取消了,因为在接触过程中觉得问卷使"许多要点被抛开了"。在和犯人的交谈中发现了每个犯人的故事中都能获得许多有用的资料,因而作者注意搜集犯人的生活史并分析它们的意义。这样整个研究一步步地展开。

E. 结论。

作者划分了不同的犯罪类型,然后再逐类进行归纳,以"破坏家庭罪"为例,作者挑选了 33 个个案研究来建立他的研究结论。首先作者划分出"破坏家庭罪"的不同类型:绑架、拐骗;奸罪;性道德败坏;重婚、纳妾;娼妓。然后对不同的类型组织个案材料,产生出概念。如,对娼妓问题,作者使用了 10 个案例,这些妓女大致可划分为四种情况:第一,以当妓女作为逃避旧社会压制的手段,对传统进行反抗;第二,贫困而貌美的少女以作妓女作为把自己从底层社会提高到上层社会的手段;第三,当妓女是少妇解决经济困难的最好办法;第四,许多妓女是被人拐卖诱骗的,她们完全成为被人主宰的奴隶。

作者提出了这样一些概念:

　　a. 中国大家庭制度给妇女的负担;

　　b. 妇女的教育;

　　c. 妇女的职业;

　　d. 女青年的婚姻;

　　e. 妓女的功能,社会要求的满足。

B. 理论命题。

　　a. 犯罪是在新的社会情况中失去适应能力的自然办法,也可以把它认作是犯罪者为了在旧的传统生活方式被破坏的新环境中,满足他们新生活中的最基本的需要而求得生存的最好出路。

　　b. 犯罪是与整个社会结构有关的,而且与其他社会问题相关联。

　　c. 许多种不同的犯罪的形成过程是相同的。

　　d. 犯罪人是因为社会情况迅速转变失去适应的受害者。

　　e. 有些犯罪是传统与法律矛盾的结果。

　　f. 有些犯罪看上去是反社会的,但它又是社会功能的产物,不仅犯人和受害者是现存制度的必然产物,而且有些犯罪清楚地说明因为它是社会的需要、需求而存在的。

　　g. 犯罪者多为处在经济底层的人们。

A. 理论。

作者在书中没有以专门的篇幅阐述理论,但我们从上述理论命题中完全能推导出作者通过研究得出的理论结论。这就是:犯罪行为是在突然的和迅猛的社会变化中发生的,犯罪者在改变的社会环境中失去适应能力,与原有的生活方式和新的社会条件发生冲突。正像作者在书的最后所写的:"一个国家,长期在生活的所有的各个方面都受着传统的统治,突然在工业化、商业化的进程中急剧地失去了它的社会控制力。"而犯罪不过是社会文化的不稳定和矛盾的表现,是社会无法控制出现的社会危机的产物。

二、评估的方法论依据

上面我们给出了评估的逻辑框架,但是,要展开一项评估仅仅有这个框架仍然是不够的。由评估的基本出发点所带来的另一个问题是:我们怎样去判断一项研究中"理论—证据"联结的可靠性程度?换句话说,我们怎样判定"我们所获得的证据就是研究本身所需要的并且能够说明理论的证据"？这首先涉及的是与研究本身相关的各种知识。但是，如果从评估的角度来看，"理论—证据"联结的可靠性问题实质上是"理论—证据"联结的"有效性"问题，即，证据对于理论来说是不是有效的？有效程度有多大？这就引入了"效度"概念，这一概念前面已有专述，我们在这里把它作为评估的基本依据引入评估过程，其意义在于：如果我们所获得的证据越是我们所需要的证据，就说明"理论—证据"联结有效性越高，研究所得出的结论的可靠性程度就越大。因此，我们的评估就可以通过对效度的检验来展开和完成。

将我们的评估模型加以分解，我们可以把"ABCDE"模型看作是由两大部分组成的：

第一部分，A→B→C。这一部分的职能是把抽象的理论转化为可度量、可实施的经验命题和指标。

第二部分，C→D→E。这一部分的职能是把经验命题和指标通过研究的实施转化为研究本身所需要的证据。

因此，C阶段在整个研究过程中起着十分重要的承上启下的连接作用；以它为界限，将研究过程区分为两个层次：理论层次和经验层次。这两个层次在研究过程中的可靠性程度分别是由两个效度来测定的，这就是前面所提到的"内部理论效度"和"内部经验效度"。前者是指一项研究在理论层次上理论命题和经验命题之间的有效性程度；后者是指在经验层次上经验命题和结论（证据）之间的有效性程度。这即是说，"理论—证据"联结的可靠性在评估中可具体转化为"内在理论效度"和"内在经验效度"。这就是评估的基本依据。

应该指出，如果在一个更大的范围内来考虑一份研究报告的可靠性程度，还应该分析它的外部（理论、经验）效度即它与其他有关的理论文献和研究结论之间的关系。通过外在效度，可以在更大的理论和经验范围内对一份研究报告进行更深层次的评估，但这已超出了本章所要解决问题的范围。我们这里所要探讨的是怎样对一份研究报告进行整体性评估，着重点在于对一份报告所给出的"内部"论证过程进行可靠性评价，以判定在该报告中理论—证据联结的有效性程度，明确它的理论意义和实际应用价值。

为了清楚地表明上述三种效度的关系，我们用图表示如下：

第二十三章 社会学研究的评估

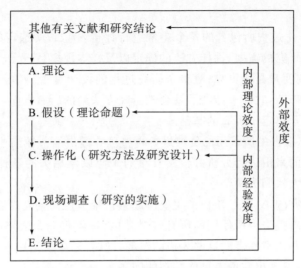

内部理论效度、内部经验效度和外部（经验、理论）
效度关系图

第三节 评估的方法和技术

在这一节里，我们在前两节的分析基础上，详细介绍评估的方法和技术，即怎样展开评估。鉴于社会学研究被划分为理论检验和理论构建研究两大类型，我们这里也分为两部分来介绍，首先介绍以定量分析为特征的理论检验研究。

一、对理论检验研究报告的评估

对理论检验研究报告的评估按下列程序展开：

1. 按照"ABCDE"模型的要求，将研究报告中的所有要素分别在 A、B、C、D、E 五个步骤上罗列出来，使得研究报告的内在逻辑和各个要素之间的关系一目了然。这一步必须注意两个问题：

（1）不能歪曲作者的原意，即必须准确地将作者的观点及研究过程用"ABCDE"模型表达出来。

（2）在许多研究报告中，研究的各个阶段以及所采用的方法、资料等并没有明显地表述，有些甚至是不完备的，即作者并未详细提供一份正规的研究报告所应该包含的材料。因此，评估者必须通过自己的理解和分析将模型所要求的各个要素从研究报告的描述性语言中"离析"出来。并对自己的理解和分析做出必要的说明。

2. 对操作化过程所包含的各个要素进行评价,例如,所选定的搜集资料的技术是否符合研究的需要;抽样方法的确定以及样本规模是否合理;分析单位是否准确;设立的变量是否可靠;对整个研究过程的设计是否科学,等等。这是非常重要的一个环节,它几乎涉及了社会学研究方法论的所有方面,它为下一步评估的进一步展开奠定了可靠的基础。

3. 对研究报告中所采用的资料进行再整理并做出细节性描述,甚至在必要时对研究本身的来由进行分析并核实资料的来源以及相关的各种文献和要素。这些描述可以大致归为两个内容:

(1) 对研究的 A、B、C 阶段的主要问题进行细节性的补充描述;

(2) 整理出报告中所使用的所有资料表格,理解每一个表格的含义以及它们之间的关系并注意作者对这些表格的解释;同时,还应该运用方法论知识去检验每一个表格,发现出它们有可能存在的问题。

4. 内部经验效度评估。它着重考察研究报告对经验层次上的资料所做的分析和描述的可靠性程度,它包含两个方面的内容:(1)考察研究报告中对 C、D、E 三个阶段的论述,在假定操作化过程是可靠的前提下(这是内部经验效度评估的需要,而关于操作化的可靠性问题,将在内部理论效度评估时解决),对与操作命题有关联的各种资料的合理完备性进行分析,从而对 C、D、E 三个阶段联系的有效性做出评价;(2)考察研究报告中从 E 阶段向 C 阶段推论的论述,对结论和操作命题及所有变量的联结的有效性进行评价,从而达到对结论的有效性的评价(这里仍然假定操作命题对于理论命题的可靠性是确定的)。在这一考察过程中,必须注意从经验层次的意义上严格检查所有有关表格以及作者对它们做出的解释。

5. 内部理论效度评估。它着重考察在理论层次上作者所提出的理论以及理论命题的可靠性,即,理论是否准确反映了研究课题的宗旨;理论命题是否准确代表了理论的内涵。其次,还应该着重评价理论命题(概念)和操作命题(指标)之间联结的有效性。评估者应该判断的是:指标是否能真实表达理论命题的要求?最后,还应该考虑抽样方法是否恰当以及样本的代表性问题,判断以该样本为基础来进行推论是否能达到合理的程度。这可以帮助我们认识该研究的应用范围。

6. 总体评价。这是对整个评估做出结论性的阐述,对研究报告及其理论价值和应用价值进行总体评价。

应该指出,上面介绍的这一评估程序是一个理论的流程,它所提供的是一个评估的基本思路,作为初学者的指导。因此,评估者不必机械地搬用每一个步骤。尤其当评估者具有一定能力之后,就应该善于运用这一思路去阅读和分析研究报告。

我们将上述评估程序以及各部分的关系用一个图表来表示:

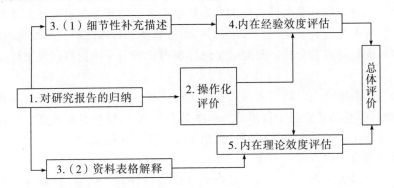

二、对理论建构研究报告的评估

前面我们说过,理论建构研究和理论检验研究最根本的不同之处就在于前者在研究之初并没有关于研究对象的理论和假设,相反,它是要通过具体的研究来提出理论和假设,从而对某一社会现象的特性进行社会学理论的描述和解释。因此,以定性资料为基本特征的理论构建研究其核心问题是关于研究对象的概念以及相应指标的产生过程,即,研究者是怎样通过实地研究提出概念和建立理论的。

由此,就决定了对理论构建研究报告的评估需要和理论检验研究完全不同的评估程序。

和评估理论检验研究报告的程序相同的是,评估理论构建研究报告的程序仍然分为两大部分,一是分解研究过程的各基本要素并对它们做出初步解释,二是应用社会学方法论的知识给予评价。

我们对第一部分的内容设立如下五个步骤:

(1)操作化概述研究的"自然历史过程"涉及的内容主要有:研究的最初目的是什么?它以什么理论作为指导?研究进行的时间、地点;研究者是以什么样的身份(完全参与,作为观察者参与,作为参与者观察,完全观察)参与到对象群体中去进行研究的?这种身份是否能满足研究目的的要求?研究者的参与身份对研究对象的影响如何?研究者以他所扮演的角色在研究过程中是怎样建立起现场联系的?

(2) 现场调查。着重考虑研究者搜集的资料是什么以及使用什么方法去搜集资料(观察法、访谈法、谈话、档案法等等);研究者怎样进行现场记录(笔录、录音、回忆整理谈话概要)? 他所使用的现场记录方法是否能准确真实地将有关资料保留下来?

(3) 抽样。抽样是怎样进行的? 抽样是主观抽样还是偶遇抽样或是两者兼而有之? 样本是怎样确定的? 一般总体,调查总体和样本之间关系如何?

(4) 资料整理和分析。研究者是怎样整理记录下来的资料以及怎样使用它们的?

(5) 结果的产生。研究者最后提出了什么概念和范畴? 这些概念哪些是原来就有的,哪些是从资料中获得的? 哪些是参与概念,哪些是理论概念? 和这些概念相对应建立了什么指标,最后,提出了什么理论和假设?

评价部分分以下四个步骤:

(6) 对报告中概念——指标联结的效度进行评价。第一,检验每一个概念和相应的资料的联系。应该注意的是,概念和指标的联结是通过若干个例证来达到的,因此,所引证的例证是否有效将直接关系到概念——指标联结的效度。第二,注意作者是怎样证明概念——指标联结的可靠性的,即,作者在使用所获得的资料去说明概念——指标联结关系的时候其证明是否合理。

(7) 对理论命题的效度进行评价。这一步的关键在于结合对理论命题有关的经验证据的检验来进一步对概念之间的关系进行评价。

(8) 抽样及样本对于研究对象的代表性评价。这里涉及的重点是由样本推及调查总体以及一般总体。作者是否注意去分析抽样本身对推论所造成的影响? 在作者进行推论时他是否对推论的可靠性进行了证明?

(9) 总体评价。与理论检验研究的评估相同。

我们同样用一个图表来将上述评估程序的关系表达出来。

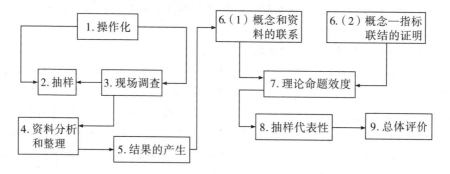

第二十三章 社会学研究的评估

三、评估方法和技术的适用性

前面,我们简要地对评估的有关内容作了介绍,并且把范围限定在研究报告上。那么,评估方法的适用范围有多大呢?它能否解决更为复杂一些的问题?

首先,我们注意到,前面我们所介绍的例子所使用的都是较为简单的统计技术和分析方法,对于那些使用比较高级、复杂的统计技术的研究报告以及以专著形式出现的研究报告,我们的方法是否能够适用呢?显然,在分析这些报告时在技术上要更为复杂得多,但是,从理论上看,我们上面的思路仍然是有效的,因为,不论一项研究采用了多么复杂的技术,作为一项研究不可缺少的基本要素仍然少不了,因此,我们同样可以归纳出概念—指标联结的关系,抽样、操作化等等以最后评价其理论—证据联结的效度,只是复杂程度不同而已,采用简单技术和复杂技术的研究之间并无本质的差异。所以,我们同样可以在基本思路基础上发展出更为精致的评估程序来解决这类问题。

其次,评估方法能否应用于抽象层次较高的社会学理论?我们认为,从理论上来说同样是可行的。因为,社会学理论的重要特点之一即是,不论它的抽象程度有多高,它最终都是建立在经验证据基础之上的,而不是像哲学理论那样靠逻辑的推导,而且,任何理论都包括若干可以逐级转化为经验命题,即可以被操作化的理论命题和概念。换句话说,只要是社会学理论,不论其抽象程度有多大,都是可以被操作化的。因此,评估的逻辑就同样可以被应用于抽象程度较高的社会学理论。

当然,我们应该看到,由于评估技术发展的历史还不长,作为一套行之有效的方法还有待于在具体实践上不断成熟和完善。因而,目前在可能性和现实性之间还存在较大的距离,即现有的评估方法和具体程序还不足以解决所有有关社会学研究的可靠性问题,也正是如此,社会学评估方法才具有进一步发展的潜力和不断完善的必要性。

第四节 评估方法和技术的社会应用

进入70年代后期,社会学评估的应用范围超出社会学研究报告而进入更大的社会领域,逐步形成了以社会政策评估为主要内容的新的研究取向——社会评估研究(Social Evaluation Research)。

这一研究取向的形成是与欧美社会学研究发展的这样一种事实相联系的。许多社会学家认为,社会学在不同时代研究的主题是由该时代社会结构的本质特征所决定的。如,芝加哥学派的兴起与美国从农村社会向城市社会转变有关,而哥伦比亚学派的出现则植根于对美国社会结构从地方互动转变为全国互动这一重大变动的研究基础之上的。① 当前,欧美社会结构正经历一场新的变动,其基本内容是社会责任结构由分散到集中,这种集中化趋势,不仅使人们向政府提出越来越多具有合法权益的要求,而且政府为了保护人们的合法权益,在全国范围内开始实施各种社会立法和社会政策,它们包括教育、卫生、就业、福利及住房政策等。集中化趋势的进一步发展甚至使参加总统竞选能否获得选民的支持,很大程度上取决于竞选者如何对人们具有合法权利的各种社会要求做出反应。

社会责任结构的集中化,使政府承担了制定社会政策的主要责任,但是,政府往往因为能力不足而不能对与社会政策有关的一系列问题做出准确、及时的判断。例如:某项政策涉及的领域该有多宽?正在实行的政策是否有效?某些政策是否应当继续下去或是否应该修改?正是在这种背景下,使得社会学的研究重点由社会问题转向了社会政策。②

社会政策研究成为一种信息反馈系统。它包括"社会实验""形成评价"和"总结评价"三个部分,分别研究一项政策的制定时期、实行时期和末期。它重点关注的不是政策实行结果,而是实行过程,因此得名为"过程评价"。这样一来,社会学研究的社会角色身份开始发生深刻变化,开始由社会的"局外人"变为社会的"局内人";成为社会个体和社会组织之联结的中介人;开始由分析、解释社会问题变为社会决策的信息提供者。社会学研究开始成为社会结构的组成部分。③

正是在这样的背景下,以社会学研究报告的解析为主旨的社会学评估方法开始被应用于更广泛的社会范围,并由此正在孕育社会学研究传统的一场重大突破。

社会学评估方法和技术在社会政策评价上的应用主要集中在以下两个方面。

一、社会政策制定的合理性检验

检验的最终目的是为了增加社会政策制定的合理性。我们可称之为社会政策实施的可行性研究。

在现代社会中,任何一项社会政策的制定和实施都越来越被视为"社会总体工程"。这就是说,任何一项社会政策都是社会总体中的组成部分,都会与众多的社会因素相关联,无论是在教育、社会保障、住房、城市建设等上的投资上,还是制定社会的总体或局部政策方案,甚至企业和社会部门的经营决策,一项社会政策在制定过程中都会要充分考虑到各种相关因素,进行全面的论证和科学化的设计,以求最优化的合理性。因此,从社会学方法论的角度,每一项社会政策都可被视为一份关于某种社会要求的社会分析报告。从这种意义上,社会政策评价,就是要运用社会学评估的方法和技术,去解析该社会政策的各个分析环节,进行全面的技术性检验,然后做出总体评价,对政策加以修改和完善,使之更为合理。

二、社会政策对于社会发展目标的有效性评价

在这个层面上,评估研究的目的是:以社会发展目标为参照系,测量一项社会政策对于社会发展目标所达到的实际效果,以评价该社会政策的社会有效性并对下一步的政策制定做出改进。上述定义包含以下四个要素:

1. 实际效果测量涉及的是研究所使用的方法论;

2. 实际效果强调的是该社会政策的实际成果,而不是指社会政策所带来的功效、公正、道德或对社会规范和准则的遵奉;

3. 将社会政策与社会发展目标相比较是为了能用一种明确的标准来评价社会政策的社会效果;

4. 对下一步的政策制定做出改进则是强调社会评估研究的社会意义。

由此可见,根据我们前面介绍的评估知识,社会政策对于社会发展目标的有效性评价涉及的是一项社会政策的外部效度;而制定政策的合理性检验涉及的则是它的内部效度。

社会政策的评估研究拓展了社会学研究的新领域,它在一个更高的层次上加快了社会学研究的社会应用。这一研究取向对我国的现代化建设有十分重要的意义。中国社会学的历史任务不仅要去研究在政策开放过程中产生的各种社会问题和中国社会的结构变迁,而且还应该对政策的决策出谋献策。可以想象,如果能成功地将社会政策评估研究应用于改革政策的制定、实施过程,将会对中国的社会改革做出更大的贡献。

注释

① 邓方:《从社会结构变动看美国社会学的发展动向》,《美国研究》1989 年第 2 期,第 129 页。

② 同上书,第 131 页。

③ 同上书,第 140 页。

附 录

研究案例

案例一 《自杀论》与实证方法

《自杀论》于1897年成书,时值新旧世纪之交,这恰好能象征性地说明迪尔凯姆这项研究的历史地位,即它开创了现代科学的社会学研究的新纪元。《自杀论》是理论与经验的首次圆满结合,是实证主义思想的首次完备体现,同时又是复杂统计分析技术的首次系统应用。

一、《自杀论》的方法论背景

1830年,孔德首创"社会学"这一词,但直到19世纪末,社会学一直未被承认为一门独立的学科。迪尔凯姆认为,要建立社会学必须做两件事,第一,这一学科要研究的必须是专门现象,即它的研究对象是与其他学科截然不同的;第二,必须能用其他科学观察和解释事物的同样方法即实证的方法来观察和解释它的对象。他以自己在《自杀论》和《社会劳动分工论》以及《宗教生活的基本形式》中的研究工作证明,能够而且应该建立社会学,这是与其他科学完全一样的客观科学,它的研究对象是社会现象。

他认为,"社会"现象与"心理"现象有两个不同的特性。首先,它是外在于个人意识的,即具有"外在性"。其次,它还有对个人的"强制"作用,例如法律与信仰等现象,它们都不是个人所创造的,而是集体的产物,存在于个人意识之外,是外在的,并且对个人有强制作用,无论个人感觉与否,都必须依照它去行事,否则就会受到外来强制性制裁。迪尔凯姆把社会现象定义为"任何对个人产生外部强制作用的行动方式,或者说是任何具有自己的存在,独立于个人表现,在某一个社会里又具有普遍性的行动方式"[①]。他强调社会现象必须被当作客观事物来处理,"我们所采用的社会学方法是基于这样一个基本的原则,即社会现象必须作为客观事物,作为存在于个人之外的现实来研究"[②]。他认为这种"客观事物"可作为科学研究的直接材料,用客观与实验等方法加以实证的研究,从外在的和可接近的特质达到不易见到的更深层的内涵。

在对社会现象做出解释时,他反对使用内省的方法。他认为,要说明一种社会现象,就必须找出它的动力因,而这种动力因只能从社会环境里,而非从个人的心理行为中寻找,即任何社会现象产生的原因都是另一个社会现象,而不是一种个人心理现象。他的这种观点基于唯实论的方法论,即认为总体虽然是部分组成的,但并不等于各个部分的总和,它是另外一个东西,总体的特性和组成它的各个部分的特性不同。"聚合并不像人们有时认为的那样:本身就是一个不能产生其他现象的现象,它只不过是把一些既得现象和法定现象在外部联系起来罢了,相反,它是外在事物发展过程中先后产生的那些新事物的起源。"③根据这个原则,社会不是一个由许多个人组成的简单的整体,通过聚合形成的这个体系代表的是一个具有固有特性的特定现实。当然,如果没有个人意识也不可能产生什么集体的东西,但仅有这个必要条件还不够,还必须使这些意识组合起来,用某种方式组合在一起。社会生活正是从这种组合中产生的,只有这种组合才能说明社会。一个集体的思想、感觉和行动,是与它的成员——如果是处在孤立状态的话——的思想、感觉和行动截然不同的。因此,如果我们从这些处于孤立状态的成员开始进行研究,我们就无法了解集体的情况了。一句话,心理学和社会学之间的连续性问题也像生物学与物理化学科学之间的连续性问题一样,其解答方法是相同的。

在对社会现象做出解释时,他也反对使用历史的方法和功能分析的方法。根据前者,社会现象的原因应当到过去中,也就是说到以前的状态中去寻找,迪尔凯姆认为这不是真正的科学解释,因为仅是一系列的史实,对于因果关系并无暗示。他认为只有从一个特定社会的内部,通过社会的环境来解释特定的社会现象。他意识到功能分析中的"目的论"危险,因此他强调"当对某一社会现象进行解释时,我们一定要努力将引起这一现象产生的主要原因和其所执行的功能区别开来。我们使用'功能'一词,而不使用'目的'或'目标',是因为社会现象产生并不一定是为了引起有益的后果"④。即社会现象的成因不是从这一现象的效用中,而应从我们所研究的这个社会的内部结构中去寻找。"可以说,迪尔凯姆认为社会环境具有动力因果关系是科学的社会学存在的条件。"⑤

实验方法是科学中最有力的证明模式,它的理论基础是所谓的"差异法",假如一个例子中研究现象出现,而在另一个例子中未出现,这两种例子除一点外其余均相同,则这点不同就是现象的起因。在对社会现象的研究中,由于各种原因往往无法实施直接的实验,而只能采用一种间接的实验方式,迪尔凯姆称其为比较法。比较法的理论基础是"共变法",即如果某一现象发生一定程度的变化,另一种现象也随之发生一定程度的变化,那么,第一个现象就可能是另一个现象的原因。例如,温度上升,气温计的水银柱随之升高,天气越热,水银柱随之升得越高,因此得知气温的变化是水银柱变化的原因。迪尔凯姆大部分的经验工作都是应用这种比较的方法去寻找事物间的因果关系。

迪尔凯姆的研究程序通常是:首先给所要研究的现象下定义。他认为"任何科学研究都牵涉到确定一批符合同一定义的现象。因此,社会学家首先必须对他要研究的事物下个定义,以便使大家知道,也是使社会学家自己知道问题的所在。这是取得证据进行考证的首要的、最必不可少的条件。事实上,一个理论,只有在人们善于承认他所研究的事实时,才能够得到检验。此外,既然科学研究的对象是由这个最初的定义构成的,那么这个对象到底是不是一个事物,就要看这个定义是怎样做出的了。①为了达到客观性,必须依该现象的内涵属性来处理该现象,而不是把它作为观念来处理。所谓事物的内涵属性,不是靠感官知觉,而是需依据现象容易被认识的外部特征来下定义。

第二步是根据定义收集资料并依据收集到的资料对既有的有关现象的各种假设、解释进行分析批驳,这些假设或解释通常是从个人的心理的、经济的、天象自然的角度上做出的。

最后,对所要研究的现象作一番真正的社会学解释。在批驳他人解释和构造自己的理论时,迪尔凯姆使用的方法是"共变法",即间接科学实验法和控制变量法。后者是指为了清楚地解释问题,引入第三个变量去分析两个变量关系之间的原因,被引入的第三个变量称为控制变量(参见本书"分析逻辑"一章)。在建构自己的理论时,他常常要对社会现象进行分类,而且他总是倾向于认为,一旦确认一类事实的含义后,人们就能够对这类事实做出解释,而且只有一种解释,一定的后果总是出于同一原因,例如,如果说犯罪有多种原因,那就是说有许多类型的犯罪。这种分类方法与观点受到后世一些社会学家的批评。

《自杀论》便是在上述方法论的背景上,依据这样的程序所进行的研究。

二、自杀与自杀率

在《自杀论》中,迪尔凯姆从自杀现象的定义开始,继而驳斥了以往关于自杀原因的种种解释,接着确定自杀类型,最后由这种分类法发展出有关自杀现象的一般性理论。

迪尔凯姆为自杀所下的操作性定义是:"凡由受害者本人积极或消极的行为直接或间接引起,受害者本人也知道必然会产生这种后果的死亡。"所谓积极行为,如举枪自杀或上吊。消极的行为如绝食或拒绝逃离火灾现场。前者是直接导致死亡,后者则是间接导致死亡。根据这个定义,自杀还应包括因不愿投降而自沉其船或妇女依某些风俗为夫殉葬等怀有英雄主义的行为,以及一般属于自愿的,例如男女双双殉情、因破产而自杀等行为。

自杀率是以每 10 万或 100 万人口的自杀人数定义的。迪尔凯姆对欧洲 11 个主要国家 1866—1878 年的每百万人中的自杀率进行了比较,见表一,发现:(1)每一个国家的自杀率在短期内变化很小;(2)不同国家之间的自杀率差异很大,而这些国家之间的死亡率基本上无差异;(3)在三个时期内,各国的自杀率均上升了,但每个国家之间保持一定的距离。这些事实表明,自杀率具有整个社会或某一省、某一地区的特征,即对一个特定的群体来说,必然有一特定比率的自杀者。与纯粹是个人现象的自杀行为不同,自杀率是一种社会现象。许多个人的情况尽管很可能会促使张三或李四自杀,但绝不会普遍到对整个社会自杀倾向的大小发生作用,因此应从环境中去寻找各个国家、地区间自杀率差异的原因。

三、对既存解释的批驳

对自杀原因的各种既存的解释,大都着眼于生理、心理、天象、种族等各种非社会性因素。例如许多医生与心理学家在观察了一些自杀的案例后,都对此做出病理学和心理学方面的解释。他们认为:大多数自杀者在采取自杀行为时,其知觉与心理状态似乎都处于一种病态,而各种病态状况本身,就潜伏了其采取自杀行为的可能性,这正是心理学与医学上所谓自杀当事人的心理先存异兆。针对这种解释,迪尔凯姆用下面的理由作了批驳。

表一 欧洲不同国家每百万人中的自杀率

	时期			在不同时期所居位次		
	1866—1870年	1870—1875年	1874—1878年	第一时期	第二时期	第三时期
意大利	30	35	38	1	1	1
比利时	66	67	78	2	3	4
英国	67	66	69	3	2	2
挪威	76	73	71	4	4	3
奥地利	78	94	130	5	7	7
瑞典	85	81	91	6	5	5
巴伐利亚	90	91	100	7	6	6
法国	135	150	160	8	9	9
普鲁士	142	134	152	9	8	8
丹麦	277	258	255	10	10	10
萨克森	293	267	334	11	11	11

引自《自杀论》第120页。

他承认这种心理先存预兆,并同意心理学家与医生的心理分析与说明。但问题在于:对于具有这种心理先存异兆者来说,某类特定的情境会促进其自杀,这种情景是社会的而非心理的,换言之,形成自杀的心理先存异兆的是个人心理因素,但是当事人的自杀行为,则取决于其所处的社会情况。

为了阐明这一论点,他运用了共变法,检验了不同阶层居民中自杀率的变化情况并力图证明心理病理状态和自杀率无关。按照逻辑,若自杀率确实与心理病理状态有关,则精神病比率高的阶层,其自杀率也高。但是,他细察了许多不同国家后发现,以宗教区分的话,犹太教徒中精神病比率最高,但自杀率却远比天主教徒、基督教徒低。但是,自杀率是否与特异心理状态有成反比的关系呢?为此,他又比较了不同国家间精神病犯与自杀率的排行关系,相似数量的精神病犯或精神失常或酗酒者的各不同国家,其各个不同的自杀率的对应关系,发现相关很不规则。因此他推论:自杀率与特异的精神与心理状态无关。

又以气候因素为例。有一种解释认为自杀的先存心理异兆是来自于物理环境对生物个体的影响。为检验这种假设,迪尔凯姆比较了不同纬度地区的自杀率;同一国家不同地区,不同国家在不同季节的自杀率。依据共变法,如果气候对自杀率有决定性影响,那么气候不同的地区之间的自杀率相异应该是恒定的。迪尔凯姆详细考察了意大利首都由北部迁到中部过程中自杀率的变化。截至1870年以前(当时首都尚在北部),北部省份自杀率最高,其次是中部,再次是南部。但北部与中部的差异是逐渐减小的,到1864—1876年间,两者基本持平,最后在1884—1886年间,北部省份的自杀率反而低于中部。而这期间各地区气候的差异性是恒定不变的,但自杀率却在变动。所以说,自杀率的差别不能用气候的差异来解释。以上自杀率变迁的真正原因是社会因素。迁都(由北部迁至中部的罗马)后引起了自杀率重心的转移。因为一个国家的首都是新观念、新伦理、新生活方式发生和传播的场所,但同时也是孤独、压抑、冲突蔓延和发生的所在。各种各样的城市弊病便由此发生,因而,人的自杀率也比其他地区为高。

意大利自杀率的地区分布　　　自杀人数/百万人

	1866—1867年	1864—1876年	1884—1886年
北部	33.8	43.6	63.0
中部	25.6	40.8	88.0
南部	8.3	16.5	21.0

还有人认为,炎热季节容易促使人自杀。统计数据也表明:温度对自杀率似乎是有影响。例如,在欧洲的所有国家与地区,春夏两季的自杀率总高于秋冬两季。他在探讨这个现象的原因时,发现春夏自杀率高的原因不在温度升高本身,因为按常理,春夏是较愉悦的季节,不应因舒适的温度而自杀的道理,而且平均气温较高的国家,如西班牙、葡萄牙及意大利,自杀率均比法国低。迪尔凯姆因此推论春夏两季自杀率高的原因,不是温度本身或温度等等自然因素的关系,而是因这两个季节是人们社交活动最频繁的季节,物理环境间接促进了人类的社交密度,是社会因素本身,才直接对自杀率发生影响作用。

我们将迪尔凯姆对自杀与温度间的关系的分析表示成图一。

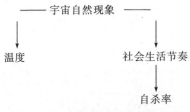

图一　自杀与温度关系的分析

即气候与自杀率的关系是通过宇宙现象对气候和对社会生活节奏的双重影响而得到解释的。这种解释也说明温度对自杀率无影响,或者说温度与自杀率的关系是虚假的。

在这个分析中,为对两变量温度和自杀率间的原关系进行确切的解释,引进了控制变量社会生活的节奏,从而得出因果模式,这类分析在《自杀论》全书中到处可见,"从逻辑的角度看,这可被视为一次真正的革命"⑦。

同样的,迪尔凯姆还对将自杀归因于遗传、种族特性等因素的解释进行了批驳。他以此论证了自杀率是一种独特的现象,就总体而言,它是可以从复杂的社会现象中分离出来,并单独进行研究的。

在迪尔凯姆看来,由于自杀不能用个人的形式加以解释,再加上自杀是一种独特的现象,因此他认为自杀与社会现象有关,"正是从自杀的社会环境中,我们才能找到个人自杀的根源与背景"①。这正是他第二步要做的工作。

四、确立自杀类型

在驳斥了个人和非社会性因素是引起自杀的原因后,迪尔凯姆紧接着的工作是寻找影响自杀率的社会性因素,并以之确立不同的自杀类型。按照他的观点,"一定的后果总是出于同一原因"。以自杀而言,不同的原因,即有不同的自杀现象产生。因此,自杀类型可由产生自杀的各种原因区分。由于原因是属于社会性的,故而可就产生自杀现象的社会条件的异同,先将这些社会条件分组,就可把相对应于这些社会条件的组别的自杀现象分类,从而得到不同类型②。这种分类方法是一种溯因式而非形态学分类法。按照这种方法,他将自杀分为三种类型:自利式自杀、利他式自杀和脱序式自杀。

(一) 自利式自杀

迪尔凯姆从对宗教、婚姻家庭以及政治、民族群体的研究中得出这一自杀类型的。他首先分析了宗教对自杀率的影响。统计表明,不同的宗教信仰导致不同的自杀率,新教徒自杀率大于天主教徒,而犹太教徒最低(见表二)。

表二 各国各类教徒每百万人自杀率

	新教	天主教	犹太教	统计者姓名
奥地利(1852—1859)	79.5	51.3	20.7	瓦格纳
普鲁士(1849—1855)	159.5	49.6	46.4	瓦格纳
普鲁士(1869—1872)	187	69	96	莫尔塞里
普鲁士(1890)	240	100	180	普林金
巴登(1852—1862)	139	117	87	勒古阿
巴登(1870—1874)	171	136.7	124	莫尔塞里
巴登(1878—1888)	242	170	210	普林金
巴伐利亚(1844—1856)	135.4	49.1	105.9	莫尔塞里
巴伐利亚(1884—1891)	224	94	193	普林金
沃尔登堡(1846—1860)	113.5	77.9	65.6	瓦格纳
沃尔登堡(1873—1876)	190	120	60	迪尔凯姆
沃尔登堡(1881—1890)	170	119	142	迪尔凯姆

引自《自杀论》第110页。

为了解释这种结果,他详细分析了新教与天主教在教义和仪式等方面的差别,最后他找到了"整合度"这个变量,认为"自杀率与个人所参加社会集团的整合度成反比"。迪尔凯姆的"整合度"(社会团体的团结程度、和谐程度等)这一个概念解释了上述现象。如新教徒自杀率高于天主教徒的问题,是因为与天主教相比,新教徒较强调个人的独立,充满了"自由精神"和怀疑主义,新教徒容易陷入个人的孤独,即他们的整合程度较低,当然自杀率就高。

接着他分析了家庭婚姻对自杀率的影响。从统计的绝对数字上看,已婚者的自杀率大于未婚者,例如在法国,从1873—1878年,已婚者自杀人数为16264人,未婚者为11709人。但对年龄因素加以控制后,结婚的人反而较未婚者自杀率低,见表三。是年龄歪曲了婚姻与自杀间的关系。

表三 法国(1899—1891)每百万各年龄、各婚姻状况
居民的自杀统计(年平均数)

年龄	男 人		女 人	
	未婚	已婚	未婚	已婚
15—20	113	500	79.4	33
20—25	237	97	106	53
25—30	394	122	151	68
30—40	627	226	126	82
40—50	975	340	171	106
50—60	1434	520	204	151
60—70	1768	635	189	158
70—80	1983	704	206	209
80以上	1571	770	176	110

摘自《论自杀》第134页。

接着迪尔凯姆进一步探讨了婚姻中的哪种因素对自杀率产生影响。详细分析见本书第十六章第二节例三,结论是并非婚姻本身——如性满足、夫妻感情、不再孤独等——主要影响结婚人的自杀率,而是与子女的联系。

在这两个分析中,引入了控制变量,前者的控制变量是年龄,后者的控制变量是子女的多寡。

上述结论——不是婚姻本身而是与子女的联系是影响已婚者自杀率的主要原因,仍可由迪尔凯姆关于整合度与自杀率关系的观点得到解释。家庭是个集体,一个集体的共同生活越多,就越团结,团体成员之间的交流越频繁越积极,则团体越统一,有子女的家庭,其成员间的交往与联系较多,共同生活也较多,因此,其整合度相对较高,因而自杀率较低。

最后,他还考虑了政治危机对自杀率的影响,发现在政治危机的年度中,各民族的自杀率均大幅度下降,且国家意识越强的国家(如德国)其下降愈厉害。这是因为在政治危机时,如战争、民族的集体情感、党派精神、爱国主义精神等,使全民为了一个目标行动起来,这可以在一段时期内使整个社会更加紧密地团结起来,从而抑制了自杀。

由上面的分析可以看出,宗教团体、家庭与政治团体对自杀率都有一定的影响,但这不是

由于每个团体本身的特点,而是由它们的共同特点所造成的,这就是,它们都是一些整合能力较强的团体,具有其共有的意识与道德,这种共识经由其成员的交往而存在、壮大,并对其成员产生作用,透过集体的力量把他们结合在一起,它当然反对个人离开团体,更反对自杀。团体本身便是一种阻碍自杀的力量,团体的削弱必然会带来自杀的增加。如果个人已不再属从于团体,团体力量影响不到个人,个人就有完全自由决定自己的一切,包括自杀。此外,当个人陷入困境或绝望时,团体可提供支持,但若个人不再隶属于团体,在孤立无援中则可能会沮丧,甚至轻生。这种个人与团体间由疏离而带来的自杀,都是个人主义所延伸出来的现象。真正的原因是自我为中心的个人主义,因此,定义为自利式自杀。

迪尔凯姆指出,那些非社会和个人方面的因素只能对自杀率起到间接作用,真正的决定因素就是存在于一个社会之中的某种社会事实,即"社会整合度"。某个人 A 由于失业而自杀这一事实表面看来是失业造成自杀。但倘若我们仔细考察便会发生疑问,即:"为什么失业造成 A 自杀而未造成另一个人 B 自杀呢?"答案只能到 A、B 两人的社会环境中去找。答案很可能是:A、B 两人有着完全不同的社会环境,他们扮演着不同的社会角色。A 是个被社会冷落的人(孤身者、离异者、被抛弃者或不合群者等),而 B 则与其所处集团有着密不可分的联系(他可能是父亲、丈夫、孝子或合群的人等)。就像迪尔凯姆对新教与天主教的比较研究所阐明的,自杀只与社会整合紧密相关。那些社会整合高的人比那些社会整合低的人更不易自杀(虽然两者可能同样处于失业的境地)。

迪尔凯姆在"社会事实"中寻找自杀率的原因,这一做法是成功的。在现在看来,他在《自杀论》研究中所遵循的方法论和采用的方法要比所得出的结论更有价值,更有深远的影响。

(二)利他式自杀

在迪尔凯姆的论述中,有两个利他式自杀的例子,一个是我们在不少古老社会中看到的寡妇的自愿殉葬,在这种情况下,自杀完全不是因个人主义引起,而是由个人完全消失在集体中造成的。个人按照社会的指令去死,甚至牺牲生命。

迪尔凯姆还在统计分析中发现了一个现代利他式自杀的例子:军队中,自杀次数在增加。军人自杀多于同龄、同境的平民。这类自杀亦不能以利己主义解释。因为军人属于一种组织严密的团体,作为士兵,他的第一品质就是居民中罕见的无畏精神。他一定要当个把自己的生命看得轻的人,因为上级有命令,他就得随时准备牺牲自己的生命,即使和平时期,军纪也要求他无条件服从,他们完全相信也认同于军队制度之中,除特殊情况外,他们都对其有起码的效忠,他们属于一种以纪律为主的组织。他们与那些拒绝接受群体约束或无法抑制自身欲望于社会限度的人完全不同,他们不是与团体整合不够,而是过分整合于团体的人,他们的自杀,是利他式的。

(三)失范式自杀

这是一种由社会混乱而引起的自杀,迪尔凯姆最感兴趣的自杀类型,因为它最富有现代社会的特征。

统计数字表明,在经济危机时期自杀率升高。例:1882 年冬,巴黎证券交易暴跌,波及整个法国,从 1874 年到 1886 年,自杀率平均增长率只有 2%,1882 年却是 7%。相反,另一奇特的现象是,在发生重大政治事件,如战争期间,自杀率则呈下降的趋势。这种在社会动荡时自杀率升高及在重大政治事件发生时减少的现象,使迪尔凯姆发现了第三种自杀类型——失范式自杀。这类自杀的起因是"人类行动缺乏规范以及由此引起的痛苦",社会的剧烈动荡、危机或繁荣,是造成社会失范状态的根源。失范概念是迪尔凯姆最关注的问题之一,它与他所谓的现代社会的危机有很大关系,"它是社会解体或个人与团体间联系脆弱的一种状态"⑩。

离婚是一种家庭动乱,离婚率与自杀率在统计上呈现出正相关关系。由表四可以看出,离婚者的自杀率是已婚者的3—4倍,同时也明显高于往往还受到老龄威胁的丧偶者。如何解释这一事实呢?

表四

地区 \ 每百万人自杀人数	十五岁以上未婚		已婚		丧偶		离婚	
	男	女	男	女	男	女	男	女
*普鲁士(1887—1889)	360	120	430	90	1471	215	1875	290
*普鲁士(1883—1890)	388	129	498	100	1552	194	1952	328
巴登(1885—1893)	458	93	460	85	1172	171	1380	……
萨克森(1847—1858)	……	……	481	120	1240	240	3102	312
萨克森(1876)	555.8⁺	821	146	……	……	3252	389	
符登堡(1846—1860)	……	……	226	52	530	97	1298	281
符登堡(1873—1892)	251	……	218⁺	405⁺	796⁺			

注:"*"这里数字似乎有误
"+"男女合计

资料来源:《自杀论》第222页。

从本节自利式自杀的分析中可知,已婚者的自杀率小于未婚者,即婚姻是阻碍自杀的一种力量。婚姻因一方亡故而解体时,从婚姻中得到精神庇护的人在丧偶情况下仍可得到这种庇护,即仍能感到婚姻对自杀意向的抵抗力。那么,当婚姻因法律判决而解体时,情况又怎样呢?

为回答这一问题,迪尔凯姆进一步考察了离婚对男女两性自杀率的影响,结果发现已离婚男性较女性的自杀率高。他从两性在婚姻中所感受到的平衡满足、约束与利益等方面着手分析这一结果。婚姻是一种有规律的性关系,它使人的感情规范化。这种限定使男性在婚姻间感受到平衡与约束,并保留一定程度的自由,妇女感受到的则主要是约束。离婚使男性生活重新陷入无序,生活杂乱无章,意志消沉,而妇女则较前更自由,这部分地补偿失去家庭保护后造成的损失。

因此,离婚率升高导致自杀率升高,实际上是丈夫自杀率的上升,而妻子恰恰相反,自杀率要减少。由上面的分析可知,男子自杀率的上升主要不是由于家庭的影响而主要是由于婚姻关系的影响。因此,离婚较丧偶自杀率高也就可以得到解释。离婚这一家庭动乱导致男性行为的失落以及由此引起的痛苦,最终导致自杀率的上升。

五、自杀理论的建立和修正[11]

在做了上述工作之后,迪尔凯姆提出了自己的自杀理论,归纳起来如下:自杀虽然是一种个人现象,但其原因主要不是取决于个人的内在本性,而是取决于支配着个人行为的外在原因,即外部环境及带有某种共性的社会思潮和道德标准。用迪尔凯姆的话来说,那就是,有几股自杀的潮流贯穿着整个社会,这些潮流的起因不在于个人,而在于集体,它们是自杀的真正的或决定性的原因。当然,这些潮流并非随便在哪一个人身上都表现出来。如果这个或那个人自杀了,这可能是由于他们的心理结构、神经衰弱或精神失常造成的,但这种心理先存预兆状态,却是由某种社会情境下的"自杀潮流"的影响而来的,它们起间接促进作用。

引起自杀的真正原因,是社会势力,这种势力因社会、团体和宗教而异。它来自团体,而非个人,而且支配着个人,是社会潮流将个人引向死亡,每个自杀的人都认为他们只服从自己,而实际上他自己不过是集体力量的玩物。

注释

[1][2][3][4][6] 迪尔凯姆:《社会学方法的规则》。
[5] 雷蒙·阿隆:《社会学主要思潮》,上海译文出版社1988年版,第102—103、363页。
[7] 雷蒙·布东:《社会学方法》,上海人民出版社1987年版,第45页。
[8][10] 迪尔凯姆:《自杀论》,浙江人民出版社1988年版,第2、217页。
[9][11] 陈秉璋:《社会学理论》,三民书局股份有限公司1985年版,第159、169页。

案例二 探索复杂的社会结构:江村调查

一、江村,"中国社会组织的各种形式"之一

江村调查是费孝通和王同惠1935年12月在瑶山立志研究"中国社会的组织的各种形式"的第二个类型,第一个是瑶山。从1936年1月21日,费孝通在广州写给林耀华等人的信上我们可以明了这一点:"她在临死前一天晚上,我们两人相对向着火,还说:'孝通,什么时候我们那部《中国社会组织的各种形式》能够出版呢……'我说:'再等二十年总有一些把握了。'"①而且,他们已经计划下一个目标。他写道:"我们本已说好瑶山出来,我们要开始华北社会组织的研究。"②我们现在无法推知,他所谓华北是指哪一部分,具体研究单位将选择在哪里,但,他们基本的研究思路是已知的。

王同惠牺牲后,在广州医院期间,他在整理《花篮瑶社会组织》的同时,也计划"中国社会组织的各种形式"的计划。他写道:"我愿意用我一人的体力来做二人的工作。我要在二十年把同惠所梦想所计划的《中国社会组织的各种形式》实现在这世界上。"②

从广州出院后,他回到北京,一个月以后,他又离开北京返回江村,开始了被马林诺斯基称为"一个土生土长的人在本乡人民中间进行工作"的江村调查,他给《天津益世报》社会研究副刊写了第一封《江村通讯》,副标题为《这次研究工作的动机和希望》。他写道:"这次研究的动机有二个"③,其中之一,便是他在致林耀华信中提到的。"我也在那封信上说过,我愿意在我一生中完成一部《中国社会组织各种形式》的丛书。现在花篮瑶社会组织已经在我手写就付印,在旬日内可以竣事。我是觉得已没有理由再滞留在不工作的状态下,所以我就计划着这一研究工作。"④

在最初调查的设想时,费孝通也试图以"社会组织"为调查内容——像瑶山调查一样。"我所要研究的是一个中国乡村社区的社会组织"⑤。在此之前,他对中国社会组织的各种形式的研究并没有加以说明,只是我们从他的题目中可以推知,他们认为中国境内是存在着不同类型组织的。如果吴文藻的阐述符合费孝通思想的话,那么我们可以推知:他承认文化在中国是变异的,变异的文化使境内呈多元性,社会组织自然也呈多种类型。如果我们上述猜测是对的,那么以下他的论述则可视为他们关于"形式"的基本构思:"依我们已有知识来说,中国乡村社区的社会组织,并不是一律的。"⑥

我们可以说,江村调查的最初,费孝通已经否认了在中国可以寻求一个标准的,可以反映一般的社区,正如他自己说的:"我们可以说在中国本部并没有一个'一般的'、标准的乡村社会组织的形式。"⑦因而他也否定了江村可以成为反映中国社会的"一般的","标准的"意义。而后来由于江村的调查报告取名为《中国农民的生活》而引起的种种疑义是由于马林诺斯基和劳特利奇(Routledge)书局所致,非由于作者本人的学术方法所引起的。而该书的中文名字则是与费孝通最初的调查动机一致的。

与他在人体测量中曾经设想的一样,费孝通试图在进行了足够多社区分析之后,再按其

特点进行分类,而非人们通常设想先划分类型,尔后在类型中寻求一个典型剖析,即可达到对于全体的认识。阿古什就持这种观点,他认为费孝通不需要解剖"所有村庄","正像生物学家只解剖一个青蛙而不是所有的青蛙,就能了解这类生物"⑧。费孝通也没有说过要解剖所有村庄,他只是说:"我们不能回答究竟有多少形式,亦不知道各种形式差别到什么程度,更不知道各种形式之间的关系如何。现在我们可以做的就是在实地的观察中先把各地的状态加以描写叙述,然后,将来等到这些材料充足之后,再来分别形式。"⑨

无论如何,形式问题已经将我们引入一个十分棘手的理论领域。因为这意味着我们必须回答一系列问题:形式是怎样产生的,是先分形式而后再择样调查,还是"先在各地观察中把各地的状态加以描写和叙述,然后,将来等到这些材料充足之后,再来分别形式",如果先划分形式,必须有一种更高层次的理论与方法,如果有这样一种理论和方法,自然会使人们更迅速地把握整体。自然科学是按照这样的方式进行分类,至少生物学是这样,而且,这种分类将使研究冒着某种风险:在他分类的时候,必须在典型解剖之后才能明了的结论往往会隐含在最初的分类标准中;如果按照后一种办法,就会产生另外一个问题:人们在描述多少例子之后,才能开始分类? 正常情况应当是在全部对象分析完后,实际这是做不到的。

分析各种材料,我们会发现:他早期对人种分类研究的某些思想实际在影响着他对组织的研究——依照一定的地理状态,他们决定从瑶山出来,进军华北便是例证。

二、社会研究中的价值问题

在江村调查中费孝通试图在自己的文化中尝试"体察"方法。他写道:"第二个动机是出于有些人觉得民族志的方法只能用于文化较简单的'野蛮'社区,不能用于我们自己本地的'文化'社区的误解。在我们看来这是一种错误的见解,因为事实的本身无所谓'野蛮'和'文明',这些名词不过不同族团相互蔑视时称呼罢了,在民族学是不能成立的。"⑩

在费孝通带着这种设想进入江村的同时,英国和其他国家的人类学也在酝酿着一个趋势,就是要扩大它的范围,从简单和落后的部落进入所谓"文明社会"。后来,费孝通在英伦编写江村调查报告的时候,许多人类学已经进入了文明社区,进行类似的调查,与他们比较起来,费孝通的调查是较早的和成功的。所以,马林诺斯基给了它一个恰如其分的评价:"本书以及在中国和其他地方开展的广泛工作,证实了我的预言:'未来的人类学不仅对塔斯马尼亚人、澳洲土著居民、美拉尼西亚的特罗布里恩德群岛人和霹雳的俾格米人有兴趣,而且对印度人、中国农民、西印度群岛黑人、脱离部落的哈勒姆非洲人同样关注。'"⑪

由突破旧民族志方法的限制产生的问题是,研究者在研究中的价值判断问题,这也就是后来被他的同学利奇(E. Leach)所不"推荐"的那个问题。利奇恰恰批评了江村调查的出发点,如费孝通所说:"但是我们却承认一点,就是研究者很不容易获得一个客观的态度来研究他们自己所生长于其中的文化。"费孝通考虑到了利奇提出的问题的关键,但他认为:"不容易确是不容易,但是并不是不可能的。而且一个有相当训练的研究者,在研究自己生长的地方时,亦有特别便利之处。"⑫

他愿意以自己的研究来证实自己的设想:"说话总没有事实强,我觉得要打破上述的成见,只有由我来用研究花篮瑶时所用的方法,去研究一个本国的乡村,若是我能有相当的成绩,这成绩就可以证明我们的方法是可以用来研究任何性质的社区。"⑬后来的事实发生在费孝通的预料之内、传统人类学的预料之外,因此,马林诺斯基"敢于预言"《江村经济》"一书将被认为是人类学实地调查和理论工作发展中的一个里程碑"⑭,"本书的内容包含着一个公民对自己的人民进行观察的结果……如果说人贵有自知之明的话,那么,一个民族研究自己民族的人类学当然是最艰巨的,同样,这也是一个实地调查工作者的最珍贵的成就"⑮。

当然,这仅仅是《江村经济》对人类学的发展之一,在往后的论述中,我们将会看到其他的发展,"此书有一些杰出的优点,每一点都标志着一个新的发展"⑯如果说,这一点,即突破旧民族志是江村调查对人类学发展之一的话,那么我们在上节介绍的"形式"探索则是另外一点。马林诺斯基并没有将这点列入,而我则认为,从某种意义上,这点比第一点更为重要,因为第一点仅仅是一个突破,而第二点则是试图在一个复杂文化结构中,通过类型来寻求把握整体的方法。当然,它仍需要展开。

现在让我们回到关于本民族研究自己的人类学这一问题上来。这个问题的关键就是研究者在收集资料和分析资料中的事实推断与价值判断的关系。

费孝通在进入江村之前,已经考虑到了这一问题,在他离京赴江苏的前夕(他大约是六月底离京的),六月二十四日的天津《益世报》发表了他的《社会研究中的价值问题》,探讨了社会研究中的事实判断与价值判断的关系,以及整体性和功能分析方法在事实推断中的作用。其中,许多思想来自于他和王同惠在瑶山的体验。在《社会研究中的价值问题》中,客观判断与价值判断是在时间上被分开来的,他认为,在认识的最初,研究者不应该带有任何价值判断。他写道:"在没有研究明了一个文化的结构而任意批评这个文化特质是'文明'是'野蛮'是件最容易的事。但这种'容易的事'是社会研究的大忌。因为当我们批评这个文明那个野蛮,我们自作聪明,把研究的线索切断,把探讨的门户关闭了。"⑰他实际上包含了这样一个思想,若价值判断在认识的最初阶段就出现的话,那么结论必定已经包含在前提之中了。这样的研究不会得出科学的结论。所以,"社会研究者在研究初步时最好放弃批评的态度,脑子里不存什么价值问题"⑱,而且,"一个研究者能避开价值问题,用极客观的态度来观察、来叙述,他的职务其实已经完成了"⑲。

虽然,用客观的态度来观察、叙述社会事实被认为是社会研究者的职责,但费孝通并不否认研究者只可有此目的,而别无其他,他认为研究者除了弄清事实之外,亦可有其他目的——"研究者并不是永远不能有研究之外的目的——他可以根据他的立场来讨论文化的价值问题了"⑳,而他本人一直致力于将自己的认识和结论提供给行政者和决策部门。80年代初期,他从改革的初潮中惊喜自己五十年前所倡导的乡村小工业结论的正确性,而小工业和小城镇的每一发展,都使他感到衷心喜悦。陈诚在任职台湾省长时,也曾参考他的著述在岛内进行农业改革。㉑

为了回答利奇的批评,费孝通从两个不同于他在1936年的论述的角度阐述了自己对于"以自己的社会为研究对象的"研究行为的看法:一是从研究者的认识特征,二是从研究者的文化背景。就研究者的参与观察来说,不论是本民族的研究者,还是异民族的研究者在认识过程中,都有一个如何参与到被研究对象内部,又如何从客观的角度将自己的认识表述出来。不过二类研究者对于这两个问题的侧重点不同。费孝通写道:"人类学者能不能研究别的社会依赖于他能不能参与别的社会的实际生活,首先要解决好是个'进得去'的问题,而以自己社会为研究对象的人类学者能不能研究好却依赖于他能不能超脱他所生活在其中的社会,是个'出得来'的问题。"② 在这个过程中,研究自己民族的人"是最艰难但也是最有价值的,因为:研究者要从'自己'中分化出观察者和被观察者两个方面……其实也就是上面所说要从'由之'进入'知之'的过程。这个分化过程就是超脱"③。对于被研究对象及研究结果的评价已经不是一个认知问题,而是他在三十年就已经提出的"价值"问题。这种价值评判取决于研究者的"立场"在文化研究中,取决于研究者所处的文化背景,费孝通就像坚持文化的多元性一样,坚持价值标准的多元性,认为"各个民族都有自己的标准,各自有一套自己认为是美的东西"④,因此应当"美人之美"⑤,"'美人之美'的境界是从上面所说的超脱了自己生活方式之后才能得到的境界。这是境界的升华"⑥。在他看来,只有达到这种境界的人,既"能研究自己的社会也可以研究别人的社会"⑦。对于人类学者的价值标准问题,他主张,"各美其美,美人之美,美美与共,天下大同"⑧。

　　一个研究自己民族的人不单可以获得许多别人难以获得的材料和节省更多的时间,更重要的是它可以获得更多的真实性的材料,研究异民族可以保持研究的客观性这件事本身并不是绝对的。任何民族都是人类的一部分,人性是相通的。初入社区的异民族研究者以外来者审视自己的研究对象时,他并没有深入到社区内部,他获得的材料是表面的,不深刻的。在自然科学中,深入到对象内部,要凭借先进的技术,在社会研究中则凭借研究者的能力,更多的是依靠研究者与被研究者之间沟通的程度。沟通需要双方的相互信任和理解。当一个研究者站在对象之外审视这个对象的时候,他是在试图说明这个对象,而一旦他深入其中,则就变成了理解。说明是研究者从自己的知识和文化背景来表述一个问题,而理解则是研究者从被研究对象及其存在来表述问题。这是两个层面的东西。在方法论上,这个问题最早出现于迪尔泰的著作中,并在其解释理论中达到巅峰,成为人文科学与自然科学的分水岭。"自然界需要解释说明,对人则必须去理解。"⑨

　　加德默尔展示了一个这样的思想:⑩理解是人存在的行为。理解弥漫于人的一切活动之中,其中包括情感。即使一个异民族的研究者一旦他由外部观察进入局内生活中的观察,他都摆脱不了自己的情感因素。他摆脱不了由于密切交往而与被研究者之间的情感关系,也摆脱不了由于这种关系所发生的情感判断。一旦一个异民族研究与被研究对象达到"水乳交融"的程度,他的价值判断并不亚于同民族的研究者。除非,他永远是以一个局外人的身份说明社区生活。

　　社区研究,对于研究本身来说,有两个关键环节:一个是研究者如何全面理解社区生活问题,这在相当程度上取决于研究者的个人生存的能力,与人交往的能力和自己的社会学训练;另一方面是研究者怎样将自己的理解客观地表述出来,而不带自己的价值判断。第一个环节对于研究者来说并不分异同民族,若达到全面而又深刻的理解谁都离不开情感因素的投入,当二者同样迈步于第二阶段时,也都面临着同一个问题:摆脱价值判断,而这不取决于他们的民族性,而是取决于已有的训练和素养。

三、从社会搭配到社会变迁

在结构分析中,我们发现《江村经济》的前四章与《花篮瑶社会组织》是一致的,都是对于社会组织的分析,而且其叙述方式都是从历史上起源最早的组织——家庭开始,无独有偶,《江村经济》正式的第一句话也是:"农村中的基本社会组织就是家,一个扩大的家庭。"

对于上述现象的可能性的解释有:其一,江村调查是花篮瑶调查的继续,是"中国社会组织的各种形式"之一,按他最初确定的方法,即在解剖众多社区之后分形式,尔后比较,以达到对于整体的把握,他必定在分析各社区时采取基本一致的分析框架;其二,在江村调查后,他发生了一个在理论上"由社会搭配到社会变迁"的转变;其三,江村是一个较花篮瑶更为复杂的社会结构。这种复杂的社会结构可以从众多方面得以说明:人们谋生方式的多样性——小工业、农业、贸易等,决定了人们生产组织的复杂性与家庭婚姻制度的复杂性,小工业与贸易的发展将江村纳入了整个资本主义的体系,并随着资本主义经济的波动而变动;与大都市的接近使它与城市发生的千丝万缕的联系,离了都市,小工业和其他经济活动都将受到影响,凡此种种。

由社会搭配转向社会变迁的研究就是将静态的分析转向动态的考察,在这里社会搭配并没有简单地由社会变迁所取代,它作为一种传统中国文化的背景出现,使人们看到发生在这一传统文化背景下的社会变迁是怎样发生的。正如费孝通所说:"这种研究也将促使我们进一步了解传统经济背景的重要性及新的动力对人民日常生活的作用。"

就像在理论的探索中,他注重原有的势力和外来的势力一样,在《江村经济》中,费孝通将分析的重点放在"世界工业的发展,生丝价格下跌"和"以传统土地占有制为基础的家庭副业在家庭经济预算中的重要性"的分析。而且,他认为:"对于我们观察的村庄的经济问题,只有在考虑到两方面的情况时才能有所理解。"因为"中国经济生活变迁的真正过程,既不是从西方社会制度直接转渡的过程,也不仅是传统的平衡受到了干扰而已。目前形势中所发生的问题是这两种力量相互作用的结果"。

马林诺斯基对于费孝通的这种分析方法给予的评价是:"此书虽以中国人传统的生活为背景,然而它并不满足于复述静止的过去。它有意识地紧紧抓住现代生活最难以理解的一面,即传统文化在西方影响下的变迁。"

经济活动是费孝通在传统文化和工业革命交互作用背景下考察的基本问题。

人类学对于经济活动的真正研究始于马林诺斯基。马林诺斯基对于拉美尼亚的"库拉"(Kula)交易活动的描述,是人类学从社会制度探索经济活动的开始。《西太平洋的航海商》中,曾用九章的篇幅来讨论这种特殊的交易活动。马林诺斯基对于"库拉"的认识是从人类学的立场上出发的,而不是从经济学的立场出发,这在那个时代是一件重大的事情,因为它引导了一场革命,导致了"经济人类学"的产生,从此,对于经济的理解再也不是一些枯燥的数字,而是一个包含着心理、社会因素的复杂过程。

马林诺斯基在超卜连岛进行实地研究时,西方的文化已经深入到了许多边远的地区,冲击着那些小规模的文化,使其发生剧烈变迁。但那时的人类学家更关心的是与"外界未接触过的原始民族"。马林诺斯基自己也承认在研究超卜连岛文化时,"能够有机会重新和体验建立石器时代的生活方式"。当然,马林诺斯基后来也承认社会变迁。

四、《江村经济》的认识价值

巴博德说:"凡是想了解中国的人,都必须读《中国农民的生活》,我很小的时候,就读了他的书,我就认识他了。"③《江村经济》自问世以来,已经"重印了三次。在许多大学的人类学课程中把它列为必读书目"。而且,它启发了许多已成名的人类学家"研究人类学和研究中国社会的兴趣"⑨。所有这一切,除了从我们已经分析的、它的方法论上得到解释和说明外,还必须从它的认识价值中得到部分说明。

《江村经济》主要有两方面的认识价值:一方面,"这种小范围的深入实地的调查,对当前中国经济问题宏观的研究是一种必要的补充";⑩另一方面是,"对于这样一个小小村庄的调查,其结论却可以用作假设,也可以作为在其他地方进行调查时的比较材料"⑪。

贯穿于该书的主题是:中国的土地制度、土地的利用和农民家庭再生产的过程。

托尼(R. H. Tawney)在《中国的土地和劳动力》一书中对于中国农村土地问题进行分析,并对土地权外流提出了一种理论上的解释:"至少有些地方,正发生着一种现象,就是离地地主阶级的崛起,他们和农业的关系纯粹是金融性质。"⑫而且,他以具体的材料支持了这一观点,认为,"住在地主大都市附近的地方最不发达,那些地方都市资本常流入农业中——广州三角洲占百分之八十五,上海邻近地带有百分之九十五的农民据说全是佃户——住在地主最普遍的是没有深刻受现代经济影响的地方。"⑬

托尼曾经影响了费孝通对于江村的研究,在江村调查之后,费孝通认为,中国土地问题面临着两个困境:其一是"农村地区资金缺乏,促使城镇高利贷发展,农村经济越萧条,资金便越缺乏,高利贷亦越活跃——一个恶性循环耗尽了农民的血汗"⑭,以至造成"农民的收入降低到不足以维持到最低生活水平所需的程度"⑮,因此,"中国农村真正的问题是人民的饥饿问题"⑯。其二,"由于农民对于土地制度不满而引起的一种反抗……农民的境况是越来越糟糕了"⑰。费孝通认为,土地制度的改革"并不能最终解决中国的土地问题",虽然这种改革是必要的。

费孝通并不认为紧缩农民的开支是最终解决中国土地问题的办法,而认为增加农民的收入才是解决这一问题的途径。"恢复农村企业是根本的措施。"⑱

马林诺斯基为《江村经济》写了序言,称赞它论点"令人信服",描写"生动翔实"。英国汉学家 E. 丹尼森·罗斯阐明了该书在科学文献中的地位:"我认为这篇论文是相当特殊的。据我所知,没有其他作品能够如此深入地理解并以第一手材料描述了中国乡村社区的全部生活。我们曾经有过统计报告,经济研究和地方色彩浓厚的小说——但我未曾发现有一本书能够回答好奇的陌生人可能提出的各种问题。"⑲巴博德说:《江村经济》"第一次让外国人全面地了解了中国,费孝通第一次将中国的真实情况告诉了外国人"⑳。沙真理认为:"《江村经济》使我们在几十年前就了解了中国,在当时几乎没有几个人写中国的书,费却写出来了。"㉑

利奇认为:在 1934—1949 年间中国的四位曾经受到功能派影响的学者所出版的研究中国的著作中,费孝通的《江村经济》是"最早的"[52],也是"最成功的"[53],"这类专题报告尽管集中于小范围的人类活动和行为,但较之于那些标榜为《文化人类学导论》的教科书,却更能告诉我们更多的人类的一般社会行为"[54]。

但利奇又认为,《江村经济》"这种研究并不或不应当自称是任何个别事物的典型。这样做的目的是在它的本身"[55]。

注释

①② 致林耀华、严景珊的信,1936 年 1 月 21 日。

③④⑨⑩⑫⑬ 《江村通讯》。

⑤⑥⑦⑧㉜㉝㉞㉟㊱㊴㊵㊶㊸㊹㊻㊼㊽ 《江村经济》。

⑧ D. 阿古什:《费孝通和革命中国的社会学》。

⑪⑭⑮⑯㊲㊾ B. 马林诺斯基:《江村经济·序》。

⑰⑱⑲⑳ 《社会研究中的价值问题》。

㉑ 美国印第安大学华裔黄树毅教授 1989 年 5 月上旬在西安"城乡一体化与边区开发研讨会"上的发言。

㉒㉓㉔㉕㉖㉗㉘ 1990 年 12 月在日本东京"东亚诸社会比较研究研讨会"上的讲话。

㉙ 《狄尔泰全集》(德文版),第 5 卷,第 144 页。

㉚ 加德默尔:《真理与方法》。

㉛㊿ 1990 年 6 月与笔者谈话。

㊷㊸ H. 托尼:《中国土地和劳动力》。

㊿ 1990 年 6 月 15 日与笔者在海拉尔的谈话。

㊾㊿ E. 利奇:《社会人类学》(英文版),第 126、127 页。

案例三　我这样研究街角社会*

威廉·福特·怀特

一、进入科纳威里

我又一次努力,找到了地方福利委员会。它们是对大众开放的,你可以自由进出,而且配备的人员都是些和我一样的中产阶级,不过此时我已不再那样自我标榜了。我认识到,要想研究科纳威里,我必须完全走出福利委员会,但也许社会工作者能帮助我开个头。

我对许多社会工作者谈过我的计划,希望同人们相识,研究这个地区,他们兴致勃勃地聆听着。他们提了什么意见,我现在都忘得一干二净,但有一件事还记忆犹新。不知怎么,尽管我自己解释含混不清,但在诺顿大街福利委员会工作的姑娘的头头却对我的需求十分清楚。她开始向我描述多克,说他是一个非常聪明能干的人,一度活跃于这个委员会,但是中途退出了,以后便不曾光顾这里。也许他能理解我需要什么,而且他一定有我所需要的关系。她说她回家或从家出来时,经常遇见他,有时停下来同他聊天,如果我愿意,她将为我安排一次约会,找个晚上在福利委员会会见他。这真是太好了,我抓住了这次机会。那天晚上,来到这个区时,我有一种感觉,似乎我会有很多机会在这里开始工作了。不管怎样,多克必须接待我,必须愿意同我一道工作。

在某种意义上说,我的研究开始于1937年2月4日晚上,当时,那位社会工作者安排我会见多克,她把我们带进她的办公室,然后离开,好让我们交谈。多克静静地等我开口,他深深陷在椅子里。我发现他是中等个子、身材瘦小的男子汉,他的头发棕色光亮,跟许多典型的意大利人的黑发形成鲜明对照,鬓角的周围很瘦,他的面颊沉陷,眼睛发着蓝光,带着一种穿透力的凝视。

我问他社会工作者是否已经告诉他我要干什么事。

"不,她只告诉我你要见我,而且我也愿意见你。"

然后我做了很长的解释,我说我在大学学习期间就对这拥挤的市区感兴趣,但是觉得它们非常遥远。我希望在这样的地区研究这个问题。作为一个局外人,我感到束手无策,只有通过认识这里的人,并获得有关他们的第一手资料,才能达到我所需要的那种理解。

多克听我把话讲完,表情毫无变化,因此我无法预测他的反应。我说完之后,他问:"你要看上层人的生活,还是下层人的生活?"

"能看的我都要看。我需要尽可能地获得这个地区的完整图画。"

---

* 本文摘译自威廉·福特·怀特著《街角社会》附录 A:"关于《街角社会》的演变",大标题及第一个小标题是编者所加。

"好啦,你要看的话哪个晚上都行,我带你去转,我能带你到下流场所——赌窟——我能带你到街角去,切记,你是我的朋友,这点很重要。我了解这些地方,如果我告诉他们你是我的朋友,没有人会找你麻烦。你告诉我你需要看什么,我们会给你安排的。"

这个提议再好不过了,我顿时高兴得不知所措,不知如何作出反应。我们又谈了一会儿,我想了解,我在他陪同下应如何行事。他告诫我,我可能要冒在一个赌窟中被捕的风险,但是他补充说,这件事并不严重,我只要说一个假名,然后可以找一个在此地流浪的人保释,只花五元钱,事情就办妥了。我同意抓住这个机会。我问他,是否我应当也参加赌博。他说这不需要,因为像我这样一个生手,那样做是十分不明智的。

最后,我只能表示我的感激。"你知道了解一个社区,第一步是困难的,我能跟你一起去观察,就不用到别的地方白白浪费很长时间了。"

"那就对了,你告诉我你需要看什么,我们将予以安排。你需要资料时,我会给你去要。你听着,如果你想了解他们的生活哲学,我会发起一次辩论,让你如愿。如果你还想要得到其他东西,我将给你上演一幕剧。你知道,我不是吹的,只要你告诉我你需要什么,我会为你弄到它。"

"真是了不起,我没有什么好问的了。现在我设法适应就是了。但是,如果你发现我有什么差错,请你随时告诉我。"

"太戏剧性了。你不会有任何麻烦,你一进来就像我的朋友一样。只要你这样做,每个人都会尊敬你,你能得到许多特权,没有人会发牢骚。过了一段,当他们了解了你,他们会像对待其他人一样对待你——你知道,他们说熟悉出轻视。但你绝不会有任何麻烦。只有一件事要提防,那就是不要解除对人的戒备心,花钱不要太随便。"

"你意指他们会认为我是一个容易上当受骗的人?"

"是的,你不要花买路钱。"

我们商量碰头的时间地点,然后他问了我一个问题:"对这件事,你要写东西吗?"

"是的,最后。"

"你想要改变局面吗?"

"对——是的,这里很拥挤,我不知道人们怎么跑到这儿来。人们弄不到钱,也找不到工作,不思改变。但是我认为一个人应该做他最适合做的事。我不想成为一个改革者,但是我不放弃做一个政治家。我只需要尽可能了解这些事情,并且把它们写下来,如果那能产生什么影响的话……"

"我认为你能用那种方式改变局面,最重要的是你改变事物的那种方式,即把它们写下来。"

那就是我们的开端,难以置信的是,我能像多克所担保的那样轻而易举地进入,而实际情况就是如此。

就在我与多克开始迈出第一步的同时,我在科纳威里找到一个住处。我的研究基金为我在哈佛提供了一个很舒适的卧室、起居室和浴室。我曾企图经常往来于这里和科纳威里之间。这在技术上是可能的,但是我越来越相信那样做于社交不利。我认识到如果我不住在那里，我将永远是那个社区的陌生人，而且我在时间投入上也有困难，我知道，为了在科纳威里建立亲密的关系，这样做是必需的。科纳威里的生活并不是按正式约会进行。会见人，了解他们，适应他们的活动，需要与他们一起度过时光——日复一日的许多时光。往返于科纳威里，你可以在一个特定的下午和晚上来，你会发现你要想见的人们刚好不在。或者，即使你看到他们，你也会发现时间就这样毫无意义地溜过去了。你会站在那里，人们围绕着你，那些人的唯一职业就是说话，或走来走去，尽量使他们自己不挨挤。

在哈佛，我有好几个下午和晚上，都在考虑科纳威里之行，然后作了合理的安排。我怎样才能找到我要见的人呢？即使我这样做了，我怎能保证今天能了解到什么东西？为了不跑冤枉路，我应合理地花时间阅读书籍和文章，来弥补对社会学和人类学的无知。同样，我必须承认，我在这些熟悉的环境，比在科纳威里闲荡，同我起初感到别扭的人厮混要舒服得多。

当我意识到自己在这样推理时，我认识到必须暂停工作。只有住在科纳威里，我才能理解它，并且为它所接受。可是找一个地方是不容易的，在那样过分拥挤的地区，空闲房屋实际上是不存在的。我有可能在诺顿大街福利委员会得到一个房间，但我认识到，只要可能，我必须做得比这更好。

我从以美籍意大利侨民为读者出版的英语新闻周刊的编辑那里得到最好的指导。我以前跟他谈过我的研究工作，发现他很热情，现在我去请他帮忙找个房间，他领我到小饭馆的马蒂妮家里。我去那里吃午饭，然后和这家的儿子磋商。他很热情，但是说没地方了。我还是喜欢这个地方，而且欣赏这儿的饮食，我有几次来这里吃饭。一次偶然的机会，我遇到那位编辑，他约我到他的桌子一起吃饭。起初，他问我一些有关我的研究的试探性问题：我想获得什么，我与哈佛的关系怎样，他们从这一研究中期待得到什么，如此等等。我作了一些回答之后——不幸的是我没有笔记——他告诉我他很满意。事实上，他已经替我向那些人讲话，他们怀疑我可能来"批评我们的人民"。

我们再次讨论起我的房子问题。我提及住在诺顿大街福利委员会的可能性，他点点头，但是补充说："如果你能和某家庭住在一起更好，你能更快地学会语言，能了解人民。但是你需要一个好的家庭，一个有教养的家庭。你不要住到低贱人家，你需要一个真正的好家庭。"

谈到这个问题，他转身向这家的儿子，问："你能为怀特先生在这儿找个地方吗？"

艾尔·马蒂尼停了一会儿，然后说："也许可以，我再同妈妈说说。"

他确实对妈妈说了，而且腾出了一个地方。事实上，他把自己的房子让给了我。而他搬出去与厨师的儿子共睡一个双人床。对此做法我婉言谢绝，但是除钱以外，所有事情都已经确定下来。他们不知道该向我要多少，我也不知道应该付多少。最后，经过一番口舌，我每月付15元，而他们决定只要12元。

从物质条件上说，这个地方过得去，可它提供给我的东西比只是一个物质基础要多得多。我与马蒂尼一家在一起只过了一周，就发现我给他们带来的麻烦远超过一个房客。我一直在这个餐馆用餐，有时在晚睡前同这家人聊天。一天下午，我外出去哈佛，感冒病倒了，由于我在哈佛仍有房间，就在那里过夜，这似乎是顺理成章的事情，我没打算告诉马蒂尼一家。

第二天，当我回到这个餐馆吃午餐时，艾尔·马蒂尼热情地问候我，然后说昨天夜里因我

附录一 研究案例

没有回家,他们都非常担心,妈妈一直等到两点。因为我是这个城市的陌生人,她想各种事情都可能发生。阿尔告诉我,妈妈逐渐把我看成家里的一员。只要我高兴,我可来去自由,要是她知道了我昨天的打算,也就不会这么担心了。

我被这段话深深感动了,决心此后尽可能像一个好儿子一样对待马蒂尼夫妇。

最初,我同妈妈爸爸主要用微笑和手势来沟通,爸爸全然不懂英语,妈妈的知识限于她可能使用的句子,比如,当她午休的时候,一些小伙子在她窗下的大街上喧哗,那她一定把头伸到窗外呼喊:"讨厌的畜生!滚开!"

几周以前,由于期待着搬进这个地区,我已经开始借助于灵格风学习意大利语。一天早晨,当我正跟着唱片学说话的时候,爸爸马蒂尼走过来,他在这个大厅里已经听了一会儿,想弄明白这段特殊对话的意思,他带着迷人的感叹突然出现在我面前。我们坐在一起,我向他示范机器的用法。此后,他很高兴与我一起工作,我称他为我的语言教授。短短的时间里,我们便能进行简单的会话,我真该感谢灵格风和爸爸马蒂尼,他讲的意大利语显然是有权威性的。他总喜欢把我作为同乡——一个来自意大利的家乡人——介绍给他的朋友,当我搜肠刮肚地用有限的词汇进行对话时,人家有时还误以为我是一个来自图斯坎内(Tuscany)省维亚雷郊(Viareggio)村的移民呢。

由于研究工作有了进展,因此我几乎把所有的精力集中在较年轻的、讲英语的一代人身上,这样,我的意大利语对研究就不是那么重要了。不过,我确实认为它为建立我在科纳威里的社会地位起了重要作用,即使与年轻一代在一起也是如此。在这里,有些学校教师和社会工作者在科纳威里工作多达20年之久,可是从来不努力掌握意大利文。我在语言方面的努力,对于让人民相信我的诚意,让我向他们解释我的工作和自我介绍更为管用。如果一个研究者努力学习我们的语言,他怎么会"批评我们的人民"呢?语言产生理解,而如果你不了解他们,批评他们当然也就不费力气。

我与马蒂尼一家相处的日子就这样过来了。我大概上午九点钟左右起床,然后到外边吃早点。艾尔·马蒂尼告诉我可以在他的餐馆吃早点,但是出于我的本意,我从不拿他们的牛奶咖啡和面包。

早餐后,我回到屋里,打发上午剩余的时光或上午的大部分时光,把前几天的事件记录打印好。我在餐馆吃午餐,然后到街角去。我通常回到餐馆吃晚餐,然后再出去参加晚间活动。

我通常在十一二点回家,这时,餐馆里除了少数几个家里的朋友外,别无他人。然后我可能到厨房给爸爸当帮手,一边替他擦碟子,一边谈话,或者拉一把椅子到厨房的桌子边,全家一起聊天,在那里,我手拿一杯酒,可能坐在后面,大部分时间是在倾听,偶尔在他们身上试一下我不断长进的意大利语。

星期天,情况就不同了。那时餐馆两点钟休息,艾尔的两兄弟及其妻子,他的姐姐及其丈夫和孩子们都回来大吃一顿。这时,他们非要我作为家庭一员跟他们一起吃饭不可,不让我付饭钱。我经常是吃过了量,饭菜的确很香,还喝上两杯紫葡萄酒。不管前几周工作多么紧张,在这又吃又喝的当儿,一切都会烟消云散。然后我回屋睡上一两个小时的午觉,精神重新振作起来,接着准备再动身到科纳威里街角去。

虽然我在餐馆或家里进行过几次有效的接触，但马蒂尼一家对我之所以重要并非为此。进行这种实地工作总是紧张的，当你作为一个陌生人，不断琢磨人们是否接待你时，这种紧张达到极点。虽然你很欣赏你的工作，但只要你正在观察和访问，你就需要扮演角色，完全轻松是不可能的。在一天工作结束之后能够回到家里放松一下，享受天伦之乐，那种感觉有多么美妙啊！如果我没有这么一个进出随意的家，我是不可能继续集中精力研究科纳威里的。

二、以多克为起点

我还记得与多克的第一次出游。一天晚上，我们在诺顿大街福利委员会相遇，动身去与那里相隔两条街的一个赌场。我跟随多克后面，焦急地沿着经济公寓背后的一条又长又暗的过道往前走。我并不担心警察的突然袭击，我想的是怎样才能适应环境，接受接待。一间小厨房的门开了。里面光秃秃的，什么家具也没有，墙上的油漆也剥落下来。一进门，我就脱掉帽子，并开始环顾四周，找一个挂帽子的地方，结果一无所获。我四下看了看，在科纳威里进行参与观察所学到的第一课就是：在房子里不要摘掉你的帽子，至少当着别人不要如此。当你周围有妇女时，你可以摘掉帽子，但没有必要。

多克向竞选公职的契契、契契的朋友和顾客们介绍说："我的朋友比尔。"我同多克在厨房那儿停留了一会儿，那里，几个男人正围坐在一起谈话，随后在别的房子看掷骰子。

人们谈论着赌博、赛马、性和其他事情。多数情况下我只是听，并尽力表示友好和感兴趣，我们要了酒和加茴香籽的甜咖啡，由几个人付钱（初次露面，多克不让我付自己那份钱），如同多克所预言的，没有人询问我的情况，但是后来他告诉我，当我去盥洗室时，他们用意大利语情绪激动地交谈起来，而且他不得不向他们保证我不是联邦调查局的调查员，他说他直截了当地告诉他们，我是他们的朋友，于是他们也就不再追问了。

我们一起好几次去契契的赌窟，而且当我独自一人进去时，机会终于来了，我受到朋友的礼遇，感到我开始为自己在科纳威里找到一个位置。

多克没有去赌窟时，就在诺顿大街闲逛，我也开始与他一起闲逛。在我到其他地方之前，我逐渐地更深地了解人们，也就发现自己成为诺顿街角帮的一员。

后来，意大利社区俱乐部在诺顿大街福利委员会成立，多克应邀成为俱乐部的会员。多克耍花招使我进入俱乐部，而我也乐意参加，因为在这里能看到的事物与我正在认识的街角帮截然不同。

我与科纳威里的男人相识的同时，也认识少数几个姑娘。我带一个姑娘到教堂跳过舞。次日清晨，小伙子在街角就问我："你的情人怎么样？"这使我感到唐突，我认识到，如果你不打算与她结婚，你是不应该到姑娘房间去的。幸运的是，这位姑娘和她的家庭知道我不懂本地的风俗习惯，因而也就不当回事。可这是一次警告，从此以后，即使我觉得某些科纳威里姑娘非常迷人，除非在群体里，我决不同她们一块儿出去，而且我也不再造访。

我走下去，发现科纳威里的生活对姑娘来说并不如男人那样有意思，那样愉快。一个青年男子完全有自由闲逛游荡，而姑娘却不能在街角闲荡，她们必须把时间分别用在家庭、女友、亲戚和工作上，如果她们有工作的话。她们中许多人都这样梦想：某一青年男子，从科纳威里外边来,有钱,有一个好工作,有良好的教育,他向她求爱,把她带离这个地区。我的条件实在扮演不起这一角色。

三、训练参与观察

1937年春给我上了一门参与观察的强化课。我已在学习如何处事,向不同的群体学习,尤其是向诺顿人学习。

当我开始在科纳威里游逛时,我发现需要对我自己和我的研究做出解释。只要我和多克一起,有他担保,没有人会问我是谁或者我在做什么。当我独自巡回于其他群体、甚至在诺顿人中间时,他们显然对我十分好奇。

开始我煞费苦心作了解释。我正在研究科纳威里的社会史,但是,与到目前为止的研究方法不同,我采用了一个新的角度。我正力求完全弄清目前的状况,并由现在追溯历史。我当时十分欣赏这种解释,但是好像没人对此表示关注。我只在两个场合作过这种解释,并且每次说过,我都面临着尴尬的沉默,连同我在内,大家都不知道说什么才好。

尽管这种解释至少汇集了我最终想要做的每件事的优点,但是它显然太空泛了,对科纳威里人来说则意味着一切。

不久,我发现大伙在这样议论我:我已在写一本关于科纳威里的书。这似乎是过于含糊的解释,可这就足够了。我发现在这个地区能否接受我,取决于我所发展的个人关系,而远不是取决于我可能给予的解释。写一本关于科纳威里的书是否是坏事,完全取决于人们对于我个人的看法。如果我行得通,那么我的计划也能行得通;如果我不好,那么没有什么解释能够使他们相信写这本书主意不坏。

当然,人们不会只满足于对我的好奇心,而是直接向我提出问题。比方,他们去找多克,向他打听我的情况。于是多克做出回答,并提供所需的进一步担保。

早在科纳威里期间,我就知道得到被研究群体或组织中关键人物的支持是至关重要的。我发现根本不必自我解释,像多克这样的领袖对我个人及研究所作解释,提供的信息远比我自己提供的多。我总是设法造成这种印象,即我愿意并且渴望尽可能解释详细,满足他们的愿望。只有对群体领袖我才特别努力,提供真实的全部信息。

我与多克的关系很快就改变了。开始,他只是一个关键的情报提供者,同时也是我的担保人。一起相处的时间久了,我就不再把他看作一个被动的情报提供者。我与他相当坦率地讨论我所想做和使我为难的问题,等等。我们的许多时间都花在对概念和观察的这种讨论上,因此确切地说,多克成了我研究的合作者。

由于对我的研究有了充分的理解,多克便能为我寻找并指点我所感兴趣的各种观察。当我经常到他同姐姐和姐夫一起住的公寓接他时,他对我说:"比尔,昨晚你该在这里,你可能对此有兴趣。"然后他继续告诉我所发生的事。这种描述通常趣味横生,也和我的研究有关。

尽管多克发现与我一起工作很有意思,也很快乐,可是这种关系还有其缺点。他有一次批评说:"自从你来以后,我办事不那么雷厉风行了,现在,我要做什么事,不得不先想一想比尔·怀特对此想了解什么,我该怎样解释,而在此以前我习惯于靠本能工作。"

可是，多克好像不认为这是一种严重的障碍。实际上，他没受过任何训练，但却是一个富有洞察力的观察者，因而只需一点刺激，就能帮助他弄清科纳威里社会组织的许多动态。他比我做的解释要多，虽然现在不可能对一些解释进行清理。

虽然我同多克的工作关系比其他任何人都密切，但是我一直在寻找所有被研究群体的领袖。我不仅需要他们的担保但更需要他们的积极合作。由于这些领袖在社区中占有多种地位，因而他们比手下人对发生的事情观察得更好，同时由于他们的观察技能一般比手下人高，因此我发现我有许多东西是必须向他们这些热心的合作者学习的。

在访问方法方面，我一直被教导说不要同人们争辩，也不要对他们做出道德判断，这符合我的脾气。我乐于接受人们的意见，同时也喜欢我的意见能被他们所接受。可是这种态度在访问中出现的并不多，因为我只做极少的正式访问，我总想在日常参与活动中表现出这种对社区和个人乐于接受的形象。

我学会了参与关于棒球和性的街角讨论，这不需要专门的训练，因为这些题目好像人人都感兴趣。我无法积极参与赛马的讨论，我起初在这方面的知识颇为肤浅外行。我相信它会让我更加热心地去研究《晨报》(Morning Telegraph)和其他比赛的传单，但是我的棒球知识至少可以保证我不会忽视街角的谈话。

虽然我避免对敏感的题目发表意见，但是我发现对某些事情的争论只是社会模式的一部分，而且不参加这种争论就很难参与其事。我常发现自己卷入了关于某主盟队队员和经理谁优谁劣的激烈而友好的争论。只要一个女孩或一群女孩从大街上走过，街角仔们总会铭记在心，随后就交换他们对女性的评价。这些评价大都是根据身材做出的，比如，我喜欢争辩说，玛丽的身材比安娜棒，或者相反。当然，如果街角任何一个男的碰巧爱上了玛丽或安娜，那就千万别说漏了嘴，我同样也回避这个题目。

有时，我也搞不清我在街角闲逛是否是一种够得上"研究"的主动过程。也许我应该向这些人请教问题，可是，一个人必须学会何时提问，何时不提问，以及问些什么。

数月前的一个夜晚，我和多克在契克的赌窟，我学会了这一招。有一位从城市其他地方来的人正向我们讲述赌博活动组织的故事，我被告知他曾经是一个非常大的赌博经营者。他老练地讲述了许多有趣的事。他主讲，其他人提问题，插话评论，至此，我开始感到为了合群，我必须讲点什么。我说："我猜想所有的警察都得到了好处？"

赌徒的颚垂下来。他瞪着眼看我，然后他激烈地否认所有警察都得到好处，并且立刻转了话题。那天晚上我感到非常难堪。

第二天，多克向我解释昨夜的教训。"在'谁'、'什么'、'为什么'、'何时'、'何地'这些废话上太随便了点，比尔。你问这些问题，人们会对你拒不开口。如果人们接待你，你只能假装不经心，在长时间的对话中，你甚至不用提问题就能得到答案。"

我发现确实如此。当我坐下听，我就得到了答案，而这些答案是我只做访谈时所不曾想要问的。当然，我也并未完全放弃提问，我只是学会判断问题的微妙性以及我和人们的关系，只当我确信对方与你的关系可靠时，我才在敏感的领域里提问题。

当我已经在街角站稳脚跟时，用不着花多少力气，资料就能到手。时不时地，我关心某个特殊问题,需要从某些人那里得到更多的信息,我就找机会与当事人谈话,进行较为正式的访谈。

起初,我全力以赴去适应科纳威里,但是不久,我不得不考虑在这个地区的生活中我打算陷进去多深。一天晚上,我正同诺顿人走在大街上,碰到了这个问题。为了迎合小群体的谈话,我放纵地说了些不三不四的下流话,大家听了都停止了脚步,用一种惊奇的眼光看着我。多克摇着头说:"比尔,你不该那样讲话,那听起来不像你。"

我试图解释说我只不过在使用街角的惯用话罢了。可是,多克坚持说我跟以前不同了,他们要求我采用以前那种方式。

这种教训远不止在猥亵和渎神语言的使用范围。我认识到人们并不期望我变得跟他们一样。实际上,他们有兴趣也乐于发现我与他们不同,只要我对他们友好相待就行了。因此,我放弃了完全卷入的努力。不过,我的行为仍然受到街角生活的影响。在约翰·霍华德第一次从哈佛下来参加我的科纳威里研究时,他立刻注意到我在科纳威里的生活方式,与我在哈佛大不相同。这不是指使用猥亵或渎神的语言这件事,也不是指我爱用不合文法的表达方式,我用这种方式讲话对我来说好像很自然。但是在科纳威里是自然的东西,在哈佛就不是了。在科纳威里,我发现在我的讲话里显得过分的激动,省掉了单词结尾的音素,并且频频使用手势(当然,我用的词汇也同过去有所不同,当我深深卷进科纳威里时,我发现自己在访问哈佛时显得结结巴巴,简直跟不上国际关系的讨论,而我对它们曾经多少是驾轻就熟的)。

当我被诺顿人和几个其他群体接受时,我尽量使自己表现得兴高采烈,以便人们喜欢同我在一起。同时,我竭力避免影响这个群体,因为我要研究的是尽可能不受我的存在影响的场景。因此,在科纳威里停留的全部过程中,我避免在任何群体中接受职员或领导职务,只有一次例外。有一次,我被任命为意大利人社区俱乐部的秘书。最初我谢绝这个任命,但是随后,考虑到这种秘书工作通常被认为是一种脏活——做会议记录和处理信函,我便接受了。我发现在借口要保持会议记录的情况下,我能详尽记录会议的进程。

与我避免影响个人或群体的同时,我企图表明自己对科纳威里朋友是能够有所帮助的。当一个男孩必须去商业区办事并且需要陪伴时,我跟他一道去。当某人正在设法找份工作而必须写一封求职信时,我帮助他写,等等。这样做倒是没什么,但是,一旦涉及与钱有关的事情我就束手无策了。当然,我尽量对朋友大方些,就像他们对我那样,但是借给人钱之类的事又该怎样处理呢?在那个地区,人们认为一个男子汉只要可能,就应该帮助朋友摆脱困难,而帮助经常又是钱财上的。我有几次借给别人钱,但我总不放心。你借给一人钱,他自然会对你感恩戴德,但是轮到该还钱的时候,他会怎样想呢?如果他没有能力偿还又该怎么办呢?也许他很难为情,并对你避而不见。所以,遇到这类事情,我总设法向这个人保证,告诉他我知道他说时确实缺钱,而且我也不急等着这笔钱用,甚至让他别再记着这笔钱了。但是,账簿上并未抹掉这笔债务,所以他的担心依然存在。我认识到,为朋友做好事也会产生紧张关系。

如果研究人员要适应的群体不止一个,他的实地工作就变得更加复杂。这些群体彼此之间发生冲突的时候,人们期待他采取某种立场。那是1937年春天,小伙子们安排了一场诺顿人对意大利人社区俱乐部的保龄球比赛。当然,多克代表诺顿人。幸运的是,我被要求为每一队打球的时候,我都没打到点子上,我能在场外旁观,对两队的漂亮球无偏袒地鼓掌欢呼,尽管我担心对诺顿人过于热情。

当我同意大利人社区俱乐部的成员在一起时,我完全不觉得是为了保护街角仔免遭毁谤。可是,当我与街角仔在一起而一个学院仔停下来与我说话的时候,便会感到十分尴尬。在讨论的过程中他说:"比尔,这些家伙可能不懂我的意思,但是我相信你了解我的观点。"所以我想我该说什么。我告诉他,他对小伙子们估价过低,而且学院仔并不是唯一精明的人。

虽然这种评论与我的自然倾向相符,但是我确信它是从实际中得出的。我的回答并没有动摇学院仔的优越感,也没有破坏我们的私人关系。另一方面,只要他一离开,街角仔深为他的陈述所触动就可想而知了。他们念念不忘,满怀激情地抨击他,然后告诉我说我变了,对这种变化表示感激,并且说我比这个家伙知道得要多,我只是没有露出来。

我在科纳威里的第一个春天主要是为我在这个地区的生活建立一个牢固的地位。我刚在那里过了几周,多克就对我说:"你要像路灯柱子一样固定在这个街角。"也许标志着我被诺顿街接受的最重大的事件,是由迈克·乔万尼发起的对诺顿街青少年组的棒球比赛。这是曾经功勋卓著的老人对新起的年轻人的比赛。迈克把我指定在该队的某个位置,也许不是一个关键的位置(我站在右外场),但是至少我参加了比赛。在第九回合的后半场,我击球成功,比分打成平局,打了两个出界球,球垒被占,当我下来捡球时,我听到一些小伙子向迈克建议说应当准备换人。迈克想必是故意让我听见,高声回答说:"不,我信任比尔·怀特,他会获得成功。"这样,由于迈克的信任,我的精神振作起来,我走过去,击偏了两棒,接着我把球猛击一下,击过第二垒和游击手之间的空当,至少他们是那样告诉我的。我疲于应付第一垒,以至于我不知道后来我是否打中了球。

那天夜里,我们去喝咖啡时,丹尼赠给我一个环,以示我是他们的正式成员,也是一个优秀的球员。我对环的印象特别深刻,因为它是用手工做的,丹尼找到他过去掷骰子时曾使用过的一个清洁的琥珀骰子,用点着的烟头烧几个小时,穿了一个洞,并且磨圆了四角,这样顶上出现一个心的形状。我向伙伴们保证我将永远珍藏这个环。

也许我应增加射垒,使比分扳成18∶17。所以很明显,我不是唯一的一个射球手,当他们指望我时,我心里有一种美妙的感觉,它使我更加认识到我是诺顿大街的一员。

在汇集早期研究的资料时,我不得不确定如何组织这篇书面笔记。最初,我简单地把所有的记录按编年次序放进一个文件夹内,显然我继续研究不同的群体和问题时,这就难以解决问题。

我不得不细分这些记录,似乎有两种可能性。我可以用多个文件夹把记录按题目,如政治、敲诈、教堂、家庭等等组织起来,或者我可以按群体来组织记录,记录是以群体为基础的,它意味着要分设诺顿人、意大利人社区俱乐部等等的文件夹。还没等这个问题真正想通,我就开始以群体为基础把材料归档,理由是等我有了较好的知识,懂得应设置什么题目时,我可以再以题目为基础重新分类。

随着文件夹里的材料愈来愈多,我逐渐认识到按社会群体组织记录,正与我的研究进展相一致。例如,一个意大利人社区俱乐部学院仔的成员说:"这些敲诈者败坏了我们地区的名声,确实应当把他们从这里清除出去。"一个诺顿人成员说:"这些敲诈者的确不错。当你需要帮助时,他们将给你以帮助。而合法的商人甚至连一天的时间都不给你。"这些引语应当在"对诈骗者的态度"标题下归档吗?如果是这样,它们仅仅说明在科纳威里对待诈骗者的态度是矛盾的,只要一个调查表(对这样的标题它是难以行得通的)就能表明这个地区的态度分布。此外,了解在这个问题上持各种看法的人数有多重要?对我来说,把这种态度与个人参与的群体联系起来,似乎更具有科学意义。这说明为什么两个人在一个特定的问题上会有完全不同的态度。

随着时间的流逝,一个文件夹中的记录材料也超出了我的记忆所能允许迅速归档的范围。于是我设计了一个初步的索引体系:一页纸包括三个栏目,为每次访问或观察报告写明被访问或被观察的人或日期,以及访问或观察记录的简短总结。这样的一个索引需要 3—8 页纸。需要检查记录时,或需要拿它们写点东西时,只需 5—10 分钟细阅索引就能提供给我一个较理想的全貌,它能告诉我已有的东西以及已有项目的存处。

案例四　中国犯罪问题研究*

〔这一研究案例引自中国著名社会学家、犯罪学家严景耀先生(1905—1976)1934年在美国芝加哥大学撰写的博士论文。严先生的这一研究是参与观察、个案研究与统计调查相结合的范例。〕

一、研究目的、意义及理论观点

本文试图以社会观点研究形成犯罪的过程。通过对于罪犯的调查,观察他们的社会关系以及社会对于他们的行为的影响和关心等作为参考来研究中国的犯罪问题。本文的研究是把犯罪者作为一个人来看待的……

罪犯即被看作是一个人,他的犯罪不过是他的行为的一方面。派克认为"行为"就是一个人的自觉的个人的行为。这种犯罪行为不一定是不道德的,但可能是被那个集体认为是"错误的"或"不受欢迎的",或者是仅被集体中统治者所认为是犯罪的。但是我们的行为,不管是正确的或错误的,道德的或不道德的,受欢迎的或不受欢迎的,都是社会决定的……

人们的自觉行动总是经过对于社会情况的考察而决定的。"情况"已经建立了,婴儿出生在这个集体中,他无力改变这些情况以适应他个人的愿望。个人的愿望与社会的情况总是有矛盾的。研究社会情况就是总结社会行动的经验,以维持集体的安定。道德规范阻止人们追求享乐。犯罪不是对作为社会情况的产物个人的部分的行为孤立地研究的,而是作为个人之间的社会的相互作用的结果而研究的,用柯里的话说,是作为一个活的整体的情况来研究的。

从文化的角度来研究犯罪问题的目的是透过犯罪的表面现象探索犯罪者的冲动同环境的有效刺激之间的内在联系,并揭示犯罪者因社会条件的改变而产生的行为变化。

社会学者的假设是人类处于各不相同的社会集体中,不管他们之间有多少不同,但总是表现出那个集体的文化。因为习惯与风俗、人格与文化、个人与社会,往往是同一事物的各个方面。派克认为,个人与他所生存的社会的关系总是比他所设想的社会更为真实,比那即便是最早对这一社会感兴趣的人认识更清楚。按照派克在他的《人的本质与社会秩序》一书中的说法:我们都知道个人与社会的亲密关系,这种关系说明犯罪不是个人问题,而是集体的问题。

对于犯罪者的研究不仅揭示了他所生活的社会文化的各个方面,并且也揭示了他所遇到的文化问题。他的犯罪活动不过是他整个行为模式的一个很小的部分,但是他的社会却因为他与其他的行动略有不同而立即将他排斥在外。一个普通人对于他为什么和在什么程度上与常人不同的问题并不注意。事实上,对是否犯罪的意义,常有误解。一种犯罪行为往往在另一场合不算犯罪,但是一个正常行为却有时是犯罪……目前的社会不承认社会对犯错

---

* 本文摘引自严景耀:《中国的犯罪问题与社会变迁的关系》,吴桢译,北京大学出版社1986年版。本文中的小标题及括弧中的说明是编者附加的。

误的人应负有责任。麦利亚姆对于那种把恶习、犯罪、贪污和人类生活割裂开来看待,并且不把这些事看作我们的区域或社会生活的结构的横切面的态度表示非议。他说:"如果没有贿赂者,就没有受贿者;如果没有娼妓的广泛市场就没有蓄养妓女的妓院;如果没有赌徒就不会有大大小小的赌场;造酒厂如果没有它的包庇者就不会有运贩私酒;如果工商业中没有贪污纳贿,政府中也不会有贪赃受贿……"

为了深入理解犯罪行动的意义,我们必须了解社会条件如何使这些人的原来的行动成为某种特定的和被人注意的行动。如果一个人的行动只要考虑到发生行动的社会的文化传统就可以得到理解和解释的原则,那么,再进一步探索一个人的个人经验,同样可以寻找到我们文化的来源和意义的原则。假使以上概念是正确的,中国的犯罪只能以中国文化来解释,另一方面,中国犯罪问题的研究将对中国文化的理解有很大帮助。

〔严先生接着引证了大量理论文献来讨论犯罪的概念〕

犯罪的概念不仅在有文字前的社会和现代社会之间有差异,而且在现代国家之间甚至在一国之内,随着文化的发展进程也在不断发生变化。中国与西方国家之间的道德观念和是非概念有明显的差异。为什么在中国直至今日嫖妓和纳妾还未被法定为犯罪,而在西方早已法定重婚为犯罪了?这个问题只能以文化不同来解释……但即便在西方国家之间,犯罪的概念也有不同……

以上(关于各个国家的)论述仅说明犯罪是一种相对概念。它的解释在于它所发生的文化背景。人生于文化中正如其生于空气中,不感觉空气的存在,正如一个出生前的婴儿无法分析他的周围环境。不过,人一方面创造他所生存的环境。另一方面,文化又使人分辨什么事物是错误的、残酷的、低劣的、不公正的、讨厌的,认识什么事物是有意义的、可笑的或是幻想的,还有什么问题特别使人感兴趣。

社会上任何必须遵守的规则,不管它有多少神秘色彩,或者是假借上帝之名,或超自然的威力,都是为了社会集体生活的融洽,成为一种社会的制约力。文化产生了福利哲学,设置了禁区,迫使人们不去作这种哲学认为是有害的事;确立了准则,叫人去做它认为是有益的事。所谓"不道德的"、"反社会的"或"犯罪"等概念不过是指那些不适合某时、某地或不能迎合统治者权威者的愿望的事而已。所以,还没有一个永久的、普遍的标准可以来明确指明哪些事是正确的、正直的,并用以比较和批判那些不同的习俗。只有经验才能做出对某些有益的习俗的判断。

在集体持异议总是不受欢迎的,它需要坚持不懈的韧劲。集体制定某种标准,成为一种正统原则,人人必须承认它,一种仪式人人必须照办。持异议就是否认和拒不执行这些集团的规则。持异议者是那些不能适应他人或不愿苟同集体标准的人。他是因为不同意或不服从集体所强调的,或集体领导者所制定的规矩而受到社会法规惩罚的人。

中国的犯罪与社会变迁的研究将以这一章导论的观点继续在以下各个章节予以阐明。这一研究是从它与文化情况的关系来观察的。它以中国的文化来解释犯罪,希望它能对了解中国的文化有所帮助。

二、调查过程与方法

这一次的调查研究是从1927年夏开始的。那年的夏季,我选修了"犯罪学与刑罚学"的课，这门课介绍给我有关犯罪和感化教育犯人的问题。在图书馆里仅有20多本西方国家的犯罪学书籍，只有一本中国的刑罚学的小书，在这本小书里介绍了与犯人如何接触的问题。我对阅读美国的犯罪学书籍很感兴趣，但是我对中国的犯罪和犯人的情况却毫无概念。读完这门课后，我打算研究犯罪。开始时，我找不到中国的犯罪问题的资料，司法部的统计材料使我失去寻找我所需要的资料的勇气。最后，我决心自己到监狱中去找。这个主意不仅对我自己，而且对我的家属、亲戚和许多朋友，都是一个笑话。许多人劝我不如到外交部或其他受人尊重的部门去工作，不要去做"狱吏"。但我的教授们却很鼓励我，他们相信我能在这方面开辟一个新的研究园地。我的犯罪学，刑罚学教授是监狱改进委员会的主席，他知道我要到狱中去作研究，非常高兴。我坚决服从他的安排，要我到哪里的监狱我都愿意去。最后，我决定在北平第一监狱过一个夏天。我的教授也同意我到狱中当一名志愿犯人，尝尝铁窗的风味。狱长对我的计划也很热情，并且同意给我这个机会。学校放假后，我的教授就通过司法部把我送进监狱。

在那时，我对怎样研究犯罪学毫无准备，只有我自己草拟的一份详细的问卷。当我在狱中当"犯人"时，我没有机会研究犯人，只有机会去认识他们。过了三个星期以后，狱中人发现我是个假犯人，因为狱长对我无微不至的照顾使他们怀疑和发现了我。当我不再是"犯人"时，我变成监狱的客人。我可以随便到什么地方去，也可随便找人谈话。狱中执行保持安静的纪律是很严格的，所以犯人都愿意和我谈话。他们告诉我，在"禁止说话"的虐政下和我谈话是一种享受。以后，我不再和犯人同食了，而和看守们同食。吃过饭，我们在一起闲扯。那时候，看守和警察都以为我将来准备当狱官。他们对我很客气，想到什么都对我说。狱内人手少时，我也帮他们当看守。

一个月后，我熟悉了狱中的例行公事，认识了大多数的犯人和看守。狱长给了我一个单间，可以和任何犯人在里面密谈。开始时，我按照我设计的问卷问问题，有些题外的谈话就另记下来。我和犯人很熟识，他们也都信任我。如果他们的家靠近北京，我常为他们向家里捎信，有时还去调查他们的家庭情况和社会背景。他们告诉我的事实与官方的记录、其他犯人和看守们的反映都相吻合。犯人知道我和他们的谈话并不影响对他们的判刑，所以他们把有些足以加重他们的罪行的事，都无隐讳地告诉我了。许多犯人为了帮助我的研究，详细地告诉我他们的犯罪经验以报答我带信息给他家里人和朋友的一点好处。有一个个案的案犯跑来看我，承认他对我说了谎话。他说他受到良心的谴责，朋友的非难，认为他不应对我不诚实。有时，我为被释放的犯人找工作，有时我为他们的家庭不睦和其他的事出力帮忙。因为这些关系，我充分赢得了他们的信任和合作。事实上，我常是在和他们谈话前已经熟悉了案情。他们中的大多数是初犯，希望我能帮助他们解决问题。奇怪的是那些职业惯犯，只要他们信任我，他们就愿意为我做一切事情。我常在他们释放后，对他们的情况了解得更多。

夏天过后，我仍然每星期去监狱搜集个案。1928年春，我打算写一份400个个案的报告，我发现从问卷的回答中不能找到很多材料。最好的材料往往在"备注"里，问卷是凭我主观想象制成的，问卷的回答使整个情况一致，但有许多要点被抛开了。所以，到1928年春天以后，我放弃了问卷，采取和犯人个别谈话，以一般问题为基础，顺其自然地谈下去。然后我发现犯罪的研究牵涉到许多其他社会问题，而且与其他社会问题密切相关。我开始认识到犯罪与社会环境的有机关系。1930年我从一个土匪头头那里得到他的故事,我发现他的故事不仅是他个人的传略,而且是我所生活的时期的社会现象。我注意到搜集他的生活史,累积其他犯罪者生活史的重要意义。因此,在我结束我的研究时,我开始学会了一些如何做研究工作之道。

这次调查研究有两个明显的缺陷:第一,统计材料太不完全,不是以从时间上说明可能的发展趋势;地点上不足以说明集体的差异。材料不足以表明犯罪的统计,也不足以说明个案中所讨论的犯罪的过程。第二,对个案研究不够详细,难以鲜明地说明在什么情况下发生犯罪。个案的数量不足以说明一些由于统计或其他个案所引出的问题,也没有方法说明这些个案是有代表性的,虽然它们之间有相同的过程。

三、统计资料分析

常有人问这样的问题:"中国的犯罪问题是否严重?""去年犯罪者有多少人?""犯罪率是否有所增长?""犯罪的性质有哪些?""何种犯罪最为严重?"以统计资料作为确定犯罪原因的根据是不够的。但以上问题应有一般的答案。统计不能说明为什么和事物是如何发生的,但如果资料充足,它能说明事物的状况是怎样的。托马斯指出,统计不过是些不知原因的符号而已。它的作用仅仅是提出问题和指出今后调查的方向。

中国的这个方面的主要问题是没有统计,即使有,统计数字也很不可靠。北京政府司法部及南京政府公布的所谓"犯罪统计"是官方文件,在一般情况下,应是可靠的研究工作的依据,但是我个人的经验认为它非常不可靠……

下列数则统计数字是我于1928年和1930年两次在十二个省的视察中所搜集来的。〔统计表格略。严先生对统计资料作了七个方面的分析:(1)犯罪的范围;(2)犯罪的类型;(3)再犯与累犯;(4)犯罪与年龄的关系;(5)犯罪的地区分析;(6)青少年犯罪;(7)犯罪的季节因素。这里仅摘录对犯罪类型的统计分析。〕

犯罪的类型

在中国,犯罪之类型值得注意,在十二个省的二十个城市中,在一定的年度内犯人的总数为94138人。其中35645人犯偷窃罪,为数最多(约为总数的38%);其次为吸鸦片及有吗啡嗜好者以及其他毒品的贩运或吸用者共18915人(为总数的20%)。两者约占总数的58%。在这二十个城市中,十五个城市里最主要的犯罪是偷窃。四个城市里最多的是犯贩吸鸦片和其他毒品罪,如安庆、芜湖、营口和太原。在南昌,杀人或伤人是最主要的。

当我们转向北平寻求详细情况时,我们注意到在北京监狱中九年来犯人的总数为14309人。首先,数字最多的犯人是盗窃犯,计6313人(44%强);其次,有1283人(9%)犯盗用公款罪;最后,有1191人(8%强)犯诈骗罪。这三种都是经济犯罪。现在,我们再以经济犯罪的总数与其他犯罪相比较,则得出犯人中犯经济罪的总数为11,848人或占82.8%,犯两性关系罪的194人或占15%,犯暴行及其他罪的145人或占11%,政治犯仅为0.5%。如果表内数字确实可靠,经济犯罪是一切犯罪者中为数最大的一宗。但是,这些数字不能完全相信并作为犯罪指数的根据,我个人的经验认为政治犯的数字是较高的。当我住在北平人口并不十分集中的东南角的北平第一监狱时,我听人说每周总有两个早晨有犯人被暗中处死。有一个早晨,我在狱外林中散步,我发现三个人(两男一女)身着学生装,被警察带走,并在城墙脚下枪决了。当我行近警察或士兵时,我被他们赶走了,我无法知道有关这些处死犯人的任何情况,只有监狱的看守告诉我他们是共产党。也有人告诉我,狱中或军队的广场中常有人被就地枪决。我知道有一个燕京大学的学生没有经过合法的审讯就在半夜里被秘密杀害了。如果这些案件经过合法审判,政治犯的人数一定要多。按照1932年10月在克利夫兰召开的第五届国际劳工保护会议上杜门平的报告:自1927年起,中国约有一百万政治犯被处死,其中包括红军中的伤亡人数。这当然是很粗略的估计,但它说明革命高潮中政治犯的人数的增长特别迅速。

在二十个城市的一定年度里女犯为7418人,其中鸦片烟犯为数最多,2163人,为犯罪人数总数的29.2%。人数次多的是犯绑架及拐骗罪的,计2124人,占总数的28.6%。这两种犯罪,就人数而言,差距甚微,两者相加为犯罪人总数的57.8%。当我们考察犯罪者所在的城市时,我们发现,在九个城市中鸦片及吸毒犯是最主要的,在八个城市中,绑架和拐骗犯是主要的。在上海,性道德败坏罪和重婚罪最多,在南昌和安东,凶杀犯和伤害罪最多。在北平,九年中女犯人数达1,286人,其中犯拐卖罪者307人,占总数23.8%;其次为诱拐犯250人,占19.4%;第三位为性犯罪176人,占13.6%。如果我们把同性质的犯罪加在一起,则发现犯经济罪者为945人,占女犯总数的73%;性犯罪的为194人,占15%;暴行及其他145人,占11%。由以上统计数字可以看出:女犯中的最主要犯罪也是经济性的。男女犯之间的不同,不在犯罪性质而在犯罪手段。读者须知犯罪的分类不是准确无误的,也不是绝对的。有些暴行罪主要是由于经济原因,这个分类不过是说明中国犯罪的一般特点。

经济犯罪如此普遍,以地区而论,不仅北平如此,在其他城市中同样地存在,几乎没有例外。

因为我国存在着"治外法权",因而不可能有足够的证据可以说明哪个国家在中国犯罪最多。但是在俄国十月革命之后,中国是可以审理俄国人犯罪的。俄国人最主要的是犯抢劫罪,而中国人主要犯鸦片及偷窃罪。我现在还不能对此现象做出解释,但这一现象已引起了人们提出"这是为什么"的问题来了,我希望在今后的调查研究中可以找出答案。

四、个案调查与个案分析

〔严先生这一研究的主要特点是个案分析,他将犯罪分为五种类型:(1)破坏家庭罪;(2)侵犯财产罪;(3)政治犯罪;(4)杀人犯;(5)吸鸦片犯。在每一类型中他举出了几十个案例(共129个案例),通过对每一类型的个案分析,他总结、归纳出一些结论(也称经验概括)。这里仅摘录对破坏家庭罪的个案分析。〕

破坏家庭罪

(犯罪统计)所述主要是在中国比较表面的、易见的犯罪。以下各章是以各种类型的案例说明各种社会关系的比较隐蔽的方面。本章所述系破坏家庭之罪。在中国文化中,家庭关系是最基本的和最巩固的关系。但自西风东渐以来,大家庭制度在崩溃中,城市中这种现象尤为显著,因为西方的工业化、商业化的城市生活和中国人的生活方式格格不入。犯罪就是文化失调在家庭关系与其他社会关系中的一种表现。

破坏家庭罪　类型(一)绑架、拐骗

在我国,绑架与拐骗在妇女中是犯罪的主要形式,在北平尤为如此。它是为了金钱而用强迫手段把青年妇女拐走骗卖。当然,拐骗的对象中也有男童与男人,但为数很少,这是因为男童、男人很难找到市场,在上海,绑架男人是为了勒索赎金。下面的个案说明绑架拐骗案形成的经过:

个案1:王永芬所犯的是拐卖幼女为娼罪。1928年9月25日,她和邻居罗某(男)合伙拐骗一名18岁少女到沈阳,以300元卖给妓院。当她在北平监狱受到审讯时,她供认如下:

"我现年52岁,34岁时因逃荒和丈夫离开农村来到北京。我的丈夫当苦力,每月挣六元钱。我也出去为人缝缝补补,浆浆洗洗,得点外快帮助丈夫过日子,我们生活得很好。我们能积蓄点钱,有时一个月攒一元,有时攒两毛。我和我丈夫总想有一天能够回到家乡买回自己的地,这辈子过个舒服日子。我们拼着命干活,想多攒点钱。我50岁时,我丈夫53岁,当苦力年纪太大了。我们没有孩子,那时候我们愁得什么似的。后来他病了,没有活干了。我们进不了钱,反而为治好他的病把攒的130块钱都花光了。三个月后,他病死了。我为他的病花了30块,为了发送和埋葬他又花了30块。

丈夫死了以后,我觉得没有指望了。北京城里没有一个亲戚。我的老家在河南,太远了,回不去。我知道我如果在老家,我的侄子和亲戚会帮我的忙。可我一个人在北京,孤孤单单,谁也帮不了我的忙。我拼命地缝缝补补,可是收入太少,养活不了自己。北京又没有慈善团体收留我,也没有人给我开介绍信。不管是当老妈子还是嫁人都嫌我年纪太大了,我逼得没有法子只好用我老伴攒的50块钱。不久,这笔钱也花光了,我想只好去要饭了。但我和我丈夫都是好人家出身,实在拉不下这个脸去要饭吃,我宁可死了,也不能上街去要饭。后来,我出去找朋友帮忙,找到了姓罗的。他给我出了个主意,可以过好日子,他要我去拐骗一个姑娘,我开头认为这是造孽,不能干,可我又没别的法子活下去。第一次干亏心事,我很害怕,以后我没有别的法子,我也就不觉得什么了。我和罗合伙干得不错,这回拐卖的是第三个,请您别把我说的告诉当官的,因为他们不知道我前面犯的两个案子。我不知道我坐牢以后怎么办。这里的狱长是不会给我找事干的。我真不知道将来我能不能找着活干,因为我是一个老娘儿们,二是年纪也大了。我怕我出去后还得干这亏心事。要是再被抓住,我再进来让监牢养活我吧!"

个案2:梁武银,现年38岁。她丈夫是个高级裁缝,专做丝绸衣服和皮衣。但因北京政府迁到南京,中央政府的大官儿们都走了,他的活少了。结果他失业了。三个月后,即1928年6月,他朋友劝他到军队去工作。

梁家有个儿子,8岁,三个女儿,分别为16岁、14岁、11岁。梁武银的丈夫一去军队,家庭生活都由她负担了。开始几个月,她丈夫每月往家里捎10块钱。这几个钱不够花,她只好和两个年岁大点的女儿缝缝补补贴补着过。再过三个月,她丈夫因为军队不发饷,一个钱也寄不回家了。缝缝补补、洗洗涮涮是没有办法顾五个人的生活的。她想法子向丈夫的朋友借钱,朋友也不富裕,慢慢地也借不到钱了。他们的老家在山东,一结婚就搬到北京,在北京,只有个娘家弟弟，也是闲在家里。她对我说："这是我这辈子最难熬的日子了。"这时有个叫孙文如的，有个14岁的女儿，因为自己失业养不起这个女儿。孙想，最好的办法是为女儿找个人家领养，他找他的朋友刘宝川帮他找个这样的人家。刘正想乘机弄钱，打算把女孩送到东北卖给妓院。刘和梁武银商量，如果这事办成了，卖身钱的三分之一作给梁的报酬。在这困难时刻，梁同意把女孩弄到东北。1929年4月15日，姓刘的到了孙的家里告诉他，他找到了一家姓王的需要收养一个女儿。孙信以为真，同意把女儿交给他，他立即把女孩带到东北长春，通过刘、梁作线，以540元卖给妓院。当孙去探望女儿时，发现受骗，于是把刘告在北平地方法院……

以上两个案例说明拐骗犯中的两种不同情况……情况虽有不同，但影响都是相同的，失去了丈夫，失去了生活的来源，她们就完全成为无依无靠的了。这种情况在农村里还不严重，那里有家族，有亲戚负责维持这些受难的人的生活，因为在农村还存在家族"共产主义"，大家共同为家庭福利负责。但在城市，情况就完全不同了，大家庭制崩溃了，城里的人自己成立小家庭，和农村中的大家庭断了关系。城里小家庭如果遇到灾难，农村的大家庭也无能为力。另一方面，在城市中，小家庭受到灾难，可以给予帮助的机构还未建立，对于鳏寡孤独也没有足够的慈善团体……

下面的例案说明女孩是在什么情况下被拐骗的……

个案6：刘妇是一个棉花工厂工人，年22岁，长得很美。李某也是该厂工人，想结识刘。8月22日该厂放一天假，李就乘此机会要他老婆请刘妇同去公共娱乐场所，刘妇从来没有一个人去过娱乐场所。以后，李的老婆请刘到他家，实际上把她骗到一个小店。晚上李妻借口天黑了，不让刘回家。她们就住在店内。第二天，李伪称要去天津贩卖鸦片，并说鸦片量很大，一个男人带有危险，他要求他老婆和刘帮他带些，因为铁路上对妇女是不检查的，如果获利，他愿分给她一份，刘拒绝了他的要求，李妻坚持要她帮忙，并保证安全，不会出事情。最后，刘同意了，和李家夫妇一同到了天津，李以370元把刘卖给妓院。

个案7：马某因为家乡发生灾情，和他的妻子、岳母来到北平。他拉人力车，他妻子纺棉线。他们生活很困难但很和睦。马的邻居潘某看到马妻长得很美，想方设法接近她。他和马交了朋友，并说服和他同住。逐渐，潘和马妻发生了两性关系。1928年9月14日，潘借故带马妻离开家到天桥，然后同去天津。他把马妻带到天津卖给了妓院，得款120元。

个案8：李某和其妻是拐骗犯。一天，李妻发现邻居杨妇很穷，其丈夫出外谋生好几个月没回来。李妻跑去见杨妇，问她如果愿意做女佣，可以介绍到李家做女仆，每月工资三元。杨妇同意了，1929年12月11日，她去了李家。李给了她三元。另一张某，住在李家，李劝他向杨妇求爱。当他们之间发生了两性关系，张提出要杨妇和他同到东北建立家庭，张伪装是东北的大商人。他们去了，张把杨妇以600元卖给了妓院……

以上案例（个案4—10）说明每一个案中受害者都是在某种困难之中给人以可乘之机。个案4中由于家庭争吵，两个少女把他们的难处告诉了邻居，给了邻居拐骗的机会。个案5和6说明两个受害者都是在困难重重之中不得不求助于人，以致容易受人欺骗，有些男人以向女人求爱作为拐骗的手段。中国妇女对于性爱的态度是这样的：如果一个姑娘和男人发生了性关系，她就无论如何都要嫁给他……从以上案例中我们可以看出拐骗者的犯罪往往是乘人之危,乘受害者有困难或有其他问题的机会而拐骗成功的。

以上案例还说明另一种现象,即受害者和他们的家属往往过于相信拐骗者。这是由于中国人长期生活在原始集团式的农村中……受害者往往是以农村中的朴实方式去应付城市中的复杂环境。他们相信他们的邻居和在农村中的邻居一样。这种毫无保留地信任人的处世态度也给拐骗犯以成功之机……

〔案例11—33是对破坏家庭罪的其他类型—诱奸罪、性道德败坏、重婚纳妾、娼妓的分析,这里从略。〕

破坏家庭罪的分析结论:

根据前述各项事实,我们可以得出如下的几点结论性意见:

1. 犯罪是在新的社会情况中失去适应能力的自然办法,也可以把它认作是犯罪者为了在旧的传统生活方式被破坏的新环境中,满足他们新生活中的最基本的需要而求得生存的最好出路。

2. 犯罪是与整个社会结构有关的,而且与其他社会问题相关联。有些犯罪调查反映出社会危机的暴露,如内战、饥荒等,这些主要的社会危机说明它破坏了社会的正常机构,导致了许多个人的危机。

3. 许多种不同的犯罪的形成过程是相同的。对于相同的危机,不同的人有不同的背景,不同的条件,不同的反应。有时是因为机遇不同,有时是在方式上、法律上不同,但从犯罪学研究角度上看,他们的差别不是很大的。

4. 犯罪人是因为社会情况迅速转变失去适应的受害者。当我们研究犯罪受害人时,我们注意到他们各人皆有其困难之处,给别人钻空子。当我们放眼看犯罪人时,我们发现他们在经济犯罪前都曾经过剧烈的思想斗争。可以说他们是被迫犯罪。

5. 有些犯罪是传统与法律矛盾的结果,在这点上有充分的说明。

6. 有些犯罪看上去是反社会的,但它又是社会功能的产物,不仅犯人和受害者是现存制度的必然产物,而且有些犯罪清楚地说明因为它是社会的需要、需求而存在的。如果没有需求,就没有妓女;没有妓女,就没有拐骗。

7. 犯罪者多为处于经济底层的人们。他们往往是社会、个人危机的最先、最严重的受害者,而且他们无法解决他们的困难。他们很少能力适应,他们生存时受威胁。

五、总的结论与概括

〔通过对各种犯罪类型的个案分析,对统计资料的分析以及对中国犯罪文化和社会变迁的讨论,严先生总结归纳出48条结论或概括,这里仅摘录其中12条。〕

在中国,犯罪与社会变迁的研究、犯罪与发生犯罪的社会环境之间的关系的研究,是互相关联的。特别是我们的研究着重于研究造成犯罪行为的一般社会过程与中国的迅速的社会变迁的关系。我们曾努力试图说明在文化范围内犯罪的意义是什么。因此,我们试图说明了了解犯罪问题必先了解造成犯罪的文化;同时,对犯罪的研究有助于对文化和文化问题的研究。对此摘要中,把研究中所发现的问题和概念一一陈述如后:

1. 犯罪与文化的关系深刻而密切，其密切程度是大多数初学犯罪学者所估计不到的。

2. 对犯罪的研究有助于文化问题的研究。犯盗窃罪反映商业中心是罪恶的渊薮，盗窃犯的居住地是贫民窟。个案研究清楚地说明我国正面临着犯罪和其他问题。

6. 犯罪者多为经济地位低下的人，他们最早、最严重地受到社会的、个人的危机的影响，他们没有适应能力。有些犯罪是所有的社会阶层或经济地位的人都会犯的，但只有社会底层或穷人犯法才会被捕捉治罪。政治犯罪毫不例外是企图推翻社会上高层人物、统治阶级的。

10. 犯罪人本身是在迅速改变的社会环境中失去适应能力的受害者。他们在适合的社会条件下，他们的行为是很好的，当突然的、迅速的社会变迁发生时，他们失去了自我控制，而完全受社会的影响。他们行为的不稳定和矛盾不过是文化的不稳定和矛盾的表现，他们是受文化的影响。

13. 我们不要把犯罪看成是非法的和反社会的行为，而把它看作是对我们的风俗习惯、智慧及我们自己的文化的挑战。它表现出一种对破除旧有的顽固势力的需求和准备重新创造新环境的愿望。在这个意义上，对犯罪的研究不仅帮助我们对现在社会解体过程的了解，还指明社会重新组织的趋向。

17. 反对政府的犯罪有两种：一种是企图恢复旧制度，复辟旧王朝，是反动的；一种是努力建设新秩序新政府，这类政治犯属于社会上的进步势力和激进派，他们是未来的社会秩序的先行者。保守者主要致力于维持现有的秩序，当第二种政治犯力量强大到使革命胜利，使进步者激进者掌握权势时，保守者在新秩序的目光中就变成第一种的犯罪者了，这一种的犯法者在新秩序巩固时，它的数目就会减少。

23. 人们与社会接触越多，犯罪的圈子也越广，形成犯罪的过程也越复杂。青少年犯罪与成年犯罪之不同在于青少年犯罪往往只与家庭有关，但成年犯罪则包含许多社会问题。成年犯罪者与社会有长时间的复杂的联系。在这个意义上，男犯比女犯有更多的社会关系。

29. 在中国，惯犯问题不如在美国那样严重。在美国，多数成年犯罪是惯犯，在中国成年犯中大多数是偶犯。

31. 中国的成年犯罪不似美国的成年犯罪，是由青少年犯罪发展而来的。他们多数是由于迅速的社会变迁而产生的。

39. 性犯罪及暴行犯罪在夏天比较多，在冬天比较少。在冬季的几个月里，经济犯罪特别多，而在夏季则显著下降。

44. 犯罪者在他们自己的组织里是很守法的。他们的纪律是严格执行的，"公正"的意义不仅在他们的集体内部，就是和集体以外的人打交道也都很受重视。

48. 解决犯罪问题的办法只有依靠进一步的细致的调查研究。对于犯罪问题的研究途径和适当的了解必须从努力调查文化变迁的过程、矛盾和不稳中去探求。本书对犯罪研究提出的问题比试图解答的问题更多些，只有进一步调查才可以回答那些未回答的问题，对以上的摘要进行核查。

案例五 内蒙古赤峰地区农村牧区的蒙汉通婚研究

赤峰农村牧区的蒙汉通婚研究是作者于1985年夏所进行的赤峰社会调查的一部分，历经两个半月，访问了41个村子中的2089户居民，取得了丰富的数据资料，同时在实地考察了这些村庄的气候、地貌、生产、消费、居住特点、文化生活等方面的情况。户访调查的内容包括经济、社会、人口、民族关系等方面，民族关系的研究集中在语言使用、居住类型、社会交往和民族通婚四个专题。这里简略地介绍一下这一调查有关民族通婚这部分研究在选题、理论构架的形成、调查表的设计、选点、抽样方法、户访、资料分析等过程是如何完成的，以及取得了那些主要成果。

一、选题

赤峰调查的重点之一是了解分析当地蒙汉居民之间关系的现状和影响蒙汉关系的因素。根据国内外关于民族关系的许多文献介绍，民族间通婚的规模和比例是测度一个地区各民族集团整体的一个极为重要的指标。美国教授戈登（Milton M. Gordon）在他很著名的一本著作中把通婚看作是民族融合七个重要方面之一（文化、社会意识、通婚、民族意识、民族偏见、民族歧视行为的消除、价值观念和权力冲突的消除），许多国外的实际研究也说明，只有当两个民族集团就整体而言达到了相当的和谐与融合，大规模的民族通婚方才成为可能。所以蒙汉通婚情况被选作为研究当地蒙汉关系的一个重要方面。

二、理论架构的形成

从有关民族关系及民族通婚研究的大量文献当中了解到前人总结的有关民族通婚的一般模式，主要研究方法以及研究民族通婚有哪些社会、经济、文化、人口因素。除了有关这一专题的文献之外，对于蒙汉关系史，赤峰地区的社会、经济、文化的民族结构发展史方面的文献，也需要加以参考。在这个基础上，我们可以总结出一个粗略的理论框架，用以说明在赤峰这个特定地区，影响蒙汉之间通婚的主要因素来自哪些方面（见图一）。

简单介绍一下在这个框架中左侧的六个方面。(1)历史上蒙汉这两个民族之间的关系如何，包括封建王朝（特别是清朝）、民国和抗日战争、解放战争中在赤峰这一地区蒙汉政权、蒙汉居民之间的关系如何，对当地蒙汉之间的通婚是否存在着不同程度的影响。特别是有一部分被调查者的婚姻发生在三四十年代，历史因素是应当被考虑在内的。(2)蒙古族传统的经济活动是畜牧业并以逐水草、游牧为其方式，汉族则以农业为其传统生产活动，两者差异很大，并有可能通过土地资源与水资源的分配问题影响蒙汉关系。(3)不同的生产方式伴随的是不同的生活方式，定居或是游牧、集中居住或是分散居住、蒙汉分居或是混居，都直接或间接地影响蒙汉民族相互接触的机会。(4)赤峰地区的汉族大部分是近五六十年内从南面的河北省迁来的，蒙汉关系与本地人——游牧民的关系在一定程度上是重合的。(5)蒙汉两民族有各自的语言、文字,有不同的宗教信仰,同时也由于生产活动和生活方式的差异,各自的传统文化也很不相同,这一差异及其改变的程度对蒙汉关系的变化是有一定影响的。(6)政府对待各民族的政策(区域自治政策、民族平等的优惠政策、移民政策、教育与优生政策、语言政策等)及其在不同时期的变化直接影响着蒙汉民族之间的关系和蒙汉青年之间的通婚。

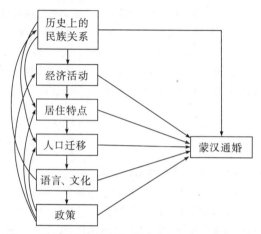

图一　在赤峰地区有可能影响蒙汉通婚的主要因素

三、可供检验的因果模型

理论框架表明了在我们的认识中,有哪些主要的因素影响了蒙汉通婚。但是,如果我们试图用定量分析方法来检验这个框架,那么它必须进一步具体化,用各个可以用数量来表现的变量来代表这些因素,以构成一个可供检验的因果模型(见图二)。模型中的每一个箭头表示一个变量对另一个变量影响的方向。

图中最右侧的是因变量(是否与另一民族成员结婚),左边都是自变量,但其中一些对于另外的自变量来说也是局部的因变量。在这个模型中的自变量可以分为两个层次:个体特征和群体特征。在这个调查中,群体以自然村为单位,体现群体特征的两个自变量是:在本村总户数中本民族所占的百分比、本村户主的平均上学年数。第一个体现了在某社区当中两个民族相互接触往来的客观可能性的一个十分重要的变量:"相对规模或相对数量",第二个体现了整个社区的平均教育水平。其余八个自变量反映了被调查户主的个人特征:年龄、上学年数(教育水平)、职业、户口登记类型(牧业劳动者还是农业劳动者)、是否移民(指1949年以后从外公社或更远的地方迁来的在此定居的人)、掌握另一个民族语言的能力、四邻当中另一个民族成员的多少、与另一个民族成员的交友情况。

这十个自变量直接反映了图一中的理论模型中的四方面因素:经济活动、居民特点、人口迁移和语言文化,同时也间接反映了另外两方面因素。历史上的民族关系和现行民族政策对两民族之间的社交往来,对相互学习语言、对发展少数民族教育、对人口迁移的规模、都存在一定的影响。有些反映地区特点的历史情况和具体政策,可以通过户访之外的其他途径获得,并帮助我们分析和理解计算结果,并不一定需要包括在这一模型中。

对于应用路径分析的因果模型来说,常常还需要对每一个箭头(或一组箭头)提出简明扼要的理论假说。根据图二中模型所提出的主要假说如下:

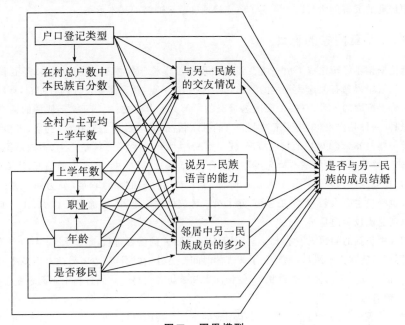

图二　因果模型

假说1　无论汉族和蒙古族,(a)年龄越大;(b)上学年数越多;(c)从事非农牧业劳动;(d)外地迁来的移民,他们与另一个民族的成员有较多的社会往来,有助于他们选择与另一个民族的成员作邻居,有助于他们学习另一个民族的语言,因此他们与另一个民族成员结婚的可能性比其他人要大。

假说2　无论蒙古族或汉族(a)在村中;(b)全村户主平均上学年数越多,他们与另一个民族成员的社交就越多,掌握另一个民族语言的能力就越强,会有更多的机会与另一个民族的成员为邻,与另一个民族的成员结婚的可能性也越大。

假说3　在农区的蒙古族与汉族为邻,与汉族有较多的社会交往,通晓汉语,并要汉族女子为妻的可能性,高于在牧区的蒙古族。在牧区的汉族,与蒙古族为邻,与蒙古族有较多的社会交往,通晓蒙语并要蒙古族女子为妻的可能性,高于在农区的汉族。

假说4　无论蒙古族或汉族,(a)如有较多的另一民族的邻居;(b)与另一民族有较多的社会交往;(c)能说较流利的另一民族语言,有更大的可能性与另一个民族通婚。

除了以上四个假说之外,在图中的自变量之间还有一些箭头,也可提出一些次要的假说。这里就不一一列出了。有一点这里需要特别加以说明,有关以上变量的资料是1985年调查时的情况,是一个时间"横断面上的"资料,而许多老年户主的婚姻发生在相当长的时间之前。所以用这些资料来解释哪些因素促成或阻碍被调查人与异族结婚是有一定局限性的。不过,由于被调查的人都是已成家立业的成年人,中国农民的职业和居住地相对稳定,有些变量如上学年数、职业、户口类型等情况在当年结婚时与 1985 年相比变化可能很小,因此,充分利用调查中得到的资料仍然有助于我们了解赤峰地区蒙汉通婚的基本形态。

四、调查问卷的设计

理论框架已经转化成了由一组变量来表现的可供检验的模型,现在进一步需要做的是从户访调查中得到有关这些变量的数据,为了做到这一点,首先需要设计调查问卷,赤峰调查包括了许多方面的内容,有关民族通婚情况的了解只是其中之一。1985 年使用的调查表一共有三种:一种是户表,集中了解被调查户的基本情况:其成员的主要社会、经济、人口特征,调查前一年(1984 年)该户的收入情况、住户情况、主要财产。第二种是户主(本地居民)个人表,用来了解户主个人的基本情况:年龄、教育、职业变动、婚姻史、基本配偶情况、生育史、语言能力、社会交往、邻居情况、个人收入情况、个人对居住地的满意程度(分为四个方面)等。第三种也是户主个人表,对象是移民,除了第二种表的内容之外,增加了迁移史、迁出地与迁入地的情况比较等内容。

问卷中包括的问题既不能太少,否则满足不了研究的需要,但也不能太多,因为户访时间太长,既容易使对方不耐烦,也延长了调查的时间。另外,在设计问卷时要注意问题排列的前后秩序,使其有一个内在的逻辑联系,使访问者和被访者在整个访问过程中感到思路流畅,条理清晰,前后连贯。

收入的调查在任何国家都是一件很困难的事。在我国农村,如你问一下农民去年全家收入多少,得到的回答往往与实际情况差距甚大。但如果逐项细问他去年收多少麦子、多少玉米、卖了几头猪、各重多少斤、卖了几棵树、卖了几只羊、村里是否对他有经济补助等等,农民一般会如实讲出,再从村干部和商业人员那儿了解一下这几种主要物品的政府及购物价,和市场平均价格,这户农民一年的主要收入就可以大致计算出来了。

五、调查地点的选择

对于一个局部地点的社会调查而非普查来说,选择调查地点是非常重要的。根据人力、物力和时间,我们计划在赤峰地区调查 2500 户,以提供一个比较可靠的数据基础,使我们的分析结果在赤峰地区具有一定的代表性。

从全部人口当中用分户随机抽样的办法,这在理论上能够成立,但在实际中却相当困难。比较简单易行,同时也比较可靠的方法是根据赤峰地区各旗县的地理、经济、民族结构等方面的基本情况,选择几个有典型意义的旗(县)。我们把赤峰分为三种地区,选了翁牛特旗(半农半牧区)、喀喇沁旗(农区)、克什克腾旗和巴林右旗(牧区)。选定了旗(县)之后,还需要在这几个旗中选择有代表性的乡(相当于原来的公社一级的基层行政单位,在农区算为乡,在内蒙古牧区称为"苏木")。我们一共选择了五个乡(苏木)基本上是一个旗一个,只有翁牛特旗由于其位于赤峰中部,是半农半牧区的典型代表,选择了两个苏木。这五个乡仍然相当大,在各个乡中又需要选出有代表性的村民委员会(嘎查,相当原来的大队),共选出了十二个村民委员会(嘎查)。在地、县及统计部门保存着下至村民委员会的许多基本统计资料,例如人均耕地亩数、亩产量、人均牧畜拥有量、教育水平分布情况、出生率、死亡率、迁出迁入率、民族成分比例等,有的还有人均收入、百人耐用消费品拥有量等资料,根据这些资料,我们可以选出在各个方面都居于中等水平的乡和村民委员会;这就可以在一定程度保证这些被调查地点的代表性。

六、抽样

根据调查户籍登记情况,在这十二个村民委员会有居民 3201 户,稍多于预定的调查户数,所以我们采用了在户籍登记名册(按小队排列)中等距抽样的方法抽出 2439 户。每四户中调查前三户,第四户不调查。这种抽样的缺点是在同样的调查总户数下,抽样面小一些,但优点是调查对象集中,接近于整个村子的普查,可用于各个村子的社区分析和村子之间的比较研究,在调查时跑路少、省时间,对被调查村子的印象也更深一些。

在赤峰调查中,我们从 3201 户中抽了 2439 户,为全体居民的 76.2%,由于户访时户主外出等原因,实际调查户数为 2089 户,为全体被抽户数的 85.6%,应当说比例还是比较高的。

七、户访

赤峰调查采取的是户访的方式,调查组共有五人,在各村选好抽样名单,然后由调查组成员去被抽到的户中与户主交谈,用调查员口问手写的方式填写调查表。这种方法比发表格下去由当地居民自己填写有明显的优越性。第一,对问题的理解比较准确。调查员本身对问题的含义是很清楚的,在询问过程中可以随时澄清问题。第二,在不少情况下,被调查户由于不理解社会调查是干什么用的,不愿回答有关个人的问题或填表。在户访中,调查员可以耐心解释调查目的,资料的用途,基本上可以说服这些人。如果是用发表格让人们自己填的方式,回收率往往不高。第三,问卷设计时常不够全面,户访过程中调查员有可能发现一些在当初设计问卷时没有考虑到但又十分重要的问题。如果这是具有普遍性的问题,调查员就应当提出修改问卷;如果是个案但很有趣,能说明某个问题,调查员可以记在问卷或笔记本上,作为研究时的参考资料。第四,有一些问题在一个村子里问一两户就可了解而不必每户都问到,如各村农户的"摊派"标准、内容、各种主要农畜产品在自由市场上的一般价格、婚亲丧葬费用的一般水平等。了解这些问题有助于我们理解居民的生产、生活、社会交往等方面的情况,有助于我们解释计算结果。因此在一定程度上,可以说户访的内容可以包括两部分,一是准确地填好问卷,二是通过交谈了解问卷之外的种种情况。第五,这种户访可以使调查员观察到各个农户的住户庭院、消费水平、摆设情趣、甚至观察到家庭成员之间的关系如儿媳对婆婆以及邻居之间的关系等,这对了解这个地区的社会结构、文化背景等很有帮助。人口学常常使用大规模普查或抽样填表的调查方法,研究人员不一定要与被调查者见面,人类学则强调观察法，认为没有充分的观察就谈不上理解。赤峰调查的户访方式，在某种程度上可以说是介乎二者之间。

另外一件值得注意的事，是"试调查"在检验问卷设计方面的作用。有的问卷在问题的次序上设计得不够合理，有的问题的提法经常使被调查者对问题产生误解，有的重要问题在起初设计时不慎遗漏，诸如此类的事通过 20 户到 50 户的"试调查"就可以被察觉到并及时得到纠正或补充。

在赤峰调查中，我们先以问卷初稿在翁牛特旗二爷府村进行 20 户的"试调查"，然后修订了问题，再进行正式的户访调查。

八、数据的编码、输入与计算

调查所得的有些数据如年龄、收入、上学年数等可直接输入，但也有许多资料须经编码才能输入计算机并进行计算分析，如职业。编码设计得是否得当，直接影响计算结果。举职业为例，在研究职业与其他变量之间的线性关系时，职业必须被当作定序变量(ordi-variable)。判断职业"高低"的一个标准是经济收入，平均收入高的职业在各个职业名次上也比较高，另一个标准是社会地位和受人尊敬的程度(或掌握权力的大小)(Social prestige power)。这两个标准并不一定一致，挣钱多的人不一定社会地位高，这就给编码带来了困难。如果这种不一致的情况很普遍，我们就很难把职业作为定序变量应用于相关或多元回归分析中，但仍可能被用于对数线性分析(log linear analysis)。

赤峰调查资料输入时使用的是 dBASE Ⅱ、dBASE Ⅲ 数据库软件，近来又出现了 dBASE Ⅲ CPLUS(加强型)。调查与研究人员参加部分输入工作是十分必要的，这一工作看来十分简单枯燥，但有心的研究人员在这一过程中可以思考许多问题。有些问卷的回答并不"标准"，考虑如何处理这类情况会有助于研究人员了解实际调查情况。社会学、人口学进行统计分析时目前较常用的软件是 SPSS$^+$ 和 SPSS—PC$^+$(用于微机)。它可以用来作多种统计分析。在赤峰调查中，我们主要应用 SPSS$^+$ 计算相关系数，进行多元回归和路径分析(计算机过程从略)。下面我们在数据分布、双向表格和线性关系分析的计算基础上，介绍一下赤峰地区蒙汉通婚研究所得到的一些结果。

九、居民个人的社会、经济状况与蒙汉通婚

在 2089 个被调查户当中，有 50 户的户主未婚，除了这一小部分之外，有 14% 的户主与其他民族通婚。一般来说，在城镇工厂当中，民族通婚会比较多些，在农村牧区，14% 的民族通婚率是相当高的。从汉族男性户主来说，13.2% 娶了蒙古族妇女为妻，从蒙古族来说，15.2% 娶了汉族妇女。蒙古族男子的民族通婚率略高于汉族。被调查户依照其户主及其配偶的性别、民族成分以及男方的社会、经济情况分成几组，各组的通婚情况见表一。

表一　已婚被调查户户主的婚姻情况

丈夫的人口、社会经济状况	婚姻类型(夫—妻)					
	汉—汉 %	汉—蒙 %	合计 %	蒙—汉 %	蒙—蒙 %	合计 %
年龄:						
>30	86.0	14.0	100.0	25.2	74.8	100.0
30～39	88.1	11.9	100.0	18.6	81.4	100.0
40～49	88.5	11.5	100.0	11.2	88.8	100.0
50～59	85.7	14.3	100.0	8.4	91.6	100.0
60+	84.3	15.7	100.0	8.9	91.1	100.0
教育水平:						
文盲	86.6	13.4	100.0	10.2	89.8	100.0
小学	87.6	12.4	100.0	16.4	83.6	100.0
初中	88.1	11.9	100.0	18.2	81.8	100.0
高中以上	81.1	18.9	100.0	20.3	79.7	100.0
职业:						
农、牧民	87.3	12.7	100.0	15.5	84.5	100.0
退休干部、退休工人	83.3	16.7	100.0	20.0	80.0	100.0
手艺人、农村个体、技工	93.9	6.1	100.0	5.0	95.0	100.0
教师	85.7	14.3	100.0	15.4	84.6	100.0
国营或集体企业职工	80.0	20.0	100.0	21.7	78.3	100.0
干部	65.4	34.6	100.0	9.9	90.1	100.0
生产活动:						
农业户口	89.4	10.6	100.0	38.0	62.0	100.0
牧业户口	77.5	22.5	100.0	8.3	91.7	100.0
人均收入:全体　(元)	385	398		386	446	
农业地区　(元)	387	317		355	290	
牧业地区　(元)	382	534		431	479	
迁移情况:						
本地出生	84.6	15.4	100.0	13.4	86.6	100.0
移　民	88.1	11.9	100.0	17.4	82.6	100.0
总　计　调查户数	1071	163	1234	122	683	805
%	86.8	13.2	100.0	15.2	84.8	100.0

　　表一包括了九个可能影响到其与另一个民族的成员通婚的因素:(1)年龄(反映不同历史时期社会、经济、文化和民族政策的变化);(2)教育水平(反映学校体制,教学内容对民族意识的影响和对民族政策的理解);(3)职业(反映本人的社会、经济地位和工作与居住环境);(4)收入(反映本人经济地位与消费水平);(5)户口登记类别(分为牧区、农村和城镇三类,反映居住环境和传统的生产活动);(6)迁移情况(由于本地移民多为汉族,反映了移民——本地户关系如何影响民族关系);(7)掌握对方语言的能力(反映相互思想交流、文化交流的程度);(8)邻居中是否有其他民族(反映当地社区的民族混居情况和本人与其他民族成员接触的客观条件);(9)有无其他民族的朋友(反映民族之间的社会交往)。与图二模型中的自变量相比,少了两项社会特征变量,增加了一项人均收入。前四项常见于西方民族关系研究文献,后五项主要是根据赤峰当地的实际情况提出来的。下面我们借助表一和其他表格对这几个方面逐一进行讨论。

　　1. 年龄　由于人们一般在20—30岁之间结婚,人口中不同年龄组的通婚比例和类型变化,在一定程度上可以反映出不同时期社会经济发展的整体情况、政府的民族政策、民族关系的变迁以及各民族对待通婚态度的变化。从表一可以看出,各年龄组中的汉族通婚比例变化不大,蒙古族的变化则比较明显,基本上可以说是越年轻,与汉族妇女结婚的比例越高。30岁以下的蒙古族已婚户主中,竟有四分之一娶了汉族妻子,这与50岁以上年龄组的情况形成明显对比。这反映出新中国成立后特别是近十几年蒙汉民族关系的不断改善。

2. 教育水平 教育水平与民族通婚之间的关系可以从两方面考虑。在一般情况下,具有相近教育程度的人往往有较多的共同语言和更多的接触机会(在学校里或毕业后在工作场所),这种认同感和结识的客观条件增加了通婚的可能性。另一方面,具有较高教育水平的人一般接受民族政策的教育多一些,民族偏见少一些,他们与其他民族通婚的可能性也因此增加。从表一来看,教育水平与通婚之间的关系对汉族来说不明显,只是具有高中以上教育的汉族(90 户)娶蒙古族妻子的比例较高,达到五分之一。其他三组的情况是教育水平越低,通婚比例越高,但变化幅度很小。

在蒙古族当中,随着上学年数的增加,与汉族妇女结婚的比例呈线性增长。受到较多学校教育的蒙古族青年,眼界较开阔,对祖国民族大家庭和党的民族政策有更多的了解,同时在学校中他们也学习了汉族语言,接触了汉族文化,这是与汉族女青年进行思想交流和共同生活的基本条件。

3. 职业 职业常常与人们的工作性质和收入有密切关系,因此可能间接影响人们对配偶的选择。表一反映出蒙汉两民族在通婚的职业特征上有相近的地方。如技工和手艺人都很少与外族人通婚。这些人是村里的电工、瓦工、木匠、司机等,收入高,在村里受人尊重,很容易在本民族中找到妻子。又如在国营或集体企业的职工当中,蒙汉两族的通婚率都比较高,他们的工作场所和工作性质有助于蒙汉男女青年之间的相互接触和结婚。

但蒙汉两民族的基层干部在通婚方面却存在着很大差别。三分之一的汉族干部娶了蒙古族妻子,与之相比只有不足 10% 的蒙古族干部与汉族结婚,这个差别是值得注意的。由于赤峰属内蒙古自治区,旗县干部和群众中蒙古族比例很大,对于乡以下的各级汉族干部,有一个蒙古族妻子,对自己开展工作是十分有利的,而蒙古族一方面是本地的主体民族,在权力结构上处于优势,没有汉族干部类似的考虑。另一方面在人数上逐步变成少数,如 1985 年,赤峰地区蒙古族占总人口的 13%,心理上容易产生被汉族在文化上同化的担心,这两方面的结合便有可能导致蒙古族干部的族内婚倾向。

4. 户口登记状况 这项指标实际上反映的是生产活动类型:是农业劳动还是牧业劳动。汉族传统的生产活动是农业,蒙古族是畜牧业。汉族熟悉土地耕作和栽培技术,在掌握农业时令、选种施肥、防治病虫害等方面都有一定经验,而蒙古族熟悉牲畜和放牧技术,在接羔、配种、抓膘、合理使用草场和防治畜病等方面有一定经验。从晚清到建国之前,河北、山东汉族农民曾大量迁入赤峰地区、开垦荒地,变草场为农田。留在这些新开垦农业地区的蒙古族则逐渐开始务农,与此同时,深入到北部牧区的汉族农民也入乡随俗,学习从事牧业。户口登记状况反映了这种种变迁。由于蒙古族在畜牧业生产中具有优势,又是牧区居民的多数,所以在牧区的汉族男户主与蒙古族结婚的比例是农区的两倍多(22.5∶10.6)。而在农区的蒙古族则有38%娶了汉族妻子,大大高于牧区的蒙汉通婚比例(8.3%)。

5. 收入 初看起来,对男性户主来说,民族通婚似乎利于汉族而不利于蒙古族,汉蒙通婚家庭人均收入为398元,稍高于汉族夫妇的385元,而蒙汉通婚家庭人均收入为386元,低于蒙古族夫妇的446元。但如区分开农业地区和牧业地区,情况就比较清楚了。在农业地区,最富裕的家庭是汉族夫妇,娶了汉族妻子的蒙古族男子,其家庭收入明显高于蒙古族夫妇,收入最低的是蒙古族夫妇。汉族妻子的娘家及其亲友时常会在生产、生活各方面给予蒙汉家庭许多帮助,这就是为什么在农区的蒙古族中娶汉族妻子的比例较高的原因。在牧业地区,没有家底和生产技能的汉族夫妇收入最低,蒙古族夫妇收入较高,但人均收入最高的是汉—蒙家庭。这类家庭往往在畜牧业上得到蒙古族岳父家的帮助,同时汉族丈夫本人总有一些特殊技能,如开拖拉机、当电工等,自己也可以得到高收入。一般来说,没有特殊技能和高收入的保障,汉族男子在牧区是娶不到蒙古族妻子的,这类家庭的人均收入甚至高于蒙古族夫妇。

6. 迁移情况 本地出生的汉族男子,娶蒙古族妇女的比例高于移民。这些人出生在本地,与当地蒙古族孩子一同长大,一起上学,其中不少会讲流利的蒙古语,这样就自然增加了他们与蒙古族通婚的可能性。与此相反,从外地迁来的蒙古族男子,在本地没有根基,一般也比较穷,与汉族通婚的比例低于本地出生的蒙古族。移民要进入当地的社会组织,并与当地人联姻,总是比当地出生者要困难。

表二 被调查户主的语言能力

		农区		牧区	
		汉族	蒙古族	汉族	蒙古族
汉语	不会	0.0	0.0	0.4	6.8
	会一些	0.2	3.7	0.7	20.0
	很好	99.8	96.3	98.9	73.2
	总计	100.0	100.0	100.0	100.0
蒙古语	不会	89.1	34.0	52.8	2.1
	会一些	8.3	22.5	20.4	3.8
	很好	2.6	43.5	26.8	93.8
	总计	100.0	100.0	100.0	100.0

7. 语言 从表二可以看出,在农业地区,96%的蒙古族会讲流利的汉语,同时有34%的蒙古族已经完全不会讲蒙语了。在牧业地区,有47.2%的汉族户主会讲一些蒙语或蒙语很好,而精通汉语的蒙古族比例也达到73.2%。由此可见,在农区汉语是通用的语言,蒙语已很少使用;在牧区的蒙古族内部,蒙语依然是主要语言,但蒙汉之间的交流多用汉语进行。熟悉对方的语言是民族通婚的必备条件,农业地区的通婚比例高,有它的语言基础。

表三 被调查户主的蒙汉混居、交友情况

		农区		牧区	
		汉族	蒙古族	汉族	蒙古族
邻居中	蒙古族多	8.9	45.0	32.0	89.2
	蒙汉各半	8.3	19.4	9.3	4.0
	汉族多	82.8	35.6	58.7	6.8
	总计	100.0	100.0	100.0	100.0
朋友中	蒙古族多	6.9	43.5	34.6	85.4
	蒙汉各半	13.0	25.1	17.5	8.7
	汉族多	80.1	31.4	48.0	5.9
	总计	100.0	100.0	100.0	100.0

8. 蒙汉民族混居和互交朋友的情况 在邻居和平时交往多的朋友当中,如有许多其他民族的成员,无疑会促进相互之间的了解并为通婚创造客观条件。在这里有三点值得注意。一是在实际过程中,民族通婚很可能又反过来促成民族混居并有助于与其他民族的成员交朋友。二是调查中有关邻居的情况是客观可靠的,有关交友情况则是由被调查人提供的,与实际情况可能会有出入,但这里至少也可反映被调查人主观上希望的与其他民族成员的交往情况。三是交友受到客观环境的限制,当一个村子里没有蒙古族居民时,有蒙古族邻居是不可能的,与蒙古族交朋友也受到限制。

从表三可以看出,农区与牧区在民族混居和交友方面存在着明显的差异。在农业地区,汉族在人数上和经济活动中处于优势,蒙古族居民中有35.6%的四邻中,三家以上是汉族,31.4%宣称自己平时来往较多的朋友中汉族比蒙古族要多。这与农区的蒙古族娶汉族比例高是直接关联的。在牧区汉族居民则有较多的蒙古族邻居和蒙古族朋友,虽然只有41.3%的汉族四邻中有一半以上是蒙古族,但自称朋友中蒙汉各半和蒙古族为多的有52.1%,这表明在牧区的汉族居民积极与蒙古族交流的倾向。在这种背景下,牧区的汉族中汉蒙通婚比例较高也是十分自然的了。

十、社区的结构特征与民族通婚

无论是赤峰的农村或牧区,自然村是基层的社区单位。自然村的户数有多有少,但每个自然村都由耕地或草场把它与其他村子分隔开,形成一个天然的社区组织。各个村子具有的特征,如自然资源拥有情况、生产类型、交通条件、平均收入与消费水平、平均教育水平、民族结构等,构成了社区社会、经济、文化结构和成员之间交流的环境,对村内居民中的民族通婚,也具有很大的影响。

这里仅使用六个变量来分析社区特征与社区内户主民族通婚比例之间的关系。这六个变量是:(1)蒙古族户主中与汉族结婚的百分比;(2)汉族户主中与蒙古族结婚的百分比;(3)全村户主的平均上学年数;(4)生产类型(农业=1,牧业=2);(5)全村总户数中蒙古族的百分比;(6)全村总户数中汉族的百分比。社区的单位是自然村,赤峰调查共包括了41个自然村,内有17个农业村和24个牧业村。由于农业村落一般比较大,户数多于牧业村,所以农业村数目少,但占被调查户的57%,牧业村仅占43%。

表四是这六个变量之间的相关系数表。可以看出,蒙古族在村中户数中的比例("相对数量"或"相对规模"——Relative Size)对于蒙古族与汉族结婚具有决定性的意义,相关系数为($-.802$)。也就是说村里蒙古族越少,与汉族结婚的就越多,线性关系十分显著。在我们的调查中发现有三个村子都只有一户或两户蒙古族居民,他们的户主全都娶了汉族妻子。对于汉族,"相对数量"对民族通婚的影响大大小于蒙古族,相关系数为($-.289$)。

由于蒙古族多居住在牧区,那儿的蒙古族与汉族结婚的就比较少($-.573$),而牧区汉族与蒙古族结婚的比农区汉族要多(.210)。教育因素对汉族与蒙古族结婚还有一些积极影响(.271),对蒙古族娶汉族则基本上没有影响(.004)。如把蒙汉分成两组,把通婚比例作为因变量,其他作为自变量,可以使用一个路径分析模型来对蒙古族与汉族分别进行检验,其结果见图三和图四。从图中表明教育因素完全被排除,"相对数量"是唯一直接影响通婚比例的自变量,生产类型通过"相对数量"对通婚有间接的影响。这个模型计算结果解释蒙古族的通婚比较好,可以解释各村间蒙—汉通婚比例的变化波动的40%。对汉族则效果差些,但计算结果在统计学上依然成立。

表四　41村与民族通婚有关变量的相关系数表

	蒙古族户主中与汉族通婚的百分比	总户数中蒙古族百分比	汉族户主中与蒙古族通婚的百分比	总户数中汉族百分比	全村户主的平均上学年数
总户数中蒙古族百分比	$-.802$	—	—	—	—
总户数中汉族百分比	—	—	$-.289$	—	—
全村户主的平均上学年数	.004	.004	.271	$-.004$	—
生产类型	$-.573$	.769	.210	$-.769$	.111

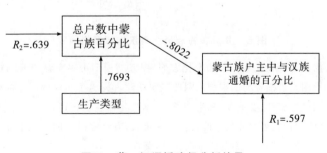

图三　蒙—汉通婚路径分析结果

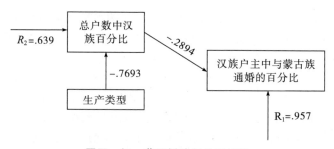

图四 汉—蒙通婚路径分析结果

十一、蒙汉通婚因果模型的检验结果

这一模型的检验对汉族和蒙古族是分别进行的。根据对被调查的 1234 个汉族户主和 805 个蒙古族户主的资料计算结果,路径分析模型在实际检验中成为图五(蒙古族)和图六(汉族)中的情况,我们先来看看蒙古族的通婚模型。

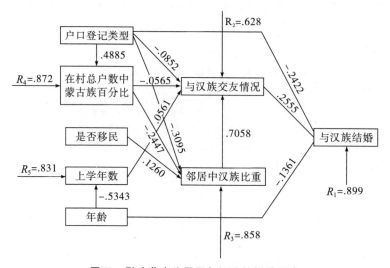

图五 影响蒙古族男子与汉族结婚的因素

在蒙古族男子是否娶汉族妻子的变化方面,图五的模型可以解释 10%,这不很理想,造成这种情况的原因是目前资料的限制。图四表明使蒙古族男子与汉族结婚的最主要的两个因素是与汉族的社会交往(交朋友)和生产类型(本人生活在农区还是牧区)。与前面分析的结果一样,农区的蒙古族娶汉族的可能性比牧区要大,有许多汉族朋友也增加了蒙古族娶汉族的机会。第三个直接影响通婚的因素是年龄,蒙古族中年轻人与汉族结婚的比中老年人要多。此外,还有四个因素通过影响社会交往而间接影响通婚。有较多汉族邻居有助于与汉族交朋友。居住在农业地区、村中蒙古族比较少,增加了蒙古族青年与汉族交往的机会。教育水平高即在学校里(那儿有许多汉族老师和同学)度过较长时间的蒙古族青年也有较多的汉族朋友,这是四个间接影响通婚的因素。图中其他的因果关系由于与通婚关系不那么直接,就不讨论了。

图五中被排除的因素有些是理论上认为应当对通婚有影响的,但在统计分析中因意义不足而被否定。在模型检验当中,否定与肯定同样说明问题。图五的计算结果表明语言因素对蒙古族娶汉族全然没有影响,可见赤峰地区蒙古族多已通晓汉语,语言已不成为交流的障碍。职业因素(依照社会地位和收入暂按农牧民、退休人员、技工和手艺人、教师、国营或集体企业工人、干部的次序编码)在前面分组讨论(参见表一)曾发现在通婚方面具有某些特征(如干部),但分析线性关系时由于编码方法的影响,规律性就不明显了,并完全从模型中淘汰掉。这可以说明每种分析方法都有自己的局限性,在定量分析中不要太迷信线性关系分析,把多种方法结合起来相互验证才能取得比较好的结果。教育水平对通婚的影响则反映了另一种情况,分组讨论时发现的线性关系在路径分析中消失了,表现为通过交朋友变量的间接影响,这表明路径分析深化了我们对现象的理解,因为能区分开直接影响和间接影响是路径分析的最大优点之一。

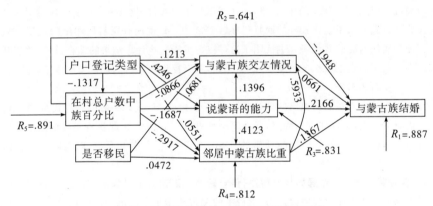

图六　影响汉族男子与蒙古族结婚的因素

从图六可以看到,汉族的通婚情况有一点与蒙古族很不相同,那就是会蒙古语是直接影响通婚的最重要的因素。有相当一部分蒙古族老人(特别是老年妇女)至今仍不会汉语或汉语不熟练,娶他们的女儿为妻需要在思想上能够相互交流,会蒙语是基本条件。第二个直接影响通婚的因素是村中汉族的"相对数量"。计算证明村中汉族在总户数中的百分比越低,汉族与蒙古族结婚的可能性就越大。"相对数量"这一变量在蒙古族方面没有直接影响,而在汉族方面对通婚的直接影响仅次于语言能力。第三个因素是蒙古族邻居,有较多的蒙古族邻居直接增加汉族男子与蒙古族通婚的可能性。以上三种因素对汉族是最重要的,对蒙古族的通婚却没有直接影响,这是汉蒙两个民族在通婚形态(Pattern)方面的重要区别。造成这一差异的一个原因是蒙古族居住较汉族集中,而且在蒙古族的主要集聚区(牧区)的村子很小。如果村里蒙古族很少,四邻中没有蒙古族,自己又不会蒙语,一个汉族青年极难娶到蒙古族妇女的。对于一个蒙古族男青年来说,如果居住在农区,有不少汉族朋友,与汉族联姻的可能性就很大。至于自己住房周围有无汉族邻居和村中蒙古族比例则靠通过对交友情况的影响来间接对通婚发生作用。

第四个因素是交友情况,计算结果表明是否有许多蒙古族朋友对汉族娶蒙古族妻子有直接影响,但影响幅度不大,路径系数(BATA 值)仅为(.0661)。另外我们从图六中可以看到最左边的三个自变量(户口登记类型、"相对数量"和迁移情况)对中间三个变量有直接影响,并通过他们间接影响通婚,这些因果关系的方向和影响力的大小,在图中都用箭头和 BATA 系数表明,就不在这儿一一讨论了。

十二、总结和理论上的进一步探讨

以上三个部分的计算与讨论,大致为我们勾画出赤峰农村牧区蒙汉通婚的一个基本画面。

新中国成立以来,随着党的民族政策的落实,随着蒙古族和其他少数民族在政治、经济、文化、教育等方面的迅速发展,民族之间的交往逐步扩大,赤峰地区民族通婚也达到了一个相当的规模,而且还有进一步增加的趋势,这在城镇当中比农村、牧区更为显著。这说明这个地区的民族关系总的来说是比较好的而且仍在改善之中。根据调查资料所作出的关于民族间社会交往和居住情况的其他研究也证明了这一点。关于这些计算结果的综合讨论,关于从这些总结出一些更高理论层次上的新观点,新思路,甚至提出一个新的理论模型框架,是实证研究的一个重要组成部分。

赤峰调查的结果对前面提出的理论假说进行了检验,表明蒙汉两民族在民族通婚这一问题上既有共同点,又存在着不同点,下面简略地进行一下总结,并试图在更高的层次上对这些计算结果进行讨论。在具体影响通婚的社会、经济、人口因素方面,可以简略总结出以下几条:

1. 年轻蒙古族人当中通婚比例较高,但年龄这一因素对于汉族却不明显   新中国成立后年轻人都或多或少在学校中读过书,学校中的蒙古族学生学汉语和广泛接触汉族文化,而汉族学生不学蒙语。一方面蒙古族年轻人比较愿意选汉族为妻,也较容易为汉族家庭所接受,另一方面语言在通婚中对蒙古族不重要,在汉族却成了最重要的因素。

由此看来,目前在少数民族地区的学校体制(包括民族中、小学)有助于少数民族吸收汉族语言和文化,但在促进汉族了解、吸收少数民族的语言和文化方面作用很小。我国的各少数民族几千年来也创造了丰富灿烂的文化,民族间的文化交流应当是双向的。同时,对在少数民族地区工作、生活的汉族干部职工,通晓少数民族语言,熟悉少数民族的文化,是开展各项工作的重要条件。

2. 在职业方面,蒙汉民族在通婚中的差异明显反映在干部当中   汉族干部的三分之一娶了蒙古族妻子,是各职业中最高的,蒙古族干部娶汉族妻子的不足十分之一,比例大大低于其他职业。

在民族间的交往中,大民族的成员容易有自信心并比较开放,在通婚问题上也是如此。

3. 村中本民族的"相对数量"在通婚中是一个十分重要的因素 如果本村中同族人少,在同族中择偶的范围和可能性也随之缩小,这就是"婚姻市场"(marriage market)的影响。另一方面,如果本民族在村中居于少数或极少数,与其他民族联姻有助于改善自己在社区中的地位。

我国有 55 个少数民族,其中有些基本上与汉族混居,如满族和回族,有些则基本上保持着自己的传统居住地,如藏族和维吾尔族。这两大类民族由于其居住形式不同,与汉族的关系是各有特点的。但即使是有自己聚居区的民族,在共聚居区的边缘地带仍然存在着民族混居现象。许多经验研究表明民族居住形式对民族交往和民族融合(很重要的一个指数是通婚)有很大的影响,所以研究"相对数量"不同的各种地带(如聚居区的中心和边缘地带)的民族交往、民族通婚,可以帮助我们研究民族关系变化的条件。

4. 由于蒙古族在牧区较富裕而且是人口的多数,汉族在农区收入高且是人口的多数,两个民族在各自的传统生产活动中发挥各自的优势 在这种情况下,农区的蒙古族和牧区的汉族与另一个民族通婚的比例大于牧区的蒙古族和农区的汉族。

在美国民族关系研究中,社会学家们发现了一个类似的现象。在美国社会中可以说存在着在社会权力分配、职业结构等方面居于劣势地位的民族集团(如黑人)和居于优势地位的民族集团(如白人)。人们在调查中发现不少富裕的、有社会地位(因为在体育、艺术方面的成就)的黑人男子娶了出身比较贫穷和社会下层的白人女子,一种理论认为这说明"白人"这个种族身份在婚姻市场上可以作为一种价值来抵消社会地位和收入的不足。黑人娶白人妻子,从而开始步入白人社会,这是黑人所追求的,贫穷的白人女子嫁了在社会上被很多人看不起的黑人,但因此提高了生活水平。这是一种公平的"交换",在社会学中被称为女子的"上嫁"(marrying-up)现象。

从我们在赤峰的调查结果看,似乎存在着这种"上嫁"现象,不过在农区和牧区表现出不同的形式(见图七和图八)。在西方,两个民族之间只有单向的"上嫁"。这是因为在政治上和经济上,不管在那个局部地区,不同种族、民族并不享有真正的平等权利,而不管他们的法律条文如何规定。在中国的少数民族地区(如赤峰)存在着双向的"上嫁"现象,也许可以说这是由于不同民族利用其传统生产技能和与其相联系的经济因素所造成的,在政治上和权力分配方面各民族就整体而言是平分秋色,不存在绝对的"高等民族"。否则,经济因素必将附属于政治因素,而导致单向的"上嫁"。从这个意义上讲,存在着双向的"上嫁",在一定程度上反映了民族间的平等和社会的进步。

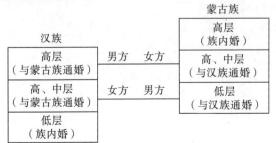

图七 赤峰牧区蒙汉通婚中的"上嫁"模型

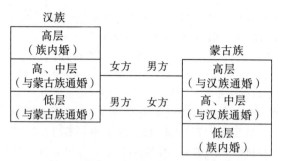

图八　赤峰农村蒙汉通婚中的"上嫁"模型

十三、关于今后调查的改进意见

一个调查完成之后，特别是当所有的编码输入和计算过程完成之后，我们一定会发现在我们当初的调查设计中（如问卷设计、调查地点的选择、抽样方法、编码方法等）存在许多问题。其中比较重要的问题在研究结果或论文的结尾，可以介绍一下，并提出今后（自己或其他人）如再开展类似的调查研究，可以试图从哪几个方面进行能有助于推进对这一课题的研究。

根据赤峰地区41个村子的调查结果，我们感到有必要对当地小城镇居民的情况进行一次补充调查，把所得的资料与农村居民的资料进行比较，从而确定一下哪些是农村中蒙汉关系所不同于城镇的特点，哪些是整个地区的共同点。同时我们也感到在编码中也有不少地方需要改进。正因为如此，我们在1987年夏组织了北京大学社会学系的学生，在翁牛特旗六个镇进行了1300户的调查。

上面所介绍的，大致可以说明一个调查研究的完成过程，同时也介绍了选作为案例的赤峰农村牧区蒙汉通婚研究的具体设计过程和主要结果。

附录二

统计用表

附表 1 标准正态分布表

$$\phi(Z) = \int_{-\infty}^{Z} \frac{1}{\sqrt{2\pi}} e^{-\frac{t^2}{2}} dt$$

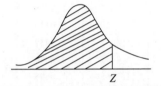

Z	$\phi(Z)$	Z	$\phi(Z)$	Z	$\phi(Z)$	Z	$\phi(Z)$
0.00	0.5000	0.80	0.7881	1.60	0.9452	2.35	0.9906
0.05	0.5199	0.85	0.8023	1.65	0.9505	2.40	0.9918
0.10	0.5398	0.90	0.8159	1.70	0.9554	2.45	0.9929
0.15	0.5596	0.95	0.8289	1.75	0.9599	2.50	0.9938
0.20	0.5793	1.00	0.8413	1.80	0.9641	2.55	0.9946
0.25	0.5987	1.05	0.8531	1.85	0.9678	2.58	0.9951
0.30	0.6179	1.10	0.8643	1.90	0.9713	2.60	0.9953
0.35	0.6368	1.15	0.8749	1.95	0.9744	2.65	0.9960
0.40	0.6554	1.20	0.8849	1.96	0.9750	2.70	0.9965
0.45	0.6736	1.25	0.8944	2.00	0.9772	2.75	0.9970
0.50	0.6915	1.30	0.9032	2.05	0.9798	2.80	0.9974
0.55	0.7088	1.35	0.9115	2.10	0.9821	2.85	0.9978
0.60	0.7257	1.40	0.9192	2.15	0.9842	2.90	0.9981
0.65	0.7422	1.45	0.9265	2.20	0.9861	2.95	0.9984
0.70	0.7580	1.50	0.9332	2.25	0.9878	3.00	0.9987
0.75	0.7734	1.55	0.9394	2.30	0.9893	4.00	1.0000

附表2 t 分布表

$P(t > t_\alpha) = \alpha$

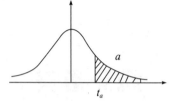

K	α = 0.25	0.10	0.05	0.025	0.01	0.005
1	1.0000	3.0777	6.3138	12.7062	31.8207	63.6574
2	0.8165	1.8856	2.9200	4.3027	6.9646	9.9248
3	0.7649	1.6377	2.3534	3.1824	4.5407	5.8409
4	0.7407	1.5332	2.1318	2.7764	3.7469	4.6041
5	0.7267	1.4759	2.0150	2.5706	3.3649	4.0322
6	0.7176	1.4398	1.9432	2.4469	3.1427	3.7074
7	0.7111	1.4149	1.8946	2.3646	2.9980	3.4995
8	0.7064	1.3968	1.8595	2.3060	2.8965	3.3554
9	0.7027	1.3830	1.8331	2.2622	2.8214	3.2498
10	0.6998	1.3722	1.8125	2.2281	2.7638	3.1693
11	0.6974	1.3634	1.7959	2.2010	2.7181	3.1058
12	0.6955	1.3562	1.7823	2.1788	2.6810	3.0545
13	0.6938	1.3502	1.7709	2.1604	2.6503	3.0123
14	0.6924	1.3450	1.7613	2.1448	2.6245	2.9768
15	0.6912	1.3406	1.7531	2.1315	2.6025	2.9467
16	0.6901	1.3368	1.7459	2.1199	2.5835	2.9208
17	0.6892	1.3334	1.7396	2.1098	2.5669	2.8982
18	0.6884	1.3304	1.7341	2.1009	2.5524	2.8784
19	0.6876	1.3277	1.7291	2.0930	2.5395	2.8609
20	0.6870	1.3253	1.7247	2.0860	2.5280	2.8453
21	0.6864	1.3232	1.7207	2.0796	2.5177	2.8314
22	0.6858	1.3212	1.7171	2.0739	2.5083	2.8188
23	0.6853	1.3195	1.7139	2.0687	2.4999	2.8073
24	0.6848	1.3178	1.7109	2.0639	2.4922	2.7969
25	0.6844	1.3163	1.7081	2.0595	2.4851	2.7874
26	0.6840	1.3150	1.7056	2.0555	2.4786	2.7787
27	0.6837	1.3137	1.7033	2.0518	2.4727	2.7707
28	0.6834	1.3125	1.7011	2.0484	2.4671	2.7633
29	0.6830	1.3114	1.6991	2.0452	2.4620	2.7564

附表3 χ^2(Chisquare)分布表

df	p=.30	.20	.10	.05	.02	.01	.001
1	1.074	1.642	2.706	3.841	5.412	6.635	10.827
2	2.408	3.219	4.605	5.991	7.824	9.210	13.815
3	3.665	4.642	6.251	7.815	9.837	11.345	16.268
4	4.878	5.989	7.779	9.488	11.668	13.277	18.465
5	6.064	7.289	9.236	11.070	13.388	15.086	20.517
6	7.231	8.558	10.645	12.592	15.033	16.812	22.457
7	8.383	9.803	12.017	14.067	16.622	18.475	24.322
8	9.524	11.030	13.362	15.507	18.168	20.090	26.125
9	10.656	12.242	14.684	16.919	19.679	21.666	27.877
10	11.781	13.442	15.987	18.307	21.161	23.209	29.588
11	12.899	14.631	17.275	19.675	22.618	24.725	31.264
12	14.011	15.812	18.549	21.026	24.054	26.217	32.909
13	15.119	16.985	19.812	22.362	25.472	27.688	34.528
14	16.222	18.151	21.064	23.685	26.873	29.141	36.123
15	17.322	19.311	22.307	24.996	28.259	30.578	37.697
16	18.418	20.465	23.542	26.296	29.633	32.000	39.252
17	19.511	21.615	24.769	27.587	30.995	33.409	40.790
18	20.601	22.760	25.989	28.869	32.346	34.805	42.312
19	21.689	23.900	27.204	30.144	33.687	36.191	43.820
20	22.775	25.038	28.412	31.410	35.020	37.566	45.315
21	23.858	26.171	29.615	32.671	36.343	38.932	46.797
22	24.939	27.301	30.813	33.924	37.659	40.289	48.268
23	26.018	28.429	32.007	35.172	38.968	41.638	49.728
24	27.096	29.553	33.196	36.415	40.270	42.980	51.179
25	28.172	30.675	34.382	37.652	41.566	44.314	52.620
26	29.246	31.795	35.563	38.885	42.856	45.642	54.052
27	30.319	32.912	36.741	40.113	44.140	46.963	55.476
28	31.391	34.027	37.916	41.337	45.419	48.278	56.893
29	32.461	35.139	39.087	42.557	46.693	49.588	58.302
30	33.530	36.250	40.256	43.773	47.962	50.892	59.703

附表4 r值化为Z'值表

r	.000	.001	.002	.003	.004	.005	.006	.007	.008	.009
.000	.0000	.0010	.0020	.0030	.0040	.0050	.0060	.0070	.0080	.0090
.010	.0100	.0110	.0120	.0130	.0140	.0150	.0160	.0170	.0180	.0190
.020	.0200	.0210	.0220	.0230	.0240	.0250	.0260	.0270	.0280	.0290
.030	.0300	.0310	.0320	.0330	.0340	.0350	.0360	.0370	.0380	.0390
.040	.0400	.0410	.0420	.0430	.0440	.0450	.0460	.0470	.0480	.0490
.050	.0501	.0511	.0521	.0531	.0541	.0551	.0561	.0571	.0581	.0591
.060	.0601	.0611	.0621	.0631	.0641	.0651	.0661	.0671	.0681	.0691
.070	.0701	.0711	.0721	.0731	.0741	.0751	.0761	.0771	.0782	.0792
.080	.0802	.0812	.0822	.0832	.0842	.0852	.0862	.0872	.0882	.0892
.090	.0902	.0912	.0922	.0933	.0943	.0953	.0963	.0973	.0983	.0993
.100	.1003	.1013	.1024	.1034	.1044	.1054	.1064	.1074	.1084	.1094
.110	.1105	.1115	.1125	.1135	.1145	.1155	.1165	.1175	.1185	.1195
.120	.1206	.1216	.1226	.1236	.1246	.1257	.1267	.1277	.1287	.1297
.130	.1308	.1318	.1328	.1338	.1348	.1358	.1368	.1379	.1389	.1399
.140	.1409	.1419	.1430	.1440	.1450	.1460	.1470	.1481	.1491	.1501
.150	.1511	.1522	.1532	.1542	.1552	.1563	.1573	.1583	.1593	.1604
.160	.1614	.1624	.1634	.1644	.1655	.1665	.1676	.1686	.1696	.1706
.170	.1717	.1727	.1737	.1748	.1758	.1768	.1779	.1789	.1799	.1810
.180	.1820	.1830	.1841	.1851	.1861	.1872	.1882	.1892	.1903	.1913
.190	.1923	.1934	.1944	.1954	.1965	.1975	.1986	.1996	.2007	.2017
.200	.2027	.2038	.2048	.2059	.2069	.2079	.2090	.2100	.2111	.2121
.210	.2132	.2142	.2153	.2163	.2174	.2184	.2194	.2205	.2215	.2226
.220	.2237	.2247	.2258	.2268	.2279	.2289	.2300	.2310	.2321	.2331
.230	.2342	.2353	.2363	.2374	.2384	.2395	.2405	.2416	.2427	.2437
.240	.2448	.2458	.2469	.2480	.2490	.2501	.2511	.2522	.2533	.2543
.250	.2554	.2565	.2575	.2586	.2597	.2608	.2618	.2629	.2640	.2650
.260	.2661	.2672	.2682	.2693	.2704	.2715	.2726	.2736	.2747	.2758
.270	.2769	.2779	.2790	.2801	.2812	.2823	.2833	.2844	.2855	.2866
.280	.2877	.2888	.2898	.2909	.2920	.2931	.2942	.2953	.2964	.2975
.290	.2986	.2997	.3008	.3019	.3029	.3040	.3051	.3062	.3073	.3084

续表

r	.000	.001	.002	.003	.004	.005	.006	.007	.008	.009
.300	.3095	.3106	.3117	.3128	.3139	.3150	.3161	.3172	.3183	.3195
.310	.3206	.3217	.3228	.3239	.3250	.3261	.3272	.3283	.3294	.3305
.320	.3317	.3328	.3339	.3350	.3361	.3372	.3384	.3395	.3406	.3417
.330	.3428	.3439	.3451	.3462	.3473	.3484	.3496	.3507	.3518	.3530
.340	.3541	.3552	.3564	.3575	.3586	.3597	.3609	.3620	.3632	.3643
.350	.3654	.3666	.3677	.3689	.3700	.3712	.3723	.3734	.3746	.3757
.360	.3769	.3780	.3792	.3803	.3815	.3826	.3838	.3850	.3861	.3873
.370	.3884	.3896	.3907	.3919	.3931	.3942	.3954	.3966	.3977	.3989
.380	.4001	.4012	.4024	.4036	.4047	.4059	.4071	.4083	.4094	.4106
.390	.4118	.4130	.4142	.4153	.4165	.4177	.4189	.4201	.4213	.4225
.400	.4236	.4248	.4260	.4272	.4284	.4296	.4308	.4320	.4332	.4344
.410	.4356	.4368	.4380	.4392	.4404	.4416	.4429	.4441	.4453	.4465
.420	.4477	.4489	.4501	.4513	.4526	.4538	.4550	.4562	.4574	.4587
.430	.4599	.4611	.4623	.4636	.4648	.4660	.4673	.4685	.4697	.4710
.440	.4722	.4735	.4747	.4760	.4772	.4784	.4797	.4809	.4822	.4835
.450	.4847	.4860	.4872	.4885	.4897	.4910	.4923	.4935	.4948	.4961
.460	.4973	.4986	.4999	.5011	.5024	.5037	.5049	.5062	.5075	.5088
.470	.5101	.5114	.5126	.5139	.5152	.5165	.5178	.5191	.5204	.5217
.480	.5230	.5243	.5256	.5279	.5282	.5295	.5308	.5321	.5334	.5347
.490	.5361	.5374	.5387	.5400	.5413	.5427	.5440	.5453	.5466	.5480
.500	.5493	.5506	.5520	.5533	.5547	.5560	.5573	.5587	.5600	.5614
.510	.5627	.5641	.5654	.5668	.5681	.5695	.5709	.5722	.5736	.5750
.520	.5763	.5777	.5791	.5805	.5818	.5832	.5846	.5860	.5874	.5888
.530	.5901	.5915	.5929	.5943	.5957	.5971	.5985	.5999	.6013	.6027
.540	.6042	.6056	.6070	.6084	.6098	.6112	.6127	.6141	.6155	.6170
.550	.6184	.6198	.6213	.6227	.6241	.6256	.6270	.6285	.6299	.6314
.560	.6328	.6343	.6358	.6372	.6387	.6401	.6416	.6431	.6446	.6460
.570	.6475	.6490	.6505	.6520	.6535	.6550	.6565	.6579	.6594	.6610
.580	.6625	.6640	.6655	.6670	.6685	.6700	.6715	.6731	.6746	.6761
.590	.6777	.6792	.6807	.6823	.6838	.6854	.6869	.6885	.6900	.6916
.600	.6931	.6947	.6963	.6978	.6994	.7010	.7026	.7042	.7057	.7073

续表

r	.000	.001	.002	.003	.004	.005	.006	.007	.008	.009
.610	.7089	.7105	.7121	.7137	.7153	.7169	.7185	.7201	.7218	.7234
.620	.7250	.7266	.7283	.7299	.7315	.7332	.7348	.7364	.7381	.7398
.630	.7414	.7431	.7447	.7464	.7481	.7497	.7514	.7531	.7548	.7565
.640	.7582	.7599	.7616	.7633	.7650	.7667	.7684	.7701	.7718	.7736
.650	.7753	.7770	.7788	.7805	.7823	.7840	.7858	.7875	.7893	.7910
.660	.7928	.7946	.7964	.7981	.7999	.8017	.8035	.8053	.8071	.8089
.670	.8107	.8126	.8144	.8162	.8180	.8199	.8217	.8236	.8254	.8273
.680	.8291	.8310	.8328	.8347	.8366	.8385	.8404	.8423	.8442	.8461
.690	.8480	.8499	.8518	.8537	.8556	.8576	.8595	.8614	.8634	.8653
.700	.8673	.8693	.8712	.8732	.8752	.8772	.8792	.8812	.8832	.8852
.710	.8872	.8892	.8912	.8933	.8953	.8973	.8994	.9014	.9035	.9056
.720	.9076	.9097	.9118	.9139	.9160	.9181	.9202	.9223	.9245	.9266
.730	.9287	.9309	.9330	.9352	.9373	.9395	.9417	.9439	.9461	.9483
.740	.9505	.9527	.9549	.9571	.9594	.9616	.9639	.9661	.9684	.9707
.750	.9730	.9752	.9775	.9799	.9822	.9845	.9868	.9892	.9915	.9939
.760	.9962	.9986	1.0010	1.0034	1.0058	1.0082	1.0106	1.0130	1.0154	1.0179
.770	1.0203	1.0228	1.0253	1.0277	1.0302	1.0327	1.0352	1.0378	1.0403	1.0428
.780	1.0454	1.0479	1.0505	1.0531	1.0557	1.0583	1.0609	1.0635	1.0661	1.0688
.790	1.0714	1.0741	1.0768	1.0795	1.0822	1.0849	1.0876	1.0903	1.0931	1.0958
.800	1.0986	1.1014	1.1041	1.1070	1.1098	1.1127	1.1155	1.1184	1.1212	1.1241
.810	1.1270	1.1299	1.1329	1.1358	1.1388	1.1417	1.1447	1.1477	1.1507	1.1538
.820	1.1568	1.1599	1.1630	1.1660	1.1692	1.1723	1.1754	1.1786	1.1817	1.1849
.830	1.1870	1.1913	1.1946	1.1979	1.2011	1.2044	1.2077	1.2111	1.2144	1.2178
.840	1.2212	1.2246	1.2280	1.2315	1.2349	1.2384	1.2419	1.2454	1.2490	1.2526
.850	1.2561	1.2598	1.2634	1.2670	1.2708	1.2744	1.2782	1.2819	1.2857	1.2895
.860	1.2934	1.2972	1.3011	1.3050	1.3089	1.3129	1.3168	1.3209	1.3249	1.3290
.870	1.3331	1.3372	1.3414	1.3456	1.3498	1.3540	1.3583	1.3626	1.3670	1.3714
.880	1.3758	1.3802	1.3847	1.3892	1.3938	1.3984	1.4030	1.4077	1.4124	1.4171
.890	1.4219	1.4268	1.4316	1.4366	1.4415	1.4465	1.4516	1.4566	1.4618	1.4670
.900	1.4722	1.4775	1.4828	1.4883	1.4937	1.4992	1.5047	1.5103	1.5160	1.5217
.910	1.5275	1.5334	1.5393	1.5453	1.5513	1.5574	1.5636	1.5698	1.5762	1.5825

续表

r	.000	.001	.002	.003	.004	.005	.006	.007	.008	.009
.920	1.5890	1.5956	1.6022	1.6089	1.6157	1.6226	1.6296	1.6366	1.6438	1.6510
.930	1.6584	1.6659	1.6734	1.6811	1.6888	1.6967	1.7047	1.7129	1.7211	1.7295
.940	1.7380	1.7467	1.7555	1.7645	1.7736	1.7828	1.7923	1.8019	1.8117	1.8216
.950	1.8318	1.8421	1.8527	1.8635	1.8745	1.8857	1.8972	1.9090	1.9210	1.9333
.960	1.9459	1.9588	1.9721	1.9857	1.9996	2.0140	2.0287	2.0439	2.0595	2.0756
.970	2.0923	2.1095	2.1273	2.1457	2.1649	2.1847	2.2054	2.2269	2.2494	2.2729
.980	2.2976	2.3223	2.3507	2.3796	2.4101	2.4426	2.4774	2.5147	2.5550	2.5988
.990	2.6467	2.6996	2.7587	2.8257	2.9031	2.9945	3.1063	3.2504	3.4534	3.8002

r	z
.9999	4.95172
.99999	6.10303

附表 5 F 分布表

$p = .05$

df_1 \ df_2	1	2	3	4	5	6	8	12	24	∞
1	161.4	199.5	215.7	224.6	230.2	234.0	238.9	243.9	249.0	254.3
2	18.51	19.00	19.16	19.25	19.30	19.33	19.37	19.41	19.45	19.50
3	10.13	9.55	9.28	9.12	9.01	8.94	8.84	8.74	8.64	8.53
4	7.71	6.94	6.59	6.39	6.26	6.16	6.04	5.91	5.77	5.63
5	6.61	5.79	5.41	5.19	5.05	4.95	4.82	4.68	4.53	4.36
6	5.99	5.14	4.76	4.53	4.39	4.28	4.15	4.00	3.84	3.67
7	5.59	4.74	4.35	4.12	3.97	3.87	3.73	3.57	3.41	3.23
8	5.32	4.46	4.07	3.84	3.69	3.58	3.44	3.28	3.12	2.93
9	5.12	4.26	3.86	3.63	3.48	3.37	3.23	3.07	2.90	2.71
10	4.96	4.10	3.71	3.48	3.33	3.22	3.07	2.91	2.74	2.54
11	4.84	3.98	3.59	3.36	3.20	3.09	2.95	2.79	2.61	2.40
12	4.75	3.88	3.49	3.26	3.11	3.00	2.85	2.69	2.50	2.30
13	4.67	3.80	3.41	3.18	3.02	2.92	2.77	2.60	2.42	2.21
14	4.60	3.74	3.34	3.11	2.96	2.85	2.70	2.53	2.35	2.13
15	4.54	3.68	3.29	3.06	2.90	2.79	2.64	2.48	2.29	2.07
16	4.49	3.63	3.24	3.01	2.85	2.74	2.59	2.42	2.24	2.01
17	4.45	3.59	3.20	2.96	2.81	2.70	2.55	2.38	2.19	1.96

续表

df_1 df_2	1	2	3	4	5	6	8	12	24	∞
18	4.41	3.55	3.16	2.93	2.77	2.66	2.51	2.34	2.15	1.92
19	4.38	3.52	3.13	2.90	2.74	2.63	2.48	2.31	2.11	1.88
20	4.35	3.49	3.10	2.87	2.71	2.60	2.45	2.28	2.08	1.84
21	4.32	3.47	3.07	2.84	2.68	2.57	2.42	2.25	2.05	1.81
22	4.30	3.44	3.05	2.82	2.66	2.55	2.40	2.23	2.03	1.78
23	4.28	3.42	3.03	2.80	2.64	2.53	2.38	2.20	2.00	1.76
24	4.26	3.40	3.01	2.78	2.62	2.51	2.36	2.18	1.98	1.73
25	4.24	3.38	2.99	2.76	2.60	2.49	2.34	2.16	1.96	1.71
26	4.22	3.37	2.98	2.74	2.59	2.47	2.32	2.15	1.95	1.69
27	4.21	3.35	2.96	2.73	2.57	2.46	2.30	2.13	1.93	1.67
28	4.20	3.34	2.95	2.71	2.56	2.44	2.29	2.12	1.91	1.65
29	4.18	3.33	2.93	2.70	2.54	2.43	2.28	2.10	1.90	1.64
30	4.17	3.32	2.92	2.69	2.53	2.42	2.27	2.09	1.89	1.62
40	4.08	3.23	2.84	2.61	2.45	2.34	2.18	2.00	1.79	1.51
60	4.00	3.15	2.76	2.52	2.37	2.25	2.10	1.92	1.70	1.39
120	3.92	3.07	2.68	2.45	2.29	2.17	2.02	1.83	1.61	1.25
∞	3.84	2.99	2.60	2.37	2.21	2.09	1.94	1.75	1.52	1.00

$p = .01$

续表

df_1 df_2	1	2	3	4	5	6	8	12	24	∞
1	4052	4999	5403	5625	5764	5859	5981	6106	6234	6366
2	98.49	99.01	99.17	99.25	99.30	99.33	99.36	99.42	99.46	99.50
3	34.12	30.81	29.46	28.71	28.24	27.91	27.49	27.05	26.60	26.12
4	21.20	18.00	16.69	15.98	15.52	15.21	14.80	14.37	13.93	13.46
5	16.26	13.27	12.06	11.39	10.97	10.67	10.27	9.89	9.47	9.02
6	13.74	10.92	9.78	9.15	8.75	8.47	8.10	7.72	7.31	6.88
7	12.25	9.55	8.45	7.85	7.46	7.19	6.84	6.47	6.07	5.65
8	11.26	8.65	7.59	7.01	6.63	6.37	6.03	5.67	5.28	4.86
9	10.56	8.02	6.99	6.42	6.06	5.80	5.47	5.11	4.73	4.31
10	10.04	7.56	6.55	5.99	5.64	5.39	5.06	4.71	4.33	3.91
11	9.65	7.20	6.22	5.67	5.32	5.07	4.74	4.40	4.02	3.60
12	9.33	6.93	5.95	5.41	5.06	4.82	4.50	4.16	3.78	3.36
13	9.07	6.70	5.74	5.20	4.86	4.62	4.30	3.96	3.59	3.16
14	8.86	6.51	5.56	5.03	4.69	4.46	4.14	3.80	3.43	3.00

$p = .01$ 续表

df_1 df_2	1	2	3	4	5	6	8	12	24	∞
15	8.68	6.36	5.42	4.89	4.56	4.32	4.00	3.67	3.29	2.87
16	8.53	6.23	5.29	4.77	4.44	4.20	3.89	3.55	3.18	2.75
17	8.40	6.11	5.18	4.67	4.34	4.10	3.79	3.45	3.08	2.65
18	8.28	6.01	5.09	4.58	4.25	4.01	3.71	3.37	3.00	2.57
19	8.18	5.93	5.01	4.50	4.17	3.94	3.63	3.30	2.92	2.49
20	8.10	5.85	4.94	4.43	4.10	3.87	3.56	3.23	2.86	2.42
21	8.02	5.78	4.87	4.37	4.04	3.81	3.51	3.17	2.80	2.36
22	7.94	5.72	4.82	4.31	3.99	3.76	3.45	3.12	2.75	2.31
23	7.88	5.66	4.76	4.26	3.94	3.71	3.41	3.07	2.70	2.26
24	7.82	5.61	4.72	4.22	3.90	3.67	3.36	3.03	2.66	2.21
25	7.77	5.57	4.68	4.18	3.86	3.63	3.32	2.99	2.62	2.17
26	7.72	5.53	4.64	4.14	3.82	3.59	3.29	2.96	2.58	2.13
27	7.68	5.49	4.60	4.11	3.78	3.56	3.26	2.93	2.55	2.10
28	7.64	5.45	4.57	4.07	3.75	3.53	3.23	2.90	2.52	2.06
29	7.60	5.42	4.54	4.04	3.73	3.50	3.20	2.87	2.49	2.03
30	7.56	5.39	4.51	4.02	3.70	3.47	3.17	2.84	2.47	2.01
40	7.31	5.18	4.31	3.83	3.51	3.29	2.99	2.66	2.29	1.80
60	7.08	4.98	4.13	3.65	3.34	3.12	2.82	2.50	2.12	1.60
120	6.85	4.79	3.95	3.48	3.17	2.96	2.66	2.34	1.95	1.38
∞	6.64	4.60	3.78	3.32	3.02	2.80	2.51	2.18	1.79	1.00

$p = .001$ 续表

df_1 df_2	1	2	3	4	5	6	8	12	24	∞
1	405284	500000	540379	562500	576405	585937	598144	610667	623497	636619
2	998.5	999.0	999.2	999.2	999.3	999.3	999.4	999.4	999.5	999.5
3	167.5	148.5	141.1	137.1	134.6	132.8	130.6	128.3	125.9	123.5
4	74.14	61.25	56.18	53.44	51.71	50.53	49.00	47.41	45.77	44.05
5	47.04	36.61	33.20	31.09	29.75	28.84	27.64	26.42	25.14	23.78
6	35.51	27.00	23.70	21.90	20.81	20.03	19.03	17.99	16.89	15.75
7	29.22	21.69	18.77	17.19	16.21	15.52	14.63	13.71	12.73	11.69
8	25.42	18.49	15.83	14.39	13.49	12.86	12.04	11.19	10.30	9.34
9	22.86	16.39	13.90	12.56	11.71	11.13	10.37	9.57	8.72	7.81
10	21.04	14.91	12.55	11.28	10.48	9.92	9.20	8.45	7.64	6.76
11	19.69	13.81	11.56	10.35	9.58	9.05	8.35	7.63	6.85	6.00

续表

$p = .001$

df_1 \ df_2	1	2	3	4	5	6	8	12	24	∞
12	18.64	12.97	10.80	9.63	8.89	8.38	7.71	7.00	6.25	5.42
13	17.81	12.31	10.21	9.07	8.35	7.86	7.21	6.52	5.78	4.97
14	17.14	11.78	9.73	8.62	7.92	7.43	6.80	6.13	5.41	4.60
15	16.59	11.34	9.34	8.25	7.57	7.09	6.47	5.81	5.10	4.31
16	16.12	10.97	9.00	7.94	7.27	6.81	6.19	5.55	4.85	4.06
17	15.72	10.66	8.73	7.68	7.02	6.56	5.96	5.32	4.63	3.85
18	15.38	10.39	8.49	7.46	6.81	6.35	5.76	5.13	4.45	3.67
19	15.08	10.16	8.28	7.26	6.61	6.18	5.59	4.97	4.29	3.52
20	14.82	9.95	8.10	7.10	6.46	6.02	5.44	4.82	4.15	3.38
21	14.59	9.77	7.94	6.95	6.32	5.88	5.31	4.70	4.03	3.26
22	14.38	9.61	7.80	6.81	6.19	5.76	5.19	4.58	3.92	3.15
23	14.19	9.47	7.67	6.69	6.08	5.65	5.09	4.48	3.82	3.05
24	14.03	9.34	7.55	6.59	5.98	5.55	4.99	4.39	3.74	2.97
25	13.88	9.22	7.45	6.49	5.88	5.46	4.91	4.31	3.66	2.89
26	13.74	9.12	7.36	6.41	5.80	5.38	4.83	4.24	3.59	2.82
27	13.61	9.02	7.27	6.33	5.73	5.31	4.76	4.17	3.52	2.75
28	13.50	8.93	7.19	6.25	5.66	5.24	4.69	4.11	3.46	2.70
29	13.39	8.85	7.12	6.19	5.59	5.18	4.64	4.05	3.41	2.64
30	13.29	8.77	7.05	6.12	5.53	5.12	4.58	4.00	3.36	2.59
40	12.61	8.25	6.60	5.70	5.13	4.73	4.21	3.64	3.01	2.23
60	11.97	7.76	6.17	5.31	4.76	4.37	3.87	3.31	2.69	1.90
120	11.38	7.31	5.79	4.95	4.42	4.04	3.55	3.02	2.40	1.56
∞	10.83	6.91	5.42	4.62	4.10	3.74	3.27	2.74	2.13	1.00

取自 R. A. Fisher and F. Yates, *Statistical Tables for Biological, Agricultural and Medical Research*, Oliver & Boyd, Edinburgh, 1948。

主要参考书目

赖欣巴哈:《科学哲学的兴起》,商务印书馆1983年版。
韦德里希·哈格:《定量社会学》,四川人民出版社1986年版。
E.迪尔凯姆:《社会学研究方法论》,华夏出版社1988年版。
E.迪尔凯姆:《自杀论》,浙江人民出版社1988年版。
R.布东:《社会学方法》,上海人民出版社1987年版。
彭加勒:《科学的价值》,光明日报出版社1988年版。
D.K.贝利:《现代社会研究方法》,上海人民出版社1987年版。
M.罗森伯格:《调查分析的逻辑》,台湾黎明文化事业公司1979年版。
P.V.杨:《社会调查与研究》,台湾教育主管部门出版1960年版。
布莱洛克:《社会统计学》,中国社会科学出版社1988年版。
李明灿:《社会科学方法论》,黎明文化事业股份有限公司1980年版。
林楠:《社会研究方法》,农村读物出版社1987年版。
莫顿·亨特:《社会研究方法新论——人类行为的科学研究》,华中理工大学出版社1989年版。
乔纳森·H.特纳:《社会学理论的结构》,浙江人民出版社1987年版。
托马斯·S.库恩:《科学革命的结构》《必要的张力》,福建人民出版社1987年版。
安田三郎:《数理社会学》,北京大学社会学系资料室打印。
安田三郎、海野道郎:《社会统计学》,丸山株式会社1985年版。
苏联科学院社会学研究所编:《社会学手册》,浙江人民出版社1983年版。
科兹洛夫主编:《社会学研究的方法论问题》,南开大学出版社1986年版。
W.G.科克伦:《抽样技术》,中国统计出版社1985年版。
A.R.拉德克利夫-布朗:《社会人类学方法》,山东人民出版社1988年版。
C.G.亨佩尔:《自然科学的哲学》,上海科学技术出版社1986年版。

G. 罗斯:《当代社会学研究解析》,宁夏人民出版社1988年版。
J. D. 贝尔纳:《科学的社会功能》,商务印书馆1982年版。
M. 肯德尔:《多元分析》,科学出版社1983年版。
贝弗里奇:《科学研究的艺术》,科学出版社1984年版。
卡尔·波普尔:《猜想与反驳》,上海译文出版社1986年版。
拉卡托斯:《科学研究纲领方法论》,上海译文出版社1986年版。
约翰·齐曼:《元科学导论》,湖南人民出版社1988年版。
蔡正仁编著:《社会科学方法论文集》,香港大学生活社1977年版。
恩格斯:《英国工人阶级状况》,人民出版社1956年版。
《马克思恩格斯全集》第二卷,人民出版社1957年版。
费孝通:《江村经济》《社会调查自白》,知识出版社1985年版。
郭志刚、郝虹生等:《社会调查研究的量化方法》,中国人民大学出版社1989年版。
洪彦林:《论调查研究》,求实出版社1984年版。
江天骥:《当代西方科学哲学》,中国社会科学出版社1984年版。
李汉林:《科学社会学》,中国社会科学出版社1987年版。
李景汉:《定县调查》,人民大学出版社1988年版。
李景汉:《实地调查方法》,北平星云堂书局1933年版。
李隆章:《实用非参数统计方法》,中国财政经济出版社1989年版。
李沛良:《社会研究的统计分析》,湖北人民出版社1987年版。
联合国统计局:《抽样调查理论基础》,上海人民出版社1984年版。
林清山:《多变量分析统计法——社会及行为科学研究适用》,台北东华书局1980年版。
凌文辁、滨治世:《心理测验法》,科学出版社1988年版。
卢淑华:《社会统计学》,北京大学出版社1989年版。
毛泽东:《毛泽东农村调查文集》,人民出版社1982年版。
水延凯等编:《社会调查教程》,中国人民大学出版社1988年版。
苏陀等:《社会调查基础》,南开大学出版社1990年版。
吴玉:《管理行为的调查与量度》,中国经济出版社1987年版。
谢安田:《企业研究方法》,台湾水牛出版社1980年版。
秦宗熙、谢圣明等:《人类社会研究法》,武汉大学出版社1987年版。
谢小庆、王丽编著:《因素分析》,中国社会科学出版社1989年版。
严景耀:《中国的犯罪问题与社会变迁的关系》,北京大学出版社1986年版。
杨国枢等:《社会及行为科学研究法》,台湾东华书局股份有限公司1978年版。
杨浩二:《多变量统计方法》,华泰书局1984年版。
杨心恒:《社会调查方法初步》,天津人民出版社1986年版。
于真等:《当代社会调查研究科学方法与技术》,工人出版社1985年版。
虞祖尧编译:《社会学和社会调查》,中国人民大学出版社1988年版。

张世文、张文贤:《社会调查概要》,重庆出版社 1984 年版。
张尧庭、方开泰:《多元统计分析引论》,科学出版社 1982 年版。
中国科学院数学研究所数理统计组:《回归分析方法》,科学出版社 1974 年版。
邹依仁、张维铭编著:《统计抽样法》,上海人民出版社 1982 年版。

Abrahamson, M., *Social Research Methods*, New York: Prentice Hall, 1983.

Babbie, E., *The Practice of Social Research* 3rd ed., Belmont: Wadsworth, 1983.

Bales, R., *Interaction Process Analysis*, Cambridge, Mass: Addison-Wesley Press, 1951.

Barnes, John A., *Social Networks*, Mass: Addison-Wesley, 1972.

Berkowitz, S. D., *An Introduction to Structural Analysis: The Network Approach to Social Researchs*, Toronto: Butterworth, 1982.

Blalock, H. M., *Theory Construction*, New York: Prentice-Hall, 1969.

Blalock, H. M. and Blalock, A. B., *Methodology in Social Research*, New York: McGraw-Hill, 1968.

Campbell, D. T. and Stanley, J. C., *Experimental and Quasi-experimental Designs for Research*, Chicago: Wadsworth Publishing, 1963.

De Vaus D. A., *Surveys in Social Research*, Allen & Unwin, 1985.

Dooley, D., *Social Research Methods*, New York: Prentice Hall, 1984.

Fischer, C. S., *Networks and Places: Social Relations in the Urban Setting*, New York: Free Press, 1977.

Fisher, R., *The Design of Experiments*, New York: Hafner Publishing Company, 1951.

Giddens, A., *New Rules of Sociological Method*, Hutchinson, 1976.

Guertin, W. H. and John P. Bailey, *Introduction to Modern Factor Analysis*, Michigan: Edwards Brothers, 1970.

Homans, G. C., *The Nature of Social Science*, New York: Harvest Books, 1967.

Lazarsfeld, P. and Rosenberg, M., *The Language of Social Research*, Glencoe: Free Press, 1955.

Marsh, C., *The Survey Method: The Contribution of Surveys to Sociological Explanation*, London: George Allen & Unwin, 1982.

Merton, R. K., *Social Theory and Social Structure*, New York: Free Press, 1957.

Mills, C. W., *The Sociological Imagination*, New York: Oxford University Press, 1959.

Moreno, J. L., *Sociometry, Experimental Method and Science of Society*, New York: Beacon House, 1951.

Moser, C. and Kalton, G., *Survey Methods in Social Investigation*, Heinemann Educational Publishers, 1971.

Mulaik, S., *The Foundations of Factor Analysis*, New York: McGraw-Hill Book Co., 1972.

Nachmias, D., *Research Methods in the Social Sciences*, New York: St. Martin's Press, 1976.

Olinick, M., *An Introduction to Mathematical Models in the Social and Life Sciences*, Addison-Wesley, 1978.

Riley, M. W., *Sociological Research: A Case Approach*, New York: Harcourt, Braee & World, 1963.

Schatzman, L. and Strauss, A. L., *Field Research: Strategies for a Natural Sociology*, Englewood Cliffs, 1973.

Selltiz, C., Wrightsman, L. S. and Cook, S. W., *Research Methods in Social Relations* 3rd ed., New York: Holt, Rinehart and Winston, 1976.

Shils, E. A. and Finch, H. A. ed., *Max Weber on the Methodology of the Social Sciences*, New York: Free Press, 1949.

Wallace, W. L., *The Logic of Science in Sociology*, Transaction Publishers, 1971.

White, Harrison C., *An Anatomy of Kinship*, Englewood Cliffs, 1963.

后 记

《社会研究方法教程》一书是国家教委审定的高等院校统编教材。本书的组编撰写工作，从确立选题到最后定稿出书，历时近十年。在此期间，作者广泛收集资料，反复进行分析研究，在编写过程中，曾引用了国内外有关学者和研究人员的许多论著，为行文方便和节省篇幅，未在有关章节中一一注释，一并列入本书附录三的参考书目中。在此谨向曾引用过论著的作者们以及所有曾支持帮助过本书编写出版的同志们深表谢意。

本书是群策群力集体研究的成果，参加撰稿者共十余人。袁方教授作为本书的主编，对选题的思路和方法提出指导性意见，形成本书编写框架，主编和王汉生、林彬、风笑天等主要撰稿人共同研究制定了本书编写大纲，他还审阅了书稿，并为本书撰写了序言。本书共三编二十三章，分别由林彬、王汉生、风笑天担任第一、二、三编的统稿工作，最后由王汉生统纂全书，并担任本书的副主编。各章节和附录案例的撰稿人（以章节顺序先后为序）：林彬（第一、二、三、四、五、六、十、十一、十二章），闫肖峰（第二章），王康乐（第五、六、二十一章），王汉生（第七、九、十、十四、十五、十六、十七、十八、十九、二十一章、案例一），风笑天（第八、十、十一、十三、二十二章、案例三），张杰（第十四章），高小远（第十五章），卢淑华（第十七章第二节三），许欣欣（第十九章），钱江洪（第二十章），时宪民（第二十三章），丁元竹（案例二），夏学銮（案例三），林彬（案例四），马戎（案例五）。

我们作为本书的编者和撰稿者，虽然尽了最大的努力来完成这一重部头的统编教材，书中选用的资料数据和统计图表也都是依据调查研究成果和权威性的书刊年鉴，但由于水平所限，疏漏不妥之处在所难免，恳请国内外同行学者和读者惠予批评指正。

作　者

1995 年 12 月